BON.N제

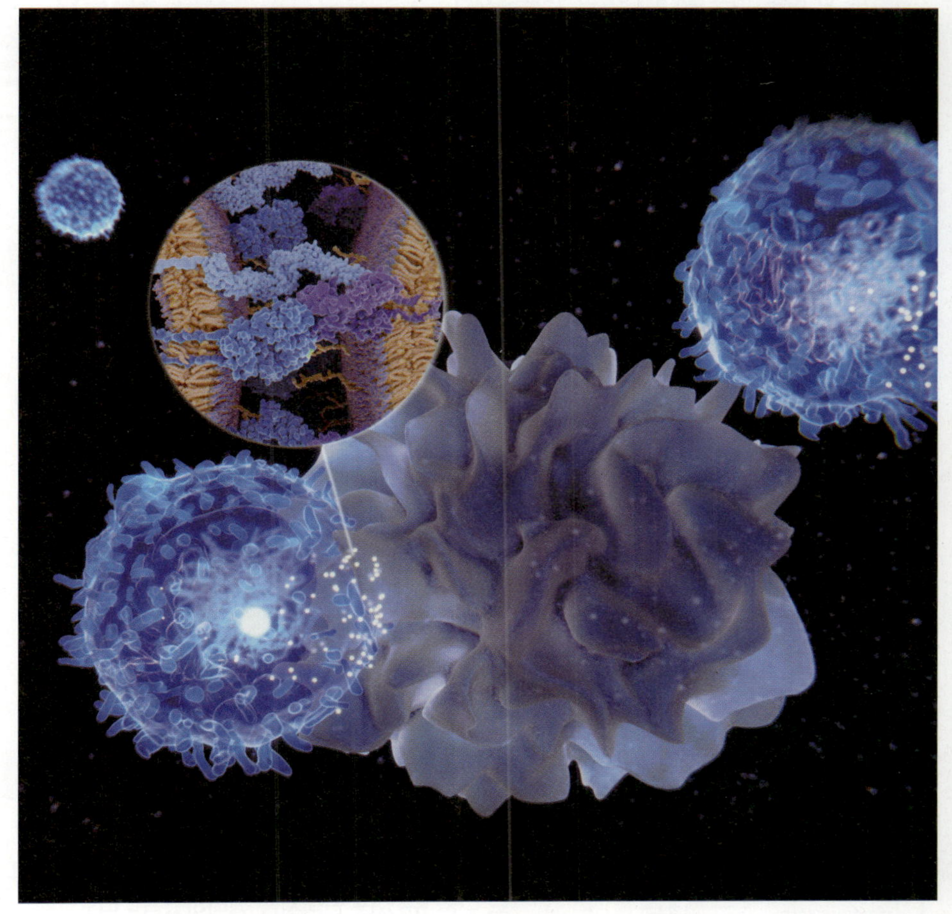

생명과학Ⅰ 709Q

핵심 개념 정리

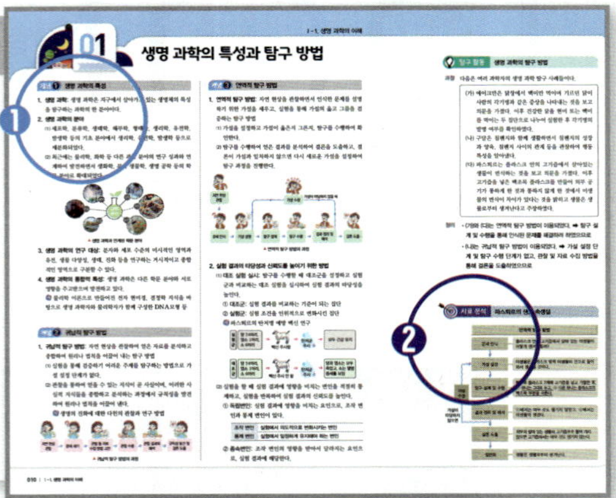

❶ **내용 정리** : 모든 교과서에서 시험에 출제될 가능성이 높은 개념을 체계적으로 정리하였습니다.

❷ **탐구 활동, 자료 분석** : 다수의 교과서에 다룬 탐구 및 자료를 자세히 분석하고, 정리하였습니다.

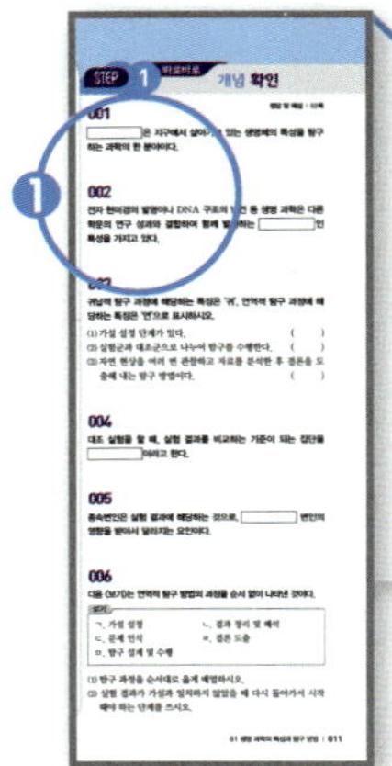

STEP ❶ 바로바로 개념 확인

❶ **내용 정리를 위한 다양한 확인 문항 제시**
빈칸 넣기, 선택하기, 간단한 단답형 문제 등으로 관련 내용을 완벽하게 이해했는지 점검할 수 있습니다.

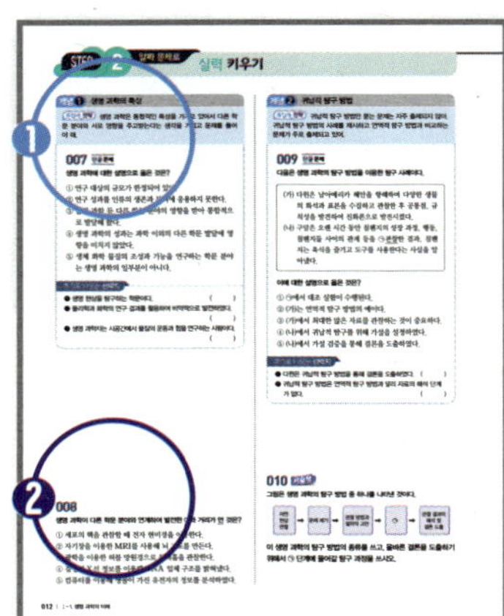

STEP ❷ 알짜 문제로 실력 키우기

❶ 주요 개념의 단골 문제와 족집게 전략을 제시하고 추가로 나올 수 있는 선택지를 정리하였습니다.

❷ 주요 개념과 관련된 출제 예상 문항을 다양하게 제공하였습니다.

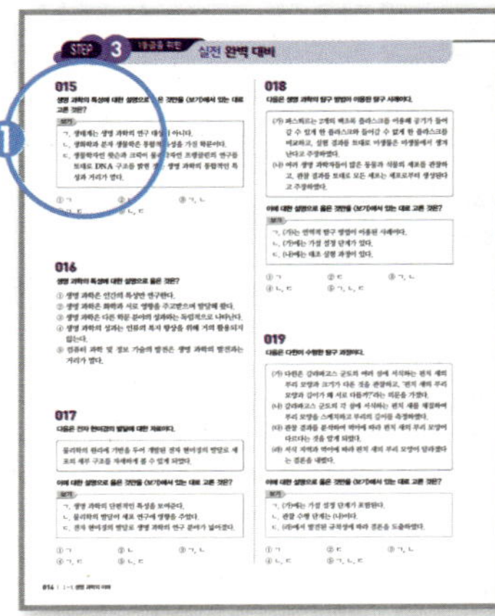

STEP 3 · 1등급을 위한 실전 완벽 대비

❶ 시험에 고난도로 출제될 가능성이 높은 문항으로 구성하였습니다.

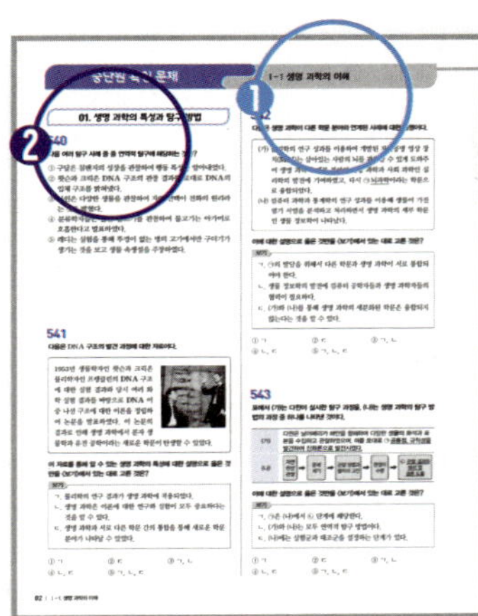

중단원 확인 문제

❶ 대단원별로 주요 문항만을 수록하여 대단원을 포괄적으로 점검할 수 있도록 구성하였습니다.

❷ 중단원 표시로 해당 시험 범위를 쉽게 찾을 수 있도록 도와줍니다.

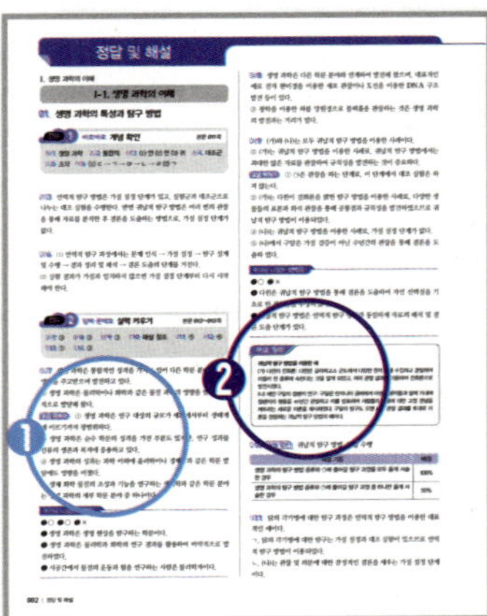

정답 및 해설

❶ 문제 분석 및 오답 피하기 : 모든 문제에 대한 분석은 물론, 오답을 피하기 위한 자세한 설명도 덧붙여 왜 틀렸는지 파악할 수 있게 해줍니다.

❷ 자료 정리 : 문제와 관련된 주요 개념이나 더 알아야할 내용을 제공하여 한 번 더 개념을 다질 수 있습니다.

		BON N제 생명과학 I	교학사	금성	동아	미래엔	비상	지학사	천재
I-1 생명 과학의 이해	**01.** 생명 과학의 특성과 탐구 방법	10~15	13~25	16~35	13~25	14~29	11~25	12~25	11~23
	02. 생물의 특성	16~21							
II-1 사람의 물질대사	**01.** 생명 활동과 에너지	24~29	33~36	46~51	35~39	38~43	35~38	34~41	33~37
	02. 기관계의 통합적 작용(1)	30~37	38~53	52~65	40~49	44~59	39~49	42~49	38~47
	03. 기관계의 통합적 작용(2)	38~45							
III-1 신경계와 근수축	**01.** 흥분의 전도와 전달	48~55	61~75	76~85	59~67	70~81	59~68	60~67 78~81	59~66 75~78
	02. 근수축 운동	56~61							
	03. 신경계	62~69	76~83	86~93	69~77	82~93	70~78	68~77	67~74
III-2 호르몬과 항상성	**01.** 호르몬과 항상성 유지 원리	70~75	86~95	98~107	78~87	94~99	82~91	82~91	83~90
	02. 항상성 유지	76~83							
III-3 질병과 방어 작용	**01.** 질병과 비특이적 방어 작용	84~89	96~109	110~122	93~105	100~115	92~103	92~101	95~107
	02. 특이적 방어 작용과 혈액형	90~97							

COMPARISON TABLE

		BON N제 생명과학Ⅰ	교학사	금성	동아	미래엔	비상	지학사	천재
Ⅳ-1 염색체와 세포 분열	**01.** 염색체	100~105	121~126	134~138	117~123	126~131	115~121	112~119	119~122
	02. 세포 주기와 세포 분열	106~113	128~132	139~143	124~129	132~139	122~129	120~125	123~129
Ⅳ-2 사람의 유전	**01.** 사람의 유전	114~123	134~141	148~152	135~143	140~145	130~139	135~140	135~140
	02. 사람의 유전병	124~131	142~149	153~157	144~151	146~156	142~150	141~150	141~146
Ⅴ-1 생태계의 구성과 기능	**01.** 생태계와 개체군	134~141	157~167	170~179	163~172	166~175	159~169	152~161	157~164
	02. 군집	142~149	168~177	180~188	173~182	176~187	170~179	162~175	165~171
	03. 에너지 흐름과 물질의 순환	150~157	178~182	189~194	183~189	188~193	180~187	176~181	172~175
Ⅴ-2 생물 다양성과 보전	**01.** 생물 다양성과 보전	158~160	184~191	200~205	195~202	194~202	188~199	182~191	181~192

CONTENTS

I

생명 과학의 이해

I
생명 과학의 이해

I−1 생명 과학의 이해

1. 생명 과학의 특성과 탐구 방법
- 생명 과학의 특성
- 귀납적 탐구 방법
- 연역적 탐구 방법

2. 생물의 특성
- 개체 유지 특성
- 종족 유지 특성
- 바이러스

01 생명 과학의 특성과 탐구 방법

개념 ❶ 생명 과학의 특성

1. **생명 과학**: 생명 과학은 지구에서 살아가고 있는 생명체의 특성을 탐구하는 과학의 한 분야이다.

2. **생명 과학의 분야**
   (1) 세포학, 분류학, 생태학, 해부학, 형태학, 생리학, 유전학, 발생학 등의 기초 분야에서 생리학, 유전학, 발생학 등으로 세분화되었다.
   (2) 최근에는 물리학, 화학 등 다른 과학 분야의 연구 성과와 연계하여 발전하면서 생화학, 분자 생물학, 생명 공학 등의 학문 분야로 확대되었다.

▲ 생명 과학과 연계된 학문 분야

3. **생명 과학의 연구 대상**: 분자와 세포 수준의 미시적인 영역과 유전, 생물 다양성, 생태, 진화 등을 연구하는 거시적이고 종합적인 영역으로 구분할 수 있다.

4. **생명 과학의 통합적 특성**: 생명 과학은 다른 학문 분야와 서로 영향을 주고받으며 발전하고 있다.
   예 물리학 이론으로 만들어진 전자 현미경, 결정학 지식을 바탕으로 생명 과학자와 물리학자가 함께 구성한 DNA모형 등

개념 ❷ 귀납적 탐구 방법

1. **귀납적 탐구 방법**: 자연 현상을 관찰하여 얻은 자료를 분석하고 종합하여 원리나 법칙을 이끌어 내는 탐구 방법
   (1) 실험을 통해 검증하기 어려운 주제를 탐구하는 방법으로 가설 설정 단계가 없다.
   (2) 관찰을 통하여 얻을 수 있는 지식이 곧 사실이며, 이러한 사실적 지식들을 종합하고 분석하는 과정에서 규칙성을 발견하여 원리나 법칙을 이끌어 낸다.
   예 생명의 진화에 대한 다윈의 관찰과 연구 방법

▲ 귀납적 탐구 방법의 과정

개념 ❸ 연역적 탐구 방법

1. **연역적 탐구 방법**: 자연 현상을 관찰하면서 인식한 문제를 설명하기 위한 가설을 세우고, 실험을 통해 가설의 옳고 그름을 검증하는 탐구 방법
   (1) 가설을 설정하고 가설이 옳은지 그른지, 탐구를 수행하여 확인한다.
   (2) 탐구를 수행하여 얻은 결과를 분석하여 결론을 도출하고, 결론이 가설과 일치하지 않으면 다시 새로운 가설을 설정하여 탐구 과정을 진행한다.

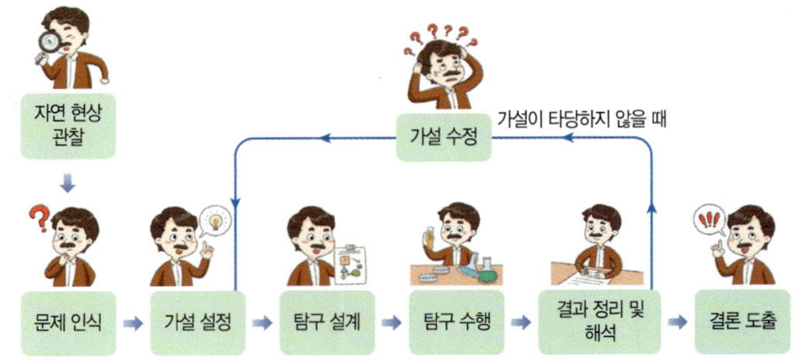

▲ 연역적 탐구 방법의 과정

2. **실험 결과의 타당성과 신뢰도를 높이기 위한 방법**
   (1) **대조 실험 실시**: 탐구를 수행할 때 대조군을 설정하고 실험군과 비교하는 대조 실험을 실시하여 실험 결과의 타당성을 높인다.
   ① **대조군**: 실험 결과를 비교하는 기준이 되는 집단
   ② **실험군**: 실험 조건을 인위적으로 변화시킨 집단
   예 파스퇴르의 탄저병 예방 백신 연구

   (2) 실험을 할 때 실험 결과에 영향을 미치는 변인을 적절히 통제하고, 실험을 반복하여 실험 결과의 신뢰도를 높인다.
   ① **독립변인**: 실험 결과에 영향을 미치는 요인으로, 조작 변인과 통제 변인이 있다.

조작 변인	실험에서 의도적으로 변화시키는 변인
통제 변인	실험에서 일정하게 유지해야 하는 변인

   ② **종속변인**: 조작 변인의 영향을 받아서 달라지는 요인으로, 실험 결과에 해당한다.

탐구 활동 — 생명 과학의 탐구 방법

과정 다음은 여러 과학자의 생명 과학 탐구 사례들이다.

> (가) 에이크만은 닭장에서 백미만 먹이며 기르던 닭이 사람의 각기병과 같은 증상을 나타내는 것을 보고 의문을 가졌다. 이후 건강한 닭을 현미 또는 백미를 먹이는 두 집단으로 나누어 실험한 후 각기병의 발병 여부를 확인하였다.
>
> (나) 구달은 침팬지와 함께 생활하면서 침팬지의 성장과 양육, 침팬지 사이의 관계 등을 관찰하여 행동 특성을 알아냈다.
>
> (다) 파스퇴르는 플라스크 안의 고기즙에서 살아있는 생물이 번식하는 것을 보고 의문을 가졌다. 이후 고기즙을 넣은 백조목 플라스크를 만들어 외부 공기가 통하게 한 것과 통하지 않게 한 것에서 미생물의 번식이 차이가 있다는 것을 밝히고 생물은 생물로부터 생겨난다고 주장하였다.

정리
- (가)와 (다)는 연역적 탐구 방법이 이용되었다. ➡ 탐구 설계 및 수행을 통해 인식된 문제를 해결하려 하였으므로
- (나)는 귀납적 탐구 방법이 이용되었다. ➡ 가설 설정 단계 및 탐구 수행 단계가 없고, 관찰 및 자료 수집 방법을 통해 결론을 도출하였으므로

자료 분석 — 파스퇴르의 생물 속생설

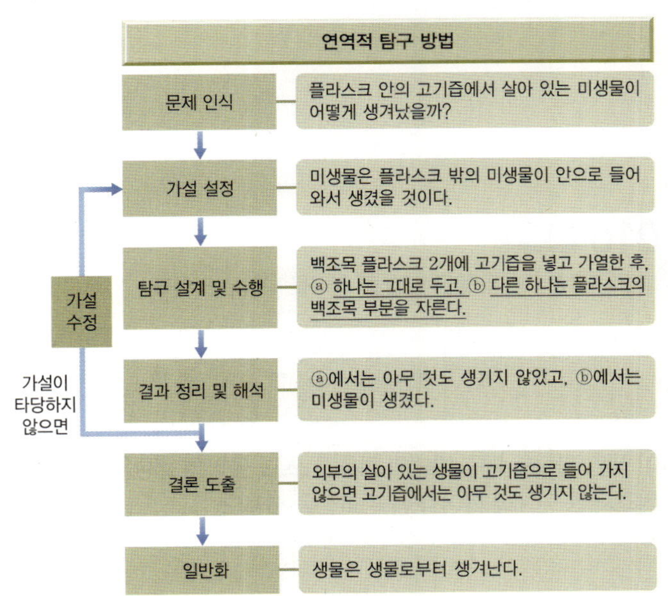

STEP 1 바로바로 개념 확인

정답 및 해설 | 02쪽

001

□□□□□□□은 지구에서 살아가고 있는 생명체의 특성을 탐구하는 과학의 한 분야이다.

002

전자 현미경의 발명이나 DNA 구조의 발견 등 생명 과학은 다른 학문의 연구 성과와 결합하여 함께 발전하는 □□□□□인 특성을 가지고 있다.

003

귀납적 탐구 과정에 해당하는 특징은 '귀', 연역적 탐구 과정에 해당하는 특징은 '연'으로 표시하시오.

(1) 가설 설정 단계가 있다. ( )
(2) 실험군과 대조군으로 나누어 탐구를 수행한다. ( )
(3) 자연 현상을 여러 번 관찰하고 자료를 분석한 후 결론을 도출해 내는 탐구 방법이다. ( )

004

대조 실험을 할 때, 실험 결과를 비교하는 기준이 되는 집단을 □□□□□이라고 한다.

005

종속변인은 실험 결과에 해당하는 것으로, □□□□□ 변인의 영향을 받아서 달라지는 요인이다.

006

다음 〈보기〉는 연역적 탐구 방법의 과정을 순서 없이 나타낸 것이다.

> **보기**
> ㄱ. 가설 설정   ㄴ. 결과 정리 및 해석
> ㄷ. 문제 인식   ㄹ. 결론 도출
> ㅁ. 탐구 설계 및 수행

(1) 탐구 과정을 순서대로 옳게 배열하시오.
(2) 실험 결과가 가설과 일치하지 않았을 때 다시 돌아가서 시작해야 하는 단계를 쓰시오.

개념 ❶ 생명 과학의 특성

족집게 전략 생명 과학은 통합적인 특성을 가지고 있어서 다른 학문 분야와 서로 영향을 주고받는다는 생각을 가지고 문제를 풀어야 해.

007 단골 문제

생명 과학에 대한 설명으로 옳은 것은?

① 연구 대상의 규모가 한정되어 있다.
② 연구 성과를 인류의 생존과 복지에 응용하지 못한다.
③ 물질 과학 등 다른 학문 분야의 영향을 받아 통합적으로 발달해 왔다.
④ 생명 과학의 성과는 과학 이외의 다른 학문 발달에 영향을 미치지 않았다.
⑤ 생체 화학 물질의 조성과 기능을 연구하는 학문 분야는 생명 과학의 일부분이 아니다.

추가로 나오는 선택지

❶ 생명 현상을 탐구하는 학문이다. (   )
❷ 물리학과 화학의 연구 결과를 활용하여 비약적으로 발전하였다. (   )
❸ 생명 과학자는 시공간에서 물질의 운동과 힘을 연구하는 사람이다. (   )

008

생명 과학이 다른 학문 분야와 연계하여 발전한 예와 거리가 먼 것은?

① 세포의 핵을 관찰할 때 전자 현미경을 이용한다.
② 자기장을 이용한 MRI를 사용해 뇌 지도를 만든다.
③ 광학을 이용한 허블 망원경으로 블랙홀을 관찰한다.
④ 결정의 X선 정보를 이용해 DNA 입체 구조를 밝혀냈다.
⑤ 컴퓨터를 이용해 생물이 가진 유전자의 정보를 분석하였다.

개념 ❷ 귀납적 탐구 방법

족집게 전략 귀납적 탐구 방법만 묻는 문제는 자주 출제되지 않아. 귀납적 탐구 방법의 사례를 제시하고 연역적 탐구 방법과 비교하는 문제가 주로 출제되고 있어.

009 단골 문제

다음은 생명 과학의 탐구 방법을 이용한 탐구 사례이다.

> (가) 다윈은 남아메리카 해안을 항해하며 다양한 생물의 화석과 표본을 수집하고 관찰한 후 공통점, 규칙성을 발견하여 진화론으로 발전시켰다.
> (나) 구달은 오랜 시간 동안 침팬지의 성장 과정, 행동, 침팬지들 사이의 관계 등을 ㉠관찰한 결과, 침팬지는 육식을 즐기고 도구를 사용한다는 사실을 알아냈다.

이에 대한 설명으로 옳은 것은?

① ㉠에서 대조 실험이 수행된다.
② (가)는 연역적 탐구 방법의 예이다.
③ (가)에서 최대한 많은 자료를 관찰하는 것이 중요하다.
④ (나)에서 귀납적 탐구를 위해 가설을 설정하였다.
⑤ (나)에서 가설 검증을 통해 결론을 도출하였다.

추가로 나오는 선택지

❶ 다윈은 귀납적 탐구 방법을 통해 결론을 도출하였다. (   )
❷ 귀납적 탐구 방법은 연역적 탐구 방법과 달리 자료의 해석 단계가 없다. (   )

010 서술형

그림은 생명 과학의 탐구 방법 중 하나를 나타낸 것이다.

이 생명 과학의 탐구 방법의 종류를 쓰고, 올바른 결론을 도출하기 위해서 ㉠ 단계에 들어갈 탐구 과정을 쓰시오.

개념 ❸ 연역적 탐구 방법

족집게 전략 연역적 탐구 방법에서는 탐구 과정의 각 특징을 알고 있어야 해. 연역적 탐구 과정이 주어지면 가설이 무엇인지 찾고, 대조군과 실험군, 독립변인과 종속변인 등을 구분할 수 있어야 해.

011 단골 문제

다음은 닭의 각기병에 대한 탐구 과정이다.

> (가) 각기병에 걸린 닭이 낫게 된 것을 보고 의문을 가졌다.
> (나) 주변 환경 조사를 통해 닭의 모이가 백미에서 현미로 바뀐 것을 알게 되었고, (㉠)라는 생각을 하였다.
> (다) 각기병에 걸린 동일한 품종의 닭을 두 집단으로 나눈 후, 한 집단에는 백미만, 다른 집단에는 현미만 모이로 주었다.
> (라) 일정 시간이 지난 후 두 집단에서 각기병의 발병 여부를 확인하였다.

이 탐구 과정에 대한 설명으로 옳은 것만을 〈보기〉에서 있는 대로 고른 것은?

> **보기**
> ㄱ. 연역적 탐구 방법이 이용되었다.
> ㄴ. (나)는 가설 설정 단계이다.
> ㄷ. (라)에서 각기병의 발병 여부는 종속변인이다.

① ㄱ   ② ㄷ   ③ ㄱ, ㄴ
④ ㄴ, ㄷ   ⑤ ㄱ, ㄴ, ㄷ

추가로 나오는 선택지

❶ '현미에 각기병을 낫게 하는 물질이 들어 있을 것이다.'는 ㉠에 해당한다. (　　)
❷ (다)에서 모이의 종류는 조작 변인이다. (　　)
❸ 동일한 품종의 닭을 사용한 것은 (　　) 통제를 위한 것이다.

012

생명 과학의 탐구 방법으로 옳지 <u>않은</u> 것은?

① 연역적 탐구에서는 대조 실험을 한다.
② 귀납적 탐구 방법에는 가설 설정 단계가 없다.
③ 귀납적 탐구 방법에는 자료 수집 단계가 있다.
④ 다윈의 진화론은 귀납적 탐구 방법을 이용하였다.
⑤ 연역적 탐구 방법에서는 탐구 전에 결론을 일반화한 후 탐구를 수행한다.

013

다음은 미생물에 의한 질병 X의 발병 여부를 알아보기 위한 탐구 과정의 일부이다.

> 어떤 과학자는 ㉠ '미생물 A가 질병 X를 일으킬 것이다.'라고 생각하고 X에 걸린 동물로부터 A를 분리하여 새로운 배지에서 배양하였다. 이후 배양한 A를 건강한 동물에 주사하여 X의 발병 여부를 조사하였다.

이에 대한 설명으로 옳은 것만을 〈보기〉에서 있는 대로 고른 것은?

> **보기**
> ㄱ. ㉠은 가설에 해당한다.
> ㄴ. 귀납적 탐구 방법이 이용되었다.
> ㄷ. 가설이 탐구 결과와 일치하지 않으면 탐구 수행 단계부터 다시 시작한다.

① ㄱ   ② ㄴ   ③ ㄱ, ㄷ
④ ㄴ, ㄷ   ⑤ ㄱ, ㄴ, ㄷ

014 중요

그림 (가)와 (나)는 두 가지 탐구 방법의 과정을 나타낸 것이다.

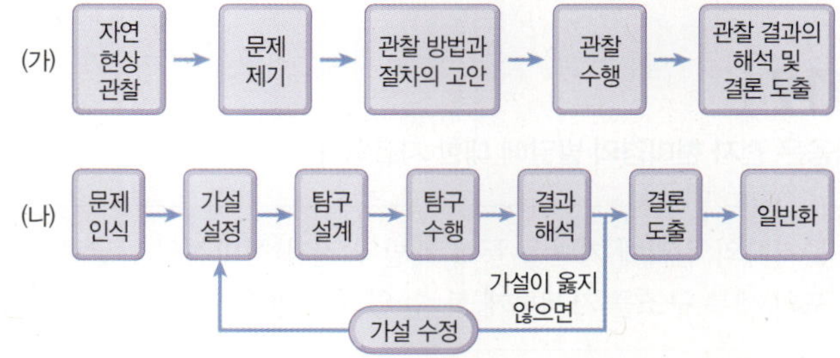

이에 대한 설명으로 옳은 것만을 〈보기〉에서 있는 대로 고른 것은?

> **보기**
> ㄱ. (가)는 귀납적 탐구 방법이다.
> ㄴ. (나)를 통해 다윈의 진화론이 도출되었다.
> ㄷ. (나)에는 실험군과 대조군을 설정하는 단계가 있다.

① ㄱ   ② ㄴ   ③ ㄱ, ㄷ
④ ㄴ, ㄷ   ⑤ ㄱ, ㄴ, ㄷ

015

생명 과학의 특성에 대한 설명으로 옳은 것만을 〈보기〉에서 있는 대로 고른 것은?

보기

ㄱ. 생태계는 생명 과학의 연구 대상이 아니다.
ㄴ. 생화학과 분자 생물학은 통합적 특성을 가진 학문이다.
ㄷ. 생물학자인 왓슨과 크릭이 물리학자인 프랭클린의 연구를 토대로 DNA 구조를 밝힌 것은 생명 과학의 통합적인 특성과 거리가 멀다.

① ㄱ   ② ㄴ   ③ ㄱ, ㄴ
④ ㄱ, ㄷ   ⑤ ㄴ, ㄷ

016

생명 과학의 특성에 대한 설명으로 옳은 것은?

① 생명 과학은 인간의 특성만 연구한다.
② 생명 과학은 화학과 서로 영향을 주고받으며 발달해 왔다.
③ 생명 과학은 다른 학문 분야의 성과와는 독립적으로 나타난다.
④ 생명 과학의 성과는 인류의 복지 향상을 위해 거의 활용되지 않는다.
⑤ 컴퓨터 과학 및 정보 기술의 발전은 생명 과학의 발전과는 거리가 멀다.

017

다음은 전자 현미경의 발달에 대한 자료이다.

물리학의 원리에 기반을 두어 개발된 전자 현미경의 발달로 세포의 세부 구조를 자세하게 볼 수 있게 되었다.

이에 대한 설명으로 옳은 것만을 〈보기〉에서 있는 대로 고른 것은?

보기

ㄱ. 생명 과학의 단편적인 특성을 보여준다.
ㄴ. 물리학의 발달이 세포 연구에 영향을 주었다.
ㄷ. 전자 현미경의 발달로 생명 과학의 연구 분야가 넓어졌다.

① ㄱ   ② ㄴ   ③ ㄱ, ㄴ
④ ㄱ, ㄷ   ⑤ ㄴ, ㄷ

018

다음은 생명 과학의 탐구 방법이 이용된 탐구 사례이다.

(가) 파스퇴르는 2개의 백조목 플라스크를 이용해 공기가 들어갈 수 있게 한 플라스크와 들어갈 수 없게 한 플라스크를 비교하고, 실험 결과를 토대로 미생물은 미생물에서 생겨난다고 주장하였다.
(나) 여러 생명 과학자들이 많은 동물과 식물의 세포를 관찰하고, 관찰 결과를 토대로 모든 세포는 세포로부터 생성된다고 주장하였다.

이에 대한 설명으로 옳은 것만을 〈보기〉에서 있는 대로 고른 것은?

보기

ㄱ. (가)는 연역적 탐구 방법이 이용된 사례이다.
ㄴ. (가)에는 가설 설정 단계가 있다.
ㄷ. (나)에는 대조 실험 과정이 있다.

① ㄱ   ② ㄷ   ③ ㄱ, ㄴ
④ ㄴ, ㄷ   ⑤ ㄱ, ㄴ, ㄷ

019

다음은 다윈이 수행한 탐구 과정이다.

(가) 다윈은 갈라파고스 군도의 여러 섬에 서식하는 핀치 새의 부리 모양과 크기가 다른 것을 관찰하고, '핀치 새의 부리 모양과 길이가 왜 서로 다를까?'라는 의문을 가졌다.
(나) 갈라파고스 군도의 각 섬에 서식하는 핀치 새를 채집하여 부리 모양을 스케치하고 부리의 길이를 측정하였다.
(다) 관찰 결과를 분석하여 먹이에 따라 핀치 새의 부리 모양이 다르다는 것을 알게 되었다.
(라) 서식 지역과 먹이에 따라 핀치 새의 부리 모양이 달라졌다는 결론을 내렸다.

이에 대한 설명으로 옳은 것만을 〈보기〉에서 있는 대로 고른 것은?

보기

ㄱ. (가)에는 가설 설정 단계가 포함된다.
ㄴ. 관찰 수행 단계는 (나)이다.
ㄷ. (라)에서 발견된 규칙성에 따라 결론을 도출하였다.

① ㄱ   ② ㄷ   ③ ㄱ, ㄴ
④ ㄴ, ㄷ   ⑤ ㄱ, ㄴ, ㄷ

020

다음은 민수가 식물 A를 이용한 탐구 과정이다.

> (가) 민수는 A로부터 얻은 잎 추출물이 세균의 증식을 억제할 것이라고 생각하였다.
> (나) A의 잎을 갈아 추출액을 얻었다.
> (다) 세균을 골고루 뿌려놓은 접시를 준비한 후, 접시에 ㉠A의 추출액을 묻힌 원반 모양의 종이를 올려놓았다.
> (라) 며칠 후 A의 추출액을 묻힌 원반 모양의 종이 주위에서 세균이 죽었다.
> (마) 민수는 A가 세균을 죽이는 물질을 만든다고 발표하였다.

이에 대한 설명으로 옳은 것만을 〈보기〉에서 있는 대로 고른 것은?

> **보기**
> ㄱ. ㉠은 조작 변인이다.
> ㄴ. (가)는 가설 설정 단계를 포함한다.
> ㄷ. 민수는 올바른 탐구 과정을 통해 타당성이 높은 실험 결과를 얻었다.

① ㄱ   ② ㄷ   ③ ㄱ, ㄴ   ④ ㄴ, ㄷ   ⑤ ㄱ, ㄴ, ㄷ

021 고난도

다음은 영희가 수행한 탐구 과정이다.

> [가설] (   )
> [탐구 설계 및 수행]
> (가) 같은 양의 녹말 용액이 들어 있는 시험관 Ⅰ과 Ⅱ를 준비한다.
> (나) 시험관 Ⅰ과 Ⅱ에 표와 같이 물질을 첨가하고 37 ℃에서 반응시킨다. 이후 아이오딘 – 아이오딘화 칼륨 반응을 하면서 색깔 변화를 관찰하였다.
>
> | 시험관 | Ⅰ | Ⅱ |
> |---|---|---|
> | 첨가한 물질 | ㉠ | 증류수 |
>
> [결과] Ⅱ에서만 색깔 변화가 나타났다.
> [결론] 효소 X는 녹말을 분해한다.

이에 대한 설명으로 옳은 것만을 〈보기〉에서 있는 대로 고른 것은? (단, 녹말 용액에 아이오딘 – 아이오딘화 칼륨 용액을 떨어뜨리면 청람색을 나타낸다.)

> **보기**
> ㄱ. Ⅱ는 대조군이다.
> ㄴ. ㉠은 '효소 X'이다.
> ㄷ. '효소 X는 녹말을 분해할 것이다.'는 가설에 해당한다.

① ㄱ   ② ㄷ   ③ ㄱ, ㄴ   ④ ㄴ, ㄷ   ⑤ ㄱ, ㄴ, ㄷ

022

다음은 핵이 세포의 생명 활동에서 어떤 역할을 하는지 알아보기 위한 탐구 과정의 일부이다.

> (가) 아메바를 두 집단 A와 B로 나눈 후, A의 아메바는 철사로 핵을 제거하고, B의 아메바는 철사로 핵을 제거하는 것과 같은 자극만 주고 핵을 제거하지 않았다.
>
> 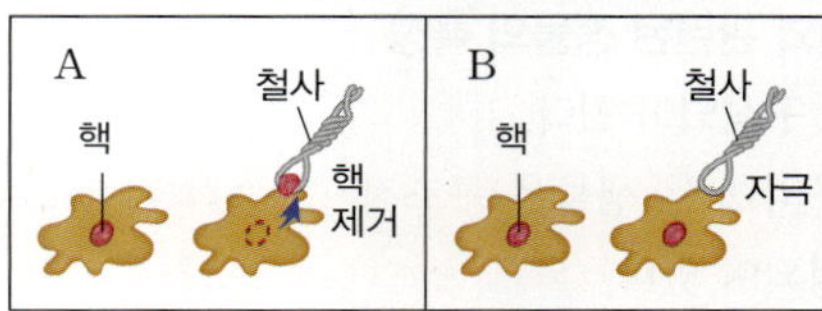
>
>
> (나) 며칠 동안 아메바의 생존 여부를 관찰하였다.

이에 대한 설명으로 옳은 것만을 〈보기〉에서 있는 대로 고른 것은?

> **보기**
> ㄱ. B는 대조군이다.
> ㄴ. 핵의 제거 유무는 통제 변인이다.
> ㄷ. '아메바에 자극을 주면 생존하기 어렵다.'는 이 실험의 가설로 타당하다.

① ㄱ   ② ㄴ   ③ ㄷ
④ ㄱ, ㄴ   ⑤ ㄴ, ㄷ

023

다음은 철민이가 콩이 싹트는 데 햇빛이 영향을 미치는지 알아보기 위해 수행한 탐구 과정의 일부이다.

> 솜을 깔아 놓은 두 개의 페트리 접시 A와 B를 준비한다. 이후 A와 B 모두에 콩을 올려놓고 표와 같이 처리하였다.
>
> | 구분 | A | B |
> |---|---|---|
> | 빛 | 창가 | 암실 |
> | 온도 | 20 ℃ | (㉠) |
> | 물 | 충분히 줌 | 충분히 줌 |

이에 대한 설명으로 옳은 것만을 〈보기〉에서 있는 대로 고른 것은?

> **보기**
> ㄱ. ㉠은 '20 ℃'이다.
> ㄴ. 물을 충분히 주는 것은 조작 변인에 해당한다.
> ㄷ. 이 실험에서 콩의 발아 여부는 종속변인에 해당한다.

① ㄱ   ② ㄴ   ③ ㄱ, ㄷ
④ ㄴ, ㄷ   ⑤ ㄱ, ㄴ, ㄷ

02 생물의 특성

 개체 유지 특성

1. 개체 유지 특성: 하나의 생물이 살아 있는 상태를 유지하는 데 관련된 특성

2. 개체 유지와 관련된 생물의 특성

(1) 세포로 구성되어 있다.
① 지구의 모든 생물은 구조적·기능적 기본 단위인 세포로 구성되어 있다.
② 생물은 단세포 생물과 다세포 생물로 구분한다.

단세포 생물	몸이 하나의 세포로 이루어진 생물 예 짚신벌레, 아메바 등
다세포 생물	몸이 수많은 세포로 이루어진 생물 예 코끼리, 사람 등

③ 다세포 생물의 구성 체제: 세포 → 조직 → 기관 → 개체

(2) 물질대사를 한다.
① 물질대사는 생물의 체내에서 일어나는 모든 화학 반응으로 물질을 합성하거나 분해하는 반응이며, 물질대사가 일어날 때에는 효소가 관여한다.
② 물질대사는 동화 작용과 이화 작용으로 구분한다.

동화 작용	저분자 물질로부터 고분자 물질을 합성하는 과정 예 광합성, 단백질 합성
이화 작용	고분자 물질을 저분자 물질로 분해하는 과정 예 세포 호흡, 소화

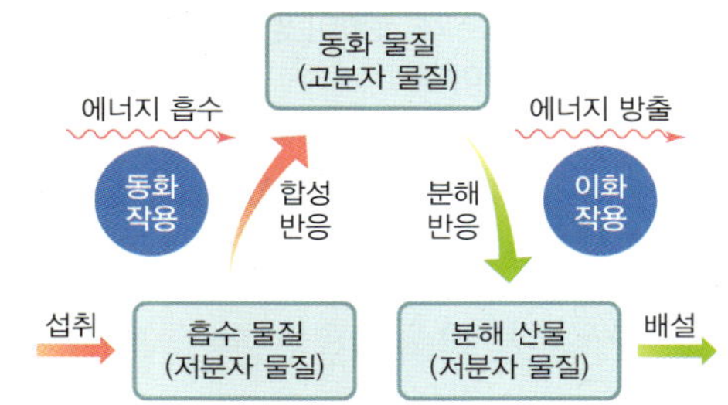

③ 물질대사가 일어날 때 에너지 출입이 함께 일어난다.
• 동화 작용이 일어날 때 에너지가 흡수된다.
예 광합성: 이산화 탄소+물 $\xrightarrow{\text{에너지 흡수}}$ 포도당+산소
• 이화 작용이 일어날 때 에너지가 방출된다.
예 세포 호흡: 포도당+산소 $\xrightarrow{\text{에너지 방출}}$ 이산화 탄소+물

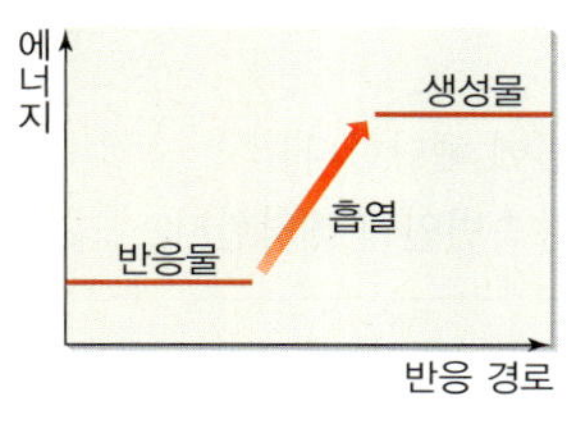

▲ 동화 작용(흡열 반응)

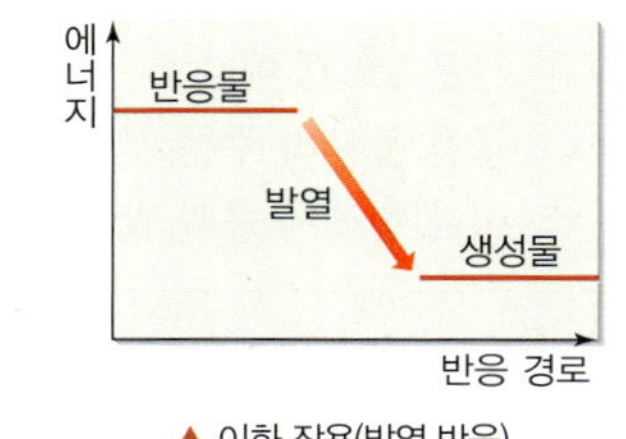

▲ 이화 작용(발열 반응)

(3) 자극에 대해 반응하고 항상성을 유지한다.
① 자극에 대한 반응: 생물은 체내 또는 체외의 환경 변화인 자극에 대해 반응한다.
예 뜨거운 것에 손이 닿으면 재빨리 손을 떼는 현상, 식물이 빛을 향해 굽어 자라는 현상
② 항상성: 환경 변화에 대하여 체내 상태를 일정하게 유지하려는 성질
예 더울 때 땀을 흘리는 현상, 물을 마셨을 때 오줌량이 늘어나는 현상, 체내 혈당량이 일정하게 유지되는 현상

(4) 발생과 생장을 한다.
① 발생: 다세포 생물에서 생식세포의 수정으로 생성된 수정란이 하나의 개체가 되는 과정
② 생장: 다세포 생물에서 어린 개체가 체세포 분열을 통해 세포 수를 늘리면서 자라는 과정
③ 발생과 생장은 몸이 자라는 것뿐만 아니라 복잡하게 분화하여 구조적·기능적으로 완전한 개체가 되어 가는 과정이다.

 종족 유지 특성

1. 종족 유지 특성: 생물 종을 보존하여 생명의 연속성을 유지하는 데 관련된 특성

2. 종족 유지와 관련된 생물의 특성

(1) 생식과 유전을 한다.
① 생식: 생물이 자손을 만드는 현상

무성 생식	생식세포의 수정 없이 자손을 만드는 생식 방법으로, 자손의 유전자 구성은 어미와 동일하다. 예 아메바와 짚신벌레의 분열법, 효모의 출아법
유성 생식	생식세포의 수정을 통해 자손을 만드는 생식 방법으로, 유전자 구성이 다양한 자손을 남길 수 있다. 예 사람의 정자와 난자의 수정으로 자손을 만든다.

② 유전: 어버이의 형질이 자손에게 전해지는 현상
예 적록 색맹인 어머니로부터 적록 색맹인 아들이 태어난다.

(2) 적응과 진화를 한다.
① 적응: 생물이 서식 환경에 적합한 몸의 형태와 기능, 생활 습성 등을 가지도록 변화하는 현상
예 선인장은 굵은 줄기, 가시 모양의

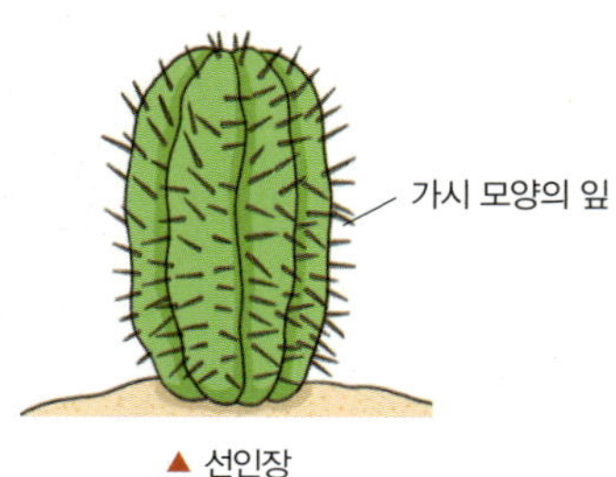

▲ 선인장

잎, 단단한 껍질 등을 가진 독특한 형태로 변하여 물의 증발을 막으면서 사막과 같은 건조한 환경에 적응하였다.

② 진화: 생물이 오랜 시간 여러 세대를 거치면서 환경에 적응한 결과 집단의 유전자 구성이 변하여 새로운 종이 나타나는 현상

  예 갈라파고스 군도의 핀치 새는 여러 섬에 격리되어 살면서 그 섬의 환경에 적응한 결과 서로 다른 특성의 부리를 가진 종으로 진화하였다.

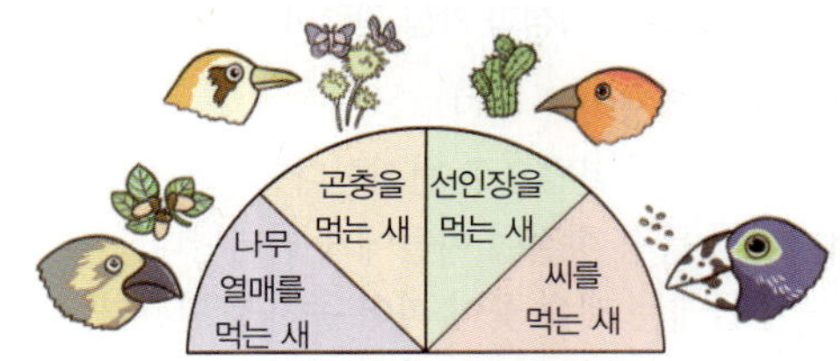

▲ 먹이에 따른 핀치 새의 부리 모양

개념 ❸ 바이러스

1. 바이러스

(1) 모양이 매우 다양하고, 세균보다 크기가 작아 세균 여과기를 통과할 수 있다.

(2) 단백질 껍질 속에 핵산(DNA 또는 RNA)이 들어 있는 단순한 구조이다.

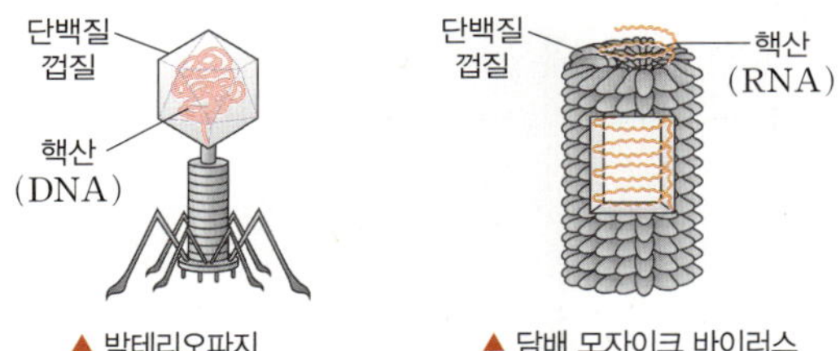

▲ 박테리오파지　　　▲ 담배 모자이크 바이러스

2. 바이러스의 특성: 바이러스는 비생물적 특성과 생물적 특성을 모두 나타낸다.

(1) 비생물적 특성

  ① 세포 구조가 아니므로 세포막과 세포 소기관이 없다.

  ② 자체 효소를 가지고 있지 않아 숙주 세포 밖에서 독자적인 물질대사를 하지 못하고, 핵산과 단백질 입자로 존재한다.

(2) 생물적 특성

  ① 바이러스는 자신의 유전 물질(핵산)을 숙주 세포에 주입한 후, 숙주 세포 내에서 숙주의 효소를 이용해 물질대사를 하고 증식할 수 있다.

  ② 증식 과정에서 돌연변이가 일어나 다양한 환경에 적응하고 진화할 수 있다.

024

정답 및 해설 | 04쪽

생물을 구성하는 기능적, 구조적 기본 단위는 [   ]이다.

025

생물은 [   ]를 통해 얻은 물질과 에너지를 이용하여 생명 현상을 유지한다.

026

생물의 특성에 대한 설명으로 옳은 것은 ○, 옳지 않은 것은 ×로 표시하시오.

(1) 더울 때 땀을 흘리는 현상은 항상성에 해당한다.　（　　）
(2) 발생은 어버이의 유전 물질이 자손에게 전해져 자손이 어버이의 유전 형질을 이어받는 것이다.　（　　）
(3) 생물이 여러 세대를 거치면서 환경에 적응한 결과 새로운 종이 나타나는 현상을 진화라고 한다.　（　　）

027

물질대사 중 [   ] 저분자 단순한 물질을 고분자 물질로 합성하는 과정으로, 반응 과정에서 에너지가 [   ]되는 반응이다.

028

다음 예와 가장 관련이 깊은 생물의 특성을 쓰시오.

> • 추울 때 몸이 떨린다.
> • 건강한 사람은 혈당량이 0.1 %로 유지된다.

029

바이러스는 [   ] 껍질 속에 핵산이 들어 있는 단순한 구조를 가진다.

030

다음은 바이러스에 대한 설명이다. 바이러스의 비생물적 특성은 '비', 생물적 특성은 '생'으로 표시하시오.

(1) 세포 구조를 갖지 않는다.　（　　）
(2) 숙주의 효소를 이용해 물질대사를 한다.　（　　）
(3) 세포 밖에서 핵산과 단백질의 입자로 존재한다.　（　　）
(4) 증식 과정에서 돌연변이가 일어나 변종 바이러스가 나타난다.　（　　）

개념 ❶ 개체 유지 특성

(족집게 전략) 개체 유지 특성에 해당하는 사례를 제시하고, 이 특성과 가장 관련이 깊은 생물의 특성을 묻는 문항이 자주 출제되고 있어. 따라서 각 사례가 생물의 특성 중 어떤 것에 해당하는지 찾을 수 있어야 해.

031 단골 문제

다음은 거미가 거미줄을 이용하여 먹이를 잡는 과정에 대한 설명이다.

거미는 거미줄에 진동이 발생하면 곤충과 같은 먹이가 거미줄에 걸린 것으로 판단한다. ㉠거미는 이 진동을 감지하여 먹이를 향해 다가간다.

㉠에 나타난 생물의 특성과 가장 관련이 깊은 것은?

① 미모사에 손을 대면 잎이 접힌다.
② 선인장의 가시는 잎이 변형된 것이다.
③ 섭취한 음식물이 소화 효소에 의해 분해된다.
④ 반딧불이는 ATP의 에너지를 이용해 빛을 낸다.
⑤ 어머니가 적록 색맹일 경우 아들도 적록 색맹이다.

추가로 나오는 **선택지**

❶ 수정란이 다양한 기능을 가진 세포들로 분화되는 것은 생물의 특성 중 (   )의 예이다.
❷ 추울 때 몸이 떨리는 현상은 생물의 특성 중 (   )의 예이다.

032 서술형

다음은 강아지의 행동에 대한 설명이다.

강아지는 날씨가 갑자기 더워지면 ㉠혀를 내밀고 숨을 쉰다. 이는 뜨거운 혈액이 혀를 지나가면서 습기를 증발시켜 열을 발산할 수 있도록 도와준다.

(1) ㉠에 나타나는 생물의 특성을 쓰고, (2) 사람에게 나타나는 ㉠과 가까운 예를 하나만 서술하시오.

033 중요

다음은 반딧불이의 발광 현상에 대한 설명이다.

반딧불이의 배 부분에는 빛을 내는 세포가 존재하며, 이 세포에는 미토콘드리아가 다량 존재하여 ATP를 생산한다. ㉠빛을 내는 세포에 있는 루시페레이스라는 효소는 루시페린이라는 유기물을 산화시키며, 이 과정에서 ATP의 에너지가 사용되어 빛이 발생한다.

㉠에 나타난 생물의 특성과 가장 관련이 깊은 것은?

① 수정란이 올챙이가 된다.
② 짚신벌레는 분열법으로 번식한다.
③ 어머니의 특정 형질이 아들에게 나타난다.
④ 서양민들레는 계속 꽃이 피어 종자를 만든다.
⑤ 침 속의 아밀레이스는 녹말을 엿당으로 분해한다.

034

강아지와 강아지를 흉내낼 수 있게 만든 강아지 로봇의 특성을 비교한 것으로 옳지 <u>않은</u> 것은?

	특성	강아지	강아지 로봇
①	움직인다.	○	○
②	호흡을 한다.	○	○
③	음식물을 섭취한다.	○	×
④	자극에 대해 반응한다.	○	○
⑤	항상성을 유지할 수 있다.	○	×

(○: 나타남, ×: 나타나지 않음)

개념 ❷ 종족 유지 특성

족집게 전략) 종족 유지 특성은 적응과 진화에 대한 사례를 제시하고 이와 유사한 사례를 찾는 문항이 주로 출제되고 있어. 따라서 어떤 사례가 적응과 진화에 대한 예인지 파악할 수 있어야 해.

035 단골 문제

표는 먹이 종류와 활동 환경에 따른 새의 발 모양을 나타낸 것이다.

새	독수리	오리	꿩
발 모양			
먹이	동물 사체	물고기, 곤충	콩, 열매
활동 환경	공중	물	숲

이 자료에 나타난 생물의 특성과 가장 관련이 깊은 것은?

① 짚신벌레는 분열법으로 증식한다.
② 미모사의 잎을 건드리면 잎이 접힌다.
③ 반달가슴곰은 북극곰보다 몸집이 작다.
④ 대장균은 포도당을 분해하여 에너지를 얻는다.
⑤ 소나무는 빛에너지를 이용하여 양분을 합성한다.

추가로 나오는 **선택지**
❶ 독수리는 세포로 구성되어 있다.   (   )
❷ 먹이 종류와 활동 환경에 따라 새의 발 모양이 다른 것은 생물의 특성 중 (   )에 해당한다.

036 서술형

다음은 선인장과 곰에 대한 설명이다.

> (가) 선인장은 잎이 변해 가시가 되었다.
> (나) 추운 지방에 사는 곰은 지방층을 두껍게 하여 추위를 견딘다.

(1) (가)와 (나)에 공통으로 나타내는 생물의 특성을 쓰고, (2) 이와 관련된 또 다른 생물의 특성의 예를 한 가지만 서술하시오.

개념 ❸ 바이러스

족집게 전략) 바이러스의 생물적 특성과 비생물적 특성을 비교하는 문항이 자주 출제되고 있어. 따라서 바이러스의 생물적 특성과 비생물적 특성을 구분하여 알아두어야 해.

037 단골 문제

바이러스의 생물적 특성에 해당하는 것은?

① 핵산과 단백질로만 구성된다.
② 숙주 세포 내에서 복제하여 증식한다.
③ 물질대사를 위한 자신의 효소가 있다.
④ 숙주 세포 밖에서 단백질의 결정으로 존재한다.
⑤ 숙주 세포 밖에서 스스로 물질대사를 할 수 있다.

추가로 나오는 **선택지**
❶ 바이러스는 세균보다 크기가 크다.   (   )
❷ 증식 과정에서 돌연변이가 나타난다.   (   )
❸ 숙주 세포 안에서 단백질의 결정체로 존재한다.   (   )

038

표는 두 가지 특징을 기준으로 대장균과 박테리오파지를 분류한 것이다. A와 B는 각각 대장균과 박테리오파지 중 하나이며, 대장균은 박테리오파지의 숙주이다.

특징	A	B
핵산과 단백질이 있다.	?	○
영양 배지에서 스스로 증식한다.	×	○

이에 대한 설명으로 옳은 것만을 〈보기〉에서 있는 대로 고른 것은?

보기
ㄱ. A는 세포 분열을 통해 증식한다.
ㄴ. B는 세포 구조를 갖는다.
ㄷ. A는 B의 안에서 증식할 수 있다.

① ㄱ   ② ㄴ   ③ ㄷ
④ ㄱ, ㄴ   ⑤ ㄴ, ㄷ

039

다음은 사막에 사는 낙타에 대한 설명이다.

> 낙타는 며칠 동안 음식물을 섭취하지 못하더라도 등에 있는
> ㉠혹 속의 지방을 분해하여 물과 에너지를 얻을 수 있다.

㉠에 나타난 생물의 특성과 가장 관련이 깊은 것은?

① 미모사의 잎에 손을 대면 오므라든다.
② 효모를 이용해 쌀을 막걸리로 만들었다.
③ 사막 선인장의 가시는 잎이 변한 것이다.
④ 기온이 올라갔을 때 사람의 몸에서 땀이 분비된다.
⑤ 공이 얼굴로 날아왔을 때 반사적으로 눈을 감는다.

040

다음은 효모를 이용하여 생물의 특성을 알아보기 위해 수행한 실험이다.

> 병 A에는 증류수와 효모를, 병 B에는 포도당 수용액과 효모
> 를 같은 양씩 넣은 후 그림과 같이 장치하고 석회수가 뿌옇게
> 변하는지 관찰하였다.

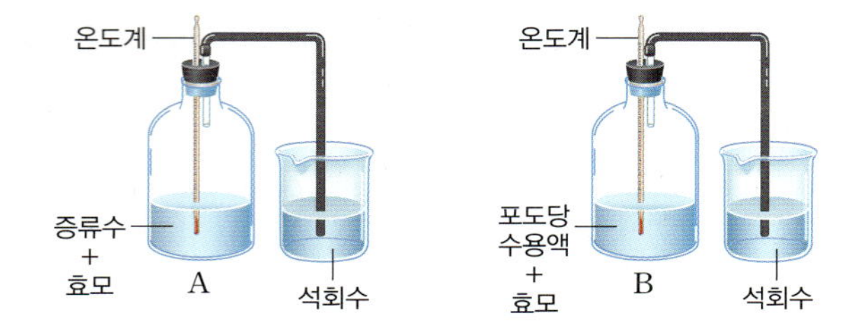

이 실험에서 알아보고자 하는 생물의 특성과 가장 관련이 깊은 것은?

① 벼는 빛에너지를 흡수하여 양분을 합성한다.
② 지렁이에게 빛을 비추면 어두운 곳으로 이동한다.
③ 올챙이는 자라는 동안 뒷다리가 먼저 생긴 후 앞다리가 생긴다.
④ 호주에는 다른 대륙에서 발견되지 않는 캥거루나 오리너구리
　가 살고 있다.
⑤ 평지에서 홀로 자란 소나무의 가지는 숲 속에서 자란 것보다
　넓게 퍼진다.

041

그림은 매미의 알이 성체가 되기까지의 과정을 나타낸 것이다.

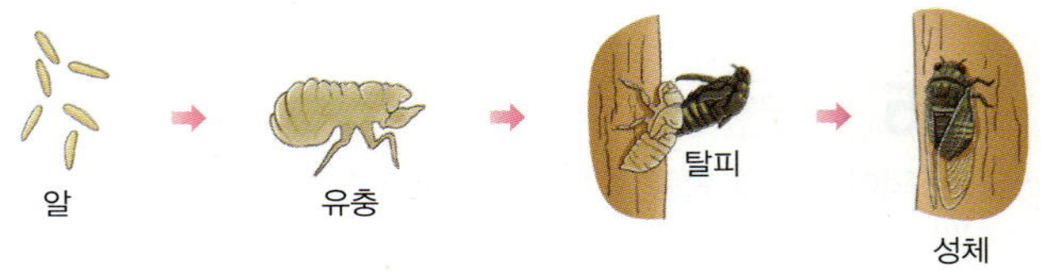

이 자료에 나타난 생물의 특성과 가장 관련이 깊은 것은?

① 코끼리는 세포로 되어 있다.
② 올챙이는 다리가 나오면서 개구리가 된다.
③ 식후에 인슐린이 분비되어 혈당량이 조절된다.
④ 낙타는 모래가 들어오는 것을 막기 위해 콧구멍을 자유롭게
　열고 닫을 수 있다.
⑤ 살충제를 여러 세대를 거쳐 살포하면 살충제 저항성 모기의
　비율이 점점 증가한다.

042

다음은 생물의 특성에 대한 여러 사례이다.

> (가) 적록 색맹인 어머니로부터 적록 색맹인 아들이 태어난다.
> (나) 지렁이는 빛을 피해 어두운 곳으로 이동한다.
> (다) 눈신토끼는 겨울이 되면 흰색 털을 가진다.

(가)~(다)에 해당하는 생물의 특성을 옳게 짝지은 것은?

	(가)	(나)	(다)
①	물질대사	적응과 진화	발생과 생장
②	물질대사	자극에 대한 반응	적응과 진화
③	유전	발생과 생장	물질대사
④	유전	자극에 대한 반응	적응과 진화
⑤	유전	발생과 생장	항상성

043 고난도

그림 (가)는 식물의 잎을 이용하여 생물의 특성을 알아보기 위한 실험 장치를, (나)는 (가)를 빛이 비추는 곳에 두고 실험한 실험 결과를 나타낸 것이다. A와 B는 각각 O_2와 CO_2 중 하나이다.

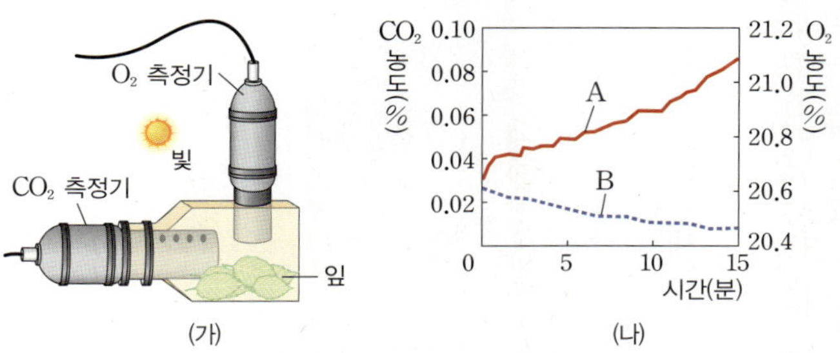

이에 대한 설명으로 옳은 것만을 〈보기〉에서 있는 대로 고른 것은?

보기

ㄱ. A는 CO_2이다.
ㄴ. 잎에서 에너지가 흡수되는 반응이 일어난다.
ㄷ. 이 실험은 생물의 특성 중 발생과 생장을 알아보기 위한 것이다.

① ㄱ   ② ㄴ   ③ ㄷ
④ ㄱ, ㄴ   ⑤ ㄴ, ㄷ

044

다음은 혈우병에 대한 자료이다.

혈우병은 특정 유전자에 이상이 생겨서 발생하는 질병이다. 19세기 영국의 빅토리아 여왕은 혈우병 보인자[*]이었는데 ㉠빅토리아 여왕의 딸들이 유럽의 다른 왕족과 결혼하여 태어난 아들에게서 혈우병이 나타났다.

[*]보인자: 유전병은 나타나지 않지만, 유전병 대립유전자를 가진 사람

㉠에 나타난 생물의 특성과 가장 관련이 깊은 것은?

① 땀을 많이 흘리면 오줌량이 감소한다.
② 아메바는 세포 분열에 의해 증식한다.
③ 배추벌레가 자라나 배추흰나비가 된다.
④ 어머니가 적록 색맹이면 아들도 적록 색맹이다.
⑤ 사막에 사는 낙타는 속눈썹이 빽빽하게 나 있다.

045

그림은 짚신벌레와 독감 바이러스의 공통점과 차이점을 나타낸 것이다.

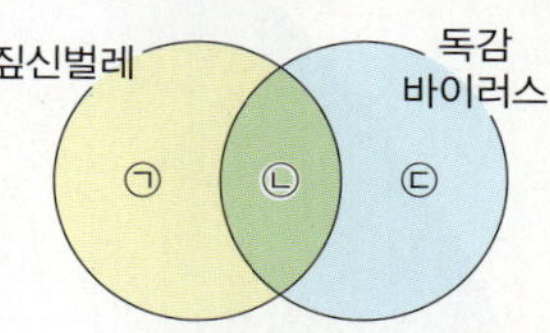

이에 대한 설명으로 옳은 것만을 〈보기〉에서 있는 대로 고른 것은?

보기

ㄱ. '핵산을 가지고 있다.'는 ㉠에 해당한다.
ㄴ. '세포로 되어 있다.'는 ㉡에 해당한다.
ㄷ. '숙주 세포 밖에서 단백질 결정으로 존재한다.'는 ㉢에 해당한다.

① ㄱ   ② ㄴ   ③ ㄷ
④ ㄱ, ㄴ   ⑤ ㄴ, ㄷ

046

다음은 조류 독감 바이러스에 대한 실험 중 일부 내용이다.

(가) 조류 독감에 걸린 조류의 분변을 세균 여과기로 거른 후, 여과액에서 결정체를 추출하였다.
(나) (가)에서 얻은 결정체를 영양 배지에 넣었더니 아무 변화가 없었지만, 다른 여러 조류에 넣어주었더니 조류 독감에 걸린 조류가 나타났다.
(다) 여러 조류를 검사한 결과, 다양한 변종 조류 독감 바이러스가 나타났다.

조류 독감 바이러스에 대한 설명으로 옳은 것만을 〈보기〉에서 있는 대로 고른 것은?

보기

ㄱ. 숙주 세포 밖에서 세포의 구조를 유지한다.
ㄴ. 살아 있는 세포 내에서 증식을 할 수 있다.
ㄷ. 증식 과정에서 돌연변이가 일어나 변종 바이러스가 출현하였다.

① ㄱ   ② ㄴ   ③ ㄷ
④ ㄱ, ㄴ   ⑤ ㄴ, ㄷ

II

사람의 물질대사

II

사람의
물질대사

II-1 사람의 물질대사

1. 생명 활동과 에너지

- 생명 활동과 물질대사
- 에너지 전환과 이용

2. 기관계의 통합적 작용 (1)

- 소화계-영양소의 소화와 흡수
- 호흡계-기체의 교환
- 순환계-영양소와 기체의 운반

3. 기관계의 통합적 작용 (2)

- 배설계-노폐물의 생성과 배설
- 기관계의 통합적 작용
- 물질대사와 건강(대사성 질환)

01 생명 활동과 에너지

개념 ❶ 생명 활동과 물질대사

1. **세포의 생명 활동**: 생명체는 물질대사를 통해 생명 활동 유지에 필요한 에너지와 생명체의 구성 물질, 생리 작용을 조절하는 물질을 얻는다.

2. **물질대사**: 생명체 내에서 일어나는 모든 화학 반응

   (1) 물질대사의 특징

   ① 생명체 내에서 효소의 도움을 받아 일어나며, 동화 작용과 이화 작용이 있다.

   ② 물질대사가 일어날 때는 반드시 에너지 출입이 함께 일어나므로 에너지 대사라고도 한다.

   ③ 반응이 단계적으로 일어나기 때문에 에너지도 단계별로 출입한다.

   (2) 물질대사의 종류

동화 작용	이화 작용
• 간단하고 작은 물질을 복잡하고 큰 물질로 합성하는 반응이다. • 에너지를 흡수하는 흡열 반응이며, 흡수된 에너지는 생성물에 저장된다. 예 광합성, 단백질 합성, DNA 합성, 글리코젠 합성	• 복잡하고 큰 물질을 간단하고 작은 물질로 분해하는 반응이다. • 에너지를 방출하는 발열 반응이며, 반응이 일어날 때 반응물 속의 에너지가 방출된다. 예 세포 호흡, 소화
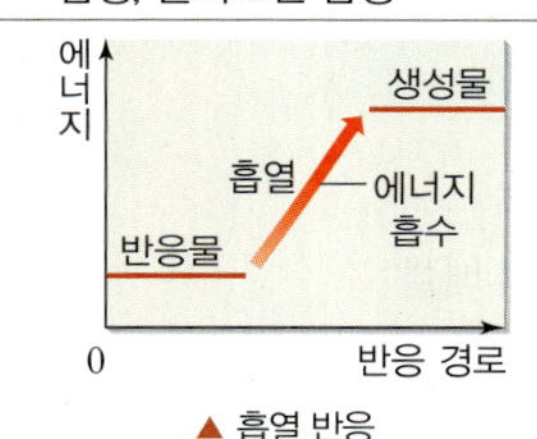 ▲ 흡열 반응	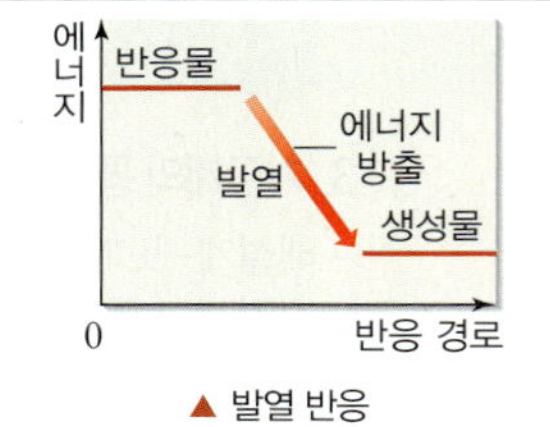 ▲ 발열 반응

개념 ❷ 에너지 전환과 이용

1. **세포 호흡**: 세포 내에서 영양소를 분해하여 생명 활동에 필요한 에너지를 생성하는 과정

   (1) **세포 호흡의 장소**: 주로 미토콘드리아에서 일어나며, 세포질에서도 일부 과정이 진행된다.

   (2) **세포 호흡의 과정**

   ① 포도당은 세포질을 거쳐 미토콘드리아에서 분해되며, 이 과정에서 포도당은 산소와 반응하여 물과 이산화 탄소로 최종 분해되고, 그 결과 에너지가 방출된다.

   ② 이때 방출된 에너지의 일부는 ATP에 화학 에너지의 형태로 저장되고, 나머지는 열에너지로 방출된다.

포도당($C_6H_{12}O_6$)＋산소(O_2) → 이산화 탄소(CO_2)＋
물(H_2O)＋에너지(ATP, 열에너지)

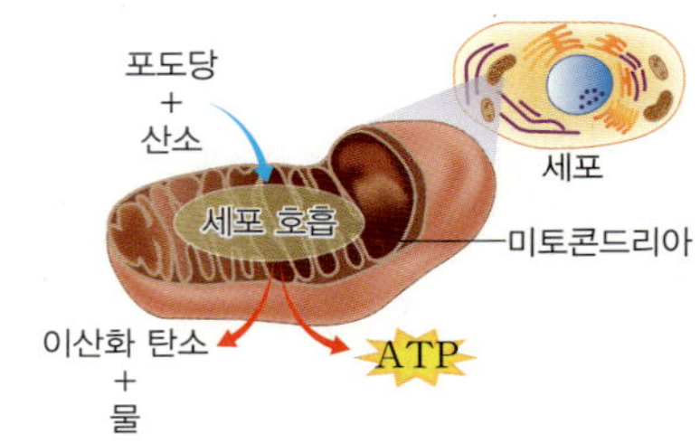

▲ 세포 호흡의 과정

2. **ATP**: 생명 활동에 직접 이용되는 에너지 저장 물질이자, 에너지 전달 물질

   (1) **ATP의 구조**: 아데닌(염기)과 리보스(당)에 3개의 인산기가 결합한 구조이다.

   (2) **에너지의 저장과 방출**

   ① ATP의 2번째와 3번째 인산기 사이에 있는 고에너지 인산 결합이 끊어져 ATP가 ADP와 무기 인산(P_i)으로 분해될 때 에너지가 방출된다.

   ② ADP는 세포 호흡을 통해 생성한 에너지를 이용해 무기 인산(P_i)과 결합하여 다시 ATP로 합성되면서 에너지를 저장한다.

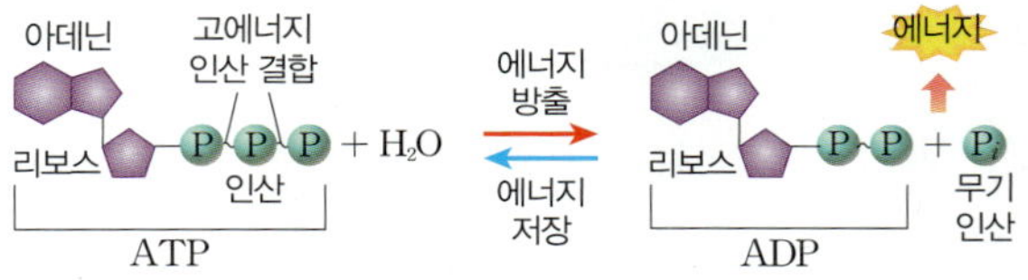

▲ ATP와 ADP 사이의 전환

   (3) **에너지의 전환과 이용**

   ① 세포 호흡을 통해 포도당의 화학 에너지 중 일부가 ATP의 화학 에너지로 저장되며, 나머지는 열에너지로 방출된다.

   ② ATP에 저장된 화학 에너지는 여러 형태의 에너지로 전환되어 다양한 생명 활동에 이용된다.

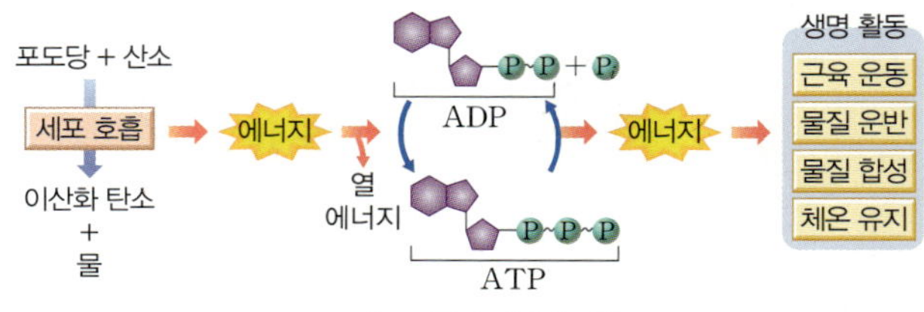

▲ 세포 호흡과 에너지 전환

   (4) **산소 호흡과 발효**

   ① **산소 호흡**: 산소를 이용하여 영양소(포도당)를 이산화 탄소와 물로 완전히 분해시키고 다량의 ATP를 생성한다.

② 발효: 산소가 부족하거나 없는 상태에서 영양소(포도당)가 이산화 탄소와 물로 완전히 분해되지 않아 중간 산물이 생성되고, 산소 호흡에 비해 적은 양의 ATP가 생성되며 세포질에서 일어난다.

탐구 활동 — 효모에 의한 이산화 탄소 방출량 비교

과정
❶ 증류수 100 mL에 건조 효모 10 g을 넣고 유리 막대로 저어 효모액을 만든다.
❷ 발효관 A에 효모액 15 mL와 증류수 20 mL를, 발효관 B에 효모액 15 mL와 포도당 용액 20 mL를 넣는다.
❸ 맹관부에 기체가 들어가지 않도록 각 발효관을 세운 후, 입구를 솜 마개로 막고 발생하는 기체의 부피를 일정 시간 간격으로 측정한다.
❹ 발효관의 맹관부에 기체가 모이면 팽대부에 있는 용액 20 mL를 덜어내고, 10 % 수산화 칼륨(KOH) 수용액 20 mL를 첨가해준 다음, 맹관부에서 수면 높이의 변화를 관찰한다.

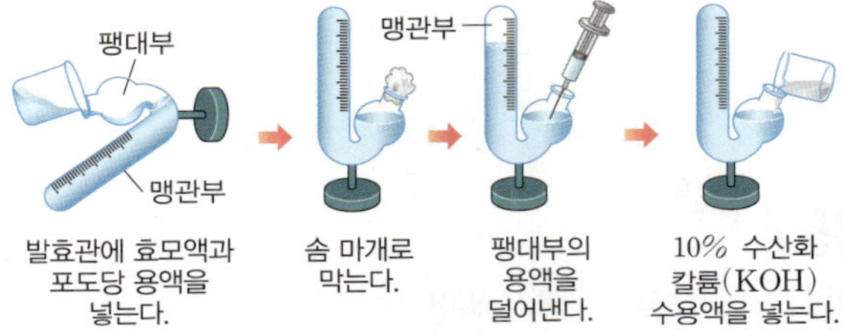

결과
1. A와 B에서 시간에 따라 발생한 기체의 부피 변화는?

A	기체가 발생하지 않아서 맹관부 수면의 높이 변화가 없다.
B	효모가 포도당을 이용해 발효를 하여 이산화 탄소가 발생하므로 맹관부 수면의 높이가 낮아진다.

2. A와 B에 10 % 수산화 칼륨(KOH) 수용액을 넣었을 때 맹관부에서 수면 높이의 변화는?

A	맹관부에서 수면 높이의 변화가 없다.
B	수산화 칼륨(KOH) 수용액이 맹관부에 모인 이산화 탄소를 흡수하므로 맹관부에서 수면의 높이가 높아진다.

정리
• 효모는 산소가 없는 환경에서 포도당을 이용하여 발효를 하고, 이 과정에서 에탄올과 이산화 탄소를 생성한다.
• B에서 10 % 수산화 칼륨(KOH) 수용액이 맹관부에 모인 이산화 탄소를 흡수하므로 맹관부에서 수면의 높이가 높아 진다.

정답 및 해설 | 07쪽

047

생명체 내에서 일어나는 모든 화학 반응을 [　　　　]라고 한다.

048

[　　　　]은 저분자 물질을 고분자 물질로 합성하는 반응이고, [　　　　]은 고분자 물질을 저분자 물질로 분해하는 반응이다.

049

[　　　　]은 세포 내에서 영양소를 분해하여 생명 활동에 필요한 에너지를 생성하는 과정이다.

050

세포 호흡에서 ATP가 생성되는 세포 소기관은 [　　　　]이며, 세포 호흡의 일부 과정은 세포질에서 진행된다.

051

물질대사에 대한 설명으로 옳은 것은 ○, 옳지 <u>않은</u> 것은 ×로 표시하시오.
(1) 단백질 합성은 동화 작용의 예에 해당한다. (　　　)
(2) 포도당이 분해될 때 포도당에 저장된 에너지가 방출된다. (　　　)
(3) 영양소에 포함된 에너지는 세포 호흡을 통해 모두 ATP에 저장된다. (　　　)

052

그림은 근육 세포의 미토콘드리아에서 일어나는 세포 호흡 과정을 나타낸 것이다.
기체 ⓐ와 ⓑ의 종류를 쓰시오.

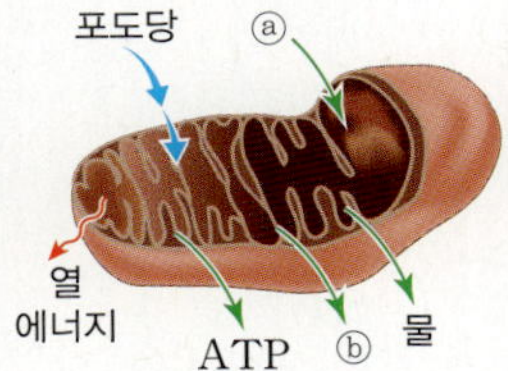

053

그림은 ATP의 합성과 분해를 나타낸 것이다.

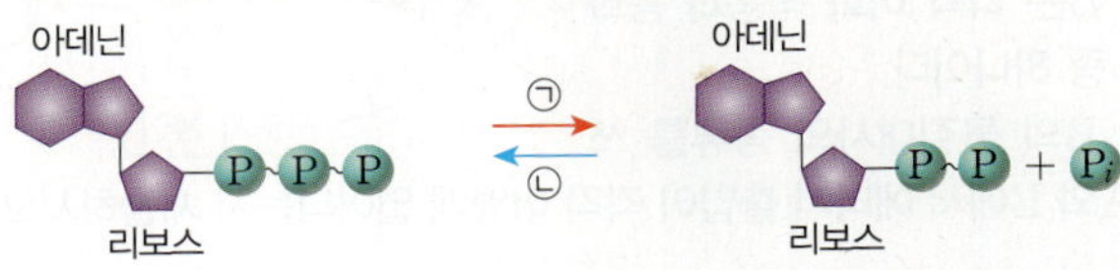

과정 ㉠과 ㉡ 중 에너지 방출이 일어나는 과정을 쓰시오.

개념 **1** 생명 활동과 물질대사

족집게 전략 광합성과 세포 호흡을 비교하는 문제가 자주 출제되고 있어. 따라서 광합성과 세포 호흡에서 물질의 전환 과정과 에너지 출입이 어떻게 이루어지는지 정확히 이해하고 있어야 해.

054 단골 문제

그림은 어떤 생명체에서 일어나는 물질대사 ⓐ와 ⓑ를 나타낸 것이다. ⓐ와 ⓑ는 각각 광합성과 세포 호흡 중 하나이다.

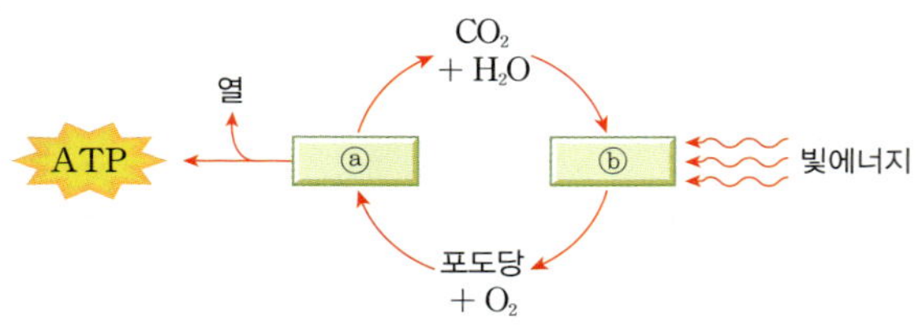

이에 대한 설명으로 옳은 것만을 〈보기〉에서 있는 대로 고른 것은?

보기
ㄱ. ⓐ는 이화 작용의 예이다.
ㄴ. ⓑ에서 빛에너지는 화학 에너지로 전환된다.
ㄷ. ⓐ와 ⓑ에서 모두 효소가 관여한다.

① ㄱ ② ㄴ ③ ㄱ, ㄷ
④ ㄴ, ㄷ ⑤ ㄱ, ㄴ, ㄷ

추가로 나오는 선택지
❶ ⓐ는 동물과 식물에서 모두 일어난다. (   )
❷ 잎의 울타리 조직에서 ⓑ가 일어난다. (   )

055 서술형

그림은 생명체 내에서 일어나는 물질대사 A와 B를 나타낸 것이다. A와 B는 각각 이화 작용과 동화 작용 중 하나이다.
A와 B의 물질대사의 종류를 쓰고, A와 B에서 에너지 출입이 각각 어떻게 일어나는지 서술하시오.

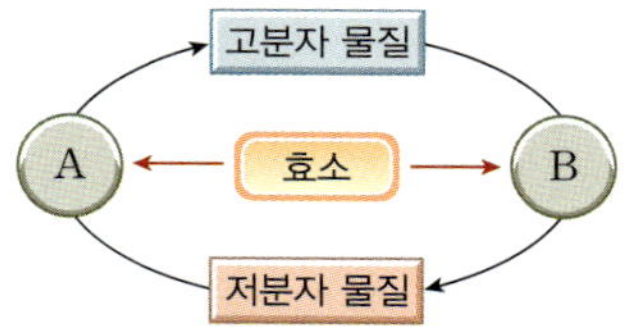

056

그림은 생명체 내에서 일어나는 물질대사 (가)와 (나)를 나타낸 것이다. (가)와 (나)는 각각 글리코젠 분해와 단백질 합성 중 하나이다.

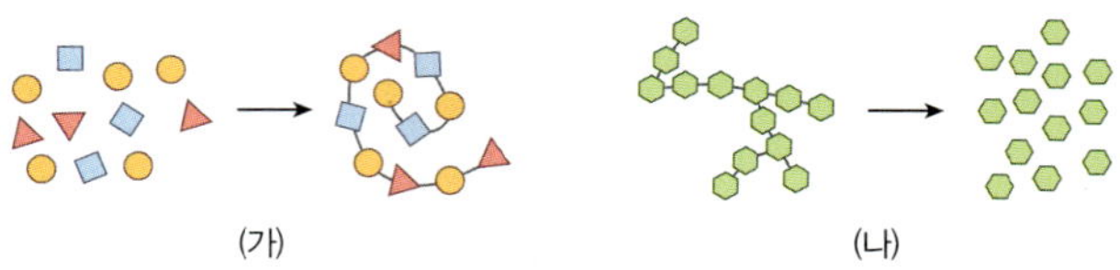

이에 대한 설명으로 옳은 것만을 〈보기〉에서 있는 대로 고른 것은?

보기
ㄱ. (가)는 동화 작용에 해당한다.
ㄴ. (나)에서 에너지가 방출된다.
ㄷ. (나)에서 1분자당 저장된 에너지의 크기는 반응물에서가 생성물에서보다 작다.

① ㄱ ② ㄷ ③ ㄱ, ㄴ
④ ㄴ, ㄷ ⑤ ㄱ, ㄴ, ㄷ

057 중요

그림 (가)는 생명체 내에서 일어나는 물질대사 ⓐ와 ⓑ를, (나)는 ⓐ와 ⓑ 중 하나에서 나타나는 에너지 변화를 나타낸 것이다.

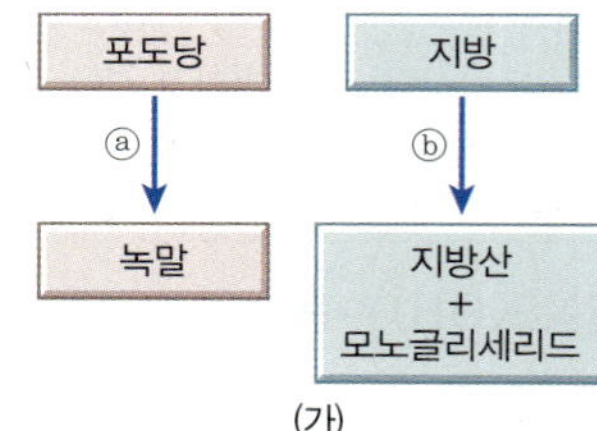

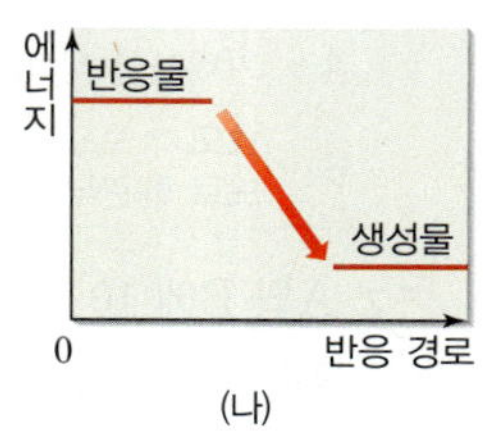

이에 대한 설명으로 옳은 것만을 〈보기〉에서 있는 대로 고른 것은?

보기
ㄱ. (나)는 ⓐ에서 나타나는 에너지 변화이다.
ㄴ. ⓑ는 발열 반응에 해당한다.
ㄷ. 세포 호흡에서 (나)와 같은 에너지 변화가 나타난다.

① ㄱ ② ㄴ ③ ㄱ, ㄷ
④ ㄴ, ㄷ ⑤ ㄱ, ㄴ, ㄷ

족집게 전략 세포 호흡을 통해 생성된 에너지가 생명 활동에 이용되기까지의 과정을 묻는 문제가 자주 출제되고 있어. 따라서 미토콘드리아에서 일어나는 세포 호흡 과정과 이때 생성된 ATP의 에너지 전환과 이용 과정에 대해서 자세하게 알아두어야 해.

058 단골 문제

그림은 근육 세포의 미토콘드리아에서 일어나는 세포 호흡 과정을 나타낸 것이다. @와 ⓑ는 각각 CO_2와 O_2 중 하나이다.
이에 대한 설명으로 옳은 것만을 〈보기〉에서 있는 대로 고른 것은?

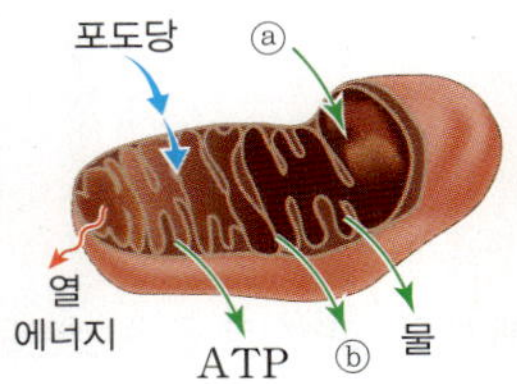

보기
ㄱ. @는 CO_2이다.
ㄴ. 근육 운동에 ATP에 저장된 에너지가 이용된다.
ㄷ. 포도당에 저장된 에너지 중 일부가 ATP에 저장된다.

① ㄱ   ② ㄷ   ③ ㄱ, ㄴ
④ ㄴ, ㄷ   ⑤ ㄱ, ㄴ, ㄷ

추가로 나오는 선택지

❶ 세포 호흡의 모든 과정은 세포질에서 일어난다.　　　(　　　)
❷ ATP의 에너지는 다양한 형태의 에너지로 전환된다. (　　　)

059

그림은 ATP와 ADP 사이의 전환 과정을 나타낸 것이다.

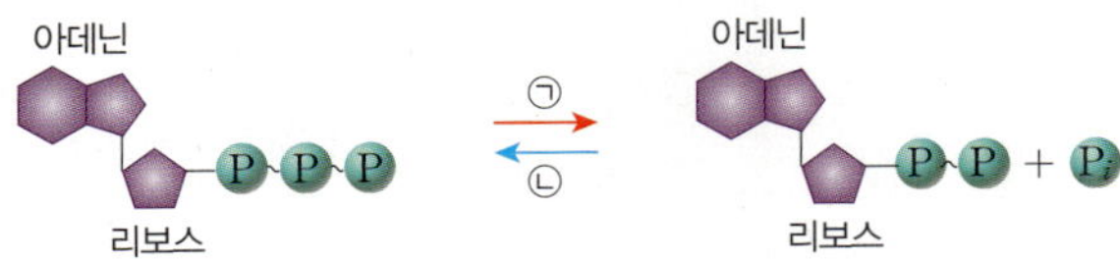

이에 대한 설명으로 옳은 것만을 〈보기〉에서 있는 대로 고른 것은?

보기
ㄱ. ㉠ 과정에서 에너지가 흡수된다.
ㄴ. 동물과 식물에서 ㉡ 과정이 모두 일어난다.
ㄷ. 1분자당 인산기의 수는 ATP가 ADP보다 적다.

① ㄱ   ② ㄴ   ③ ㄱ, ㄷ
④ ㄴ, ㄷ   ⑤ ㄱ, ㄴ, ㄷ

060 중요

그림은 사람에서 포도당이 세포 호흡을 통해 최종 분해 산물로 전환되는 과정과 이 과정에서 생성된 ATP가 생명 활동에 이용되는 과정을 나타낸 것이다. ㉠과 ㉡은 각각 CO_2와 O_2 중 하나이다.

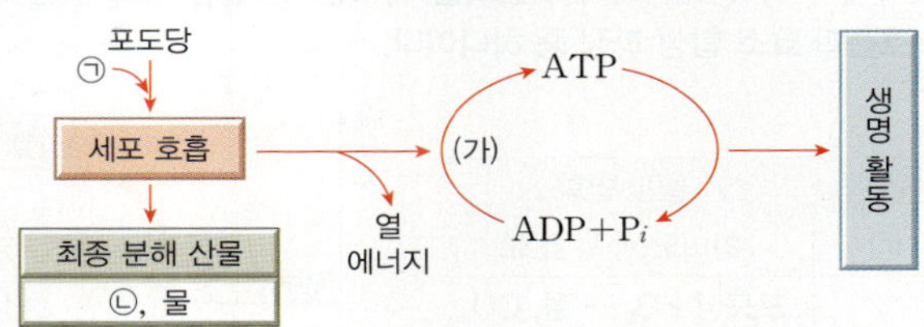

이에 대한 설명으로 옳은 것만을 〈보기〉에서 있는 대로 고른 것은?

보기
ㄱ. ㉠은 CO_2, ㉡은 O_2이다.
ㄴ. 미토콘드리아에서 (가) 과정이 일어난다.
ㄷ. 세포 호흡을 통해 생성된 에너지의 일부는 체온 유지에 쓰인다.

① ㄱ   ② ㄴ   ③ ㄱ, ㄷ
④ ㄴ, ㄷ   ⑤ ㄱ, ㄴ, ㄷ

061 서술형

시험관 A와 B에 각각 싹튼 콩과 고무찰흙을 넣고 그림과 같이 장치한 후, A와 B에서 잉크 방울의 이동을 관찰하였다.

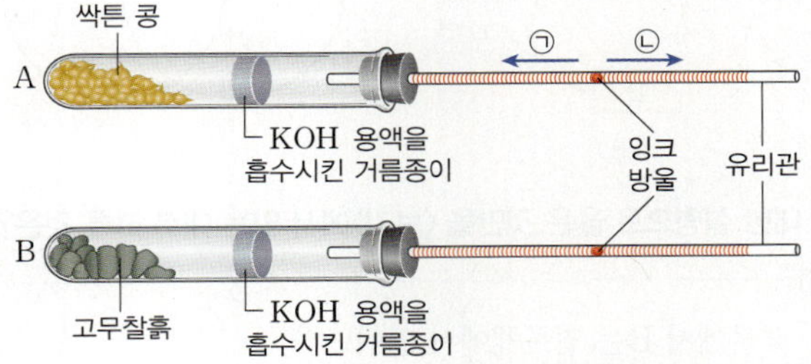

A와 B에서 각각 잉크 방울이 어떻게 이동하는지 예상하고, 그렇게 판단한 근거를 함께 서술하시오(단, A와 B에서 제시된 요인 이외의 다른 요인은 모두 동일하다.).

062

표는 어떤 생명체에서 일어나는 물질대사 ⓐ와 ⓑ를, 그림은 ⓐ와 ⓑ 중 하나에서 나타나는 에너지 변화를 나타낸 것이다. ⓐ와 ⓑ는 각각 세포 호흡과 효소 합성 과정 중 하나이다.

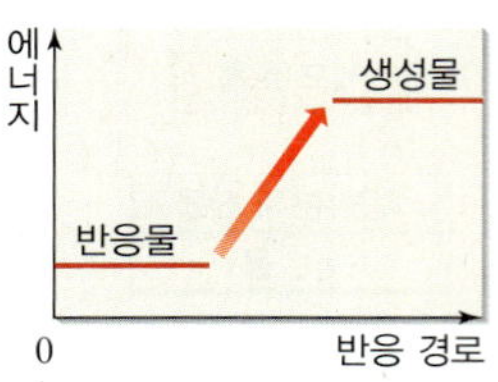

구분	물질 변화
ⓐ	아미노산 → 효소
ⓑ	포도당+O_2 → 물, CO_2

이에 대한 설명으로 옳은 것만을 〈보기〉에서 있는 대로 고른 것은?

보기
ㄱ. ⓐ는 이화 작용에 해당한다.
ㄴ. 그림의 반응은 ⓐ에서 나타나는 에너지 변화이다.
ㄷ. ⓑ에서 생성되는 에너지는 모두 ATP 합성에 쓰인다.

① ㄱ   ② ㄴ   ③ ㄱ, ㄷ
④ ㄴ, ㄷ   ⑤ ㄱ, ㄴ, ㄷ

063

그림 (가)는 물질대사 A와 B에서 일어나는 물질의 변화를, (나)는 A와 B의 공통점과 차이점을 나타낸 것이다. A와 B는 각각 세포 호흡과 광합성 중 하나이다.

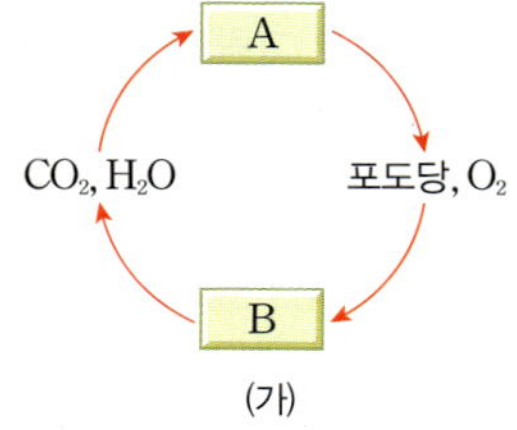
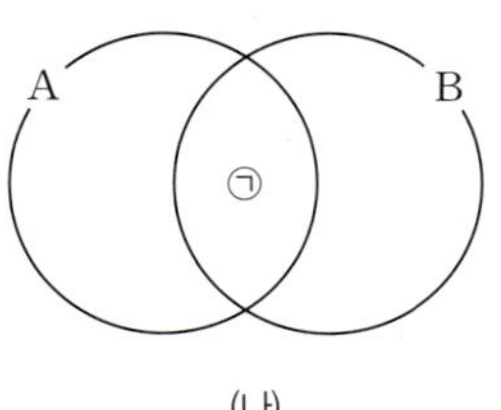

(가)　　　　(나)

이에 대한 설명으로 옳은 것만을 〈보기〉에서 있는 대로 고른 것은?

보기
ㄱ. 식물에서 B는 엽록체에서 일어난다.
ㄴ. 1분자당 저장된 에너지의 크기는 CO_2가 포도당보다 작다.
ㄷ. '효소가 관여한다.'는 ㉠에 해당한다.

① ㄱ   ② ㄷ   ③ ㄱ, ㄴ
④ ㄴ, ㄷ   ⑤ ㄱ, ㄴ, ㄷ

064

그림은 사람의 체내에서 일어나는 물질과 에너지 전환 과정의 일부를 나타낸 것이다. 과정 (가)와 (나)는 각각 세포 호흡과 글리코젠 합성 과정 중 하나이고, ⓐ~ⓒ는 글리코젠, 포도당, CO_2를 순서 없이 나타낸 것이다.

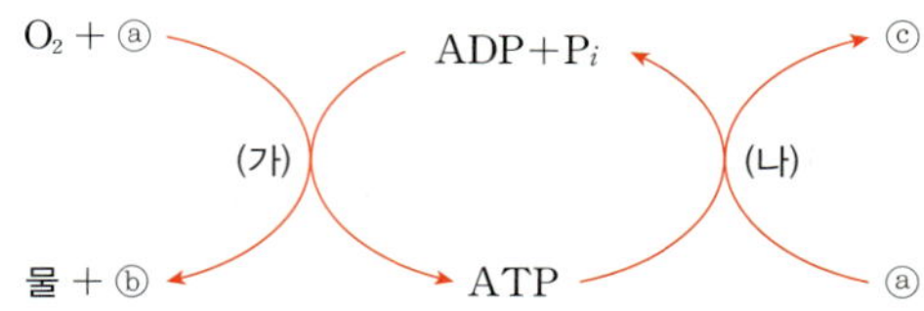

이에 대한 설명으로 옳은 것만을 〈보기〉에서 있는 대로 고른 것은?

보기
ㄱ. ⓐ는 단당류에 속한다.
ㄴ. 식물에서는 (가)가 일어나지 않는다.
ㄷ. (나)는 흡열 반응에 해당한다.

① ㄱ   ② ㄴ   ③ ㄱ, ㄷ
④ ㄴ, ㄷ   ⑤ ㄱ, ㄴ, ㄷ

065 고난도

표 (가)는 물질대사 A와 B에서 특징 ㉠~㉢의 유무를, (나)는 ㉠~㉢을 순서 없이 나타낸 것이다. A와 B는 각각 동화 작용과 이화 작용 중 하나이다.

특징　　물질대사	㉠	㉡	㉢
A	○	○	ⓐ
B	ⓑ	○	×

(○: 있음, ×: 없음)

(가)

특징(㉠~㉢)
• 효소가 관여한다.
• 발열 반응에 해당한다.
• 고분자 물질이 저분자 물질로 분해된다.

(나)

이에 대한 설명으로 옳은 것만을 〈보기〉에서 있는 대로 고른 것은?

보기
ㄱ. ⓐ와 ⓑ는 모두 '×'이다.
ㄴ. 리소좀에서 일어나는 세포내 소화는 A에 해당한다.
ㄷ. B에서는 에너지의 흡수가 일어난다.

① ㄱ   ② ㄴ   ③ ㄱ, ㄷ
④ ㄴ, ㄷ   ⑤ ㄱ, ㄴ, ㄷ

066

그림 (가)는 사람에서 세포 호흡을 통해 포도당으로부터 최종 분해 산물과 에너지가 생성되는 과정을, (나)는 ATP와 ADP 사이의 전환을 나타낸 것이다. ㉠과 ㉡은 각각 CO_2와 O_2 중 하나이다.

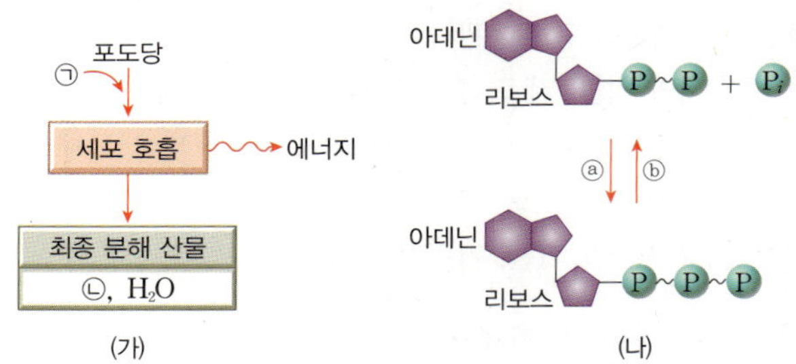

이에 대한 설명으로 옳은 것만을 〈보기〉에서 있는 대로 고른 것은?

보기

ㄱ. ㉠은 O_2이다.
ㄴ. 포도당에 저장된 에너지는 모두 ⓐ 과정에 이용된다.
ㄷ. Na^+-K^+ 펌프에 의해 물질이 수송될 때 ⓑ 과정이 일어난다.

① ㄱ　　　　② ㄴ　　　　③ ㄱ, ㄷ
④ ㄴ, ㄷ　　　⑤ ㄱ, ㄴ, ㄷ

067

그림은 사람에서 세포 호흡 과정과 이때 생성된 물질이 생명 활동에 이용되는 과정을 나타낸 것이다. ⓐ와 ⓑ는 각각 CO_2와 포도당 중 하나이고, ㉠과 ㉡은 각각 ADP와 ATP 중 하나이다.

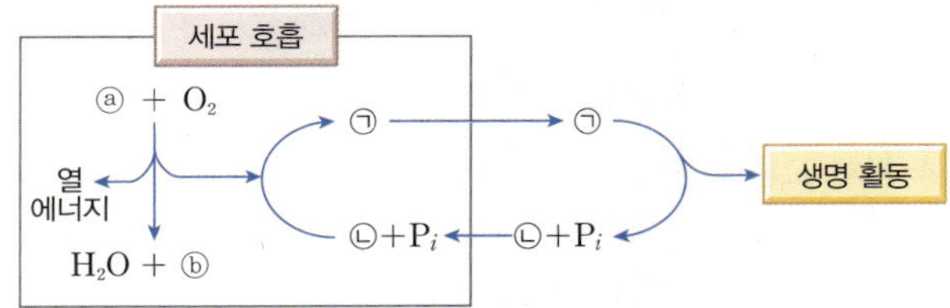

이에 대한 설명으로 옳은 것만을 〈보기〉에서 있는 대로 고른 것은?

보기

ㄱ. ⓑ는 CO_2이다.
ㄴ. ⓐ에 저장된 에너지 중 일부만 ㉠에 저장된다.
ㄷ. 1분자당 인산기의 수는 ㉠이 ㉡보다 많다.

① ㄱ　　　　② ㄴ　　　　③ ㄱ, ㄷ
④ ㄴ, ㄷ　　　⑤ ㄱ, ㄴ, ㄷ

068

그림은 포도당이 이용되는 물질대사 (가)와 (나)를 나타낸 것이다. (가)와 (나)는 각각 산소 호흡과 발효 중 하나이다.

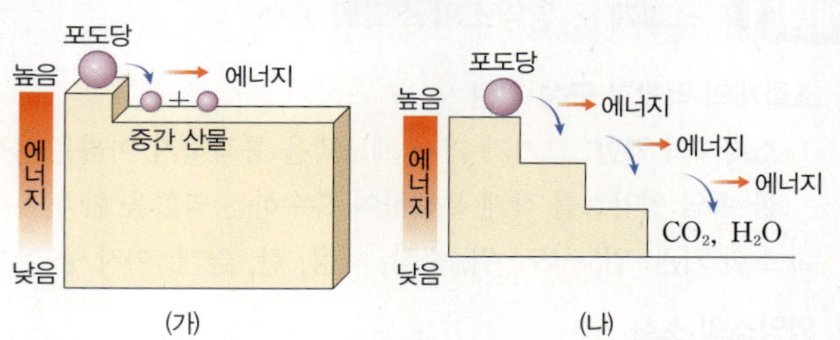

이에 대한 설명으로 옳은 것만을 〈보기〉에서 있는 대로 고른 것은?

보기

ㄱ. (가)는 동화 작용에 해당한다.
ㄴ. (나)에서는 산소가 이용되지 않는다.
ㄷ. 포도당 1분자당 생성되는 ATP의 양은 (나)에서가 (가)에서보다 많다.

① ㄱ　　　　② ㄷ　　　　③ ㄱ, ㄴ
④ ㄴ, ㄷ　　　⑤ ㄱ, ㄴ, ㄷ

069 고난도

다음은 싹튼 콩을 이용한 실험이다.

(가) 시험관 A와 B에 싹튼 콩을 넣고, 그림과 같이 장치하였다.

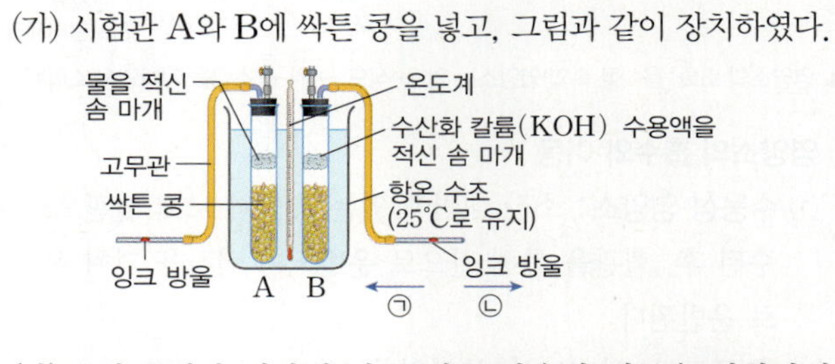

(나) A와 B에서 시간에 따른 잉크 방울의 이동을 관찰하였더니, 잉크 방울은 A와 B에서 서로 반대 방향으로 움직였다.

이에 대한 설명으로 옳은 것만을 〈보기〉에서 있는 대로 고른 것은? (단, 제시된 요인 외에 다른 요인은 고려하지 않는다.)

보기

ㄱ. A의 싹튼 콩에서는 이화 작용이 일어난다.
ㄴ. B에서 잉크방울은 ㉠ 방향으로 움직인다.
ㄷ. KOH 수용액은 세포 호흡에서 생성된 CO_2를 흡수한다.

① ㄱ　　　　② ㄴ　　　　③ ㄱ, ㄷ
④ ㄴ, ㄷ　　　⑤ ㄱ, ㄴ, ㄷ

02 기관계의 통합적 작용(1)

개념 ❶ 소화계 – 영양소의 소화와 흡수

1. 소화계의 역할과 구성 기관
(1) **소화계의 역할**: 크기가 커서 세포막을 통과하기 어려운 음식물 속의 영양소를 작게 분해하여 흡수하는 역할을 한다.
(2) **소화 기관**: 입, 식도, 위, 소장, 대장, 간, 쓸개, 이자 등

2. 영양소의 소화
(1) **영양소**: 몸을 구성하거나 에너지원으로 쓰이는 등 생명체의 생명 활동에 필요한 물질
  예 탄수화물, 단백질, 지방 등
(2) **영양소의 소화**: 음식물 속의 탄수화물(녹말)은 포도당으로, 단백질은 아미노산으로, 지방은 모노글리세리드와 지방산으로 분해된다.
(3) 입에서는 녹말의 소화가, 위에서는 단백질의 소화가, 소장에서는 녹말, 단백질, 지방의 소화가 모두 일어난다.

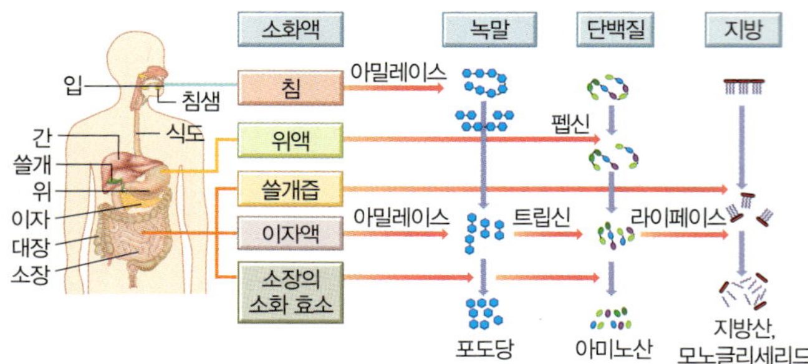

▲ 영양소의 소화: 음식물 속의 영양소는 입 → 식도 → 위 → 소장을 지나면서 소화된다.

3. 영양소의 흡수와 이동
(1) **수용성 영양소**: 소장 내벽에 있는 융털의 모세 혈관으로 흡수된 후, 혈관을 통해 간으로 운반되며 심장을 거쳐 온몸으로 운반된다.
  예 포도당, 아미노산, 무기염류, 비타민 B, C 등
(2) **지용성 영양소**: 소장 내벽에 있는 융털의 암죽관으로 흡수된 후, 간을 거치지 않고 심장을 거쳐 온몸으로 운반된다.
  예 지방산, 모노글리세리드, 지용성 비타민 A, D, E, K 등

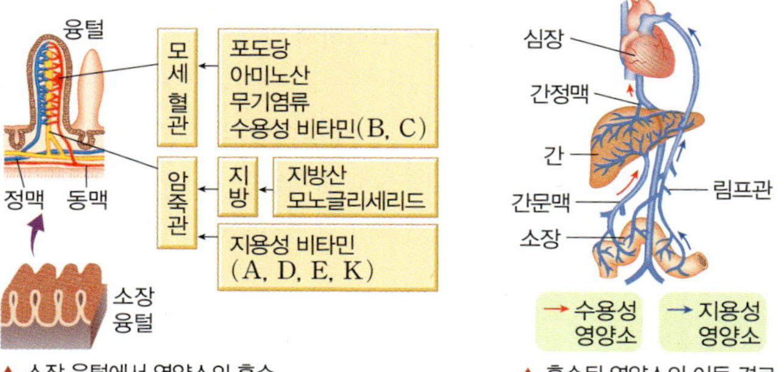

▲ 소장 융털에서 영양소의 흡수   ▲ 흡수된 영양소의 이동 경로

개념 ❷ 호흡계 – 기체의 교환

1. 호흡계의 역할과 구성 기관
(1) **호흡계의 역할**: 세포 호흡에 필요한 산소를 흡수하고, 세포 호흡 결과 발생한 이산화 탄소와 물을 몸 밖으로 내보내는 역할을 한다.
(2) **호흡 기관**: 코, 기관, 기관지, 폐 등

2. 폐와 조직 세포에서 기체의 교환
(1) **산소(O_2)의 흡수**: 숨을 들이마실 때 폐로 들어온 공기 중의 산소는 폐포에서 폐의 주변 모세 혈관으로 확산된 후 혈액을 따라 온몸의 조직 세포로 운반된다.
(2) **이산화 탄소(CO_2)의 배출**: 세포 호흡 결과 생성된 이산화 탄소는 조직 세포에서 조직 세포의 주변 모세 혈관으로 확산된 후 혈액을 따라 폐포로 운반되어 몸 밖으로 배출된다.

구분	기체의 분압	기체의 이동
산소(O_2)	폐포>모세 혈관>조직 세포	폐포 → 모세 혈관 → 조직 세포
이산화 탄소 (CO_2)	조직 세포>모세 혈관>폐포	조직 세포 → 모세 혈관 → 폐포

(3) 폐포와 폐의 주변 모세 혈관 사이에서 일어나는 기체 교환을 외호흡, 조직 세포와 조직 세포의 주변 모세 혈관 사이에서 일어나는 기체 교환을 내호흡이라고 한다.

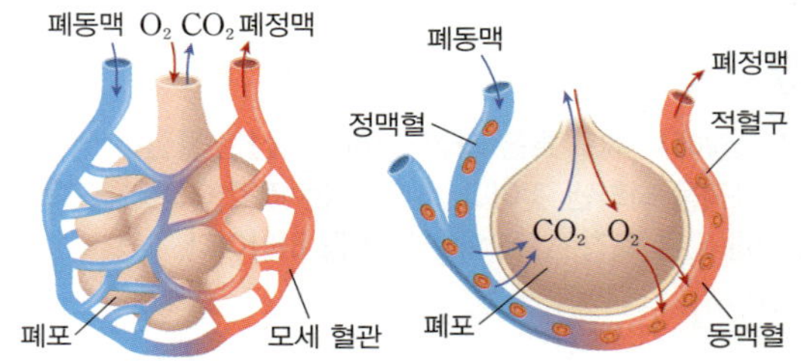

▲ 폐와 주변 모세 혈관 사이에서 혈액의 흐름과 기체 교환

(4) **기체 교환의 원리**: 폐와 폐의 주변 모세 혈관, 조직 세포와 조직 세포의 주변 모세 혈관 사이의 기체 교환은 기체의 분압 차에 의한 확산으로 일어난다. 기체의 확산은 분압이 높은 쪽에서 낮은 쪽으로 일어나며, ATP는 소모되지 않는다.

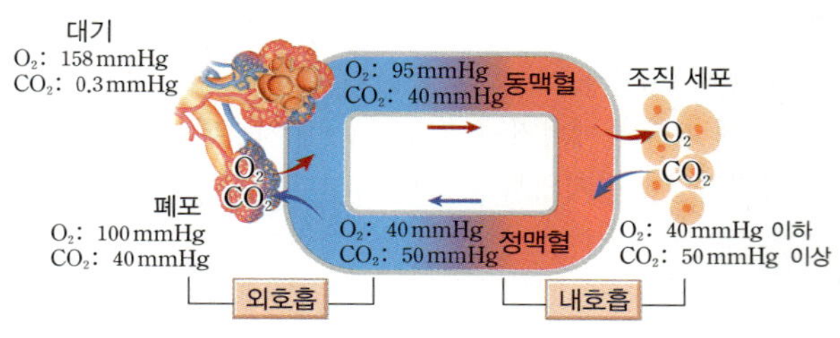

▲ 폐와 조직 세포에서의 기체 교환

(5) 동맥혈과 정맥혈

① 동맥혈: 산소가 많고, 이산화 탄소가 적은 혈액

② 정맥혈: 산소가 적고, 이산화 탄소가 많은 혈액

(6) 산소와 이산화 탄소의 운반

① 산소의 운반: 대부분 적혈구 속의 헤모글로빈에 결합되어 운반된다.

② 이산화 탄소의 운반: 적혈구와 혈장을 통해 운반된다.

개념 ❸ 순환계 – 영양소와 기체의 운반

1. 순환계의 역할과 구성 기관

(1) 순환계의 역할: 모든 기관계를 연결하며, 소화계를 통해 흡수한 영양소와 호흡계에서 흡수한 산소를 온몸의 조직 세포로 운반하고, 조직 세포에서 생성된 이산화 탄소와 노폐물을 각각 호흡계와 배설계로 운반한다.

(2) 순환 기관: 심장, 혈액, 혈관, 림프계 등

2. 혈액의 순환

(1) 체순환: 폐를 거쳐 심장으로 이동한 동맥혈은 온몸의 조직 세포로 운반되어 조직 세포에 영양소와 산소를 공급하고, 조직 세포로부터 이산화 탄소와 노폐물을 받아 정맥혈이 되어 심장으로 되돌아온다.

> ■ 체순환 경로
> 심장(좌심실) → 대동맥 → 온몸의 모세 혈관 → 대정맥 → 심장(우심방)

(2) 폐순환: 체순환 경로를 따라 온몸을 돌고 심장으로 돌아온 정맥혈은 폐를 거치는 동안 이산화 탄소를 내보내고 산소를 공급받아 동맥혈이 되어 심장으로 되돌아온다.

> ■ 폐순환 경로
> 심장(우심실) → 폐동맥 → 폐의 모세 혈관 → 폐정맥 → 심장(좌심방)

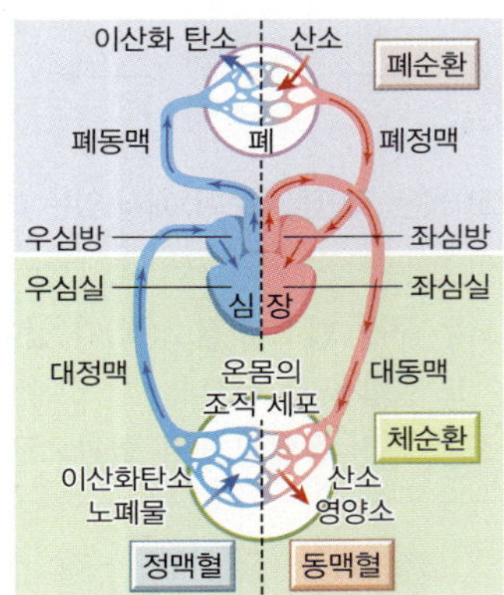

▲ 혈액의 순환 경로

070

정답 및 해설 | 10쪽

기관계 중 [＿＿＿＿＿＿＿＿]는 음식물 속의 영양소를 세포가 흡수할 수 있는 형태로 분해하여 체내로 흡수하는 역할을 한다.

071

호흡계는 세포 호흡에 필요한 [＿＿＿＿＿＿＿]를 흡수하고, 세포 호흡 결과 생성된 물과 [＿＿＿＿＿＿＿]를 몸 밖으로 내보낸다.

072

기관계 중 [＿＿＿＿＿＿＿＿]는 소장에서 흡수한 영양소를 온몸의 조직 세포로 운반하는 역할을 한다.

073

소화계, 호흡계, 순환계에 대한 설명으로 옳은 것은 ○, 옳지 <u>않은</u> 것은 ×로 표시하시오.

(1) 단백질은 소화 과정을 통해 최종적으로 아미노산으로 분해된다. (   )

(2) 호흡계와 순환계 사이에서 일어나는 기체 교환에는 ATP가 이용된다. (   )

(3) 체순환은 온몸을 돌고 심장으로 돌아온 정맥혈이 폐를 거치면서 동맥혈이 되어 심장으로 되돌아오는 순환이다. (   )

074

그림은 폐포와 폐의 모세 혈관 사이에서 기체 ⓐ와 ⓑ의 교환을 나타낸 것이다. ⓐ와 ⓑ는 각각 산소와 이산화 탄소 중 하나이다.

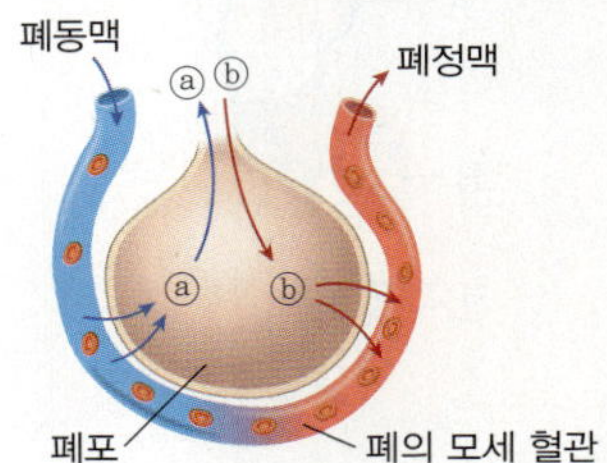

(1) ⓐ와 ⓑ가 각각 무엇인지 쓰시오.

(2) 폐포와 폐의 주변 모세 혈관 사이에서 ⓐ와 ⓑ가 교환되는 원리를 쓰시오.

족집게 전략 소화계의 역할과 구성 기관에 대해 알고 있어야 해. 3대 영양소가 최종 분해 산물로 분해되는 과정 및 최종 분해 산물이 소장 융털에서 흡수된 후 이동하는 경로는 꼭 이해해야 해.

075 단골 문제

그림은 사람의 기관계 일부를 나타낸 것이다. A~C는 각각 이자, 소장, 위 중 하나이다.
이에 대한 설명으로 옳은 것만을 〈보기〉에서 있는 대로 고른 것은?

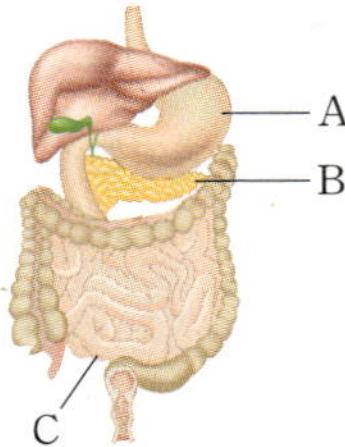

보기

ㄱ. A에는 소화 효소를 분비하는 상피 조직이 있다.
ㄴ. B와 C의 세포에서 모두 이화 작용이 일어난다.
ㄷ. C에서 지방산이 흡수된다.

① ㄱ   ② ㄷ   ③ ㄱ, ㄴ
④ ㄴ, ㄷ   ⑤ ㄱ, ㄴ, ㄷ

추가로 나오는 선택지

❶ A에는 근육 조직이 있다.   (   )
❷ B에서 분비되는 펩신에 의해 단백질이 분해된다.   (   )
❸ C에서 아미노산이 흡수된다.   (   )

076 서술형

그림은 사람에서 영양소의 흡수와 이동 경로를 나타낸 것이다. A~C는 각각 간, 소장, 심장 중 하나이다.

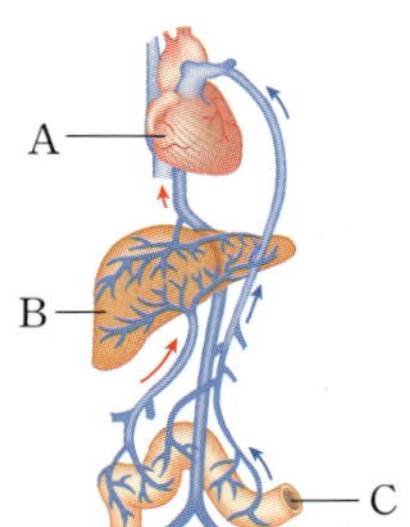

A~C가 어떤 기관인지 쓰고, 수용성 영양소의 이동 경로를 A~C를 포함하여 서술하시오.

077 중요

그림 (가)는 사람의 기관계 일부를, (나)는 기관 A와 B의 공통점과 차이점을 나타낸 것이다. A와 B는 각각 이자와 간 중 하나이다.

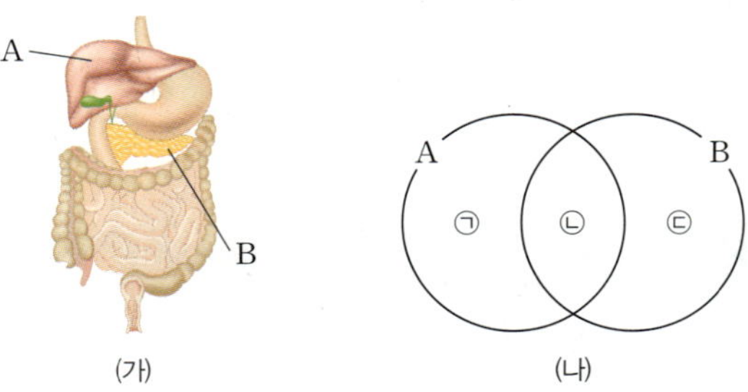

이에 대한 설명으로 옳은 것만을 〈보기〉에서 있는 대로 고른 것은?

보기

ㄱ. '상피 조직이 있다.'는 ㉠에 해당한다.
ㄴ. '소화계에 속한다.'는 ㉡에 해당한다.
ㄷ. '이화 작용이 일어난다.'는 ㉢에 해당한다.

① ㄱ   ② ㄴ   ③ ㄱ, ㄷ
④ ㄴ, ㄷ   ⑤ ㄱ, ㄴ, ㄷ

078

그림은 사람에서 일어나는 영양소 A~C의 소화 과정을 나타낸 것이다. A~C는 각각 중성 지방, 단백질, 녹말 중 하나이고, ㉠은 소화 효소이다.

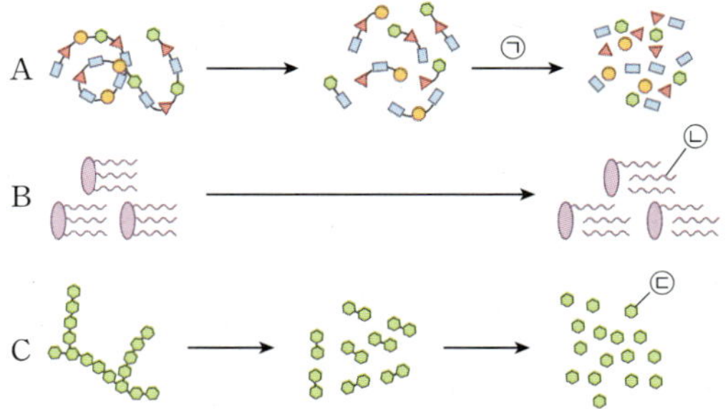

이에 대한 설명으로 옳은 것만을 〈보기〉에서 있는 대로 고른 것은?

보기

ㄱ. A와 C는 모두 구성 원소에 질소(N)가 있다.
ㄴ. ㉠은 펩타이드 결합을 분해한다.
ㄷ. ㉡과 ㉢은 모두 소장 융털의 모세 혈관으로 흡수된다.

① ㄱ   ② ㄴ   ③ ㄱ, ㄷ
④ ㄴ, ㄷ   ⑤ ㄱ, ㄴ, ㄷ

개념 ❷ 호흡계 – 기체의 교환

족집게 전략 호흡계의 역할과 구성 기관에 대해 알고, 폐와 조직 세포에서의 기체 교환이 어떻게 이루어지는지 이해하고 있어야 해. 기체 교환은 기체의 분압 차에 의한 확산에 의해 이루어지기 때문에 에너지(ATP)가 사용되지 않아.

079 단골 문제

그림은 어떤 건강한 사람에서 폐포와 폐의 모세 혈관 사이의 기체 교환을 나타낸 것이다. ⊙과 ⓒ은 CO_2와 O_2를 순서 없이 나타낸 것이고, 혈액의 단위 부피당 ⓒ의 양은 지점 A에서가 지점 B에서보다 적다.

이에 대한 설명으로 옳은 것만을 〈보기〉에서 있는 대로 고른 것은?

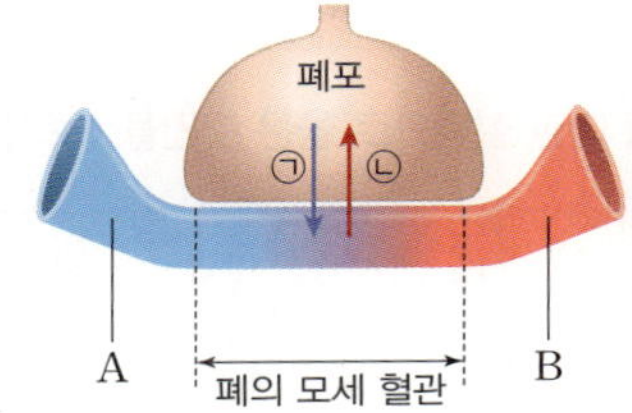

보기

ㄱ. ⊙은 CO_2이다.
ㄴ. 혈액은 B에서 A 방향으로 흐른다.
ㄷ. 폐의 모세 혈관에서 폐포로 ⓒ이 이동할 때 ATP가 사용되지 않는다.

① ㄱ　　　　② ㄴ　　　　③ ㄱ, ㄷ
④ ㄴ, ㄷ　　　⑤ ㄱ, ㄴ, ㄷ

추가로 나오는 선택지

❶ A는 폐동맥 쪽과, B는 폐정맥 쪽과 연결된다. 　　　(　　　)
❷ 폐포와 폐의 모세 혈관 사이에서 ⊙은 확산에 의해 이동한다. 　　　(　　　)

080 서술형

그림에 조직 세포와 모세 혈관 사이에서 기체 교환이 일어날 때 CO_2와 O_2의 이동 경로를 표시하고, CO_2와 O_2의 분압 크기를 비교하여 서술하시오.

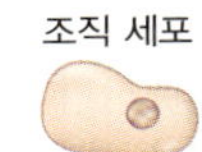

081 중요

그림은 사람에서 일어나는 에너지 대사 과정의 일부와 물질 ⊙~②의 이동을 나타낸 것이다. (가)와 (나)는 각각 호흡계와 소화계 중 하나이고, ⊙~②은 포도당, CO_2, 녹말, O_2를 순서 없이 나타낸 것이다.

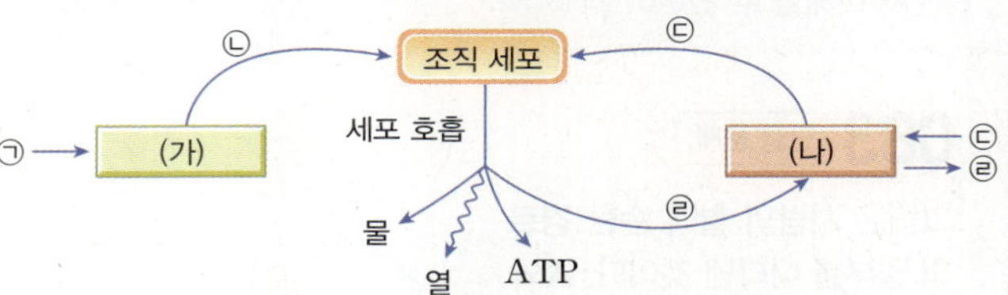

이에 대한 설명으로 옳은 것만을 〈보기〉에서 있는 대로 고른 것은?

보기

ㄱ. (가)에서 이화 작용이 일어난다.
ㄴ. 1분자당 저장된 에너지 크기는 ⓒ이 ②보다 작다.
ㄷ. (나)에서 폐포와 폐의 모세 혈관 사이에서의 ⓒ의 이동에는 ATP의 에너지가 사용된다.

① ㄱ　　　　② ㄴ　　　　③ ㄱ, ㄷ
④ ㄴ, ㄷ　　　⑤ ㄱ, ㄴ, ㄷ

082

그림은 어떤 건강한 사람에서 혈액이 폐 모세 혈관의 두 지점 A, B 사이를 흐를 때 기체 ⊙과 ⓒ의 분압 변화를 나타낸 것이다. ⊙과 ⓒ은 각각 CO_2와 O_2 중 하나이다.

이에 대한 설명으로 옳은 것만을 〈보기〉에서 있는 대로 고른 것은?

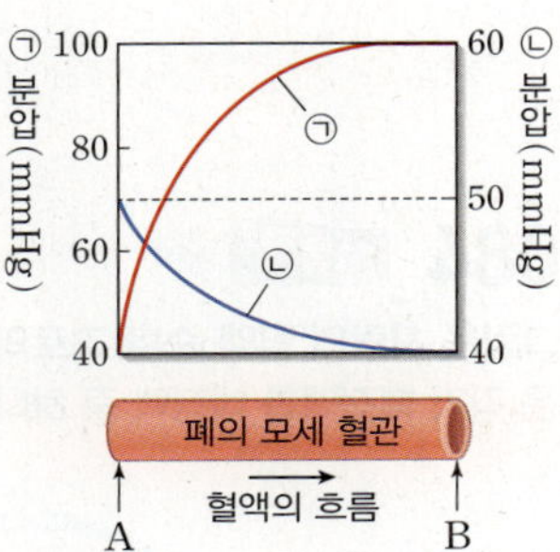

보기

ㄱ. ⊙은 O_2이다.
ㄴ. ⓒ은 분압 차이에 의해 폐포에서 폐의 모세 혈관으로 이동한다.
ㄷ. 혈액의 단위 부피당 $\dfrac{O_2 \text{ 분압}}{CO_2 \text{ 분압}}$은 A에서가 B에서보다 크다.

① ㄱ　　　　② ㄷ　　　　③ ㄱ, ㄴ
④ ㄴ, ㄷ　　　⑤ ㄱ, ㄴ, ㄷ

083 단골 문제

그림은 사람의 혈액 순환 경로의 일부를 나타낸 것이다. A와 B는 각각 소장과 심장 중 하나이고, ㉠과 ㉡은 각각 대동맥과 폐동맥 중 하나이다.
이에 대한 설명으로 옳은 것만을 〈보기〉에서 있는 대로 고른 것은?

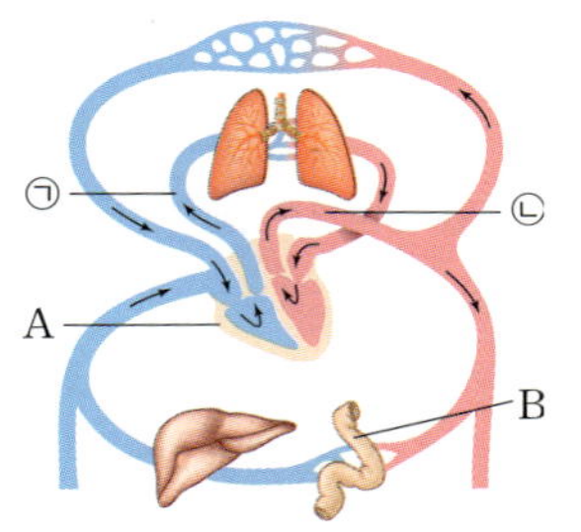

보기

ㄱ. A는 호흡계에 속한다.
ㄴ. A와 B에는 모두 근육 조직이 있다.
ㄷ. 혈액의 단위 부피당 O_2의 양은 ㉠에서가 ㉡에서보다 많다.

① ㄱ   ② ㄴ   ③ ㄱ, ㄷ
④ ㄴ, ㄷ   ⑤ ㄱ, ㄴ, ㄷ

추가로 나오는 선택지

❶ B는 소화계에 속한다.   (   )
❷ 혈액의 단위 부피당 CO_2의 양은 ㉠에서가 ㉡에서보다 적다.
(   )

084 서술형

그림은 사람의 혈액 순환 경로의 일부를 나타낸 것이다. 혈관 ㉠과 ㉡은 각각 폐정맥과 대정맥 중 하나이다.

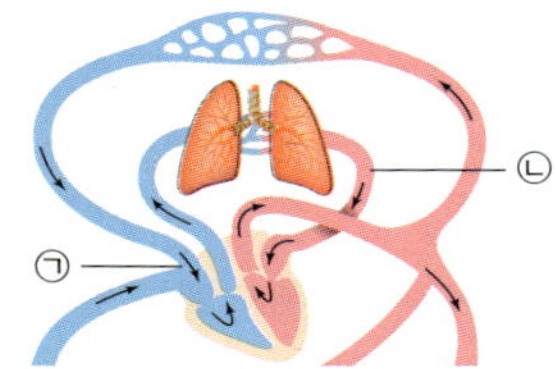

㉠과 ㉡에는 동맥혈과 정맥혈 중 어떤 혈액이 흐르는지 혈액 순환 경로와 관련지어 서술하시오.

085

그림은 세포 호흡에 필요한 물질이 조직 세포에 공급되는 과정을 나타낸 것이다. (가)~(다)는 순환계, 소화계, 호흡계를 순서 없이 나타낸 것이다.

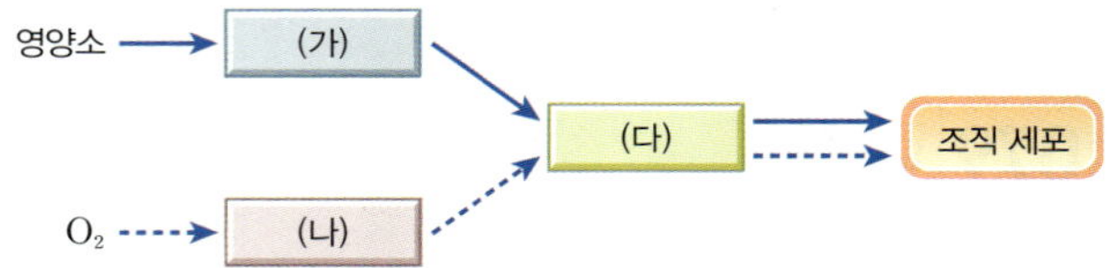

이에 대한 설명으로 옳은 것만을 〈보기〉에서 있는 대로 고른 것은?

보기

ㄱ. 간은 (가)에 속한다.
ㄴ. (다)는 순환계이다.
ㄷ. 세포 호흡 결과 발생한 CO_2의 일부는 (다)를 통해 (나)로 이동한다.

① ㄱ   ② ㄴ   ③ ㄱ, ㄷ
④ ㄴ, ㄷ   ⑤ ㄱ, ㄴ, ㄷ

086 중요

표는 사람의 기관계 A~C와 이에 속하는 기관의 예를 나타낸 것이다. A~C는 소화계, 순환계, 호흡계를 순서 없이 나타낸 것이다.

기관계	A	B	C
기관	심장	폐	소장

이에 대한 설명으로 옳은 것만을 〈보기〉에서 있는 대로 고른 것은?

보기

ㄱ. A는 호흡계이다.
ㄴ. A와 B에서는 모두 물질대사가 일어난다.
ㄷ. 섭취한 아미노산은 C에서 흡수되어 A를 통해 조직 세포로 운반된다.

① ㄱ   ② ㄴ   ③ ㄱ, ㄷ
④ ㄴ, ㄷ   ⑤ ㄱ, ㄴ, ㄷ

087

그림은 사람의 소화계 일부를 나타낸 것이다. A~C는 각각 소장, 위, 간 중 하나이다.

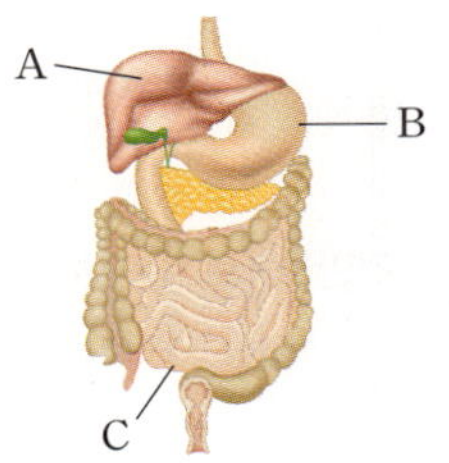

이에 대한 설명으로 옳은 것만을 〈보기〉에서 있는 대로 고른 것은?

보기

ㄱ. A에서 동화 작용이 일어난다.
ㄴ. B와 C에는 모두 근육 조직이 있다.
ㄷ. C에서 모노글리세리드가 흡수된다.

① ㄱ　　② ㄷ　　③ ㄱ, ㄴ
④ ㄴ, ㄷ　　⑤ ㄱ, ㄴ, ㄷ

088

그림 (가)는 영양소 A와 B가 최종 소화 산물로 분해되는 과정을, (나)는 소장에서 흡수된 영양소의 이동 경로를 나타낸 것이다. A와 B는 각각 단백질과 중성 지방 중 하나이다.

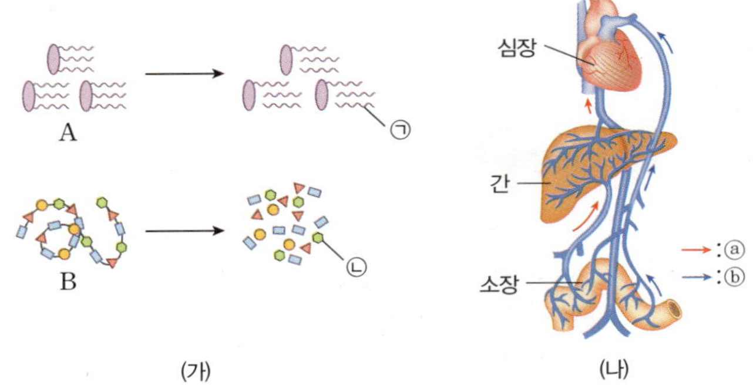

이에 대한 설명으로 옳은 것만을 〈보기〉에서 있는 대로 고른 것은?

보기

ㄱ. ⓐ은 모노글리세리드이다.
ㄴ. 인체를 구성하는 비율은 A가 B보다 낮다.
ㄷ. 소장에서 흡수된 ⓑ은 ⓐ의 경로로 이동한다.

① ㄱ　　② ㄴ　　③ ㄱ, ㄷ
④ ㄴ, ㄷ　　⑤ ㄱ, ㄴ, ㄷ

089 고난도

그림은 어떤 건강한 사람에서 혈액이 모세 혈관의 지점 B에서 A 방향으로 흐를 때, 세포 X와 모세 혈관 사이의 기체 교환과 분압 변화를 나타낸 것이다. X는 위를 구성하는 조직 세포와 폐포 중 하나이며, ⓐ과 ⓑ은 각각 CO_2와 O_2 중 하나이다.
이에 대한 설명으로 옳은 것만을 〈보기〉에서 있는 대로 고른 것은?

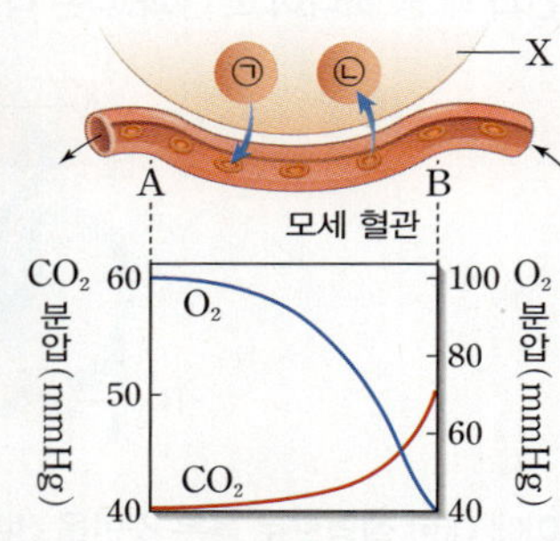

보기

ㄱ. X는 위를 구성하는 조직 세포이다.
ㄴ. 혈액의 단위 부피당 $\dfrac{ⓐ의 양}{ⓑ의 양}$ 은 A에서가 B에서보다 크다.
ㄷ. X에서 모세 혈관으로의 ⓐ의 이동에는 ATP가 사용된다.

① ㄱ　　② ㄴ　　③ ㄱ, ㄷ
④ ㄴ, ㄷ　　⑤ ㄱ, ㄴ, ㄷ

090

표는 사람의 기관계와 이에 속하는 기관의 예를 나타낸 것이다. A와 B는 각각 호흡계와 소화계 중 하나이고, ⓐ과 ⓑ은 각각 폐동맥과 이자 중 하나이다.

기관계	기관
A	ⓐ
순환계	ⓑ
B	기관지

이에 대한 설명으로 옳은 것만을 〈보기〉에서 있는 대로 고른 것은?

보기

ㄱ. ⓐ에는 소화 효소를 분비하는 상피 조직이 있다.
ㄴ. ⓑ은 폐동맥이다.
ㄷ. ⓑ의 혈액에 들어 있는 CO_2 중 일부는 B로 이동한다.

① ㄱ　　② ㄴ　　③ ㄱ, ㄷ
④ ㄴ, ㄷ　　⑤ ㄱ, ㄴ, ㄷ

091

그림은 사람의 혈액 순환 경로의 일부를 나타낸 것이다. A와 B는 각각 간과 폐 중 하나이고, ㉠과 ㉡은 각각 폐정맥과 폐동맥 중 하나이다.

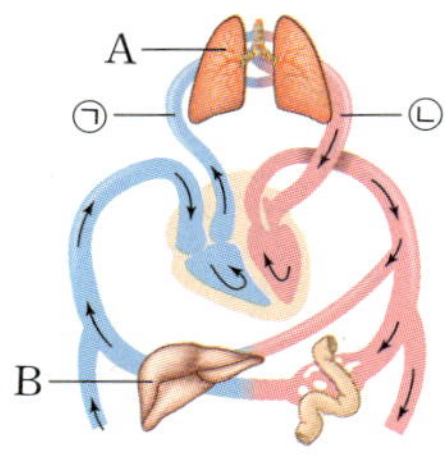

이에 대한 설명으로 옳은 것만을 〈보기〉에서 있는 대로 고른 것은?

보기

ㄱ. 기관지와 A는 모두 호흡계에 속한다.

ㄴ. B에서 글리코젠이 포도당으로 분해된다.

ㄷ. 혈액의 단위 부피당 $\dfrac{CO_2의\ 양}{O_2의\ 양}$ 은 ㉠에서가 ㉡에서보다 작다.

① ㄱ   ② ㄷ   ③ ㄱ, ㄴ
④ ㄴ, ㄷ   ⑤ ㄱ, ㄴ, ㄷ

092 고난도

그림은 기관 A~C와 각각의 특징을 선으로 연결한 것이다. A~C는 위, 간, 폐를 순서 없이 나타낸 것이다.

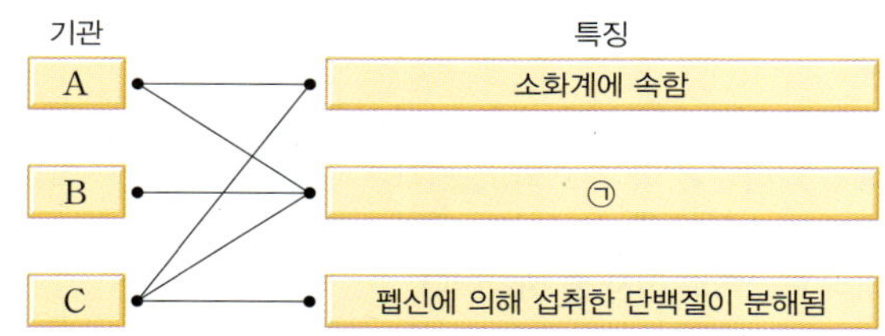

이에 대한 설명으로 옳은 것만을 〈보기〉에서 있는 대로 고른 것은?

보기

ㄱ. B는 순환계에 속한다.

ㄴ. '결합 조직이 있다.'는 ㉠에 해당한다.

ㄷ. A와 C에서는 모두 이화 작용이 일어난다.

① ㄱ   ② ㄷ   ③ ㄱ, ㄴ
④ ㄴ, ㄷ   ⑤ ㄱ, ㄴ, ㄷ

093

그림은 사람에서 일어나는 물질대사 과정의 일부를 나타낸 것이다. ㉠과 ㉡은 각각 CO_2와 O_2 중 하나이다.

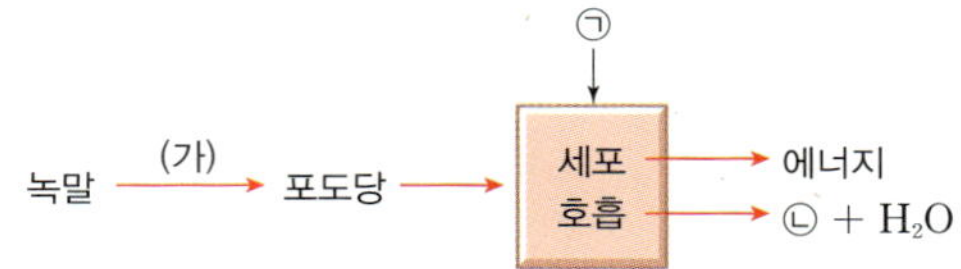

이에 대한 설명으로 옳은 것만을 〈보기〉에서 있는 대로 고른 것은?

보기

ㄱ. ㉠은 CO_2이다.

ㄴ. 세포 호흡 결과 생성된 ㉡ 중 일부는 순환계를 통해 호흡계로 운반된다.

ㄷ. (가) 과정은 소화계에 속하는 기관에서 일어난다.

① ㄱ   ② ㄷ   ③ ㄱ, ㄴ
④ ㄴ, ㄷ   ⑤ ㄱ, ㄴ, ㄷ

094

표는 사람의 몸을 구성하는 기관과 각각의 특징을 나타낸 것이다. A와 B는 각각 소장과 대정맥 중 하나이다.

기관	특징
심장	(가)
A	순환계에 속한다.
B	소화 효소에 의해 지방이 분해된다.

이에 대한 설명으로 옳은 것만을 〈보기〉에서 있는 대로 고른 것은?

보기

ㄱ. '신경 조직이 있다.'는 (가)에 해당한다.

ㄴ. A는 대정맥이다.

ㄷ. B의 융털 모세 혈관을 통해 지방산이 흡수된다.

① ㄱ   ② ㄷ   ③ ㄱ, ㄴ
④ ㄴ, ㄷ   ⑤ ㄱ, ㄴ, ㄷ

095 고난도

표 (가)는 각 구성 원소와 이를 포함하는 물질 ⓐ~ⓓ를, (나)는 기관계 ㉠과 ㉡ 각각에 속하는 기관 중 하나를 나타낸 것이다. ⓐ~ⓓ는 물, 포도당, 단백질, 이산화 탄소를 순서 없이 나타낸 것이고, ㉠과 ㉡은 각각 순환계와 호흡계 중 하나이다.

구성 원소	물질
탄소(C)	ⓐ, ⓑ, ⓒ
질소(N)	ⓑ
수소(H)	ⓑ, ⓒ, ⓓ

(가)

기관계	기관
㉠	폐
㉡	심장

(나)

이에 대한 설명으로 옳은 것만을 〈보기〉에서 있는 대로 고른 것은?

보기
ㄱ. 폐동맥은 ㉠에 속한다.
ㄴ. ⓑ의 최종 소화 산물은 소장 융털의 암죽관을 통해 흡수되어 ㉡으로 운반된다.
ㄷ. ⓒ가 세포 호흡에 이용되면 최종 분해 산물로 ⓐ와 ⓓ가 모두 생성된다.

① ㄱ ② ㄷ ③ ㄱ, ㄴ
④ ㄴ, ㄷ ⑤ ㄱ, ㄴ, ㄷ

096

그림 (가)와 (나)는 사람의 폐순환 경로와 체순환 경로 일부를 순서 없이 나타낸 것이다. ㉠~㉢은 각각 소장, 폐, 간 중 하나이다.

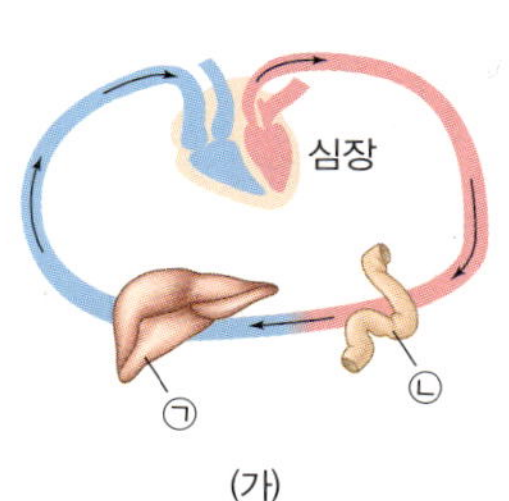
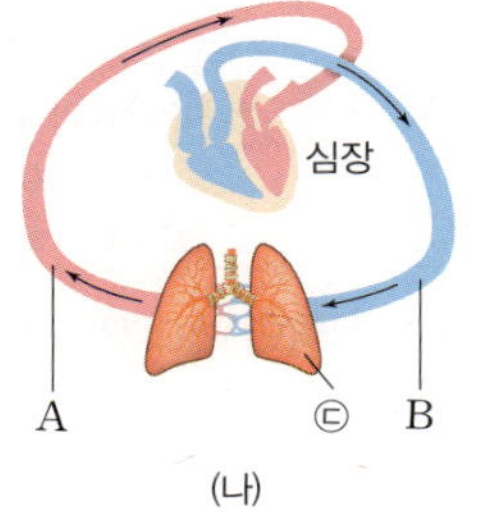

(가)　　　(나)

이에 대한 설명으로 옳은 것만을 〈보기〉에서 있는 대로 고른 것은?

보기
ㄱ. ㉠과 ㉡에서는 모두 세포 호흡이 일어난다.
ㄴ. 혈액의 단위 부피당 CO_2의 양은 A 지점에서가 B 지점에서 보다 많다.
ㄷ. ㉢에서 기체의 교환은 확산에 의해 이루어진다.

① ㄱ ② ㄴ ③ ㄱ, ㄷ
④ ㄴ, ㄷ ⑤ ㄱ, ㄴ, ㄷ

097

그림은 사람의 기관계와 조직 세포에서 일어나는 물질의 이동 과정을 나타낸 것이다. (가)~(다)는 소화계, 순환계, 호흡계를 순서 없이 나타낸 것이고, ㉠과 ㉡은 각각 O_2와 CO_2 중 하나이다.

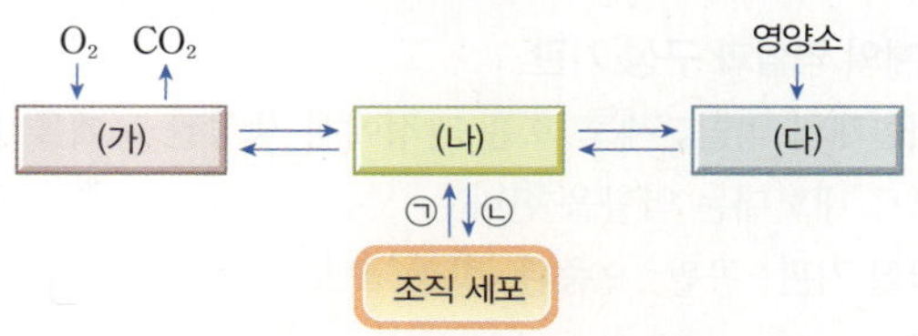

이에 대한 설명으로 옳은 것만을 〈보기〉에서 있는 대로 고른 것은?

보기
ㄱ. ㉠은 O_2이다.
ㄴ. (가)로 들어온 ㉡은 확산에 의해 순환계로 이동한다.
ㄷ. 대장은 (가)~(다) 중 (다)에 속하는 기관이다.

① ㄱ ② ㄴ ③ ㄱ, ㄷ
④ ㄴ, ㄷ ⑤ ㄱ, ㄴ, ㄷ

098

표 (가)는 사람의 몸을 구성하는 기관 A~C에서 특징 ㉠~㉢의 유무를, (나)는 ㉠~㉢을 순서 없이 나타낸 것이다. A~C는 심장, 소장, 간을 순서 없이 나타낸 것이다.

특징＼기관	㉠	㉡	㉢
A	×	?	○
B	?	?	×
C	?	○	?

(○: 있음, ×: 없음)

(가)

특징(㉠~㉢)
• 이화 작용이 일어난다.
• 소화계에 속한다.
• 소화 효소에 의해 섭취한 녹말이 분해된다.

(나)

이에 대한 설명으로 옳은 것만을 〈보기〉에서 있는 대로 고른 것은?

보기
ㄱ. A에서 포도당이 글리코젠으로 전환된다.
ㄴ. B와 C에는 모두 근육 조직이 있다.
ㄷ. ㉠은 '소화계에 속한다.'이다.

① ㄱ ② ㄷ ③ ㄱ, ㄴ
④ ㄴ, ㄷ ⑤ ㄱ, ㄴ, ㄷ

03 기관계의 통합적 작용(2)

개념 ④ 배설계 – 노폐물의 생성과 배설

1. 배설계의 역할과 구성 기관

(1) **배설계의 역할**: 세포 호흡 과정에서 생성된 노폐물을 몸 밖으로 내보내는 역할을 한다.

(2) **배설 기관**: 콩팥, 오줌관, 방광, 요도 등

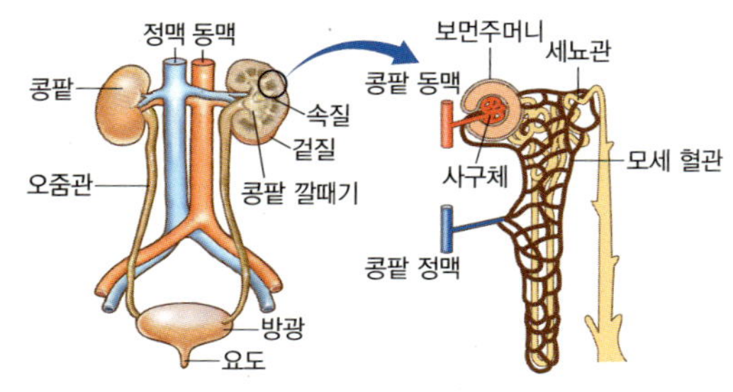

▲ 배설계의 구조

2. 노폐물의 생성과 배설

(1) **노폐물의 생성**: 음식물 속의 탄수화물(녹말), 단백질, 지방이 세포 호흡을 통해 분해되는 과정에서 물(H_2O), 이산화 탄소(CO_2), 암모니아(NH_3)와 같은 노폐물이 생성된다.

(2) **노폐물의 배설**

① 물(H_2O)은 콩팥에서 오줌으로 배설되거나, 폐에서 날숨으로 배출된다.

② 이산화 탄소(CO_2)는 폐에서 날숨으로 배출된다.

③ 단백질 분해 과정에서 생성된 암모니아(NH_3)는 간에

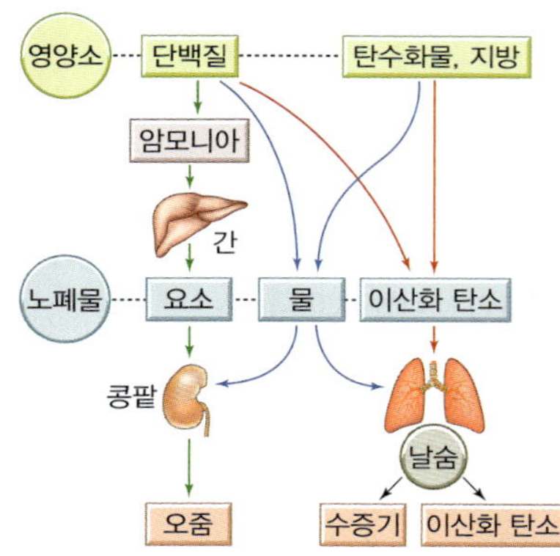

서 요소로 전환된 후 콩팥에서 오줌으로 배설된다.

3. 오줌의 생성 과정

여과	콩팥 동맥을 통해 사구체로 들어온 혈액의 일부가 압력 차에 의해 보먼주머니로 이동하는 현상으로, 크기가 큰 단백질, 지방, 혈구 등은 여과되지 않고, 크기가 작은 물, 무기염류, 포도당, 아미노산, 요소 등이 여과된다.
재흡수	여과액이 세뇨관을 지나는 동안 몸에 필요한 물질만 세뇨관을 둘러싼 모세 혈관으로 이동하는 과정으로, 포도당과 아미노산은 모두 재흡수되고, 무기염류와 물은 필요한 만큼 재흡수되며, 요소도 일부 재흡수된다.
분비	사구체에서 여과되지 않고, 모세 혈관의 혈액에 남아 있던 요소, 크레아틴 등의 물질이 세뇨관으로 이동하는 현상이다.

개념 ⑤ 기관계의 통합적 작용

1. 기관계의 통합적 작용

(1) 소화계, 호흡계, 배설계는 순환계를 중심으로 유기적으로 연결되어 있으며, 각 기관계는 고유의 기능을 수행하면서 통합적으로 작용하여 생명 활동이 원활하게 이루어지도록 한다.

(2) 어느 한 기관계라도 이상이 생기면 정상적인 생명 활동을 유지하기 어렵다.

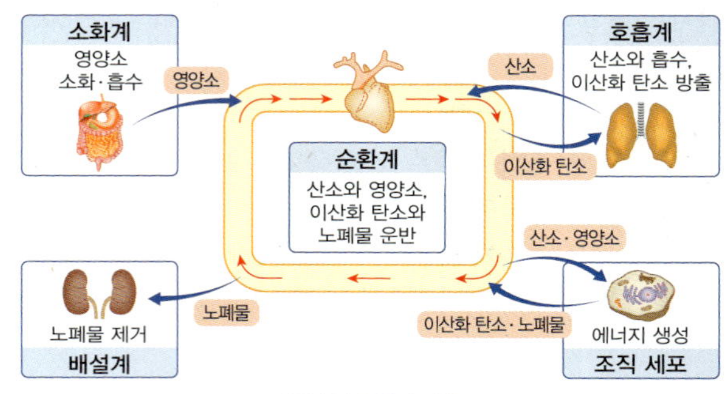

▲ 기관계의 통합적 작용

개념 ⑥ 물질대사와 건강(대사성 질환)

1. 1일 대사량과 기초 대사량

1일 대사량	하루 동안 생활하는 데 필요한 총 에너지양 1일 대사량=기초 대사량+활동 대사량
기초 대사량	체온 유지, 호흡 운동, 심장 박동 등 생명 활동을 유지하는 데 필요한 최소한의 에너지양
활동 대사량	기초 대사량 이외에 운동하기, 밥 먹기, 책 읽기 등 다양한 신체 활동을 하는 데 필요한 에너지양

2. 영양소 섭취와 에너지 균형

영양 부족	• 에너지 섭취량＜에너지 소비량 • 단백질과 지방을 세포 호흡에 이용하는 정도가 증가하며, 체중 감소, 근육량 감소, 생장 장애, 영양실조 등의 이상이 생긴다.
영양 균형	• 에너지 섭취량＝에너지 소비량 • 음식물을 통한 에너지 섭취량과 활동을 통한 에너지 소비량 사이의 균형이 이루어져 건강을 유지할 수 있다.
영양 과다	• 에너지 섭취량＞에너지 소비량 • 사용하고 남은 에너지가 지방의 형태로 저장되어 체지방량과 체중이 증가하며, 영양 과다가 지속되면 비만이 된다.

3. 대사성 질환과 대사 증후군

(1) **대사성 질환**: 체내 물질대사의 이상으로 발생하는 질환이다.
  예 고혈압, 당뇨병, 고지혈증, 지방간 등

(2) **대사성 질환의 원인**: 물질대사에 관여하는 효소나 호르몬에 이상이 생겼을 때 또는 잘못된 생활 습관과 불균형적인 영양 섭취 등의 영향으로 발생하며, 유전적 요인과 환경적 요인이 복합적으로 작용하여 발생한다.

(3) **대사성 질환의 예방**: 음식물을 균형 있게 섭취하고, 규칙적으로 꾸준하게 운동을 하여 에너지 대사의 균형을 이루는 것이 중요하다.

(4) **대사 증후군**: 고혈압, 고혈당, 고지혈증 등의 증상이 한 사람에게 동시에 나타나는 경우를 말한다.

🔍 탐구 활동 — 1일 에너지 섭취량과 에너지 소비량 조사

과정 ❶ 그림은 영희, 철수, 영수가 하루 동안 섭취하는 평균 에너지양을 나타낸 것이다.

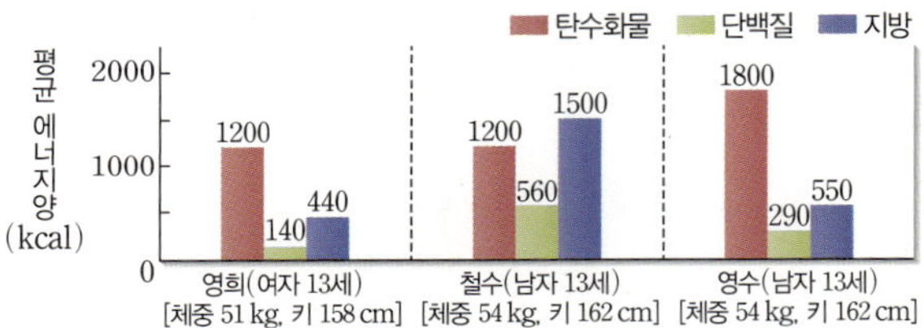

❷ 표는 한국인의 1일 영양 권장량의 일부를 나타낸 것이다.

성별	연령 (세)	체중 (kg)	키 (cm)	에너지양 (kcal)	단백질 (g)
남	13~15	54	162	2500	70
여	13~15	51	158	2100	65

결과
1. **영희, 철수, 영수 중 에너지 섭취량이 1일 영양 권장량에 가깝게 섭취한 사람은?** 하루 동안 영희는 1780 kcal, 철수는 3260 kcal, 영수는 2640 kcal의 에너지를 섭취하였다. 표에서 1일 영양 권장량과 비교하면, 3명 중 영수가 1일 영양 권장량에 가장 가깝게 섭취하였다.

2. **영희, 철수, 영수 중 비만이 될 가능성이 가장 높은 사람은?** 3명 중 철수가 하루 동안 가장 많은 에너지양을 섭취하였기 때문에 앞으로 비만이 될 가능성이 가장 높은 사람은 철수이다.

정리
• 탄수화물과 단백질은 1 g당 4 kcal의 열량을, 지방은 1 g당 9 kcal의 열량을 방출한다.

• 1일 영양 권장량보다 더 많은 에너지를 섭취하게 되면 비만이 될 가능성이 높아지고, 반대로 더 적은 에너지를 섭취하면 생장 장애가 생길 가능성이 높아진다.

099

정답 및 해설 | 14쪽

그림은 영양소가 세포 호흡에 이용되어 생성된 노폐물이 배설되는 과정을 나타낸 것이다. A~C는 물, 요소, 이산화 탄소를 순서 없이 나타낸 것이다.

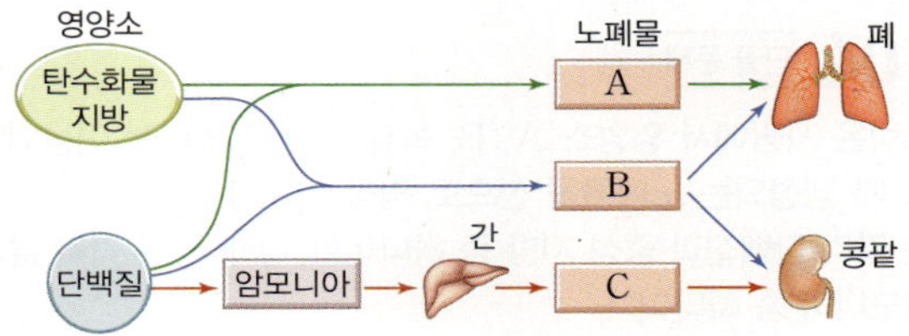

A~C에 해당하는 물질을 각각 쓰시오.

100

그림은 사람의 기관계 A~C와 순환계의 통합적 작용을 나타낸 것이다. A~C는 배설계, 소화계, 호흡계를 순서 없이 나타낸 것이다.

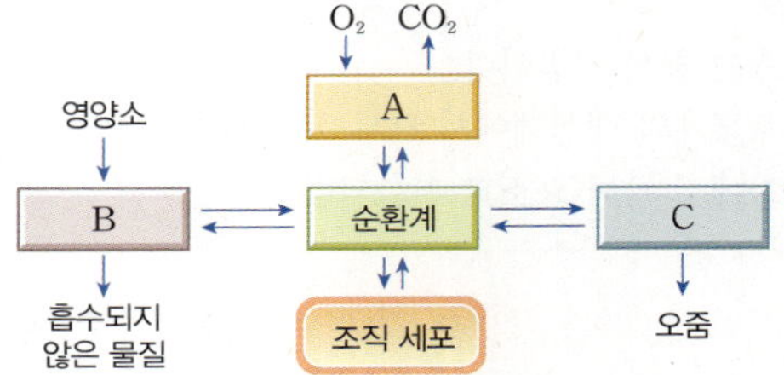

A~C에 해당하는 기관계를 각각 쓰시오.

101

심장 박동, 체온 조절 등 생명 활동을 유지하는 데 필요한 최소한의 에너지양을 [   ] 대사량이라고 한다.

102

[   ] 대사량은 기초 대사량 이외에 다양한 신체 활동을 하는 데 필요한 에너지양이다.

103

대사성 질환과 대사 증후군에 대한 설명으로 옳은 것은 ○, 옳지 <u>않은</u> 것은 ×로 표시하시오.

(1) 대사성 질환은 균형 잡힌 식사와 꾸준한 운동으로 예방할 수 있다. (   )

(2) 고혈압, 고혈당, 고지혈증 등의 증상이 한 사람에게서 동시에 나타나는 경우를 대사 증후군이라고 한다. (   )

개념 ④ 배설계 – 노폐물의 생성과 배설

(족집게 전략) 영양소가 세포 호흡에 이용된 후 생성되는 노폐물의 종류와 배설 과정을 이해하고 있어야 해. 특히 질소성 노폐물인 암모니아가 요소로 전환되어 배설되는 과정에 대해 잘 알고 있어야 해.

104 단골 문제

그림은 사람에서 영양소 A, B, 녹말이 세포 호흡에 이용되었을 때 생성되는 노폐물을 선으로 각각 연결한 것이다. A와 B는 각각 단백질과 중성 지방 중 하나이고, ㉠과 ㉡은 각각 물과 암모니아 중 하나이다.

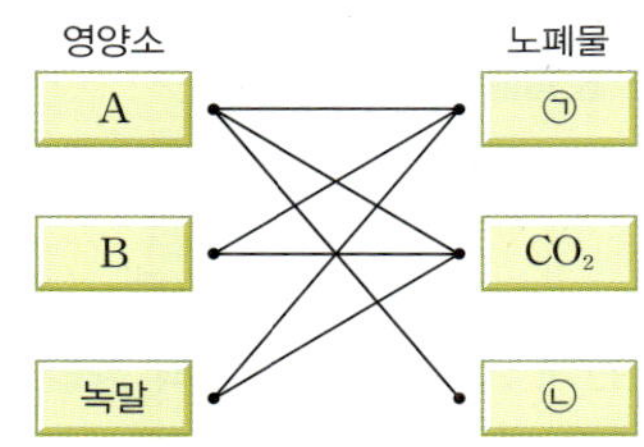

이에 대한 설명으로 옳은 것만을 〈보기〉에서 있는 대로 고른 것은?

보기

ㄱ. A는 중성 지방이다.
ㄴ. 호흡계와 배설계에서 모두 ㉠의 배설이 일어난다.
ㄷ. 간에서 ㉡이 요소로 전환된다.

① ㄱ　　　② ㄷ　　　③ ㄱ, ㄴ
④ ㄴ, ㄷ　　　⑤ ㄱ, ㄴ, ㄷ

추가로 나오는 선택지

❶ ㉠ 중 일부는 콩팥에서 오줌의 형태로 배설된다. 　(　　)
❷ 소화계에 속하는 기관에서 ㉡이 요소로 전환된다. 　(　　)

105 서술형

아미노산이 세포 호흡에 이용되었을 때 생성되는 노폐물의 종류를 3가지 쓰고, 이들이 몸 밖으로 배설되는 과정에 대해 서술하시오.

106

그림은 사람의 소화계와 배설계의 일부를 나타낸 것이다. 기관 A~C는 각각 소장, 콩팥, 간 중 하나이다.

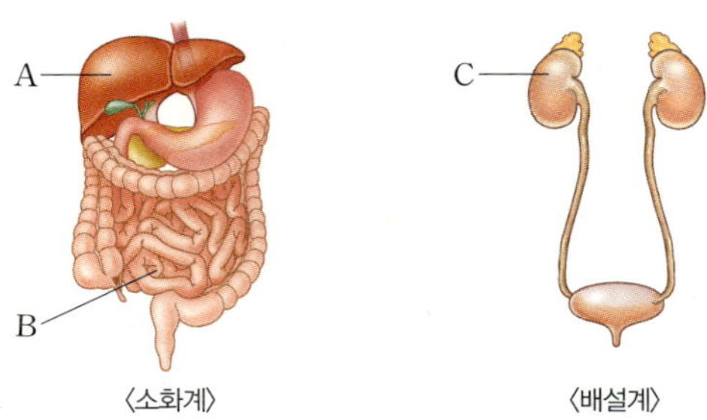

이에 대한 설명으로 옳은 것만을 〈보기〉에서 있는 대로 고른 것은?

보기

ㄱ. A에서 요소가 생성된다.
ㄴ. B에서 지방산의 흡수가 일어난다.
ㄷ. 세포 호흡 결과 생성된 물의 일부는 C를 통해 배설된다.

① ㄱ　　　② ㄷ　　　③ ㄱ, ㄴ
④ ㄴ, ㄷ　　　⑤ ㄱ, ㄴ, ㄷ

107 중요

그림은 사람에서 탄수화물과 단백질의 세포 호흡 결과 생성된 노폐물의 배설 과정을 나타낸 것이다. 물질 ㉠과 ㉡은 각각 요소와 CO₂ 중 하나이고, A와 B는 각각 콩팥과 폐 중 하나이다.

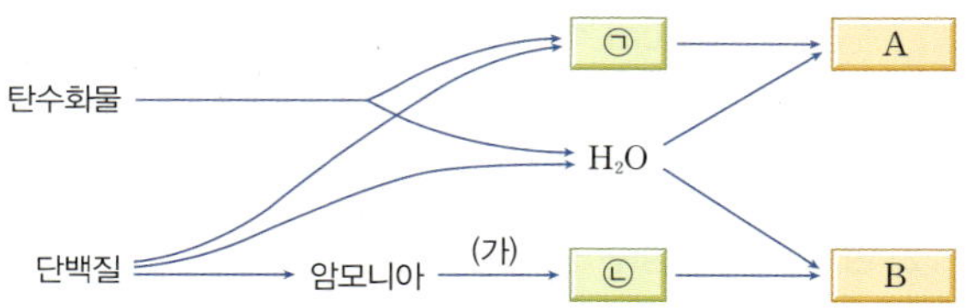

이에 대한 설명으로 옳은 것만을 〈보기〉에서 있는 대로 고른 것은?

보기

ㄱ. ㉠은 요소이다.
ㄴ. 소화계에서 (가) 과정이 일어나는 기관이 있다.
ㄷ. 대장과 B는 모두 배설계에 속한다.

① ㄱ　　　② ㄴ　　　③ ㄱ, ㄷ
④ ㄴ, ㄷ　　　⑤ ㄱ, ㄴ, ㄷ

족집게 전략 생명체의 생명 활동이 원활하게 일어나려면 소화계, 순환계, 호흡계, 배설계가 서로 협력하여 통합적으로 기능해야 해. 따라서 각 기관계가 고유의 기능을 수행하면서 어떻게 상호 작용하고 있는지 파악하고 있어야 해.

108 단골 문제

그림은 사람의 기관계 A~C와 순환계의 통합적 작용을 나타낸 것이다. 기관계 A~C는 각각 호흡계, 배설계, 소화계를 순서 없이 나타낸 것이다.

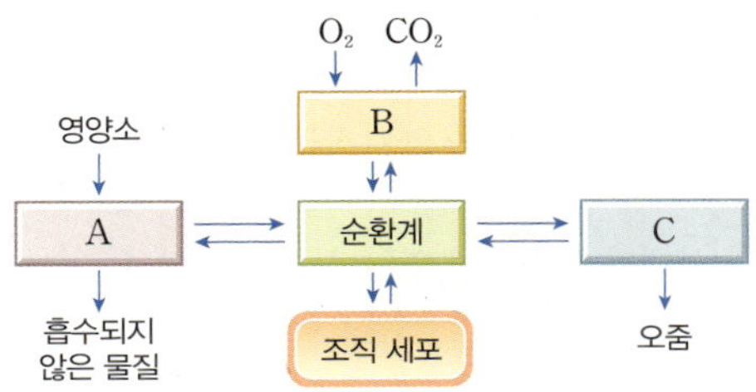

이에 대한 설명으로 옳은 것만을 〈보기〉에서 있는 대로 고른 것은?

보기
ㄱ. A에 속하는 기관에서 암모니아가 요소로 전환된다.
ㄴ. B는 배설계이다.
ㄷ. 콩팥은 C에 속한다.

① ㄱ   ② ㄴ   ③ ㄱ, ㄷ
④ ㄴ, ㄷ   ⑤ ㄱ, ㄴ, ㄷ

추가로 나오는 선택지

❶ A에서 이화 작용이 일어난다.   (   )
❷ 기관지는 B에 속한다.   (   )
❸ C는 한 가지 조직으로 구성된다.   (   )

109 서술형

그림은 사람에서 일어나는 각 기관계의 통합적 작용을 나타낸 것이다. (가)와 (나)는 각각 배설계와 호흡계 중 하나이다.

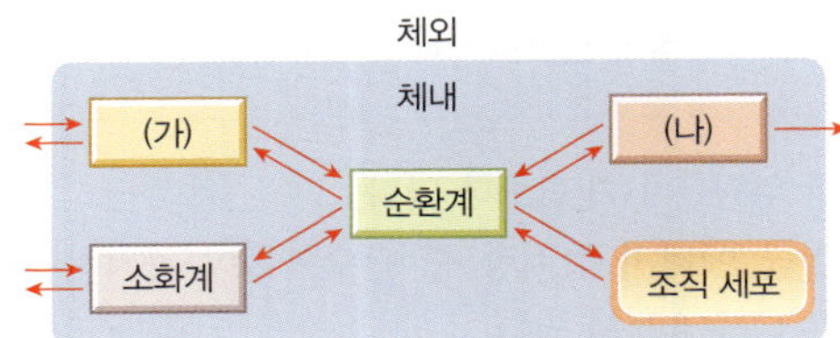

(가)와 (나)에 해당하는 기관계를 쓰고, 기관계의 통합적 작용과 관련하여 (가)와 (나)의 역할을 각각 1가지씩 서술하시오.

110

표는 사람의 기관계 A~D와 이에 속하는 기관의 예를 나타낸 것이다. A~D는 소화계, 순환계, 배설계, 호흡계를 순서 없이 나타낸 것이다.

기관계	A	B	C	D
기관	기관지	ⓐ	대장	방광

이에 대한 설명으로 옳은 것만을 〈보기〉에서 있는 대로 고른 것은?

보기
ㄱ. 폐정맥은 ⓐ에 해당한다.
ㄴ. C는 배설계이다.
ㄷ. 세포 호흡 결과 생성된 물은 모두 D를 통해 배설된다.

① ㄱ   ② ㄴ   ③ ㄱ, ㄷ
④ ㄴ, ㄷ   ⑤ ㄱ, ㄴ, ㄷ

111 중요

그림은 사람의 기관계 (가)~(다)와 호흡계의 통합적 작용을 나타낸 것이다. (가)~(다)는 순환계, 배설계, 소화계를 순서 없이 나타낸 것이다.

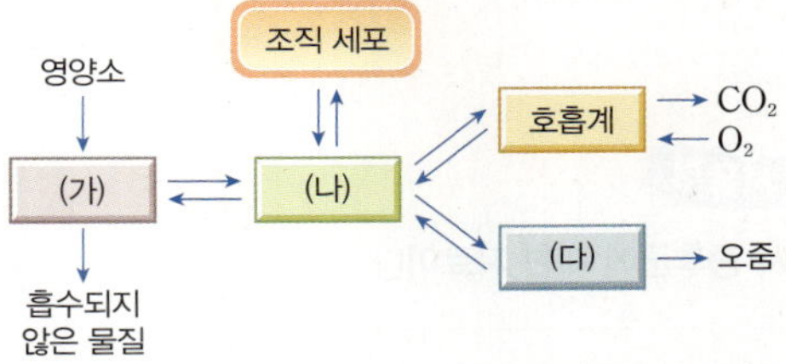

이에 대한 설명으로 옳은 것만을 〈보기〉에서 있는 대로 고른 것은?

보기
ㄱ. 음식물 속 포도당은 (가)에서 흡수되어 (나)로 이동한다.
ㄴ. 콩팥은 (다)에 속하는 기관이다.
ㄷ. (나)와 (다)에서 모두 이화 작용이 일어난다.

① ㄱ   ② ㄷ   ③ ㄱ, ㄴ
④ ㄴ, ㄷ   ⑤ ㄱ, ㄴ, ㄷ

개념 **6** 물질대사와 건강(대사성 질환)

족집게 전략 에너지 섭취량과 에너지 소비량 사이에 균형이 이루어지지 못하거나, 체내 물질대사에 이상이 생기면 여러 대사성 질환이 생겨날 수 있어. 대사 증후군은 대사성 질환으로 발전될 가능성이 크기 때문에 이를 예방하기 위한 생활 습관과 행동 방식에 대해 알고 있어야 해.

112 단골 문제

다음은 에너지 대사에 대한 학생 A~C의 설명이다.

제시한 설명이 옳은 학생만을 있는 대로 고른 것은?

① A ② C ③ A, B
④ B, C ⑤ A, B, C

추가로 나오는 **선택지**

❶ 기초 대사량은 생명 활동을 유지하는 데 필요한 최소한의 에너지양이다. ( )
❷ 심장 박동으로 소모되는 에너지양은 활동 대사량에 포함된다. ( )

113 서술형

다음은 대사 증후군에 대한 자료이다.

> 우리나라 성인 5명 중 1명은 대사 증후군을 앓고 있다는 조사 결과가 발표되었다. 대사 증후군은 그 자체로 문제일 뿐만 아니라 대사성 질환으로 발전될 가능성이 크므로 이를 예방하기 위한 노력이 필요하다.

대사 증후군의 정의를 쓰고, 대사성 질환을 예방할 수 있는 방법을 2가지만 서술하시오.

114

그림 (가)와 (나)는 각각 하루 동안의 에너지 섭취량과 소비량을 비교하여 나타낸 것이다.

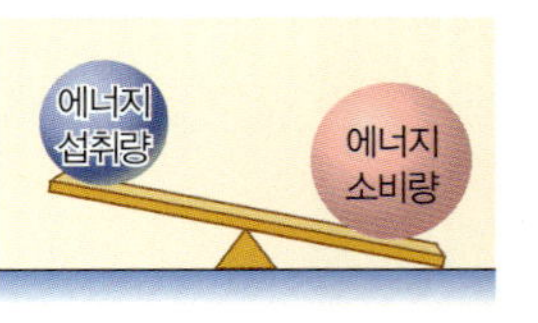

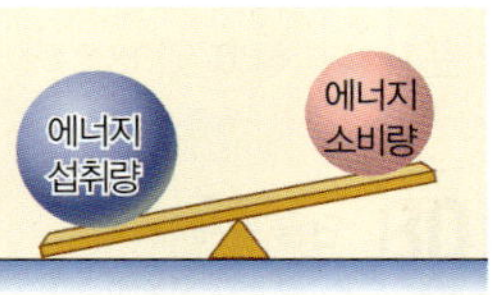

이에 대한 설명으로 옳은 것만을 〈보기〉에서 있는 대로 고른 것은?

보기

ㄱ. (가)는 영양 과다 상태에 해당한다.
ㄴ. (나)에서 사용되고 남은 에너지는 주로 지방의 형태로 저장된다.
ㄷ. (나)의 상태가 지속되면 영양 실조에 걸릴 수 있다.

① ㄱ ② ㄴ ③ ㄱ, ㄷ
④ ㄴ, ㄷ ⑤ ㄱ, ㄴ, ㄷ

115 중요

표는 학생 A~C의 1일 평균 에너지 섭취량을 나타낸 것이다. 탄수화물과 단백질의 열량은 모두 $4\,kcal/g$, 지방의 열량은 $9\,kcal/g$이며, A~C의 1일 열량 권장량은 모두 $2500\,kcal/g$이다.

(단위: g)

구분	탄수화물	단백질	지방
A	400	65	150
B	240	30	160
C	350	35	60

이에 대한 설명으로 옳은 것만을 〈보기〉에서 있는 대로 고른 것은?

보기

ㄱ. 섭취한 열량은 B가 C보다 많다.
ㄴ. 1일 평균 에너지 섭취량 중 탄수화물이 차지하는 열량의 비율은 C가 A보다 낮다.
ㄷ. A~C 중 비만이 될 가능성이 가장 높은 사람은 B이다.

① ㄱ ② ㄴ ③ ㄱ, ㄷ
④ ㄴ, ㄷ ⑤ ㄱ, ㄴ, ㄷ

116 고난도

그림은 사람에서 세포 호흡 결과 생성된 노폐물 (가)~(다)와 이를 구성하는 원소를 선으로 각각 연결한 것이다. (가)~(다)는 물, 암모니아, 이산화 탄소를 순서 없이, ⓐ~ⓒ는 질소(N), 수소(H), 산소(O)를 순서 없이 나타낸 것이다.

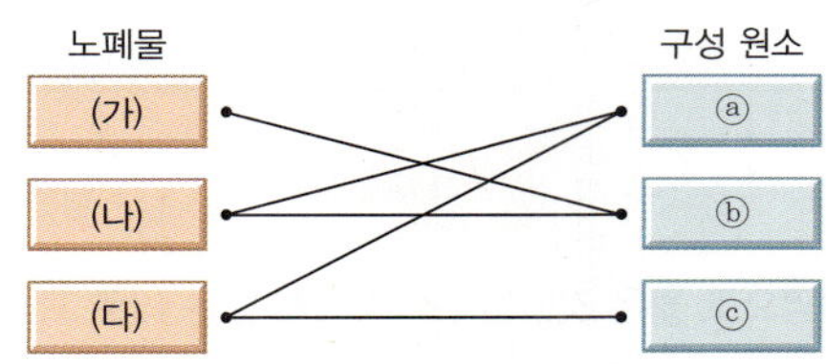

이에 대한 설명으로 옳은 것만을 〈보기〉에서 있는 대로 고른 것은?

보기

ㄱ. ⓐ는 산소(O), ⓒ는 질소(N)이다.
ㄴ. 세포 호흡 결과 생성된 (나)의 일부는 호흡계를 통해 배출된다.
ㄷ. 소화계에 속하는 기관에서 (다)가 요소로 전환된다.

① ㄱ ② ㄷ ③ ㄱ, ㄴ
④ ㄴ, ㄷ ⑤ ㄱ, ㄴ, ㄷ

117

그림은 사람의 혈액 순환 경로의 일부를 나타낸 것이다. ㉠~㉣은 각각 대정맥, 폐정맥, 콩팥 정맥, 콩팥 동맥 중 하나이다.
이에 대한 설명으로 옳은 것만을 〈보기〉에서 있는 대로 고른 것은?

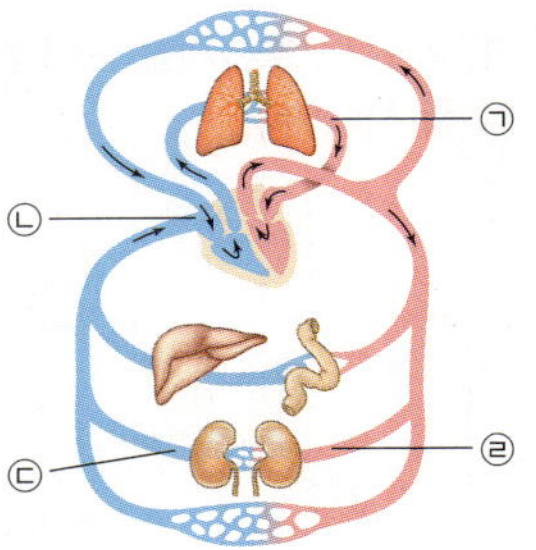

보기

ㄱ. ㉠과 ㉢에는 모두 상피 조직이 있다.
ㄴ. 혈액의 단위 부피당 $\dfrac{O_2의 양}{CO_2의 양}$ 은 ㉡에서가 ㉠에서보다 작다.
ㄷ. 혈액의 단위 부피당 요소의 양은 ㉢에게서가 ㉣에서보다 많다.

① ㄱ ② ㄷ ③ ㄱ, ㄴ
④ ㄴ, ㄷ ⑤ ㄱ, ㄴ, ㄷ

118

그림은 사람 몸을 구성하는 세 기관(간, 콩팥, 대장)의 분류 과정을 나타낸 것이다.

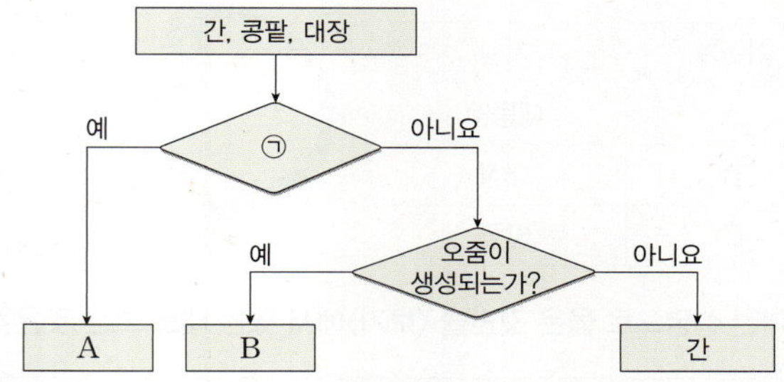

이에 대한 설명으로 옳은 것만을 〈보기〉에서 있는 대로 고른 것은?

보기

ㄱ. A는 대장이다.
ㄴ. A와 B는 모두 배설계에 속한다.
ㄷ. '세포 호흡이 일어난다.'는 ㉠에 해당한다.

① ㄱ ② ㄷ ③ ㄱ, ㄴ
④ ㄴ, ㄷ ⑤ ㄱ, ㄴ, ㄷ

119

다음은 사람에서 세포 호흡 결과 생성된 물질 A~C에 대한 설명이다. A~C는 물, 요소, 이산화 탄소를 순서 없이 나타낸 것이다.

• 배설계를 통해 A와 B가 모두 배설된다.
• 인체를 구성하는 물질의 비율은 B가 단백질보다 높다.
• A의 구성 원소에는 질소가, C의 구성 원소에는 탄소가 포함된다.

이에 대한 설명으로 옳은 것만을 〈보기〉에서 있는 대로 고른 것은?

보기

ㄱ. 중성 지방이 세포 호흡을 통해 분해되면 A와 B가 모두 생성된다.
ㄴ. B는 물이다.
ㄷ. 간에서 A와 C가 모두 생성된다.

① ㄱ ② ㄷ ③ ㄱ, ㄴ
④ ㄴ, ㄷ ⑤ ㄱ, ㄴ, ㄷ

120

표는 사람의 기관계 A~C와 이에 속하는 기관의 예를, 그림은 혈액 순환 경로의 일부를 나타낸 것이다. A~C는 소화계, 순환계, 배설계를 순서 없이 나타낸 것이고, ㉠과 ㉡은 각각 콩팥과 심장 중 하나이다.

기관계	기관
A	대동맥
B	대장
C	방광

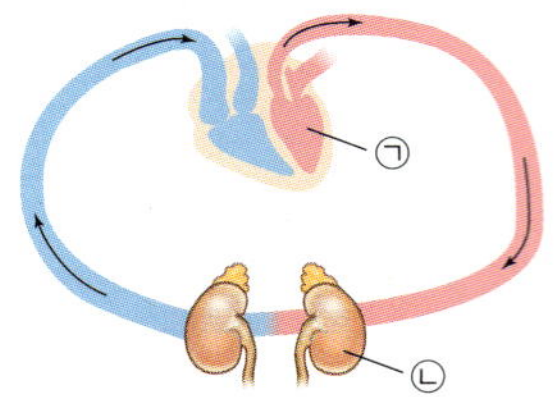

이에 대한 설명으로 옳은 것만을 〈보기〉에서 있는 대로 고른 것은?

ㄱ. A~C에서 모두 물질대사가 일어난다.
ㄴ. ㉠은 A에, ㉡은 B에 속한다.
ㄷ. B에서 흡수되지 않은 물질은 C를 통해 몸 밖으로 배출된다.

① ㄱ   ② ㄷ   ③ ㄱ, ㄴ
④ ㄴ, ㄷ   ⑤ ㄱ, ㄴ, ㄷ

121

그림은 사람에서 일어나는 물질대사 과정의 일부를 나타낸 것이다. ㉠과 ㉡은 각각 요소와 이산화 탄소 중 하나이다.

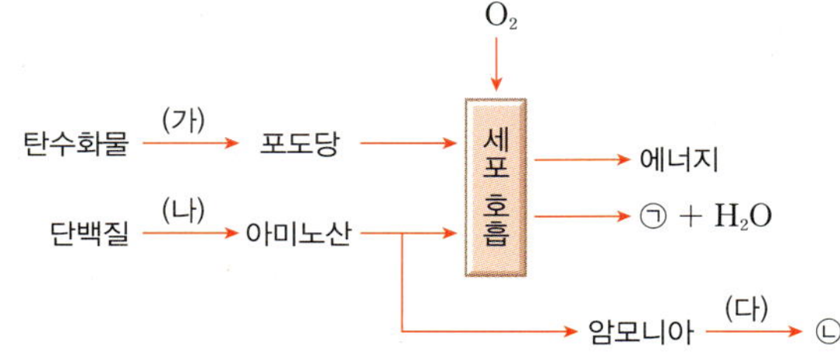

이에 대한 설명으로 옳은 것만을 〈보기〉에서 있는 대로 고른 것은?

ㄱ. 호흡계에서 ㉠의 배출이 일어난다.
ㄴ. 간에서 (가) 과정과 (다) 과정이 모두 일어난다.
ㄷ. (나) 과정과 (다) 과정은 모두 이화 작용에 해당한다.

① ㄱ   ② ㄷ   ③ ㄱ, ㄴ
④ ㄴ, ㄷ   ⑤ ㄱ, ㄴ, ㄷ

122

그림은 사람의 기관계 A~C와 순환계의 통합적 작용을 나타낸 것이다. A~C는 소화계, 호흡계, 배설계를 순서 없이 나타낸 것이다.

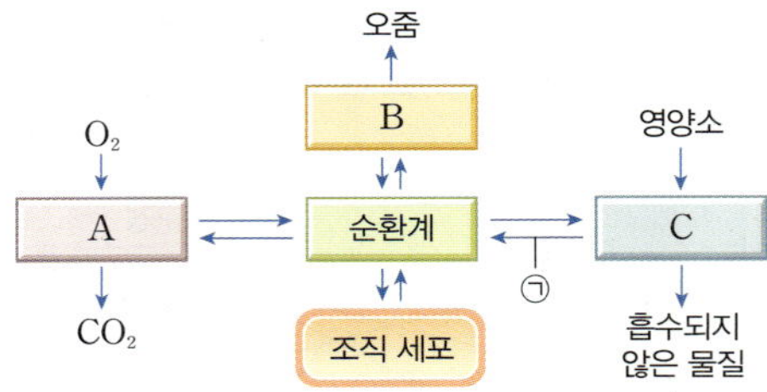

이에 대한 설명으로 옳은 것만을 〈보기〉에서 있는 대로 고른 것은?

ㄱ. 폐동맥은 A에 속한다.
ㄴ. 세포 호흡 결과 생성된 물의 일부는 B를 통해 배설된다.
ㄷ. ㉠에는 아미노산과 요소의 이동이 모두 포함된다.

① ㄱ   ② ㄷ   ③ ㄱ, ㄴ
④ ㄴ, ㄷ   ⑤ ㄱ, ㄴ, ㄷ

123

그림 (가)는 사람에서 일어나는 기관계의 통합적 작용을, (나)는 ㉡과 ㉢ 각각에 속하는 기관의 예를 나타낸 것이다. ㉠~㉣은 소화계, 순환계, 배설계, 호흡계를 순서 없이 나타낸 것이다. A와 B는 각각 폐와 심장 중 하나이다.

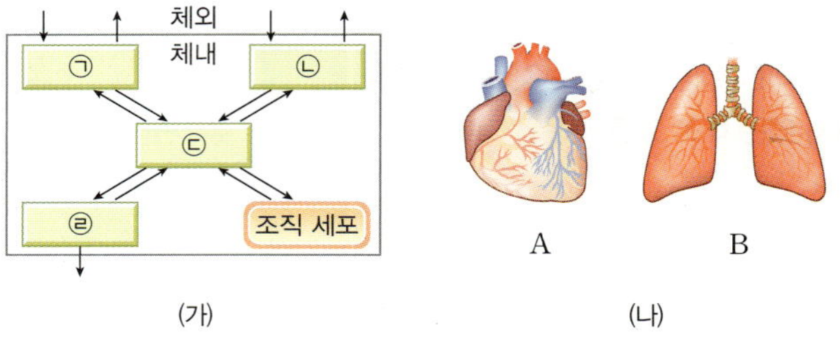

이에 대한 설명으로 옳은 것만을 〈보기〉에서 있는 대로 고른 것은?

ㄱ. A는 ㉢에 속한다.
ㄴ. ㉠에서 생성된 요소의 일부는 ㉣을 통해 배설된다.
ㄷ. ㉡을 통해 들어온 O_2는 확산에 의해 ㉢으로 이동한다.

① ㄱ   ② ㄷ   ③ ㄱ, ㄴ
④ ㄴ, ㄷ   ⑤ ㄱ, ㄴ, ㄷ

124

그림은 사람 몸에 있는 각 기관계의 통합적 작용을 나타낸 것이다. (가)~(다)는 호흡계, 배설계, 순환계를 순서 없이 나타낸 것이고, ⓐ와 ⓑ는 각각 산소와 이산화 탄소 중 하나이다.

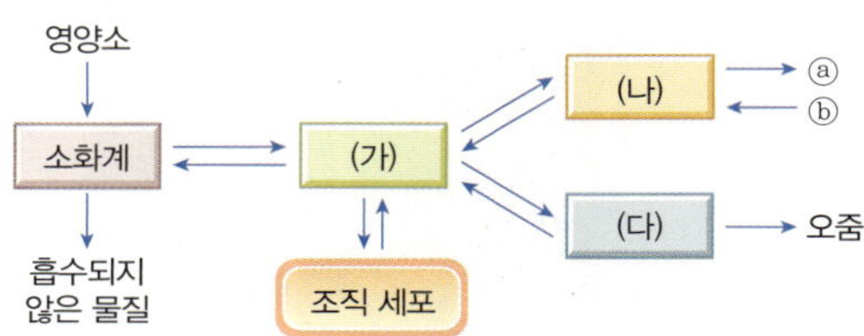

이에 대한 설명으로 옳은 것만을 〈보기〉에서 있는 대로 고른 것은?

> **보기**
>
> ㄱ. 조직 세포에서 생성된 ⓐ는 (가)를 통해 (나)로 이동한다.
> ㄴ. 격렬한 운동을 하면 (나)에서 (가)로 단위 시간당 이동하는 ⓑ의 양이 증가한다.
> ㄷ. 대장은 (다)에 속한다.

① ㄱ   ② ㄷ   ③ ㄱ, ㄴ
④ ㄴ, ㄷ   ⑤ ㄱ, ㄴ, ㄷ

125 고난도

그림은 활동 A~C에 따라 음식물 (가)~(라)에 포함된 에너지가 모두 소모되는 데 걸리는 시간을 나타낸 것이다.

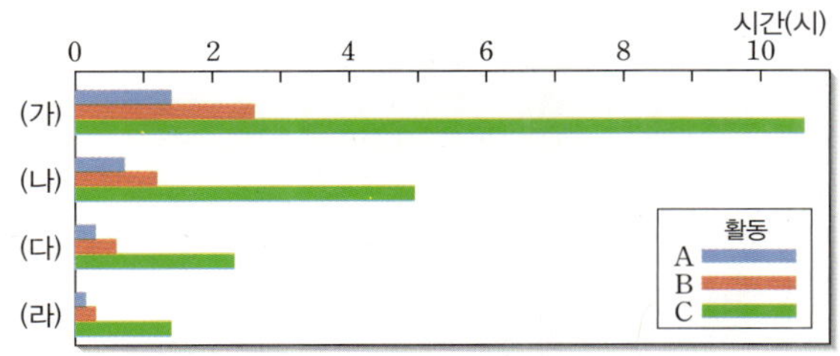

이에 대한 설명으로 옳은 것만을 〈보기〉에서 있는 대로 고른 것은? (단, (가)~(라)의 질량은 모두 동일하다.)

> **보기**
>
> ㄱ. 음식물에 포함된 에너지양은 (가)가 (다)보다 적다.
> ㄴ. 단위 시간당 활동에 필요한 에너지양은 A가 C보다 많다.
> ㄷ. (나)와 (라)에 포함된 에너지를 모두 B를 통해 소모하기 위해서는 3시간 넘게 활동을 해야 한다.

① ㄱ   ② ㄴ   ③ ㄱ, ㄷ
④ ㄴ, ㄷ   ⑤ ㄱ, ㄴ, ㄷ

126

다음은 에너지 대사에 대한 학생 A~C의 설명이다.

제시한 설명이 옳은 학생만을 있는 대로 고른 것은?

① A   ② C   ③ A, B
④ B, C   ⑤ A, B, C

127 고난도

표 (가)는 몸무게가 60 kg인 영호가 하루 동안 섭취한 영양소의 양을, (나)는 활동에 따른 시간당 에너지 소비량과 영호가 하루 동안 활동한 시간을 나타낸 것이다. 탄수화물과 단백질의 열량은 모두 4 kcal/g, 지방의 열량은 9 kcal/g이다.

구분	섭취량(g)
탄수화물	350
지방	150
단백질	100

(가)

구분	에너지 소비량 (kcal/h · kg)	시간(h)
수면	1.0	8
휴식	1.5	4
공부	2.5	8
운동	6.0	2
산책	4.0	2

(나)

이에 대한 설명으로 옳은 것만을 〈보기〉에서 있는 대로 고른 것은?

> **보기**
>
> ㄱ. 영호가 수면을 통해 소비한 에너지양은 산책을 통해 소비한 에너지양과 같다.
> ㄴ. 공부를 하는 데 필요한 에너지양은 기초 대사량에 속한다.
> ㄷ. 영호가 하루 동안 섭취한 에너지양은 (나)의 활동을 통해 소비한 에너지양보다 많다.

① ㄱ   ② ㄷ   ③ ㄱ, ㄴ
④ ㄴ, ㄷ   ⑤ ㄱ, ㄴ, ㄷ

III

항상성과 몸의 조절

III 항상성과 몸의 조절

III-1 신경계와 근수축

1. 흥분의 전도와 전달
- 뉴런의 구조와 종류
- 흥분의 발생
- 흥분의 전도
- 흥분의 전달과 약물

2. 근수축 운동
- 골격근의 구조
- 근수축의 원리

3. 신경계
- 중추 신경계
- 말초 신경계
- 신경계 질환

III-2 호르몬과 항상성

1. 호르몬과 항상성 유지 원리
- 호르몬의 특성
- 내분비샘과 주요 호르몬
- 항상성 유지 원리

2. 항상성 유지
- 혈당량 조절
- 체온 조절
- 삼투압 조절

III-3 질병과 방어 작용

1. 질병과 비특이적 방어 작용
- 질병과 병원체
- 비특이적 방어 작용(선천성 면역)

2. 특이적 방어 작용과 혈액형
- 특이적 방어 작용(후천성 면역)
- 2차 면역과 면역 관련 질환
- 혈액형

01 흥분의 전도와 전달

개념 ❶ 뉴런의 구조와 종류

1. **뉴런**: 신경계를 구성하는 기본 단위인 신경 세포로, 자극을 전달하고 통합하여 명령을 반응기에 전달한다.

2. **뉴런의 구조와 기능**
   (1) **신경 세포체**: 핵과 대부분의 세포 소기관이 존재하며, 뉴런의 생명 활동을 조절한다.
   (2) **가지 돌기**: 신경 세포체에서 뻗어 나온 짧은 돌기로, 다른 뉴런(세포)으로부터 흥분을 받아들인다.
   (3) **축삭 돌기**: 신경 세포체에서 뻗어 나온 긴 돌기로, 전도와 전달을 통해 다른 뉴런(세포)으로 흥분을 이동시킨다.

3. **뉴런의 종류**: 기능에 따라 구심성 뉴런(감각 뉴런), 연합 뉴런, 원심성 뉴런(운동 뉴런)으로 구분된다.
   (1) **구심성 뉴런**: 감각기에서 받아들인 자극을 중추 신경으로 전달하는 뉴런으로, 감각 뉴런이 이에 해당한다.
   (2) **연합 뉴런**: 뇌와 척수 같은 중추 신경을 이루며, 구심성 뉴런에서 온 정보를 종합하여 적절한 반응 명령을 내리는 뉴런이다.
   (3) **원심성 뉴런**: 중추 신경의 반응 명령을 반응기로 전달하는 뉴런으로, 운동 뉴런이 이에 해당한다.

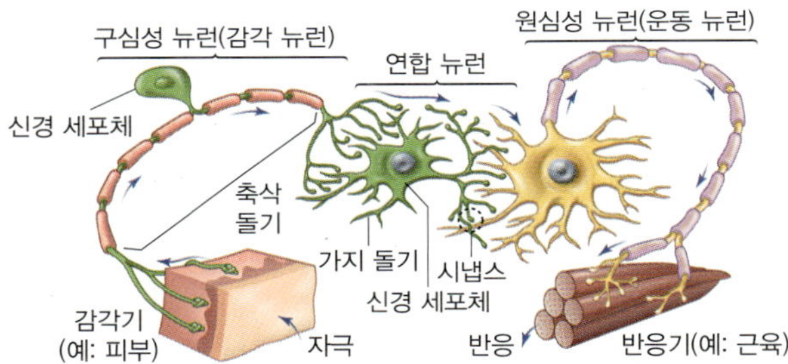

개념 ❷ 흥분의 발생

1. **흥분의 발생**: 역치 이상의 자극을 받으면 흥분이 발생하며, 자극을 받은 뉴런의 축삭 돌기에서 분극(휴지 전위) → 탈분극(활동 전위) → 재분극의 순서로 막전위가 변한다.

2. **흥분의 발생 과정**: 분극 → 탈분극 → 재분극 → 분극
   (1) **분극**: 자극을 받지 않은 휴지 전위 상태
   ① $Na^+ - K^+$ 펌프가 ATP를 소모하여 Na^+은 세포 밖으로, K^+은 세포 안으로 이동시킨다. 따라서 Na^+의 농도는 세포 밖이 안보다 높고, K^+의 농도는 세포 안이 밖보다 높다.
   ② 분극 상태에서는 세포 안이 밖보다 상대적으로 음(−)전하를 띠며, 약 −70 mV의 휴지 전위가 생성된다.
   (2) **탈분극**: 자극을 받아 막전위가 상승하는 현상
   ① 자극을 받은 부위에서 Na^+ 통로가 열려 Na^+이 세포 안으로 유입(확산)되며, 이때 막전위가 상승한다.
   ② 막전위가 역치 전위에 도달하면 많은 수의 Na^+ 통로가 열려 많은 양의 Na^+이 유입되며, 막전위가 약 +35 mV까지 급격히 상승해 활동 전위가 발생된다.
   ③ 활동 전위가 발생하면 세포막 안쪽은 양(+)전하, 세포막 바깥쪽은 음(−)전하를 띤다.
   (3) **재분극**: 탈분극이 일어난 후 막전위가 하강하는 현상
   ① Na^+ 통로는 닫히고, K^+ 통로가 열려 K^+이 세포 밖으로 유출(확산)되며, 이때 막전위가 하강한다.
   ② 막전위가 휴지 전위보다 하강했다가(과분극) 다시 휴지 전위로 돌아간다.

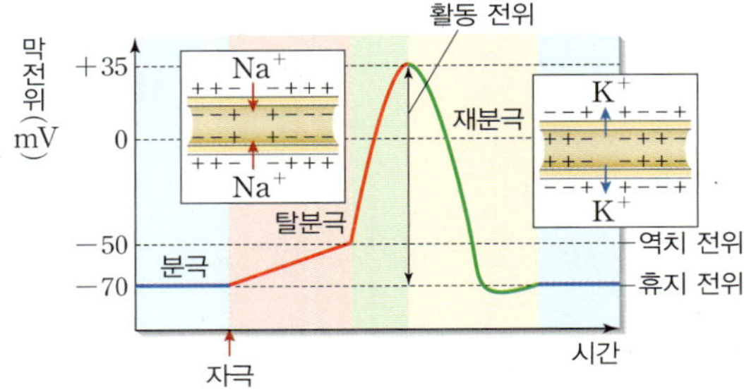

개념 ❸ 흥분의 전도

1. **흥분의 전도 과정**: 자극을 받은 부위에서 유입된 Na^+이 축삭 돌기 안에서 인접한 부위로 확산된다. → 인접한 부위의 막전위가 역치 전위까지 상승해 Na^+ 통로가 열린다. → Na^+이 유입되어 인접한 부위에서 활동 전위가 발생한다.

흥분 전도 방향	(가)	→ (나)	→ (다)
(가) (나) (다)	탈분극 (Na^+ 유입 후 확산)	분극 상태	
	재분극 (K^+ 유출)	탈분극 (Na^+ 유입 후 확산)	분극 상태
	분극 상태	재분극 (K^+ 유출)	탈분극 (Na^+ 유입 후 확산)

2. **흥분의 전도 속도에 영향을 미치는 요인**
   (1) 축삭 돌기의 지름이 클수록 흥분의 전도 속도가 빠르다.
   (2) 말이집 신경의 경우 랑비에 결절에서만 활동 전위가 발생하는 도약전도가 일어나기 때문에 민말이집 신경보다 흥분 전도 속도가 빠르다.

1. 흥분의 전달: 두 뉴런의 연결 부위인 시냅스에서 신경 전달 물질에 의해 한 뉴런의 흥분이 다른 뉴런으로 전달되는 현상

2. 시냅스를 통한 흥분 전달 과정
(1) 시냅스 이전 뉴런에서 활동 전위가 축삭 돌기를 따라 말단까지 전도된다.
(2) 신경 전달 물질이 들어 있는 소낭의 막과 세포막이 융합해 신경 전달 물질이 시냅스로 방출된다.
(3) 신경 전달 물질이 시냅스 이후 뉴런의 세포막에 있는 이온 통로(수용체)와 결합한다.
(4) Na^+ 이온 통로가 열리고 Na^+이 시냅스 이후 뉴런 안으로 유입(확산)되어 막전위가 상승(탈분극)한다.
(5) 막전위가 역치까지 상승해 활동 전위가 발생된다.

3. 흥분 전달에 영향을 미치는 약물

구분	영향
각성제	흥분의 전달 촉진 → 긴장 상태 유지, 각성 효과 예 카페인, 니코틴, 코카인, 엑스터시 등
환각제	인지 작용과 의식 변화 유발 → 환각 유발 예 대마초, LSD 등
진정제	흥분의 전달 억제 → 긴장과 통증 완화, 수면 유도 예 아편, 알코올, 수면제, 프로포폴 등

자료 분석 흥분의 발생과 이온의 막 투과도 변화

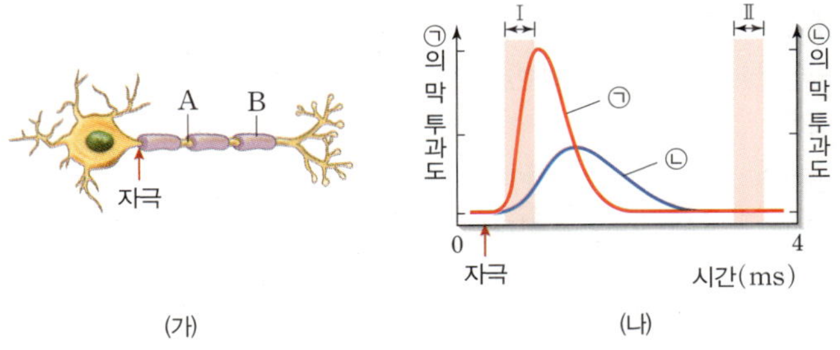

(가)　　　　　　　　　　(나)

❶ (가): 뉴런에 역치 이상의 자극을 주면 랑비에 결절(A)에서는 (나)와 같은 막 투과도 변화가 일어나 활동 전위가 발생하지만, 말이집(B)에서는 활동 전위가 발생하지 않는다.

❷ (나): 자극을 준 후 ㉠의 막 투과도가 ㉡의 막 투과도보다 먼저 증가했으므로 ㉠은 탈분극을 일으키는 Na^+이고, ㉡은 재분극을 일으키는 K^+이다.

❸ (나)의 구간 Ⅰ에서 탈분극이 일어난다. Ⅰ에서 Na^+(㉠)의 농도는 세포 밖에서가 세포 안에서보다 높다.

❹ (나)의 구간 Ⅱ에서 뉴런은 분극 상태이다. Ⅱ에서 $Na^+ - K^+$ 펌프가 ATP를 소모하면서 Na^+(㉠)은 세포 밖으로, K^+(㉡)은 세포 안으로 이동시킨다.

정답 및 해설 | 18쪽

128

　　　　　　은 신경계를 구성하는 기본 단위인 신경 세포이다.

129

뉴런에 대한 설명으로 옳은 것은 ○, 옳지 <u>않은</u> 것은 ×로 표시하시오.
(1) 축삭 돌기를 통해 흥분을 받아들인 후 가지 돌기를 통해 흥분을 이동시킨다.　　　　　(　　)
(2) 감각 뉴런은 감각기에서 받아들인 자극을 연합 뉴런으로 전달한다.　　　　　(　　)
(3) 운동 뉴런은 구심성 뉴런이다.　　　　　(　　)

130

그림은 뉴런에서 흥분의 발생 과정을 나타낸 것이다.

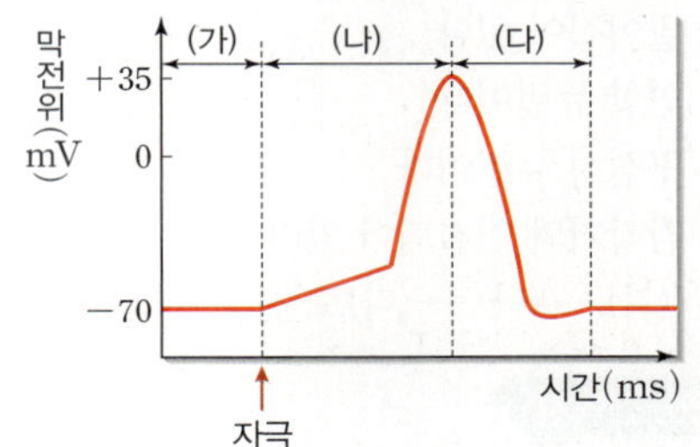

(1) (가)~(다) 중 분극 상태인 구간을 쓰시오.　　(　　)
(2) (가)~(다) 중 Na^+의 유입으로 막전위가 변하는 구간을 쓰시오.　　　　　(　　)
(3) 구간 (다)에서 막전위의 변화를 일으키는 주된 이온은 무엇인지 쓰시오.　　　　　(　　)

131

흥분의 전도에 대한 설명으로 옳은 것은 ○, 옳지 <u>않은</u> 것은 ×로 표시하시오.
(1) 자극을 받은 부위의 K^+이 축삭 돌기 안에서 인접한 부위로 확산되면서 흥분이 전도된다.　　(　　)
(2) 말이집 신경은 민말이집 신경보다 흥분 전도 속도가 빠르다.　　　　　(　　)

132

두 뉴런의 연결 부위인 　　　　　에서 신경 전달 물질에 의해 한 뉴런의 흥분이 다른 뉴런으로 전달된다.

133

시냅스 이전 뉴런에서 활동 전위가 축삭 돌기 말단까지 전도되면 　　　　　이 시냅스 틈으로 방출된다.

개념 ① 뉴런의 구조와 종류

족집게 전략 뉴런의 종류를 알고, 그에 따른 흥분의 전달 방향을 파악할 수 있어야 해. 뉴런은 가지 돌기를 통해 흥분을 받아들인다는 사실은 꼭 알아두도록 해.

134 단골 문제

그림은 시냅스를 이루고 있는 뉴런 (가)~(다)를 나타낸 것이다. (가)~(다)는 구심성 뉴런, 원심성 뉴런, 연합 뉴런을 순서 없이 나타낸 것이다.

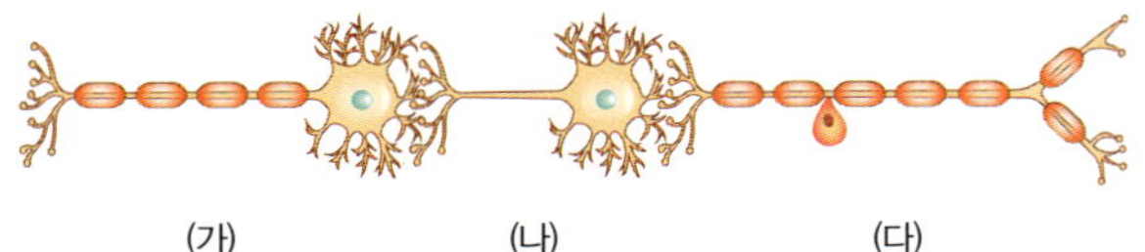

이에 대한 설명으로 옳지 <u>않은</u> 것은?

① (가)에 말이집이 있다.
② (나)는 연합 뉴런이다.
③ (다)는 구심성 뉴런이다.
④ (다)는 감각기와 연결되어 있다.
⑤ 흥분은 (가) → (나) → (다)로 전달된다.

추가로 나오는 선택지

❶ (가)는 원심성 뉴런이다. (　　　)
❷ (나)는 구심성 뉴런과 원심성 뉴런을 연결한다. (　　　)
❸ (다)는 (나)로부터 받은 명령을 반응기로 전달한다. (　　　)

135

다음은 뉴런에 대한 설명이다.

> 뉴런은 (㉠)을 구성하는 기본 단위로, 자극을 받으면 흥분이 발생하며, 흥분을 ㉡멀리까지 이동시킨다.

이에 대한 설명으로 옳은 것만을 〈보기〉에서 있는 대로 고른 것은?

보기
ㄱ. 신경계는 ㉠에 해당한다.
ㄴ. ㉡은 흥분의 전도와 전달을 통해 일어난다.
ㄷ. 뉴런의 작용으로 우리 몸은 자극에 대해 반응할 수 있다.

① ㄱ　　　　② ㄷ　　　　③ ㄱ, ㄴ
④ ㄴ, ㄷ　　　⑤ ㄱ, ㄴ, ㄷ

136 중요

그림은 뉴런의 구조를 나타낸 것이다.

이에 대한 설명으로 옳은 것만을 〈보기〉에서 있는 대로 고른 것은?

보기
ㄱ. A를 통해 다른 뉴런으로부터 흥분을 받아들인다.
ㄴ. B에서 흥분의 전도가 일어난다.
ㄷ. C는 축삭 돌기 말단이다.

① ㄱ　　　　② ㄴ　　　　③ ㄷ
④ ㄱ, ㄴ　　　⑤ ㄴ, ㄷ

[137~138] 다음은 우리 몸이 자극에 대해 반응할 때 흥분의 이동 경로를 나타낸 것으로, 흥분의 이동 방향은 나타내지 않았다. (가)와 (나)는 각각 반응기와 감각기 중 하나이다. ㉠~㉢은 서로 다른 종류의 뉴런이며, ㉠과 ㉡ 중 하나는 원심성 뉴런이다. 물음에 답하시오.

> (가) － ㉠ － ㉡ － ㉢ － (나)

137

뉴런 ㉠~㉢에 대한 설명으로 옳은 것만을 〈보기〉에서 있는 대로 고른 것은?

보기
ㄱ. ㉠은 원심성 뉴런이다.
ㄴ. ㉡의 신경 세포체에는 핵이 있다.
ㄷ. 흥분은 ㉠ → ㉡ → ㉢ 방향으로 이동한다.

① ㄱ　　　　② ㄷ　　　　③ ㄱ, ㄴ
④ ㄴ, ㄷ　　　⑤ ㄱ, ㄴ, ㄷ

138 서술형

㉢이 어떤 종류의 뉴런인지 쓰고, ㉢의 기능을 흥분 전달과 관련지어 서술하시오.

족집게 전략 뉴런에서 흥분이 발생할 때 이온의 이동에 따른 세포막의 막전위 변화가 나타나는데, Na^+의 유입에 의한 탈분극과 K^+의 유출에 의한 재분극 과정은 자세하게 알아두어야 해.

139 단골 문제

그림은 어떤 뉴런에 역치 이상의 자극을 주었을 때 막전위 변화를 나타낸 것이다.

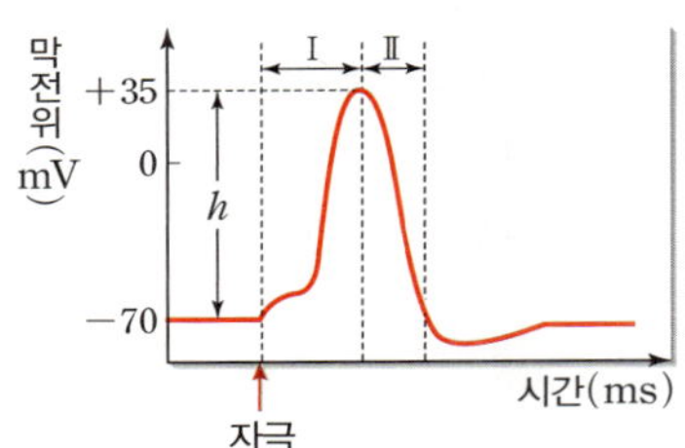

이에 대한 설명으로 옳지 <u>않은</u> 것은?

① 자극의 세기에 상관없이 h의 크기는 일정하다.
② Ⅰ에서 Na^+이 세포 안으로 유입된다.
③ Ⅰ에서 세포막을 통한 K^+의 이동은 없다.
④ Ⅱ에서 재분극이 일어난다.
⑤ Ⅱ에서 Na^+의 농도는 세포 안이 밖보다 낮다.

추가로 나오는 선택지

❶ Ⅰ에서 K^+의 농도는 세포 안이 밖보다 높다. (　　　)
❷ Ⅱ에서 Na^+의 막 투과도는 감소한다. (　　　)

140

표는 어떤 뉴런이 분극 상태일 때 세포 안과 밖에서 이온 ㉠과 ㉡의 농도를 나타낸 것이다. ㉠과 ㉡은 각각 K^+과 Na^+ 중 하나이다.

(단위: 상댓값)

구분	㉠	㉡
뉴런 안	142	5
뉴런 밖	10	140

이에 대한 설명으로 옳지 <u>않은</u> 것은?

① ㉠은 K^+이다.
② ㉠은 통로를 통해 세포 밖으로 유출될 수 있다.
③ ㉡이 통로를 통해 이동할 때 재분극이 일어난다.
④ ㉡은 $Na^+$$-$$K^+$ 펌프를 통해 세포 밖으로 이동한다.
⑤ 역치 이상의 자극을 받은 축삭 돌기 지점에서 ㉡의 막투과도는 ㉠의 막투과도보다 먼저 높아진다.

141

그림은 어떤 뉴런에 역치 이상의 자극을 준 후 시간이 t일 때 지점 X에서 측정한 막전위를 나타낸 것이다. 이 뉴런의 휴지 전위는 $-70\,mV$이다.

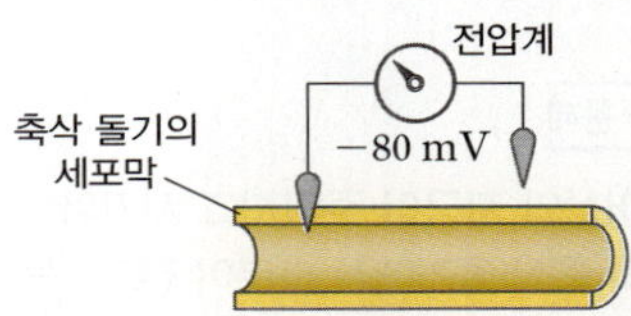

t일 때 지점 X에 대한 설명으로 옳은 것만을 〈보기〉에서 있는 대로 고른 것은?

보기

ㄱ. 탈분극 중이다.
ㄴ. 세포막 안쪽이 바깥쪽보다 음($-$)전하를 띤다.
ㄷ. 세포막을 통해 K^+이 Na^+보다 활발히 확산되었다.

① ㄴ　　　　② ㄷ　　　　③ ㄱ, ㄴ
④ ㄱ, ㄷ　　　⑤ ㄴ, ㄷ

[142~143] 그림은 뉴런에 역치 이상의 자극을 주었을 때 이온 ㉠과 ㉡의 막 투과도 변화를 나타낸 것이다. ㉠과 ㉡은 각각 K^+과 Na^+ 중 하나이다. 물음에 답하시오.

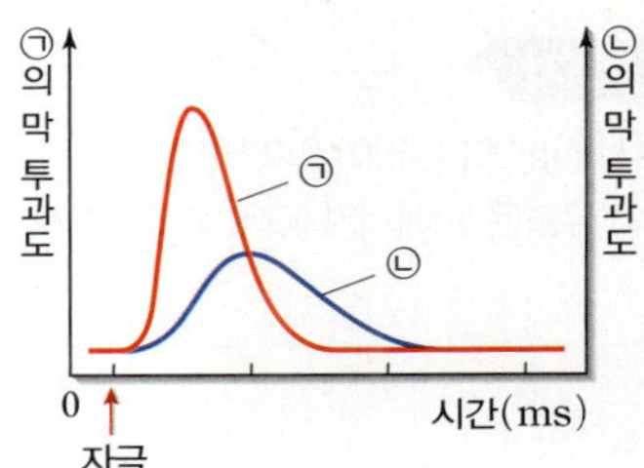

142 중요

이에 대한 설명으로 옳은 것만을 〈보기〉에서 있는 대로 고른 것은?

보기

ㄱ. ㉠은 K^+이다.
ㄴ. ㉠의 농도는 세포 안이 밖보다 낮다.
ㄷ. ㉡은 $Na^+$$-$$K^+$ 펌프를 통해 세포 밖으로 이동한다.

① ㄴ　　　　② ㄷ　　　　③ ㄱ, ㄴ
④ ㄱ, ㄷ　　　⑤ ㄴ, ㄷ

143 서술형

㉡이 이온 통로를 통해 이동할 때 나타나는 현상을 ㉡의 이동 방향과 막전위의 변화를 모두 포함시켜 서술하시오.

족집게 전략 축삭 돌기 각 지점에서 막전위의 변화를 이용해 흥분 전도 방향을 찾을 수 있어야 해. 탈분극이 먼저 일어난 지점일수록 먼저 자극을 받은 지점이야.

144 단골 문제

그림은 역치 이상의 자극이 주어지고 시간이 t_1에서 t_2로 흐를 때 어떤 뉴런의 축삭 돌기에서 흥분이 전도되는 과정을 나타낸 것이다.

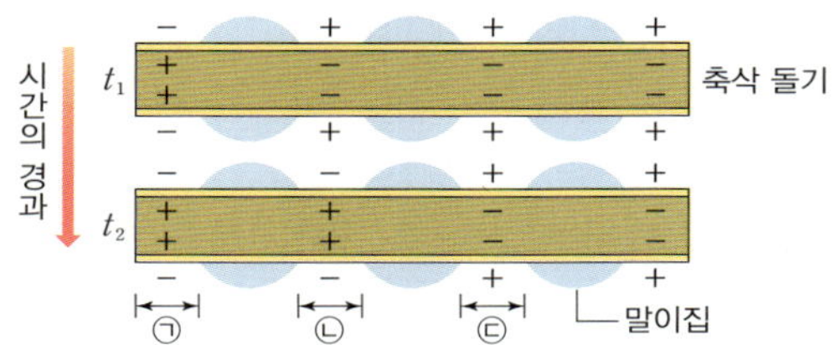

이에 대한 설명으로 옳지 <u>않은</u> 것은?

① 흥분은 ㉠ → ㉡ → ㉢ 방향으로 전도된다.
② t_1일 때 ㉡에서 재분극 중이다.
③ t_1 → t_2일 때 ㉡에서 막전위가 상승한다.
④ t_2 이후 ㉠에서 K^+의 유출이 일어날 것이다.
⑤ t_2 이후 ㉢에서 Na^+의 유입이 일어날 것이다.

추가로 나오는 선택지

❶ t_1일 때 ㉠에서 Na^+의 유입이 일어났다.   (   )
❷ t_2 이후 K^+의 유출은 ㉢에서가 ㉡에서보다 먼저 일어날 것이다.   (   )

145 중요

그림은 어떤 뉴런의 축삭 돌기에서 흥분이 전도될 때 서로 다른 시점 (가)~(다)에서 세포막 안팎에서의 전하 분포를 나타낸 것이다. (가)~(다)를 일어난 순서대로 옳게 나열한 것은?

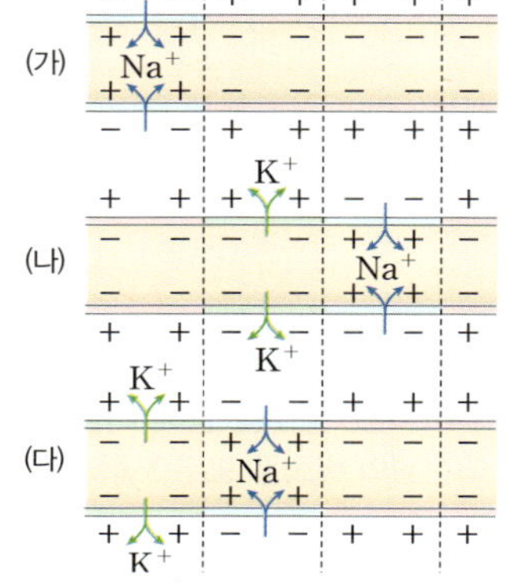

① (가) → (나) → (다)
② (가) → (다) → (나)
③ (나) → (가) → (다)
④ (나) → (다) → (가)
⑤ (다) → (나) → (가)

146

그림은 두 뉴런이 연결된 모습을 나타낸 것이다. 두 뉴런 중 왼쪽의 뉴런에 역치 이상의 자극을 1회 주었다.

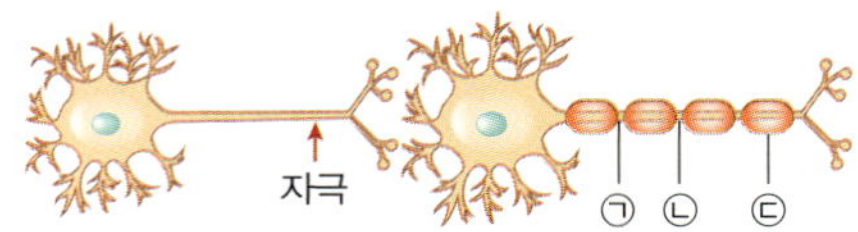

이에 대한 설명으로 옳은 것만을 〈보기〉에서 있는 대로 고른 것은?

보기

> ㄱ. Na^+ 통로는 ㉠에서가 ㉡에서보다 먼저 열린다.
> ㄴ. 발생하는 활동 전위의 크기는 ㉠에서가 ㉡에서보다 크다.
> ㄷ. ㉢에서 막을 통한 이온의 이동이 일어난다.

① ㄱ   ② ㄷ   ③ ㄱ, ㄴ
④ ㄱ, ㄷ   ⑤ ㄴ, ㄷ

147

그림은 어떤 뉴런에서 축삭 돌기의 일부를 나타낸 것이다.
이 뉴런에 대한 설명으로 옳은 것만을 〈보기〉에서 있는 대로 고른 것은?

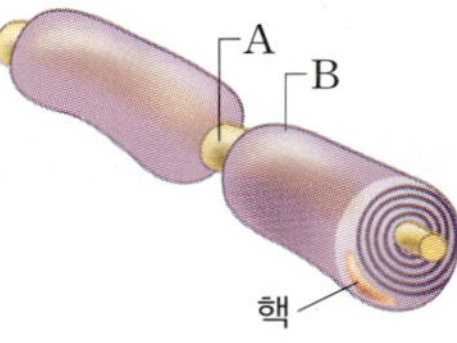

보기

> ㄱ. A는 랑비에 결절이다.
> ㄴ. 도약전도가 일어난다.
> ㄷ. 흥분이 전도될 때 B로 싸인 축삭 돌기 부위에서 활동 전위가 발생한다.

① ㄱ   ② ㄷ   ③ ㄱ, ㄴ
④ ㄱ, ㄷ   ⑤ ㄴ, ㄷ

148 서술형

그림은 뉴런 A~C의 축삭 돌기를 나타낸 것이다.
A~C 중 흥분 전도 속도가 가장 빠른 뉴런을 쓰고, 그 이유를 서술하시오.

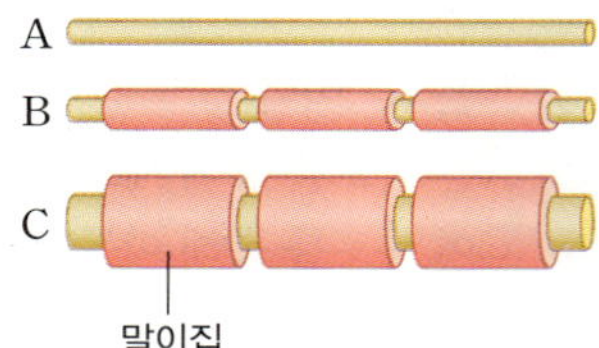

개념 ④ 흥분의 전달과 약물

족집게 전략 흥분의 전달 방향을 파악하는 문제가 출제되고 있어. 따라서 흥분은 한 뉴런의 축삭 돌기 말단에서 다음 뉴런의 신경 세포체가 있는 가지 돌기 방향으로만 전달된다는 것을 알고 있어야 해.

149 단골 문제

그림은 서로 연결된 뉴런 (가)~(다) 중 하나에 역치 이상의 자극을 주었을 때, 축삭 돌기 세 지점에서 막전위 변화를 나타낸 것이다.

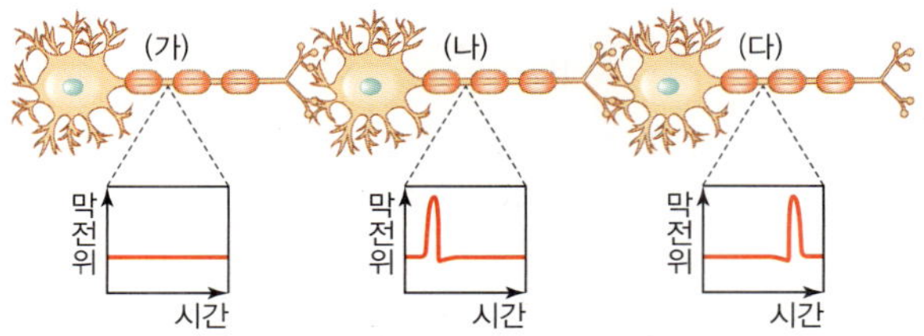

이에 대한 설명으로 옳은 것만을 〈보기〉에서 있는 대로 고른 것은?

> **보기**
> ㄱ. 자극을 준 뉴런은 (나)이다.
> ㄴ. 시냅스에서 흥분 전달은 양방향으로 일어난다.
> ㄷ. 역치 이상의 자극을 (다)에 주면 (나)에서 신경 전달 물질이 분비된다.

① ㄱ ② ㄷ ③ ㄱ, ㄴ
④ ㄱ, ㄷ ⑤ ㄴ, ㄷ

추가로 나오는 선택지

❶ 흥분은 (가)에서 (나)로 전달되었다. (   )
❷ (나)에서 분비된 신경 전달 물질은 (다)를 탈분극시킨다. (   )

150

다음은 흥분 전달에 영향을 미치는 약물 (가)와 (나)의 주요 효과를 나타낸 것이다.

> • (가): 긴장 상태 유지, 각성 효과
> • (나): 긴장과 통증 완화, 수면 유도

이에 대한 설명으로 옳지 <u>않은</u> 것은?

① 각성제는 (가)에 해당한다.
② 진정제는 (나)에 해당한다.
③ (나)는 흥분 전달을 억제한다.
④ (가)와 (나)는 모두 신경계의 작용에 영향을 미친다.
⑤ 신경 전달 물질을 빠르게 분해하는 약물은 (가)에 해당한다.

151 중요

그림은 시냅스에서 일어나는 흥분 전달 과정의 일부를 나타낸 것이다.

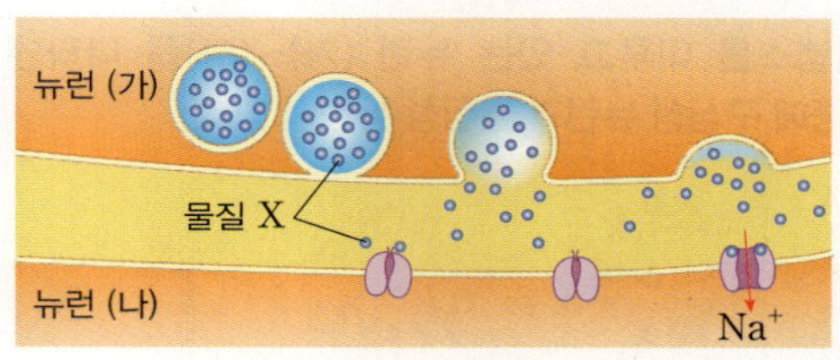

이에 대한 설명으로 옳은 것만을 〈보기〉에서 있는 대로 고른 것은?

> **보기**
> ㄱ. X는 신경 전달 물질이다.
> ㄴ. X가 분비되면 (나)에서 막전위가 상승한다.
> ㄷ. (가)에서 흥분이 축삭 돌기 말단으로 전도되면 X가 분비된다.

① ㄱ ② ㄷ ③ ㄱ, ㄴ
④ ㄴ, ㄷ ⑤ ㄱ, ㄴ, ㄷ

152

표는 뉴런 A와 B에 각각 역치 이상의 자극을 주었을 때 뉴런 A~D에서 활동 전위의 발생 여부를 나타낸 것이다. A~D는 일렬로 연결되어 있으며, 순서 없이 나타낸 것이다.

구분	A	B	C	D
A에 자극을 주었을 때	○	×	○	×
B에 자극을 주었을 때	○	○	○	○

(○: 발생함, ×: 발생 안 함)

A~D의 연결 순서로 옳은 것은?

① A－B－D－C ② A－C－B－D
③ B－A－C－D ④ B－D－A－C
⑤ D－B－A－C

153 서술형

다음은 두 가지 약물을 나타낸 것이다.

> 카페인   수면제

이 두 약물의 차이점을 신경계에서 발생하는 흥분과 연관지어 서술하시오.

154

그림은 시냅스를 이루고 있는 뉴런 (가)~(다)를 나타낸 것이다. (가)~(다) 중에 구심성 뉴런과 원심성 뉴런이 있다.

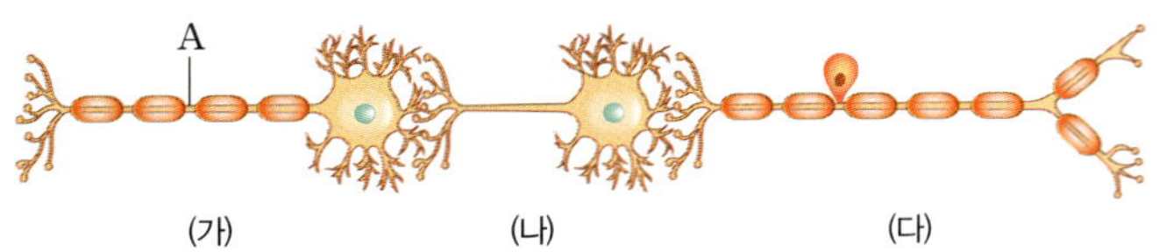

이에 대한 설명으로 옳은 것만을 〈보기〉에서 있는 대로 고른 것은?

> **보기**
>
> ㄱ. 흥분은 (가) → (나) → (다)로 전달된다.
> ㄴ. (가)와 (다)는 모두 말초 신경계에 속한다.
> ㄷ. A에 역치 이상의 자극을 주면 (나)에서 신경 전달 물질이 분비된다.

① ㄴ　　　　　② ㄷ　　　　　③ ㄱ, ㄴ
④ ㄱ, ㄷ　　　　⑤ ㄴ, ㄷ

155

그림 (가)는 자극을 받은 어떤 뉴런의 축삭 돌기의 한 지점에서 시간에 따른 이온 ㉠과 ㉡의 막 투과도를, (나)는 이 지점에서 시간에 따른 막전위 변화를 나타낸 것이다. ㉠과 ㉡은 각각 K^+과 Na^+ 중 하나이다.

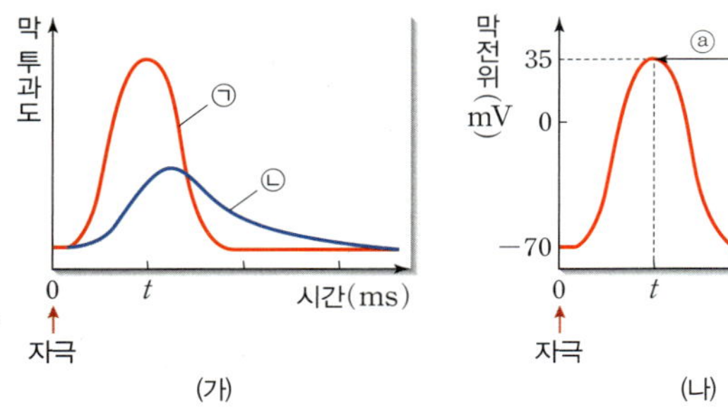

이에 대한 설명으로 옳은 것만을 〈보기〉에서 있는 대로 고른 것은?

> **보기**
>
> ㄱ. ㉡은 Na^+이다.
> ㄴ. ⓐ에서 ㉠은 세포 밖으로 확산된다.
> ㄷ. t일 때 뉴런에서 통로를 통한 ㉠과 ㉡의 이동 방향은 서로 반대이다.

① ㄴ　　　　　② ㄷ　　　　　③ ㄱ, ㄴ
④ ㄱ, ㄷ　　　　⑤ ㄴ, ㄷ

156

그림은 흥분이 전도될 때 축삭 돌기 막에 있는 통로 ㉠과 ㉡을 통한 이온의 이동 방향을 나타낸 것이다. ㉠과 ㉡은 각각 K^+ 통로와 Na^+ 통로 중 하나이다.

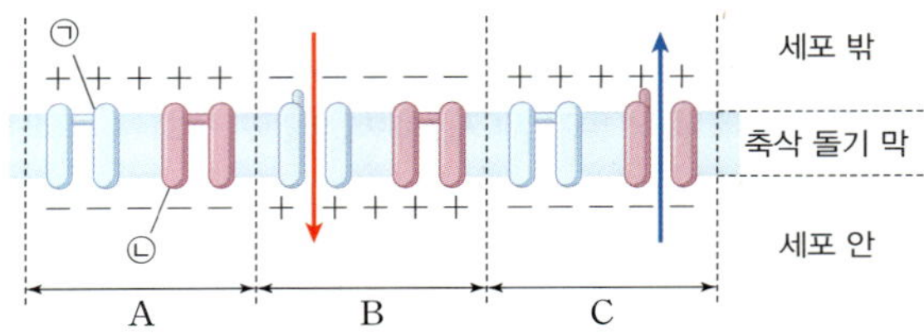

이에 대한 설명으로 옳은 것만을 〈보기〉에서 있는 대로 고른 것은? (단, 분극 상태에서 이온의 확산은 고려하지 않는다.)

> **보기**
>
> ㄱ. ㉠이 열리면 막전위가 상승한다.
> ㄴ. 흥분은 A → B → C 방향으로 전도된다.
> ㄷ. ㉡을 통한 이온의 이동 방향은 탈분극 중일 때와 재분극 중일 때가 서로 반대이다.

① ㄱ　　　　　② ㄴ　　　　　③ ㄱ, ㄴ
④ ㄱ, ㄷ　　　　⑤ ㄴ, ㄷ

157

그림은 어떤 뉴런에 역치 이상의 자극을 1회 주었을 때의 막전위 변화를, 표는 이 뉴런에 자극을 준 후 시간이 t일 때 축삭 돌기 세 지점 Ⅰ~Ⅲ에서의 막전위를 나타낸 것이다. Ⅰ~Ⅲ은 Ⅰ-Ⅱ-Ⅲ의 순서로 위치하며, t일 때 Ⅰ~Ⅲ 중 한 지점에서만 탈분극이 일어난다.

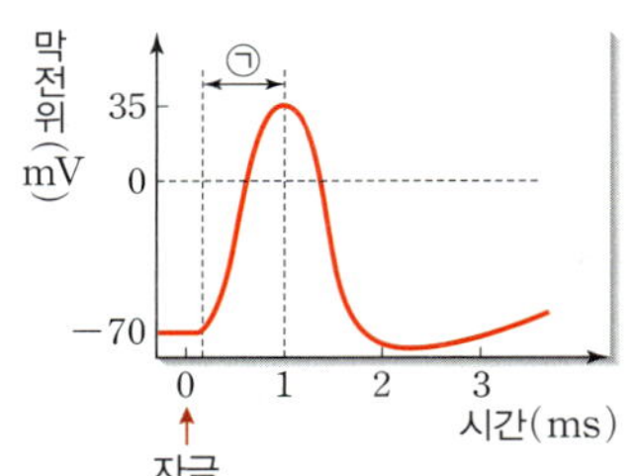

지점	막전위(mV)
Ⅰ	−30
Ⅱ	+15
Ⅲ	−80

t일 때에 대한 설명으로 옳은 것만을 〈보기〉에서 있는 대로 고른 것은?

> **보기**
>
> ㄱ. 흥분은 Ⅲ → Ⅱ → Ⅰ 방향으로 전도되었다.
> ㄴ. Ⅰ에서 Na^+이 통로를 통해 세포 안으로 유입된다.
> ㄷ. Ⅱ에서의 막전위는 구간 ㉠ 중 +15 mV인 막전위이다.

① ㄱ　　　　　② ㄴ　　　　　③ ㄱ, ㄴ
④ ㄱ, ㄷ　　　　⑤ ㄴ, ㄷ

158 고난도

다음은 민말이집 신경 A와 B에서의 흥분 발생과 전도에 대한 자료이다.

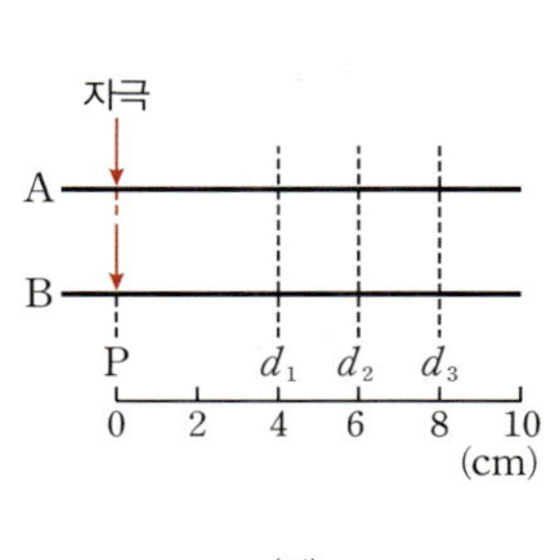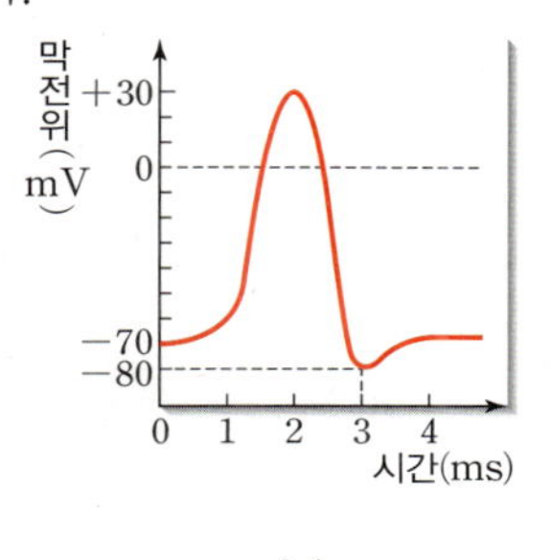

- 그림 (가)는 A와 B의 P 지점으로부터 d_1~d_3까지의 거리를, (나)는 A와 B의 d_1~d_3에서 활동 전위가 발생하였을 때 막전위 변화를 나타낸 것이다.

- ⊙A와 B의 P 지점에 역치 이상의 자극을 동시에 1회 주고 경과된 시간이 5 ms가 되었을 때 A의 d_2와 B의 d_1에서의 막전위는 각각 −80 mV이었다.

이에 대한 설명으로 옳은 것만을 〈보기〉에서 있는 대로 고른 것은? (단, A와 B에서 흥분의 전도는 각각 1회 일어났다.)

보기

ㄱ. 흥분 전도 속도는 A에서가 B에서보다 빠르다.

ㄴ. ⊙일 때 A의 d_1과 d_2 사이에 막전위가 양(+)의 값을 가진 지점이 있다.

ㄷ. ⊙ 이후 B의 d_2와 d_3 사이에 $\dfrac{Na^+ \text{ 막 투과도}}{K^+ \text{ 막 투과도}} > 1$인 지점이 있다.

① ㄱ ② ㄴ ③ ㄱ, ㄴ
④ ㄱ, ㄷ ⑤ ㄴ, ㄷ

159

그림은 세 뉴런이 연결된 모습과 축삭 돌기의 지점 A~D를, 표는 이 세 뉴런 중 하나를 1회 자극했을 때 지점 ⊙~㉣에서 활동 전위가 발생된 시간을 나타낸 것이다. ⊙~㉣은 A~D를 순서 없이 나타낸 것이다.

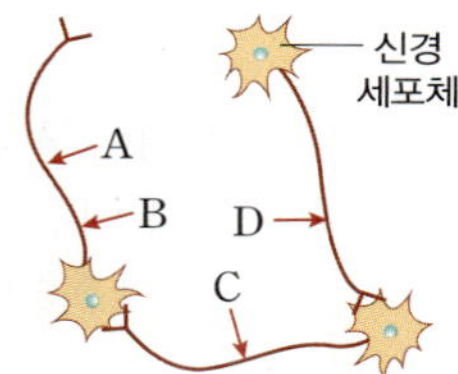

지점	시간
⊙	1 ms일 때
㉠	3 ms일 때
㉢	4 ms일 때
㉣	발생하지 않음

이에 대한 설명으로 옳은 것만을 〈보기〉에서 있는 대로 고른 것은?

보기

ㄱ. ⊙은 A이다.

ㄴ. C가 있는 뉴런을 자극했다.

ㄷ. 4 ms가 되기 전에 A가 있는 뉴런의 축삭 돌기 말단에서 신경 전달 물질이 분비된다.

① ㄴ ② ㄷ ③ ㄱ, ㄴ
④ ㄱ, ㄷ ⑤ ㄴ, ㄷ

160

그림은 약물 A~C가 시냅스에서 작용하는 모습을, 표는 A~C의 기능을 나타낸 것이다. 신경 전달 물질 X가 (나)의 수용체와 결합하면 Na^+이 유입된다.

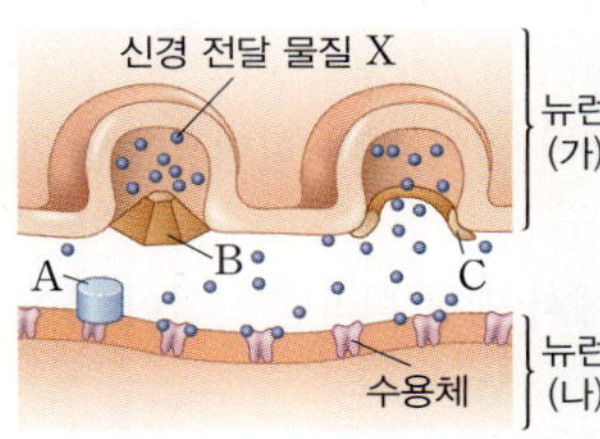

약물	기능
A	X와 수용체의 결합 억제
B	X의 분비 억제
C	X의 분비 촉진

이에 대한 설명으로 옳은 것만을 〈보기〉에서 있는 대로 고른 것은?

보기

ㄱ. 흥분은 (가)에서 (나)로 전달된다.

ㄴ. A는 (나)의 탈분극을 촉진시킨다.

ㄷ. A~C 중 진정제로 사용될 수 있는 약물은 C이다.

① ㄱ ② ㄴ ③ ㄷ
④ ㄱ, ㄴ ⑤ ㄴ, ㄷ

02 근수축 운동

개념 ❶ 골격근의 구조

1. 골격근의 구조

(1) 골격근은 평행하게 배열된 근육 섬유 다발 여러 개로 구성되고, 각 근육 섬유 다발은 많은 수의 근육 섬유로 이루어져 있다.

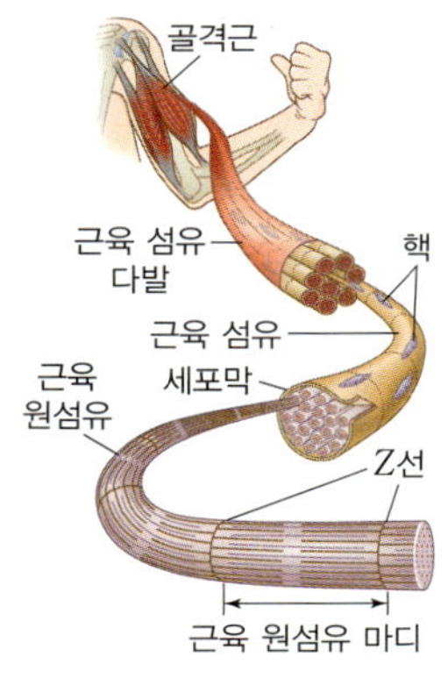

(2) 근육 섬유는 여러 개의 핵이 있는 다핵 세포로, 세포질에 많은 수의 근육 원섬유가 있다.

(3) 근육 원섬유는 굵은 마이오신 필라멘트와 가는 액틴 필라멘트로 이루어져 있다. 마이오신 필라멘트와 액틴 필라멘트가 모여 근육 원섬유 마디(근절)를 형성하며, 근육 원섬유 마디는 근수축의 기본 단위이다.

2. 근육 원섬유 마디의 구조

(1) Z선: 액틴 필라멘트가 결합해 있는 부위로, 근육 원섬유 마디를 구분하는 경계선이다.

(2) M선: 마이오신 필라멘트가 결합해 있는 부위로, 근육 원섬유 마디의 중앙에 있는 선이다.

(3) I대(명대): 액틴 필라멘트만 있어 전자 현미경에서 밝게 관찰되는 부위이다.

(4) A대(암대): 마이오신 필라멘트가 있어 전자 현미경에서 어둡게 관찰되는 부위이다.

(5) H대: 근육 원섬유 마디 중심에서 액틴 필라멘트 없이 마이오신만 있는 부위이다.

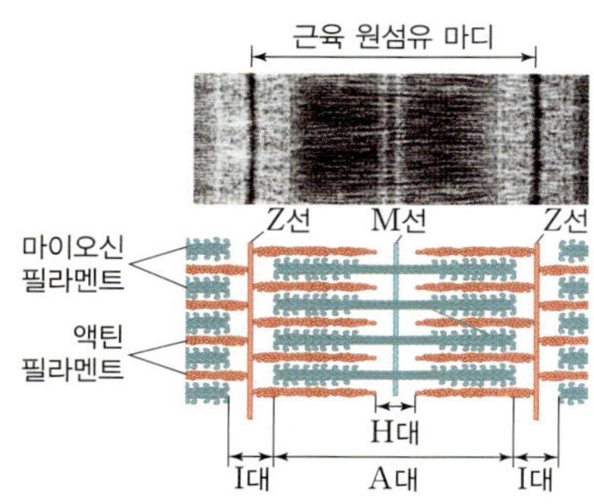

개념 ❷ 근수축의 원리

1. 근수축

(1) 신경에 의해 흥분이 근육으로 전달되면 근육이 수축한다. 근수축은 우리 몸에서 일어나는 대표적인 반응 중 하나이다.

(2) **골격근의 작용**: 골격근은 힘줄에 의해 뼈에 붙어 있으며, 한 쌍의 근육이 관절을 각각 반대 방향으로 움직이게 한다.

예 위팔 두갈래근(상완이두근)과 위팔 세갈래근(상완삼두근)

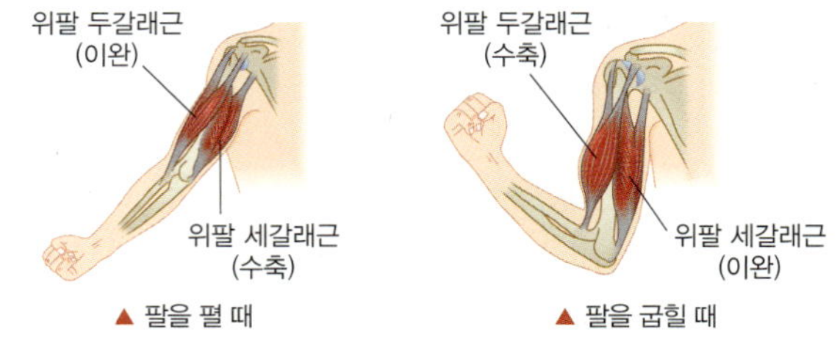

2. 근수축의 원리 : 활주설

(1) **수축 과정**: 근육 원섬유 마디에 있는 마이오신 필라멘트가 ATP를 소모하여 액틴 필라멘트를 끌어당김 → 액틴 필라멘트가 마이오신 필라멘트 사이에서 M선이 있는 가운데 방향으로 활주하듯이 움직임

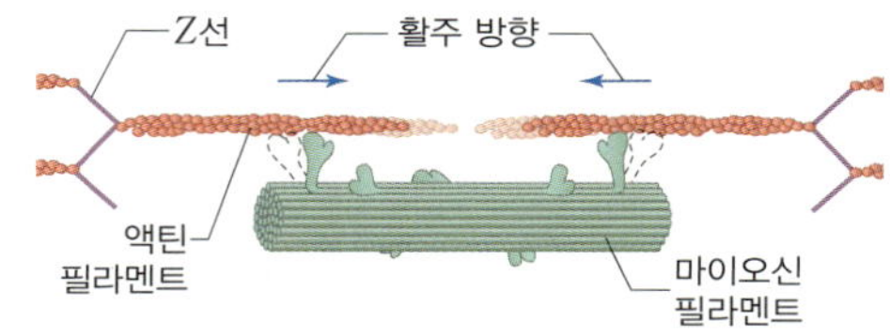

(2) **수축 결과**: 근육 원섬유 마디의 길이가 짧아진다.

① 액틴 필라멘트와 마이오신 필라멘트가 겹쳐 있는 부위의 길이는 늘어나고, I대와 H대의 길이는 모두 짧아진다.

② 액틴 필라멘트와 마이오신 필라멘트의 길이는 변하지 않는다. 따라서 A대의 길이는 변하지 않는다.

③ 근육 원섬유 마디가 짧아진 길이＝H대가 짧아진 길이＝I대(액틴 필라멘트만 있는 부위)가 짧아진 길이

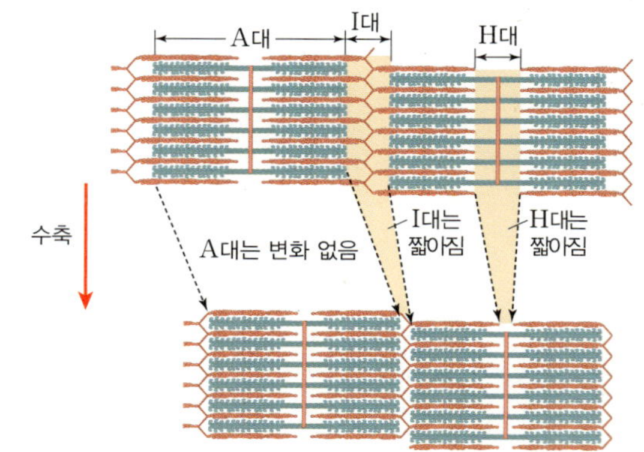

3. 근육 섬유에서 ATP의 합성

(1) 근육이 수축하기 위해서는 에너지(ATP)가 공급되어야 한다. ATP가 ADP로 분해될 때 방출되는 에너지를 이용해 근육이 수축된다.

(2) 근육 섬유에서 ATP는 크레아틴 인산이 크레아틴으로 분해되거나, 글리코젠(포도당)이 세포 호흡과 젖산 발효에 이용될 때 합성된다.

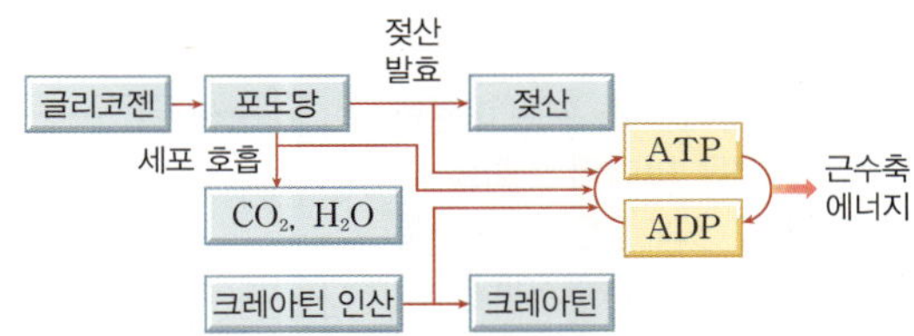

자료 분석 근육 원섬유 마디의 단면 구조

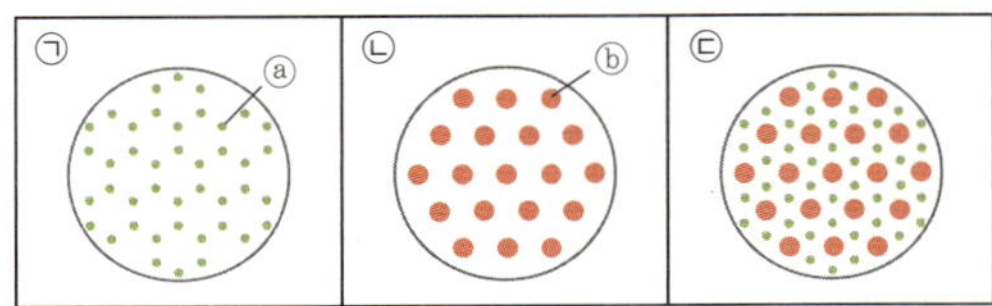

❶ ⓐ는 지름이 작은(두께가 얇은) 액틴 필라멘트, ⓑ는 지름이 큰(두께가 두꺼운) 마이오신 필라멘트이다.

❷ ㉠은 액틴 필라멘트만 있는 I대의 단면, ㉡은 마이오신 필라멘트만 있는 H대의 단면, ㉢은 액틴 필라멘트와 마이오신 필라멘트가 겹쳐 있는 부위의 단면이다.

자료 분석 근수축 시 근육 원섬유 마디의 길이 변화

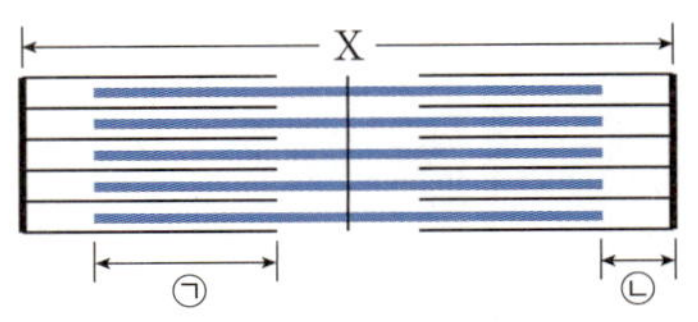

시점	X	㉠
t_1	2.2 μm	0.7 μm
t_2	?	0.4 μm

❶ ㉠은 마이오신 필라멘트와 액틴 필라멘트가 겹쳐 있는 부위이므로 X가 수축하면 ㉠의 길이는 길어진다.

❷ ㉡은 액틴 필라멘트만 있는 부위로, 전자 현미경으로 관찰하면 ㉡이 ㉠보다 밝게 보인다. X가 수축하면 ㉡의 길이는 짧아진다.

❸ ㉠의 길이는 t_2일 때가 t_1일 때보다 짧다. 따라서 시간이 t_1에서 t_2로 흐르면서 X는 이완하였다.

❹ ㉠의 길이는 t_2일 때가 t_1일 때보다 0.3 μm 짧으므로 ㉡의 길이는 t_2일 때가 t_1일 때보다 0.3 μm 길다.

❺ X의 길이는 t_2일 때가 t_1일 때보다 $0.3 \times 2 = 0.6$ μm 길다. 따라서 t_2일 때 X의 길이는 2.8 μm이다.

161

골격근에 대한 설명으로 옳은 것은 ○, 옳지 않은 것은 ×로 표시하시오.

(1) 근육 원섬유는 골격근을 구성하는 다핵 세포이다. (　　　)

(2) 골격근은 많은 수의 근육 섬유 다발로 이루어져 있다.
(　　　)

(3) 근육 원섬유는 굵은 마이오신 필라멘트와 가는 액틴 필라멘트로 이루어져 있다. (　　　)

162

☐☐☐☐☐는 많은 수의 근육 원섬유로 채워져 있는 다핵 세포이며, 골격근을 구성한다.

163

그림은 근육 원섬유 마디의 구조를 나타낸 것이다.

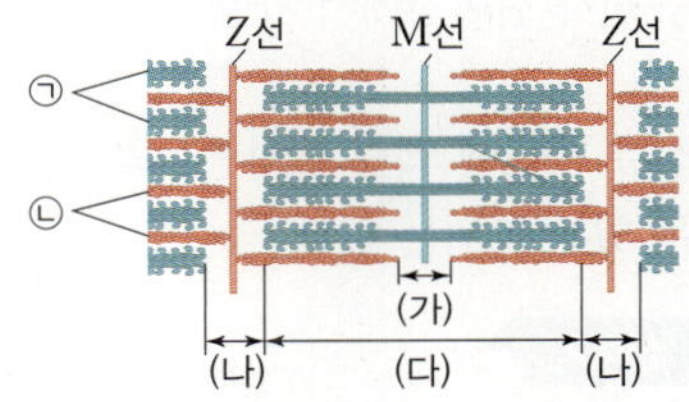

(1) ㉠과 ㉡을 명칭을 각각 쓰시오.

(2) (가)~(다) 중 전자 현미경에서 가장 밝게 관찰되는 부위를 쓰시오.

(3) (가)~(다) 중 골격근이 수축할 때 길이가 짧아지는 부위를 모두 쓰시오.

164

골격근이 수축하면 근육 원섬유 마디에서 ☐☐☐☐대와 I대의 길이는 모두 짧아지며, ☐☐☐☐대의 길이는 변하지 않는다.

165

표는 어떤 근육 원섬유 마디에서 t_1과 t_2일 때 부위 ㉠과 ㉡의 길이를 나타낸 것이다. ㉠과 ㉡은 각각 H대와 A대 중 하나이다.

구분	㉠	㉡
t_1	1.8 μm	0.4 μm
t_2	?	0.2 μm

(1) t_1과 t_2 중 근육 원섬유 마디가 보다 이완된 시점을 쓰시오.

(2) t_2일 때 ㉠의 길이를 쓰시오.

개념 ① 골격근의 구조

족집게 전략 골격근의 구조 중 근육 원섬유 마디의 구조를 정확하게 알고 있어야 해. A대, H대, I대의 위치를 알아두고, 특히 M선이 H대에 포함되고, Z선이 I대에 포함된다는 것을 기억하고 있어야 해.

166 단골 문제

그림은 근육 원섬유 마디의 구조를 나타낸 것이다. ㉠~㉢은 각각 A대, H대, I대 중 하나이다.

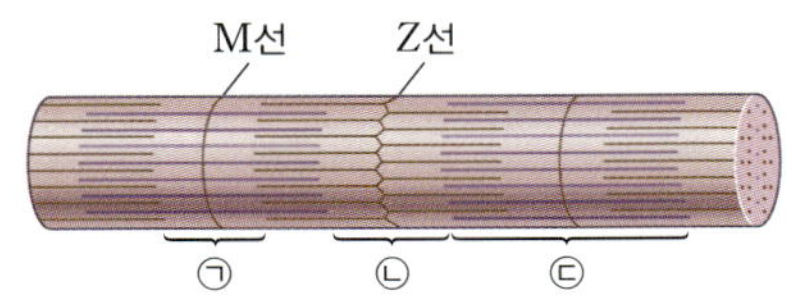

이에 대한 설명으로 옳은 것은?

① ㉠은 I대이다.
② ㉠과 ㉡에 모두 액틴 필라멘트가 있다.
③ ㉠과 ㉢에 모두 마이오신 필라멘트가 있다.
④ ㉠~㉢ 중 전자 현미경에서 가장 밝게 관찰되는 부위는 ㉠이다.
⑤ 근육 원섬유 마디에 액틴 필라멘트와 마이오신 필라멘트가 모두 있는 부위는 없다.

추가로 나오는 선택지

❶ ㉡은 H대이다. (　　　)
❷ ㉢에 액틴 필라멘트는 없다. (　　　)
❸ 전자 현미경에서 ㉠은 ㉡보다 밝게 관찰된다. (　　　)

개념 ② 근수축의 원리

족집게 전략 골격근이 수축할 때와 이완할 때 근육 원섬유 마디의 변화를 묻는 문제는 꼭 출제되고 있어. I대와 H대의 길이는 근육 원섬유 마디가 수축할 때 짧아지고, 이완할 때 길어진다는 것을 반드시 알고 있어야 해.

168 단골 문제

그림은 골격근이 수축 또는 이완할 때 근육 원섬유 마디의 변화를 나타낸 것이다. ㉠과 ㉡은 각각 수축 과정과 이완 과정 중 하나이다. 이에 대한 설명으로 옳지 않은 것은?

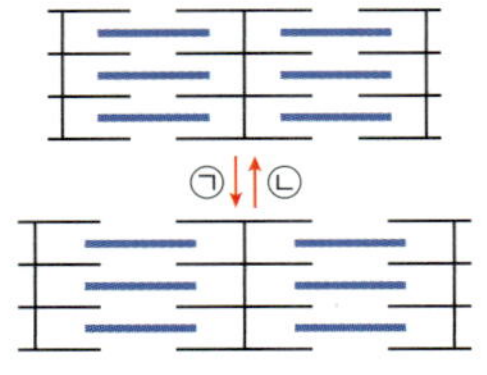

① ㉠은 이완 과정이다.
② ㉡에서 ATP가 소모된다.
③ ㉡에서 I대와 H대의 길이는 모두 짧아진다.
④ ㉠과 ㉡에서 모두 A대의 길이는 변하지 않는다.
⑤ ㉠에서 액틴 필라멘트와 마이오신 필라멘트가 겹쳐 있는 부위의 길이가 길어진다.

추가로 나오는 선택지

❶ ㉠에서 H대의 길이는 길어진다. (　　　)
❷ ㉡에서 액틴 필라멘트와 마이오신 필라멘트가 겹쳐 있는 부위의 길이는 길어진다. (　　　)
❸ ㉡에서 A대의 길이는 H대의 길이보다 짧아진다. (　　　)

167

그림은 골격근의 구조를 나타낸 것이다. ㉠~㉣은 각각 근육 섬유, 근육 원섬유, 근육 섬유 다발, 근육 원섬유 마디 중 하나이다.
이에 대한 설명으로 옳지 않은 것은?

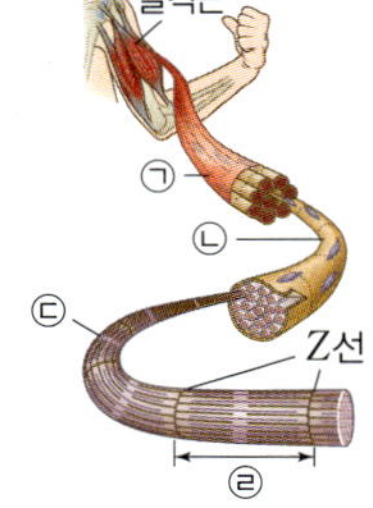

① ㉠은 근육 섬유 다발이다.
② ㉡에 액틴 필라멘트와 마이오신 필라멘트가 존재한다.
③ ㉢은 골격근을 구성하는 다핵 세포이다.
④ ㉣은 근육 원섬유 마디이다.
⑤ ㉣은 골격근 수축의 기본 단위이다.

169

표는 시점이 t_1일 때와 t_2일 때 근육 원섬유 마디 X의 길이를 나타낸 것이다. X에 대한 설명으로 옳은 것만을 〈보기〉에서 있는 대로 고른 것은?

시점	t_1	t_2
길이(μm)	1.7	2.0

보기

ㄱ. A대의 길이는 t_1일 때와 t_2일 때가 같다.
ㄴ. H대의 길이는 t_1일 때가 t_2일 때보다 0.3 μm 짧다.
ㄷ. 액틴 필라멘트만 있는 부위의 길이는 t_2일 때가 t_1일 때보다 0.3 μm 짧다.

① ㄱ　　　② ㄷ　　　③ ㄱ, ㄴ
④ ㄱ, ㄷ　　　⑤ ㄴ, ㄷ

170

다음은 골격근을 구성하는 근육 원섬유 마디의 수축 과정을 나타낸 것이다. ㉠과 ㉡은 각각 액틴 필라멘트와 마이오신 필라멘트 중 하나이다.

> 근육 원섬유 마디에 있는 ㉠이 ATP를 소모해 ㉡을 끌어당긴다. → ⓐ㉡이 ㉠ 사이에서 M선이 있는 가운데 방향으로 움직인다.

이에 대한 설명으로 옳은 것만을 〈보기〉에서 있는 대로 고른 것은?

보기

ㄱ. ㉠은 액틴 필라멘트이다.
ㄴ. ⓐ가 진행될수록 ㉠과 ㉡이 겹쳐 있는 부위가 줄어든다.
ㄷ. 이와 같은 골격근의 수축 과정은 활주설로 설명할 수 있다.

① ㄴ   ② ㄷ   ③ ㄱ, ㄴ
④ ㄱ, ㄷ   ⑤ ㄴ, ㄷ

171

그림 (가)~(다)는 어떤 골격근 X를 구성하는 근육 원섬유 마디에서 서로 다른 지점의 단면을 나타낸 것이다. ㉠과 ㉡은 각각 액틴 필라멘트와 마이오신 필라멘트 중 하나이다.

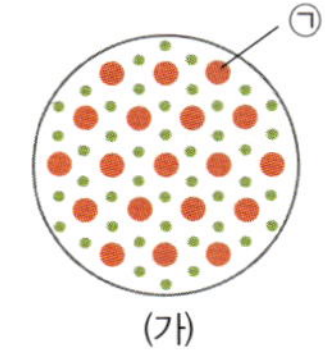 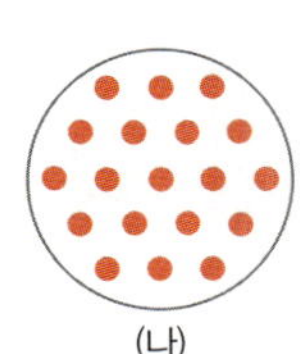 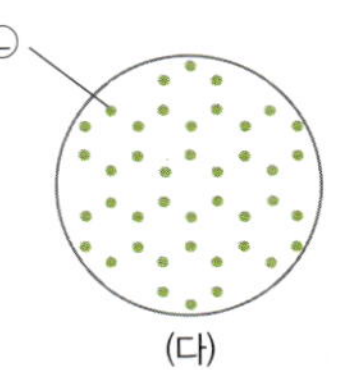

(가)   (나)   (다)

이에 대한 설명으로 옳은 것만을 〈보기〉에서 있는 대로 고른 것은?

보기

ㄱ. ㉠은 액틴 필라멘트이다.
ㄴ. X가 수축할 때, (가)의 단면을 갖는 부위의 길이는 길어진다.
ㄷ. X가 수축할 때, (나)의 단면을 갖는 부위의 길이는 짧아진다.

① ㄱ   ② ㄷ   ③ ㄱ, ㄴ
④ ㄴ, ㄷ   ⑤ ㄱ, ㄴ, ㄷ

172 중요

표는 시점이 t_1일 때와 t_2일 때 근육 원섬유 마디 X를 구성하는 각 부위의 길이를 나타낸 것이다. ㉠과 ㉡은 각각 A대와 I대 중 하나이며, X의 길이는 H대, ㉠, ㉡ 중 두 부위의 길이가 합과 같다.

(단위: μm)

구분	H대	㉠	㉡
t_1	?	0.4	1.6
t_2	0.2	0.6	?

이에 대한 설명으로 옳은 것만을 〈보기〉에서 있는 대로 고른 것은?

보기

ㄱ. ㉠에는 마이오신 필라멘트가 있다.
ㄴ. t_1일 때 H대의 길이는 0.1 μm이다.
ㄷ. t_2일 때 X의 길이는 2.2 μm이다.

① ㄱ   ② ㄴ   ③ ㄷ
④ ㄱ, ㄴ   ⑤ ㄴ, ㄷ

173

근육 원섬유 마디 X가 이완해 길이가 n μm 길어질 경우, X에서 나타나는 현상으로 옳은 것만을 〈보기〉에서 있는 대로 고른 것은?

보기

ㄱ. H대의 길이가 n μm 길어진다.
ㄴ. $\dfrac{\text{액틴 필라멘트만 있는 부위의 길이}}{\text{A대의 길이}}$가 작아진다.
ㄷ. 액틴 필라멘트와 마이오신 필라멘트가 겹쳐 있는 부위의 길이가 n μm 길어진다.

① ㄱ   ② ㄴ   ③ ㄷ
④ ㄱ, ㄴ   ⑤ ㄴ, ㄷ

174 서술형

그림은 근육 섬유에서 일어나는 어떤 과정을 나타낸 것이다. 이 과정이 일어나는 이유를 서술하시오.

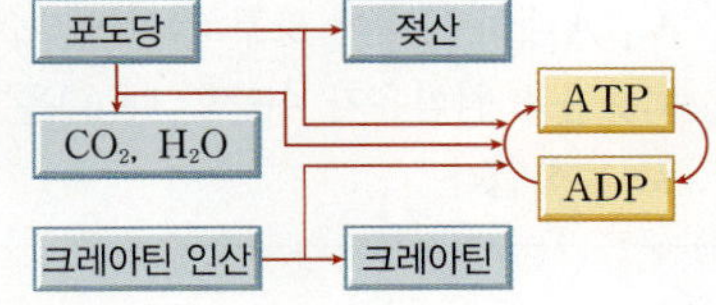

175

그림은 골격근의 구조를 나타낸 것이다. 구간 ㉠~㉢은 각각 액틴 필라멘트와 마이오신 필라멘트가 겹쳐 있는 부위, 액틴 필라멘트만 있는 부위 중 하나이다.

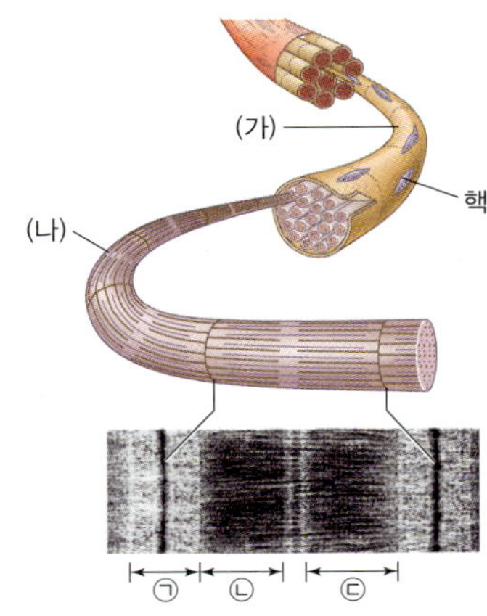

이에 대한 설명으로 옳은 것만을 〈보기〉에서 있는 대로 고른 것은?

보기
ㄱ. (가)는 근육 섬유 다발, (나)는 근육 섬유이다.
ㄴ. ㉠에 액틴 필라멘트와 Z선이 있다.
ㄷ. A대의 길이=㉡+㉢의 길이이다.

① ㄱ   ② ㄴ   ③ ㄱ, ㄴ
④ ㄱ, ㄷ   ⑤ ㄴ, ㄷ

176

그림은 근육 원섬유의 일부 구조를 나타낸 것이다. ㉠은 M선과 Z선 중 하나이며, ㉡과 ㉢은 각각 액틴 필라멘트와 마이오신 필라멘트 중 하나이다.

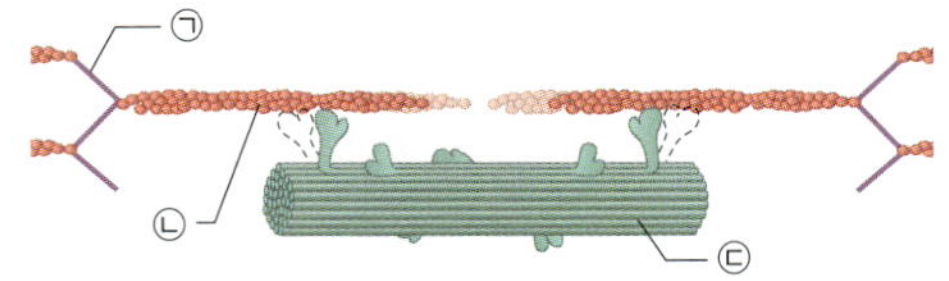

이에 대한 설명으로 옳은 것만을 〈보기〉에서 있는 대로 고른 것은?

보기
ㄱ. ㉠은 M선이다.
ㄴ. A대와 H대에 모두 ㉢이 있다.
ㄷ. 근육 원섬유가 수축할 때 ㉡은 M선이 있는 가운데 방향으로 움직인다.

① ㄴ   ② ㄷ   ③ ㄱ, ㄴ
④ ㄱ, ㄷ   ⑤ ㄴ, ㄷ

177

다음은 골격근 수축에 대한 자료이다.

- 그림은 근육 원섬유의 일부를 나타낸 것이다. ㉠과 ㉡은 각각 I대와 A대 중 하나이다.

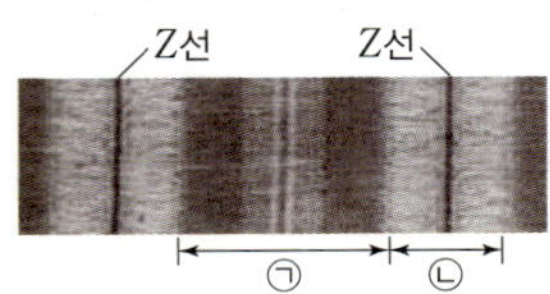

- 골격근이 수축할 때 ⓐ가 ⓑ를 끌어당겨 근육 원섬유의 길이가 짧아진다. ⓐ와 ⓑ는 각각 마이오신 필라멘트와 액틴 필라멘트 중 하나이다.

이에 대한 설명으로 옳은 것만을 〈보기〉에서 있는 대로 고른 것은?

보기
ㄱ. ㉡에 ⓐ가 없다.
ㄴ. 골격근이 수축할 때 ㉠과 ㉡의 길이가 모두 짧아진다.
ㄷ. 사람의 골격근에서 산소가 있을 때만 ⓐ가 ⓑ를 끌어당긴다.

① ㄱ   ② ㄴ   ③ ㄷ
④ ㄱ, ㄴ   ⑤ ㄴ, ㄷ

178 고난도

표 (가)는 근육 원섬유 마디를 구성하는 부위 ㉠~㉢에서 특징 ⓐ~ⓒ의 유무를, (나)는 ⓐ~ⓒ 중 2가지를 나타낸 것이다. ㉠~㉢은 A대, H대, I대를 순서 없이 나타낸 것이다.

구분	ⓐ	ⓑ	ⓒ
㉠	○	×	×
㉡	○	○	×
㉢	×	○	○

(○: 있음, ×: 없음)

(가)

ⓐ~ⓒ 중 2가지
- 마이오신 필라멘트가 존재한다.
- 골격근이 수축할 때 길이가 짧아진다.

(나)

이에 대한 설명으로 옳은 것만을 〈보기〉에서 있는 대로 고른 것은?

보기
ㄱ. ㉡은 H대이다.
ㄴ. '마이오신 필라멘트가 존재한다.'는 ⓒ이다.
ㄷ. '액틴 필라멘트가 있다.'는 ⓐ~ⓒ 중 (나)에서 빠진 특징에 해당한다.

① ㄱ   ② ㄷ   ③ ㄱ, ㄴ
④ ㄱ, ㄷ   ⑤ ㄴ, ㄷ

179

그림은 어떤 근육 원섬유 마디의 두 지점에서의 단면 (가)와 (나)를 나타낸 것이다. ㉠과 ㉡은 각각 액틴 필라멘트와 마이오신 필라멘트 중 하나이다.

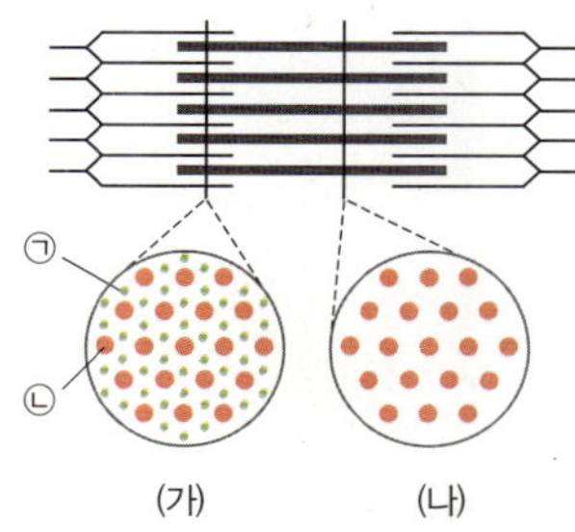

이 근육 원섬유 마디가 수축할 때에 대한 설명으로 옳은 것만을 〈보기〉에서 있는 대로 고른 것은?

보기
ㄱ. ㉠의 길이가 짧아진다.
ㄴ. ㉡이 ㉠ 사이를 활주한다.
ㄷ. (나)와 같은 단면을 갖는 부위의 길이는 짧아진다.

① ㄱ ② ㄷ ③ ㄱ, ㄴ
④ ㄱ, ㄷ ⑤ ㄴ, ㄷ

180

그림은 근육 원섬유 마디 X를, 표는 시간이 t_1에서 t_2로 흐를 때 X에서의 변화를 나타낸 것이다. ㉠과 ㉡은 서로 다른 종류의 필라멘트이다.

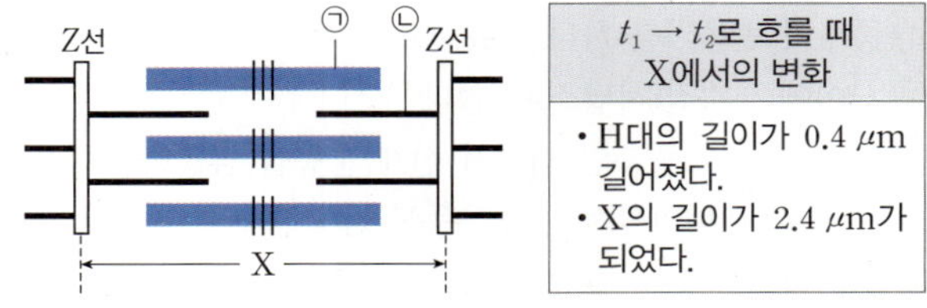

	$t_1 \rightarrow t_2$로 흐를 때 X에서의 변화
	• H대의 길이가 0.4 μm 길어졌다. • X의 길이가 2.4 μm가 되었다.

X에 대한 설명으로 옳은 것만을 〈보기〉에서 있는 대로 고른 것은? (단, X는 좌우 대칭이다.)

보기
ㄱ. t_1일 때 X의 길이는 2.0 μm이다.
ㄴ. I대의 길이는 t_2일 때가 t_1일 때보다 길다.
ㄷ. ㉠과 ㉡이 겹쳐 있는 부위의 길이는 t_1일 때가 t_2일 때보다 길다.

① ㄱ ② ㄷ ③ ㄱ, ㄴ
④ ㄴ, ㄷ ⑤ ㄱ, ㄴ, ㄷ

181

다음은 시간이 t만큼 지나는 동안 근육 원섬유 마디 X에서의 변화를 나타낸 것이다. ㉠과 ㉡은 각각 A대와 H대 중 하나이다.

• ㉠의 길이가 0.2 μm 길어졌다.
• ㉠의 길이＋㉡의 길이＝2.0 μm가 되었다.

t 동안 X에서 일어난 현상에 대한 설명으로 옳은 것만을 〈보기〉에서 있는 대로 고른 것은?

보기
ㄱ. X가 이완했다.
ㄴ. H대의 길이가 0.2 μm 길어졌다.
ㄷ. 마이오신 필라멘트가 있는 부위의 길이가 2.0 μm가 되었다.

① ㄱ ② ㄴ ③ ㄱ, ㄴ
④ ㄱ, ㄷ ⑤ ㄴ, ㄷ

182 고난도

다음은 골격근의 수축에 대한 자료이다.

• 그림은 근육 원섬유 마디 X의 구조를, 표는 t_1일 때와 t_2일 때 부위 ⓐ와 ⓑ의 길이를 나타낸 것이다. ㉠은 마이오신 필라멘트만 있는 부위, ㉡은 액틴 필라멘트만 있는 부위, ㉢은 액틴 필라멘트와 마이오신 필라멘트가 겹쳐 있는 부위이고, ⓐ와 ⓑ는 각각 ㉠과 ㉡ 중 하나이다.

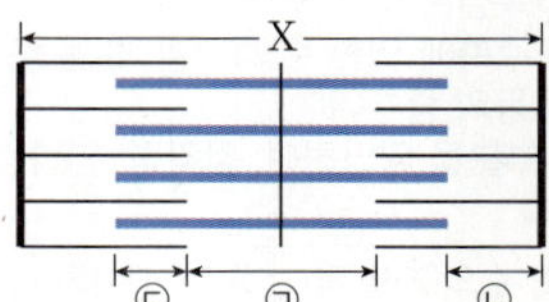

(단위: μm)

구분	ⓐ	ⓑ
t_1	0.4	0.4
t_2	1.2	0.8

• t_1일 때 X의 길이는 2.4 μm이다.

이에 대한 설명으로 옳은 것만을 〈보기〉에서 있는 대로 고른 것은? (단, X는 좌우 대칭이다.)

보기
ㄱ. t_1일 때 ㉢의 길이는 0.4 μm이다.
ㄴ. t_2일 때 X의 길이는 3.2 μm이다.
ㄷ. t_1일 때와 t_2일 때 A대의 길이는 모두 1.6 μm이다.

① ㄱ ② ㄷ ③ ㄱ, ㄴ
④ ㄴ, ㄷ ⑤ ㄱ, ㄴ, ㄷ

03 신경계

개념 ❶ 중추 신경계

1. 사람의 신경계

(1) **신경계의 구성**: 사람의 신경계는 뇌와 척수로 구성된 중추 신경계와 온몸에 퍼져 있는 말초 신경계로 구분한다.

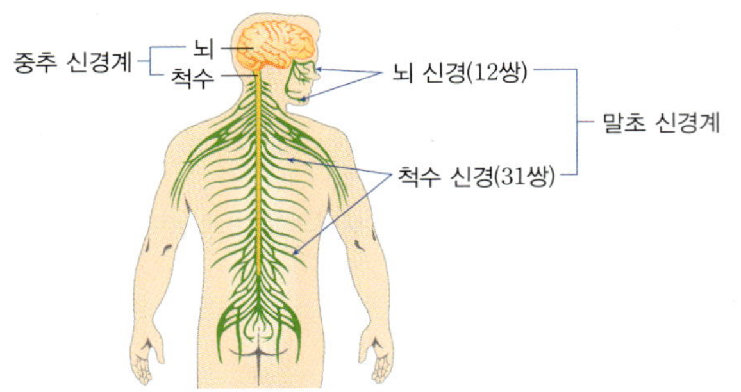

구분	특징
중추 신경계	• 뇌와 척수로 구성된다. • 자극(감각 정보)을 받아들여 분석·종합·판단한 후 적절한 반응을 위한 명령을 내린다.
말초 신경계	• 뇌 신경과 척수 신경으로 구성된다. • 감각기에서 받아들인 자극을 중추 신경계로 전달하고, 중추 신경계가 내린 명령을 반응기로 전달한다.

(2) **신경계에 의한 반응 경로**: 자극 → 감각기 → 구심성 신경(말초 신경계) → 뇌, 척수(중추 신경계) → 원심성 신경(말초 신경계) → 반응기 → 반응

2. 중추 신경계: 뇌와 척수로 구성, 자극에 대한 반응의 중추

(1) **뇌**: 대뇌, 소뇌, 간뇌, 중간뇌, 연수, 뇌교로 구성된다.

구분	특징
대뇌	• 겉질은 어두운 회색질, 속질은 밝은 백색질이다. • 감각의 성립, 골격근의 수축에 의한 수의(자발적) 운동, 언어·기억·판단·추리 등의 중추이다. • 겉질은 대뇌 기능의 대부분을 담당하며, 감각령, 연합령, 운동령으로 구분되어 있다.
소뇌	몸의 평형을 유지시키고, 수의(자발적) 운동이 정확하고 원활하게 일어나도록 조절한다.
간뇌	시상과 시상 하부로 구성된다. 시상 하부는 체온·혈당량·삼투압의 조절 중추이다.
중간뇌	소뇌와 함께 몸의 평형을 조절하며, 안구 운동과 홍채 운동(동공 반사)의 조절 중추이다.
연수	• 대부분 신경의 좌우 교차가 일어난다. • 심장 박동·호흡 운동·소화 운동·소화액 분비 등의 조절 중추이다.
뇌교	대뇌와 소뇌 사이에서 정보를 전달한다.

(2) **척수**: 겉질은 백색질, 속질은 회색질이다.

① 척추의 각 마디마다 배 쪽으로 원심성 신경 다발이 나와 전근을 이루고, 등 쪽으로 구심성 신경 다발이 들어가 후근을 이룬다.

② 뇌와 말초 신경(척수 신경) 사이에서 정보를 전달하는 연결 통로이며, 척수 반사의 중추이다.

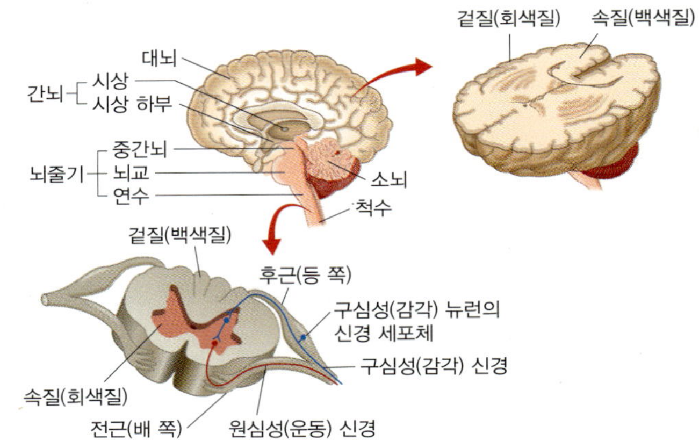

3. 의식적인 반응과 무조건 반사

(1) **의식적인 반응**: 대뇌가 중추가 되어 일어난다.

(2) **무조건 반사**: 척수·연수·중간뇌 등이 중추가 되며, 의식적인 반응보다 빠르게 일어난다.

개념 ❷ 말초 신경계

1. 말초 신경계의 기능에 따른 구분

(1) **구심성 신경**: 감각기에서 받아들인 자극(감각 정보)을 중추 신경계로 전달한다.

(2) **원심성 신경**: 중추 신경계에서 내린 반응 명령을 골격근으로 전달하는 체성 신경계와 심장근·내장근·분비샘으로 전달하는 자율 신경계가 있다.

2. 체성 신경계

(1) 중추와 반응기를 하나의 뉴런으로 연결하며, 중추와 반응기 사이에 신경절(시냅스)이 없다.

(2) 주로 대뇌가 중추인 의식적 신체 운동을 담당하며, 무릎 반사와 같은 무의식적 신체 운동도 담당한다.

3. 자율 신경계

(1) 중추에서 반응기까지 2개의 뉴런으로 연결되어 있으며, 중추와 반응기 사이에 신경절(시냅스)이 있다.

(2) 중간뇌·연수·척수에서 뻗어나와 자율적(무의식적)으로 심장·내장 기관·분비샘의 작용을 조절한다.

(3) 같은 조직이나 기관에 작용하지만, 서로 반대되는 작용(길항 작용)을 하는 교감 신경과 부교감 신경이 있다.

구분	동공	심장 박동	방광	소화액 분비	기관지
교감 신경	확대	촉진	확장	억제	확장
부교감 신경	축소	억제	수축	촉진	수축

① 교감 신경 : 척수에서 나오며, 신경절 이전 뉴런(아세틸콜린 분비)이 신경절 이후 뉴런(노르에피네프린 분비)보다 짧다.
② 부교감 신경 : 중간뇌, 연수, 척수에서 나오며, 신경절 이전 뉴런(아세틸콜린 분비)이 신경절 이후 뉴런(아세틸콜린 분비)보다 길다.

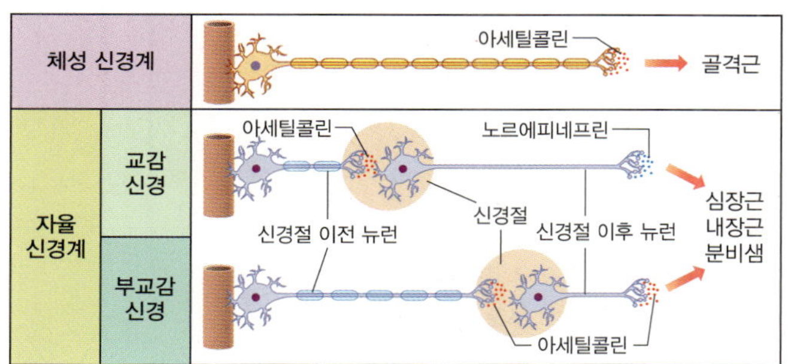

개념 ③ 신경계 질환

1. 신경계의 이상과 질환

구분	대표 질환	이상 부위
중추 신경계 이상	파킨슨병	뇌에서 도파민을 분비하는 뉴런 파괴
	알츠하이머병	인지 기능을 담당하는 대뇌의 퇴화
말초 신경계 이상	근위축성 측삭 경화증	운동 뉴런의 파괴
	길랭 · 바레 증후군	말초 신경의 말이집 손상

자료 분석 말초 신경계의 종류와 기능

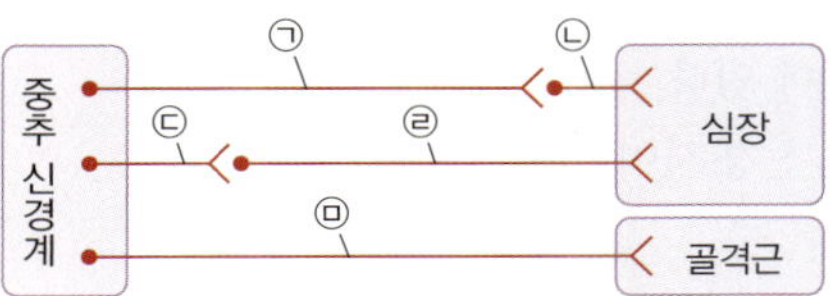

❶ ㉠이 ㉡보다 길이가 길므로 ㉠과 ㉡은 자율 신경계 중 부교감 신경을 구성한다.

❷ ㉡의 말단에서 아세틸콜린이 분비되어 심장 박동을 억제하고, ㉠의 신경 세포체는 심장 박동의 조절 중추인 연수에 있다.

❸ ㉢이 ㉣보다 길이가 짧으므로 ㉢과 ㉣은 자율 신경계 중 교감 신경을 구성한다.

❹ ㉣의 말단에서 노르에피네프린이 분비되어 심장 박동을 촉진하고, ㉢의 신경 세포체는 척수의 속질(회색질)에 있다.

❺ ㉤에는 신경절이 없으므로 ㉤은 체성 신경계를 구성한다. ㉤의 작용으로 골격근이 수축한다.

183

정답 및 해설 | 24쪽

사람의 신경계에 대한 설명으로 옳은 것은 ○, 옳지 <u>않은</u> 것은 ×로 표시하시오.

(1) 중추 신경계는 뇌와 척수로 구성된다. (　　)
(2) 뇌 신경과 척수 신경은 각각 뇌와 척수를 연결하는 중추 신경이다. (　　)

184

그림은 사람의 중추 신경계의 일부를 나타낸 것이다. 다음 설명에 해당하는 부위의 기호를 쓰시오.

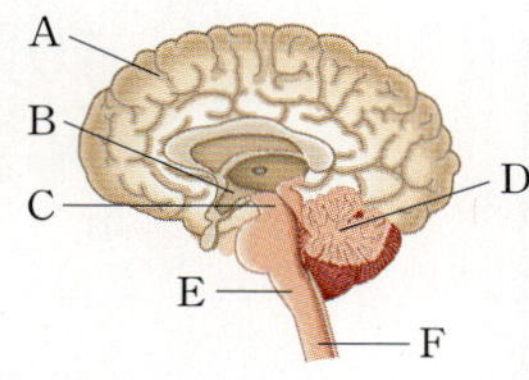

(1) 체온, 혈당량, 삼투압의 조절 중추: (　　)
(2) 수의 운동, 언어, 기억, 판단 등의 중추: (　　)
(3) 심장 박동, 호흡 운동, 소화 운동의 조절 중추: (　　)

185

사람의 척수에 대한 설명으로 옳은 것은 ○, 옳지 <u>않은</u> 것은 ×로 표시하시오.

(1) 겉질은 회색질, 속질은 백색질이다. (　　)
(2) 등 쪽에 원심성 신경 다발인 전근이 있다. (　　)
(3) 뇌와 말초 신경 사이에서 정보를 전달한다. (　　)

186

그림은 사람의 말초 신경계의 일부를 기능에 따라 구분하여 나타낸 것이다.
(가)~(다)에 들어갈 알맞은 말을 각각 쓰시오.

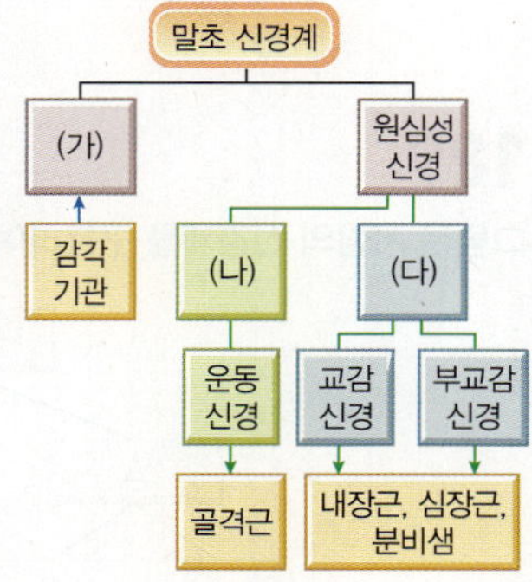

187

다음 중 교감 신경에 해당하는 설명에는 '교', 부교감 신경에 해당하는 설명에는 '부'라고 쓰시오.

(1) 방광을 수축시킨다. (　　)
(2) 심장 박동을 촉진시킨다. (　　)
(3) 신경절 이전 뉴런이 신경절 이후 뉴런보다 길다. (　　)
(4) 신경의 말단에서 반응기로 노르에피네프린이 분비된다. (　　)

개념 ① 중추 신경계

족집게 **전략** 뇌의 구조와 기능을 연계하여 묻는 문제가 종종 출제되고 있어. 따라서 가장 큰 대뇌를 중심으로 각 부위의 위치와 주요 기능을 정리해 두어야 해.

188 단골 문제

그림은 사람의 뇌 구조를 나타낸 것이다.

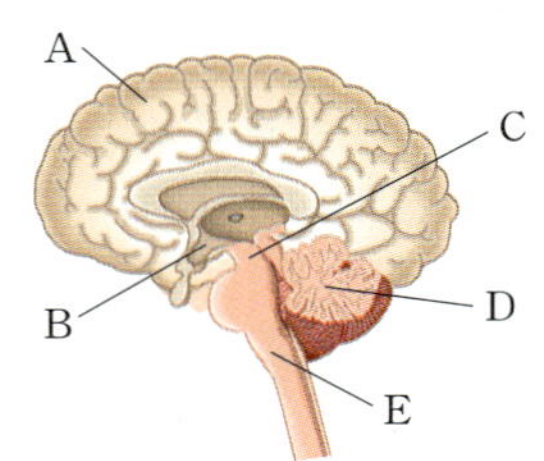

이에 대한 설명으로 옳지 <u>않은</u> 것은?

① A는 겉질이 회색질, 속질이 백색질이다.
② B는 체온과 삼투압을 조절한다.
③ C는 홍채 운동을 조절한다.
④ E는 소화액 분비를 조절한다.
⑤ C, D, E는 모두 뇌줄기를 구성한다.

추가로 나오는 선택지

❶ A는 언어와 기억의 중추이다. ( )
❷ D는 심장 박동 속도를 조절한다. ( )
❸ E에서 대부분 신경의 좌우 교차가 일어난다. ( )

189

그림은 사람의 신경계를 구분하여 나타낸 것이다.

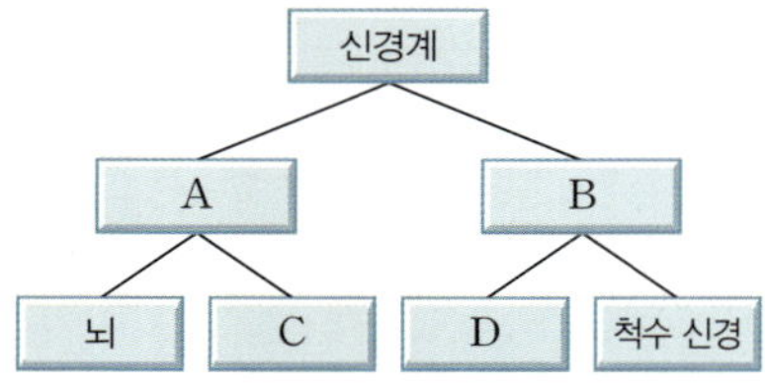

이에 대한 설명으로 옳은 것만을 〈보기〉에서 있는 대로 고른 것은?

보기
ㄱ. 연합 뉴런은 A를 구성한다.
ㄴ. C는 겉질이 백색질이다.
ㄷ. B와 D에는 구심성 신경과 원심성 신경이 모두 있다.

① ㄱ   ② ㄷ   ③ ㄱ, ㄴ
④ ㄴ, ㄷ   ⑤ ㄱ, ㄴ, ㄷ

190

그림은 사람의 신경계를 나타낸 것이다. 이에 대한 설명으로 옳은 것만을 〈보기〉에서 있는 대로 고른 것은?

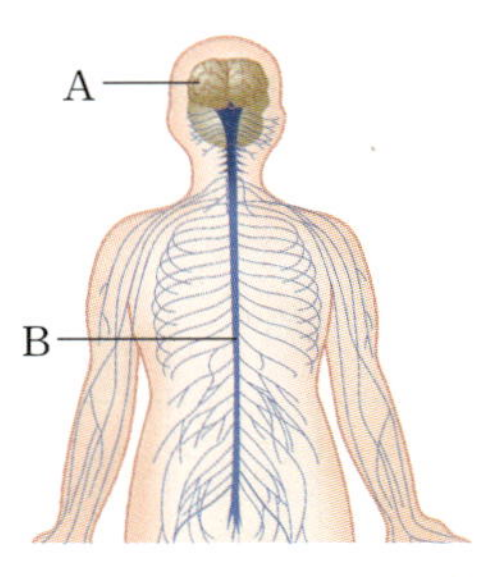

보기
ㄱ. A는 뇌 신경으로 구성된다.
ㄴ. A와 B는 모두 중추 신경계를 구성한다.
ㄷ. A와 B는 모두 반응을 위한 운동 명령을 내린다.

① ㄱ   ② ㄷ   ③ ㄱ, ㄴ
④ ㄴ, ㄷ   ⑤ ㄱ, ㄴ, ㄷ

191 중요

그림은 사람의 어떤 중추를 나타낸 것이다. A와 B는 각각 전근과 후근 중 하나이다. 이 중추에 대한 설명으로 옳지 <u>않은</u> 것은?

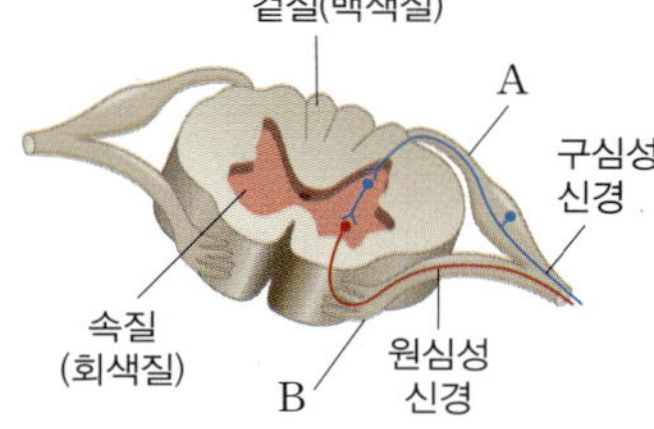

① 척수이다.
② 무릎 반사의 중추이다.
③ A는 후근이다.
④ B는 등 쪽에 있다.
⑤ 뇌와 말초 신경 사이에서 정보를 전달한다.

192 서술형

표는 반응 (가)와 (나)의 흥분 전달 경로를, 그림은 자극에 대한 반응 경로의 일부를 나타낸 것이다.

반응	흥분 전달 경로
(가)	A → F → E
(나)	A → B → C → D → E

(가)와 (나)의 차이를 중추 및 반응의 의식 여부와 관련지어 서술하시오.

개념 ❷ 말초 신경계

(족집게 전략) 말초 신경계의 구조와 기능을 묻는 문제는 출제 빈도가 매우 높아. 특히 신경절 이전 뉴런과 신경절 이후 뉴런의 길이를 이용해 교감 신경과 부교감 신경을 구분할 수 있어야 해.

193 단골 문제

그림은 척수에 연결된 신경 (가)~(다)를 나타낸 것이다.

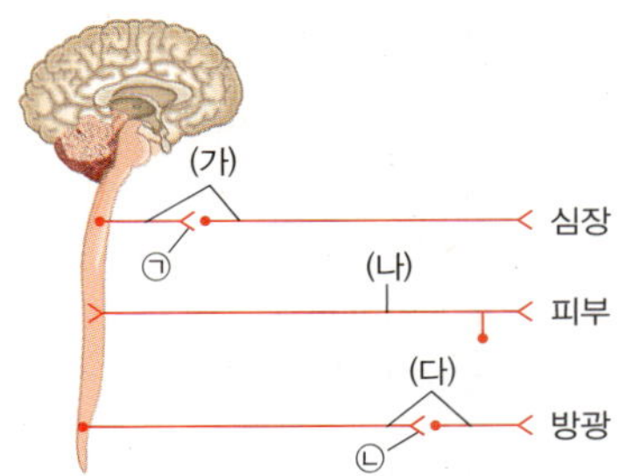

이에 대한 설명으로 옳지 않은 것은?

① (가)는 교감 신경이다.
② (나)는 구심성 신경이다.
③ (다)의 작용으로 방광이 확장된다.
④ ㉠과 ㉡에서 모두 아세틸콜린이 분비된다.
⑤ (가)~(다)는 모두 말초 신경계를 구성한다.

추가로 나오는 선택지

❶ (가)는 원심성 신경이다. (　　　)
❷ (가)의 작용으로 심장 박동이 억제된다. (　　　)
❸ (다)의 신경절 이후 뉴런의 말단에서 노르에피네프린이 분비된다. (　　　)

194

사람의 말초 신경계에 대한 설명으로 옳은 것만을 〈보기〉에서 있는 대로 고른 것은?

보기
ㄱ. 자율 신경계가 관여하는 반응의 중추는 대뇌이다.
ㄴ. 구심성 신경은 감각기에서 받아들인 자극을 중추 신경계로 전달한다.
ㄷ. 체성 신경계는 중추 신경계에서 내린 반응 명령을 심장근으로 전달한다.

① ㄴ　　　② ㄷ　　　③ ㄱ, ㄴ
④ ㄱ, ㄷ　　　⑤ ㄴ, ㄷ

195

다음은 사람의 말초 신경계에 대한 자료이다. ㉠과 ㉡은 각각 자율 신경계와 체성 신경계 중 하나이다.

• 원심성 신경에는 ㉠과 ㉡이 있다.
• ㉡에 교감 신경과 부교감 신경이 있다.

이에 대한 설명으로 옳은 것만을 〈보기〉에서 있는 대로 고른 것은?

보기
ㄱ. ㉠은 체성 신경계이다.
ㄴ. ㉠은 중추와 반응기 사이에 신경절이 없다.
ㄷ. ㉡은 대뇌가 중추인 의식적인 반응에만 관여한다.

① ㄱ　　　② ㄴ　　　③ ㄷ
④ ㄱ, ㄴ　　　⑤ ㄴ, ㄷ

196 서술형

그림은 중추 신경계에 연결된 말초 신경 (가)와 (나)를 나타낸 것이다.
다음 단어를 모두 포함시켜 (가)와 (나)의 공통점과 차이점을 각각 1가지 서술하시오.

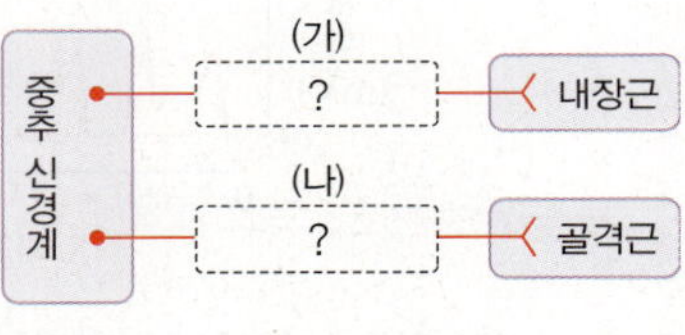

| 흥분 | 전달 | 신경절 |

197 중요

다음은 어떤 자율 신경에 의해 일어나는 반응을 나타낸 것이다.

• 혈압 상승　　• 동공 확대
• 소화액 분비 억제　　• 심장 박동 촉진

이 자율 신경에 대한 설명으로 옳은 것만을 〈보기〉에서 있는 대로 고른 것은?

보기
ㄱ. 부교감 신경이다.
ㄴ. 신경절 이전 뉴런이 신경절 이후 뉴런보다 길다.
ㄷ. 신경절 이전 뉴런의 신경 세포체는 척수에 있다.

① ㄴ　　　② ㄷ　　　③ ㄱ, ㄴ
④ ㄱ, ㄷ　　　⑤ ㄴ, ㄷ

198

그림은 중추 신경계에 연결된 자율 신경 X의 작용을 나타낸 것이다.

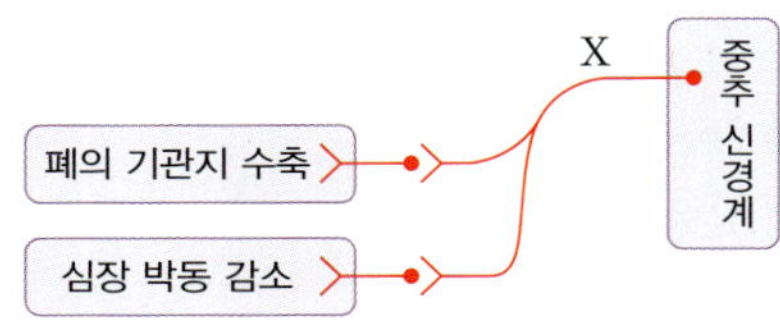

X의 또 다른 작용으로 옳지 <u>않은</u> 것은?

① 동공 축소
② 방광 수축
③ 혈압 하강
④ 혈당량 상승
⑤ 소화액 분비 촉진

199 서술형

그림은 심장에 연결된 자율 신경 X를 자극하기 전과 후 활동 전위가 발생하는 빈도를 나타낸 것이다.

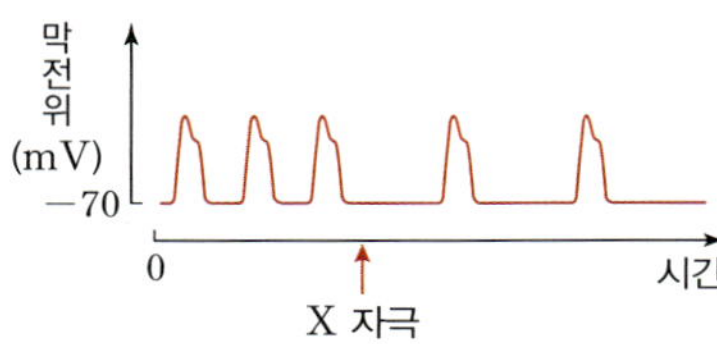

X의 신경절 이후 뉴런에서 분비되는 신경 전달 물질을 쓰고, X의 작용으로 동공과 방광에서 일어나는 현상을 서술하시오.

200

그림은 위에 연결된 자율 신경 (가)와 (나)를 나타낸 것이다. ㉠은 신경 전달 물질이다.

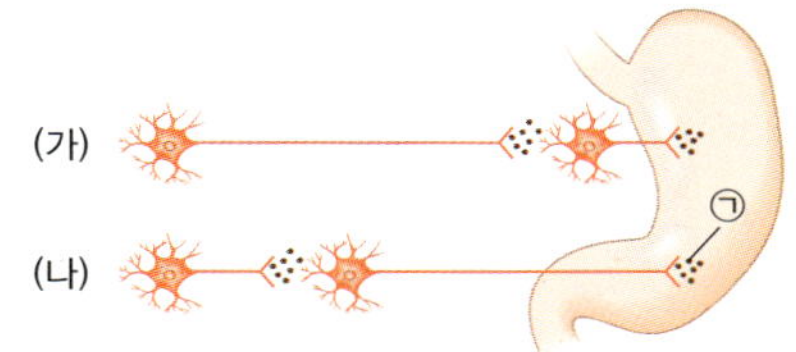

이에 대한 설명으로 옳은 것만을 〈보기〉에서 있는 대로 고른 것은?

보기
ㄱ. ㉠은 노르에피네프린이다.
ㄴ. (가)의 작용으로 위액 분비가 촉진된다.
ㄷ. (가)와 (나)는 위에서 길항 작용을 한다.

① ㄱ
② ㄷ
③ ㄱ, ㄴ
④ ㄴ, ㄷ
⑤ ㄱ, ㄴ, ㄷ

개념 3 신경계 질환

족집게 전략 신경계 이상으로 인한 질환은 시험에 자주 출제되는 주제는 아니지만, 신경계와 연관지어 나올 가능성이 있으므로 주요 이상 부위와 질환에 대해 신경계 기능과 함께 잘 알아두어야 해.

201 단골 문제

표는 사람의 신경계 이상으로 인한 질환 ㉠~㉣을 (가)와 (나)로 구분하여 나타낸 것이다.

구분	질환	이상 부위
(가)	㉠	뇌에서 도파민을 분비하는 뉴런 파괴
	㉡	인지 기능을 담당하는 대뇌의 퇴화
(나)	㉢	운동 뉴런의 파괴
	㉣	말초 신경의 말이집 손상

신경계 이상과 질환에 대한 설명으로 옳은 것만을 〈보기〉에서 있는 대로 고른 것은?

보기
ㄱ. '말초 신경계 이상'은 (가)에 해당한다.
ㄴ. ㉡을 가진 환자는 지적 능력에 이상이 생길 수 있다.
ㄷ. ㉢을 가진 환자는 신체의 움직임에 이상이 생길 수 있다.

① ㄱ
② ㄷ
③ ㄱ, ㄴ
④ ㄴ, ㄷ
⑤ ㄱ, ㄴ, ㄷ

추가로 나오는 선택지

❶ '중추 신경계 이상'은 (나)에 해당한다. (   )
❷ ㉣을 가진 환자는 흥분 전도에 이상이 생길 수 있다. (   )

202

다음은 사람의 어떤 질환에 대한 설명이다.

이 질환은 뇌에서 특정 신경 전달 물질을 분비하는 뉴런이 파괴되어 나타난다.

이 질환에 대한 설명으로 옳은 것만을 〈보기〉에서 있는 대로 고른 것은?

보기
ㄱ. 중추 신경계 이상으로 나타난다.
ㄴ. 흥분 전달에 이상이 생길 수 있다.
ㄷ. 자극에 대해 반응하는 데 이상이 생길 수 있다.

① ㄱ
② ㄷ
③ ㄱ, ㄴ
④ ㄴ, ㄷ
⑤ ㄱ, ㄴ, ㄷ

203

다음은 사람의 신경계에 대한 자료이다.

- 신경계는 A와 말초 신경계로 구분된다.
- A에는 뇌와 B가 있다.
- 말초 신경계에는 뇌 신경과 C가 있다.

이에 대한 설명으로 옳은 것만을 〈보기〉에서 있는 대로 고른 것은?

보기
ㄱ. A에 연합 뉴런이 있다.
ㄴ. B는 겉질이 회색질이다.
ㄷ. 심장에 연결된 교감 신경은 C에 속한다.

① ㄱ   ② ㄴ   ③ ㄷ
④ ㄱ, ㄷ   ⑤ ㄴ, ㄷ

204

그림은 사람의 신경계 일부를, 표는 ㉠의 작용을 나타낸 것이다. A와 B 중 하나는 뇌이고, ㉠은 교감 신경과 부교감 신경 중 하나이다.

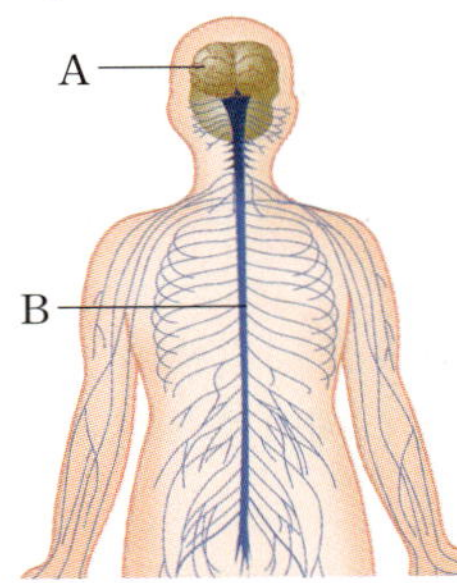

㉠의 작용
• 호흡 운동 억제
• 위액 분비 촉진

이에 대한 설명으로 옳은 것만을 〈보기〉에서 있는 대로 고른 것은?

보기
ㄱ. ㉠은 A와 반응기를 연결한다.
ㄴ. B는 척수 신경으로 구성된다.
ㄷ. '방광 확장'은 ㉠의 작용에 해당한다.

① ㄱ   ② ㄴ   ③ ㄷ
④ ㄱ, ㄷ   ⑤ ㄴ, ㄷ

205

그림은 사람의 뇌 구조를, 표는 자율 신경 ㉠과 ㉡에 의해 일어나는 반응을 나타낸 것이다. ㉠과 ㉡은 각각 교감 신경과 부교감 신경 중 하나이다.

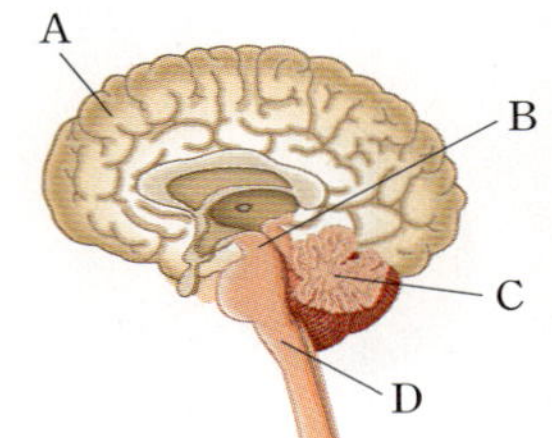

신경	반응
㉠	동공이 작아짐
㉡	소화 운동이 억제됨

이에 대한 설명으로 옳은 것만을 〈보기〉에서 있는 대로 고른 것은?

보기
ㄱ. A의 기능은 주로 백색질에서 담당한다.
ㄴ. ㉠의 신경절 이전 뉴런의 신경 세포체는 B에 있다.
ㄷ. ㉡에 의해 일어나는 반응의 조절 중추는 C이다.

① ㄴ   ② ㄷ   ③ ㄱ, ㄴ
④ ㄱ, ㄷ   ⑤ ㄴ, ㄷ

206

그림은 중추 X의 구조와 X에 연결된 신경을 나타낸 것이다.

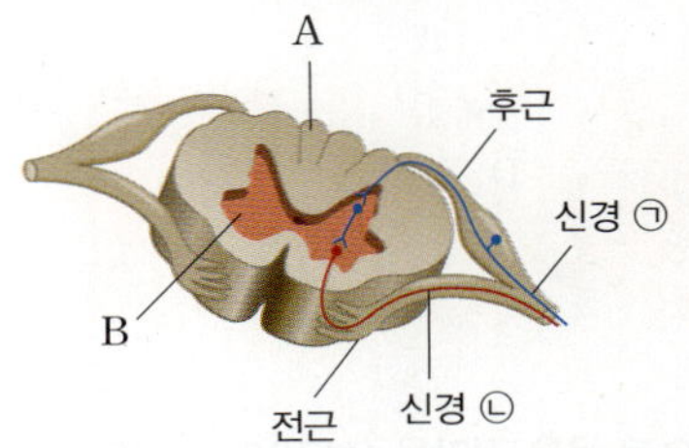

이에 대한 설명으로 옳은 것만을 〈보기〉에서 있는 대로 고른 것은?

보기
ㄱ. A와 B 중 회색질은 B이다.
ㄴ. X는 의식적인 반응의 중추이다.
ㄷ. 감각 정보를 X로 전달하는 신경은 ㉠이다.

① ㄱ   ② ㄴ   ③ ㄷ
④ ㄱ, ㄷ   ⑤ ㄴ, ㄷ

207

그림 (가)는 사람의 뇌를, (나)는 홍채에 연결되어 길항 작용을 하는 자율 신경 ⊙과 ⓒ의 일부를 나타낸 것이다. ⓒ의 신경절 이후 뉴런 말단에서 아세틸콜린이 분비된다.

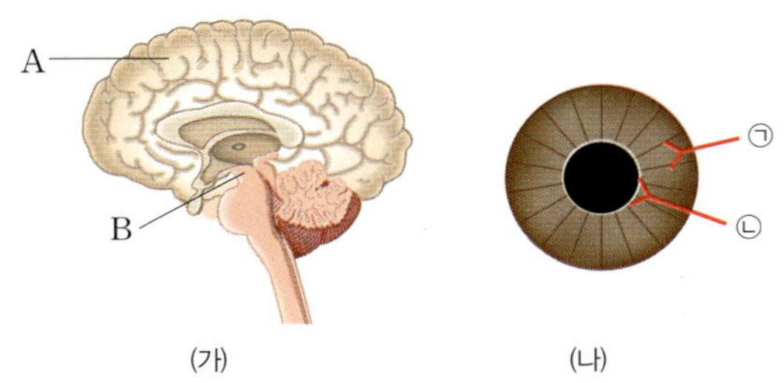

이에 대한 설명으로 옳은 것만을 〈보기〉에서 있는 대로 고른 것은?

보기

ㄱ. A의 겉질은 회색질이다.
ㄴ. ⊙의 신경절 이전 뉴런의 신경 세포체는 B에 있다.
ㄷ. 주위가 밝아질수록 ⓒ에서 활동 전위의 발생이 억제된다.

① ㄱ ② ㄴ ③ ㄷ
④ ㄱ, ㄴ ⑤ ㄴ, ㄷ

208

그림은 무릎 반사와 관련된 흥분 전달 경로를 나타낸 것이다. A~E는 신경이다.

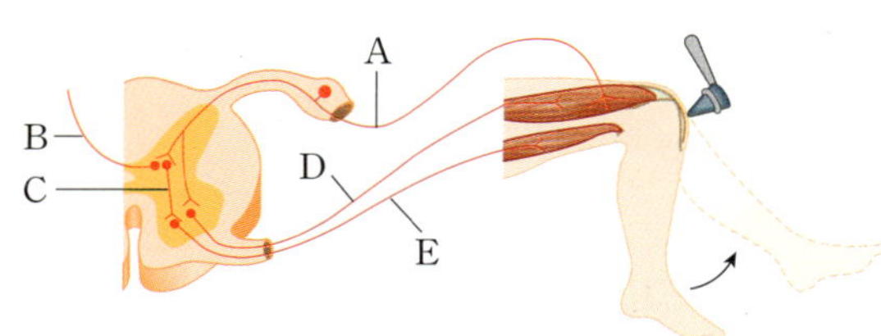

이에 대한 설명으로 옳은 것만을 〈보기〉에서 있는 대로 고른 것은?

보기

ㄱ. A는 척수의 전근을 구성한다.
ㄴ. E는 자율 신경계에 속한다.
ㄷ. 무릎 반사가 일어날 때 A → C → E의 경로로 흥분이 전달된다.

① ㄱ ② ㄴ ③ ㄷ
④ ㄱ, ㄴ ⑤ ㄴ, ㄷ

209 고난도

표 (가)는 중추 신경계를 구성하는 부위 A~D에서 특징 ⊙~ⓒ의 유무를, (나)는 ⊙~ⓒ 중 2가지를 나타낸 것이다. A~D는 대뇌, 연수, 척수, 중간뇌를 순서 없이 나타낸 것이다. A는 겉질이 회색질이다.

구분	⊙	ⓒ	ⓒ
A	○	×	?
B	○	?	×
C	?	?	×
D	×	○	?

(○ : 있음, × : 없음)

⊙~ⓒ 중 2가지
• 무릎 반사의 중추이다.
• 부교감 신경이 나온다.

(가)　　　　(나)

이에 대한 설명으로 옳은 것만을 〈보기〉에서 있는 대로 고른 것은?

보기

ㄱ. '무릎 반사의 중추이다.'는 ⓒ이다.
ㄴ. 심장과 연결된 교감 신경은 B에서 나온다.
ㄷ. '무조건 반사의 중추이다.'는 ⊙~ⓒ 중 (나)에서 빠진 특징이 될 수 있다.

① ㄱ ② ㄷ ③ ㄱ, ㄴ
④ ㄱ, ㄷ ⑤ ㄴ, ㄷ

210

다음은 우리 몸에서 호흡 속도가 조절되는 과정에 대한 설명이다.

우리 몸은 ⓐ뇌로 가는 혈액의 산소 농도를 감지한 후 신경 ⊙을 통해 중추인 ⓒ으로 신호를 보내며, ⊙에서 활동 전위 발생 빈도가 증가하면 호흡 속도가 빨라진다.

이에 대한 설명으로 옳은 것만을 〈보기〉에서 있는 대로 고른 것은?

보기

ㄱ. ⊙은 말초 신경계를 구성한다.
ㄴ. ⓒ은 간뇌이다.
ㄷ. ⓐ가 낮아지면 ⊙에서 활동 전위 발생 빈도가 감소한다.

① ㄱ ② ㄴ ③ ㄱ, ㄴ
④ ㄱ, ㄷ ⑤ ㄴ, ㄷ

211

그림은 중추 신경계와 반응기를 연결하는 신경 A~C를 나타낸 것이다. 반응기 (가)와 (나)는 각각 소장과 골격근 중 하나이다.

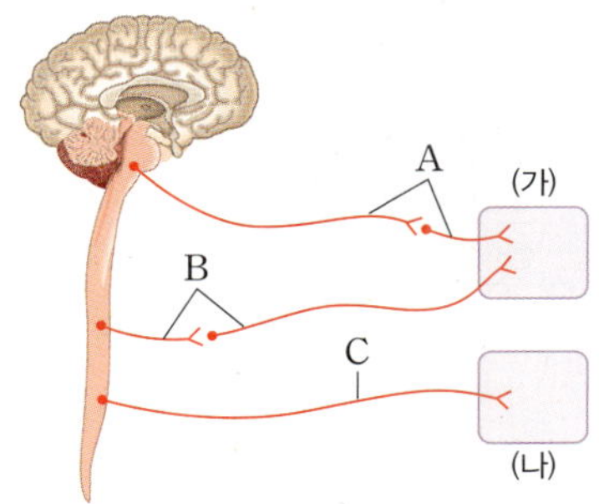

이에 대한 설명으로 옳은 것만을 〈보기〉에서 있는 대로 고른 것은?

보기

ㄱ. (가)는 골격근이다.
ㄴ. A와 C에서 각각 반응기로 분비되는 신경 전달 물질의 종류는 같다.
ㄷ. B의 신경절 이전 뉴런의 신경 세포체는 척수의 겉질에 있다.

① ㄱ   ② ㄴ   ③ ㄱ, ㄴ
④ ㄱ, ㄷ   ⑤ ㄴ, ㄷ

212

그림은 중추 신경계와 반응기 A, B를 연결하는 자율 신경을 나타낸 것이다. A와 B는 각각 위와 방광 중 하나이며, ㉡과 ㉣ 중 하나만 신경 세포체가 척수에 있다.

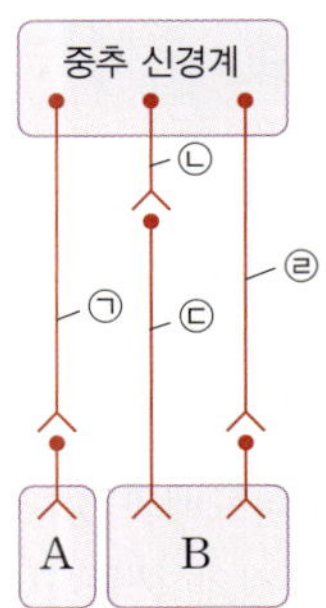

이에 대한 설명으로 옳은 것만을 〈보기〉에서 있는 대로 고른 것은?

보기

ㄱ. B는 위이다.
ㄴ. ㉠의 신경 세포체는 척수에 있다.
ㄷ. ㉢과 ㉣에서 분비되는 신경 전달 물질의 종류는 같다.

① ㄱ   ② ㄴ   ③ ㄱ, ㄴ
④ ㄱ, ㄷ   ⑤ ㄴ, ㄷ

213 고난도

그림은 중추 신경계에 연결된 말초 신경 (가)~(다)를, 표는 신경 A~C의 작용으로 일어나는 반응을 나타낸 것이다. A~C는 (가)~(다)를 순서 없이 나타낸 것이다. (가)~(다) 중 2개만 뉴런의 신경 세포체가 척수에서 나온다.

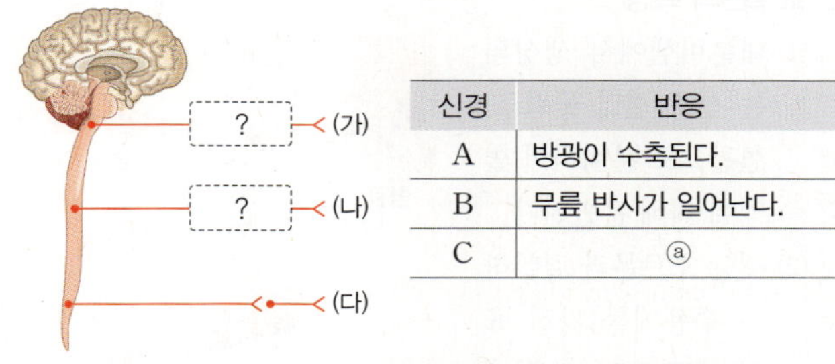

신경	반응
A	방광이 수축된다.
B	무릎 반사가 일어난다.
C	ⓐ

이에 대한 설명으로 옳은 것만을 〈보기〉에서 있는 대로 고른 것은?

보기

ㄱ. A는 (다)이다.
ㄴ. (나)에 신경절이 있다.
ㄷ. '심장 박동이 촉진된다.'는 ⓐ에 해당한다.

① ㄱ   ② ㄷ   ③ ㄱ, ㄴ
④ ㄱ, ㄷ   ⑤ ㄴ, ㄷ

214

표 (가)는 사람의 신경계 이상 질환 A와 B의 원인을, (나)는 A와 B의 주요 증상을 순서 없이 나타낸 것이다. A와 B 중 하나는 알츠하이머병이다.

질환	발병 원인
A	운동 뉴런의 파괴
B	?

(가)

주요 증상
• 경련, 근육 위축
• 기억력 감소, 치매

(나)

이에 대한 설명으로 옳은 것만을 〈보기〉에서 있는 대로 고른 것은?

보기

ㄱ. 경련과 근육 위축은 A의 주요 증상이다.
ㄴ. B는 대뇌의 이상으로 나타난다.
ㄷ. A와 B는 모두 중추 신경계 이상 질환이다.

① ㄱ   ② ㄴ   ③ ㄷ
④ ㄱ, ㄴ   ⑤ ㄴ, ㄷ

01 호르몬과 항상성 유지 원리

개념 1 호르몬의 특성

1. 호르몬의 특성

(1) 내분비샘에서 생성되는 신호 전달 물질로, 혈관으로 분비되어 혈액에 의해 운반된다.

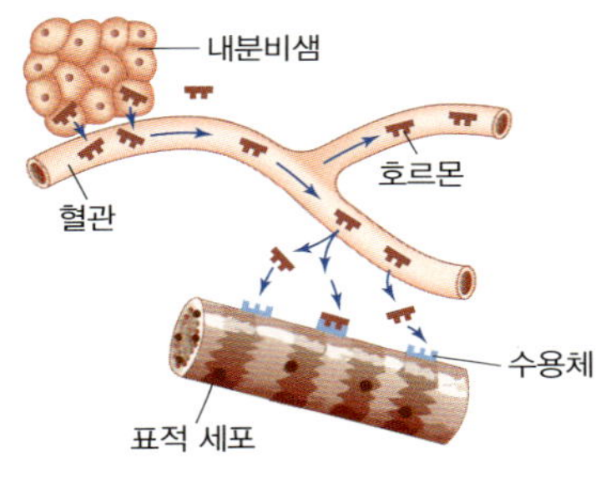

(2) 해당 호르몬과 결합하는 수용체를 가진 표적 세포(표적 기관)에만 작용한다.

(3) 적은 양으로 생명 활동을 조절하며, 분비량이 많으면 과다증, 적으면 결핍증이 나타난다.

2. 호르몬과 신경의 비교

(1) **호르몬**: 혈액에 의해 온몸으로 운반되어 해당 호르몬의 모든 표적 세포에 작용한다.

(2) **신경**: 해당 신경이 연결된 곳에만 작용한다.

구분	호르몬	신경
신호 전달 속도	느림	빠름
작용 범위	넓음	좁음
효과의 지속성	오래 지속됨	일시적임

개념 2 내분비샘과 주요 호르몬

1. 사람의 내분비샘과 주요 호르몬

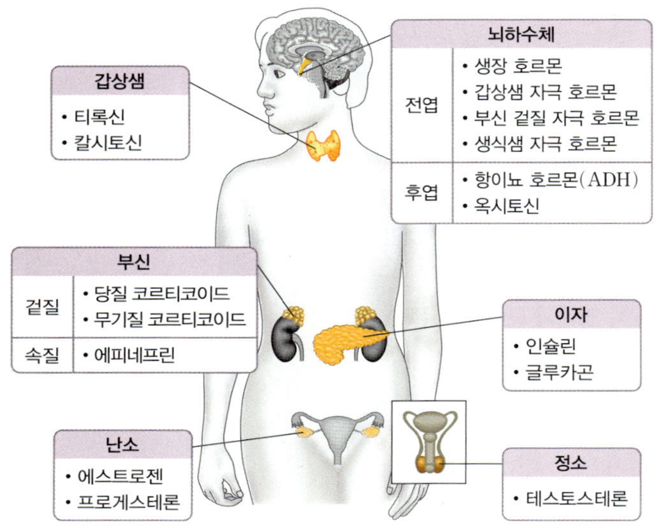

내분비샘	호르몬	주요 기능
뇌하수체 전엽	생장 호르몬	생장 촉진
	갑상샘 자극 호르몬	티록신 분비 촉진
	부신 겉질 자극 호르몬	당질 코르티코이드 분비 촉진
	생식샘 자극 호르몬	성호르몬 분비 촉진
뇌하수체 후엽	항이뇨 호르몬(ADH)	콩팥에서 수분 재흡수 촉진
갑상샘	티록신	물질대사 촉진, 세포 호흡 촉진
이자(β세포)	인슐린	혈당량 감소
이자(α세포)	글루카곤	혈당량 증가
부신 겉질	당질 코르티코이드	혈당량 증가
	무기질 코르티코이드	콩팥에서 Na^+ 재흡수 촉진
부신 속질	에피네프린	혈당량 증가
난소	에스트로겐	여성의 2차 성징 발현
	프로게스테론	배란 억제, 임신 유지
정소	테스토스테론	남성의 2차 성징 발현

2. 호르몬 분비 이상에 따른 질환(내분비계 질환)

호르몬	분비 이상에 따른 질환
생장 호르몬	• 과다증: 거인증, 말단 비대증 • 결핍증: 소인증
티록신	• 과다증: 갑상샘 기능 항진증 • 결핍증: 갑상샘 기능 저하증
항이뇨 호르몬	• 결핍증: 요붕증(정상보다 많은 오줌량)
인슐린	• 결핍증: 당뇨병

개념 3 항상성 유지 원리

1. **항상성**: 외부 환경이 변해도 체내 환경(체온, 혈당량, 삼투압 등)을 항상 일정한 상태로 유지하려는 성질

(1) 조절 중추는 간뇌의 시상 하부이다.

(2) 신경계와 내분비계(호르몬)의 작용에 의해 항상성이 유지된다.

2. **항상성 유지 원리**: 음성 피드백과 길항 작용

(1) **음성 피드백**: 어느 과정의 산물이나 결과물이 그 과정을 억제하는 조절의 원리

① 음성 피드백에 의한 항상성 유지 조절

최종 분비되는 호르몬의 양이 많아짐 → 음성 피드백에 의해 호르몬 분비를 촉진하는 조절 기관의 작용을 억제함 → 호르몬의 분비량이 감소해 일정 수준을 유지함 → 호르몬에 의해 생명 활동이 일정 범위에서 조절되므로 항상성이 유지됨

② 음성 피드백 조절의 예: 티록신의 분비 조절

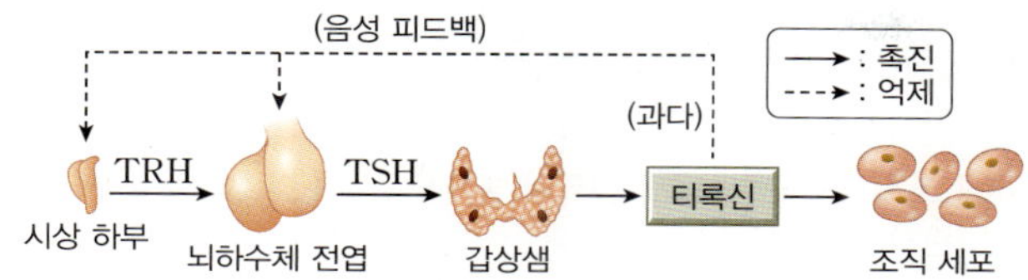

구분	조절 과정
혈중 티록신 농도가 낮을 때	시상 하부에서 갑상샘 자극 호르몬 방출 호르몬 (TRH) 분비 촉진 → 뇌하수체 전엽에서 갑상샘 자극 호르몬(TSH) 분비 촉진 → 갑상샘에서 티록신 분비 촉진
혈중 티록신 농도가 높을 때	티록신이 시상 하부에서의 TRH 분비와 뇌하수체 전엽에서의 TSH 분비 억제 → 갑상샘에서 티록신 분비 억제

⑵ 길항 작용: 동일한 기관에 작용하지만 서로 반대되는 기능을 한다.

예 교감 신경과 부교감 신경의 소화액 분비 조절, 인슐린과 글루카곤의 혈당량 조절

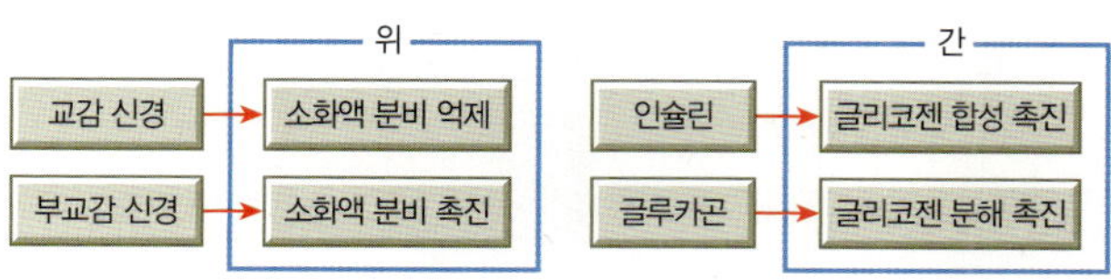

자료 분석 　호르몬의 종류와 기능

표 (가)는 호르몬 A~C에서 특징 ㉠~㉢의 유무를, (나)는 ㉠~㉢을 순서 없이 나타낸 것이다. A~C는 각각 인슐린, 글루카곤, 에피네프린 중 하나이다.

특징 호르몬	㉠	㉡	㉢
A	?	×	○
B	○	?	○
C	○	○	?

(○: 있음, ×: 없음)

(가)

특징(㉠~㉢)
• 부신에서 분비된다.
• 혈당량을 증가시킨다.
• 순환계를 통해 표적 기관으로 운반된다.

(나)

❶ 인슐린과 글루카곤은 모두 이자에서 분비되고, 에피네프린은 부신 속질에서 분비되므로 '부신에서 분비된다.'는 ㉡이고, C는 에피네프린이다.

❷ 글루카곤과 에피네프린(C)은 간에서 글리코젠 분해를 촉진해 혈당량을 증가시키고, 인슐린은 간에서 글리코젠 합성을 촉진해 혈당량을 감소시키므로 '혈당량을 증가시킨다.'는 ㉠이고, B는 글루카곤이다. 따라서 A는 인슐린이다.

❸ 인슐린(A), 글루카곤(B), 에피네프린(C)은 모두 혈액(순환계)에 의해 운반되는 호르몬이므로 '순환계를 통해 표적 기관으로 운반된다.'는 ㉢이다.

정답 및 해설 | 28쪽

215

　　　　　　은 내분비샘에서 생성되는 신호 전달 물질로, 혈관으로 분비되어 혈액에 의해 운반된다.

216

신경은 해당 신경이 연결된 곳에만 작용하는 반면, 호르몬은 혈액에 의해 온몸으로 운반되어 해당 호르몬과 결합하는 수용체를 가진 모든 　　　　　　 세포에 작용한다.

217

사람의 호르몬에 대한 설명으로 옳은 것은 ○, 옳지 <u>않은</u> 것은 ×로 표시하시오.

⑴ 갑상샘 자극 호르몬은 뇌하수체 전엽에서 분비되며, 티록신의 분비를 촉진시킨다. 　　　　　(　　　)
⑵ 글루카곤과 에피네프린은 길항 작용을 통해 혈당량을 조절한다. 　　　　　(　　　)
⑶ 항이뇨 호르몬은 뇌하수체 후엽에서 분비된다. 　　(　　　)
⑷ 당질 코르티코이드는 부신 속질에서 분비된다. 　　(　　　)
⑸ 인슐린이 결핍되면 당뇨병에 걸릴 수 있다. 　　(　　　)

218

　　　　　　은 외부 환경이 변해도 체내 환경을 항상 일정한 상태로 유지하려는 성질이다.

219

그림을 티록신의 분비 조절 과정을 나타낸 것이다.

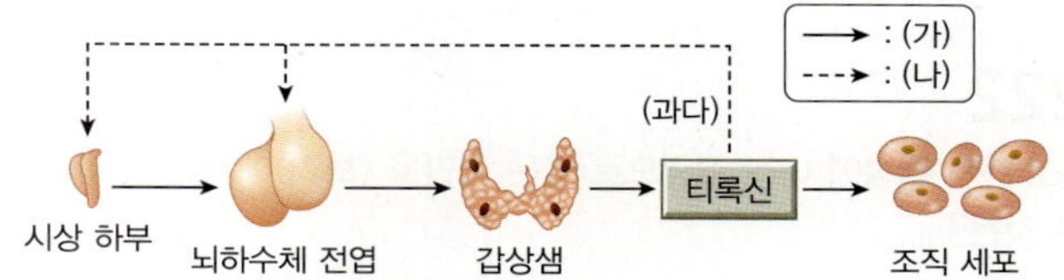

⑴ (가)와 (나) 중 티록신의 분비가 억제되는 조절 경로를 쓰시오.
⑵ (나)와 같은 조절 방식의 명칭을 쓰시오.

220

　　　　　　은 동일한 기관에 작용하지만 서로 반대되는 기능을 하는 작용이다.

개념 ❶ 호르몬의 특성

(족집게 전략) 호르몬의 특성을 묻는 문제는 항상성 조절과 관련되어 종종 출제되므로 알아두어야 해. 특히 호르몬이 혈액에 의해 운반되어 표적 세포에 작용한다는 것을 잘 기억해야 해.

221 단골 문제

그림은 우리 몸에서 생성되어 분비되는 물질 X의 작용 과정을 나타낸 것이다.

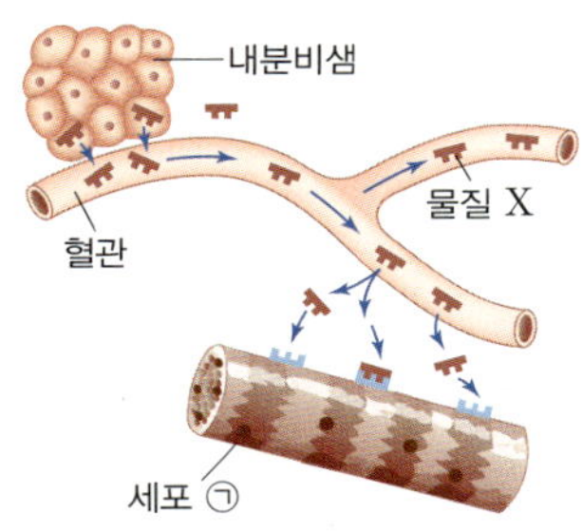

이에 대한 설명으로 옳은 것만을 〈보기〉에서 있는 대로 고른 것은?

보기
ㄱ. X는 호르몬이다.
ㄴ. ㉠에 X와 결합하는 수용체가 있다.
ㄷ. X는 분비관을 통해 세포 밖으로 분비된다.

① ㄱ ② ㄷ ③ ㄱ, ㄴ
④ ㄴ, ㄷ ⑤ ㄱ, ㄴ, ㄷ

추가로 나오는 선택지
❶ 인슐린은 X에 해당한다. (   )
❷ ㉠은 X의 표적 세포이다. (   )
❸ X는 혈액에 의해 운반된다. (   )

222

호르몬의 특성에 대한 설명으로 옳은 것만을 〈보기〉에서 있는 대로 고른 것은?

보기
ㄱ. 내분비샘에서 생성되는 신호 전달 물질이다.
ㄴ. 많은 양이 분비될수록 항상성 조절에 유리하다.
ㄷ. 혈액에 의해 온몸으로 운반되어 수용체를 가진 표적 세포에만 작용한다.

① ㄴ ② ㄷ ③ ㄱ, ㄴ
④ ㄱ, ㄷ ⑤ ㄱ, ㄴ, ㄷ

개념 ❷ 내분비샘과 주요 호르몬

(족집게 전략) 사람의 내분비샘에서 분비되는 주요 호르몬은 항상성 조절과 관련해 출제 빈도가 높으므로 내분비샘과 주요 기능을 연관지어 잘 정리해 두어야 해.

223 단골 문제

그림은 시상 하부와 뇌하수체 ㉠, ㉡을 나타낸 것이다. ㉠과 ㉡은 각각 전엽과 후엽 중 하나이며, ㉠에서 갑상샘 자극 호르몬이 분비된다.
이에 대한 설명으로 옳은 것만을 〈보기〉에서 있는 대로 고른 것은?

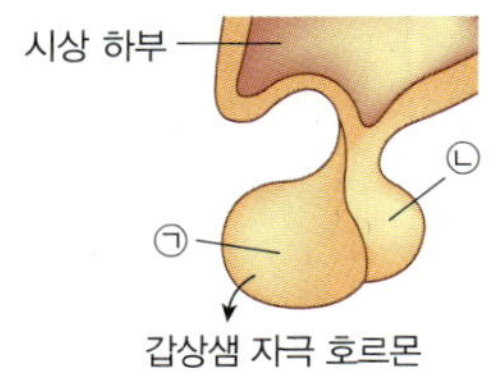

보기
ㄱ. ㉠에서 항이뇨 호르몬이 분비된다.
ㄴ. ㉡에서 생장 호르몬이 분비된다.
ㄷ. ㉠과 ㉡은 모두 내분비샘이다.

① ㄴ ② ㄷ ③ ㄱ, ㄴ
④ ㄱ, ㄷ ⑤ ㄴ, ㄷ

추가로 나오는 선택지
❶ ㉠은 뇌하수체 전엽이다. (   )
❷ ㉡에서 부신 겉질 자극 호르몬이 분비된다. (   )
❸ ㉠과 ㉡에서 모두 혈액에 의해 운반되는 물질이 분비된다. (   )

224

표는 사람의 호르몬 X의 특징을 나타낸 것이다.

- 이자에서 분비된다.
- 혈당량을 감소시킨다.

X에 대한 설명으로 옳은 것만을 〈보기〉에서 있는 대로 고른 것은?

보기
ㄱ. 글루카곤이다.
ㄴ. 간에 작용한다.
ㄷ. 결핍되면 당뇨병이 나타날 수 있다.

① ㄴ ② ㄷ ③ ㄱ, ㄴ
④ ㄱ, ㄷ ⑤ ㄴ, ㄷ

225

사람의 주요 호르몬에 대한 설명으로 옳은 것만을 〈보기〉에서 있는 대로 고른 것은?

보기

ㄱ. 부신 속질에서 에스트로젠이 분비된다.
ㄴ. 티록신이 분비되면 세포 호흡이 촉진된다.
ㄷ. 당질 코르티코이드는 혈당량을 감소시킨다.

① ㄱ   ② ㄴ   ③ ㄷ
④ ㄱ, ㄴ   ⑤ ㄴ, ㄷ

226 _{중요}

그림은 시상 하부의 기능을 나타낸 것이다. A~D는 내분비샘이며, ㉠~㉢은 호르몬이다.
이에 대한 설명으로 옳은 것만을 〈보기〉에서 있는 대로 고른 것은?

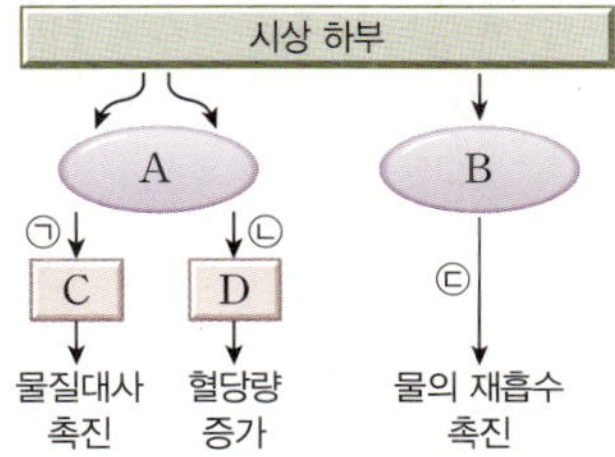

보기

ㄱ. A는 뇌하수체 후엽이다.
ㄴ. ㉠~㉢ 중 부신 겉질 자극 호르몬은 ㉡이다.
ㄷ. A~D 중 무기질 코르티코이드가 분비되는 내분비샘은 C이다.

① ㄴ   ② ㄷ   ③ ㄱ, ㄴ
④ ㄱ, ㄷ   ⑤ ㄴ, ㄷ

227 서술형

표는 호르몬 A~C의 분비 이상을 나타낸 것이다. A~C는 각각 인슐린, 생장 호르몬, 항이뇨 호르몬 중 하나이다.

호르몬	분비 이상
A	결핍되면 정상보다 오줌량이 많아진다.
B	과다하면 거인증이나 말단 비대증이 나타난다.
C	?

C의 명칭을 쓰고, 결핍되었을 때 나타나는 분비 이상에 대해 서술하시오.

개념 ❸ 항상성 유지 원리

족집게 전략   호르몬의 분비 조절을 묻는 문제에서는 티록신을 중심으로 분비가 촉진되는 과정과 음성 피드백에 의해 분비가 억제되는 과정을 구분해서 알아두어야 해.

228 단골 문제

그림은 티록신의 분비가 조절되는 과정을 나타낸 것이다. ㉠~㉢은 각각 티록신의 분비가 촉진되거나 억제되는 과정 중 하나이다.

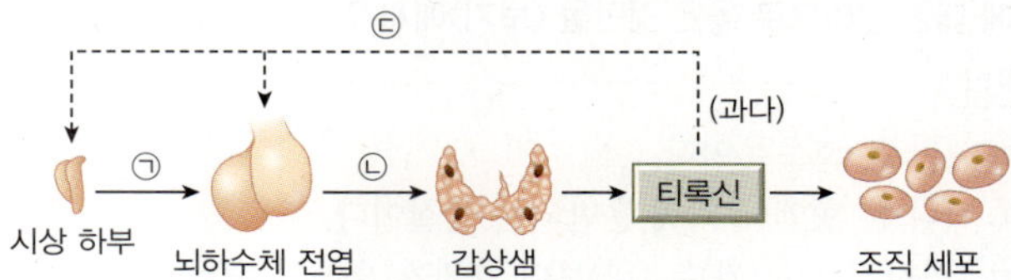

이에 대한 설명으로 옳은 것만을 〈보기〉에서 있는 대로 고른 것은?

보기

ㄱ. ㉠에 의해 티록신의 분비가 촉진된다.
ㄴ. ㉡은 갑상샘 자극 호르몬(TSH)에 의해 일어난다.
ㄷ. ㉢은 음성 피드백에 해당한다.

① ㄱ   ② ㄷ   ③ ㄱ, ㄴ
④ ㄴ, ㄷ   ⑤ ㄱ, ㄴ, ㄷ

추가로 나오는 선택지

❶ ㉠은 신경에 의해 일어난다. ( )
❷ 혈중 티록신 농도가 높을수록 ㉠이 억제된다. ( )
❸ ㉢이 활발히 일어날수록 조직 세포의 세포 호흡이 촉진된다. ( )

229

항상성에 대한 설명으로 옳은 것만을 〈보기〉에서 있는 대로 고른 것은?

보기

ㄱ. 항상성 유지의 주요 중추는 연수이다.
ㄴ. 항상성 유지를 위해 신경계와 호르몬이 작용한다.
ㄷ. 항상성은 외부 환경과 체내 환경을 일치시키려는 생명물 특성이다.

① ㄱ   ② ㄴ   ③ ㄷ
④ ㄱ, ㄴ   ⑤ ㄴ, ㄷ

230

표는 우리 몸에서 (가)와 (나)의 작용을 비교하여 나타낸 것이다. (가)와 (나)는 각각 신경과 호르몬 중 하나이다.

구분	(가)	(나)
신호 전달 속도	느림	빠름
작용 범위	넓음	좁음

이에 대한 설명으로 옳은 것만을 〈보기〉에서 있는 대로 고른 것은?

보기
ㄱ. (가)는 호르몬이다.
ㄴ. (나)는 혈액에 의해 운반되는 물질이다.
ㄷ. 일반적으로 (가)는 (나)보다 효과가 오래 지속된다.

① ㄱ   ② ㄴ   ③ ㄷ
④ ㄱ, ㄷ   ⑤ ㄴ, ㄷ

231

표는 사람의 몸을 구성하는 기관의 특징을 나타낸 것이다. A와 B는 각각 이자와 콩팥 중 하나이다.

기관	특징
A	?
B	⊙항이뇨 호르몬의 표적 기관이다.
부신	(가)

이에 대한 설명으로 옳은 것만을 〈보기〉에서 있는 대로 고른 것은?

보기
ㄱ. A는 내분비샘에 해당한다.
ㄴ. ⊙은 뇌하수체 전엽에서 분비된다.
ㄷ. '에피네프린을 분비한다.'는 (가)에 해당한다.

① ㄱ   ② ㄴ   ③ ㄱ, ㄷ
④ ㄴ, ㄷ   ⑤ ㄱ, ㄴ, ㄷ

232 고난도

그림은 호르몬 A~C의 분비 경로를 나타낸 것이다. (가)와 (나)는 내분비샘이며, A~C는 각각 에피네프린, 항이뇨 호르몬, 당질 코르티코이드 중 하나이다.

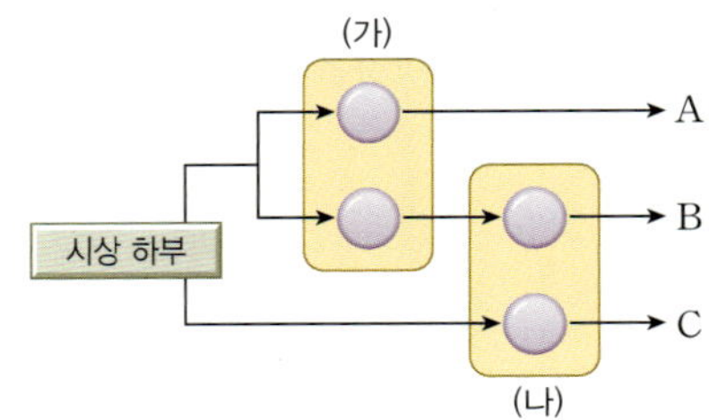

이에 대한 설명으로 옳은 것만을 〈보기〉에서 있는 대로 고른 것은?

보기
ㄱ. (가)는 뇌하수체이다.
ㄴ. 혈당량이 높아질수록 B의 분비가 촉진된다.
ㄷ. 시상 하부는 교감 신경을 통해 (나)에서 C의 분비를 촉진시킨다.

① ㄱ   ② ㄴ   ③ ㄱ, ㄷ
④ ㄴ, ㄷ   ⑤ ㄱ, ㄴ, ㄷ

233 고난도

표는 사람의 성과 관련된 호르몬 A~C의 주요 기능을 나타낸 것이다. A~C는 각각 프로게스테론, 테스토스테론, 생식샘 자극 호르몬 중 하나이다.

호르몬	주요 기능
A	성호르몬 분비 촉진
B	배란 억제, 임신 유지
C	⊙

이에 대한 설명으로 옳은 것만을 〈보기〉에서 있는 대로 고른 것은?

보기
ㄱ. A는 정소와 난소에서 모두 분비된다.
ㄴ. '남성의 2차 성징 발현'은 ⊙에 해당한다.
ㄷ. 혈중 B의 농도가 높아지면 A의 분비량이 많아진다.

① ㄴ   ② ㄷ   ③ ㄱ, ㄴ
④ ㄱ, ㄷ   ⑤ ㄴ, ㄷ

234

다음은 우리 몸이 가진 특성 X에 대한 설명이다.

- X는 외부 환경이 변해도 ⓐ체내 환경을 일정한 상태로 유지하려는 특성이다.
- X는 신경계와 기관계 ㉠의 작용으로 유지된다.

이에 대한 설명으로 옳은 것만을 〈보기〉에서 있는 대로 고른 것은?

보기

ㄱ. 체온과 혈당량은 모두 ⓐ에 해당한다.
ㄴ. 호르몬을 분비하는 기관계는 ㉠에 해당한다.
ㄷ. 길항 작용과 음성 피드백은 모두 X를 유지하기 위한 원리에 해당한다.

① ㄱ   ② ㄷ   ③ ㄱ, ㄴ
④ ㄴ, ㄷ   ⑤ ㄱ, ㄴ, ㄷ

235

그림은 티록신의 분비 조절 과정을 나타낸 것이다. ㉠과 ㉡은 각각 티록신의 분비가 촉진되거나 억제되는 과정 중 하나이다.

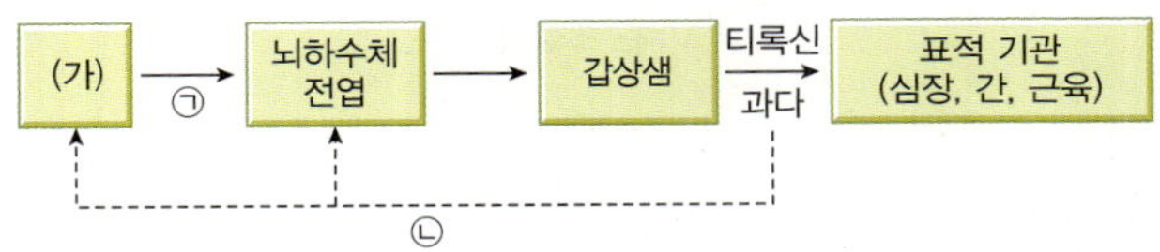

이에 대한 설명으로 옳은 것만을 〈보기〉에서 있는 대로 고른 것은?

보기

ㄱ. (가)는 중간뇌이다.
ㄴ. ㉠은 갑상샘 자극 호르몬(TSH)에 의해 일어난다.
ㄷ. ㉡이 활발히 일어나면 표적 기관에서 열 생산량이 감소한다.

① ㄱ   ② ㄷ   ③ ㄱ, ㄴ
④ ㄱ, ㄷ   ⑤ ㄴ, ㄷ

236   고난도

그림은 티록신의 분비가 조절되는 과정을, 표는 평상시 환자 (가)~(다)의 혈중 호르몬 농도를 정상인과 비교하여 나타낸 것이다. (가)~(다)는 각각 시상 하부, 뇌하수체 전엽, 갑상샘 중 서로 다른 한 부위의 활성만 정상인보다 높으며, ⓐ와 ⓑ는 각각 '높음'과 '낮음' 중 하나이다.

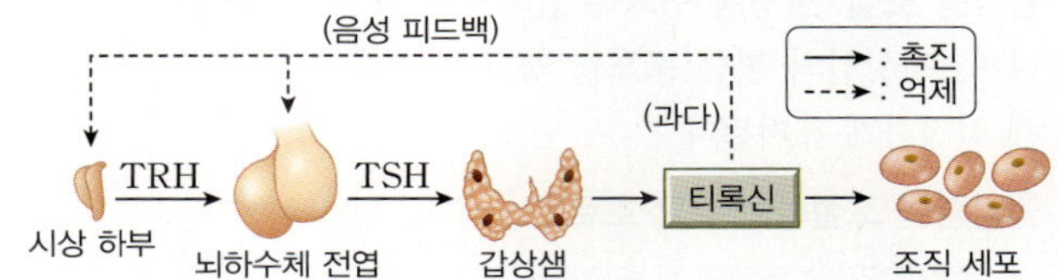

구분	TRH	TSH	티록신
(가)	낮음	낮음	높음
(나)	높음	높음	ⓐ
(다)	ⓑ	높음	높음

이에 대한 설명으로 옳은 것만을 〈보기〉에서 있는 대로 고른 것은?

보기

ㄱ. ⓐ는 '높음', ⓑ는 '낮음'이다.
ㄴ. (가)는 뇌하수체 전엽의 활성이 높다.
ㄷ. (다)에서 음성 피드백은 일어나지 않는다.

① ㄱ   ② ㄴ   ③ ㄱ, ㄴ
④ ㄱ, ㄷ   ⑤ ㄴ, ㄷ

237

그림은 호르몬 A와 B의 작용을 나타낸 것이다. A와 B는 모두 이자에서 분비된다.

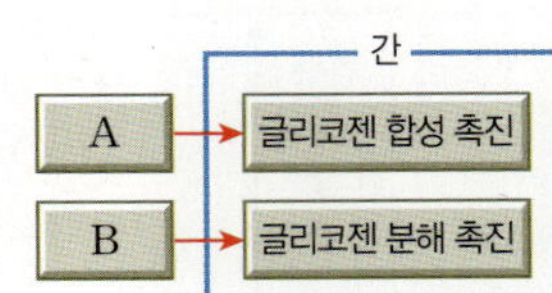

이에 대한 설명으로 옳은 것만을 〈보기〉에서 있는 대로 고른 것은?

보기

ㄱ. A는 인슐린이다.
ㄴ. A와 B는 간에서 길항 작용을 한다.
ㄷ. B의 분비는 음성 피드백에 의해 조절된다.

① ㄱ   ② ㄷ   ③ ㄱ, ㄴ
④ ㄴ, ㄷ   ⑤ ㄱ, ㄴ, ㄷ

02 항상성 유지

개념 ❶ 혈당량 조절

1. 혈당량 조절: 혈당량 변화는 간뇌의 시상 하부와 이자에서 감지하며, 정상인의 혈중 포도당 농도는 자율 신경과 호르몬에 의해 일정하게 유지된다.

2. 혈당량을 조절하는 주요 호르몬

호르몬	주요 기능	결과
인슐린	• 간에서 포도당을 글리코젠으로 합성, 저장하게 한다. • 체세포의 포도당 흡수를 촉진시킨다.	혈당량 감소
글루카곤, 에피네프린	• 간에서 글리코젠을 포도당으로 분해하여 혈액으로 방출하게 한다.	혈당량 증가

3. 혈당량 조절 과정

(1) **혈당량이 높을 때**: 인슐린의 작용으로 혈당량을 낮춘다.

• 이자의 β세포에서 인슐린 분비가 촉진됨 → 간에서 글리코젠의 합성이 촉진되고, 체세포에서 포도당의 흡수가 촉진됨 → 혈당량이 정상 수준으로 감소함

(2) **혈당량이 낮을 때** : 글루카곤, 에피네프린의 작용으로 혈당량을 높인다.

• 이자의 α세포에서 글루카곤 분비가 촉진됨 → 간에서 글리코젠의 분해가 촉진됨 → 혈당량이 정상 수준으로 증가함
• 시상 하부에 의한 교감 신경의 자극으로 부신 속질에서 에피네프린 분비가 촉진됨 → 혈당량이 정상 수준으로 증가함

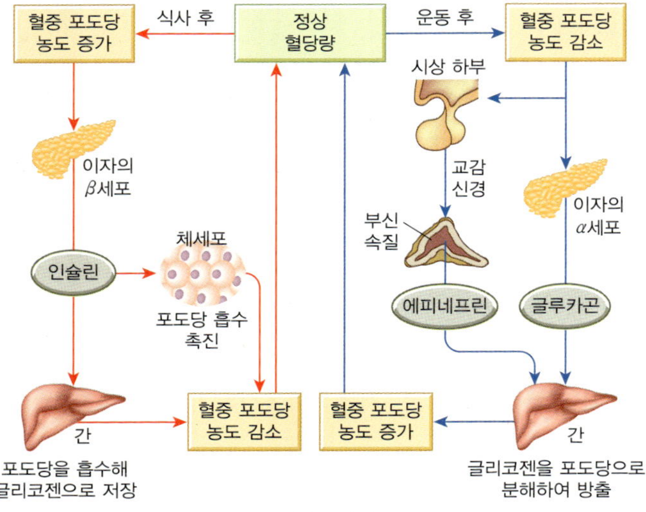

▲ 혈당량 조절 과정

개념 ❷ 체온 조절

1. 체온 조절: 체온 변화 감지와 조절의 중추는 간뇌의 시상 하부이며, 자율 신경과 호르몬의 작용으로 체온이 일정하게 유지된다.

2. 체온 조절 과정

(1) **추울 때**: 열 방출량 감소, 열 생산량 증가로 체온을 정상 수준으로 높인다.

조절 과정	결과
교감 신경의 작용이 강화되어 피부 근처의 혈관이 수축됨 → 피부 근처를 흐르는 혈액의 양이 감소함	피부를 통한 열 방출량 감소
체성 신경의 작용으로 골격근 수축 → 몸 떨림	체내 열 생산량 증가

(2) **더울 때** : 열 방출량 증가로 체온을 정상 수준으로 낮춘다.

조절 과정	결과
• 교감 신경의 작용이 완화되어 피부 근처 혈관이 확장됨 → 피부 근처를 흐르는 혈액의 양이 증가함 • 땀 분비가 촉진됨	피부를 통한 열 방출량 증가

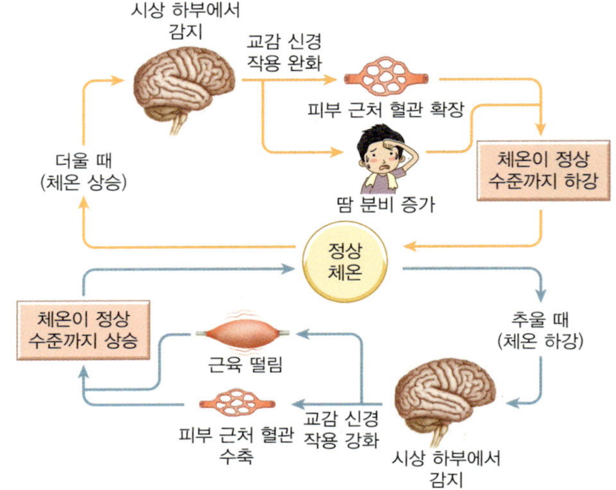

▲ 체온 조절 과정

개념 ❸ 삼투압 조절

1. 삼투압 조절: 항이뇨 호르몬(ADH)의 분비량 조절에 의해 혈장 삼투압이 일정하게 유지된다.

(1) **항이뇨 호르몬** : 시상 하부에서 생성되며, 뇌하수체 후엽에 저장된 후 분비된다. 콩팥에 작용해 여과액으로부터 수분 재흡수를 촉진시킨다.

(2) **항이뇨 호르몬 분비가 활발할 때**

① 혈장 삼투압이 낮아지고, 혈액량과 혈압이 증가한다.

② 오줌량이 감소하고, 오줌의 삼투압이 높아진다.

2. 삼투압 조절 과정

(1) 혈장 삼투압이 높을 때: 시상 하부에 의해 뇌하수체 후엽에
서 항이뇨 호르몬(ADH)의 분비 촉진 → 콩팥에서 수분 재
흡수량 증가 → 오줌량 감소(오줌 삼투압 증가) → 혈장 삼
투압이 정상 수준으로 감소

(2) 혈장 삼투압이 낮을 때: 시상 하부에 의해 뇌하수체 후엽에
서 항이뇨 호르몬(ADH)의 분비 억제 → 콩팥에서 수분 재
흡수량 감소 → 오줌량 증가(오줌 삼투압 감소) → 혈장 삼
투압이 정상 수준으로 증가

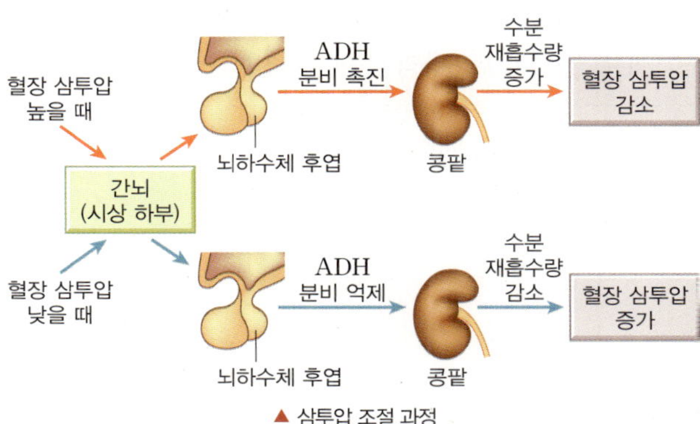

▲ 삼투압 조절 과정

자료 분석 · 삼투압 조절

그림은 정상인이 다량의 물을 섭취했을 때 시간에 따른 오줌 생성량
과 혈장 삼투압 변화를 나타낸 것이다.

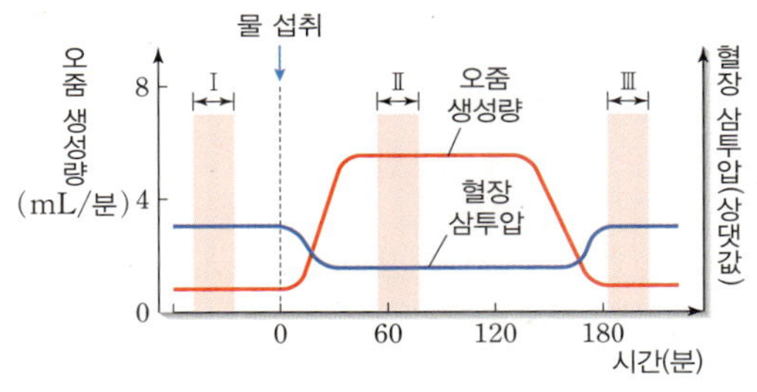

❶ 물 섭취로 인해 체내 수분량이 많아져 혈장 삼투압이 감소한다 ➡
항이뇨 호르몬의 분비가 억제되므로 혈중 항이뇨 호르몬 농도는
구간 Ⅱ에서가 구간 Ⅰ에서보다 낮다.

❷ 물 섭취 이후 많은 양의 오줌이 생성되고 배설됨으로써 감소한 혈
장 삼투압이 정상 수준으로 높아진다. ➡ 혈중 항이뇨 호르몬 농도
는 구간 Ⅲ에서가 Ⅱ에서보다 높다.

❸ 콩팥에서의 수분 재흡수량은 Ⅱ에서가 Ⅰ에서보다 적으므로 오줌
생성량은 Ⅱ에서가 Ⅰ에서보다 많아지며, 따라서 오줌의 삼투압은
Ⅱ에서가 Ⅰ에서보다 낮다.

❹ 콩팥에서의 수분 재흡수량은 Ⅲ에서가 Ⅱ에서보다 많으므로 오줌
생성량은 Ⅲ에서가 Ⅱ에서보다 적어지며, 따라서 오줌의 삼투압은
Ⅲ에서가 Ⅱ에서보다 높다.

238

정답 및 해설 | 30쪽

인슐린은 간에서 포도당을 [   ]으로 합성 · 저장하게
하며, 체세포에서 [   ]의 흡수를 촉진해 혈당량을 정
상 수준으로 감소시킨다.

239

혈당량 조절에 대한 설명으로 옳은 것은 ○, 옳지 않은 것은 ×로
표시하시오.

(1) 혈당량이 높을 때 인슐린 분비가 촉진된다.   (　　　)

(2) 혈당량이 낮아지면 간에서 글리코젠의 분해가 촉진된다.
    (　　　)

(3) 이자의 β세포에서 혈당량을 증가시키는 호르몬이 분비된다.
    (　　　)

(4) 건강한 사람은 식사 후에 혈중 글루카곤과 에피네프린 농도
가 증가한다.   (　　　)

240

그림은 혈당량 조절 과정의
일부를 나타낸 것이다.
호르몬 A와 B의 명칭을 각
각 쓰시오.

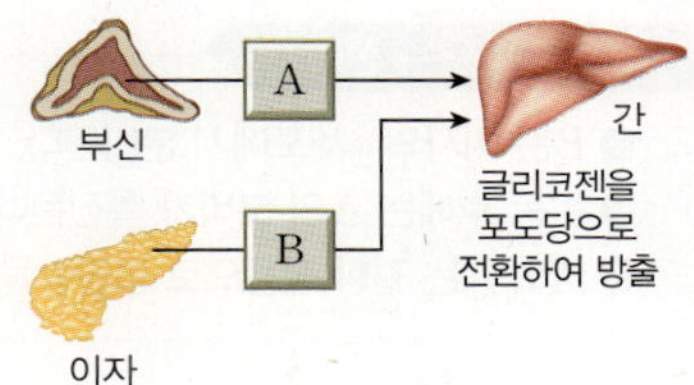

241

다음 중 추울 때의 체온 조절에 해당하는 설명에는 '추', 더울 때의
체온 조절에 해당하는 설명에는 '더'라고 쓰시오.

(1) 체성 신경의 작용으로 골격근이 떨린다.   (　　　)
(2) 피부 근처를 흐르는 혈액의 양이 증가한다.   (　　　)
(3) 교감 신경의 작용이 강화되어 피부 근처 혈관이 수축한다.
    (　　　)

242

항이뇨 호르몬(ADH)에 대한 설명으로 옳은 것은 ○, 옳지 않은
것은 ×로 표시하시오.

(1) 시상 하부에서 생성된다.   (　　　)
(2) 혈장 삼투압이 높을수록 ADH의 분비가 촉진된다. (　　　)
(3) ADH의 분비량이 많을수록 오줌의 삼투압이 높아진다.
    (　　　)

개념 ❶ 혈당량 조절

(족집게)**전략** 혈당량 조절은 시험에 자주 출제되고 있어. 혈당량이 높아지면 인슐린의 분비량이 증가하고, 혈당량이 낮아지면 글루카곤과 에피네프린의 분비량이 증가한다는 것을 꼭 기억해야 해.

243 단골 문제

그림은 식사 후 시간에 따른 혈 중 포도당, 호르몬 A와 B의 농도를 나타낸 것이다. A와 B는 모두 이자에서 분비된다.
이에 대한 설명으로 옳지 **않은** 것은?

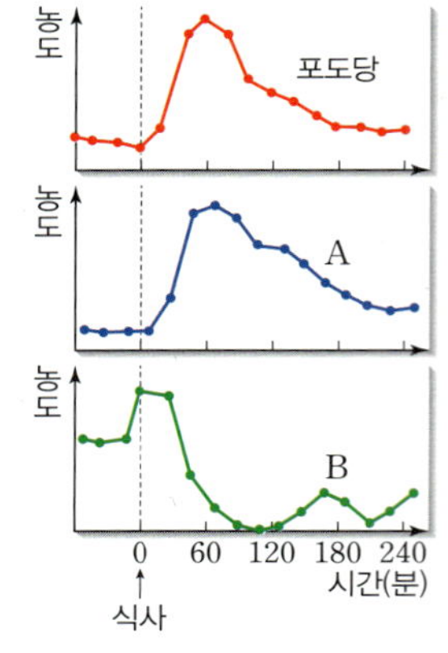

① A는 인슐린이다.
② A는 이자의 β세포에서 분비된다.
③ A의 분비가 촉진되면 혈당량이 감소한다.
④ 혈당량이 낮아지면 B의 분비가 촉진된다.
⑤ B는 간세포에서 글리코젠의 합성을 촉진한다.

추가로 나오는 선택지

❶ B는 이자의 α세포에서 분비된다. ( )
❷ 운동 후에는 A의 분비가 촉진된다. ( )
❸ A와 B는 길항 작용으로 혈당량을 조절한다. ( )

244

다음은 사람의 혈당량 조절에 대한 설명이다. 호르몬 A와 B는 모두 이자에서 분비된다.

- 혈당량이 높아질수록 A의 분비가 억제된다.
- B는 간에서 글리코젠의 (㉠)을/를 촉진한다.

이에 대한 설명으로 옳은 것만을 〈보기〉에서 있는 대로 고른 것은?

보기

ㄱ. A의 분비는 음성 피드백에 의해 조절된다.
ㄴ. 분해는 ㉠에 해당한다.
ㄷ. 혈당량 조절에 대해 B와 에피네프린은 길항 작용을 한다.

① ㄱ ② ㄴ ③ ㄷ
④ ㄱ, ㄷ ⑤ ㄴ, ㄷ

245

표는 식사 후와 운동 후에 호르몬 A와 B의 분비량 변화를 나타낸 것이다. A와 B는 각각 인슐린과 글루카곤 중 하나이다.

호르몬	식사 후	운동 후
A	감소	증가
B	증가	감소

이에 대한 설명으로 옳은 것만을 〈보기〉에서 있는 대로 고른 것은?

보기

ㄱ. A는 혈당량을 증가시킨다.
ㄴ. A는 체세포에서 포도당의 흡수를 촉진한다.
ㄷ. B는 간에서 포도당의 방출을 촉진한다.

① ㄱ ② ㄴ ③ ㄱ, ㄴ
④ ㄱ, ㄷ ⑤ ㄴ, ㄷ

246 중요

그림은 혈당량 조절 과정을 나타낸 것이다. A~C는 호르몬이다.

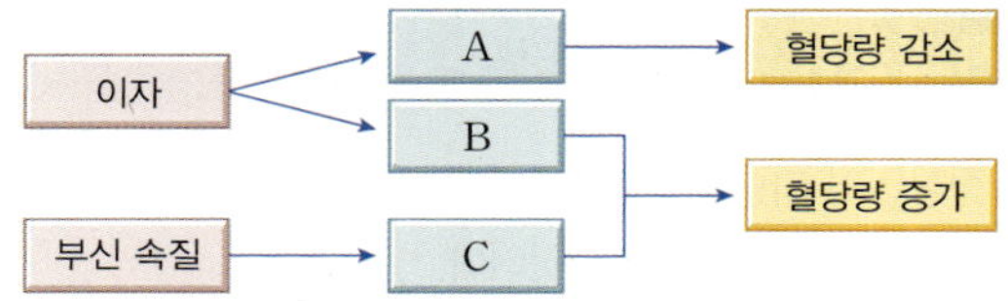

이에 대한 설명으로 옳은 것만을 〈보기〉에서 있는 대로 고른 것은?

보기

ㄱ. A와 B는 모두 간에 작용한다.
ㄴ. B는 당질 코르티코이드와 길항 작용을 한다.
ㄷ. C는 부교감 신경에 의해 분비가 촉진된다.

① ㄱ ② ㄴ ③ ㄱ, ㄴ
④ ㄱ, ㄷ ⑤ ㄴ, ㄷ

247 서술형

그림은 운동 시작 후 이자에서 분비되는 호르몬 X의 농도 변화를 나타낸 것이다.
X의 명칭을 쓰고, X의 주요 기능을 간과 연관지어 서술하시오.

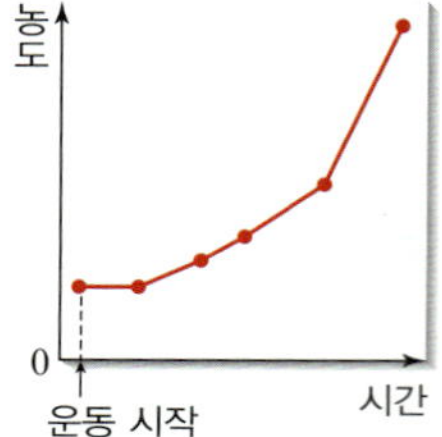

개념 ❷ 체온 조절

족집게 전략 체온 조절은 추울 때의 조절 과정을 묻는 경우가 많아. 피부 근처 혈관은 열 방출량에 영향을 주고, 근육은 열 생산량에 영향을 준다는 것을 알아야 해.

248 단골 문제

그림은 저온 자극에 대한 체온 조절 과정의 일부를 나타낸 것이다.

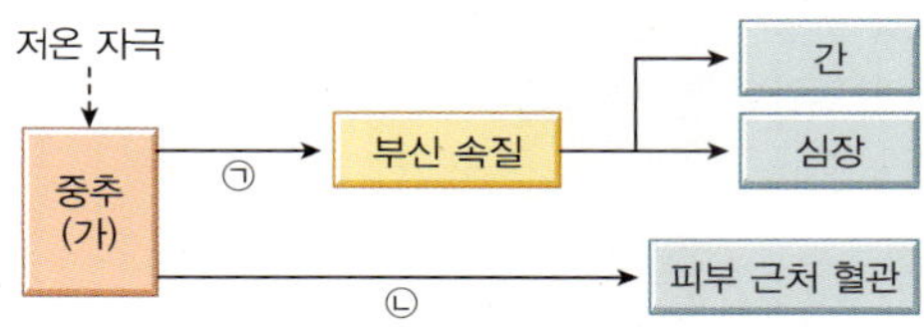

이에 대한 설명으로 옳은 것만을 〈보기〉에서 있는 대로 고른 것은?

보기

ㄱ. (가)는 시상 하부이다.
ㄴ. ㉠과 ㉡은 모두 교감 신경의 작용이 강화되어 일어난다.
ㄷ. ㉡에 의해 피부 근처를 흐르는 혈액의 양이 증가한다.

① ㄱ ② ㄷ ③ ㄱ, ㄴ
④ ㄴ, ㄷ ⑤ ㄱ, ㄴ, ㄷ

추가로 나오는 선택지

❶ ㉠에 의해 물질대사가 촉진된다. (　　)
❷ ㉠에 의해 체내 열 생산량이 감소한다. (　　)
❸ ㉡에 의해 피부를 통한 열 방출량이 증가한다. (　　)

249

다음은 체온 조절 과정에 대한 설명이다.

- 더울 때는 ⓐ 피부 근처를 흐르는 혈액량이 증가한다.
- 추울 때는 자율 신경 중 ㉠의 작용이 강화된다.

이에 대한 설명으로 옳은 것만을 〈보기〉에서 있는 대로 고른 것은?

보기

ㄱ. ⓐ는 피부 근처 혈관이 수축해 일어난다.
ㄴ. ㉠은 신경절 이전 뉴런이 신경절 이후 뉴런보다 길다.
ㄷ. 추울 때 ㉠의 작용이 강화되면 피부를 통한 열 방출량이 감소한다.

① ㄴ ② ㄷ ③ ㄱ, ㄴ
④ ㄱ, ㄷ ⑤ ㄴ, ㄷ

250 중요

표는 시상 하부가 감지하는 온도가 서로 다를 때 열 생산량과 열 방출량을 나타낸 것이다.

(단위: 상댓값)

시상 하부가 감지하는 온도	열 생산량	열 방출량
T_1	2	4.6
T_2	5.8	0.2

이에 대한 설명으로 옳은 것만을 〈보기〉에서 있는 대로 고른 것은?

보기

ㄱ. $T_1 > T_2$이다.
ㄴ. T_2일 때가 T_1일 때보다 교감 신경의 작용이 강화된다.
ㄷ. T_2일 때가 T_1일 때보다 피부 근처 혈관이 확장되어 있다.

① ㄱ ② ㄴ ③ ㄱ, ㄴ
④ ㄱ, ㄷ ⑤ ㄴ, ㄷ

251

그림은 어떤 자극에 대해 피부에서 일어나는 반응을 나타낸 것이다. 이에 대한 설명으로 옳은 것만을 〈보기〉에서 있는 대로 고른 것은?

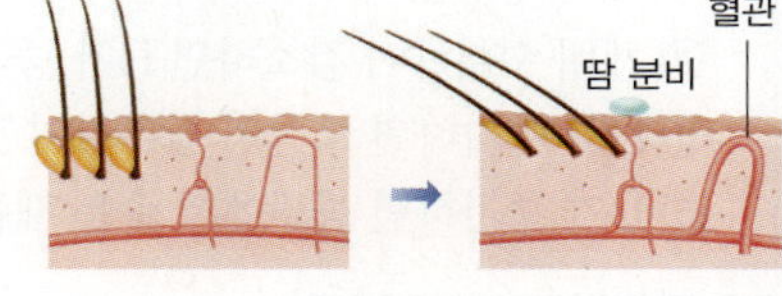

보기

ㄱ. 더울 때 일어난다.
ㄴ. 교감 신경의 작용이 완화되어 일어난다.
ㄷ. 이 반응으로 피부를 통한 열 방출량이 증가한다.

① ㄱ ② ㄷ ③ ㄱ, ㄴ
④ ㄴ, ㄷ ⑤ ㄱ, ㄴ, ㄷ

252 서술형

그림은 체온 조절 과정의 일부를 나타낸 것이다.

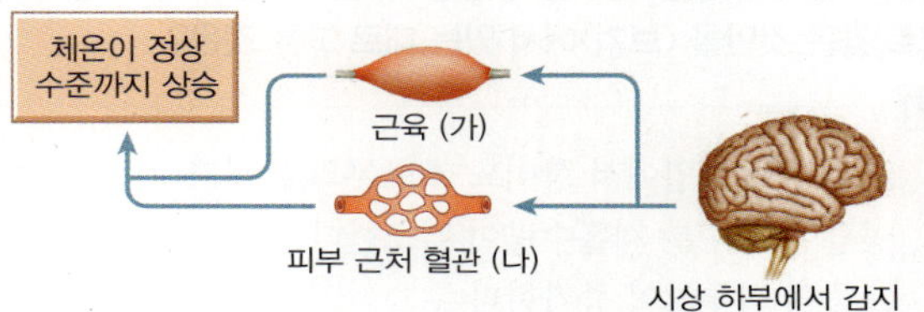

체온 조절과 관련해서 (가)와 (나)에서 일어나는 현상을 서술하시오.

개념 ❸ 삼투압 조절

삼투압 조절 과정은 출제 빈도가 매우 높아. 특히, 항이뇨 호르몬(ADH)의 농도가 높아지면 콩팥에서 수분의 재흡수가 촉진되므로 오줌의 양이 감소하고, 오줌의 삼투압이 증가한다는 것을 꼭 이해해야 해.

253 단골 문제

그림은 압력 A와 B에 따른 혈중 항이뇨 호르몬(ADH) 농도를 나타낸 것이다. A와 B는 각각 혈장 삼투압과 혈압 중 하나이다.

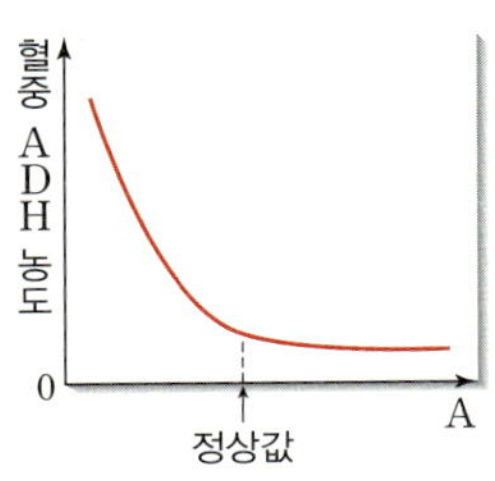
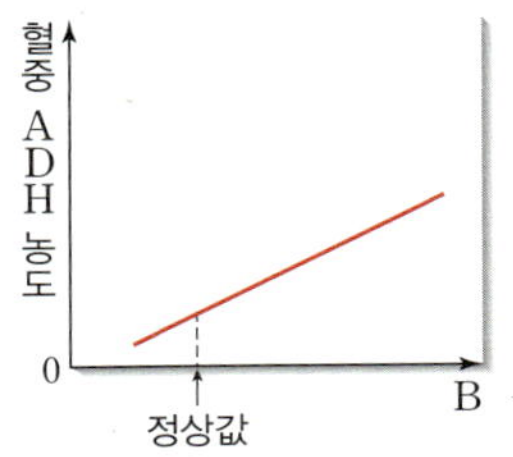

이에 대한 설명으로 옳지 <u>않은</u> 것은?

① A는 혈압이다.
② A가 정상값보다 감소하면 오줌의 양이 감소한다.
③ 체내 수분량이 감소하면 B가 증가한다.
④ B가 증가하면 오줌의 삼투압이 감소한다.
⑤ B가 증가하면 콩팥에서 수분 재흡수량이 증가한다.

추가로 나오는 선택지

❶ 항이뇨 호르몬의 분비가 촉진되면 B가 감소한다.　　　(　　　)
❷ 콩팥에서 수분 재흡수량이 증가하면 A가 감소한다.　　　(　　　)

254

건강한 사람에서 혈장 삼투압이 높을 때 일어나는 조절 과정에 대한 설명으로 옳은 것만을 〈보기〉에서 있는 대로 고른 것은?

보기
ㄱ. 뇌하수체 후엽에서 항이뇨 호르몬의 분비가 촉진된다.
ㄴ. 콩팥에서 수분 재흡수량이 감소한다.
ㄷ. 오줌의 삼투압이 증가한다.

① ㄱ　　　　　② ㄴ　　　　　③ ㄱ, ㄴ
④ ㄱ, ㄷ　　　　⑤ ㄴ, ㄷ

255 중요

그림은 삼투압 조절 과정을 나타낸 것이다.
이에 대한 설명으로 옳은 것만을 〈보기〉에서 있는 대로 고른 것은?

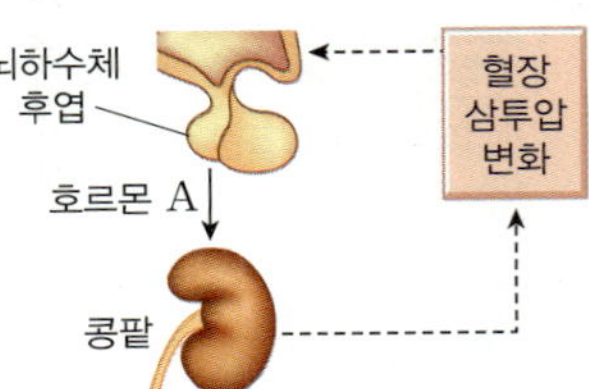

보기
ㄱ. A는 항이뇨 호르몬이다.
ㄴ. 삼투압 조절 중추는 뇌하수체 후엽이다.
ㄷ. 혈장 삼투압이 높아지면 A의 분비가 억제된다.

① ㄱ　　　　　② ㄷ　　　　　③ ㄱ, ㄴ
④ ㄱ, ㄷ　　　　⑤ ㄴ, ㄷ

256

다음은 삼투압 조절에 대한 설명이다. 압력 A와 B는 각각 혈압과 혈장 삼투압 중 하나이다.

> ㉠항이뇨 호르몬(ADH)의 분비량이 증가하면 A는 감소하고, B는 증가한다.

이에 대한 설명으로 옳지 <u>않은</u> 것은?

① A는 혈장 삼투압이다.
② 혈액량이 많아지면 B가 증가한다.
③ ㉠의 결과 오줌 생성량이 감소한다.
④ A가 감소하면 항이뇨 호르몬의 분비가 촉진된다.
⑤ 땀을 많이 흘리면 항이뇨 호르몬의 분비가 촉진된다.

257 서술형

그림은 건강한 사람이 물과 생리 식염수 중 하나를 마신 경우 시간에 따른 오줌의 생성 속도를 나타낸 것이다.
이 사람이 마신 것이 물인지 생리 식염수인지 쓰고, 이러한 변화가 일어난 이유를 아래 단어를 모두 포함시켜 서술하시오.

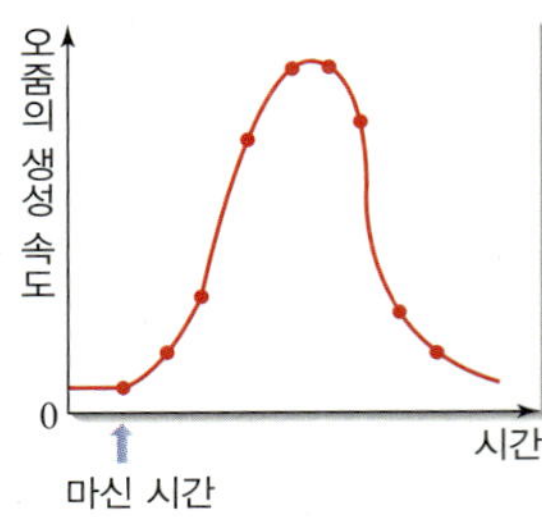

혈장 삼투압	항이뇨 호르몬	콩팥

258

그림은 혈당량에 따라 인공 이자에서 호르몬 A와 B가 분비되는 속도를 나타낸 것이다. A와 B는 각각 인슐린과 글루카곤 중 하나이다.

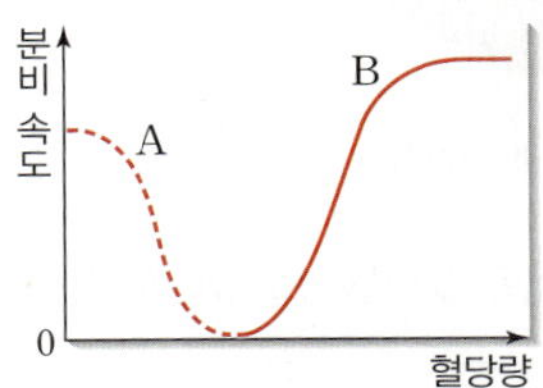

이에 대한 설명으로 옳은 것만을 〈보기〉에서 있는 대로 고른 것은?

보기
> ㄱ. A는 글루카곤이다.
> ㄴ. B가 결핍되면 당뇨병이 나타날 수 있다.
> ㄷ. 인공 이자를 이식한 사람은 식사 후 체세포에서 포도당 소비가 억제된다.

① ㄱ   ② ㄷ   ③ ㄱ, ㄴ
④ ㄱ, ㄷ   ⑤ ㄴ, ㄷ

259

그림은 부신에서 분비되는 호르몬에 의해 혈당량이 증가하는 과정을 나타낸 것이다. A와 B는 각각 신경계와 호르몬에 의해 일어나는 경로 중 하나이다.

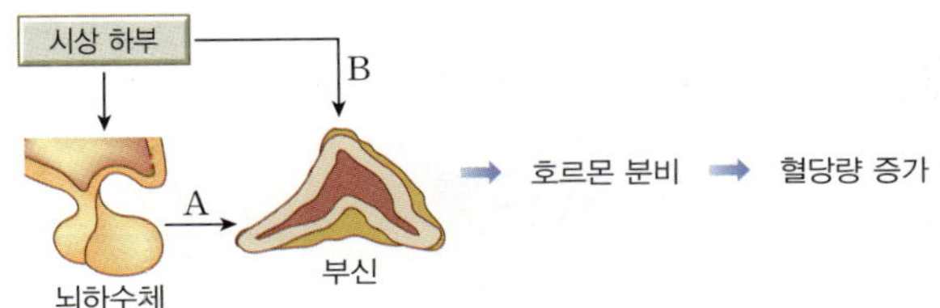

이에 대한 설명으로 옳은 것만을 〈보기〉에서 있는 대로 고른 것은?

보기
> ㄱ. A는 뇌하수체 전엽에서 분비되는 호르몬에 의해 일어난다.
> ㄴ. B에 의해 부신 겉질에서 호르몬이 분비된다.
> ㄷ. B가 활발히 일어나 혈당량이 증가하면 인슐린의 분비가 억제된다.

① ㄱ   ② ㄴ   ③ ㄷ
④ ㄱ, ㄴ   ⑤ ㄴ, ㄷ

260

그림은 건강한 사람에게 포도당을 투여한 후 시간에 따른 혈중 호르몬 X의 농도를 나타낸 것이다. X는 이자에서 분비된다.

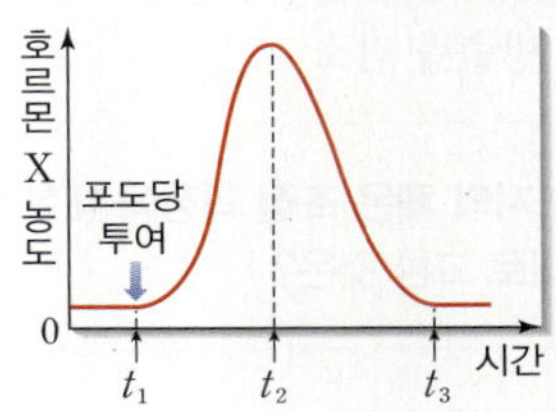

이에 대한 설명으로 옳지 <u>않은</u> 것은?

① X는 이자의 β세포에서 분비된다.
② 혈당량은 t_2일 때가 t_3일 때보다 낮다.
③ X는 간에서 에피네프린과 길항 작용을 한다.
④ 혈중 글루카곤 농도는 t_3일 때가 t_2일 때보다 높다.
⑤ $t_1 \sim t_2$ 동안 간에 저장되는 글리코젠의 양이 증가한다.

261 고난도

표는 호르몬 A~C에서 특징 ⓐ~ⓒ의 유무를, 그림은 식사 후 시간에 따른 혈중 호르몬 ㉠과 ㉡의 농도를 나타낸 것이다. A~C는 각각 티록신, 에피네프린, 당질 코르티코이드 중 하나이며, ㉠과 ㉡은 모두 이자에서 분비된다. '부신에서 분비된다.'와 '신경 자극에 의해 분비된다.'는 각각 ⓐ~ⓒ 중 하나이다.

구분	ⓐ	ⓑ	ⓒ
A	○	○	×
B	○	×	○
C	×	○	×

(○: 있음, ×: 없음)

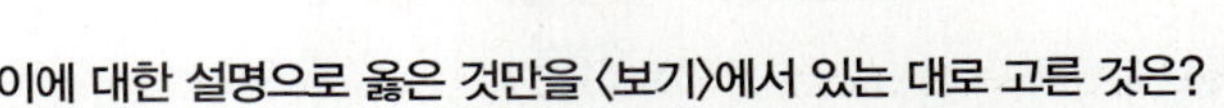

이에 대한 설명으로 옳은 것만을 〈보기〉에서 있는 대로 고른 것은?

보기
> ㄱ. 혈당량 조절에 대해 B와 ㉡은 길항 작용을 한다.
> ㄴ. '호르몬 자극에 의해 분비된다.'는 ⓐ~ⓒ 중 ⓑ에 해당한다.
> ㄷ. $\dfrac{\text{혈중 A의 농도}}{\text{간에 저장된 글리코젠의 양}}$은 t일 때가 식사 직후보다 크다.

① ㄱ   ② ㄴ   ③ ㄷ
④ ㄱ, ㄴ   ⑤ ㄴ, ㄷ

262

다음은 어떤 온도 자극에 의해 일어나는 체온 조절 과정의 결과를 나타낸 것 이다.

- 체내 열 생산량 증가
- 피부를 통한 열 방출량 감소

이 결과가 나타나기까지의 체온 조절 과정에 대한 설명으로 옳은 것만을 〈보기〉에서 있는 대로 고른 것은?

보기

ㄱ. 근육의 떨림이 촉진된다.
ㄴ. 피부 근처 혈관이 확장된다.
ㄷ. 교감 신경의 작용이 완화된다.

① ㄱ   ② ㄴ   ③ ㄷ
④ ㄱ, ㄴ   ⑤ ㄴ, ㄷ

263

그림은 어떤 자극에 대한 체온 조절 과정을 나타낸 것이다.

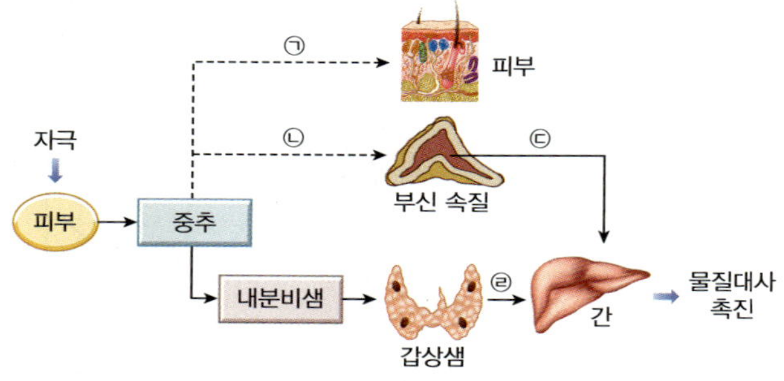

이에 대한 설명으로 옳은 것만을 〈보기〉에서 있는 대로 고른 것은?

보기

ㄱ. ㉠과 ㉡에 모두 교감 신경이 관여한다.
ㄴ. ㉢과 ㉣에 모두 호르몬이 관여한다.
ㄷ. ㉠이 활발히 일어날수록 피부 근처 혈관의 지름이 증가한다.

① ㄱ   ② ㄴ   ③ ㄷ
④ ㄱ, ㄴ   ⑤ ㄱ, ㄷ

264

그림은 어떤 자극에 대한 체온 조절 과정을 나타낸 것이다.

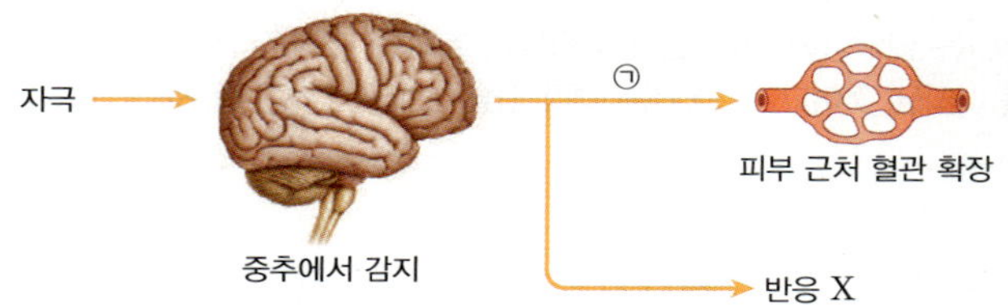

이에 대한 설명으로 옳은 것만을 〈보기〉에서 있는 대로 고른 것은?

보기

ㄱ. 중추는 중간뇌이다.
ㄴ. ㉠은 부교감 신경의 작용이 강화되어 일어난다.
ㄷ. '땀 분비 촉진'은 X에 해당한다.

① ㄴ   ② ㄷ   ③ ㄱ, ㄴ
④ ㄱ, ㄷ   ⑤ ㄴ, ㄷ

265 고난도

그림 (가)는 저온 자극에 대한 체온 조절 과정을, (나)는 서로 다른 피부 온도에서 시상 하부 온도에 따른 ⓐ를 나타낸 것이다. ㉠과 ㉡은 각각 열 방출량과 열 생산량 중 하나에 영향을 미치며, ⓐ는 열 방출량과 열 생산량 중 하나이다.

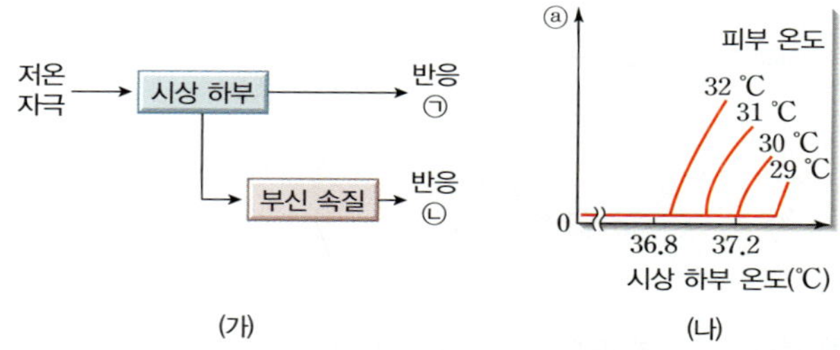

이에 대한 설명으로 옳은 것만을 〈보기〉에서 있는 대로 고른 것은?

보기

ㄱ. ⓐ는 열 방출량이다.
ㄴ. '피부 근처 혈관 수축'은 ㉠에 해당한다.
ㄷ. ㉠과 ㉡ 중 (나)와 가장 관련이 깊은 반응은 ㉡이다.

① ㄴ   ② ㄷ   ③ ㄱ, ㄴ
④ ㄱ, ㄷ   ⑤ ㄱ, ㄴ, ㄷ

266

그림은 건강한 사람과 어떤 환자에서 혈장 삼투압에 따른 혈중 항이뇨 호르몬(ADH) 농도를 나타낸 것이다. 이에 대한 설명으로 옳은 것만을 〈보기〉에서 있는 대로 고른 것은? (단, 이 환자는 오줌의 생성량에 이상이 있다.)

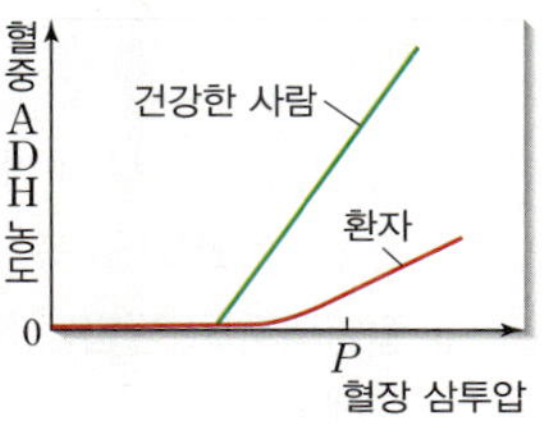

보기

ㄱ. 건강한 사람에서 땀을 많이 흘리면 항이뇨 호르몬의 분비가 억제된다.
ㄴ. P일 때 이 환자는 건강한 사람보다 오줌의 생성량이 많다.
ㄷ. 건강한 사람에서 혈장 삼투압이 P보다 높아지면 콩팥에서 수분 재흡수가 억제된다.

① ㄱ   ② ㄴ   ③ ㄷ
④ ㄱ, ㄴ   ⑤ ㄴ, ㄷ

267

그림은 건강한 사람이 물 1 L를 섭취한 후 시간에 따른 삼투압 ㉠과 ㉡을 나타낸 것이다. ㉠과 ㉡은 각각 혈장 삼투압과 오줌의 삼투압 중 하나이다.

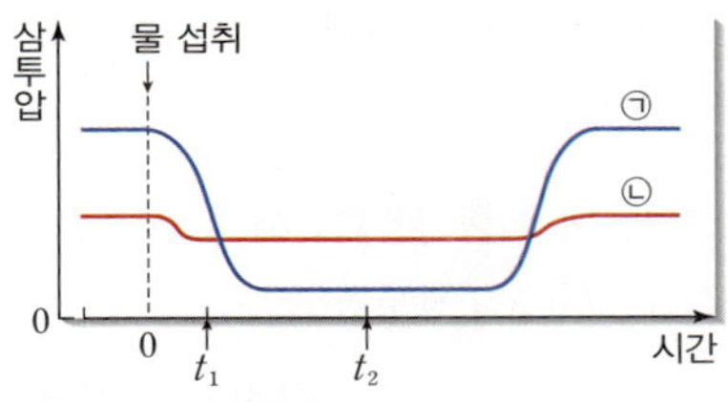

이에 대한 설명으로 옳은 것만을 〈보기〉에서 있는 대로 고른 것은? (단, 제시된 자료 이외에 체내 수분량에 영향을 미치는 요인은 없다.)

보기

ㄱ. ㉠은 오줌의 삼투압이다.
ㄴ. 0~t_1 동안 오줌의 생성 속도는 감소한다.
ㄷ. 혈중 항이뇨 호르몬 농도는 t_2일 때가 t_1일 때보다 높다.

① ㄱ   ② ㄴ   ③ ㄱ, ㄴ
④ ㄱ, ㄷ   ⑤ ㄴ, ㄷ

268

그림 (가)는 콩팥이 표적 기관인 호르몬 X의 분비와 작용을, (나)는 압력 ㉠과 ㉡에 따른 혈중 호르몬 X 농도를 나타낸 것이다. ㉠과 ㉡은 각각 혈압과 혈장 삼투압 중 하나이다.

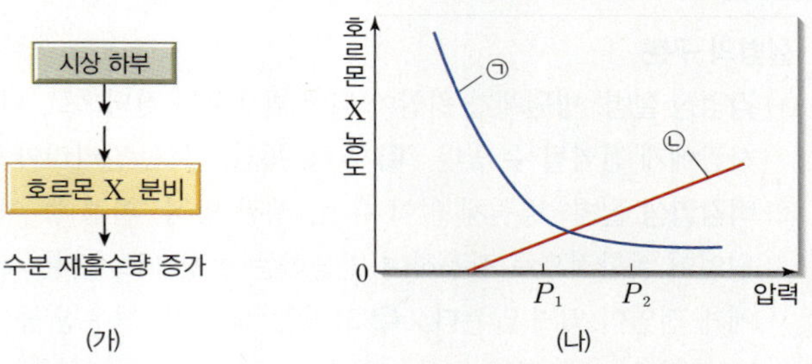

이에 대한 설명으로 옳은 것만을 〈보기〉에서 있는 대로 고른 것은?

보기

ㄱ. X는 시상 하부에서 분비된다.
ㄴ. ㉠은 혈장 삼투압이다.
ㄷ. ㉡이 P_1일 때보다 P_2일 때 오줌의 삼투압이 높다.

① ㄴ   ② ㄷ   ③ ㄱ, ㄴ
④ ㄱ, ㄷ   ⑤ ㄴ, ㄷ

269 고난도

그림은 혈중 호르몬 A 농도에 따른 $\dfrac{㉠의\ 삼투압}{㉡의\ 삼투압}$을 나타낸 것이다. A는 뇌하수체 후엽에서 분비되어 콩팥에 작용하며, ㉠과 ㉡은 각각 혈장과 오줌 중 하나이다.

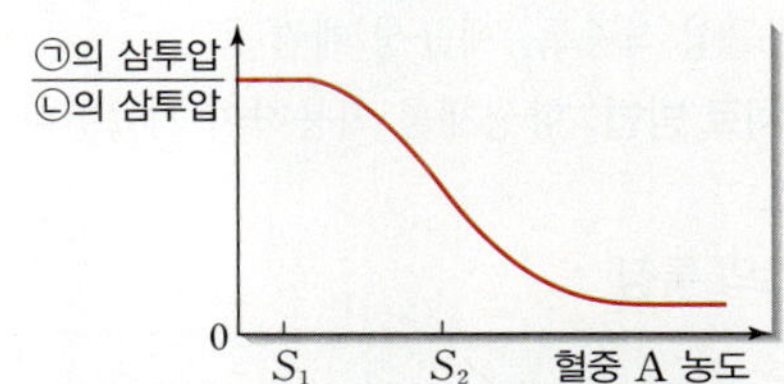

이에 대한 설명으로 옳은 것만을 〈보기〉에서 있는 대로 고른 것은?

보기

ㄱ. A는 시상 하부에서 생성된다.
ㄴ. ㉠의 삼투압이 증가하면 혈중 A 농도가 감소한다.
ㄷ. 오줌 생성 속도는 S_1일 때가 S_2일 때보다 빠르다.

① ㄴ   ② ㄷ   ③ ㄱ, ㄴ
④ ㄱ, ㄷ   ⑤ ㄱ, ㄴ, ㄷ

01 질병과 비특이적 방어 작용

개념 ❶ 질병과 병원체

1. 질병의 구분

(1) **감염성 질병**: 병원체가 원인이 되어 발생하는 질병으로, 다른 사람에게 전염될 수 있다. **예** 결핵, 독감, 홍역, 말라리아 등

(2) **비감염성 질병**: 병원체 없이 유전, 생활 방식, 환경 등 여러 원인이 복합적으로 작용하여 발생하는 질병으로, 다른 사람에게 전염이 되지 않는다. **예** 고혈압, 당뇨병, 혈우병 등

2. 질병을 일으키는 병원체(감염 인자)

(1) **세균**

① 세균의 특징

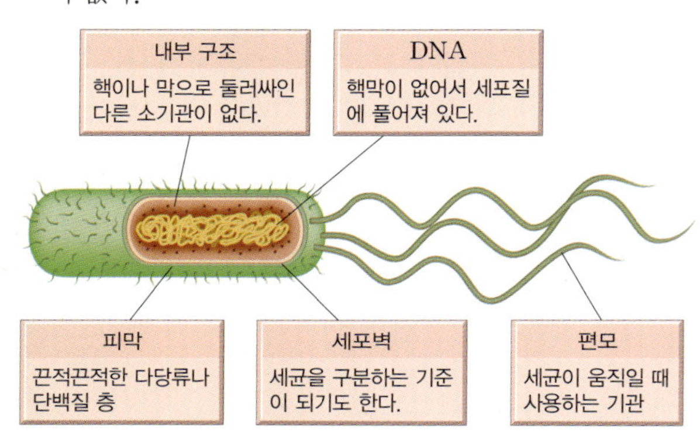

② 세균에 의한 질병의 예: 결핵, 파상풍, 탄저병, 콜레라, 장티푸스, 세균성 식중독, 세균성 폐렴 등

③ 질병의 치료 방법: 항생제를 이용하여 치료한다.

(2) **바이러스**

① 바이러스의 특징

• 핵산과 단백질 껍질로 구성되며, 세포의 구조를 갖추고 있지 않다.

• 스스로 물질대사를 못하며, 살아 있는 숙주 세포 내에서만 증식이 가능하다.

• 숙주 세포 내에 자신의 유전 물질(DNA 또는 RNA)을 주입하여 증식한 후 방출될 때 숙주 세포를 파괴하여 질병을 일으킨다.

② 바이러스에 의한 질병의 예: 감기, 독감, 홍역, 소아마비, 대상포진, 후천성 면역 결핍증(AIDS), 에볼라, 중동 호흡기 증후군(MERS) 등

③ 질병의 치료 방법: 항바이러스제를 이용하여 치료한다.

(3) **원생생물**

① 원생생물의 특징

• 핵을 가지고 있는 진핵생물이며, 막으로 된 세포 소기관을 가진다.

• 오염된 물 또는 음식물, 매개 동물(모기, 파리 등)에 의해 감염된다.

② 원생생물에 의한 질병의 예: 말라리아, 수면병, 아메바성 이질 등

③ 질병의 치료 방법: 약물을 이용하여 치료한다.

(4) **곰팡이**

① 곰팡이의 특징

• 핵을 가지고 있는 진핵생물이며, 막으로 된 세포 소기관을 가진다.

• 피부에서 증식하거나, 곰팡이가 생성하는 독성 물질 또는 포자에 의해 질병이 발생한다.

② 곰팡이에 의한 질병의 예: 무좀, 칸디다증 등

③ 질병의 치료 방법: 항진균제를 이용하여 치료한다.

(5) **변형 프라이온**

① 변형 프라이온의 특징

• 단백질로만 구성되어 있는 감염성 입자이다.

• 변형된 프라이온이 축적되면 신경 세포가 파괴되어 질병이 발생한다.

② 변형 프라이온에 의한 질병의 예: 크로이츠펠트 · 야코프병(사람), 스크래피(양), 광우병(소) 등

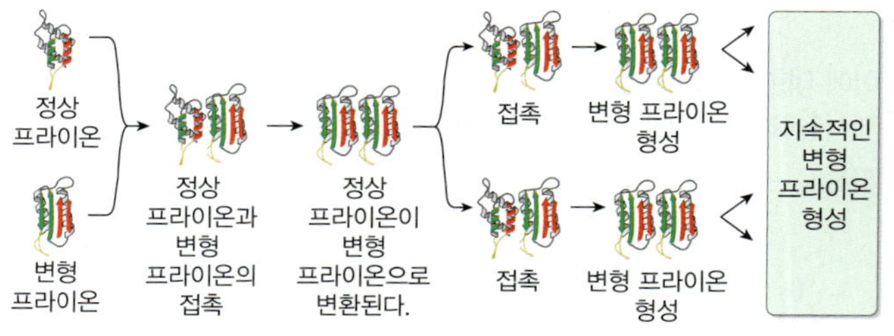

3. 질병의 감염 경로와 예방

(1) 환자와의 직접적인 접촉이나 사물을 매개로 하여 병원체에 감염된다. ➡ 손을 자주 씻고, 마스크를 착용하며, 환자와

직접 접촉하는 것을 막는다.

(2) 병원체에 오염된 물이나 음식물의 섭취를 통해 감염된다. ➡ 음식을 가열하여 먹고, 상한 음식은 먹지 않는다.

(3) 모기나 파리 등 매개 동물에 의해 감염된다. ➡ 매개 동물이 번식하지 않도록 관리한다.

개념 ❷ 비특이적 방어 작용(선천성 면역)

1. **비특이적 방어 작용의 특성**: 병원체의 종류나 감염 경험의 유무와 관계없이 감염 발생 시 광범위하고 신속하게 반응이 일어난다.

2. **피부와 점막**

피부	• 피부는 병원체의 침투를 막는 물리적 장벽 역할을 하며, 피부에서 분비되는 지방과 땀의 산성 성분은 병원체의 증식을 억제한다. • 땀, 눈물, 침 속에는 세균의 세포벽을 분해하는 라이소자임이 들어 있어 세균의 증식을 억제한다.
점막	• 점막은 소화기, 호흡기, 배설기 등의 내벽을 덮고 있는 세포층이며, 라이소자임이 들어 있는 점액으로 덮여 있어 세균의 증식을 억제한다. • 위의 내벽은 점막으로 덮여 있으며, 위산을 분비하여 음식물 속 병원체를 제거한다. • 기관과 기관지 내벽의 섬모와 점액은 호흡 과정에서 들어오는 병원체와 먼지를 제거한다.

3. **식균 작용**: 병원체가 몸속으로 침입하면 백혈구가 병원체를 세포 안으로 끌어들인 뒤 효소를 이용하여 분해하는 작용으로, 식세포 작용이라고도 한다.

4. **염증 반응**: 피부나 점막이 손상되어 병원체가 침투하였을 때 체내에서 일어나는 방어 작용으로, 열, 부어오름, 붉어짐, 통증 등의 증상이 나타난다.

   (1) 염증 반응의 과정

   ① 피부나 점막이 가시 등에 의해 손상되면 병원체가 체내로 침투하여 손상된 부위의 비만 세포에서 히스타민 등의 신호 물질을 분비한다.

   ② 히스타민이 모세 혈관을 확장시켜 혈류량을 늘리고, 혈관벽의 투과성을 증가시켜 혈장과 백혈구가 모세 혈관으로부터 상처 부위로 쉽게 빠져나가도록 한다. 이때 상처 부위가 붉게 부어오르고 열이 난다.

   ③ 상처 부위에 모인 백혈구가 식균 작용으로 병원체를 분해하여 제거한다.

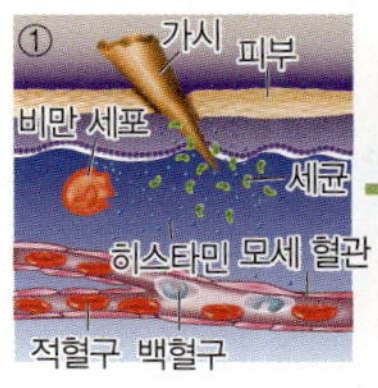

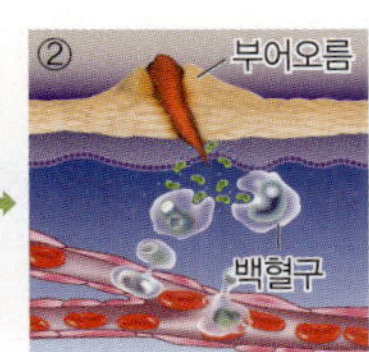

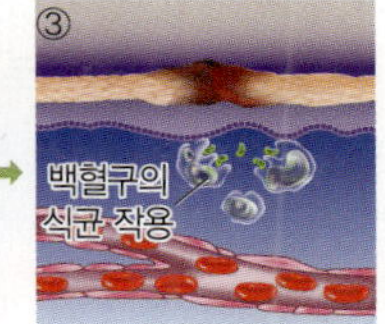

정답 및 해설 | 34쪽

270

질병의 원인이 되는 세균, 바이러스, 원생생물, 곰팡이 등의 감염 인자를 □□□□□라고 한다.

271

고혈압, 당뇨병 등과 같이 병원체 없이 발생하며, 다른 사람에게 전염되지 않는 질병을 □□□□□ 질병이라고 한다.

272

세균에 의한 질병의 치료에는 □□□□□가 사용되고, 곰팡이에 의한 질병의 치료에는 □□□□□가 사용된다.

273

크로이츠펠트 · 야코프병은 변형 □□□□□이 축적되어 나타나는 질병이다.

274

다음의 〈보기〉는 사람의 여러 가지 질병이다.

보기		
ㄱ. 결핵	ㄴ. 말라리아	ㄷ. 홍역
ㄹ. 파상풍	ㅁ. 무좀	ㅂ. 탄저병
ㅅ. 독감	ㅇ. 후천성 면역 결핍증(AIDS)	

병원체의 종류에 따른 질병을 〈보기〉에서 있는 대로 골라 기호로 쓰시오.

(1) 세균에 의한 질병:
(2) 바이러스에 의한 질병:
(3) 원생생물에 의한 질병:
(4) 곰팡이에 의한 질병:

275

비특이적 방어 작용에 대한 설명으로 옳은 것은 ○, 옳지 <u>않은</u> 것은 ×로 표시하시오.

(1) 병원체의 종류에 따라 선별적으로 반응이 일어난다.

(　　　)

(2) 대식 세포와 같은 백혈구의 식균 작용이 이에 해당한다.

(　　　)

(3) 땀, 눈물 등의 분비액 속에는 라이소자임이 들어 있어 세균의 증식을 억제한다.

(　　　)

(4) 염증 반응 시 비만 세포로부터 분비되는 히스타민은 모세 혈관을 확장시켜 혈관벽의 투과성을 증가시킨다.

(　　　)

개념 ❶ 질병과 병원체

[족집게 전략] 감염성 질병과 비감염성 질병을 구분할 수 있어야 하고, 특히 감염성 질병을 일으키는 병원체의 종류와 특성을 정확하게 알고 있어야 해. 세균성 질병과 바이러스성 질병은 꼭 출제되므로 서로 비교할 수 있어야 해.

276 단골 문제

표는 사람의 세 가지 질병과 각 질병을 일으키는 병원체 A~C를 나타낸 것이다.

질병	병원체
홍역	A
탄저병	B
무좀	C

이에 대한 설명으로 옳은 것만을 〈보기〉에서 있는 대로 고른 것은?

보기
ㄱ. A는 독립적으로 물질대사를 한다.
ㄴ. A와 B는 모두 핵산을 가진다.
ㄷ. B와 C는 모두 핵막을 가진다.

① ㄱ   ② ㄴ   ③ ㄱ, ㄷ
④ ㄴ, ㄷ   ⑤ ㄱ, ㄴ, ㄷ

추가로 나오는 선택지
❶ A는 세포 구조로 되어 있다.   (   )
❷ B와 C는 모두 단백질을 가진다.   (   )

277 서술형

그림은 독감을 일으키는 병원체 A와 파상풍을 일으키는 병원체 B의 공통점과 차이점을 나타낸 것이다.

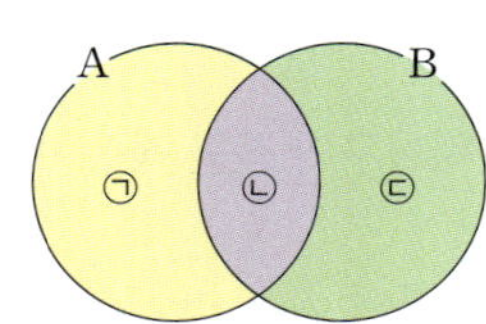

㉠~㉢에 해당하는 특성을 각각 1가지씩 서술하시오.

278 중요

표는 사람의 질병을 (가)와 (나)로 구분하여 나타낸 것이다. (가)와 (나)는 각각 감염성 질병과 비감염성 질병 중 하나이다.

구분	질병
(가)	고혈압, 당뇨병
(나)	㉠ 결핵, ㉡ 말라리아

이에 대한 설명으로 옳은 것만을 〈보기〉에서 있는 대로 고른 것은?

보기
ㄱ. 후천성 면역 결핍증(AIDS)은 (가)에 속한다.
ㄴ. ㉠의 치료에 항생제가 이용된다.
ㄷ. ㉡의 병원체는 세포 구조를 가진다.

① ㄱ   ② ㄷ   ③ ㄱ, ㄴ
④ ㄴ, ㄷ   ⑤ ㄱ, ㄴ, ㄷ

279

그림은 크로이츠펠트 · 야코프병을 일으키는 변형된 X의 증식 과정을 나타낸 것이다.

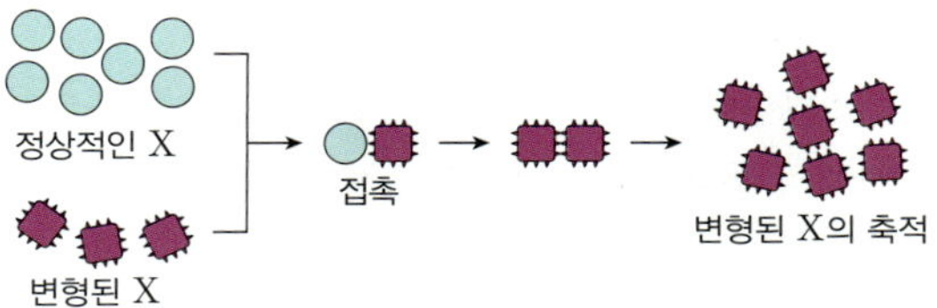

이에 대한 설명으로 옳은 것만을 〈보기〉에서 있는 대로 고른 것은?

보기
ㄱ. X는 핵산을 가진다.
ㄴ. X는 독립적으로 물질대사를 한다.
ㄷ. 크로이츠펠트 · 야코프병은 다른 사람에게 전염된다.

① ㄱ   ② ㄷ   ③ ㄱ, ㄴ
④ ㄴ, ㄷ   ⑤ ㄱ, ㄴ, ㄷ

개념 ② **비특이적 방어 작용(선천성 면역)**

(족집게 전략) 병원체의 종류나 감염 경험의 유무와 관계없이 감염 발생 시 신속하게 일어나는 반응이 비특이적 방어 작용이야. 특히, 비특이적 방어 작용과 특이적 방어 작용을 비교해서 잘 정리해 두어야 해.

280 단골 문제

그림은 체내에서 일어나는 방어 작용의 일부를 나타낸 것이다.

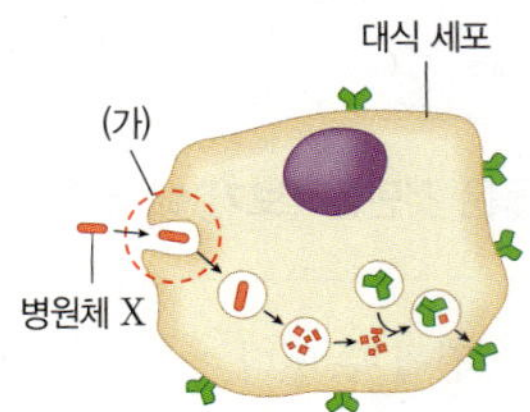

이에 대한 설명으로 옳은 것만을 〈보기〉에서 있는 대로 고른 것은?

보기
ㄱ. 대식 세포는 백혈구에 속한다.
ㄴ. (가) 과정은 비특이적 방어 작용에 해당한다.
ㄷ. 대식 세포는 병원체 종류를 구분하여 (가) 과정을 일으킨다.

① ㄱ   ② ㄷ   ③ ㄱ, ㄴ
④ ㄴ, ㄷ   ⑤ ㄱ, ㄴ, ㄷ

추가로 나오는 선택지

❶ (가) 과정은 특이적 방어 작용에 해당한다.   (   )
❷ 대식 세포는 식균 작용을 통해 체내에 침입한 병원체를 제거한다.   (   )

281 서술형

그림은 소화관 점막 상태가 (가)와 (나)일 때의 방어 작용을 나타낸 것이다.

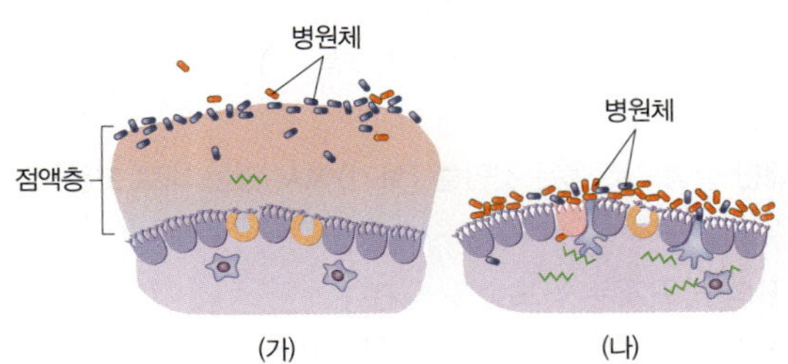

(가)와 (나) 중 병원체 감염 가능성이 더 높은 상태를 쓰고, 그렇게 판단한 근거를 점막의 기능과 관련지어 함께 서술하시오.

282

다음은 사람의 몸에서 나타나는 방어 작용의 예 (가)~(다)에 대한 설명이다.

(가) 눈물과 침 속에는 세균의 세포벽을 분해하는 라이소자임이 들어 있다.
(나) 몸 전체가 ㉠피부로 덮여 있다.
(다) 호흡 기관 내벽의 점막 주변에는 섬모가 분포하여 병원체를 제거한다.

이에 대한 설명으로 옳은 것만을 〈보기〉에서 있는 대로 고른 것은?

보기
ㄱ. (가)와 (나)는 모두 비특이적 방어 작용에 해당한다.
ㄴ. ㉠에서 분비되는 땀의 산성 성분은 세균의 증식을 억제한다.
ㄷ. (다)는 식균 작용에 해당한다.

① ㄱ   ② ㄷ   ③ ㄱ, ㄴ
④ ㄴ, ㄷ   ⑤ ㄱ, ㄴ, ㄷ

283 중요

그림은 어떤 사람이 바늘에 찔려 세균에 감염되었을 때 일어나는 염증 반응을 나타낸 것이다.

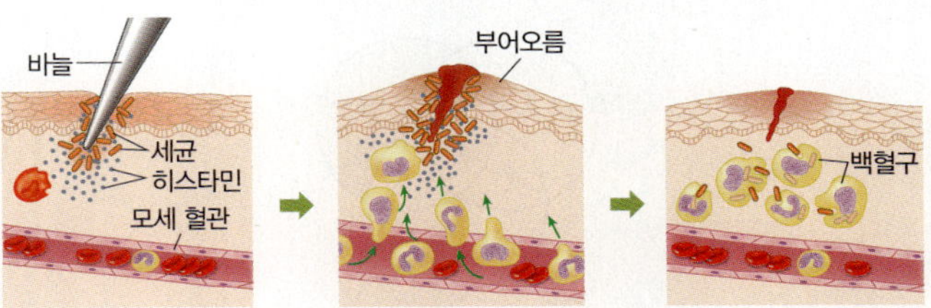

이에 대한 설명으로 옳은 것만을 〈보기〉에서 있는 대로 고른 것은?

보기
ㄱ. 비만 세포에서 히스타민이 분비된다.
ㄴ. 염증 반응으로 모세 혈관 벽의 투과성이 감소한다.
ㄷ. 염증 반응은 병원체의 종류에 따라 반응 여부가 달라진다.

① ㄱ   ② ㄴ   ③ ㄱ, ㄷ
④ ㄴ, ㄷ   ⑤ ㄱ, ㄴ, ㄷ

284

그림 (가)와 (나)는 각각 후천성 면역 결핍증(AIDS)의 병원체와 결핵의 병원체를 나타낸 것이다.

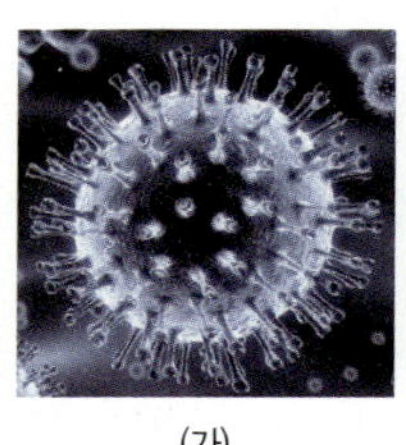 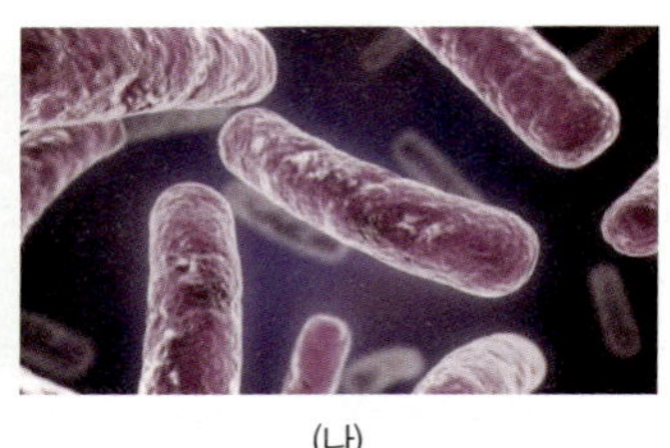

(가)　　　　　　　　　(나)

이에 대한 설명으로 옳은 것만을 〈보기〉에서 있는 대로 고른 것은?

보기

ㄱ. (가)와 (나)는 모두 단백질을 가진다.
ㄴ. (가)는 세포 분열을 통해 스스로 증식한다.
ㄷ. (나)는 독립적으로 물질대사를 하지 못한다.

① ㄱ　　　　② ㄷ　　　　③ ㄱ, ㄴ
④ ㄴ, ㄷ　　　⑤ ㄱ, ㄴ, ㄷ

285

그림은 홍역을 일으키는 병원체 A, 콜레라를 일으키는 병원체 B, 소아마비를 일으키는 병원체 C의 공통점과 차이점을 나타낸 것이다.

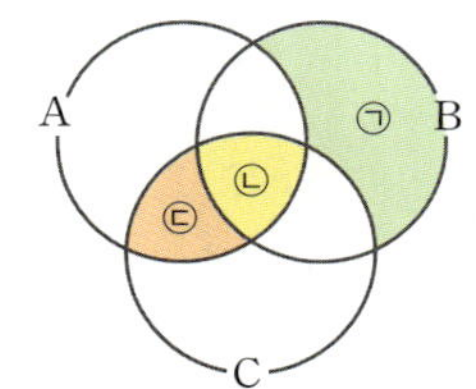

이에 대한 설명으로 옳은 것만을 〈보기〉에서 있는 대로 고른 것은?

보기

ㄱ. '감염성 질병을 일으킨다.'는 ㉠에 해당한다.
ㄴ. '핵산을 가진다.'는 ㉡에 해당한다.
ㄷ. '질병 치료에 항바이러스제가 이용된다.'는 ㉢에 해당한다.

① ㄱ　　　　② ㄷ　　　　③ ㄱ, ㄴ
④ ㄴ, ㄷ　　　⑤ ㄱ, ㄴ, ㄷ

286

그림은 사람의 세 가지 질병을 분류하는 과정을 나타낸 것이다.

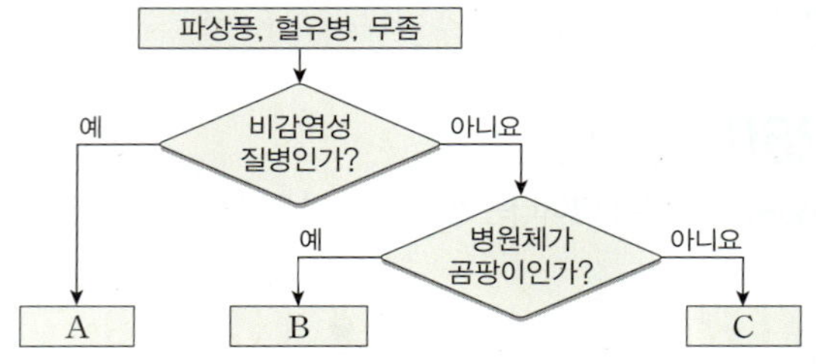

이에 대한 설명으로 옳은 것만을 〈보기〉에서 있는 대로 고른 것은?

보기

ㄱ. A는 자손에게 유전될 수 있다.
ㄴ. B는 파상풍이다.
ㄷ. C의 병원체에는 단백질이 있다.

① ㄱ　　　　② ㄴ　　　　③ ㄱ, ㄷ
④ ㄴ, ㄷ　　　⑤ ㄱ, ㄴ, ㄷ

287 고난도

표 (가)는 질병 A~C에서 특징 ㉠~㉢의 유무를, (나)는 ㉠~㉢을 순서 없이 나타낸 것이다. A~C는 광우병, 말라리아, 결핵을 순서 없이 나타낸 것이다.

특징 질병	㉠	㉡	㉢
A	○	?	?
B	?	○	×
C	?	×	?

(○: 있음, ×: 없음)

(가)

특징(㉠~㉢)

• 타인에게 전염된다.
• 병원체가 핵막을 가진다.
• 병원체가 증식할 때 핵산의 복제가 일어난다.

(나)

이에 대한 설명으로 옳은 것만을 〈보기〉에서 있는 대로 고른 것은?

보기

ㄱ. B의 병원체는 리보솜을 가진다.
ㄴ. ㉡은 '병원체가 핵막을 가진다.'이다.
ㄷ. A와 C의 병원체는 모두 독립적으로 물질대사를 한다.

① ㄱ　　　　② ㄷ　　　　③ ㄱ, ㄴ
④ ㄴ, ㄷ　　　⑤ ㄱ, ㄴ, ㄷ

288

표는 사람의 질병을 A~C로 구분하여 나타낸 것이다.

구분	질병
A	파상풍, 탄저병
B	크로이츠펠트 · 야코프병
C	낫 모양 적혈구 빈혈증

이에 대한 설명으로 옳은 것만을 〈보기〉에서 있는 대로 고른 것은?

보기

ㄱ. A와 B의 병원체는 모두 핵막을 가지지 않는다.
ㄴ. B는 바이러스에 의한 질병이다.
ㄷ. C는 다른 사람에게 전염되지 않는다.

① ㄱ　　　　② ㄴ　　　　③ ㄱ, ㄷ
④ ㄴ, ㄷ　　　⑤ ㄱ, ㄴ, ㄷ

289 　고난도

그림은 질병 A와 B의 공통점과 차이점을, 표는 A와 B의 치료에 각각 이용되는 물질 ⓐ와 ⓑ의 특성을 나타낸 것이다. A와 B는 각각 결핵과 후천성 면역 결핍증(AIDS)중 하나이다.

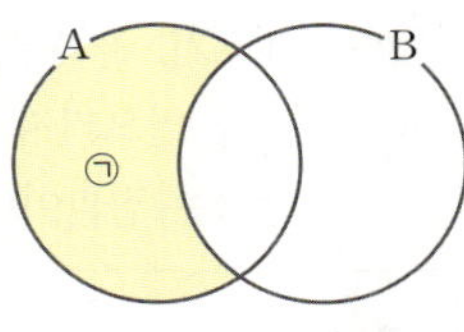

질병	물질	특성
A	ⓐ	병원체에서 유전 물질의 복제를 억제한다.
B	ⓑ	병원체에서 세포벽 형성을 억제한다.

이에 대한 설명으로 옳은 것만을 〈보기〉에서 있는 대로 고른 것은?

보기

ㄱ. ⓐ는 후천성 면역 결핍증(AIDS) 치료에 이용되는 물질이다.
ㄴ. '병원체가 단백질을 가진다.'는 ㉠에 해당한다.
ㄷ. B의 병원체는 독립적으로 물질대사를 하지 못한다.

① ㄱ　　　　② ㄴ　　　　③ ㄱ, ㄷ
④ ㄴ, ㄷ　　　⑤ ㄱ, ㄴ, ㄷ

290

다음은 비특이적 방어 작용에 대한 학생 A~C의 설명이다.

제시한 설명이 옳은 학생만을 있는 대로 고른 것은?

① A　　　　② C　　　　③ A, B
④ B, C　　　⑤ A, B, C

291

다음은 피부에 상처가 나 병원체가 침입했을 때 일어나는 염증 반응의 과정 일부를 나타낸 것이다.

(가) 피부에 상처가 나 병원체가 침입하면 상처 부위의 비만 세포에서 ㉠신호 물질을 분비한다.
(나) ㉠의 작용으로 상처 부위가 붉게 부어오르고, 백혈구가 상처 부위의 손상된 조직으로 유입된다.
(다) 상처 부위에 모인 ㉡백혈구의 식균 작용으로 병원체가 제거된다.

이에 대한 설명으로 옳은 것만을 〈보기〉에서 있는 대로 고른 것은?

보기

ㄱ. 히스타민은 ㉠에 해당한다.
ㄴ. ㉡은 선천성 면역에 해당한다.
ㄷ. 염증 반응으로 상처 부위의 모세 혈관이 확장된다.

① ㄱ　　　　② ㄴ　　　　③ ㄱ, ㄷ
④ ㄴ, ㄷ　　　⑤ ㄱ, ㄴ, ㄷ

02 특이적 방어 작용과 혈액형

개념 ❶ 특이적 방어 작용(후천성 면역)

1. 특이적 방어 작용: 병원체의 종류에 따라 선별적으로 일어나는 방어 작용

2. 항원과 항체

(1) **항원**: 체내에서 면역 반응을 일으키는 원인 물질

(2) **항체**: B 림프구로부터 분화된 형질 세포가 생성하여 분비하는 면역 단백질로, 항원과 결합하여 항원을 무력화시킨다.

(3) **항원 항체 반응의 특이성**: 한 종류의 항체는 항원 결합 부위에 맞는 특정 항원에만 결합하여 작용한다.

3. 세포성 면역과 체액성 면역

(1) 골수에서 생성되고 성숙되는 B 림프구와 골수에서 생성되고 가슴샘에서 성숙되는 T 림프구에 의해 이루어진다.

(2) **세포성 면역**: 활성화된 세포독성 T림프구가 병원체에 감염된 세포를 직접 공격하여 제거하는 면역 반응

(3) **체액성 면역**: B 림프구로부터 분화된 형질 세포가 생성하여 분비하는 항체가 항원을 제거하는 면역 반응

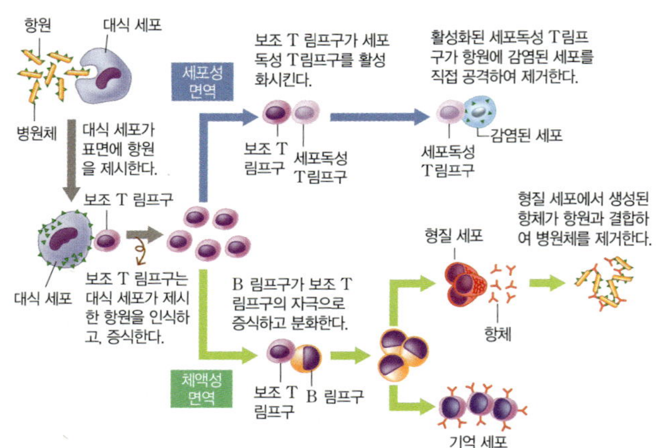

개념 ❷ 2차 면역과 면역 관련 질환

1. 1차 면역 반응과 2차 면역 반응

(1) **1차 면역 반응**: 항원이 처음 침입하였을 때 일어나는 면역 반응으로, B 림프구가 보조 T 림프구의 도움을 받아 형질 세포와 기억 세포로 분화하며, 형질 세포로부터 항체가 생성된다. 1차 면역 반응 후 체내에서 항원이 사라진 뒤에도 침입한 항원에 대한 기억 세포가 남아 있다.

(2) **2차 면역 반응**: 동일한 항원이 재침입하면 침입한 항원에 대한 기억 세포가 빠르게 증식하고 형질 세포와 기억 세포로 분화하며, 형질 세포로부터 항체가 생성된다. 2차 면역 반응에서는 1차 면역 반응에서보다 신속하게 많은 양의 항체가 생성된다.

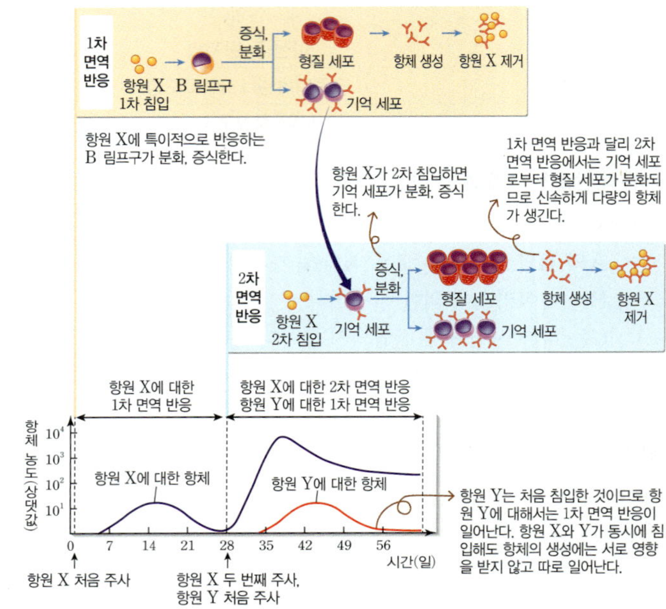

▲ 1차 면역 반응과 2차 면역 반응

(3) **백신**: 1차 면역 반응을 일으키기 위해 체내에 주입하는 항원을 포함하는 물질이다.

① 백신은 질병을 일으키지 않을 정도로 병원성을 제거하거나 약화시킨 병원체 등으로 만든다.

② 백신을 주사하면 주입한 항원에 대한 기억 세포가 생성되어 동일한 항원이 다시 침입하였을 때 2차 면역 반응이 일어나 질병을 예방할 수 있다.

2. 면역 관련 질환

(1) **알레르기**: 꽃가루, 먼지, 음식물 등과 같이 보통 사람들에게 문제를 일으키지 않는 항원에 면역계가 과민하게 반응하여 발생하는 질환이다. <예> 알레르기성 비염, 천식, 아토피 등

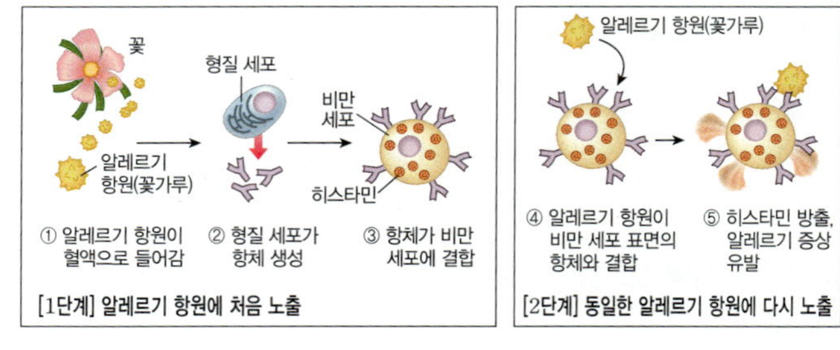

(2) **자가 면역 질환**: 면역계가 자기 몸을 구성하는 세포나 조직을 외부 항원으로 인식하여 공격함으로써 발생하는 질환이다. <예> 류머티즘 관절염, 홍반성 루푸스 등

(3) **면역 결핍 질환**: 면역계를 구성하는 세포나 기관에 이상이 생겨 면역 기능이 저하되는 질환이다. <예> 후천성 면역 결핍증(AIDS) 등

개념 ③ 혈액형

1. **ABO식 혈액형**: 응집원의 종류에 따라 A형, B형, O형, AB형으로 구분한다.
   (1) 응집원은 A와 B 두 종류가, 응집소는 α와 β 두 종류가 있으며, 응집원(항원)은 적혈구 표면에, 응집소(항체)는 혈장에 있다.
   (2) 응집원 A는 응집소 α와, 응집원 B는 응집소 β와 결합하여 응집 반응이 일어난다.
   (3) ABO식 혈액형에 따른 응집원과 응집소의 종류

구분	A형	B형	AB형	O형
응집원	적혈구 — 응집원 A	응집원 B	응집원 A — 응집원 B	(없음)
응집소	응집소 β — 혈장	응집소 α	없음	응집소 β 응집소 α

   (4) ABO식 혈액형 판정

구분	A형 (응집원 A)	B형 (응집원 B)	AB형 (응집원 A, B)	O형 (응집원 없음)
항 A 혈청 (응집소 α)	응집함	응집 안 함	응집함	응집 안 함
항 B 혈청 (응집소 β)	응집 안 함	응집함	응집함	응집 안 함

2. **Rh식 혈액형**: 적혈구 표면에 있는 Rh 응집원(항원)의 존재 여부에 따라 Rh^+형과 Rh^-형으로 구분한다.
   (1) Rh식 혈액형에 따른 응집원과 응집소의 존재 여부

구분	Rh 응집원	Rh 응집소
Rh^+형	있음	없음
Rh^-형	없음	없음(Rh 응집원에 노출되면 생성됨)

   (2) Rh식 혈액형 판정

구분	Rh^+형(Rh 응집원)	Rh^-형(Rh 응집원 없음)
항 Rh 혈청(Rh 응집소)	응집함	응집 안 함

3. 수혈 관계

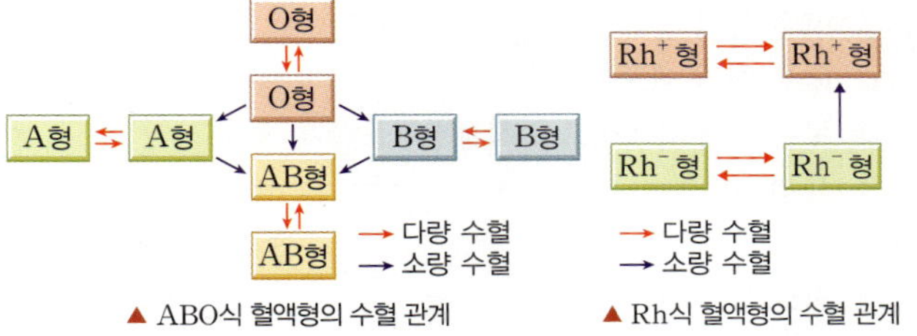

▲ ABO식 혈액형의 수혈 관계   ▲ Rh식 혈액형의 수혈 관계

292

[　　　　] 면역은 활성화된 세포독성 T림프구가 병원체에 감염된 세포를 직접 제거하는 면역 반응이다.

293

[　　　　]은 감염성 질병을 예방하기 위해 체내에 주입하는 항원을 포함한 물질로, 병원성을 약화시킨 병원체 등으로 만든다.

294

[　　　　]는 꽃가루, 먼지 등과 같이 보통 사람들에게 큰 문제가 되지 않는 항원에 면역계가 과도하게 반응하여 나타나는 질환이다.

295

그림은 세균 X에 대한 항체가 생성되는 과정을 나타낸 것이다. A~D는 각각 기억 세포, 형질 세포, B 림프구, 보조 T 림프구 중 하나이다.

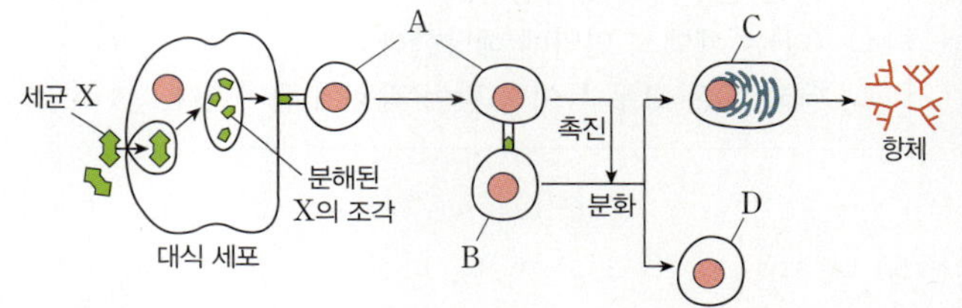

A~D의 명칭을 각각 쓰시오.

296

표는 항 A 혈청과 항 B 혈청을 이용하여 사람 (가)~(라)의 ABO식 혈액형을 판정한 결과를 나타낸 것이다. (　　) 안에 들어갈 ABO식 혈액형을 쓰시오.

구분	(① 　　)	(② 　　)	(③ 　　)	(④ 　　)
항 A 혈청	+	−	−	+
항 B 혈청	+	+	−	−

(+: 응집함, −: 응집하지 않음)

297

다음 설명 중 옳은 것은 ○, 옳지 <u>않은</u> 것은 ×로 표시하시오.

(1) Rh식 혈액형에서 응집원과 응집소는 모두 2종류이다.

(　　　　)

(2) 1차 면역 반응이 일어난 후 동일한 항원이 재침입하면 그 항원에 대한 기억 세포가 형질 세포로 분화되어 신속하게 다량의 항체를 생성한다.

(　　　　)

개념 ❶ 특이적 방어 작용(후천성 면역)

(족집게 **전략**) 특이적 방어 작용은 비특이적인 방어 작용과 비교하여 알아두어야 해. 특히 특이적 방어 작용 중 세포성 면역과 체액성 면역이 일어나는 과정을 순서대로 정확하게 이해하고 있어야 해.

298 단골 문제

그림 (가)와 (나)는 사람의 몸에서 일어나는 방어 작용의 일부를 나타낸 것이다. 세포 ㉠과 ㉡은 각각 세포독성 T림프구와 B림프구 중 하나이다.

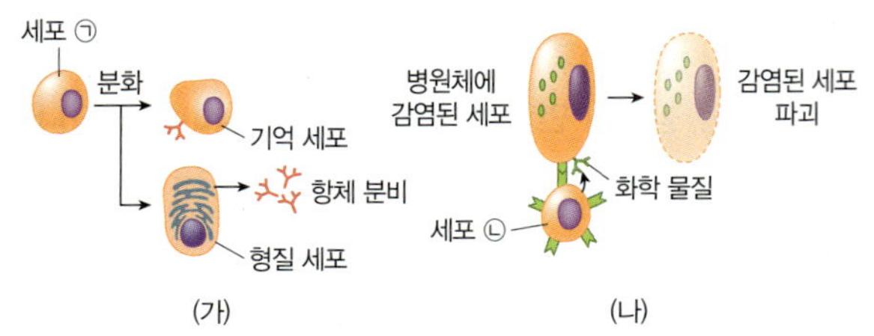

이에 대한 설명으로 옳은 것만을 〈보기〉에서 있는 대로 고른 것은?

보기
ㄱ. ㉠은 골수에서 성숙된다.
ㄴ. (나)는 체액성 면역에 해당한다.
ㄷ. ㉠과 ㉡은 모두 특이적 방어 작용에 관여한다.

① ㄱ　　　　② ㄴ　　　　③ ㄱ, ㄷ
④ ㄴ, ㄷ　　　⑤ ㄱ, ㄴ, ㄷ

추가로 나오는 선택지

❶ ㉡은 가슴샘에서 성숙한다. 　　　　(　　)
❷ (가)는 세포성 면역에 해당한다. 　　(　　)

299 서술형

그림은 체액성 면역과 세포성 면역의 공통점과 차이점을 나타낸 것이다.

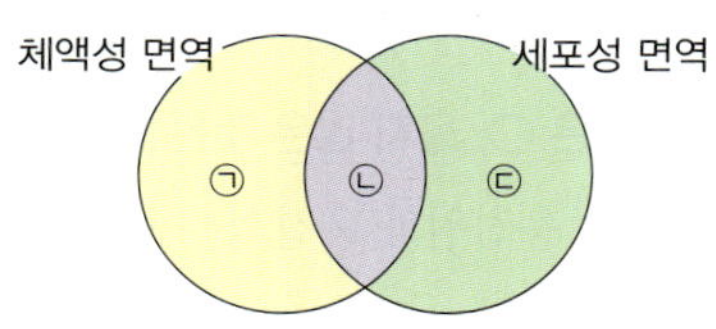

㉠~㉢에 해당하는 특성을 각각 1가지씩 서술하시오.

300

그림은 사람의 몸에서 일어나는 방어 작용의 일부를 나타낸 것이다. 세포 ㉠과 ㉡은 각각 세포독성 T림프구와 보조 T림프구 중 하나이다.

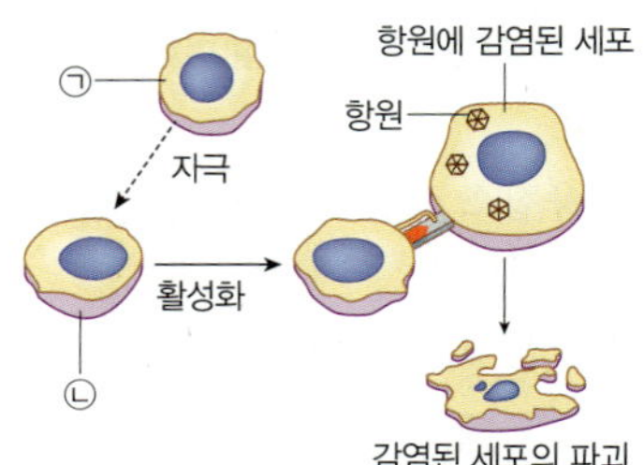

이에 대한 설명으로 옳은 것만을 〈보기〉에서 있는 대로 고른 것은?

보기
ㄱ. ㉠과 ㉡은 모두 가슴샘에서 성숙된다.
ㄴ. ㉡은 항체를 생성하여 감염된 세포를 파괴한다.
ㄷ. 이 방어 작용은 후천성 면역에 해당한다.

① ㄱ　　　　② ㄴ　　　　③ ㄱ, ㄷ
④ ㄴ, ㄷ　　　⑤ ㄱ, ㄴ, ㄷ

301 중요

그림은 사람의 몸에서 일어나는 방어 작용의 일부를 나타낸 것이다. 세포 ㉠~㉢은 각각 형질 세포, 대식 세포, 보조 T 림프구 중 하나이다.

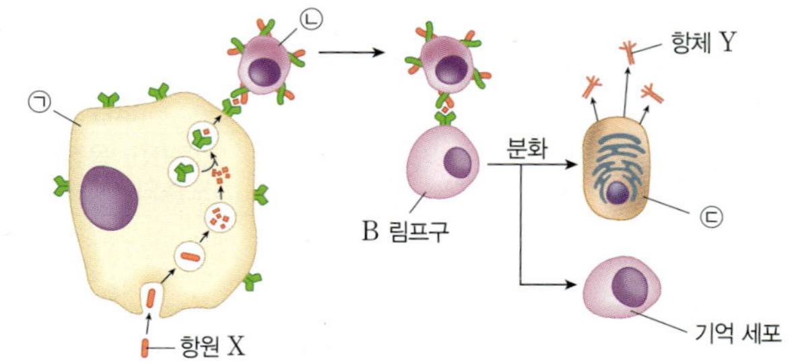

이에 대한 설명으로 옳은 것만을 〈보기〉에서 있는 대로 고른 것은?

보기
ㄱ. ㉠은 X의 정보를 ㉡에 전달한다.
ㄴ. ㉢은 형질 세포이다.
ㄷ. Y는 X에 특이적으로 작용한다.

① ㄱ　　　　② ㄴ　　　　③ ㄱ, ㄷ
④ ㄴ, ㄷ　　　⑤ ㄱ, ㄴ, ㄷ

개념 ❷ 2차 면역과 면역 관련 질환

족집게 전략 1차 면역 반응과 2차 면역 반응의 차이점을 이해하고, 이를 토대로 백신의 원리를 잘 알고 있어야 해. 면역계의 이상으로 나타나는 질환의 종류와 특성에 대해서도 잘 알아두어야 해.

302 단골 문제

그림은 어떤 쥐에게 항원 A와 B를 주입했을 때 생성되는 항체 X와 Y의 농도 변화를 나타낸 것이다. 이 쥐는 이전에 A와 B에 노출된 적이 없다.

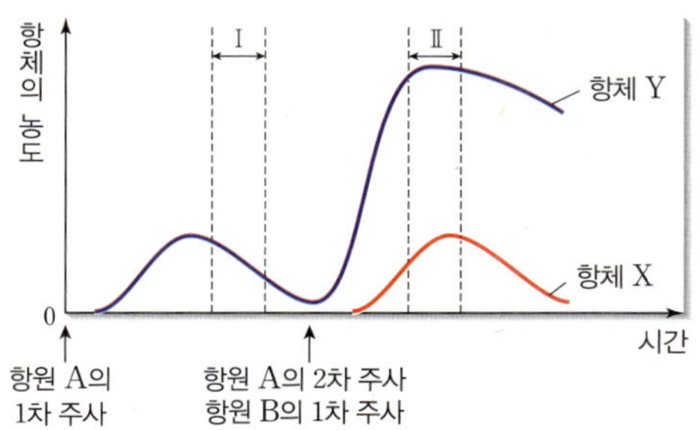

이에 대한 설명으로 옳은 것만을 〈보기〉에서 있는 대로 고른 것은?

보기
ㄱ. 구간 Ⅰ에서 이 쥐의 체내에는 A에 대한 기억 세포가 있다.
ㄴ. Y는 B와 항원 항체 반응을 한다.
ㄷ. 구간 Ⅱ에서 B에 대한 특이적 방어 작용이 일어났다.

① ㄱ   ② ㄴ   ③ ㄱ, ㄷ
④ ㄴ, ㄷ   ⑤ ㄱ, ㄴ, ㄷ

추가로 나오는 선택지

❶ 구간 Ⅱ에서 B에 대한 2차 면역 반응이 일어난다. (   )
❷ X는 A와 B에 모두 작용한다. (   )

303 서술형

그림은 사람 면역 결핍 바이러스(HIV)에 감염된 어떤 사람의 혈액에 있는 ㉠과 ㉡의 수 변화를 나타낸 것이다. ㉠과 ㉡은 각각 보조 T 림프구와 HIV 중 하나이다. HIV는 보조 T 림프구 내에서 증식하며 보조 T 림프구를 파괴한다. ㉠과 ㉡은 각각 무엇인지 쓰고, HIV에 감염된 환자의 면역력이 결핍되는 이유를 서술하시오.

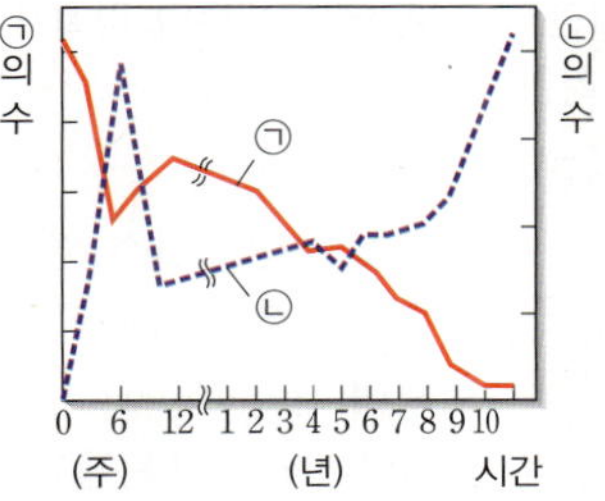

304 중요

그림 (가)는 어떤 사람에 세균 X가 침입했을 때 일어나는 방어 작용의 일부를, (나)는 X의 침입 후 생성되는 혈중 항체의 농도 변화를 나타낸 것이다. 세포 ㉠과 ㉡은 각각 형질 세포와 기억 세포 중 하나이다.

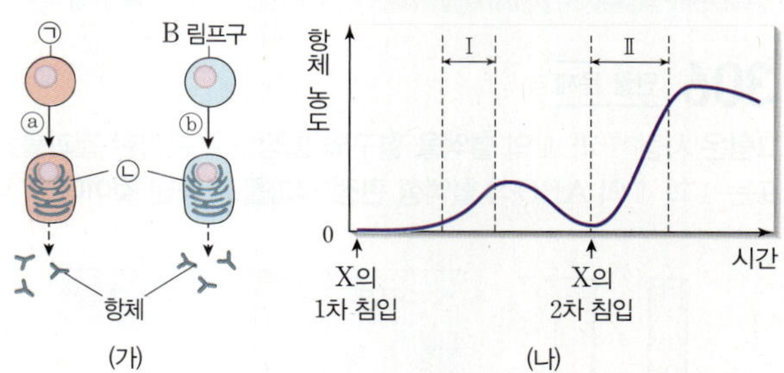

이에 대한 설명으로 옳은 것만을 〈보기〉에서 있는 대로 고른 것은?

보기
ㄱ. ㉠은 형질 세포이다.
ㄴ. 구간 Ⅰ에서 체액성 면역이 일어난다.
ㄷ. 구간 Ⅱ에서 ⓐ 과정이 일어난다.

① ㄱ   ② ㄴ   ③ ㄱ, ㄷ
④ ㄴ, ㄷ   ⑤ ㄱ, ㄴ, ㄷ

305 중요

그림은 어떤 사람에서 꽃가루에 의해 알레르기가 일어나는 과정의 일부를 나타낸 것이다. 세포 A와 B는 각각 비만 세포와 형질 세포 중 하나이다.

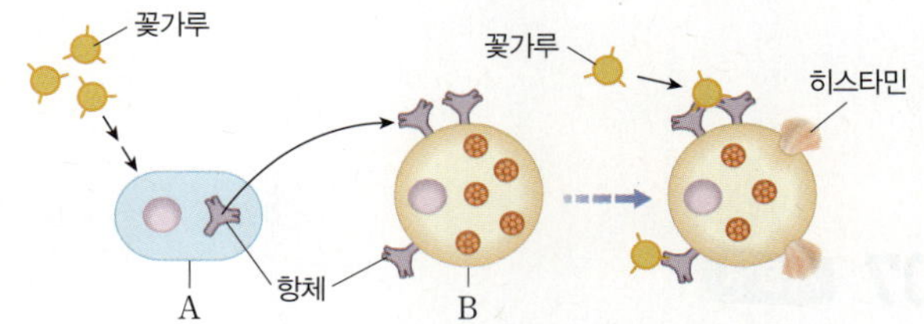

이에 대한 설명으로 옳은 것만을 〈보기〉에서 있는 대로 고른 것은?

보기
ㄱ. A는 비만 세포이다.
ㄴ. 꽃가루에 대한 특이적 방어 작용이 일어난다.
ㄷ. B에서 히스타민의 방출을 촉진하는 약물을 투여하면 알레르기 증상을 완화시킬 수 있다.

① ㄱ   ② ㄴ   ③ ㄱ, ㄷ
④ ㄴ, ㄷ   ⑤ ㄱ, ㄴ, ㄷ

개념 ③ 혈액형

(족집게) 전략 혈액형은 응집원의 종류에 따라 결정되고 특정 응집원과 특정 응집소가 만나면 응집 반응이 일어나기 때문에 특정 응집소가 들어 있는 항 혈청을 이용하여 혈액형을 판정할 수 있어.

306 단골 문제

그림은 사람 Ⅰ과 Ⅱ의 혈액을 혈구와 혈장으로 분리한 결과를, 표는 Ⅰ과 Ⅱ의 ABO식 혈액형 판정 결과를 나타낸 것이다.

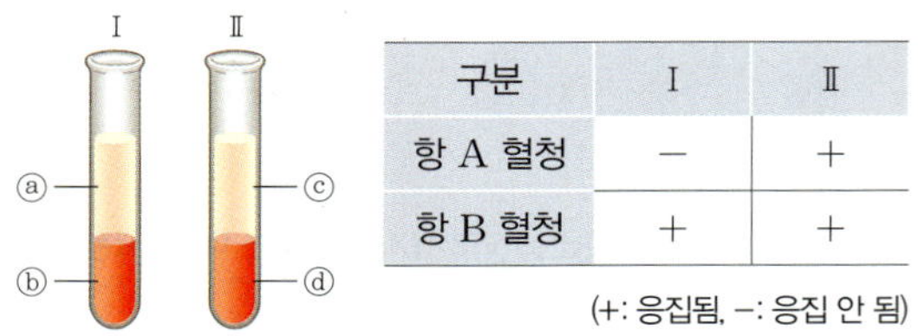

구분	Ⅰ	Ⅱ
항 A 혈청	−	+
항 B 혈청	+	+

(+: 응집됨, −: 응집 안 됨)

이에 대한 설명으로 옳은 것만을 〈보기〉에서 있는 대로 고른 것은? (단, ABO식 혈액형만 고려한다.)

보기

ㄱ. ⓐ에는 응집소 α가 있다.
ㄴ. ⓑ와 ⓒ를 섞으면 응집 반응이 일어난다.
ㄷ. Ⅱ는 Ⅰ에게 수혈할 수 있다.

① ㄱ ② ㄴ ③ ㄱ, ㄷ
④ ㄴ, ㄷ ⑤ ㄱ, ㄴ, ㄷ

추가로 나오는 선택지

❶ ⓒ에는 응집원 B가 있다. ( )
❷ Ⅰ의 혈액을 A형인 사람에게 수혈할 수 있다. ( )

307 서술형

그림은 Rh 응집원을 갖는 붉은털원숭이 X와 토끼 Y를 이용하여 혈청 ㉠을 얻는 방법을 나타낸 것이다.

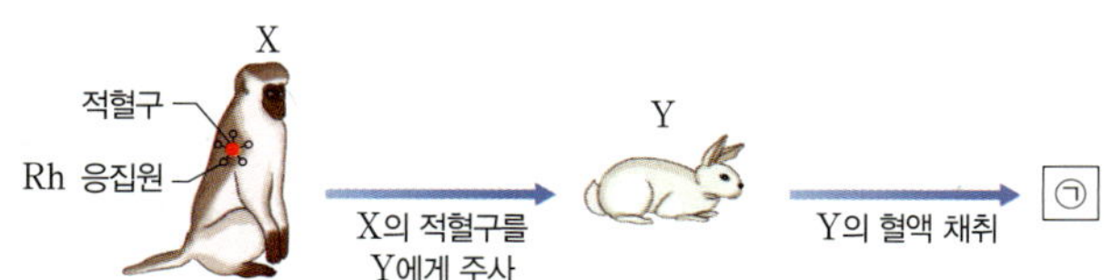

㉠을 이용하여 Rh식 혈액형을 판정할 수 있는 원리를 서술하시오.

308

그림은 ABO식 혈액형에서 B형, O형, AB형의 공통점과 차이점을 나타낸 것이다. 이에 대한 설명으로 옳은 것만을 〈보기〉에서 있는 대로 고른 것은? (단, ABO식 혈액형만 고려한다.)

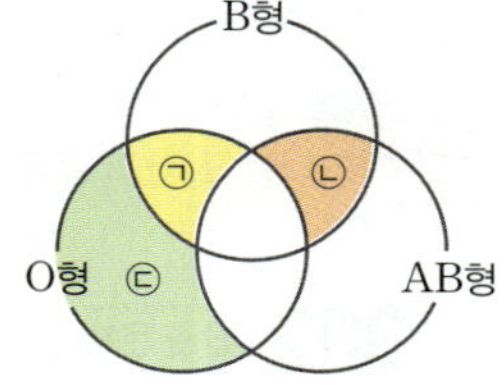

보기

ㄱ. '혈장에 응집소 α가 있다.'는 ㉠에 해당한다.
ㄴ. '항 A 혈청에 섞으면 응집 반응이 일어난다.'는 ㉡에 해당한다.
ㄷ. 'A형인 사람에게 수혈이 가능하다.'는 ㉢에 해당한다.

① ㄱ ② ㄴ ③ ㄱ, ㄷ
④ ㄴ, ㄷ ⑤ ㄱ, ㄴ, ㄷ

309 중요

그림은 철수의 혈액과 ABO식 혈액형이 B형인 영희의 혈액을 섞은 결과를, 표는 20명의 학생으로 구성된 집단을 대상으로 응집소 ㉠과 ㉡에 대한 특징을 조사한 것이다. 응집소 ㉠과 ㉡은 각각 응집소 α와 응집소 β 중 하나이고, 이 집단에는 A형, B형, AB형, O형이 모두 있다.

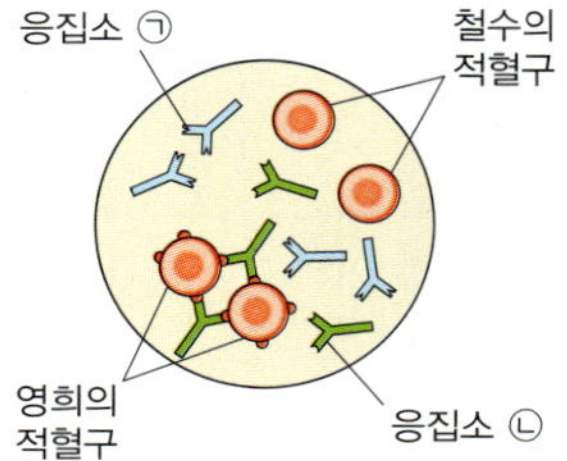

구분	학생 수(명)
응집소 ㉠을 가짐	11
응집소 ㉡을 가짐	10
응집소 ㉠과 ㉡에 모두 응집 반응이 일어남	6

이에 대한 설명으로 옳은 것만을 〈보기〉에서 있는 대로 고른 것은? (단, 이 집단에는 철수와 영희가 포함되지 않고, ABO식 혈액형만 고려한다.)

보기

ㄱ. 응집소 ㉠은 응집소 β이다.
ㄴ. 이 집단에서 응집소 ㉡에 응집되는 혈액을 가진 학생 수는 10명이다.
ㄷ. 이 집단에서 철수와 ABO식 혈액형이 같은 학생 수는 7명이다.

① ㄱ ② ㄴ ③ ㄱ, ㄷ
④ ㄴ, ㄷ ⑤ ㄱ, ㄴ, ㄷ

310

표는 방어 작용 ⓐ와 ⓑ에서 2가지 특징의 유무를, 그림은 어떤 사람의 몸에 세균 X가 침입했을 때 일어나는 방어 작용의 일부를 나타낸 것이다. ⓐ와 ⓑ는 각각 특이적 방어 작용과 비특이적 방어 작용 중 하나이다.

구분	ⓐ	ⓑ
이전에 침입한 병원체를 기억한다.	×	㉠
병원체의 종류를 구분하지 않는다.	㉡	?

(○: 있음, ×: 없음)

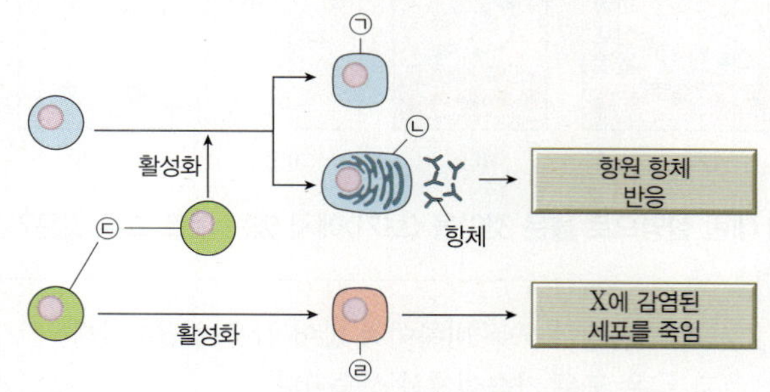

이에 대한 설명으로 옳은 것만을 〈보기〉에서 있는 대로 고른 것은?

보기

ㄱ. ㉠은 '×', ㉡은 'ㅇ'이다.
ㄴ. ⓐ는 태어나면서부터 갖는 선천성 면역에 해당한다.
ㄷ. 그림의 방어 작용은 ⓑ에 해당한다.

① ㄱ ② ㄴ ③ ㄱ, ㄷ
④ ㄴ, ㄷ ⑤ ㄱ, ㄴ, ㄷ

311

표 (가)는 사람의 방어 작용 A~C에서 특징 ㉠~㉢의 유무를, (나)는 ㉠~㉢을 순서 없이 나타낸 것이다. A~C는 체액성 면역, 세포성 면역, 염증 반응을 순서 없이 나타낸 것이다.

구분	㉠	㉡	㉢
A	×	?	ⓐ
B	ⓑ	○	×
C	○	?	○

(○: 있음, ×: 없음)

(가)

특징(㉠~㉢)

• 비특이적 방어 작용이다.
• 후천성 면역에 해당한다.
• 형질 세포가 관여한다.

(나)

이에 대한 설명으로 옳은 것만을 〈보기〉에서 있는 대로 고른 것은?

보기

ㄱ. ⓐ와 ⓑ는 모두 '×'이다.
ㄴ. A에는 T 림프구가 관여한다.
ㄷ. ㉠은 '후천성 면역에 해당한다.'이다.

① ㄱ ② ㄴ ③ ㄱ, ㄷ
④ ㄴ, ㄷ ⑤ ㄱ, ㄴ, ㄷ

312

그림은 어떤 사람이 항원 X에 처음 감염되었을 때 일어나는 방어 작용의 일부를 나타낸 것이다. 세포 ㉠~㉣은 세포독성 T 림프구, 보조 T 림프구, 형질 세포, 기억 세포를 순서 없이 나타낸 것이다.

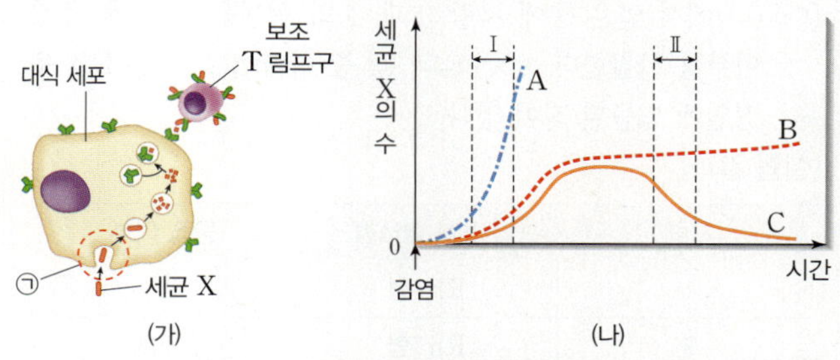

이에 대한 설명으로 옳은 것만을 〈보기〉에서 있는 대로 고른 것은?

보기

ㄱ. ㉡은 체액성 면역에 관여한다.
ㄴ. 이 사람이 X에 재감염되면 ㉡이 ㉠으로 분화한다.
ㄷ. ㉢과 ㉣은 모두 골수에서 성숙된다.

① ㄱ ② ㄴ ③ ㄷ
④ ㄱ, ㄴ ⑤ ㄴ, ㄷ

313 고난도

그림 (가)는 세균 X에 감염된 생쥐에서 일어나는 방어 작용의 일부를, (나)는 X에 처음으로 감염된 생쥐 A~C에서 시간에 따른 X의 수를 나타낸 것이다. A~C는 정상 생쥐, 림프구가 결핍된 생쥐, 대식 세포가 결핍된 생쥐를 순서 없이 나타낸 것이다.

이에 대한 설명으로 옳은 것만을 〈보기〉에서 있는 대로 고른 것은?

보기

ㄱ. B는 림프구가 결핍된 생쥐이다.
ㄴ. 구간 Ⅰ에서 ㉠ 과정은 A에서가 B에서보다 활발하게 일어난다.
ㄷ. 구간 Ⅱ에서 X에 대한 항체 수는 B에서가 C에서보다 적다.

① ㄱ ② ㄴ ③ ㄱ, ㄷ
④ ㄴ, ㄷ ⑤ ㄱ, ㄴ, ㄷ

314

그림 (가)~(라)는 어떤 사람의 몸에 세균 X가 침입했을 때 일어나는 방어 작용을 순서대로 나타낸 것이다. 세포 ㉠과 ㉡은 각각 B 림프구, 보조 T 림프구 중 하나이다.

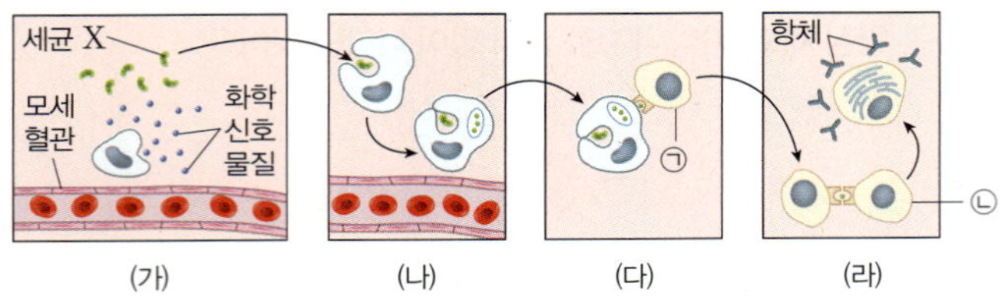

이에 대한 설명으로 옳은 것만을 〈보기〉에서 있는 대로 고른 것은?

보기
ㄱ. (가)와 (나)에서 모두 비특이적 방어 작용이 일어났다.
ㄴ. ㉠과 ㉡은 모두 가슴샘에서 성숙된다.
ㄷ. (라)에서는 X에 대한 세포성 면역이 일어나고 있다.

① ㄱ   ② ㄴ   ③ ㄱ, ㄷ   ④ ㄴ, ㄷ   ⑤ ㄱ, ㄴ, ㄷ

315

다음은 Rh식 혈액형 판정에 대한 실험이다.

[실험 과정]
(가) 붉은털원숭이의 혈액에서 ㉠적혈구를 분리하여 토끼에게 주사한다.
(나) 1주 후, (가)의 토끼에서 혈액을 채취하여 ㉡적혈구와 ㉢혈청을 각각 분리하여 얻는다.
(다) (나)에서 얻은 ⓐ에 사람 Ⅰ과 Ⅱ의 혈액을 섞은 후 응집 여부를 관찰한다. ⓐ는 ㉡과 ㉢ 중 하나이고, Ⅰ은 Rh 응집원에 노출된 적이 없다.

[실험 결과]

사람	Rh식 혈액형	응집 여부
Ⅰ	Rh⁻형	?
Ⅱ	Rh⁺형	응집됨

이에 대한 설명으로 옳은 것만을 〈보기〉에서 있는 대로 고른 것은? (단, Rh식 혈액형만 고려한다.)

보기
ㄱ. ⓐ는 ㉢이다.
ㄴ. Ⅰ은 Ⅱ에게 수혈이 가능하다.
ㄷ. Ⅱ의 혈액과 ㉠에 모두 Rh 응집원이 있다.

① ㄱ   ② ㄴ   ③ ㄱ, ㄷ   ④ ㄴ, ㄷ   ⑤ ㄱ, ㄴ, ㄷ

316 고난도

다음은 항원 X에 대한 방어 작용 반응에 대한 실험이다.

[실험 과정]
(가) 유전적으로 동일하고 X에 노출된 적이 없는 생쥐 A~C를 준비한다.
(나) A에게 X를 2회에 걸쳐 주사한다.
(다) 1주 후에 (나)의 A에서 ⓐ와 ⓑ를 각각 분리한다. ⓐ와 ⓑ는 각각 혈청과 X에 대한 기억 세포 중 하나이다.
(라) ⓐ는 B에게, ⓑ는 C에게 각각 주사하고, 일정 시간이 지난 후, B와 C에게 각각 X를 주사한다.

[실험 결과]
B와 C에서 X에 대한 혈중 항체 농도 변화는 그림과 같다.

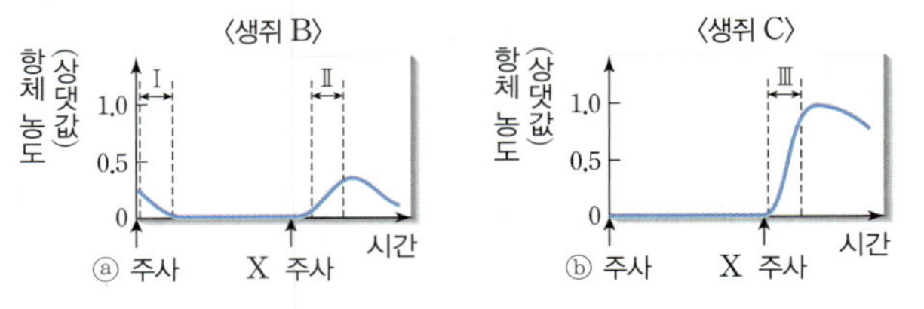

이에 대한 설명으로 옳은 것만을 〈보기〉에서 있는 대로 고른 것은?

보기
ㄱ. ⓐ는 X에 대한 기억 세포이다.
ㄴ. X에 대한 형질 세포 수는 구간 Ⅰ에서가 구간 Ⅱ에서보다 적다.
ㄷ. 구간 Ⅱ와 Ⅲ에서는 모두 비특이적 방어 작용과 2차 면역 반응이 일어난다.

① ㄱ   ② ㄴ   ③ ㄱ, ㄷ   ④ ㄴ, ㄷ   ⑤ ㄱ, ㄴ, ㄷ

317

다음은 꽃가루에 대한 알레르기가 일어나는 과정에 대한 학생 A~C의 설명이다.

제시한 설명이 옳은 학생만을 있는 대로 고른 것은?

① A   ② C   ③ A, B   ④ B, C   ⑤ A, B, C

318

다음은 세균 X와 Y에 대한 생쥐의 방어 작용 실험이다.

[실험 과정 및 결과]

(가) 유전적으로 동일하고, X와 Y에 노출된 적이 없는 생쥐 Ⅰ~Ⅵ를 준비한다.

(나) X와 Y 중 한 세균의 병원성을 약화시켜 백신 ⓐ를 만든다.

(다) ⓐ를 Ⅰ에 주사하고 2주 후, Ⅰ에서 혈청 ㉠을 얻는다.

(라) 표와 같이 Ⅱ~Ⅵ에게 주사하고, 일정 시간 후 생존 여부를 확인한다.

생쥐	주사액	생존 여부
Ⅱ	X	죽는다
Ⅲ	Y	죽는다
Ⅳ	ⓐ	산다
Ⅴ	㉠+X	죽는다
Ⅵ	㉠+Y	산다

이에 대한 설명으로 옳은 것만을 〈보기〉에서 있는 대로 고른 것은?

보기

ㄱ. ⓐ는 X의 병원성을 약화시켜 만들었다.

ㄴ. ㉠에는 대식 세포가 들어 있다.

ㄷ. (라)의 Ⅳ와 Ⅵ에서는 모두 Y에 대한 2차 면역 반응이 일어나지 않았다.

① ㄱ   ② ㄷ   ③ ㄱ, ㄴ   ④ ㄴ, ㄷ   ⑤ ㄱ, ㄴ, ㄷ

319

표는 사람 Ⅰ~Ⅲ 사이의 ABO식 혈액형에 대한 응집 반응 결과를 나타낸 것이다. Ⅰ~Ⅲ 중 Ⅰ과 Ⅲ의 혈액은 항 A 혈청에 섞었을 때 응집된다.

구분	Ⅰ의 혈장	Ⅱ의 혈장	Ⅲ의 혈장
Ⅰ의 적혈구	−	?	+
Ⅱ의 적혈구	ⓐ	−	−
Ⅲ의 적혈구	−	ⓑ	−

(+: 응집됨, −: 응집 안 됨)

이에 대한 설명으로 옳은 것만을 〈보기〉에서 있는 대로 고른 것은? (단, ABO식 혈액형만 고려한다.)

보기

ㄱ. ⓐ와 ⓑ는 모두 '+'이다.

ㄴ. Ⅰ은 AB형이다.

ㄷ. Ⅱ와 Ⅲ의 혈액에는 모두 응집소 β가 있다.

① ㄱ   ② ㄴ   ③ ㄱ, ㄷ   ④ ㄴ, ㄷ   ⑤ ㄱ, ㄴ, ㄷ

320 고난도

표는 50명의 학생 집단을 대상으로 ABO식 혈액형에 대한 응집원 ㉠, ㉡과 응집소 ㉢, ㉣의 유무를 조사한 것이다. 이 집단에는 A형, B형, AB형, O형이 모두 있고, A형인 학생 수가 B형인 학생 수보다 적다.

구분	학생 수(명)
응집원 ㉠이 있는 학생	26
응집소 ㉢이 있는 학생	29
응집원 ㉡과 응집소 ㉣이 모두 있는 학생	9

이에 대한 설명으로 옳은 것만을 〈보기〉에서 있는 대로 고른 것은? (단, ABO식 혈액형만 고려한다.)

보기

ㄱ. 응집소 ㉣은 응집소 β이다.

ㄴ. 항 A 혈청과 항 B 혈청에 모두 응집되지 않는 혈액을 가진 학생 수는 12명이다.

ㄷ. 이 집단에서 A형인 학생 수와 AB형인 학생 수를 합한 값은 22명이다.

① ㄱ   ② ㄴ   ③ ㄱ, ㄷ   ④ ㄴ, ㄷ   ⑤ ㄱ, ㄴ, ㄷ

321 고난도

표 (가)는 어느 가족 구성원의 ABO식 혈액형을, (나)는 이 가족의 ABO식 혈액형에 대한 특성을 나타낸 것이다. ㉠~㉢은 ABO식 혈액형 중 하나이며, ㉠~㉢은 서로 다르다.

구성원	혈액형
아버지	㉠
어머니	㉡
자녀 1	㉢
자녀 2	㉠
자녀 3	㉢

(가)

ABO식 혈액형에 대한 특성

- 아버지와 자녀 3의 혈액에는 동일한 응집소가 있다.
- 자녀 1의 혈액은 항 A 혈청에 섞었을 때 응집된다.

(나)

이에 대한 설명으로 옳은 것만을 〈보기〉에서 있는 대로 고른 것은? (단, ABO식 혈액형만 고려한다.)

보기

ㄱ. ㉡은 AB형이다.

ㄴ. 아버지의 혈액에는 응집소 α가 있다.

ㄷ. 자녀 1은 자녀 3에게 수혈이 가능하다.

① ㄱ   ② ㄴ   ③ ㄱ, ㄷ   ④ ㄴ, ㄷ   ⑤ ㄱ, ㄴ, ㄷ

IV

유전

IV 유전

IV-1 염색체와 세포 분열

1. 염색체
- 유전자와 염색체
- 사람의 염색체와 염색 분체의 형성과 분리

2. 세포 주기와 세포 분열
- 세포 주기
- 체세포 분열
- 생식세포 분열과 유전적 다양성

IV-2 사람의 유전

1. 사람의 유전
- 사람의 유전 연구 방법
- 상염색체 유전
- 성염색체 유전
- 다인자 유전

2. 사람의 유전병
- 유전자 이상 유전병
- 염색체 수 이상 유전병
- 염색체 구조 이상 유전병

01 염색체

개념 ❶ 유전자와 염색체

1. 유전자, DNA, 염색체, 유전체

유전자	• 생물의 형질을 결정하는 유전 정보의 단위로, DNA의 특정 부위에 있다. • 하나의 DNA에는 많은 수의 유전자가 각각 정해진 위치에 존재한다.
DNA	유전 정보를 저장하고 있는 유전 물질로, 폴리뉴클레오타이드 2가닥이 나선 모양으로 꼬인 구조로 되어 있다.
염색체	DNA와 단백질로 구성되어 있으며, 분열하지 않은 세포에서는 핵 속에 실처럼 풀어져 있다가 세포가 분열할 때 응축되어 막대 모양으로 관찰된다.
유전체	한 개체가 가지고 있는 모든 유전 정보이다.

2. 염색체의 구조

(1) DNA가 히스톤 단백질을 휘감아 뉴클레오솜을 형성한다.

(2) 세포 분열 시 나타나는 1개의 염색체는 2개의 염색 분체로 이루어져 있으며, 2개의 염색 분체는 동원체에 서로 연결되어 있다.

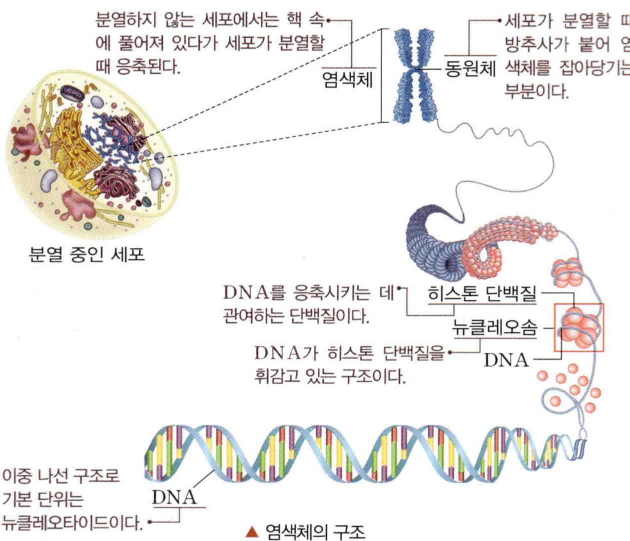

▲ 염색체의 구조

3. 염색체의 종류

(1) **상동 염색체**: 체세포에 있는 모양과 크기가 같은 한 쌍의 염색체로, 부모로부터 각각 하나씩 물려받은 것이다.

(2) 상염색체와 성염색체

상염색체	성별에 관계없이 암수에 공통적으로 존재하는 염색체이다.
성염색체	• 성 결정에 관여하는 염색체로, 암수에 따라 구성이 다르다. • 사람의 성염색체에는 X 염색체와 Y 염색체가 있다.

4. 상동 염색체와 대립유전자

(1) 대립유전자는 상동 염색체의 같은 위치에 존재한다.

(2) 대립유전자는 동일한 형질을 결정하지만 나타내는 특성은 서로 다를 수 있다.

5. 핵상과 핵형

핵상	• 하나의 세포 속에 들어 있는 염색체의 상대적인 수로, 염색체의 조합 상태를 나타낸 것이다. • 상동 염색체가 쌍을 이루고 있으면 $2n$, 상동 염색체 중 1개씩만 있으면 n으로 표시한다.
핵형	• 체세포에 들어 있는 염색체의 수, 모양, 크기와 같은 염색체의 외형적인 특성이다. • 생물종에 따라 핵형이 다르며, 같은 종에서 성별이 같으면 핵형이 같다. • 핵형을 분석할 때에는 체세포 분열 중기의 염색체 사진을 이용한다. • 핵형 분석은 세포의 핵형을 조사하는 것으로, 핵형 분석을 통해 성별, 염색체 이상 등을 알 수 있다.

개념 ❷ 사람의 염색체와 염색 분체의 형성과 분리

1. 사람의 염색체

(1) 사람의 상염색체와 성염색체

상염색체	사람의 체세포에는 염색체가 46개씩 있는데, 이 중 44개(22쌍, 1번~22번)의 염색체는 남자와 여자가 공통으로 갖는 상염색체이다.
성염색체	남자의 체세포에는 X 염색체와 Y 염색체가 1개씩 있고, 여자의 체세포에는 2개의 X 염색체가 있다.

▲ 정상 남자의 핵형($2n=44+XY$)　　▲ 정상 여자의 핵형($2n=44+XX$)

(2) **사람의 성 결정**: 성은 난자와 수정되는 정자의 종류(정자가 갖고 있는 성염색체의 종류)에 따라 결정된다.

2. 염색 분체의 형성과 분리

염색 분체의 형성	1개의 염색체를 이루고 있는 2개의 염색 분체는 간기 때 복제되어 동일한 유전 정보를 갖고 있는 DNA가 각각 응축되어 형성된 것이다. ➡ 1개의 염색체를 이루고 있는 2개의 염색 분체는 유전 정보가 같다.
염색 분체의 분리	• 염색 분체는 세포 분열 시 분리되어 서로 다른 딸세포로 들어간다. • 1개의 염색체를 이루고 있는 2개의 염색 분체는 유전 정보가 같으므로 딸세포의 유전 정보는 모세포와 같다.

탐구 활동 핵형 분석

과정
❶ (가)와 (나) 두 사람의 체세포 염색체 사진을 준비한다.
❷ 염색체를 모양에 따라 가위로 오린다.
❸ 오린 염색체를 크기와 모양이 같은 것끼리 짝을 짓는다.
❹ 염색체의 크기가 큰 것부터 순서대로 종이에 배열하여 붙이고 번호를 매긴다.

결과

(가)

(나)

정리
• (가)는 상염색체가 44개(22쌍)이고, 성염색체 구성이 XY이므로 정상 남자이다. ➡ $2n=44+\mathrm{XY}$(44개(22쌍)의 상염색체와 성염색체 XY로 구성)
• (나)는 상염색체가 44개(22쌍)이고, 성염색체 구성이 XX이므로 정상 여자이다. ➡ $2n=44+\mathrm{XX}$(44개(22쌍)의 상염색체와 성염색체 XX로 구성)

자료 분석 염색체의 구성

그림은 같은 종에 속하는 두 동물의 세포 (가)~(다)에 들어 있는 모든 염색체를 나타낸 것이다. 이 동물의 성염색체는 암컷이 XX, 수컷이 XY이다.

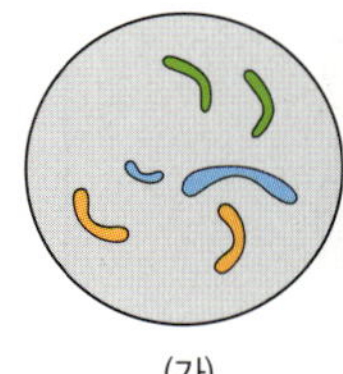

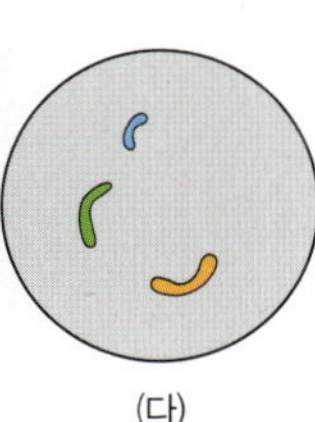

(가) (나) (다)

❶ (가)와 (나)의 염색체 수는 6개이고, 핵상은 $2n$이다.
❷ (다)의 염색체 수는 3개이고, 핵상은 n이다.
❸ 초록색 염색체와 주황색 염색체는 상염색체이고, 파란색 염색체는 성염색체이다.
❹ (가)는 X 염색체 1개와 Y 염색체 1개를 갖고 있으므로 수컷의 세포이고, (나)는 X 염색체 2개를 갖고 있으므로 암컷의 세포이다.
❺ (다)는 Y 염색체 1개를 갖고 있으므로 수컷의 세포이다.

정답 및 해설 | 42쪽

322

　　　　는 생물의 형질을 결정하는 유전 정보의 단위이다.

323

　　　　는 유전 정보를 저장하고 있는 유전 물질이다.

324

염색체의 기본 단위는 　　　　이다.

325

유전자와 염색체에 대한 설명으로 옳은 것은 ○, 옳지 <u>않은</u> 것은 ×로 표시하시오.

(1) 상동 염색체는 체세포에 있는 모양과 크기가 같은 한 쌍의 염색체이다. (　　)
(2) 성염색체는 성별에 관계없이 암수에 공통적으로 존재하는 염색체이다. (　　)
(3) 대립유전자는 상동 염색체의 같은 위치에 존재한다. (　　)
(4) 핵상은 체세포에 들어 있는 염색체의 수, 모양, 크기와 같은 염색체의 외형적인 특성이다. (　　)

326

사람의 체세포에는 염색체가 46개씩 있는데, 이 중 　　　　개의 염색체는 남자와 여자가 공통으로 갖는 상염색체이다.

327

남자의 체세포에는 X 염색체와 Y 염색체가 1개씩 있고, 여자의 체세포에는 　　　　개의 X 염색체가 있다.

328

1개의 염색체를 이루고 있는 2개의 염색 분체는 　　　　유전 정보를 갖고 있다.

개념 ❶ 유전자와 염색체

족집게 전략 세포의 염색체 구성을 보고 염색체 수와 핵상부터 파악해야지. 또한 상염색체와 성염색체를 구분해 성별을 파악하고 문제를 풀어야 해.

329 단골 문제

그림은 세포 (가)~(다) 각각에 들어 있는 모든 염색체를 나타낸 것이다. (가)~(다) 각각은 개체 $A(2n=6)$와 개체 $B(2n=?)$의 세포 중 하나이다. A와 B의 성염색체는 암컷이 XX, 수컷이 XY이다.

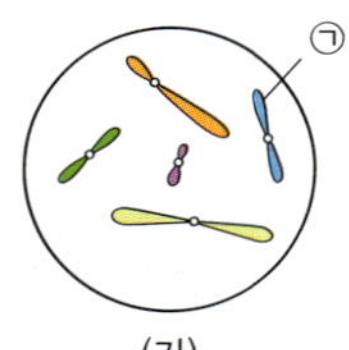

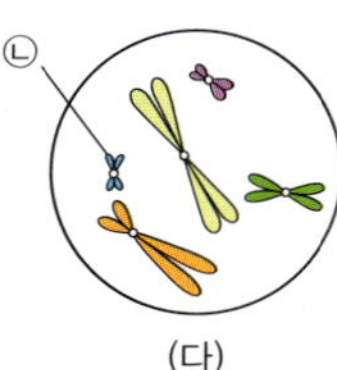

(가)　　　(나)　　　(다)

이에 대한 설명으로 옳은 것만을 〈보기〉에서 있는 대로 고른 것은? (단, 돌연변이는 고려하지 않는다.)

보기
ㄱ. (가)는 A의 세포이다.
ㄴ. B는 수컷이다.
ㄷ. ㉠과 ㉡은 성염색체이다.

① ㄱ　　　② ㄴ　　　③ ㄷ
④ ㄱ, ㄴ　　　⑤ ㄴ, ㄷ

추가로 나오는 선택지
❶ (가)와 (나)의 핵상은 같다. 　　　(　　　)
❷ B의 체세포 1개당 염색체 수는 10이다. 　　　(　　　)
❸ (나)와 (다)의 상염색체 수는 같다. 　　　(　　　)

330

유전자, 염색체, 유전체에 대한 설명으로 옳은 것만을 〈보기〉에서 있는 대로 고른 것은?

보기
ㄱ. 유전자는 생물의 형질을 결정하는 유전 정보의 단위이다.
ㄴ. 염색체의 기본 단위는 뉴클레오타이드이다.
ㄷ. 유전체는 한 개체가 갖고 있는 모든 유전 정보이다.

① ㄱ　　　② ㄴ　　　③ ㄱ, ㄷ
④ ㄴ, ㄷ　　　⑤ ㄱ, ㄴ, ㄷ

331 중요

그림은 어떤 사람의 체세포에 들어 있는 염색체의 구조를 나타낸 것이다. 이 사람의 어떤 형질에 대한 유전자형은 Aa이다.

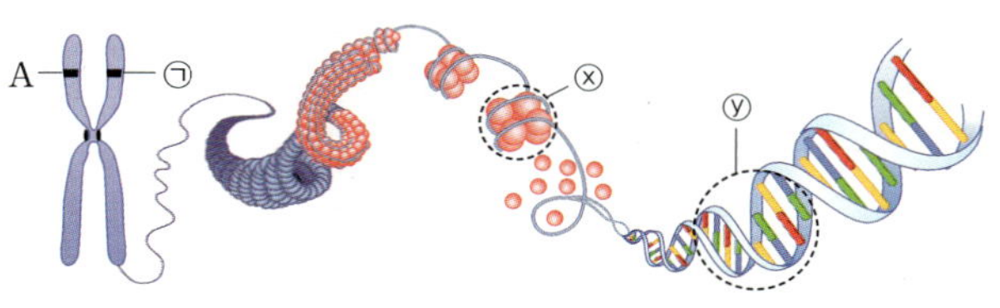

이에 대한 설명으로 옳은 것만을 〈보기〉에서 있는 대로 고른 것은?

보기
ㄱ. ㉠은 a이다.
ㄴ. ⓧ는 DNA와 단백질로 이루어져 있다.
ㄷ. ⓨ의 기본 단위는 뉴클레오타이드이다.

① ㄱ　　　② ㄴ　　　③ ㄱ, ㄴ
④ ㄱ, ㄷ　　　⑤ ㄴ, ㄷ

332 서술형

그림 (가)와 (나)는 어떤 동물의 세포에 들어 있는 2개의 염색체와 이 두 염색체에 존재하는 유전자를 나타낸 것이다. 이 동물의 유전자형은 AaBb이다. A는 a와 대립유전자이며, B는 b와 대립유전자이다.

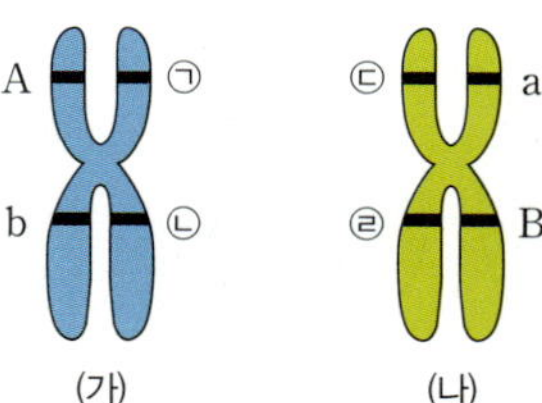

(1) (가)는 (나)의 상동 염색체인지 상동 염색체가 아닌지를 쓰고, 그렇게 생각한 까닭을 서술하시오.

(2) ㉠~㉣이 각각 어떤 유전자인지를 쓰고, 그렇게 생각한 까닭을 서술하시오.

족집게 전략 핵형 분석의 결과에서 상염색체와 성염색체를 구분할 줄 알아야지. 또한 성염색체 구성을 통해 성별을 알고 문제를 풀어야 해.

333 단골 문제

그림은 핵형이 정상인 어떤 사람 (가)의 핵형 분석 결과를 나타낸 것이다.

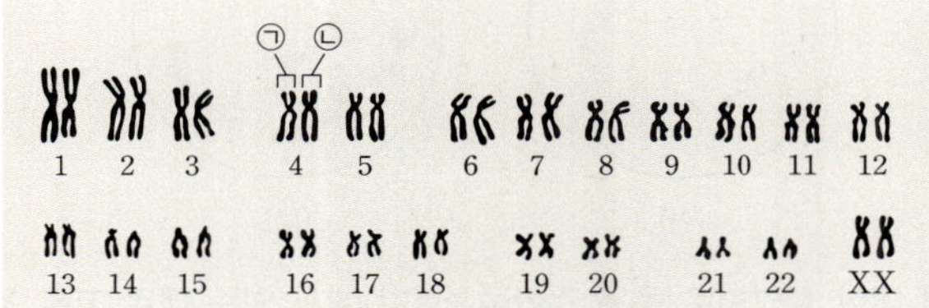

이에 대한 설명으로 옳은 것만을 〈보기〉에서 있는 대로 고른 것은? (단, 돌연변이는 고려하지 않는다.)

보기

ㄱ. (가)는 남자이다.
ㄴ. ㉠은 ㉡의 상동 염색체이다.
ㄷ. (가)의 생식세포에 들어 있는 성염색체는 2개이다.

① ㄱ   ② ㄴ   ③ ㄷ
④ ㄱ, ㄴ   ⑤ ㄴ, ㄷ

추가로 나오는 선택지

❶ ㉠과 ㉡은 부모에게서 각각 하나씩 물려받은 것이다. (　　　)
❷ 핵형 분석을 통해 (가)의 적록 색맹 여부를 알 수 있다. (　　　)
❸ (가)에서 형성된 생식세포의 상염색체 수는 (　　　)이다.

334

사람의 염색체에 대한 설명으로 옳은 것만을 〈보기〉에서 있는 대로 고른 것은? (단, 돌연변이는 고려하지 않는다.)

보기

ㄱ. 남자의 체세포 1개당 X 염색체 수는 2이다.
ㄴ. 난자는 Y 염색체 1개를 갖고 있다.
ㄷ. 정자는 상염색체 22개와 성염색체 1개를 갖고 있다.

① ㄱ   ② ㄷ   ③ ㄱ, ㄴ
④ ㄴ, ㄷ   ⑤ ㄱ, ㄴ, ㄷ

335 중요

그림은 어떤 사람의 1번 염색체 쌍을 나타낸 것이다.

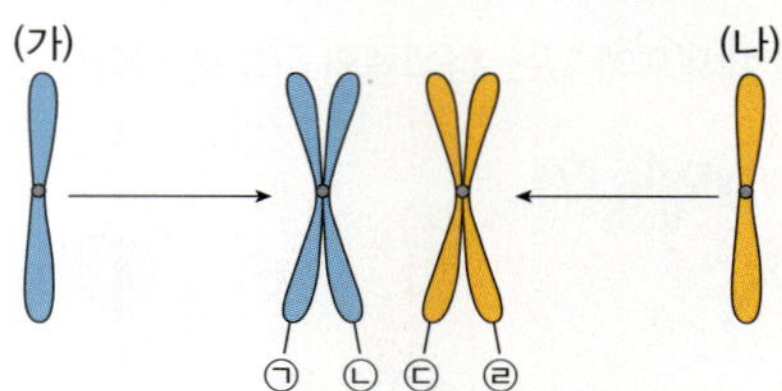

이에 대한 설명으로 옳은 것만을 〈보기〉에서 있는 대로 고른 것은? (단, 돌연변이와 교차는 고려하지 않는다.)

보기

ㄱ. (가)와 (나)는 부모에게서 각각 하나씩 물려받은 것이다.
ㄴ. ㉠과 ㉡은 체세포 분열 과정에서 분리되어 서로 다른 딸세포로 들어간다.
ㄷ. ㉢과 ㉣에 있는 유전 정보는 같다.

① ㄱ   ② ㄷ   ③ ㄱ, ㄴ
④ ㄴ, ㄷ   ⑤ ㄱ, ㄴ, ㄷ

336 서술형

그림은 어떤 사람 (가)의 체세포 핵형을 분석한 결과이다. (가)의 특정 형질에 대한 유전자형은 모두 Aa이며, A는 a와 대립유전자이다.

(1) (가)의 성별을 쓰고, 그렇게 생각한 까닭을 서술하시오.

(2) ㉠에 A가 있다면 ㉡에는 A와 a 중 어떤 것이 있는지를 쓰고, 그렇게 생각한 까닭을 서술하시오. (단, 돌연변이와 교차는 고려하지 않는다.)

337

그림은 사람의 체세포에 있는 염색체의 구조를 나타낸 것이다.

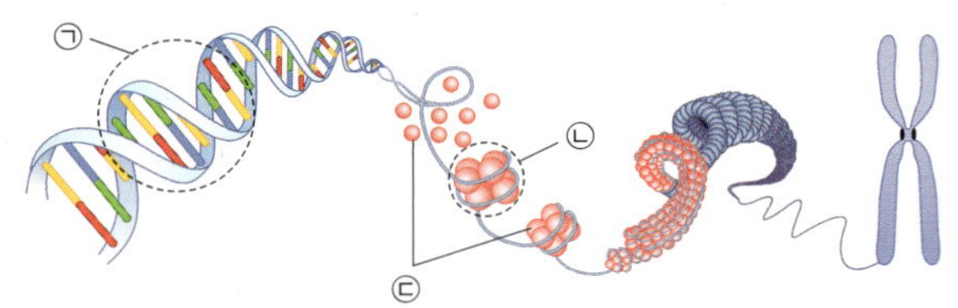

이에 대한 설명으로 옳은 것만을 〈보기〉에서 있는 대로 고른 것은?

보기
ㄱ. ㉠의 기본 단위는 뉴클레오타이드이다.
ㄴ. ㉡은 뉴클레오솜이다.
ㄷ. ㉢에 유전 정보가 저장되어 있다.

① ㄱ   ② ㄷ   ③ ㄱ, ㄴ
④ ㄱ, ㄷ   ⑤ ㄴ, ㄷ

338

그림은 사람의 DNA가 염색체로 형성되는 과정의 일부를 나타낸 것이다. A와 B는 뉴클레오솜을 구성하는 물질이다.

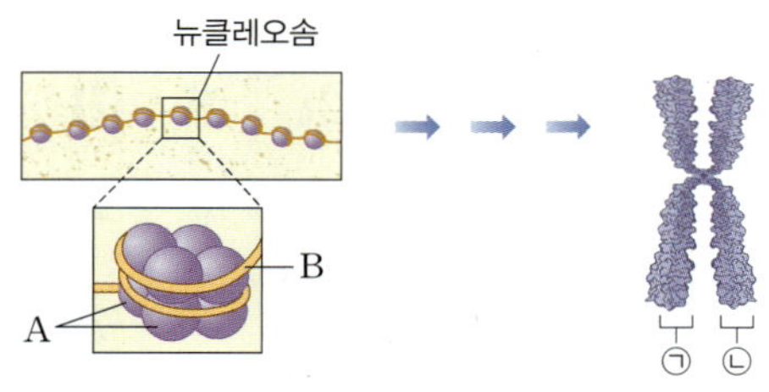

이에 대한 설명으로 옳은 것만을 〈보기〉에서 있는 대로 고른 것은?

보기
ㄱ. A는 단백질이다.
ㄴ. B에 유전 정보가 저장되어 있다.
ㄷ. ㉠과 ㉡은 부모에게서 각각 하나씩 물려받은 것이다.

① ㄱ   ② ㄴ   ③ ㄱ, ㄴ
④ ㄱ, ㄷ   ⑤ ㄴ, ㄷ

339

그림은 동물 Ⅰ의 세포 (가)와 동물 Ⅱ의 세포 (나)에 들어 있는 모든 염색체를 나타낸 것이다. Ⅰ과 Ⅱ는 같은 종이며, 성염색체는 수컷이 XY, 암컷이 XX이다. Ⅰ과 Ⅱ의 특정 형질에 대한 유전자형은 모두 Aa이며, A와 a는 대립유전자이다.

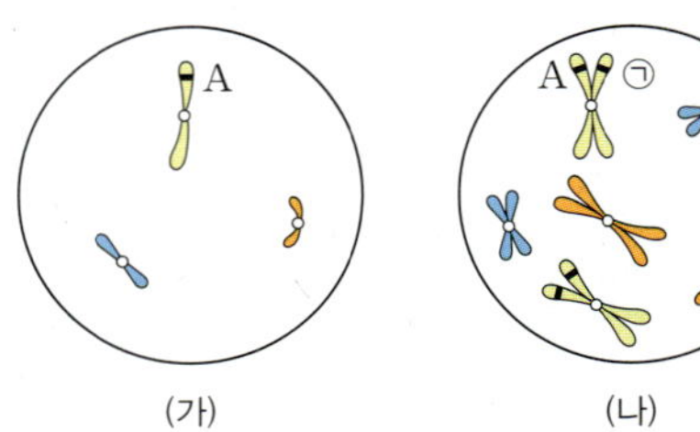

이에 대한 설명으로 옳은 것만을 〈보기〉에서 있는 대로 고른 것은? (단, 돌연변이와 교차는 고려하지 않는다.)

보기
ㄱ. Ⅰ은 수컷이다.
ㄴ. ㉠은 a이다.
ㄷ. ⓐ는 X 염색체이다.

① ㄱ   ② ㄴ   ③ ㄷ
④ ㄱ, ㄴ   ⑤ ㄱ, ㄷ

340 고난도

그림은 세포 (가)~(라) 각각에 들어 있는 모든 염색체를 나타낸 것이다. (가)~(라)는 각각 서로 다른 개체 A, B, C의 세포 중 하나이다. A와 B는 같은 종이고, B와 C는 수컷이다. A~C의 성염색체는 암컷이 XX, 수컷이 XY이다.

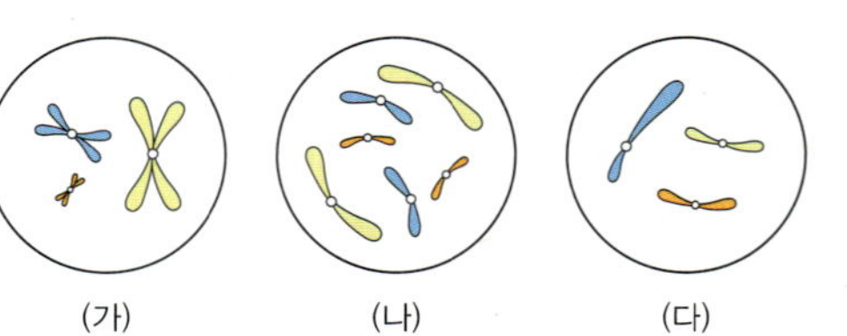

이에 대한 설명으로 옳은 것만을 〈보기〉에서 있는 대로 고른 것은? (단, 돌연변이와 교차는 고려하지 않는다.)

보기
ㄱ. (다)는 C의 세포이다.
ㄴ. (가)와 (나)는 같은 개체의 세포이다.
ㄷ. 세포 1개당 $\dfrac{X\ 염색체\ 수}{상염색체\ 수}$ 는 (나)가 (라)의 2배이다.

① ㄱ   ② ㄷ   ③ ㄱ, ㄴ
④ ㄱ, ㄷ   ⑤ ㄴ, ㄷ

341

표는 사람 (가)와 (나)의 핵형 분석 결과를 나타낸 것이다.

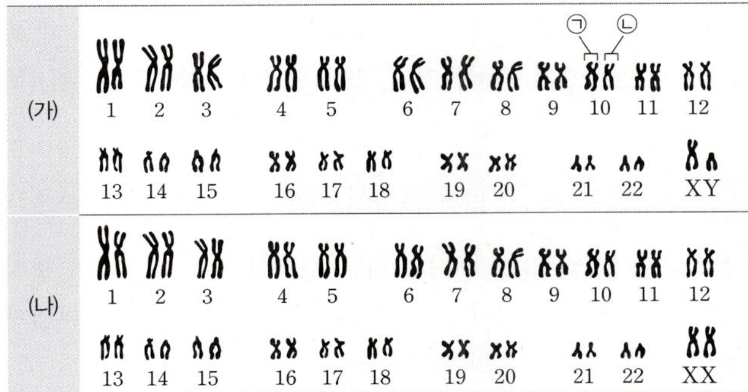

이에 대한 설명으로 옳은 것만을 〈보기〉에서 있는 대로 고른 것은?

보기
ㄱ. ㉠과 ㉡은 부모에게서 각각 하나씩 물려받은 것이다.
ㄴ. (가)와 (나)의 성별은 같다.
ㄷ. $\dfrac{(가)의\ 염색\ 분체\ 수}{(나)의\ 성염색체\ 수} = 46$이다.

① ㄱ　　② ㄴ　　③ ㄷ　　④ ㄱ, ㄷ　　⑤ ㄴ, ㄷ

342

다음은 어떤 사람 ⓐ의 핵형을 분석하는 실험이다.

[실험 과정]
(가) 혈액에 혈액 응고 방지 물질을 넣고 원심 분리한 후 특정 세포만을 분리하여 체세포 분열을 유도한다.
(나) 이 세포에 세포 분열을 중지시키는 물질을 처리한 후 염색을 한다.
(다) 염색된 세포 ㉠을 광학 현미경으로 관찰한 후 핵형을 분석한다.

[실험 결과]

이에 대한 설명으로 옳은 것만을 〈보기〉에서 있는 대로 고른 것은?

보기
ㄱ. (다)의 ㉠은 간기의 세포이다.
ㄴ. ⓐ는 여자이다.
ㄷ. 이 실험의 결과로 ⓐ의 ABO식 혈액형을 알 수 있다.

① ㄴ　　② ㄷ　　③ ㄱ, ㄴ　　④ ㄱ, ㄷ　　⑤ ㄴ, ㄷ

343

그림은 어떤 동물 P의 체세포 분열 과정에서 관찰되는 세포 (가)와 (나)에 들어 있는 1번 염색체만을 나타낸 것이다. 어떤 형질에 대한 P의 유전자형은 Aa이며, A와 a는 대립유전자이다.

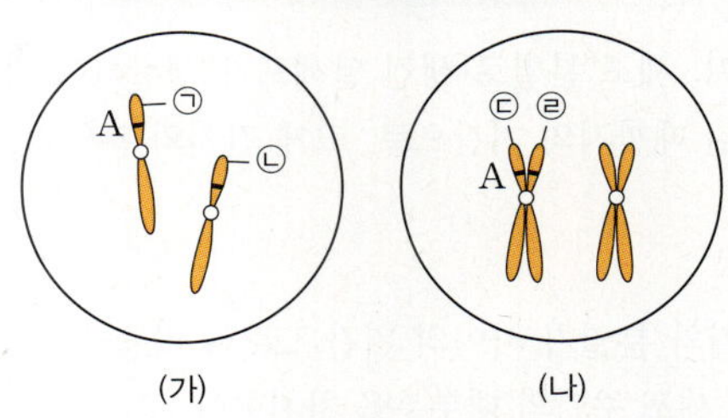

이에 대한 설명으로 옳은 것만을 〈보기〉에서 있는 대로 고른 것은? (단, 돌연변이와 교차는 고려하지 않는다.)

보기
ㄱ. ㉡과 ㉣에 모두 a가 있다.
ㄴ. ㉠과 ㉡은 부모에게서 각각 하나씩 물려받은 것이다.
ㄷ. ㉢과 ㉣은 체세포 분열 과정에서 분리되어 서로 다른 딸세포로 들어간다.

① ㄱ　　② ㄴ　　③ ㄱ, ㄷ
④ ㄴ, ㄷ　　⑤ ㄱ, ㄴ, ㄷ

344 고난도

그림은 어떤 동물의 체세포 분열 과정의 일부를 나타낸 것이다. 그림에는 1번 염색체만을 표시하였으며, ㉢은 ⓐ를 갖고 있다.

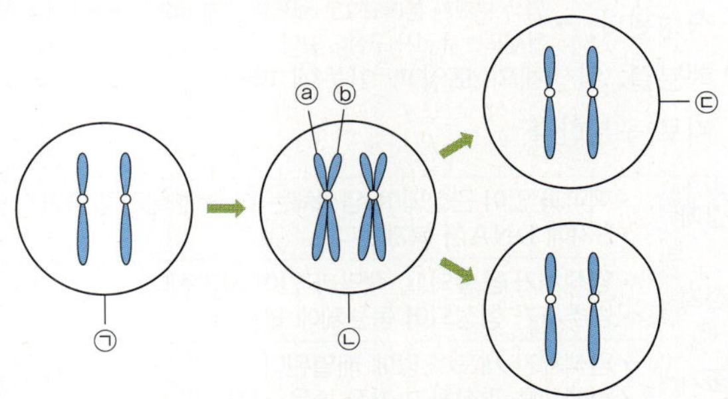

이에 대한 설명으로 옳은 것만을 〈보기〉에서 있는 대로 고른 것은? (단, 돌연변이와 교차는 고려하지 않는다.)

보기
ㄱ. ㉠이 ㉡으로 되는 과정에서 DNA가 복제되었다.
ㄴ. ⓐ와 ⓑ는 동일한 유전 정보를 갖고 있다.
ㄷ. ㉢은 ⓑ를 갖고 있다.

① ㄱ　　② ㄷ　　③ ㄱ, ㄴ
④ ㄴ, ㄷ　　⑤ ㄱ, ㄴ, ㄷ

02 세포 주기와 세포 분열

개념 ❶ 세포 주기

1. 세포 주기: 세포 분열로 생긴 딸세포가 생장하여 다시 세포 분열을 마칠 때까지의 기간으로, 크게 간기와 분열기(M기)로 나뉜다.

(1) **간기**
① 분열기와 분열기 사이의 기간으로 G_1기, S기, G_2기로 구분되며, 세포 주기의 대부분을 차지한다.
② 핵이 관찰되고, 염색체는 핵 속에 실처럼 풀어져 있다.

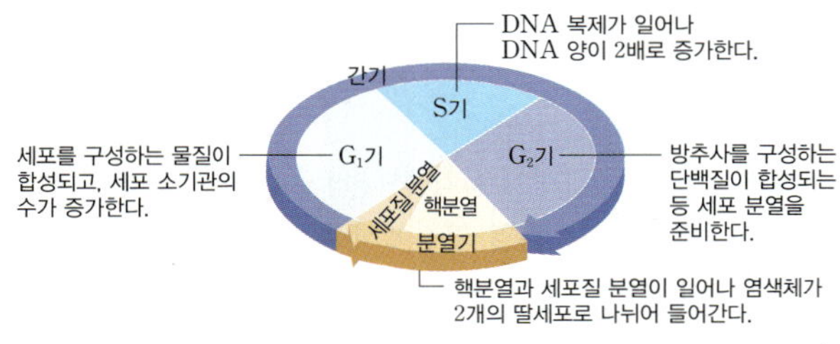

▲ 세포 주기

(2) **분열기(M기)** → 크게 핵분열과 세포질 분열로 나뉜다.
① 간기에 비해 짧으며, 핵분열 말기에는 세포질 분열이 시작되어 딸세포가 만들어진다.
② 핵분열 과정은 전기, 중기, 후기, 말기로 구분한다.

개념 ❷ 체세포 분열

1. 체세포 분열: 세포 분열을 통해 체세포 수가 증가하는 과정으로, 모세포(G_1기 세포)와 동일한 유전 물질을 가진 2개의 딸세포가 형성된다. → 염색 분체가 분리되므로 체세포 분열 결과 형성되는 2개의 딸세포는 유전자 구성이 같다.

(1) **핵분열**: 염색체의 모양과 이동에 따라 전기, 중기, 후기, 말기로 구분한다.

간기	• 핵막과 인이 관찰되며, 염색체는 핵 속에 실처럼 풀어져 있다. • S기에 DNA가 복제된다.
전기	• 염색체가 응축되고, 핵막과 인이 사라진다. • 방추사가 형성되어 동원체에 붙는다.
중기	• 염색체가 세포 중앙에 배열된다. • 염색체를 관찰하기 가장 좋은 시기이다. → 핵형 분석 시 중기의 세포를 이용한다.
후기	• 하나의 염색체를 이루던 염색 분체가 분리된다. • 분리된 염색 분체는 방추사에 의해 세포의 양극으로 이동한다.
말기	• 염색체가 풀어지고, 핵막이 형성되어 2개의 딸핵이 생긴다. • 방추사가 사라지고, 세포질 분열이 시작된다.

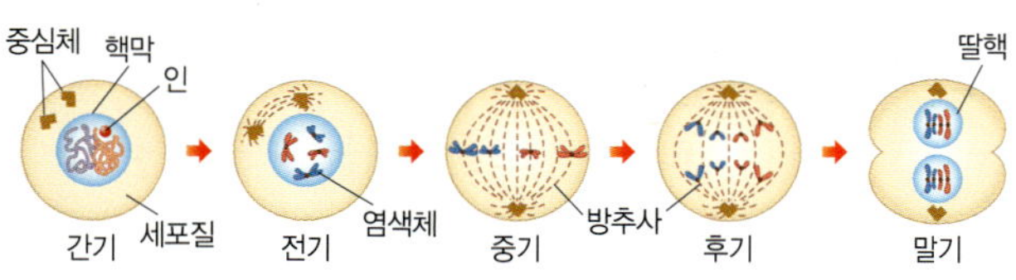

▲ 체세포 분열

(2) 염색 분체가 분리되어 딸핵의 DNA 양은 분열 전 G_2기 세포의 절반으로 줄어들지만, 염색체 수는 변하지 않는다.(핵상의 변화 없음: $2n \rightarrow 2n$)

개념 ❸ 생식세포 분열과 유전적 다양성

1. 생식세포 분열: 유성 생식을 하는 생물의 생식 기관에서 생식세포를 형성할 때 일어나는 분열로, 간기 이후에 감수 1분열과 2분열이 연속적으로 일어난다.

(1) **감수 1분열**(핵상 변화: $2n \rightarrow n$): 상동 염색체가 분리되어 각각의 딸세포로 들어가므로 염색체 수와 DNA 양이 모두 절반으로 줄어든다.

간기	• 핵막과 인이 관찰되며, 핵 속에 염색체가 실처럼 풀어져 있다. • S기에 DNA가 복제된다.
전기	• 염색체가 응축되고, 핵막과 인이 사라진다. • 상동 염색체끼리 접합하여 2가 염색체를 형성한다. • 방추사가 형성되어 동원체에 붙는다.
중기	• 2가 염색체가 세포 중앙에 배열된다.
후기	• 2가 염색체를 이루던 상동 염색체가 분리된다. • 분리된 상동 염색체는 방추사에 의해 세포의 양극으로 이동한다.
말기	• 핵막이 나타나고 방추사가 사라진다. • 세포질 분열이 일어나 염색체 수 반감된 딸세포 2개가 형성된다.($2n \rightarrow n$)

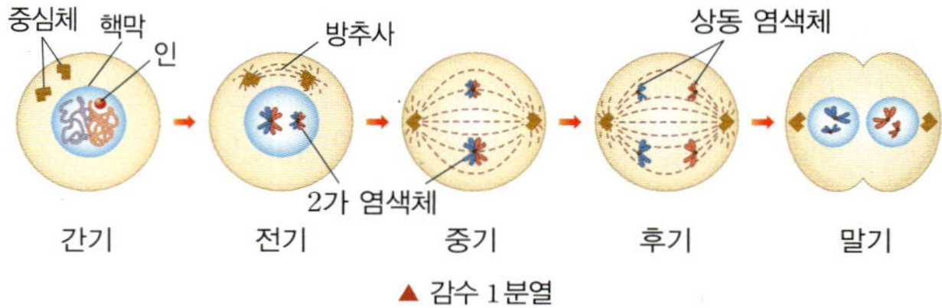

▲ 감수 1분열

(2) **감수 2분열**(핵상 변화 없음: $n \rightarrow n$): 염색 분체가 분리되어 각각의 딸세포로 들어가므로 감수 1분열을 마친 세포와 비교하면 염색체 수에는 변화가 없지만 DNA 양은 절반으로 줄어든다.

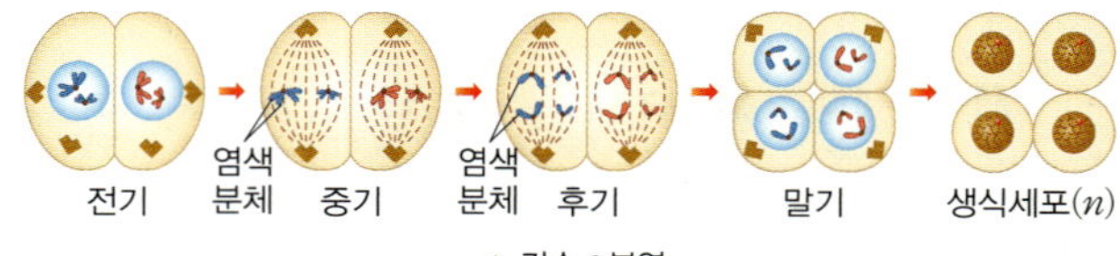

▲ 감수 2분열

2. 감수 분열과 유전적 다양성

(1) 감수 1분열 중기에 상동 염색체(2가 염색체)가 무작위로 배열되고, 각각의 상동 염색체는 독립적으로 분리되기 때문에 유전적으로 다양한 생식세포가 만들어진다.

(2) 암수 생식세포가 무작위로 수정하여 수정란이 형성되면 유전적으로 다양한 자손이 생긴다.

자료 분석 — 생식세포 분열 시 염색체 수와 DNA 양의 변화

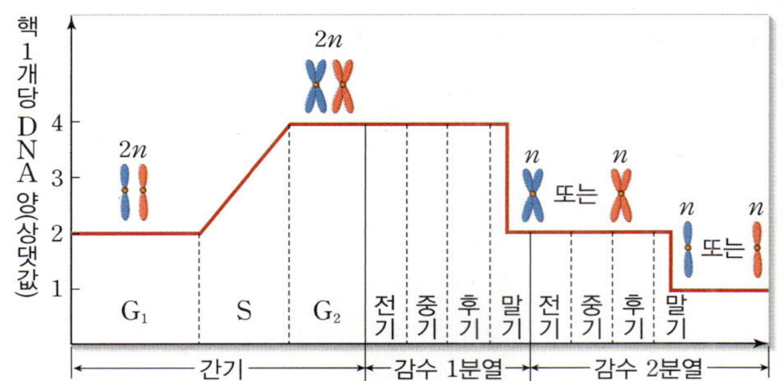

❶ 염색체 수 변화: 감수 1분열 시에 상동 염색체가 분리되므로 염색체 수가 반감되고($2n \rightarrow n$), 감수 2분열에서는 염색 분체가 분리되므로 염색체 수가 변하지 않는다($n \rightarrow n$). ➡ 분열 결과 딸세포의 염색체 수는 체세포의 절반이 된다.

❷ DNA 양의 변화: 간기에 DNA가 복제되어 DNA 양이 2배로 된 후 연속 2회의 분열로 4개의 딸세포에 균등하게 나뉘어 들어간다. ➡ 분열 결과 각각의 딸세포 DNA 양은 체세포의 절반이 된다.

탐구 활동 — 생식세포 형성 시 유전적 다양성 획득

과정 ❶ 핵상이 $2n=6$인 어떤 생물의 염색체 모형을 표와 같이 준비한다.(D와 d, E와 e, F와 f는 각각 서로 대립유전자이다.)

염색체 번호	1	2	3
유전자 위치	D ‖ d	E ‖ e	F ‖ f

❷ 유전자형이 DdEeFf인 세포에서 생식세포 분열로 형성될 수 있는 생식세포의 유전자형을 써 보자.

❸ 핵상이 $2n=8$, $2n=10$인 생물에서 형성되는 생식세포가 가질 수 있는 염색체 조합의 수를 써 보자.

결과 1. $2n=6$인 생물에서 형성될 수 있는 생식세포의 유전자형은 DEF, DEf, DeF, Def, dEF, dEf, deF, def로 모두 8가지이다.

2. 생식세포가 가질 수 있는 염색체 조합의 수는 $2n=8$일 때 $16(=2^4)$가지, $2n=10$일 때 $32(=2^5)$가지이다.

정리 • 체세포가 가진 상동 염색체 쌍이 n개이면 생식세포가 가질 수 있는 염색체 조합의 수는 2^n가지이다.

STEP 1 바로바로 개념 확인

345
간기는 [　　　], S기, G_2기로 나뉜다.

346
간기의 [　　　]에 DNA가 복제되어 DNA 양이 2배가 된다.

347
체세포 분열 [　　　]에는 염색체가 세포 중앙에 배열된다.

348
체세포 분열에 대한 설명으로 옳은 것은 ○, 옳지 <u>않은</u> 것은 ×로 표시하시오.

(1) 체세포 분열 중기와 후기에 핵막이 관찰된다. (　　)
(2) 딸세포의 DNA 양은 분열 전 G_1기 세포의 절반이다. (　　)
(3) 딸세포의 염색체 수는 분열 전 G_1기 세포와 같다. (　　)
(4) 체세포 분열 후기에 2가 염색체가 분리된다. (　　)

349
2가 염색체는 감수 1분열 [　　　]에 형성된다.

350
생식세포 분열에 대한 설명으로 옳은 것은 ○, 옳지 <u>않은</u> 것은 ×로 표시하시오.

(1) 감수 1분열과 감수 2분열 사이에 DNA가 복제된다. (　　)
(2) 감수 1분열 시 상동 염색체가 분리되어 서로 다른 딸세포로 들어간다. (　　)
(3) 감수 2분열 시 염색 분체가 분리되어 서로 다른 딸세포로 들어간다. (　　)

351
감수 [　　　] 분열 중기에 상동 염색체가 세포 중앙에 무작위로 배열되고, 각각의 상동 염색체는 독립적으로 분리되기 때문에 유전적으로 다양한 생식세포가 만들어진다.

개념 **1** 세포 주기

족집게 전략 세포당 DNA 양을 보고 세포 주기의 어느 시기에 해당하는지부터 알아야지. 또한 세포 주기별 특징을 알고 문제를 풀어야 해.

352 단골 문제

그림은 어떤 동물의 체세포를 배양한 후 세포당 DNA 양에 따른 세포 수를 나타낸 것이다.

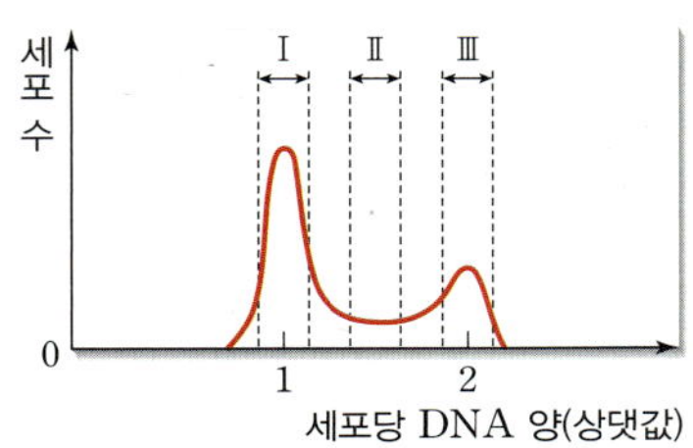

이에 대한 설명으로 옳은 것만을 〈보기〉에서 있는 대로 고른 것은?

보기

ㄱ. 구간 Ⅰ에는 핵막이 소실된 세포가 있다.
ㄴ. 구간 Ⅱ에는 DNA 복제가 일어나는 세포가 있다.
ㄷ. 구간 Ⅲ에는 방추사가 있는 세포가 있다.

① ㄱ   ② ㄴ   ③ ㄷ
④ ㄱ, ㄴ   ⑤ ㄴ, ㄷ

추가로 나오는 선택지

❶ 구간 Ⅰ에는 G_1기의 세포가 있다.   (   )
❷ $\dfrac{G_1\text{기의 세포 수}}{G_2\text{기의 세포 수}}$ 의 값은 1보다 작다.   (   )
❸ 구간 (   )에는 염색 분체의 분리가 일어나는 시기의 세포가 있다.

353

세포 주기에 대한 설명으로 옳은 것만을 〈보기〉에서 있는 대로 고른 것은?

보기

ㄱ. 간기의 세포에서는 핵막이 관찰되지 않는다.
ㄴ. S기에 DNA가 복제된다.
ㄷ. G_2기의 세포에서는 방추사를 구성하는 단백질이 합성된다.

① ㄱ   ② ㄷ   ③ ㄱ, ㄴ
④ ㄴ, ㄷ   ⑤ ㄱ, ㄴ, ㄷ

354 중요

그림은 사람에서 체세포의 세포 주기를 나타낸 것이다. ㉠~㉢은 각각 G_1기, G_2기, S기 중 하나이다.

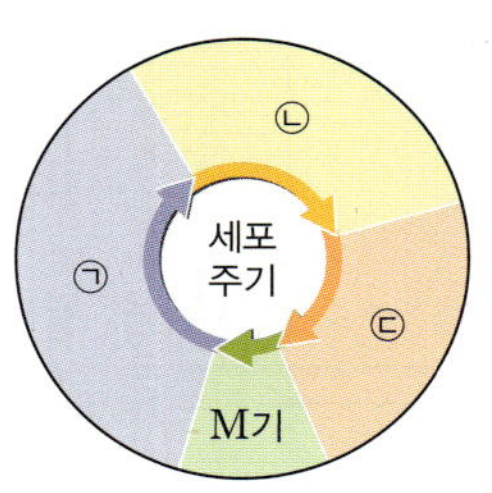

이에 대한 설명으로 옳은 것만을 〈보기〉에서 있는 대로 고른 것은?

보기

ㄱ. ㉠은 G_1기이다.
ㄴ. ㉡ 시기에 핵막이 소실된 세포가 있다.
ㄷ. 핵 1개당 DNA 양은 ㉢ 시기 세포가 ㉠ 시기 세포의 2배이다.

① ㄴ   ② ㄷ   ③ ㄱ, ㄴ
④ ㄱ, ㄷ   ⑤ ㄴ, ㄷ

355 서술형

그림 (가)는 어떤 동물의 체세포 P를 배양한 후 세포당 DNA 양에 따른 세포 수를, (나)는 P의 세포 주기를 나타낸 것이다. A와 B는 각각 G_1기와 G_2기 중 하나이다.

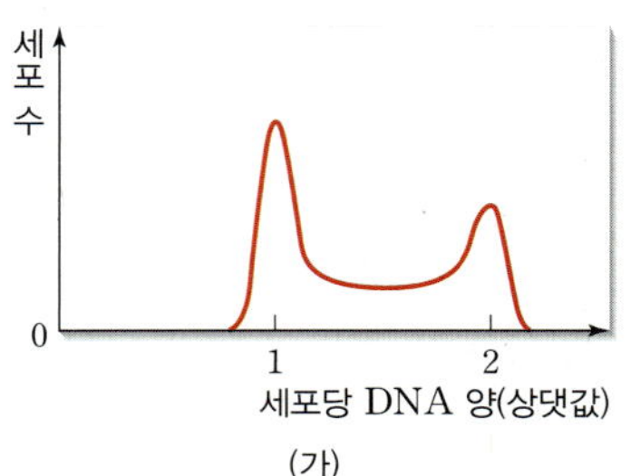

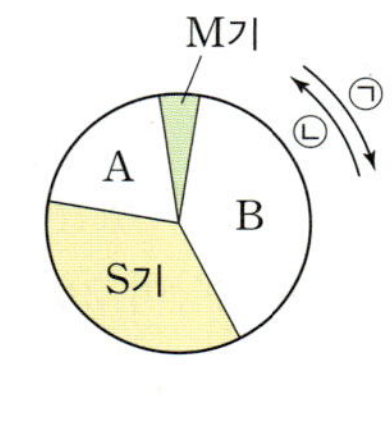

(1) (나)에서 세포 주기는 ㉠과 ㉡ 중 어느 방향으로 진행되는지 쓰시오.

(2) (1)과 같이 생각한 까닭을 서술하시오.

개념 ❷ 체세포 분열

족집게 전략 시간에 따른 핵 1개당 DNA 상대량을 보고 어느 시기에 해당하는지부터 알아야지. 또한 염색체의 배열 상태를 보고 체세포 분열의 어느 시기에 해당하는지를 알고 문제를 풀어야 해.

356 단골 문제

그림 (가)는 어떤 동물 P에서 세포가 체세포 분열을 하는 동안 핵 1개당 DNA 상대량을, (나)는 P의 체세포 분열 과정의 어느 한 시기에서 관찰되는 세포를 나타낸 것이다.

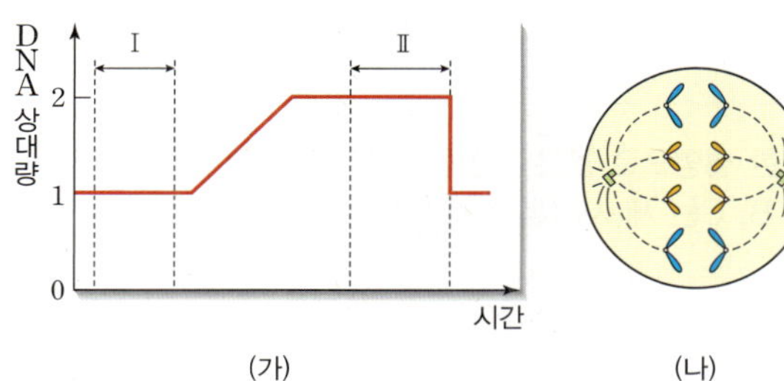

이에 대한 설명으로 옳은 것만을 〈보기〉에서 있는 대로 고른 것은?

보기

ㄱ. (나)는 구간 Ⅰ에서 관찰된다.
ㄴ. (나)의 방추사는 구간 Ⅰ에서 나타난다.
ㄷ. 구간 Ⅰ과 Ⅱ에서 관찰되는 세포의 핵상은 같다.

① ㄱ   ② ㄴ   ③ ㄷ
④ ㄱ, ㄴ   ⑤ ㄴ, ㄷ

추가로 나오는 선택지

❶ (나)는 체세포 분열 후기의 세포이다.   (   )
❷ 세포당 염색체 수는 구간 Ⅱ에서 관찰되는 세포가 구간 Ⅰ에서 관찰되는 세포의 2배이다.   (   )
❸ 구간 Ⅱ에는 2가 염색체를 가진 세포가 있다.   (   )

357

체세포 분열에 대한 설명으로 옳은 것만을 〈보기〉에서 있는 대로 고른 것은?

보기

ㄱ. 체세포 분열 전기에 핵막이 사라진다.
ㄴ. 체세포 분열 중기에 염색체가 세포 중앙에 배열된다.
ㄷ. 체세포 분열 후기에 상동 염색체가 분리된다.

① ㄱ   ② ㄷ   ③ ㄱ, ㄴ
④ ㄴ, ㄷ   ⑤ ㄱ, ㄴ, ㄷ

358 중요

그림은 어떤 동물 P의 체세포 분열 과정 중에 있는 세포들을 나타낸 것이다. P의 특정 형질에 대한 유전자형은 Rr이며, R와 r는 대립유전자이다.

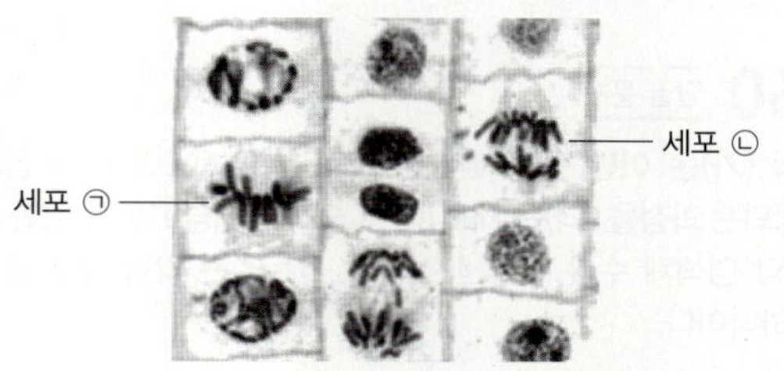

이에 대한 설명으로 옳은 것만을 〈보기〉에서 있는 대로 고른 것은? (단, 돌연변이는 고려하지 않는다.)

보기

ㄱ. ㉠에는 2가 염색체가 있다.
ㄴ. ㉡은 세포 분열 과정 중 후기 단계에 해당한다.
ㄷ. 세포 1개당 R의 수는 ㉠이 ㉡보다 많다.

① ㄱ   ② ㄴ   ③ ㄷ
④ ㄱ, ㄴ   ⑤ ㄴ, ㄷ

359 서술형

그림 (가)는 어떤 동물에서 체세포 분열의 세포 주기를, (나)는 ㉠~㉢ 중 어느 한 시기에서 관찰되는 세포를 나타낸 것이다. ㉠~㉢은 각각 G_2기, M기(분열기), S기 중 하나이다.

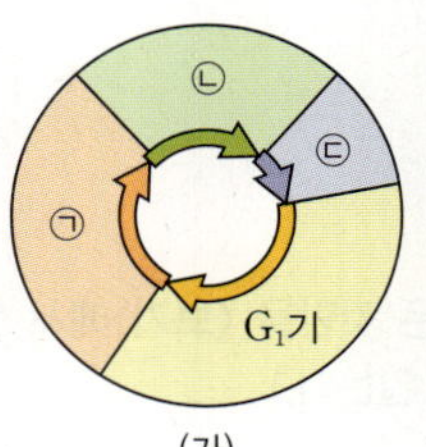

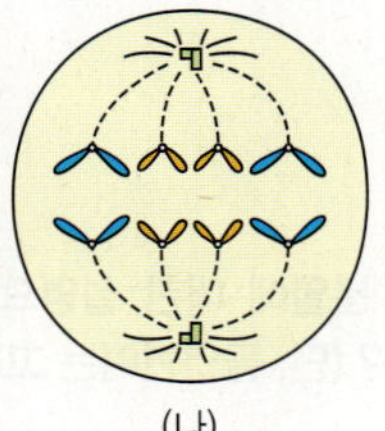

(가)   (나)

(1) (나)는 ㉠~㉢ 중 어느 시기에서 관찰되는 세포인지 쓰시오.

(2) (1)과 같이 생각한 까닭을 서술하시오.

족집게 전략 세포 1개당 염색체 수와 핵 1개당 DNA 양의 변화를 통해 세포가 생식세포 분열 과정 중 어느 시기에 해당하는지를 알고 문제를 풀어야 해.

360 단골 문제

그림 (가)는 어떤 동물에서 G_1기의 세포 ㉠으로부터 정자가 형성되는 과정을, (나)는 세포 ⓐ~ⓒ의 핵 1개당 DNA 양과 세포 1개당 염색체 수를 나타낸 것이다. ⓐ~ⓒ는 각각 세포 ㉡~㉣ 중 하나이다.

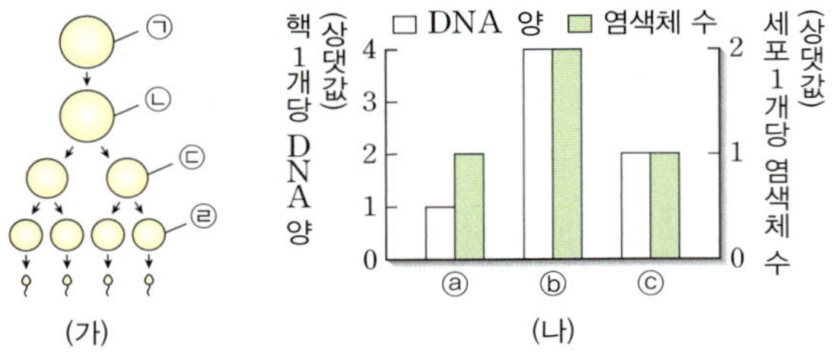

이에 대한 설명으로 옳은 것만을 〈보기〉에서 있는 대로 고른 것은? (단, 돌연변이와 교차는 고려하지 않으며, ㉡과 ㉢은 중기의 세포이다.)

보기

ㄱ. 세포 1개당 염색체 수는 ㉠과 ㉢이 같다.

ㄴ. $\dfrac{\text{핵 1개당 DNA 양}}{\text{세포 1개당 염색체 수}}$ 은 ㉢과 ⓑ가 같다.

ㄷ. ㉢이 ㉣로 되는 과정에서 염색 분체가 분리된다.

① ㄱ　　　　② ㄴ　　　　③ ㄷ
④ ㄱ, ㄴ　　　⑤ ㄴ, ㄷ

추가로 나오는 선택지

❶ ⓑ에서 2가 염색체가 관찰된다. 　　　(　　)
❷ ㉡이 ㉢으로 되는 과정에서 (　　　)가 분리된다.

361

생식세포 분열에 대한 설명으로 옳은 것만을 〈보기〉에서 있는 대로 고른 것은? (단, 돌연변이는 고려하지 않는다.)

보기

ㄱ. 감수 1분열 전기에 2가 염색체가 형성된다.

ㄴ. 감수 2분열 후기에 상동 염색체가 분리된다.

ㄷ. 감수 1분열과 감수 2분열 사이에 DNA가 복제된다.

① ㄱ　　　　② ㄴ　　　　③ ㄱ, ㄴ
④ ㄱ, ㄷ　　　⑤ ㄴ, ㄷ

362

표는 어떤 동물($2n=6$)의 모세포 1개로부터 생식세포가 형성될 때 서로 다른 시기 A~C에서 관찰된 세포 1개당 염색체 수와 핵 1개당 DNA 양을 나타낸 것이다. 그림은 A~C 중 한 시기에서 관찰된 세포를 나타낸 것이다.

시기	세포 1개당 염색체 수 (상댓값)	핵 1개당 DNA 양 (상댓값)
A	3	2
B	6	4
C	3	1

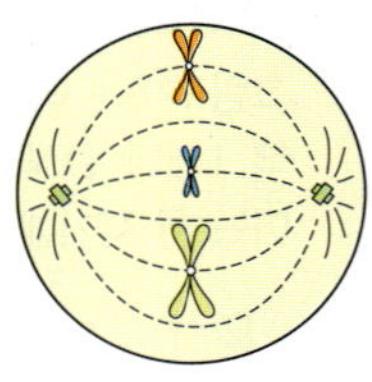

이에 대한 설명으로 옳은 것만을 〈보기〉에서 있는 대로 고른 것은? (단, A, B, C는 세 시기를 순서 없이 나타낸 것이고, A와 B는 중기이다.)

보기

ㄱ. 세포 1개당 $\dfrac{\text{염색 분체 수}}{\text{염색체 수}}$ 는 A에서와 B에서가 같다.

ㄴ. 그림은 A에서 관찰되는 세포이다.

ㄷ. B에서 관찰되는 세포와 C에서 관찰되는 세포는 모두 2가 염색체를 갖고 있다.

① ㄱ　　　　② ㄴ　　　　③ ㄷ
④ ㄱ, ㄴ　　　⑤ ㄴ, ㄷ

363 중요

그림 (가)는 어떤 동물 세포가 분열하는 동안 핵 1개당 DNA 양을, (나)는 (가)의 어떤 시기에서 관찰되는 세포를 나타낸 것이다.

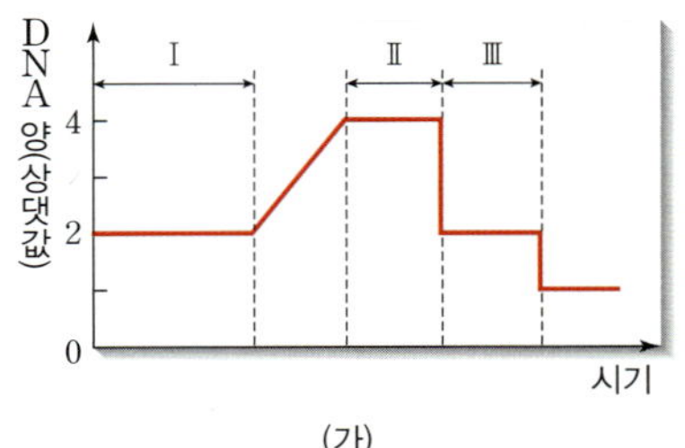

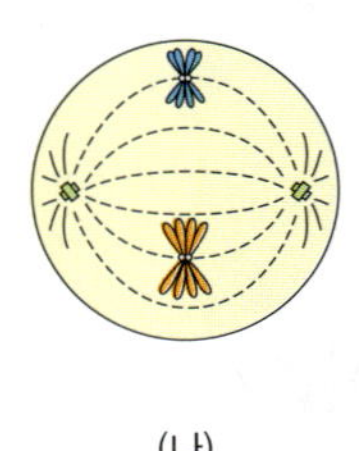

이에 대한 설명으로 옳은 것만을 〈보기〉에서 있는 대로 고른 것은?

보기

ㄱ. 구간 Ⅰ과 Ⅱ에서 관찰되는 세포에 히스톤 단백질이 있다.

ㄴ. (나)의 방추사는 (가)의 구간 Ⅰ에서 나타난다.

ㄷ. (나)는 (가)의 구간 Ⅲ에서 관찰된다.

① ㄱ　　　　② ㄴ　　　　③ ㄷ
④ ㄱ, ㄴ　　　⑤ ㄱ, ㄷ

364 중요

그림은 유전자형이 AaBB인 어떤 동물에서 G_1기의 세포 Ⅰ로부터 정자가 형성되는 과정을, 표는 세포 ㉠~㉣의 세포 1개당 유전자 a, B의 DNA 상대량을 나타낸 것이다. ㉠~㉣은 Ⅰ~Ⅳ를 순서 없이 나타낸 것이고, A는 a와 대립유전자이다.

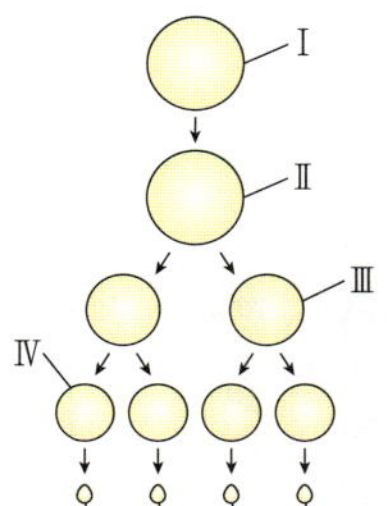

세포	DNA 상대량	
	a	B
㉠	ⓐ	4
㉡	1	ⓑ
㉢	2	2
㉣	0	?

이에 대한 설명으로 옳은 것만을 〈보기〉에서 있는 대로 고른 것은? (단, 돌연변이와 교차는 고려하지 않으며, A, a, B 각각의 1개당 DNA 상대량은 같다.)

보기

ㄱ. ㉣은 Ⅳ이다.

ㄴ. ⓐ+ⓑ=3이다.

ㄷ. 세포 1개당 $\dfrac{A의\ DNA\ 상대량}{염색\ 분체\ 수}$ 은 Ⅱ에서가 ㉢에서보다 크다.

① ㄱ ② ㄴ ③ ㄱ, ㄴ ④ ㄱ, ㄷ ⑤ ㄴ, ㄷ

365

그림은 동물 Ⅰ(2n=4)의 세포 (가)와 동물 Ⅱ(2n=6)의 세포 (나)에 들어 있는 모든 염색체를 나타낸 것이다. Ⅰ의 유전자형은 AaBb이고, Ⅱ의 유전자형은 DdEeFf이다. A와 a, B와 b, D와 d, E와 e, F와 f는 각각 대립유전자이다.

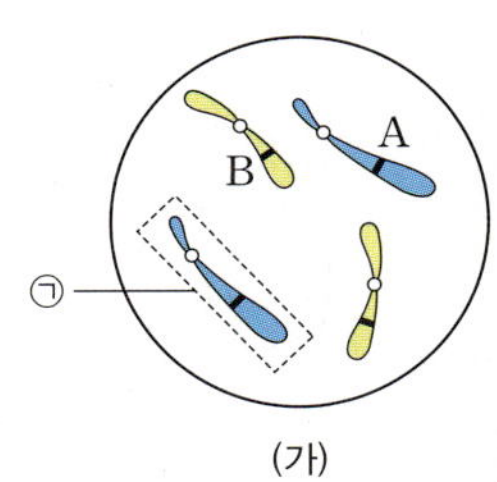
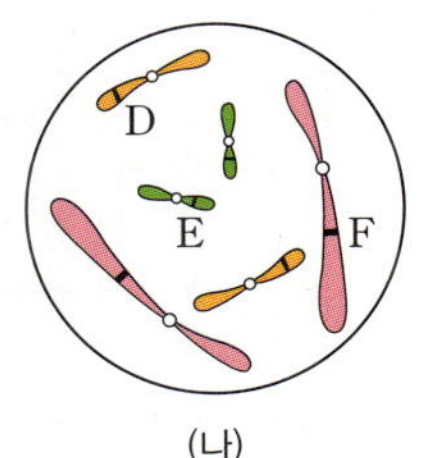

(가)   (나)

이에 대한 설명으로 옳은 것만을 〈보기〉에서 있는 대로 고른 것은? (단, 돌연변이와 교차는 고려하지 않는다.)

보기

ㄱ. ㉠에는 대립유전자 a가 있다.

ㄴ. Ⅰ에서는 유전자형이 Ab인 생식세포가 형성된다.

ㄷ. Ⅱ에서 형성될 수 있는 생식세포의 유전자형의 종류는 최대 6가지이다.

① ㄱ ② ㄴ ③ ㄷ ④ ㄱ, ㄴ ⑤ ㄴ, ㄷ

366 서술형

사람의 유전 형질 (가)는 대립유전자 A와 a, 유전 형질 (나)는 대립유전자 B와 b에 의해 결정된다. A와 a는 2번 염색체에, B와 b는 3번 염색체에 존재한다. 표는 사람 Ⅰ의 세포 ㉠~㉢에서 유전자 ⓐ~ⓓ의 유무를 나타낸 것이다. ⓐ~ⓓ는 A, a, B, b를 순서 없이 나타낸 것이다.

세포 유전자	㉠	㉡	㉢
ⓐ	○	×	○
ⓑ	○	○	○
ⓒ	×	×	×
ⓓ	○	○	×

(○: 있음, ×: 없음)

(1) ㉠~㉢의 핵상을 각각 쓰고, 그렇게 생각한 까닭을 서술하시오. (단, 돌연변이와 교차는 고려하지 않는다.)

(2) ⓐ의 대립유전자는 ⓑ~ⓓ 중 어떤 것인지를 쓰고, 그렇게 생각한 까닭을 서술하시오. (단, 돌연변이와 교차는 고려하지 않는다.)

367 서술형

그림은 어떤 동물에서 일어나는 생식세포 분열 과정의 일부를 나타낸 것이다.

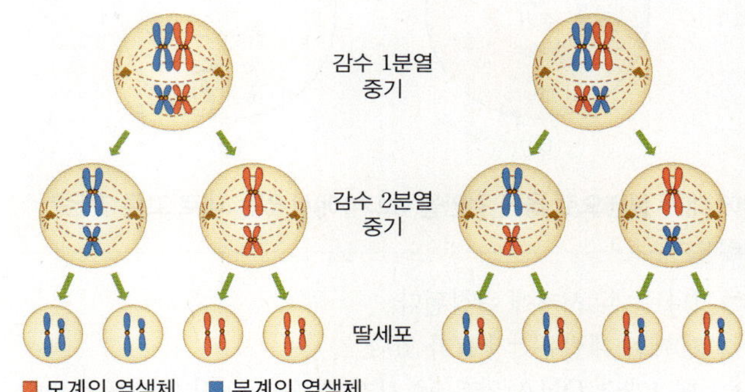

생식세포 분열 결과 유전적으로 다양한 생식세포가 만들어지는 까닭을 그림과 관련지어 서술하시오. (단, 돌연변이와 교차는 고려하지 않는다.)

368

그림 (가)는 어떤 동물의 체세포 P를 배양한 후 세포당 DNA 양에 따른 세포 수를, (나)는 P의 체세포에 있는 염색체의 구조를 나타낸 것이다.

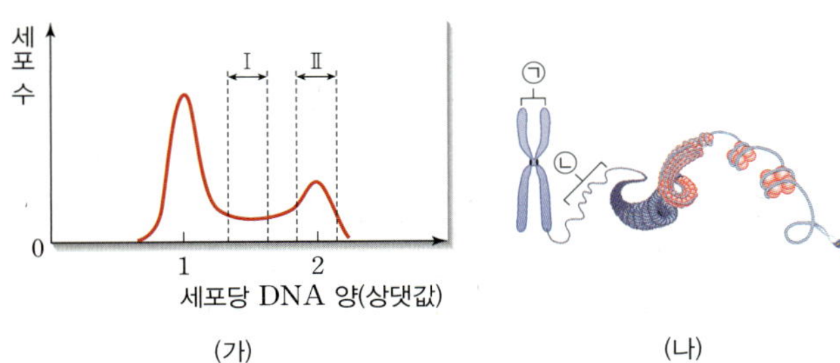

(가)

(나)

이에 대한 설명으로 옳은 것만을 〈보기〉에서 있는 대로 고른 것은?

보기

ㄱ. 구간 Ⅰ에는 ⓛ이 ⓐ으로 응축되고 있는 세포가 있다.
ㄴ. 구간 Ⅱ에는 체세포 분열 전기의 세포가 있다.
ㄷ. 구간 Ⅱ에는 2가 염색체를 가지고 있는 세포가 있다.

① ㄱ 　② ㄴ 　③ ㄷ
④ ㄱ, ㄴ 　⑤ ㄴ, ㄷ

369

그림 (가)는 어떤 동물 Q(2n=4)에서 체세포의 세포 주기를, (나)는 Q의 체세포 분열 과정 중 한 시기에서 관찰되는 세포를 나타낸 것이다. ⓐ~ⓒ은 각각 G₁기, G₂기, M기(분열기) 중 하나이다. Q의 특정 형질에 대한 유전자형은 Rr이며, R와 r는 대립유전자이다.

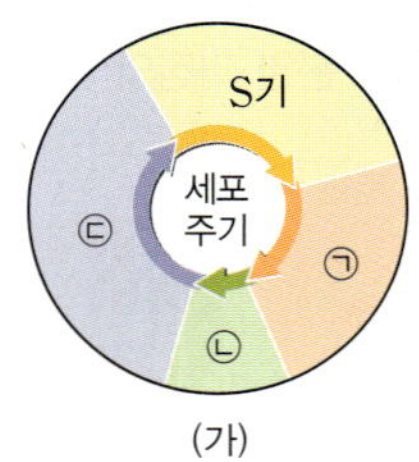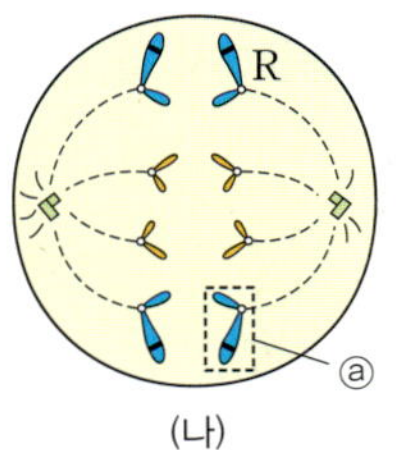

(가)

(나)

이에 대한 설명으로 옳은 것만을 〈보기〉에서 있는 대로 고른 것은?

보기

ㄱ. (나)는 ⓛ 시기에 관찰된다.
ㄴ. ⓐ에는 대립유전자 R가 있다.
ㄷ. 핵 1개당 DNA 양은 ⓒ 시기 세포가 ⓐ 시기 세포의 2배이다.

① ㄱ 　② ㄴ 　③ ㄷ
④ ㄱ, ㄴ 　⑤ ㄱ, ㄷ

370

그림 (가)는 어떤 식물 P의 체세포를 배양한 후 세포당 DNA 양에 따른 세포 수를, (나)는 P의 체세포 분열 과정 중에 있는 세포들을 나타낸 것이다. P의 특정 형질에 대한 유전자형은 Rr이며, R와 r는 대립유전자이다.

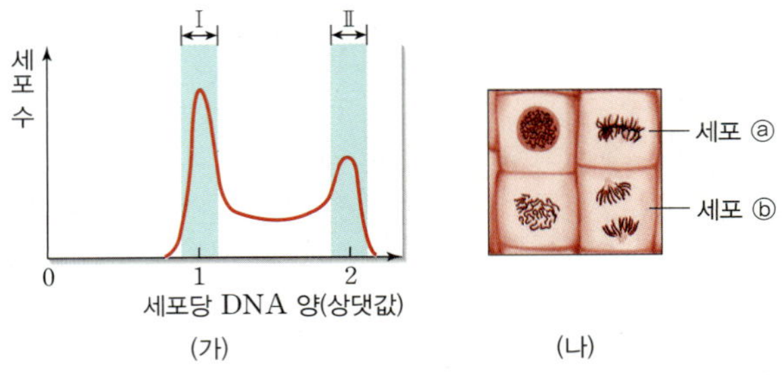

(가)

(나)

이에 대한 설명으로 옳은 것만을 〈보기〉에서 있는 대로 고른 것은? (단, 돌연변이는 고려하지 않는다.)

보기

ㄱ. 구간 Ⅱ에는 핵막을 가진 세포가 있다.
ㄴ. ⓑ는 염색 분체가 분리된 상태이다.
ㄷ. 세포 1개당 r의 상대량은 구간 Ⅰ에 있는 세포와 ⓐ가 같다.

① ㄱ 　② ㄴ 　③ ㄱ, ㄴ
④ ㄱ, ㄷ 　⑤ ㄴ, ㄷ

371

그림 (가)는 어떤 동물(2n=4)의 정상적인 세포 분열 과정에서 핵 1개당 DNA 상대량을, (나)는 구간 Ⅰ과 Ⅱ 중 어느 한 구간에서 관찰되는 세포를 나타낸 것이다.

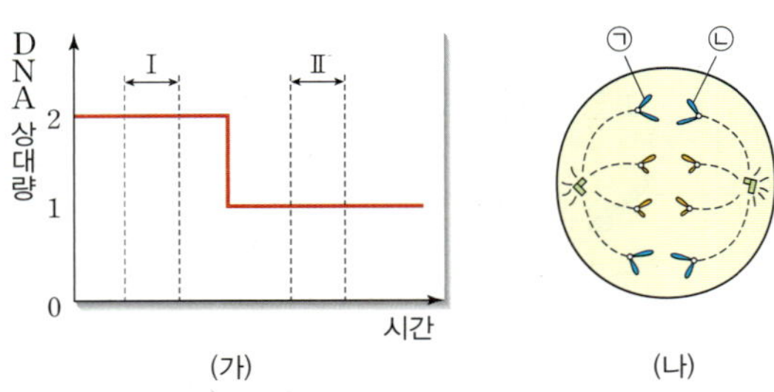

(가)

(나)

이에 대한 설명으로 옳은 것만을 〈보기〉에서 있는 대로 고른 것은?

보기

ㄱ. (나)는 구간 Ⅰ에서 관찰된다.
ㄴ. 구간 Ⅰ과 Ⅱ에서 관찰되는 세포의 핵상은 같다.
ㄷ. ⓐ과 ⓛ은 부모에게서 각각 하나씩 물려받은 것이다.

① ㄱ 　② ㄷ 　③ ㄱ, ㄴ
④ ㄱ, ㄷ 　⑤ ㄴ, ㄷ

372 고난도

사람의 유전 형질 (가)는 대립유전자 E와 e에 의해, (나)는 대립유전자 F와 f에 의해, (다)는 대립유전자 G와 g에 의해 결정된다. (가)~(다) 중 한 가지 형질을 결정하는 유전자는 상염색체에, 나머지 2가지 형질을 결정하는 유전자는 성염색체에 존재한다. 표는 어떤 사람의 세포 ㉠~㉣이 갖는 유전자 E, e, F, f, G, g의 DNA 상대량을 나타낸 것이다.

세포	DNA 상대량					
	E	e	F	f	G	g
㉠	1	1	0	1	0	?
㉡	2	0	0	ⓐ	0	0
㉢	ⓑ	0	0	0	0	1
㉣	0	?	0	2	?	0

이 자료에 대한 설명으로 옳은 것만을 〈보기〉에서 있는 대로 고른 것은? (단, 돌연변이와 교차는 고려하지 않으며, E, e, F, f, G, g 각각의 1개당 DNA 상대량은 같다.)

보기
ㄱ. ㉠에서 f와 g는 같은 염색체에 있다.
ㄴ. ⓐ+ⓑ=3이다.
ㄷ. 이 사람은 남자이다.

① ㄱ
② ㄷ
③ ㄱ, ㄴ
④ ㄱ, ㄷ
⑤ ㄴ, ㄷ

373

그림 (가)는 어떤 동물($2n=4$)의 정상적인 세포 분열 과정에서 핵 1개당 DNA 상대량을, (나)는 이 세포 분열 과정에서 어느 한 시기에 관찰되는 세포를 나타낸 것이다. 이 동물의 특정 형질에 대한 유전자형은 Rr이며, R와 r는 대립유전자이다.

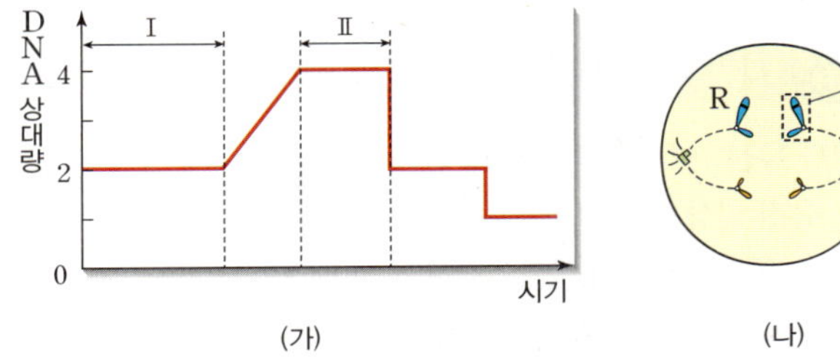

이에 대한 설명으로 옳은 것만을 〈보기〉에서 있는 대로 고른 것은?

보기
ㄱ. (나)의 핵상은 n이다.
ㄴ. (나)는 구간 II에서 관찰된다.
ㄷ. ⓐ에는 대립유전자 r가 있다.

① ㄱ
② ㄴ
③ ㄱ, ㄴ
④ ㄱ, ㄷ
⑤ ㄴ, ㄷ

374 고난도

그림은 유전자형이 AaBBDd인 어떤 동물에서 G_1기의 세포 I로부터 정자가 형성되는 과정을, 표는 세포 ㉠~㉣의 세포 1개당 유전자 a, B, d의 DNA 상대량을 나타낸 것이다. ㉠~㉣은 I~IV를 순서 없이 나타낸 것이고, A는 a와 대립유전자이며, D는 d와 대립유전자이다.

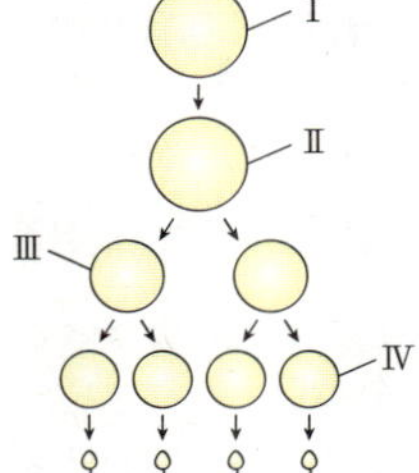

세포	DNA 상대량		
	a	B	d
㉠	ⓐ	1	0
㉡	?	2	1
㉢	0	ⓑ	2
㉣	2	?	ⓒ

이에 대한 설명으로 옳은 것만을 〈보기〉에서 있는 대로 고른 것은? (단, 돌연변이와 교차는 고려하지 않으며, A, a, B, D, d 각각의 1개당 DNA 상대량은 같다.)

보기
ㄱ. ㉠은 IV이다.
ㄴ. ⓐ+ⓑ+ⓒ=4이다.
ㄷ. 세포 1개당 $\dfrac{\text{A의 DNA 상대량}}{\text{B의 DNA 상대량}+\text{D의 DNA 상대량}}$ 은 II가 ㉢보다 크다.

① ㄱ
② ㄷ
③ ㄱ, ㄴ
④ ㄱ, ㄷ
⑤ ㄴ, ㄷ

375

다음은 생식세포 분열과 유전적 다양성에 대한 학생 A~C의 발표 내용이다.

제시한 내용이 옳은 학생만을 있는 대로 고른 것은?

① A
② B
③ C
④ A, C
⑤ B, C

사람의 유전

개념 ❶ 사람의 유전 연구 방법

가계도 조사	• 특정 유전 형질을 가지는 집안의 가계도를 조사하여 그 형질의 우열 관계, 유전자의 전달 경로, 유전자형 등을 알아낼 수 있다. • 가계도를 통해 알 수 있는 것 ① 특정 형질이 우성인지, 열성인지를 알 수 있다. ② 특정 형질을 결정하는 유전자가 상염색체에 있는지, 성염색체에 있는지를 알 수 있다. ③ 가계를 구성하는 구성원들의 유전자형과 태어날 자손이 특정 형질을 나타낼 확률을 유추할 수 있다.
쌍둥이 연구	1란성 쌍둥이와 2란성 쌍둥이의 성장 환경과 형질 발현의 일치율 등을 조사하여 형질의 차이가 유전에 의한 것이지, 환경에 의한 것인지를 확인할 수 있다.
집단 조사	여러 가계를 포함하는 집단에서 유전 형질이 나타나는 빈도를 조사하고, 그 자료를 통계 처리하여 특정 유전 형질의 특징과 분포 등을 알아낼 수 있다.
염색체 및 유전자 연구	핵형 분석을 통해 염색체 이상에 의한 유전병을 알아내거나, DNA에서 특정 유전자의 염기 서열을 분석하여 특정 유전병의 여부를 알아낼 수 있다.

개념 ❷ 상염색체 유전

1. **상염색체 유전**: 상염색체에 있는 유전자에 의해 형질이 결정되며, 성별에 따라 형질이 발현되는 빈도에 차이가 없다.
2. **단일 인자 유전** └→ 형질의 발현 빈도가 성별의 영향을 받지 않는다.
   (1) 대립유전자의 종류가 2가지인 경우(단일 대립 유전)
   ① 일반적으로 우성과 열성이 뚜렷하게 구분된다.
   ② 우열의 원리와 분리의 법칙에 따라 유전된다.
   예 눈꺼풀, 보조개, 혀 말기, 귓불 모양, 이마선, PTC 미맹 등

구분	눈꺼풀	보조개	혀 말기	귓불 모양	이마선
우성	쌍꺼풀	있음	가능	분리형	V자형
열성	외까풀	없음	불가능	부착형	일자형

   (2) 대립유전자의 종류가 3가지 이상인 경우(복대립 유전): 하나의 형질을 결정하는 대립유전자가 3가지 이상인 경우로, 단일 인자 유전이므로 한 쌍의 대립유전자에 의해 형질이 결정된다.
   예 ABO식 혈액형

대립유전자	A, B, O 3가지가 있다.			
대립유전자 사이의 우열 관계	A와 B는 O에 대해 우성이고, A와 B 사이에는 우열이 구분되지 않는다.			
혈액형의 결정	상염색체에 있는 한 쌍의 대립유전자가 적혈구 표면에 응집원의 형성을 결정한다.			
ABO식 혈액형의 유전자형과 표현형	유전자형	AA, AO	BB, BO	AB	OO
	표현형 (혈액형)	A형	B형	AB형	O형

개념 ❸ 성염색체 유전

1. **성염색체 유전**: 성염색체에 있는 유전자에 의해 형질이 결정되며, 남녀의 성염색체 구성이 다르기 때문에 성별에 따라 발현되는 빈도가 다르다.
   (1) **적록 색맹**: 빨간색과 초록색을 구분하지 못하는 유전 형질로, 유전자는 X 염색체에 있다.
   ① 정상 대립유전자(X^R)가 우성이고, 적록 색맹 대립유전자(X^r)가 열성이다.
   ② 성별에 따른 적록 색맹 유전자형과 표현형

성별	남자		여자		
유전자형	$X^R Y$	$X^r Y$	$X^R X^R$	$X^R X^r$	$X^r X^r$
표현형	정상	적록 색맹	정상	정상	적록 색맹

   ③ 적록 색맹은 여자보다 남자에게 더 많이 나타난다. ➡ 성염색체 구성이 XX인 여자는 X 염색체 2개에 모두 적록 색맹 대립유전자(X^r)가 있어야 적록 색맹이 나타나지만, 성염색체 구성이 XY인 남자는 X 염색체 1개에 적록 색맹 대립유전자(X^r)가 있으면 적록 색맹이 나타나기 때문이다.
   (2) **혈우병**: 출혈 시 혈액이 잘 응고되지 않는 유전 형질로, 유전자는 X 염색체에 있다. ➡ 혈액 응고에 관여하는 단백질을 만드는 유전자에 이상이 있다.
   ① 정상 대립유전자(X^A)가 우성이고, 혈우병 대립유전자(X^a)가 열성이다.
   ② 성별에 따른 혈우병 유전자형과 표현형

성별	남자		여자		
유전자형	$X^A Y$	$X^a Y$	$X^A X^A$	$X^A X^a$	$X^a X^a$
표현형	정상	혈우병	정상	정상	혈우병

   └→ 여자 혈우병 환자는 태어나기 전에 사망하는 경우가 많아 거의 없다.

개념 ❹ 다인자 유전

1. **다인자 유전**: 여러 쌍의 대립유전자에 의해 하나의 형질이 결정되는 유전 현상으로, 표현형이 다양하게 나타나며 환경의 영향을 받는다. 예 피부색, 키, 몸무게, 지문 형태 등
2. **단일 인자 유전과 다인자 유전 비교**

구분	단일 인자 유전	다인자 유전
형질 결정	한 쌍의 대립유전자에 의해 결정된다.	여러 쌍의 대립유전자에 의해 결정된다.
형질 분포	대부분 대립 형질이 뚜렷하다. ➡ 불연속적인 변이	표현형이 다양하게 나타난다. ➡ 정상 분포 곡선

자료 분석 　가계도 분석 – 상염색체 유전

그림은 어떤 집안의 유전병 ㉠에 대한 가계도를 나타낸 것이다. ㉠은 대립유전자 A와 A*에 의해 결정되며, A는 A*에 대해 완전 우성이다.

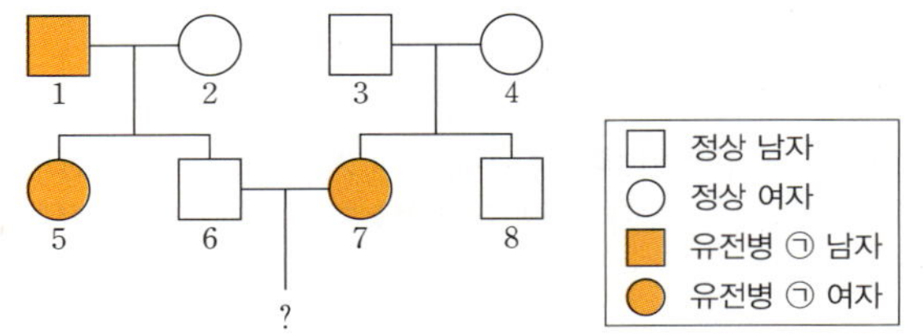

❶ 정상인 3과 4 사이에서 ㉠을 갖는 7이 태어났으므로 정상이 우성 형질, ㉠은 열성 형질이고, 정상 대립유전자는 A, ㉠ 대립유전자는 A*이다.

❷ A와 A*이 X 염색체에 있다면 7의 아버지인 3에서 ㉠이 나타나야 한다. 하지만 3이 정상이므로 A와 A*은 상염색체에 있다.

❸ ㉠에 대한 유전자형은 1, 5, 7이 A*A*이고, 2, 3, 4, 6이 AA*이며, 8이 AA 또는 AA*이다.

❹ 6과 7 사이에서 아이가 태어날 때, 이 아이에게서 ㉠이 나타날 확률은 $\frac{1}{2}$이다.

자료 분석 　가계도 분석 – 성염색체 유전

그림은 어떤 집안의 적록 색맹에 대한 가계도를 나타낸 것이다.

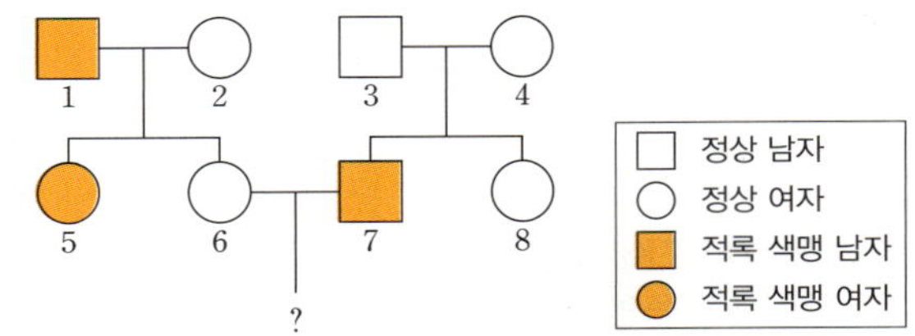

❶ 적록 색맹 대립유전자(X^r)는 X 염색체에 있으며, 정상 대립유전자(X^R)에 대해 열성이다.

❷ 적록 색맹에 대한 유전자형은 1과 7이 X^rY, 3이 X^RY, 2, 4, 6은 X^RX^r, 8은 X^RX^R 또는 X^RX^r이다.

❸ 6과 7 사이에서 아이가 태어날 때, 이 아이에게서 적록 색맹이 나타날 확률은 $\frac{1}{2}$이다.

376

정답 및 해설 | 48쪽

[　　　　　] 조사를 통해 특정 형질이 우성인지 열성인지를 알아낼 수 있다.

377

형질을 결정하는 유전자가 상염색체에 있으면 성별에 따라 이 형질이 발현되는 빈도에 차이가 [　　　　　].

378

그림은 어떤 가족의 PTC 미맹에 대한 가계도를 나타낸 것이다. PTC 미맹은 대립유전자 T와 t에 의해 결정되며, T가 t에 대해 완전 우성이다. (단, 돌연변이는 고려하지 않는다.)

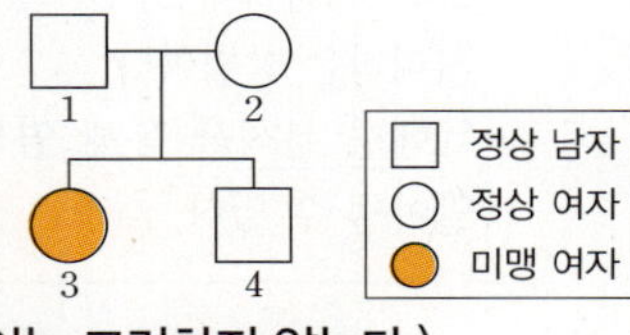

(1) 1과 2의 미맹에 대한 유전자형은?
(2) 4의 동생이 태어날 때, 이 아이가 정상일 확률은?

379

ABO식 혈액형의 유전에 대한 설명으로 옳은 것은 ○, 옳지 않은 것은 ×로 표시하시오.

(1) 대립유전자의 종류는 모두 3가지이다. 　　　(　　　)
(2) 성염색체에 있는 한 쌍의 대립유전자에 의해 결정된다. 　　　(　　　)
(3) 표현형의 종류는 모두 4가지이다. 　　　(　　　)

380

그림은 어떤 가족의 적록 색맹에 대한 가계도를 나타낸 것이다. 적록 색맹은 대립유전자 R와 r에 의해 결정되며, R가 r에 대해 완전 우성이다. (단, 돌연변이는 고려하지 않는다.)

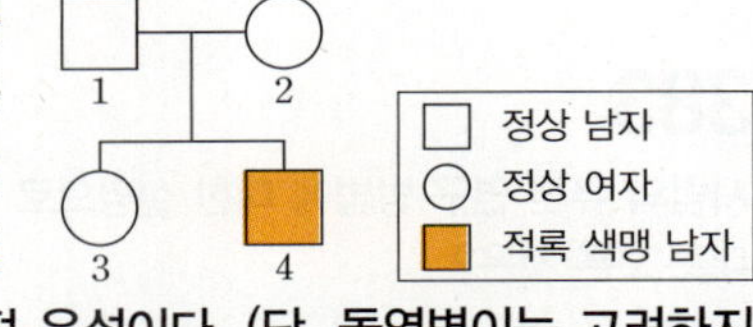

(1) 2의 적록 색맹에 대한 유전자형은?
(2) 4의 동생이 태어날 때, 이 동생이 적록 색맹일 확률은?

381

[　　　　　]은 여러 쌍의 대립유전자에 의해 하나의 형질이 결정되는 유전 현상이다.

개념 1 사람의 유전 연구 방법

(족집게 **전략**) 사람의 유전 연구 방법의 종류에 대해 알아야지. 또한 각각의 연구 방법의 특징을 알고 문제를 풀어야 해.

382 단골 문제

다음은 사람의 유전 연구 방법에 대한 설명이다.

- ㉠가계도 조사를 통해 특정 형질이 우성인지 열성인지를 알아낼 수 있다.
- ㉡집단 조사는 여러 가계를 포함한 집단에서 유전 형질이 나타나는 빈도를 조사하고, 그 자료를 통계 처리하는 방법이다.
- ㉢핵형 분석을 통해 염색체 이상에 의한 유전병을 알아낼 수 있다.

이에 대한 설명으로 옳은 것만을 〈보기〉에서 있는 대로 고른 것은?

보기

ㄱ. ㉠에는 한 집안을 구성하는 구성원들의 유전적 특성이 나타난다.
ㄴ. ㉡을 통해 특정 유전 형질의 특징과 분포 등을 알아낼 수 있다.
ㄷ. ㉢을 통해 유전자 이상에 의한 유전병을 알아낼 수 있다.

① ㄱ　　② ㄴ　　③ ㄷ　　④ ㄱ, ㄴ　　⑤ ㄴ, ㄷ

추가로 나오는 **선택지**

❶ ㉠의 분석을 통해 특정 형질에 대한 유전자가 상염색체에 있는지 성염색체에 있는지를 알아낼 수 있다. 　　　(　　)
❷ ㉢은 특정 유전자의 염기 서열을 분석하는 방법이다. 　(　　)

383

사람의 유전 연구 방법에 대한 설명으로 옳은 것만을 〈보기〉에서 있는 대로 고른 것은?

보기

ㄱ. 가계도 조사를 통해 특정 형질에 대한 유전자의 전달 경로를 알아낼 수 있다.
ㄴ. 집단 조사를 통해 특정 유전 형질의 특징과 분포 등을 알아낼 수 있다.
ㄷ. 쌍둥이 연구를 통해 쌍둥이의 형질 차이가 유전에 의한 것인지 환경에 의한 것인지를 확인할 수 있다.

① ㄱ　　② ㄷ　　③ ㄱ, ㄴ　　④ ㄴ, ㄷ　　⑤ ㄱ, ㄴ, ㄷ

개념 2 상염색체 유전

(족집게 **전략**) 가계도 분석을 통해 특정 형질이 우성 형질인지 열성 형질인지를 알고, 형질을 결정하는 유전자가 상염색체에 있는지를 먼저 알아낸 후 문제를 풀어야 해.

384 단골 문제

그림은 어떤 집안의 유전병 ㉠에 대한 가계도를 나타낸 것이다. ㉠은 대립유전자 A와 A*에 의해 결정되며, A는 A*에 대해 완전 우성이다.

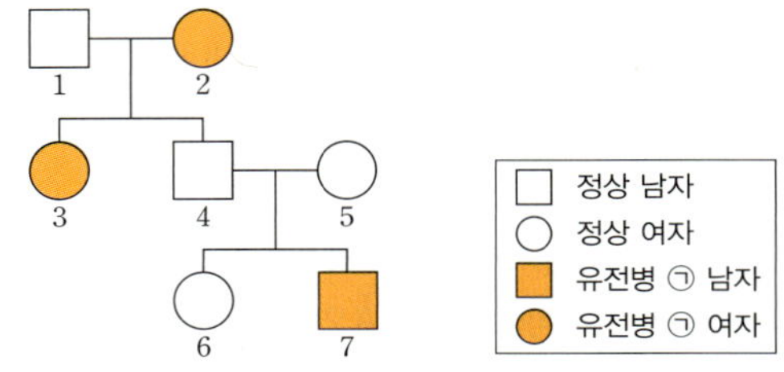

이에 대한 설명으로 옳은 것만을 〈보기〉에서 있는 대로 고른 것은? (단, 돌연변이는 고려하지 않는다.)

보기

ㄱ. ㉠은 열성 형질이다.
ㄴ. A와 A*은 X 염색체에 있다.
ㄷ. 1과 4의 ㉠에 대한 유전자형은 AA*이다.

① ㄱ　　② ㄴ　　③ ㄷ
④ ㄱ, ㄷ　　⑤ ㄴ, ㄷ

추가로 나오는 **선택지**

❶ A*은 정상 대립유전자이다. 　　　　　　(　　)
❷ 7의 동생이 태어날 때, 이 아이에게서 ㉠이 나타날 확률은 $\frac{1}{4}$이다. 　　　　　　　　　　　　(　　)

385

ABO식 혈액형의 유전에 대한 설명으로 옳은 것만을 〈보기〉에서 있는 대로 고른 것은? (단, 돌연변이는 고려하지 않는다.)

보기

ㄱ. 표현형의 종류는 모두 4가지이다.
ㄴ. 유전자형의 종류는 모두 8가지이다.
ㄷ. 성별에 따라 형질이 발현되는 빈도에 차이가 없다.

① ㄴ　　② ㄷ　　③ ㄱ, ㄴ
④ ㄱ, ㄷ　　⑤ ㄱ, ㄴ, ㄷ

386 중요

그림은 어떤 집안의 ABO식 혈액형에 대한 가계도를 나타낸 것이다.

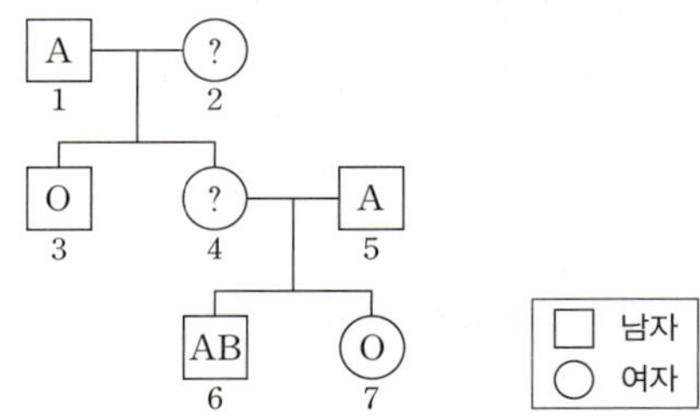

이에 대한 설명으로 옳은 것만을 〈보기〉에서 있는 대로 고른 것은? (단, 돌연변이는 고려하지 않는다.)

보기

ㄱ. 2와 4의 ABO식 혈액형은 모두 B형이다.
ㄴ. 1과 5의 ABO식 혈액형에 대한 유전자형은 서로 다르다.
ㄷ. 7의 동생이 태어날 때, 이 아이의 ABO식 혈액형이 A형일 확률은 $\frac{1}{4}$이다.

① ㄱ 　　② ㄴ 　　③ ㄱ, ㄴ
④ ㄱ, ㄷ 　　⑤ ㄴ, ㄷ

387

표는 여러 가구에서 부모의 이마선에 따른 자녀의 이마선과 자녀의 수를 나타낸 것이다. 사람의 이마선에는 V자형과 일자형이 있고, 이마선은 한 쌍의 대립유전자에 의해 결정되며, 두 대립유전자 사이의 우열 관계는 분명하다.

구분	부모의 이마선	가구 수	자녀의 이마선	
			V자형	일자형
A	V자형 × V자형	10	32명	6명
B	V자형 × 일자형	8	21명	9명
C	일자형 × 일자형	12	0명	42명

이에 대한 설명으로 옳은 것만을 〈보기〉에서 있는 대로 고른 것은? (단, 돌연변이는 고려하지 않는다.)

보기

ㄱ. 일자형은 열성 형질이다.
ㄴ. B의 모든 가구에서 부모의 이마선에 대한 유전자형은 모두 동형 접합이다.
ㄷ. 이마선의 유전은 다인자 유전이다.

① ㄱ 　　② ㄴ 　　③ ㄱ, ㄴ
④ ㄱ, ㄷ 　　⑤ ㄴ, ㄷ

388

표는 철수네 가족 구성원에서 유전병 ㉠의 발현 여부를, 그림은 이 가족에서 어머니를 제외한 가족 구성원에서 ㉠에 관여하는 대립유전자 A와 A*의 DNA 상대량을 나타낸 것이다. A와 A* 사이의 우열 관계는 분명하다.

가족	㉠의 발현 여부
아버지	발현됨
어머니	ⓐ
누나	발현됨
형	발현됨
철수	발현 안 됨

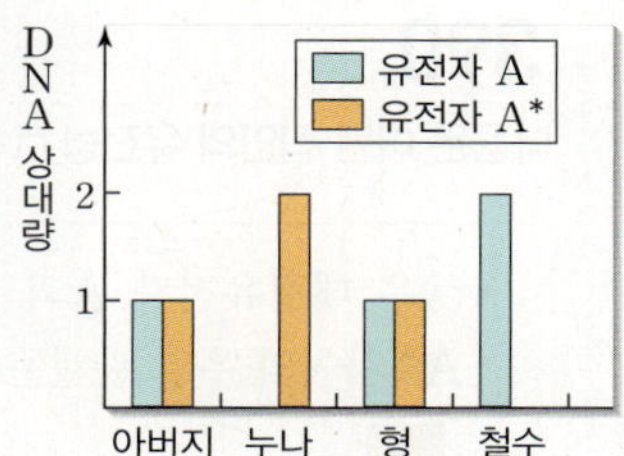

이에 대한 설명으로 옳은 것만을 〈보기〉에서 있는 대로 고른 것은? (단, 돌연변이는 고려하지 않는다.)

보기

ㄱ. A는 A*에 대해 우성이다.
ㄴ. ㉠의 유전자는 상염색체에 있다.
ㄷ. ⓐ는 '발현됨'이다.

① ㄱ 　　② ㄴ 　　③ ㄷ
④ ㄱ, ㄴ 　　⑤ ㄴ, ㄷ

389 서술형

그림은 어떤 집안의 유전병 ㉠에 대한 가계도를 나타낸 것이다. ㉠은 한 쌍의 대립유전자에 의해 결정되며, 두 대립유전자 사이의 우열 관계는 분명하다. (단, 돌연변이는 고려하지 않는다.)

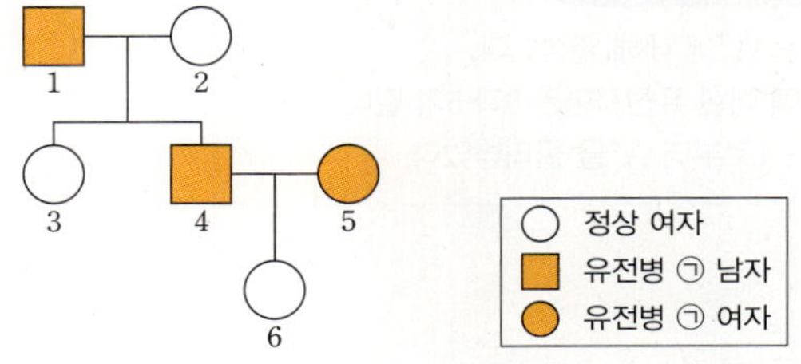

(1) ㉠이 우성 형질인지 열성 형질인지를 쓰고, 그렇게 생각한 까닭을 서술하시오.

(2) ㉠의 유전자는 상염색체와 성염색체 중 어떤 염색체에 있는지를 쓰고, 그렇게 생각한 까닭을 서술하시오.

족집게 전략 가계도 분석을 통해 특정 형질이 우성 형질인지 열성 형질인지를 알고, 형질을 결정하는 유전자가 성염색체에 있는지를 먼저 알아낸 후 문제를 풀어야 해.

390

다음은 어떤 집안의 유전병 ㉠에 대한 자료이다.

- ㉠은 대립유전자 A와 A*에 의해 결정되며, A와 A* 사이의 우열 관계는 분명하다.

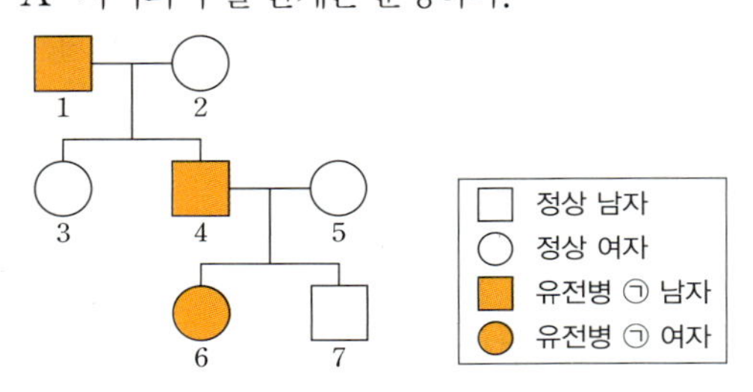

- 3과 4의 체세포 1개당 A*의 DNA 상대량은 같다.

이에 대한 설명으로 옳은 것만을 〈보기〉에서 있는 대로 고른 것은? (단, 돌연변이는 고려하지 않는다.)

보기

ㄱ. ㉠의 유전자는 X 염색체에 있다.
ㄴ. 2와 5의 ㉠에 대한 유전자형은 모두 AA*이다.
ㄷ. 7의 동생이 태어날 때, 이 아이가 ㉠을 가질 확률은 $\frac{1}{2}$이다.

① ㄱ   ② ㄷ   ③ ㄱ, ㄴ
④ ㄴ, ㄷ   ⑤ ㄱ, ㄴ, ㄷ

추가로 나오는 선택지

❶ A는 A*에 대해 열성이다.   (   )
❷ ㉠에 대한 유전자형은 3과 5가 같다.   (   )
❸ 4는 1로부터 A*을 물려받았다.   (   )

391

적록 색맹에 대한 설명으로 옳은 것만을 〈보기〉에서 있는 대로 고른 것은? (단, 돌연변이는 고려하지 않는다.)

보기

ㄱ. 적록 색맹은 우성 형질이다.
ㄴ. 딸이 적록 색맹이면 아버지도 적록 색맹이다.
ㄷ. 적록 색맹을 결정하는 유전자는 상염색체에 있다.

① ㄱ   ② ㄴ   ③ ㄱ, ㄴ   ④ ㄱ, ㄷ   ⑤ ㄴ, ㄷ

392

그림은 어떤 집안의 적록 색맹에 대한 가계도를 나타낸 것이다. 적록 색맹은 대립유전자 A와 A*에 의해 결정되며, A는 A*에 대해 완전 우성이다.

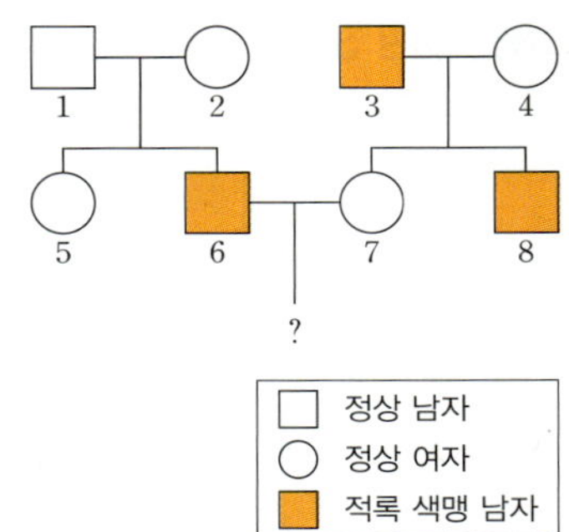

이에 대한 설명으로 옳은 것만을 〈보기〉에서 있는 대로 고른 것은? (단, 돌연변이는 고려하지 않는다.)

보기

ㄱ. 6은 2로부터 A*을 물려받았다.
ㄴ. 적록 색맹에 대한 유전자형은 4와 7이 모두 AA*이다.
ㄷ. 6과 7 사이에서 아이가 태어날 때, 이 아이가 적록 색맹일 확률은 $\frac{1}{2}$이다.

① ㄴ   ② ㄷ   ③ ㄱ, ㄴ   ④ ㄱ, ㄷ   ⑤ ㄱ, ㄴ, ㄷ

393 중요

다음은 어떤 집안의 유전병 ㉠에 대한 자료이다.

- ㉠은 대립유전자 A와 A*에 의해 결정되며, A는 A*에 대해 완전 우성이다.

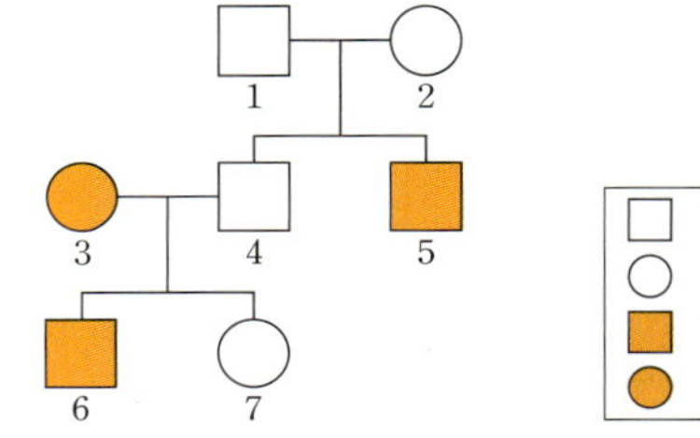

- 표는 구성원 1, 2, 7에서 체세포 1개당 A*의 DNA 상대량을 나타낸 것이다.

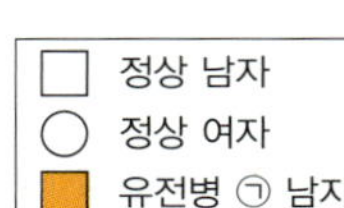

구성원	1	2	7
A*의 DNA 상대량	0	1	ⓐ

이에 대한 설명으로 옳은 것만을 〈보기〉에서 있는 대로 고른 것은? (단, 돌연변이는 고려하지 않는다.)

보기

ㄱ. ㉠은 열성 형질이다.
ㄴ. ⓐ는 '0'이다.
ㄷ. 7의 동생이 태어날 때, 이 아이가 ㉠을 가질 확률은 $\frac{1}{4}$이다.

① ㄱ   ② ㄴ   ③ ㄷ   ④ ㄱ, ㄴ   ⑤ ㄱ, ㄷ

394 중요

표는 철수네 가족 구성원의 유전병 ㉠의 발현 여부와 체세포 1개당 유전병 ㉠의 발현에 관여하는 대립유전자 A와 A*의 DNA 상대량을 나타낸 것이다.

가족	㉠의 발현 여부	DNA 상대량	
		A	A*
아버지	ⓐ	?	?
어머니	발현됨	1	1
누나	발현 안 됨	2	0
형	발현 안 됨	1	0
철수	발현됨	0	1

이에 대한 설명으로 옳은 것만을 〈보기〉에서 있는 대로 고른 것은? (단, 돌연변이는 고려하지 않는다.)

보기

ㄱ. ㉠의 유전자는 X 염색체에 있다.
ㄴ. ⓐ는 '발현됨'이다.
ㄷ. 철수의 동생이 태어날 때, 이 아이에게서 ㉠이 발현될 확률은 $\frac{1}{4}$이다.

① ㄱ　　　② ㄴ　　　③ ㄷ　　　④ ㄱ, ㄴ　　　⑤ ㄱ, ㄷ

395

다음은 어떤 집안의 유전병 ㉠에 대한 자료이다.

- ㉠은 대립유전자 A와 A*에 의해 결정되며, A는 A*에 대해 완전 우성이다.

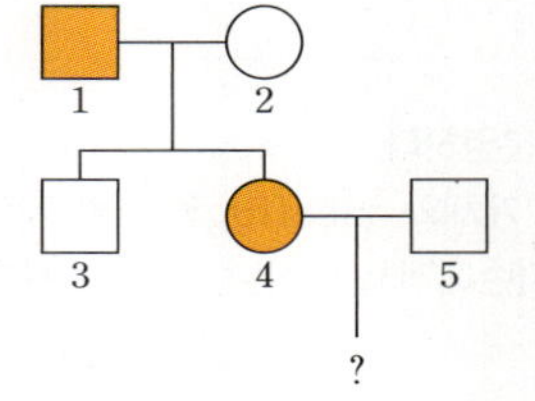

- 1과 2는 각각 A와 A* 중 한 종류만 가지고 있다.
- ㉠에 대한 유전자형은 3과 5가 같다.

이에 대한 설명으로 옳은 것만을 〈보기〉에서 있는 대로 고른 것은? (단, 돌연변이는 고려하지 않는다.)

보기

ㄱ. ㉠은 열성 형질이다.
ㄴ. ㉠의 유전자는 상염색체에 있다.
ㄷ. 4와 5 사이에서 아이가 태어날 때, 이 아이가 ㉠을 가질 확률은 $\frac{1}{4}$이다.

① ㄱ　　　② ㄴ　　　③ ㄷ　　　④ ㄱ, ㄴ　　　⑤ ㄱ, ㄷ

396

다음은 초파리의 눈 색 유전에 대한 자료이다.

- 초파리 수컷의 성염색체는 XY, 암컷의 성염색체는 XX이다.
- 눈 색은 붉은 눈 대립유전자 A와 흰 눈 대립유전자 A*에 의해 결정되며, A와 A* 사이의 우열 관계는 분명하다.
- 표는 ㉠붉은 눈 암컷과 붉은 눈 수컷을 교배하여 얻은 자손(F_1) 1000 마리의 표현형에 따른 개체수를 나타낸 것이다.

F_1 표현형	붉은 눈 암컷	붉은 눈 수컷	흰 눈 수컷
개체수	500	250	㉡250

이에 대한 설명으로 옳은 것만을 〈보기〉에서 있는 대로 고른 것은? (단, 돌연변이는 고려하지 않는다.)

보기

ㄱ. A는 A*에 대해 우성이다.
ㄴ. 눈 색을 결정하는 유전자는 상염색체에 있다.
ㄷ. ㉠과 유전자형이 같은 암컷과 ㉡ 중 한 마리를 교배하여 자손(F_1)을 얻을 때, 이 자손이 붉은 눈일 확률은 $\frac{1}{2}$이다.

① ㄱ　　　② ㄷ　　　③ ㄱ, ㄴ　　　④ ㄱ, ㄷ　　　⑤ ㄴ, ㄷ

397 서술형

다음은 어떤 집안의 유전병 ㉠에 대한 자료이다. (단, 돌연변이는 고려하지 않는다.)

- ㉠은 대립유전자 A와 A*에 의해 결정되며, A는 A*에 대해 완전 우성이다.

- 1과 2는 각각 A와 A* 중 한 종류만 가지고 있다.

(1) ㉠의 유전자는 상염색체와 성염색체 중 어떤 염색체에 있는지를 쓰고, 그렇게 생각한 까닭을 서술하시오.

(2) A와 A* 중 어떤 것이 정상 대립유전자인지를 쓰고, 그렇게 생각한 까닭을 서술하시오.

개념 ❹ 다인자 유전

> **족집게 전략** 단일 인자 유전과 다인자 유전의 차이점부터 알아야지. 또한 부모의 유전자형으로부터 자손에게 나타날 수 있는 유전자형과 표현형을 알고 문제를 풀어야 해.

398 단골 문제

다음은 어떤 동물의 유전병 ㉠과 ㉡에 대한 자료이다.

- ㉠은 한 쌍의 대립유전자에 의해 결정되고, ㉡은 세 쌍의 대립유전자에 의해 결정된다.
- 그림 (가)는 ㉠의, (나)는 ㉡의 표현형에 따른 개체 수를 나타낸 것이다.

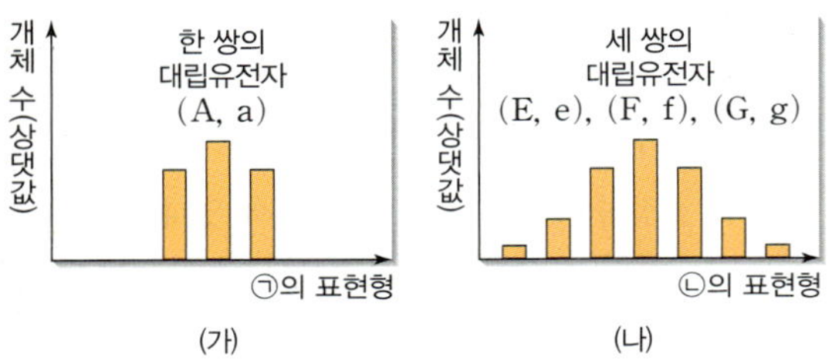

- ㉡의 표현형은 유전자형에서 대문자로 표시되는 대립유전자의 수에 의해서만 결정되며, 이 대립유전자의 수가 다르면 ㉡의 표현형이 다르다.
- A, E, F, G 유전자는 서로 다른 상염색체에 있다.

유전자형이 AaEeFfGg인 암수를 교배하여 자손(F₁)이 태어날 때, 이 자손의 표현형이 부모와 같을 확률은? (단, 돌연변이는 고려하지 않으며, 각 형질에서 그림에 나타난 표현형만을 고려한다.)

① $\frac{1}{2}$ ② $\frac{1}{4}$ ③ $\frac{1}{16}$ ④ $\frac{5}{16}$ ⑤ $\frac{5}{32}$

추가로 나오는 선택지

❶ A와 a 사이의 우열 관계는 분명하다. (　　)
❷ 유전자형이 AaEeFfGg인 개체와 aaeeffgg인 개체 사이에서 자손(F₁)이 태어날 때, 이 자손에게서 나타날 수 있는 표현형은 최대 8가지이다. (　　)

399

다인자 유전과 단일 인자 유전에 대한 설명으로 옳은 것만을 〈보기〉에서 있는 대로 고른 것은?

보기

ㄱ. 사람 키의 유전은 단일 인자 유전이다.
ㄴ. 다인자 유전은 표현형이 다양하게 나타난다.
ㄷ. 다인자 유전은 한 쌍의 대립유전자가 관여한다.

① ㄱ ② ㄴ ③ ㄱ, ㄴ ④ ㄱ, ㄷ ⑤ ㄴ, ㄷ

400 중요

다음은 어떤 동물의 유전병 ㉠과 ㉡에 대한 자료이다.

- ㉠은 세 쌍의 대립유전자 A와 a, B와 b, D와 d에 의해 결정된다. ㉠의 표현형은 유전자형에서 대문자로 표시되는 대립유전자의 수에 의해서만 결정되며, 이 대립유전자의 수가 다르면 ㉠의 표현형이 다르다.
- ㉡은 대립유전자 E와 e에 의해 결정되며, E와 e 사이의 우열 관계는 분명하다.
- A, B, D, E 유전자는 각각 서로 다른 상염색체에 있다.

이에 대한 설명으로 옳은 것만을 〈보기〉에서 있는 대로 고른 것은? (단, 돌연변이는 고려하지 않는다.)

보기

ㄱ. ㉡은 다인자 유전 형질이다.
ㄴ. 유전자형이 AaBbDdEe인 개체와 aabbddEe인 개체 사이에서 자손(F₁)이 태어날 때, 이 자손에게서 나타날 수 있는 표현형은 최대 8가지이다.
ㄷ. 유전자형이 AaBbDdEe인 암수를 교배하여 자손(F₁)이 태어날 때, 이 자손의 표현형이 부모와 같을 확률은 $\frac{15}{64}$ 이다.

① ㄱ ② ㄴ ③ ㄷ
④ ㄱ, ㄷ ⑤ ㄴ, ㄷ

401 서술형

다음은 사람의 유전병 ㉠과 ㉡에 대한 자료이다.

- ㉠은 두 쌍의 대립유전자 A와 a, B와 b에 의해 결정된다. ㉠의 표현형은 유전자형에서 대문자로 표시되는 대립유전자의 수에 의해서만 결정되며, 이 대립유전자의 수가 다르면 ㉠의 표현형이 다르다.
- ㉡은 대립유전자 D와 d에 의해 결정되며, 유전자형이 다르면 표현형이 다르다.

㉠과 ㉡은 단일 인자 유전 형질과 다인자 유전 형질 중 어떤 것인지를 쓰고, 그렇게 생각한 까닭을 서술하시오.

402 고난도

다음은 어떤 집안의 유전병 ㉠과 ㉡에 대한 자료이다.

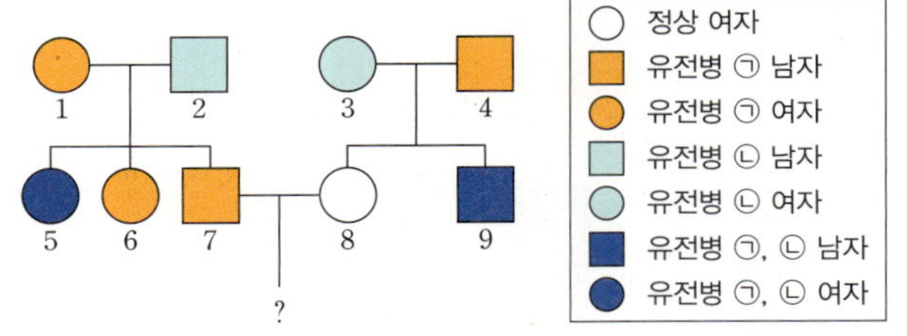

- ㉠은 대립유전자 A와 A*에 의해, ㉡은 대립유전자 B와 B*에 의해 결정되며, 각 대립유전자 사이의 우열 관계는 분명하다.

- 표는 구성원 1, 2, 3, 4의 A*과 B*의 DNA 상대량을 나타낸 것이다.

구성원		1	2	3	4
DNA 상대량	A*	2	0	0	1
	B*	1	1	2	0

7과 8 사이에서 아이가 태어날 때, 이 아이가 ㉠과 ㉡을 모두 가질 확률은? (단, 돌연변이는 고려하지 않으며, A*과 B* 각각의 1개당 DNA 상대량은 같다.)

① $\frac{1}{8}$　　② $\frac{3}{16}$　　③ $\frac{3}{8}$　　④ $\frac{1}{4}$　　⑤ $\frac{1}{2}$

403

다음은 어떤 가족의 적록 색맹과 유전병 ㉠에 대한 자료이다.

- ㉠은 대립유전자 A와 A*에 의해 결정되며, A는 A*에 대해 완전 우성이다.
- 표는 구성원의 성별, 적록 색맹과 ㉠의 발현 여부를 나타낸 것이다.

구성원	성별	적록 색맹	㉠
아버지	남	○	×
어머니	여	×	×
자녀 1	남	○	?
자녀 2	여	×	○

(○: 발현됨, ×: 발현 안 됨)

이에 대한 설명으로 옳은 것만을 〈보기〉에서 있는 대로 고른 것은? (단, 돌연변이는 고려하지 않는다.)

보기

ㄱ. ㉠의 유전자는 상염색체에 있다.

ㄴ. 어머니와 자녀 2의 적록 색맹 유전자형은 서로 같다.

ㄷ. 자녀 2의 동생이 태어날 때, 이 아이가 적록 색맹이고 ㉠을 가질 확률은 $\frac{1}{16}$이다.

① ㄱ　　② ㄴ　　③ ㄱ, ㄴ
④ ㄱ, ㄷ　　⑤ ㄴ, ㄷ

404

다음은 어떤 집안의 ABO식 혈액형에 대한 자료이다.

- 그림은 이 집안의 ABO식 혈액형에 대한 가계도를, 표는 1, 5, 6 사이의 ABO식 혈액형에 대한 혈액 응집 반응 결과를 나타낸 것이다.

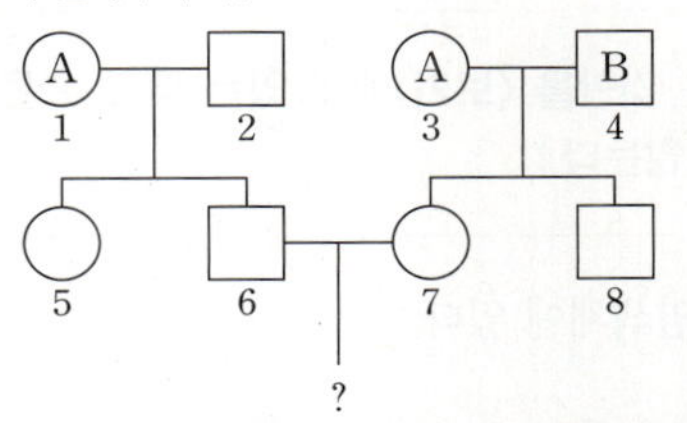

	1의 적혈구	5의 적혈구	6의 적혈구
1의 혈장	−	−	+
5의 혈장	+	−	+
6의 혈장	−	ⓐ	−

(+: 응집됨, −: 응집 안 됨)

- 2와 7의 ABO식 혈액형의 유전자형은 같다.

이에 대한 설명으로 옳은 것만을 〈보기〉에서 있는 대로 고른 것은? (단, 돌연변이는 고려하지 않는다.)

보기

ㄱ. ⓐ는 '+'이다.

ㄴ. 1과 3의 ABO식 혈액형의 유전자형은 같다.

ㄷ. 6과 7 사이에서 아이가 태어날 때, 이 아이의 ABO식 혈액형이 B형일 확률은 $\frac{1}{2}$이다.

① ㄱ　　② ㄴ　　③ ㄱ, ㄴ
④ ㄱ, ㄷ　　⑤ ㄴ, ㄷ

405 고난도

다음은 어떤 집안의 ABO식 혈액형과 유전병 ㉠에 대한 자료이다.

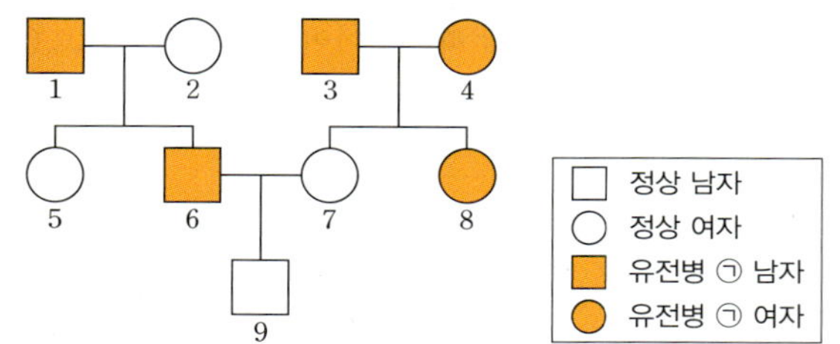

- ㉠은 대립유전자 T와 T*에 의해 결정되며, T는 T*에 대해 완전 우성이다. ㉠의 유전자와 ABO식 혈액형의 유전자는 서로 다른 염색체에 있다.

- 구성원 1, 2, 5, 6의 ABO식 혈액형은 모두 다르다.
- 표는 구성원 3, 5, 8, 9의 혈액 응집 반응 결과를 나타낸 것이다.

구성원	3	5	8	9
항 A 혈청	−	ⓐ	−	+
항 B 혈청	−	+	−	+

(+: 응집됨, −: 응집 안 됨)

이에 대한 설명으로 옳은 것만을 〈보기〉에서 있는 대로 고른 것은?
(단, 돌연변이는 고려하지 않는다.)

보기

ㄱ. ㉠의 유전자는 X 염색체에 있다.
ㄴ. ⓐ는 '−'이다.
ㄷ. 9의 동생이 태어날 때, 이 아이가 ㉠을 갖고 ABO식 혈액형이 A형일 확률은 $\frac{1}{8}$이다.

① ㄱ   ② ㄴ   ③ ㄷ
④ ㄱ, ㄴ   ⑤ ㄴ, ㄷ

406

다음은 사람의 유전병 ㉠에 대한 자료이다.

- ㉠은 2개의 유전자에 의해 결정되며, 2개의 유전자는 각각 대립유전자 A와 a, B와 b를 갖는다.
- A와 B는 서로 다른 상염색체에 있다.
- ㉠의 표현형은 유전자형에서 대문자로 표시되는 대립유전자의 수에 의해서만 결정되며, 이 대립유전자의 수가 다르면 표현형이 다르다.

보기

ㄱ. ㉠의 유전은 단일 인자 유전이다.
ㄴ. 유전자형이 AaBb와 aabb인 부모 사이에서 아이가 태어날 때, 이 아이에게서 나타날 수 있는 ㉠의 표현형은 최대 4가지이다.
ㄷ. 유전자형이 모두 AaBb인 부모 사이에서 아이가 태어날 때, ㉠의 표현형이 부모와 다른 아이가 태어날 확률은 $\frac{5}{8}$이다.

① ㄱ   ② ㄷ   ③ ㄱ, ㄴ
④ ㄱ, ㄷ   ⑤ ㄴ, ㄷ

407

다음은 어떤 집안의 유전병 ㉠과 ㉡에 대한 자료이다.

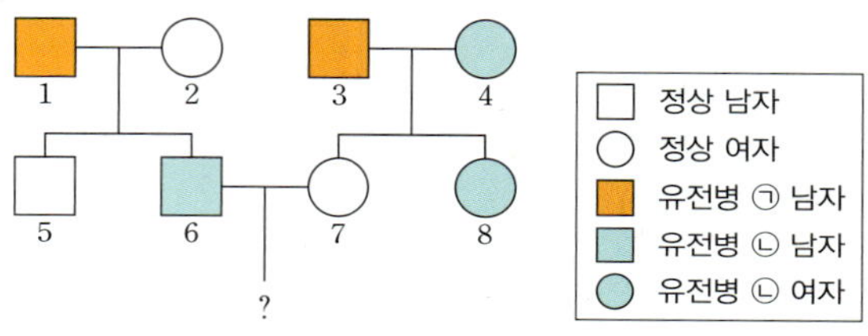

- ㉠은 대립유전자 A와 A*에 의해, ㉡은 대립유전자 B와 B*에 의해 결정된다. A는 A*에 대해, B는 B*에 대해 각각 완전 우성이다.

- 표는 구성원 (가)~(다)에서 체세포 1개당 A와 A*의 DNA 상대량을 나타낸 것이다. (가)~(다)는 각각 1, 2, 6 중 하나이다.

구성원		(가)	(나)	(다)
DNA 상대량	A	1	ⓐ	2
	A*	ⓑ	1	?

이에 대한 설명으로 옳은 것만을 〈보기〉에서 있는 대로 고른 것은?
(단, 돌연변이는 고려하지 않으며, A와 A* 각각의 1개당 DNA 상대량은 같다.)

보기

ㄱ. ⓐ+ⓑ=2이다.
ㄴ. ㉡의 유전자는 상염색체에 있다.
ㄷ. 6과 7 사이에서 아이가 태어날 때, 이 아이가 ㉠과 ㉡을 모두 가질 확률은 $\frac{1}{4}$이다.

① ㄱ   ② ㄴ   ③ ㄱ, ㄴ
④ ㄱ, ㄷ   ⑤ ㄴ, ㄷ

408

다음은 어떤 집안의 유전병 ㉠~㉢에 대한 자료이다.

- ㉠은 대립유전자 A와 A*에 의해, ㉡은 대립유전자 B와 B*에 의해, ㉢은 대립유전자 D와 D*에 의해 결정된다. A, B, D는 A*, B*, D*에 대해 각각 완전 우성이다.
- ㉠의 유전자와 ㉢의 유전자는 서로 다른 염색체에 있다.

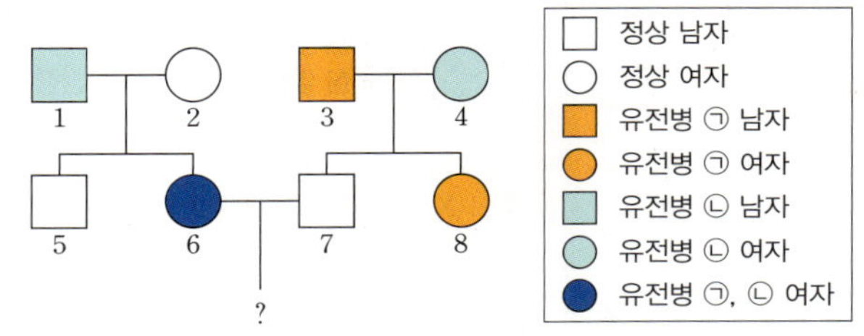

- 구성원 1과 2는 각각 B와 B* 중 한 종류만 가지고 있다.
- 구성원 1~8 중 1, 2, 4, 5, 7에서만 ㉢이 나타났다.

이에 대한 설명으로 옳은 것만을 〈보기〉에서 있는 대로 고른 것은? (단, 돌연변이는 고려하지 않는다.)

> **보기**
>
> ㄱ. ㉠의 유전자는 상염색체에 있다.
>
> ㄴ. ㉢은 열성 형질이다.
>
> ㄷ. 6과 7 사이에서 아이가 태어날 때, 이 아이가 ㉠과 ㉢을 모두 가질 확률은 $\frac{1}{4}$이다.

① ㄱ   ② ㄴ   ③ ㄱ, ㄴ
④ ㄱ, ㄷ   ⑤ ㄴ, ㄷ

409 고난도

다음은 어떤 집안의 유전병 ㉠과 ㉡에 대한 자료이다.

- ㉠은 대립유전자 A와 A*에 의해, ㉡은 대립유전자 B와 B*에 의해 결정된다. A는 A*에 대해, B는 B*에 대해 각각 완전 우성이다.

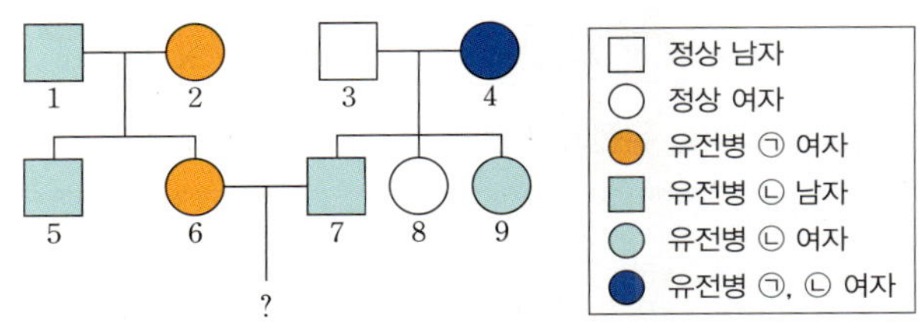

- 구성원 7, 8, 9 각각의 체세포 1개당 A*의 수를 더한 값과 구성원 1, 2, 6 각각의 체세포 1개당 B*의 수를 더한 값은 같다.

이에 대한 설명으로 옳은 것만을 〈보기〉에서 있는 대로 고른 것은? (단, 돌연변이는 고려하지 않는다.)

> **보기**
>
> ㄱ. ㉠의 유전자는 X 염색체에 있다.
>
> ㄴ. ㉡은 열성 형질이다.
>
> ㄷ. 6과 7 사이에서 아이가 태어날 때, 이 아이가 ㉠과 ㉡을 모두 가질 확률은 $\frac{1}{4}$이다.

① ㄱ   ② ㄴ   ③ ㄱ, ㄴ
④ ㄱ, ㄷ   ⑤ ㄴ, ㄷ

410

다음은 사람의 유전병 ㉠과 ㉡에 대한 자료이다.

- ㉠은 대립유전자 A와 a에 의해 결정되며, 유전자형이 다르면 표현형이 다르다.
- ㉡은 3개의 유전자에 의해 결정되며, 3개의 유전자는 각각 대립유전자 B와 b, D와 d, E와 e를 갖는다.
- ㉡의 표현형은 유전자형에서 대문자로 표시되는 대립유전자의 수에 의해서만 결정되며, 이 대립유전자의 수가 다르면 표현형이 다르다.
- 그림은 어떤 남자 P의 체세포에 들어 있는 일부 염색체와 유전자를 나타낸 것이다.

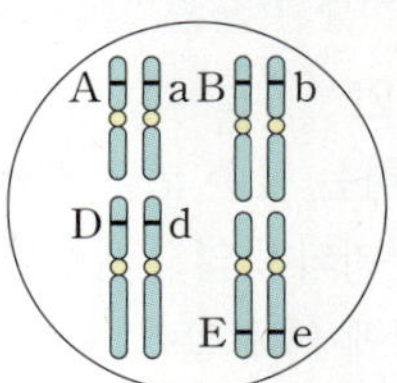

- P와 어떤 여자 Q 사이에서 ⓐ가 태어날 때, ⓐ에게서 나타날 수 있는 표현형은 최대 18가지이다.

이에 대한 설명으로 옳은 것만을 〈보기〉에서 있는 대로 고른 것은? (단, 돌연변이는 고려하지 않는다.)

> **보기**
>
> ㄱ. ㉠의 유전은 다인자 유전이다.
>
> ㄴ. ㉡에 대한 유전자형은 P와 Q가 같다.
>
> ㄷ. ⓐ에서 ㉠과 ㉡의 표현형이 모두 P와 같을 확률은 $\frac{5}{32}$이다.

① ㄱ   ② ㄷ   ③ ㄱ, ㄴ
④ ㄱ, ㄷ   ⑤ ㄴ, ㄷ

02 사람의 유전병

개념 ❶ 유전자 이상 유전병

1. 유전자 이상의 원인

(1) DNA의 염기 서열에 이상이 생겨 나타나는 돌연변이이다.

(2) 염색체의 구조나 수에 영향을 주지 않기 때문에 핵형 분석으로 알아낼 수 없으며, 유전자 분석법이나 선천적 대사 이상 검사와 같은 생화학적 분석법을 통해 알아낼 수 있다.

2. 유전자 이상 유전병의 종류

유전병	특징
낫 모양 적혈구 빈혈증	• 헤모글로빈 유전자의 염기 1개가 바뀌어 아미노산 1개가 달라진 결과, 구조가 변형된 돌연변이 헤모글로빈이 만들어진다. • 돌연변이 헤모글로빈이 만들어지면 낮은 산소 농도에서 적혈구가 낫 모양이 된다. → 빈혈 유발
페닐케톤뇨증	유전자 이상으로 특정 효소가 결핍되어 페닐알라닌이 타이로신으로 전환되지 못한다.
알비노증 (백색증)	유전자 이상으로 멜라닌 색소를 합성하는 데 관여하는 효소가 결핍되어 멜라닌 색소가 합성되지 않는다. → 머리카락 등이 색소 결핍으로 하얗게 된다.
낭성 섬유증 (낭포성 섬유증)	상피 세포의 세포막에서 물질 수송을 담당하는 단백질의 유전자에 돌연변이가 생겨 점액의 점성을 조절하지 못하는 유전병이다. → 염증 유발
헌팅턴 무도병	신경계가 점진적으로 파괴되면서 머리와 팔다리의 움직임이 통제되지 않고, 기억력과 판단력이 없어지는 등 지적 장애가 생긴다. → 우성 유전이다.

개념 ❷ 염색체 수 이상 유전병

1. 염색체 수 이상의 원인

(1) 생식세포를 형성하는 감수 분열 과정에서 일부 염색체 또는 전체 염색체가 분리되지 않고 동일한 딸세포로 이동하는 염색체 비분리 현상에 의해 일어난다.

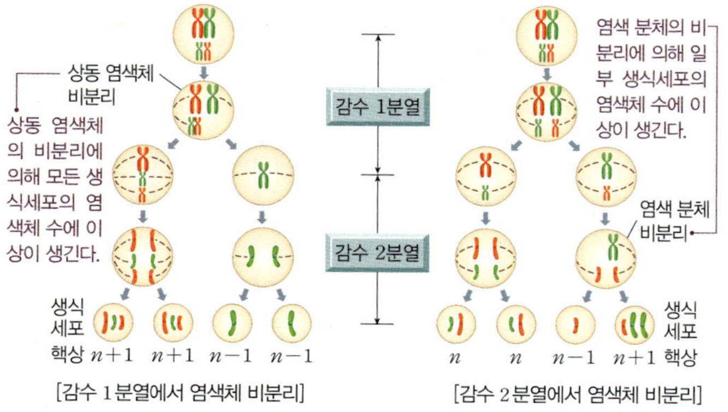

(2) 염색체 수 이상에는 특정 염색체의 수가 많아지거나 적어지는 이수성 돌연변이와 염색체 수가 한 조(n) 단위로 변화되는 배수성 돌연변이가 있다.

2. 염색체 수 이상 유전병의 종류

구분	유전병	염색체 구성	특징
상염색체 돌연변이	다운 증후군	45+XY 45+XX	• 21번 염색체가 3개 • 양쪽 눈 사이가 멀며, 지적 장애와 심장 기형 등이 나타난다.
	에드워드 증후군	45+XY 45+XX	• 18번 염색체가 3개 • 심각한 지적 장애와 심장 및 여러 장기에 기형이 나타난다.
성염색체 돌연변이	터너 증후군	44+X	• X 염색체가 1개 • 외관상 여자이지만, 생식 기관이 발달하지 않아 불임이다.
	클라인펠터 증후군	44+XXY	• X 염색체 2개, Y 염색체 1개 • 외관상 남자이지만 정소가 비정상적으로 작고 불임이다.

개념 ❸ 염색체 구조 이상 유전병

1. 염색체 구조 이상의 원인 → 염색체의 구조에 이상이 생겨 발생한다.

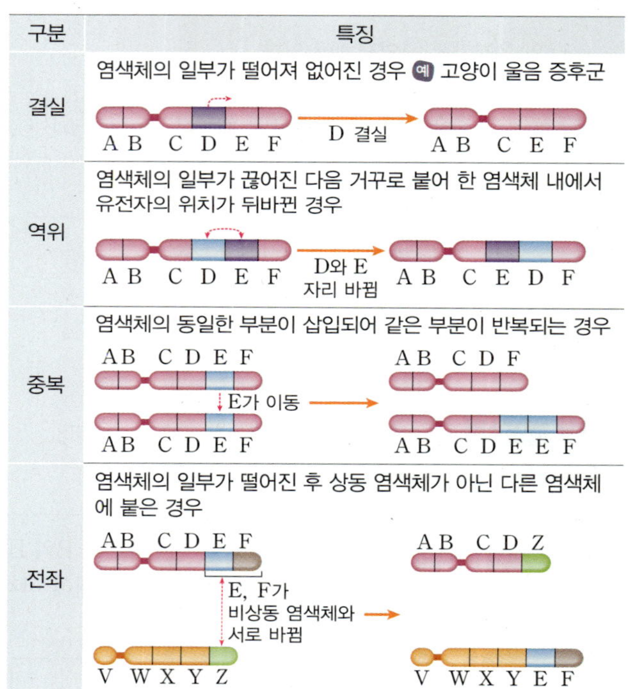

2. 염색체 구조 이상 유전병의 종류

유전병	특징
고양이 울음 증후군	• 5번 염색체의 일부가 결실되어 나타난다. • 어릴 때 고양이 울음소리를 내며, 안면 기형, 심장 기형, 발달 지연 등이 나타난다.
만성 골수성 백혈병	• 조혈 모세포에서 9번 염색체와 22번 염색체 사이에 전좌가 일어나 나타난다. • 조혈 모세포가 암세포로 변해 비정상적으로 과도하게 증식하여 백혈병이 나타난다.

과정
❶ 6개의 1.5 mL 마이크로튜브 중 3개는 뚜껑을 닫고, 나머지 3개는 뚜껑을 제거한다.

❷ 2개의 풍선 중 하나에는 뚜껑을 닫은 마이크로튜브를, 다른 하나에는 뚜껑을 제거한 마이크로튜브를 각각 3개씩 넣는다.

❸ 풍선을 늘인 후 뚜껑을 제거하여 연결이 가능한 마이크로튜브를 풍선 속에서 연결하고, 뚜껑을 닫은 마이크로튜브는 그대로 둔다.

결과 뚜껑을 제거하여 연결이 가능한 마이크로튜브를 풍선 속에서 연결하면 풍선이 긴 막대 모양으로 변한다.

정리 돌연변이 헤모글로빈은 산소와 결합한 상태에서는 서로 결합하지 않으나, 산소와 유리된 상태에서는 서로 결합할 수 있다. ➡ 혈액의 산소 농도가 낮을 경우 사슬 형태를 이루어 적혈구가 낫 모양으로 변한다.

자료 분석   염색체 비분리 현상 알아보기

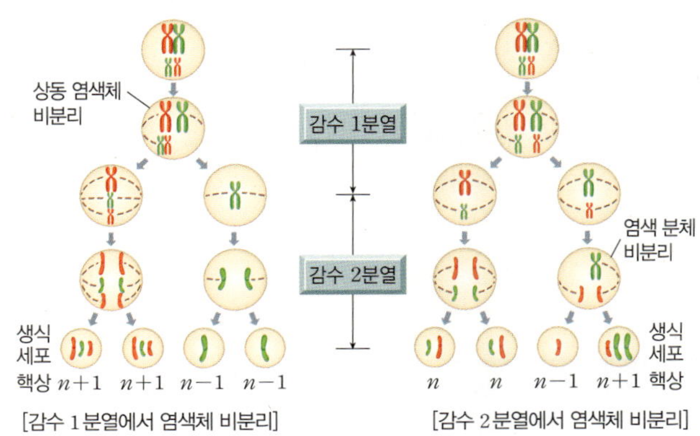

❶ 생식세포의 핵상

염색체 비분리 시기	생식세포의 핵상
감수 1분열	$n+1$, $n-1$
감수 2분열	$n+1$, n, $n-1$

❷ 생식세포의 유전자형(체세포의 유전자형이 Aa일 때)

염색체 비분리 시기	핵상이 $n+1$인 생식세포의 유전자형
감수 1분열	Aa
감수 2분열	AA, aa

정답 및 해설 | 53쪽

411

[   ] 이상 유전병은 DNA의 염기 서열에 이상이 생겨 나타난다.

412

낫 모양 적혈구 빈혈증의 경우 [   ] 산소 농도에서 적혈구가 낫 모양이 된다.

413

생식세포를 형성하는 감수 분열 과정에서 일부 염색체 또는 전체 염색체가 분리되지 않고 동일한 딸세포로 이동하는 것을 [   ] 현상이라고 한다.

414

감수 1분열에서 염색체 비분리가 일어나면 핵상이 [   ] 과 $n-1$인 생식세포가 형성된다.

415

염색체 수 이상 유전병에 대한 설명으로 옳은 것은 ○, 옳지 <u>않은</u> 것은 ×로 표시하시오.

(1) 이수성 돌연변이는 염색체 수가 한 조(n) 단위로 변화되는 돌연변이이다. (   )
(2) 다운 증후군인 사람의 체세포 1개당 염색체 수는 47이다. (   )
(3) 터너 증후군과 클라인펠터 증후군은 모두 상염색체 수 이상에 의한 유전병이다. (   )

416

[   ]는 염색체의 일부가 떨어진 후 상동 염색체가 아닌 다른 염색체에 붙은 경우이다.

417

염색체 구조 이상 유전병에 대한 설명으로 옳은 것은 ○, 옳지 <u>않은</u> 것은 ×로 표시하시오.

(1) 역위는 염색체의 동일한 부분이 삽입되어 같은 부분이 반복되는 경우이다. (   )
(2) 중복은 염색체의 일부가 끊어진 다음 거꾸로 붙어 한 염색체 내에서 유전자의 위치가 뒤바뀐 경우이다. (   )
(3) 고양이 울음 증후군은 5번 염색체의 일부가 결실되어 나타난다. (   )

개념 1 유전자 이상 유전병

족집게 전략 유전자 이상에 의한 유전병의 종류부터 알아야지. 또한 각 유전병의 특징을 알고 문제를 풀어야 해.

418 단골 문제

표는 사람의 유전병 ㉠~㉢의 특징을 나타낸 것이다. ㉠~㉢은 각각 알비노증, 페닐케톤뇨증, 낫 모양 적혈구 빈혈증 중 하나이다.

유전병	특징
㉠	특정 효소가 결핍되어 페닐알라닌이 타이로신으로 전환되지 못한다.
㉡	돌연변이 헤모글로빈으로 인해 낮은 산소 농도에서 적혈구가 낫 모양이 된다.
㉢	멜라닌 색소를 합성하는 데 관여하는 효소가 결핍되어 멜라닌 색소가 합성되지 않는다.

이에 대한 설명으로 옳은 것만을 〈보기〉에서 있는 대로 고른 것은?

보기

ㄱ. ㉠은 페닐케톤뇨증이다.
ㄴ. ㉡은 핵형 분석을 통해 알아낼 수 있다.
ㄷ. ㉢은 열성 형질이다.

① ㄴ　　　　② ㄷ　　　　③ ㄱ, ㄴ
④ ㄱ, ㄷ　　　⑤ ㄱ, ㄴ, ㄷ

추가로 나오는 **선택지**

❶ ㉠은 생화학적 분석법을 통해 알아낼 수 있다. 　　(　　)
❷ ㉢은 염색체 수 이상에 의해 나타난다. 　　(　　)

419

유전자 이상에 의한 유전병에 대한 설명으로 옳은 것만을 〈보기〉에서 있는 대로 고른 것은?

보기

ㄱ. 유전자 이상에 의한 유전병만 있는 사람의 체세포 1개당 염색체 수는 46이다.
ㄴ. 고양이 울음 증후군은 유전자 이상에 의한 유전병이다.
ㄷ. 유전자 이상에 의한 모든 유전병은 열성 형질이다.

① ㄱ　　　　② ㄴ　　　　③ ㄱ, ㄴ
④ ㄱ, ㄷ　　　⑤ ㄴ, ㄷ

개념 2 염색체 수 이상 유전병

족집게 전략 가계도 분석을 통해 특정 유전자를 누구로부터 물려받았는지 알아야지. 또한 생식세포 형성 시 어느 시기에 염색체 비분리가 일어났는지를 알아내고 문제를 풀어야 해.

420 단골 문제

다음은 어떤 가족의 적록 색맹에 대한 자료이다.

- 적록 색맹은 대립유전자 A와 A*에 의해 결정되며, A는 A*에 대해 완전 우성이다.

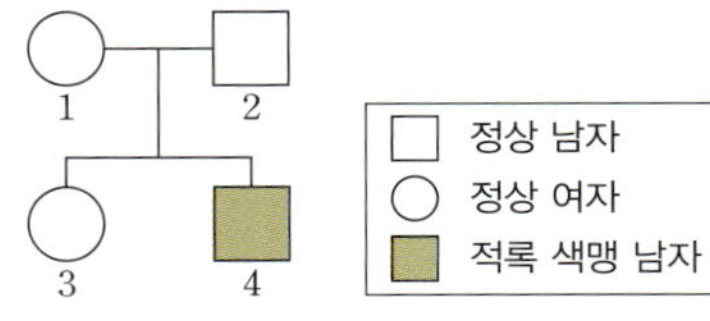

- 구성원 4는 클라인펠터 증후군을 나타낸다.
- 감수 분열 시 부모 중 한 사람에게서만 성염색체 비분리가 1회 일어나 ⓐ염색체 수가 비정상적인 생식세포가 형성되었다. ⓐ가 ⓑ염색체 수가 정상 생식세포와 수정되어 4가 태어났다.

이에 대한 설명으로 옳은 것만을 〈보기〉에서 있는 대로 고른 것은? (단, 제시된 염색체 비분리 이외의 다른 돌연변이는 고려하지 않는다.)

보기

ㄱ. 1은 A*을 갖고 있다.
ㄴ. ⓐ는 감수 2분열에서 염색체 비분리가 일어나 형성된 생식세포이다.
ㄷ. ⓑ는 X 염색체를 갖고 있다.

① ㄱ　　　　② ㄷ　　　　③ ㄱ, ㄴ
④ ㄴ, ㄷ　　　⑤ ㄱ, ㄴ, ㄷ

추가로 나오는 **선택지**

❶ ⓐ에서 $\dfrac{\text{상염색체 수}}{\text{X 염색체 수}}=11$이다. 　　(　　)
❷ 4는 1로부터 A*을 물려받았다. 　　(　　)

421 중요

그림 (가)와 (나)는 각각 핵형이 정상인 여자와 남자의 생식세포 형성 과정을 나타낸 것이다. (가)에서는 21번 염색체가, (나)에서는 성염색체가 비분리되었다. ㉠은 난자이고, ㉡은 정자이다.

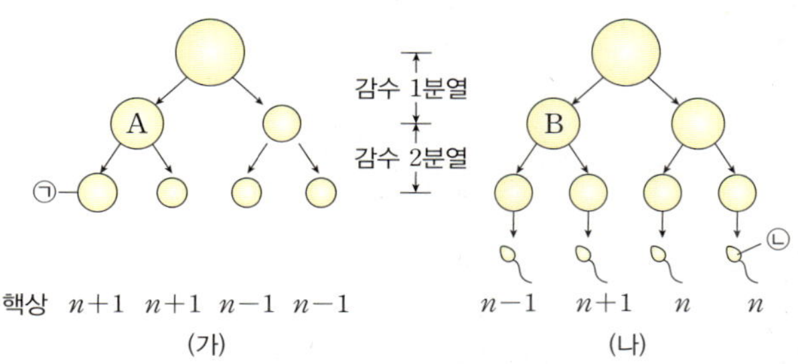

이에 대한 설명으로 옳은 것만을 〈보기〉에서 있는 대로 고른 것은? (단, (가)와 (나)에서 염색체 비분리는 각각 1회씩 일어났으며, 제시된 돌연변이 이외의 다른 돌연변이는 고려하지 않는다.)

보기

ㄱ. (가)에서 상동 염색체의 비분리가 일어났다.

ㄴ. $\dfrac{\text{A의 염색체 수}}{\text{B의 상염색체 수}}=1$이다.

ㄷ. ㉠과 ㉡이 수정되어 아이가 태어날 때, 이 아이는 클라인 펠터 증후군을 나타낸다.

① ㄱ　　　　② ㄴ　　　　③ ㄱ, ㄴ
④ ㄱ, ㄷ　　　⑤ ㄴ, ㄷ

422

다음은 가족 구성원의 핵형이 모두 정상인 가족 (가)와 (나)의 유전병 ㉠에 대한 자료이다.

- ㉠은 대립유전자 A와 A*에 의해 결정되며, A와 A* 사이의 우열 관계는 분명하다.

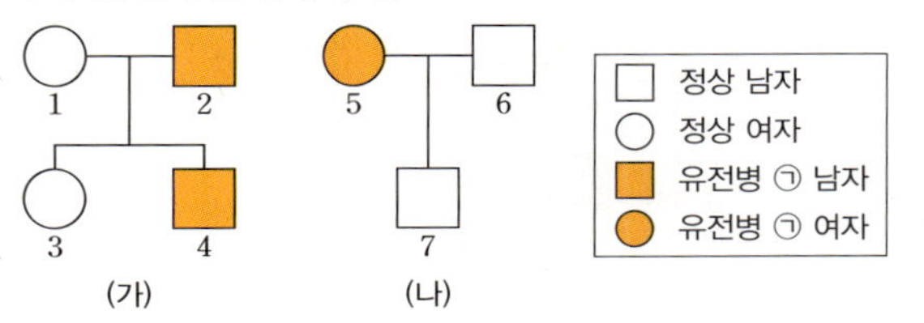

- 체세포 1개당 A*의 DNA 상대량은 3과 4가 같다.
- 난자 ⓐ와 정자 ⓑ가 수정되어 7이 태어났으며, ⓐ와 ⓑ의 형성 과정 중 염색체 비분리는 각각 1회씩 일어났다.

이에 대한 설명으로 옳은 것만을 〈보기〉에서 있는 대로 고른 것은? (단, 제시된 염색체 비분리 이외의 돌연변이는 고려하지 않는다.)

보기

ㄱ. 3은 2로부터 A*을 물려받았다.

ㄴ. ⓐ의 염색체 수는 24이다.

ㄷ. ⓑ가 형성될 때 염색체 비분리는 감수 2분열에서 일어났다.

① ㄱ　　　　② ㄴ　　　　③ ㄷ
④ ㄱ, ㄴ　　　⑤ ㄱ, ㄷ

423 서술형

다음은 정상인 부모와 유전병 ㉠을 갖는 철수($2n=46$)에 대한 자료이다. (단, 제시된 염색체 비분리 이외의 다른 돌연변이는 고려하지 않는다.)

- ㉠은 대립유전자 A와 A*에 의해 결정되며, A와 A*은 7번 염색체에 있다.
- A는 A*에 대해 완전 우성이다.
- 철수는 7번 염색체 쌍을 모두 어머니로부터, 그 외 나머지 염색체는 아버지와 어머니로부터 각각 하나씩 물려받았다.
- 어머니에게서 형성된 난자 ⓐ가 수정되어 철수가 태어났다. ⓐ 형성 시 염색체 비분리는 1회만 일어났다.

(1) ㉠이 우성 형질인지 열성 형질인지를 쓰고, 그렇게 생각한 까닭을 서술하시오.

(2) ⓐ가 형성될 때 염색체 비분리는 감수 1분열과 감수 2분열 중 어느 시기에 일어났는지를 쓰고, 그렇게 생각한 까닭을 서술하시오.

개념 ❸ 염색체 구조 이상 유전병

족집게 전략 염색체 구조 이상 유전병의 종류와 특징부터 알아야 지. 또한 염색체를 보고 어떤 염색체 구조 이상에 해당하는지를 알 아내고 문제를 풀어야 해.

424 단골 문제

그림 (가)~(다)는 어떤 동물($2n=4$)의 3개의 체세포에서 관찰한 염색체를 나타낸 것이다. (가)는 정상 세포의 염색체, (나)와 (다) 는 염색체 구조 이상이 일어난 세포의 염색체이다.

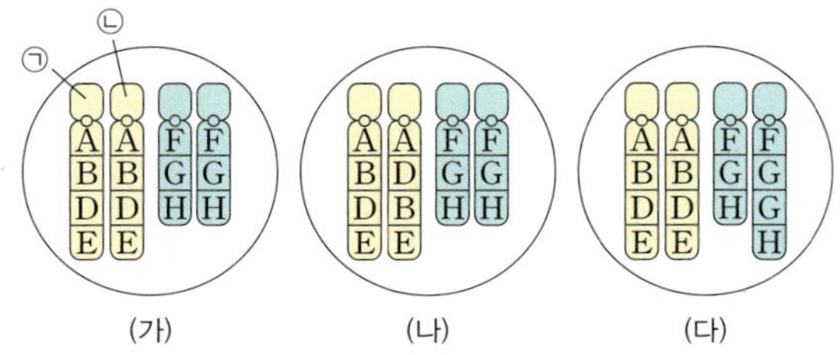

이에 대한 설명으로 옳은 것만을 〈보기〉에서 있는 대로 고른 것은?

보기

ㄱ. ㉠은 ㉡의 염색 분체이다.

ㄴ. (나)에는 역위가 일어난 염색체가 있다.

ㄷ. (다)는 상동 염색체 사이에 전좌가 일어난 세포이다.

① ㄱ 　　② ㄴ 　　③ ㄷ
④ ㄱ, ㄴ 　　⑤ ㄴ, ㄷ

추가로 나오는 선택지

❶ 고양이 울음 증후군은 (나)와 같은 염색체 이상으로 나타난다.
　　　　　　　　　　　　　　　　　（　　　）

❷ (다)에서 일어난 염색체 이상은 핵형 분석을 통해 알아낼 수 있다.
　　　　　　　　　　　　　　　　　（　　　）

425

염색체 구조 이상 유전병에 대한 설명으로 옳은 것만을 〈보기〉에서 있는 대로 고른 것은?

보기

ㄱ. 고양이 울음 증후군은 5번 염색체의 일부가 결실되어 나타 난다.

ㄴ. 역위는 염색체의 일부가 끊어진 다음 거꾸로 붙어 한 염색 체 내에서 유전자의 위치가 뒤바뀐 경우이다.

ㄷ. 중복은 염색체의 일부가 떨어진 후 상동 염색체가 아닌 다른 염색체에 붙은 경우이다.

① ㄱ 　　② ㄴ 　　③ ㄱ, ㄴ
④ ㄱ, ㄷ 　　⑤ ㄴ, ㄷ

426

표는 어머니와 자녀 (가), (나)의 21번 염색체와 성염색체를 나타낸 것이 다. 어머니의 모든 세포에서 21번 염색체와 성염색체 사이에 전좌가 일어났으며, 아버지는 염색체 구조 이상이 없다.

어머니	자녀 (가)	자녀 (나)
21번 염색체　성 염색체	㉠ ㉡	㉢　　㉣

이에 대한 설명으로 옳은 것만을 〈보기〉에서 있는 대로 고른 것은? (단, 어머니와 자녀 (가), (나)는 그림에서 제시된 전좌 이외의 다른 돌연 변이는 없다.)

보기

ㄱ. 어머니는 다운 증후군을 나타낸다.

ㄴ. ㉠은 ㉡의 상동 염색체이다.

ㄷ. ㉢과 ㉣은 모두 아버지로부터 물려받은 것이다.

① ㄱ 　　② ㄴ 　　③ ㄱ, ㄴ
④ ㄱ, ㄷ 　　⑤ ㄴ, ㄷ

427 서술형

그림 (가)는 정상인 사람 A의, (나)는 만성 골수성 백혈병을 가진 사람 B의 염색체 일부를 나타낸 것이다.

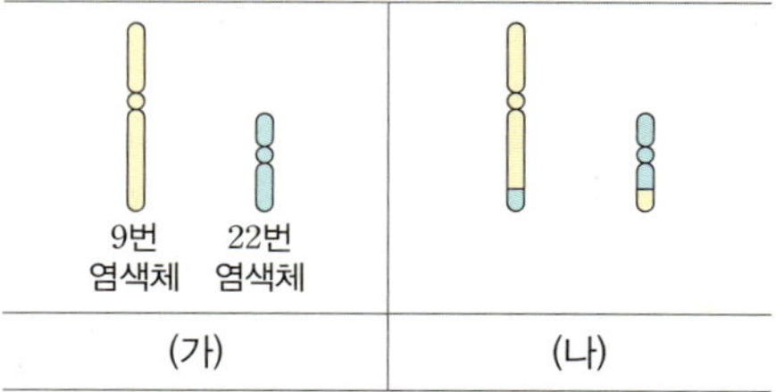

(가)와 (나)를 비교한 뒤 만성 골수성 백혈병의 원인을 염색체 구조 이상 의 종류와 연관 지어 서술하시오.

428

그림은 알비노증과 낫 모양 적혈구 빈혈증의 공통점과 차이점을 나타낸 것이다.

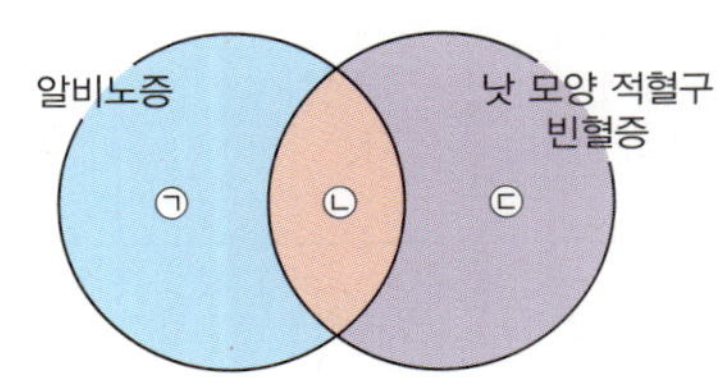

이에 대한 설명으로 옳은 것만을 〈보기〉에서 있는 대로 고른 것은?

보기
ㄱ. '멜라닌 색소가 합성되지 않는다.'는 ㉠에 해당한다.
ㄴ. '유전자 이상에 의한 유전병이다.'는 ㉡에 해당한다.
ㄷ. '핵형 분석을 통해 알아낼 수 있다.'는 ㉢에 해당한다.

① ㄱ   ② ㄴ   ③ ㄱ, ㄴ
④ ㄱ, ㄷ   ⑤ ㄴ, ㄷ

429

그림은 구분 기준 (가), (나)에 따라 사람의 유전병을 구분하는 과정을 나타낸 것이다.

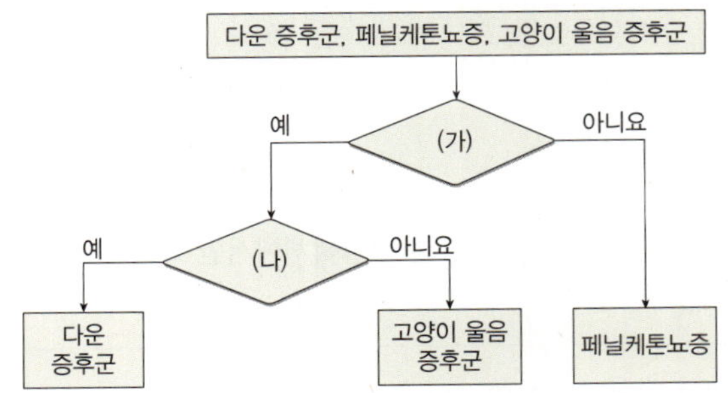

이에 대한 설명으로 옳은 것만을 〈보기〉에서 있는 대로 고른 것은?

보기
ㄱ. '유전자 이상에 의한 유전병인가?'는 (가)에 해당한다.
ㄴ. '체세포 1개당 염색체 수가 47인가?'는 (나)에 해당한다.
ㄷ. 다운 증후군과 고양이 울음 증후군은 모두 핵형 분석을 통해 알아낼 수 있다.

① ㄱ   ② ㄴ   ③ ㄱ, ㄴ
④ ㄱ, ㄷ   ⑤ ㄴ, ㄷ

430

표 (가)는 사람의 유전병 A∼C에서 특징 ㉠과 ㉡의 유무를 나타낸 것이고, (나)는 ㉠과 ㉡을 순서 없이 나타낸 것이다. A∼C는 각각 고양이 울음 증후군, 낫 모양 적혈구 빈혈증, 클라인펠터 증후군 중 하나이다.

특징 유전병	㉠	㉡
A	○	?
B	○	×
C	?	×

(○: 있음, ×: 없음)

(가)

특징(㉠, ㉡)
- 성염색체 구성이 XXY 이다.
- 염색체 이상에 의한 유전병이다.

(나)

이에 대한 설명으로 옳은 것만을 〈보기〉에서 있는 대로 고른 것은?

보기
ㄱ. A는 클라인펠터 증후군이다.
ㄴ. ㉠은 '염색체 이상에 의한 유전병이다.'이다.
ㄷ. 체세포 1개당 염색체 수는 B를 가진 사람이 C를 가진 사람보다 많다.

① ㄴ   ② ㄷ   ③ ㄱ, ㄴ
④ ㄱ, ㄷ   ⑤ ㄱ, ㄴ, ㄷ

431 고난도

그림은 어떤 동물 (가)$(2n=8)$의 정자 형성 과정에 대한 자료이다.

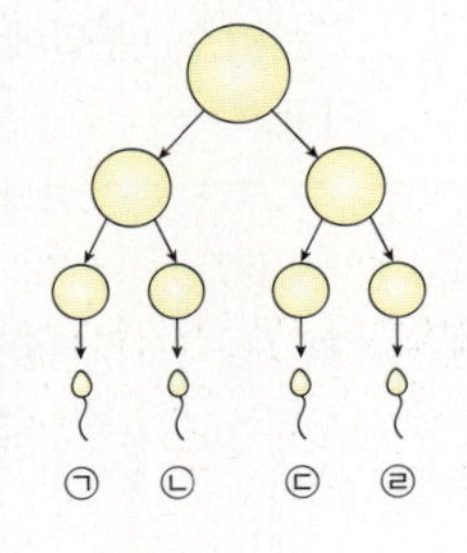

- (가)의 성염색체는 XY이다.
- 그림은 (가)의 정자 형성 과정을 나타낸 것이며, 이 과정에서 성염색체 비분리가 1회 일어났다.
- 정자 ㉠∼㉣ 각각의 염색체 수는 서로 다르고, ㉡의 Y 염색체 수와 ㉣의 염색체 수를 더한 값은 6이다.

이에 대한 설명으로 옳은 것만을 〈보기〉에서 있는 대로 고른 것은? (단, 제시된 염색체 비분리 이외의 다른 돌연변이는 고려하지 않는다.)

보기
ㄱ. 성염색체 비분리는 감수 1분열에서 일어났다.
ㄴ. ㉠의 염색체 수는 3이다.
ㄷ. ㉢과 ㉣은 모두 X 염색체를 갖고 있다.

① ㄱ   ② ㄴ   ③ ㄱ, ㄴ
④ ㄱ, ㄷ   ⑤ ㄴ, ㄷ

432

다음은 어떤 가족의 유전병 ㉠과 ㉡에 대한 자료이다.

- ㉠은 대립유전자 H와 H^*에 의해, ㉡은 대립유전자 R와 R^*에 의해 결정된다. H는 H^*에 대해, R는 R^*에 대해 각각 완전 우성이다.
- ㉠과 ㉡의 유전자 중 하나는 X 염색체에, 다른 하나는 상염색체에 있다.
- 표는 구성원의 성별과 ㉠과 ㉡의 발현 여부를 나타낸 것이다.

구성원	부	모	자녀 1	자녀 2	자녀 3	자녀 4
성별	남	여	남	여	남	남
㉠	×	×	×	○	○	×
㉡	×	○	○	×	○	×

(○: 발현됨, ×: 발현 안 됨)

- 어머니의 ㉡에 대한 유전자형은 동형 접합이다.
- 감수 분열 시 부모 중 한 사람에게서만 염색체 비분리가 1회 일어나 ⓐ염색체 수가 비정상적인 생식세포가 형성되었다. ⓐ가 정상 생식세포와 수정되어 아이가 태어났다. 이 아이는 자녀 3과 4 중 하나이며, 클라인펠터 증후군을 나타낸다. 이 아이를 제외한 나머지 구성원의 핵형은 모두 정상이다.

이에 대한 설명으로 옳은 것만을 〈보기〉에서 있는 대로 고른 것은? (단, 제시된 염색체 비분리 이외의 다른 돌연변이는 고려하지 않는다.)

보기

ㄱ. ㉠과 ㉡은 모두 열성 형질이다.
ㄴ. 클라인펠터 증후군을 나타내는 구성원은 자녀 4이다.
ㄷ. ⓐ는 감수 1분열에서 염색체 비분리가 일어나 형성된 정자이다.

① ㄱ ② ㄷ ③ ㄱ, ㄴ
④ ㄴ, ㄷ ⑤ ㄱ, ㄴ, ㄷ

433

그림 (가)는 어떤 동물($2n=6$)에서 형질 ⓐ에 대한 유전자형이 EeFfHh인 G_1기의 세포 ㉠으로부터 정자가 형성되는 과정의 일부를, (나)는 ⓐ에 대한 유전자형이 EH인 세포 ㉤에 들어 있는 모든 염색체를 나타낸 것이다. (가)에서 염색체 비분리가 1회 일어났고, ㉡과 ㉢에서 F의 DNA 상대량은 같다.

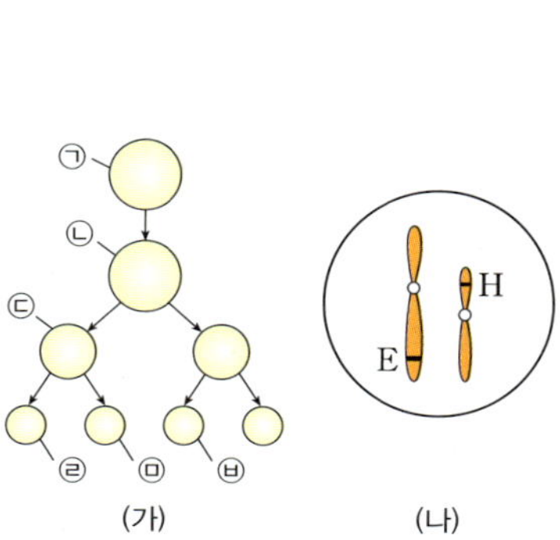

이에 대한 설명으로 옳은 것만을 〈보기〉에서 있는 대로 고른 것은? (단, 제시된 염색체 비분리 이외의 다른 돌연변이는 고려하지 않으며, ㉡과 ㉢은 중기의 세포이다.)

보기

ㄱ. 감수 2분열에서 염색체 비분리가 일어났다.
ㄴ. 세포 1개당 염색체 수는 ㉣과 ㉥이 같다.
ㄷ. $\frac{\text{㉤의 염색체 수}}{\text{㉡의 염색 분체 수}}=\frac{1}{6}$이다.

① ㄱ ② ㄴ ③ ㄱ, ㄴ
④ ㄱ, ㄷ ⑤ ㄴ, ㄷ

434 고난도

다음은 정상인 부모 사이에서 태어난 철수에 대한 자료이다.

- 철수는 적록 색맹이며, 클라인펠터 증후군을 나타낸다.
- 그림 (가)는 철수 아버지의 정자 형성 과정을, (나)는 어머니의 난자 형성 과정을 나타낸 것이다.

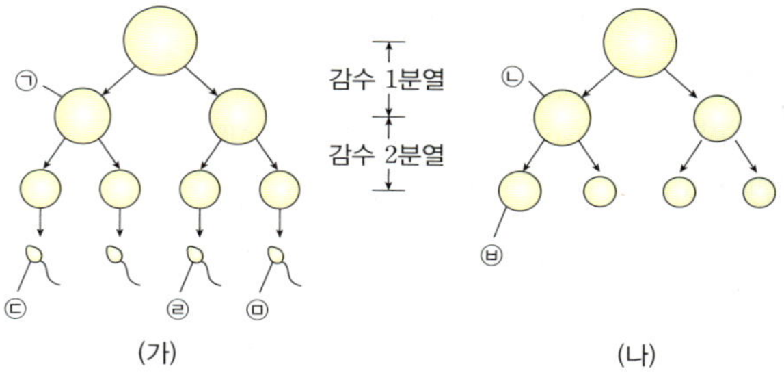

- 정자 ㉢과 난자 ㉥이 수정되어 철수가 태어났으며, (가)와 (나)에서 염색체 비분리는 성염색체에서만 각각 1회씩 일어났다.

이에 대한 설명으로 옳은 것만을 〈보기〉에서 있는 대로 고른 것은? (단, 철수의 체세포 1개당 염색체 수는 47이며, 제시된 염색체 비분리 이외의 다른 돌연변이는 고려하지 않는다.)

보기

ㄱ. ㉠과 ㉡의 염색체 수는 같다.
ㄴ. ㉣과 ㉤은 모두 X 염색체를 가진다.
ㄷ. (나)에서 염색체 비분리는 감수 2분열에서 일어났다.

① ㄱ ② ㄴ ③ ㄱ, ㄷ
④ ㄴ, ㄷ ⑤ ㄱ, ㄴ, ㄷ

435 고난도

다음은 어떤 집안의 유전병 ㉠과 ㉡에 대한 자료이다.

- ㉠은 대립유전자 A와 A*에 의해, ㉡은 대립유전자 B와 B*에 의해 결정되며, 각 대립유전자 사이의 우열 관계는 분명하다.

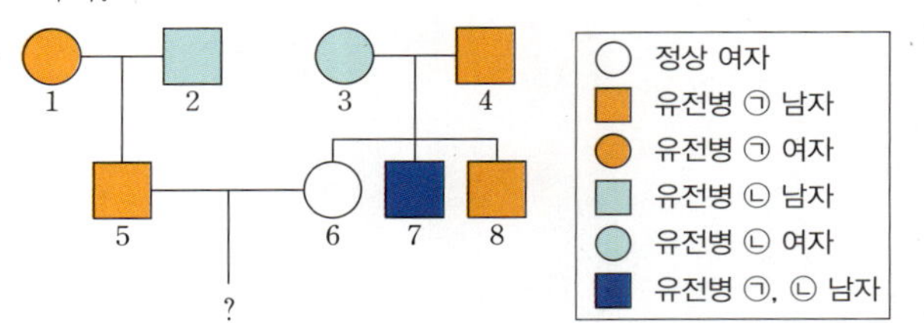

- 표는 구성원 1~3에서 체세포 1개당 A*과 B*의 DNA 상대량을 나타낸 것이다.

구성원		1	2	3
DNA 상대량	A*	2	0	0
	B*	1	1	2

- 감수 분열 시 4에게서만 염색체 비분리가 1회 일어나 ⓐ염색체 수가 비정상적인 정자가 형성되었다. ⓐ가 정상 난자와 수정되어 체세포 1개당 염색체 수가 47인 8이 태어났다.

이에 대한 설명으로 옳은 것만을 〈보기〉에서 있는 대로 고른 것은? (단, 제시된 염색체 비분리 이외의 다른 돌연변이는 고려하지 않으며, A*과 B* 각각의 1개당 DNA 상대량은 같다.)

보기
ㄱ. 8은 클라인펠터 증후군이다.
ㄴ. ⓐ의 형성 과정 중 염색체 비분리는 감수 1분열에서 일어났다.
ㄷ. 5와 6 사이에서 아이가 태어날 때, 이 아이가 ㉠과 ㉡을 모두 가질 확률은 $\frac{1}{4}$이다.

① ㄱ   ② ㄷ   ③ ㄱ, ㄴ
④ ㄴ, ㄷ   ⑤ ㄱ, ㄴ, ㄷ

436

다음은 터너 증후군을 나타내는 영희네 가족의 적록 색맹에 대한 자료이다.

- 영희의 아버지와 어머니는 모두 정상이고, 오빠와 영희는 적록 색맹이다.
- 감수 분열 시 부모 중 한 사람에게서만 염색체 비분리가 1회 일어나 ⓐ염색체 수가 비정상적인 생식세포가 형성되었다. ⓐ가 ⓑ정상 생식세포와 수정되어 영희가 태어났다.

이에 대한 설명으로 옳은 것만을 〈보기〉에서 있는 대로 고른 것은? (단, 제시된 염색체 비분리 이외의 다른 돌연변이는 고려하지 않는다.)

보기
ㄱ. 영희는 적록 색맹 대립유전자를 어머니로부터 물려받았다.
ㄴ. ⓐ는 아버지에게서 형성된 정자이다.
ㄷ. $\dfrac{ⓑ의 \ X \ 염색체 \ 수}{ⓐ의 \ 상염색체 \ 수} = \dfrac{1}{11}$이다.

① ㄴ   ② ㄷ   ③ ㄱ, ㄴ
④ ㄱ, ㄷ   ⑤ ㄱ, ㄴ, ㄷ

437

그림은 어떤 동물에서 정상 핵형을 가진 수컷의 세포 (가)와 염색체 구조 이상이 일어난 암컷의 세포 (나)와 (다) 각각에 들어 있는 상염색체와 성염색체를 한 쌍씩 나타낸 것이다. A와 a, B와 b는 각각 서로 대립유전자이다.

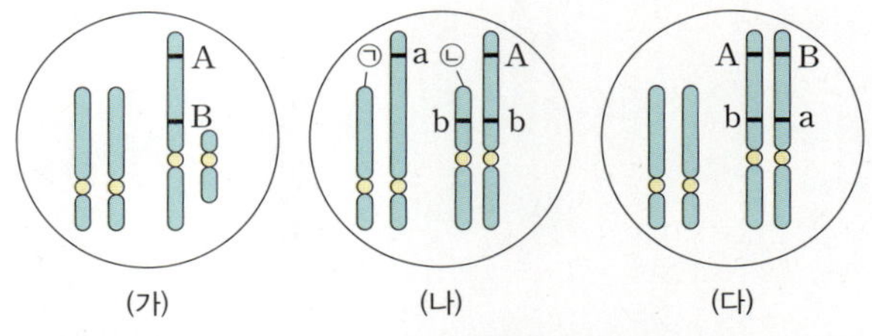

이 자료에 대한 설명으로 옳은 것만을 〈보기〉에서 있는 대로 고른 것은? (단, (나)와 (다)에서 염색체 구조 이상은 1회씩만 일어났으며, 제시된 자료 이외의 다른 염색체와 돌연변이는 고려하지 않는다.)

보기
ㄱ. ㉡은 ㉠의 상동 염색체이다.
ㄴ. (나)에는 성염색체에 있는 a가 상염색체로 전좌된 염색체가 있다.
ㄷ. (다)에는 중복이 일어난 염색체가 있다.

① ㄱ   ② ㄴ   ③ ㄱ, ㄴ
④ ㄱ, ㄷ   ⑤ ㄴ, ㄷ

V

생태계와 상호 작용

V 생태계와 상호 작용

V-1 생태계의 구성과 기능

1. 생태계와 개체군
- 생태계의 구성과 상호 작용
- 환경이 생물에 미치는 영향
- 개체군의 특성
- 개체군 내의 상호 작용

2. 군집
- 군집의 구성과 특성
- 군집의 천이
- 군집 내 개체군의 상호 작용

3. 에너지 흐름과 물질의 순환
- 에너지 흐름
- 물질 순환
- 물질의 생산과 소비
- 생태계의 평형

V-2 생물 다양성과 보전

1. 생물 다양성과 보전
- 생물 다양성
- 생물 다양성의 보전

01 생태계와 개체군

개념 ❶ 생태계의 구성과 상호 작용

1. 생태계의 구성 요소

생물적 요인	• 일정한 지역에 같은 종의 개체가 무리를 이루어 사는 것을 개체군이라고 하며, 여러 개체군은 같은 서식지에 모여 살아가면서 군집을 형성한다. • 생물적 요인은 생태계에서 담당하는 역할에 따라 생산자, 소비자, 분해자로 구분된다. – 생산자: 식물, 조류 등과 같이 광합성을 하여 무기물로부터 유기물을 합성하는 생물이다. – 소비자: 광합성을 하지 않고 다른 생물을 먹어서 양분을 얻는 생물로, 동물이 해당한다. – 분해자: 다른 생물의 사체나 배설물 속의 유기물을 무기물로 분해하여 필요한 에너지를 얻는 생물로, 세균, 곰팡이, 버섯 등이 있다.
비생물적 요인	• 생물을 둘러싼 빛, 공기, 물, 토양, 온도 등이다. • 생물의 생존과 생장에 필요한 물질과 에너지를 공급하고 생활을 위한 터전을 제공한다.

2. 생태계 구성 요소 간의 관계

작용	비생물적 요인이 생물에 영향을 주는 것
반작용	작용과 반대로 생물이 비생물적 요인에 영향을 주는 것.
상호 작용	생물들 간에 서로 영향을 주고받는 것

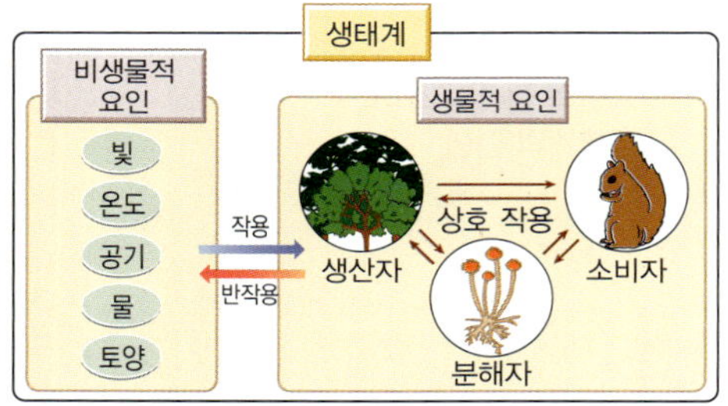

▲ 생태계 구성 요소 간의 관계

개념 ❷ 환경이 생물에 미치는 영향

빛과 생물	• 빛의 세기: 빛의 세기가 약한 곳에 서식하는 식물의 잎은 강한 곳에 서식하는 식물의 잎보다 일반적으로 얇고 넓다. • 빛의 파장: 해조류는 바다의 깊이에 따라 주로 서식하는 종류가 다르다. 이는 바다의 깊이에 따라 투과되는 빛의 파장과 양이 다르기 때문이다.
온도와 생물	추운 지역에 사는 동물일수록 몸집이 커지고, 귀와 같은 몸의 말단 부위가 작아지는 경향이 있다.
토양과 생물	토양 속 미생물은 죽은 생물이나 배설물 속의 유기물을 무기물로 분해하여 다른 생물에게 제공하거나 환경으로 돌려보낸다.
공기와 생물	산소는 생물의 호흡에, 이산화 탄소는 식물의 광합성에 이용된다.
물과 생물	• 육상 생물은 몸속 수분을 보존하기 위해 적응한 구조를 가진다. • 육상 식물은 뿌리, 잎, 줄기가 발달한다. • 수생 식물 일부는 통기 조직이 발달되어 있다.

개념 ❸ 개체군의 특성

1. 개체군의 밀도: 일정한 지역에 서식하는 개체군의 개체 수

$$개체군의\ 밀도(D) = \frac{개체군을\ 구성하는\ 개체\ 수(N)}{개체군이\ 서식하는\ 공간의\ 면적(S)}$$

*개체군 밀도의 증가 요인: 출생, 이입 / 감소 요인: 사망, 이출

2. 개체군의 생장 곡선: 시간에 따른 개체군의 개체 수 변화를 그래프로 나타낸 것으로, 보통 S자형의 곡선으로 나타난다.

구분	특징	
이론적 생장 곡선	생식 활동에 제한을 받지 않는 경우 개체 수가 기하급수적으로 증가하여 J자 모양이 된다.	
실제 생장 곡선	자연 상태에서는 개체 수가 증가함에 따라 환경 저항이 증가하므로 개체 수는 S자 모양이 된다.	
환경 저항	개체군의 생장을 억제하는 환경 요인이다. 예 서식 공간 부족, 먹이 부족, 질병	
환경 수용력	한 서식지에서 증가할 수 있는 개체군의 최대 크기이다.	

▲ 개체군의 생장 곡선

3. 개체군의 생존 곡선: 같은 시기에 태어난 개체들이 시간이 지남에 따라 얼마나 살아남아 있는지를 그래프로 나타낸 것이다.

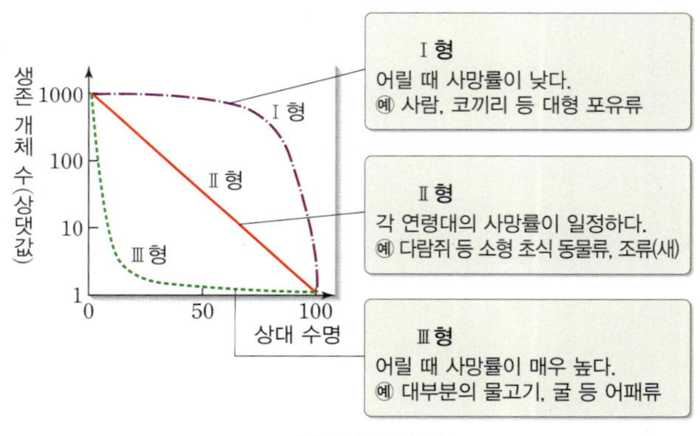

▲ 개체군의 생존 곡선

4. 개체군의 주기적 변동

계절적 변동	• 계절에 따른 환경 요인의 변화로, 1년을 주기로 개체군의 크기가 변하는 단기적 변동이다. • 예 돌말 개체군의 계절적 변동
먹이 관계에 의한 변동	• 포식과 피식에 의해 두 개체군의 개체 수가 수년을 주기로 변하는 장기적 변동이다. • 예 눈신토끼와 스라소니 개체군의 개체 수 변동

5. **개체군의 연령 피라미드**: 개체군의 연령층에 따른 개체 수 비율을 차례로 쌓아올린 것으로, 연령층은 크게 생식 전 연령층, 생식 연령층, 생식 후 연령층으로 구분한다.

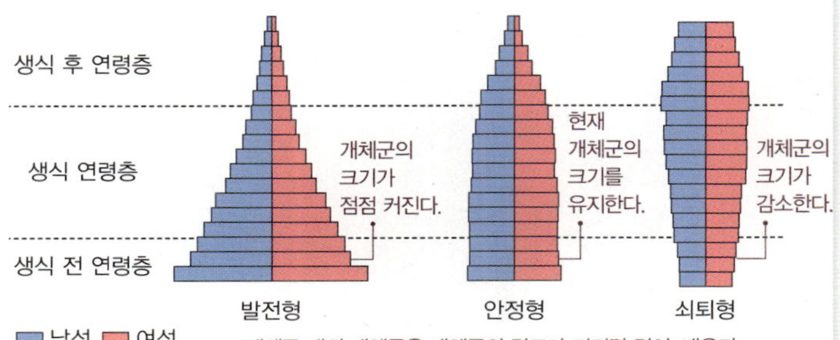

→ 개체군 내의 개체들은 개체군의 밀도가 커지면 먹이, 배우자, 서식 공간을 두고 경쟁을 하는데, 이러한 경쟁을 피하고 질서를 유지하기 위해 다양한 상호 작용이 일어난다.

개념 ❹ 개체군 내의 상호 작용

종류	의미와 예
텃세	• 개체 또는 무리가 일정한 생활 공간을 먼저 차지하고 다른 개체의 접근을 막는 것 ➡ 개체를 분산시켜 개체군의 밀도를 조절하고 불필요한 경쟁이나 싸움을 방지할 수 있다. • 예 은어, 치타, 얼룩말, 까치, 백로
순위제	• 힘의 서열에 따라 일정한 순위를 정하는 행동이나 관계 ➡ 개체군 내의 질서가 유지되며 불필요한 경쟁을 줄일 수 있다. • 예 닭, 큰뿔양, 일본원숭이
리더제	• 한 개체가 리더가 되어 개체군의 행동을 지휘하는 것 ➡ 개체군의 행동을 지휘하여 질서를 유지한다. • 예 양, 기러기, 코끼리, 늑대
사회생활	• 각 개체들이 역할을 분담하고, 이들의 협력으로 전체 개체군이 유지되는 것 ➡ 독자적인 생활이 어렵다. • 예 꿀벌, 개미
가족생활	• 혈연관계의 개체들이 무리 지어 생활한다. • 예 사자, 호랑이, 제비

🎯 자료 분석 개체군의 주기적 변동

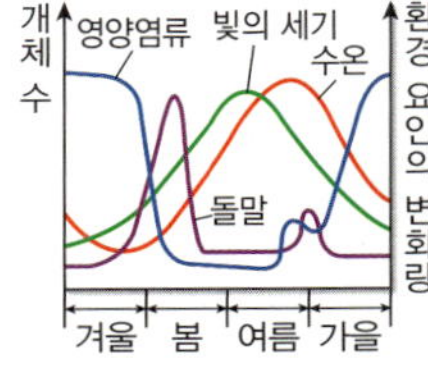

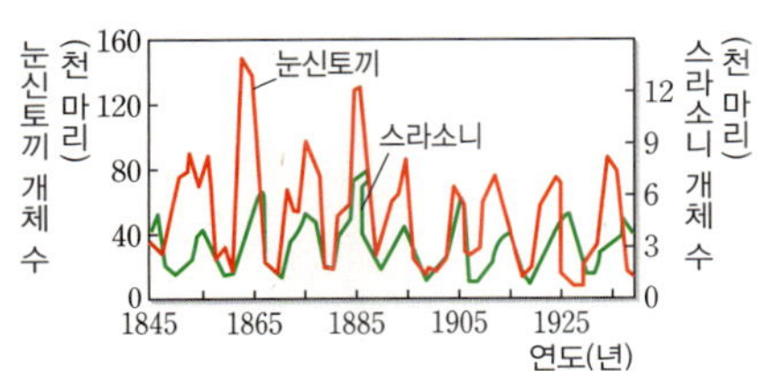

▲ 돌말 개체군의 계절적 변동   ▲ 눈신토끼와 스라소니 개체군의 개체 수 변동

돌말 개체군의 계절적 변동	• 봄이 되면서 풍부한 영양염류와 빛의 세기 증가, 수온 상승으로 인해 돌말 개체 수가 증가한다. • 봄 이후 영양염류의 감소로 돌말 개체 수가 감소한다. • 가을에 영양염류가 증가하면서 개체 수가 증가하지만 빛의 세기 감소, 수온 하강으로 인해 개체 수가 감소한다.
눈신토끼와 스라소니 개체군의 개체 수 변동	• 눈신토끼는 피식자, 스라소니는 포식자이다. • 피식자가 증가하면 포식자도 증가한다. • 포식자가 증가하면서 피식자가 감소하고, 이에 따라 포식자도 감소한다.

정답 및 해설 | 57쪽

438

생태계는 생물적 요인과 비생물적 요인으로 구성되며, 생태계의 구성 요소 중 빛은 [   ] 요인에 속한다.

439

비생물적 요인이 생물에 영향을 주는 것을 [   ]이라고 한다.

440

개체군의 밀도는 일정한 지역에 서식하는 개체군의 [   ]를 개체군이 서식하는 공간의 면적으로 나눈 것이다.

441

다음 설명 중 옳은 것은 ○, 옳지 **않은** 것은 ×로 표시하시오.

(1) 식물의 잎은 강한 빛을 받는 쪽이 약한 빛을 받는 쪽보다 두껍다. (   )

(2) 생장 곡선은 같은 시기에 태어난 개체들의 생존율을 그래프로 나타낸 것이다. (   )

(3) 대부분의 물고기와 굴은 일생 중 어릴 때 사망률이 높다. (   )

442

개체군의 크기는 계절이나 먹이 관계에 의해 변동을 보이는데, 이를 개체군의 [   ] 변동이라고 한다.

443

개체 또는 무리가 일정한 생활 공간을 먼저 차지하고 다른 개체의 접근을 막는 것을 [   ]라고 한다.

444

다음은 개체군 내 상호 작용의 예이다.

> • 개미는 여왕개미, 일개미, 병정개미 등 역할을 분담하여 협력한다.
> • 닭은 힘의 서열에 따라 순위를 정해 모이 먹는 순서를 정한다.

(1) 개미의 개체군 내 상호 작용은?

(2) 닭의 개체군 내 상호 작용은?

<table>
<tr><td>개념 ①</td><td>생태계의 구성과 상호 작용</td></tr>
<tr><td>개념 ②</td><td>환경이 생물에 미치는 영향</td></tr>
</table>

족집게 전략 생태계의 구성과 상호 작용을 단독으로 묻기보다는 환경이 생물에 미치는 영향과 함께 출제하는 경향이 있어. 따라서 생태계 구성 요소 간의 상호 관계에 대해 잘 알고 있어야 하고 그 예를 나열할 수 있어야 해.

445 단골 문제

그림은 생태계를 구성하는 요소 간의 관계를 나타낸 것이다.

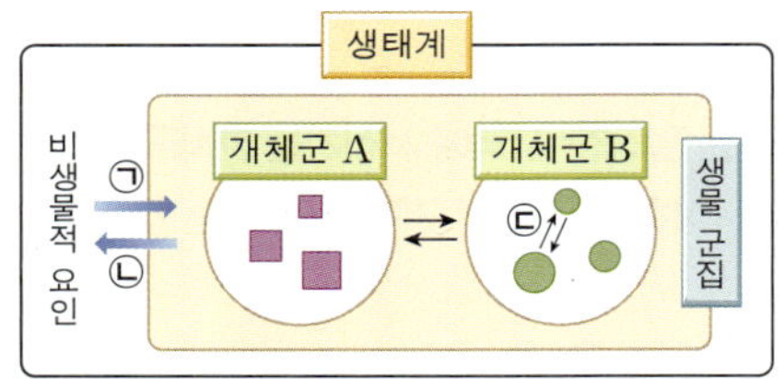

이에 대한 설명으로 옳은 것만을 〈보기〉에서 있는 대로 고른 것은?

보기

ㄱ. 리더제는 ㉢에 해당한다.
ㄴ. 개체군 A는 3개의 종으로 구성되어 있다.
ㄷ. 빛의 세기가 강한 곳의 잎이 빛의 세기가 약한 곳의 잎보다 두꺼운 것은 ㉡에 해당한다.

① ㄱ ② ㄴ ③ ㄷ
④ ㄱ, ㄴ ⑤ ㄱ, ㄷ

추가로 나오는 선택지

❶ 일조 시간이 식물의 개화에 영향을 미치는 것은 ㉠에 해당한다. (   )
❷ 분해자는 비생물적 요인에 해당한다. (   )
❸ 생물 군집은 하나 이상의 개체군으로 구성되어 있다. (   )

446

생태계에 대한 설명으로 옳은 것은?

① 분해자에는 곰팡이와 세균 등이 속한다.
② 생산자는 유기물을 무기물로 분해한다.
③ 소비자는 생물 군집에 포함시키지 않는다.
④ 생물적 요인은 비생물적 요인에 영향을 주지 않는다.
⑤ 호수의 소비자는 육지의 생산자에 의해 공급되는 유기물에만 의존한다.

447

그림은 생태계를 구성하는 요소 간의 포함 관계를 나타낸 것이다.

이에 대한 설명으로 옳은 것만을 〈보기〉에서 있는 대로 고른 것은?

보기

ㄱ. 개체군은 군집을 포함한다.
ㄴ. 반작용은 군집이 개체군에 주는 영향이다.
ㄷ. 생태계는 생물적 요인과 비생물적 요인을 모두 포함한다.

① ㄱ ② ㄴ ③ ㄷ
④ ㄱ, ㄷ ⑤ ㄴ, ㄷ

448 중요

그림은 서로 다른 영양 단계에 속하는 개체군 A~C 및 생태계 구성 요소 간의 관계를 나타낸 것이다. A~C는 각각 생산자와 소비자 중 하나이다.

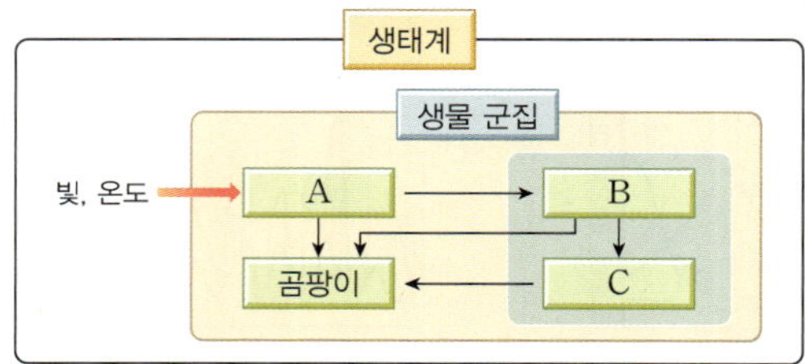

이에 대한 설명으로 옳은 것만을 〈보기〉에서 있는 대로 고른 것은? (단, → 는 물질의 이동을 나타낸다.)

보기

ㄱ. 온도가 A의 생장에 미치는 영향은 반작용에 해당한다.
ㄴ. C는 B의 포식자이다.
ㄷ. 유기물은 '→' 를 따라 A에서 C로 이동한다.

① ㄱ ② ㄷ ③ ㄱ, ㄴ
④ ㄴ, ㄷ ⑤ ㄱ, ㄴ, ㄷ

449

다음은 생태계를 구성하는 요소 간의 관계에 대한 자료이다.

> • 지의류에 의해 바위의 토양화가 촉진된다.
> • 숲이 우거질수록 숲 속 습도가 높아진다.

이 자료에 공통으로 나타난 생태계 구성 요소 간의 관계에 해당하는 사례로 옳은 것만을 〈보기〉에서 있는 대로 고른 것은?

보기

> ㄱ. 온대 지방의 양서류는 겨울잠을 잔다.
> ㄴ. 염분이 많은 토양에서 퉁퉁마디가 잘 자란다.
> ㄷ. 닭이 만드는 분변으로 흙의 양분이 증가한다.

① ㄱ 　② ㄴ 　③ ㄷ
④ ㄱ, ㄷ 　⑤ ㄴ, ㄷ

450 중요

그림은 생태계 구성 요소 간의 관계를 나타낸 것이다.

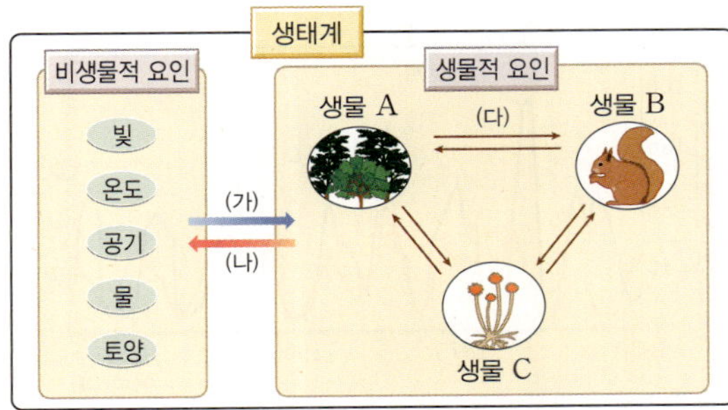

(가)~(다)에 해당하는 예를 옳게 짝지은 것만을 〈보기〉에서 있는 대로 고른 것은?

보기

> ㄱ. (가) – 한라산 정상에는 낮은 온도에 적응한 식물들이 있다.
> ㄴ. (나) – 숲의 공기에는 도시의 공기보다 산소가 많다.
> ㄷ. (다) – 다람쥐는 도토리를 땅에 저장하여 떡갈나무가 번식하도록 돕는다.

① ㄱ 　② ㄷ 　③ ㄱ, ㄴ
④ ㄴ, ㄷ 　⑤ ㄱ, ㄴ, ㄷ

개념 ❸ 개체군의 특성

족집게 전략 개체군의 밀도를 증가시키는 요인, 이론적 생장 곡선과 실제 생장 곡선의 차이, 생존 곡선의 각 유형, 개체군의 주기적 변동을 일으키는 요인 등이 출제될 수 있는데, 이 부분에서 나올 수 있는 유형들은 한정되어 있어. 따라서 각 유형을 미리 연습해 두면 빠르게 문제를 해결할 수 있어.

451 단골 문제

그림의 A와 B는 각각 어떤 개체군의 이론적 생장 곡선과 실제 생장 곡선 중 하나를 나타낸 것이다.

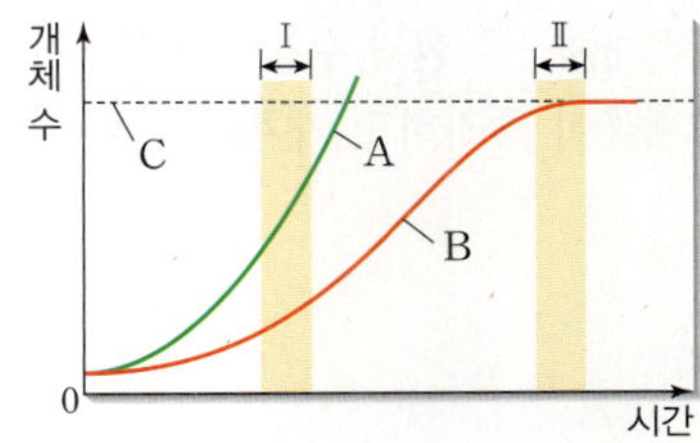

이에 대한 설명으로 옳은 것만을 〈보기〉에서 있는 대로 고른 것은? (단, 이 개체군에서 이입과 이출은 없다.)

보기

> ㄱ. A는 이론적 생장 곡선이다.
> ㄴ. B에서 환경 저항은 구간 Ⅰ에서보다 Ⅱ에서가 작다.
> ㄷ. 구간 Ⅰ에서 개체 수 증가율은 B에서보다 A에서가 작다.

① ㄱ 　② ㄷ 　③ ㄱ, ㄴ
④ ㄱ, ㄷ 　⑤ ㄴ, ㄷ

추가로 나오는 선택지

❶ B에서 개체군 크기는 C 이상 커질 수 없다. 　　（　　　）
❷ 환경 저항은 개체 수가 증가할수록 작아진다. 　　（　　　）

452 서술형

표는 서로 다른 곳에 사는 동일한 종의 개체군 Ⅰ~Ⅳ의 서식 면적과 개체 수를 나타낸 것이다.

특징 ＼ 개체군	Ⅰ	Ⅱ	Ⅲ	Ⅳ
면적(m²)	2	5	4	3
개체 수	10	50	20	33

주어진 조건에서 개체군 밀도가 가장 높은 개체군은 무엇인지 각 개체군의 밀도를 구하는 계산식과 답을 모두 서술하시오.

453

그림은 어떤 서식지에서 개체군의 생장을 나타낸 것이다. A와 B는 각각 이론적 생장 곡선과 실제 생장 곡선 중 하나이다.

이에 대한 설명으로 옳은 것은?

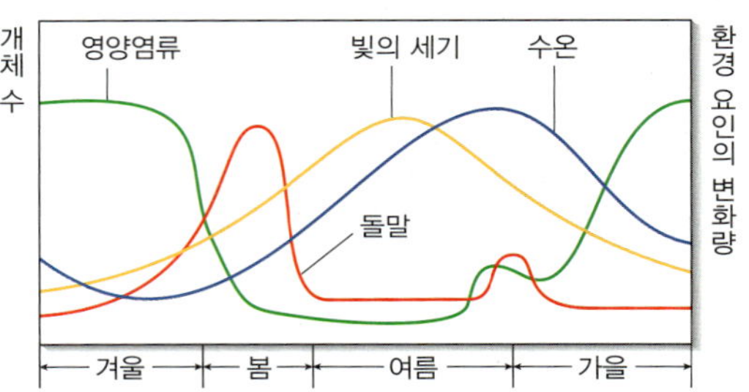

① A는 환경 저항이 있을 때의 생장 곡선이다.
② B에서 개체군의 밀도는 t_1에서 최대가 된다.
③ 한 개체군에서 먹이가 증가하면 A에서 B로 변한다.
④ 자연 상태에서 개체군은 환경 수용력 이상으로 생장한다.
⑤ 서식지의 노폐물이 증가하면 개체군의 환경 수용력이 증가한다.

454

그림은 개체군 A~C의 생존 곡선을 나타낸 것이다.

이에 대한 설명으로 옳은 것은?

① A는 초기 사망률이 B보다 낮다.
② A는 종족 유지를 위해 새끼를 적게 낳는다.
③ B는 각 연령대에서 사망률이 거의 일정하다.
④ C는 어릴 때 생존율이 A보다 낮다.
⑤ C의 대표적인 예로 굴과 어류가 있다.

455

그림은 개체군의 연령 피라미드를 나타낸 것이다.

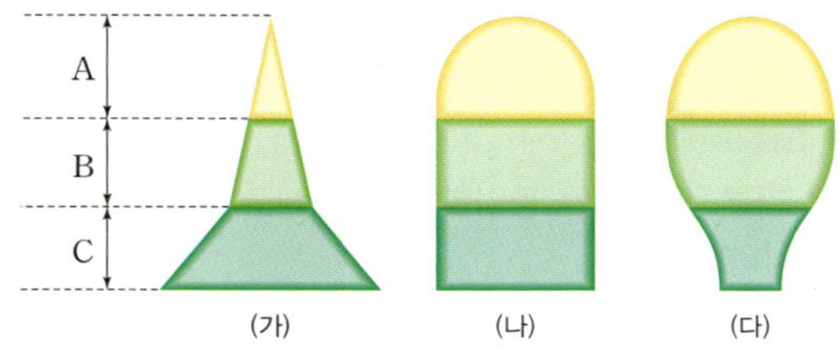

이에 대한 설명으로 옳은 것은?

① A는 생식 전 연령층이다.
② B보다 C 연령층의 비율이 크면 개체군의 크기는 감소한다.
③ (가)는 발전형으로 개체 수가 증가할 것이다.
④ (나)는 개체 수가 감소할 것으로 예상되는 쇠퇴형이다.
⑤ (가)~(다)는 모두 개체군의 주기적 변동을 관찰하기 위한 것이다.

456

그림은 어떤 하천에서 계절에 따른 환경 요인의 변화와 돌말의 개체 수 변동을 나타낸 것이다.

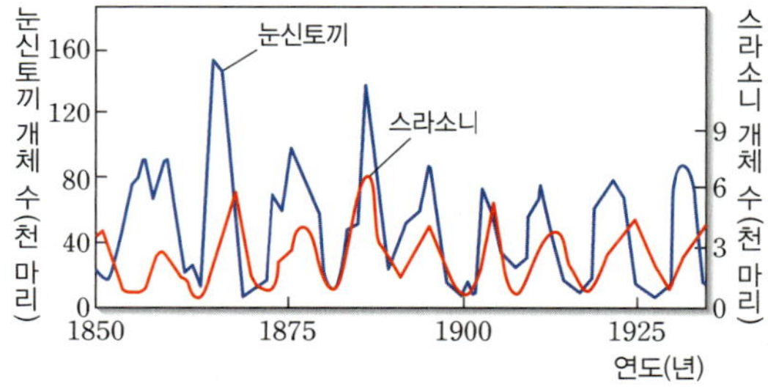

이에 대한 설명으로 옳은 것만을 〈보기〉에서 있는 대로 고른 것은? (단, 주어진 자료만 고려한다.)

보기

ㄱ. 돌말 개체군 크기의 변동 주기는 1년이다.
ㄴ. 늦봄에 돌말 개체 수는 영양염류의 고갈로 감소한다.
ㄷ. 돌말 개체군의 크기는 계절에 따른 포식과 피식에 의해 변동된다.

① ㄱ   ② ㄴ   ③ ㄷ
④ ㄱ, ㄴ   ⑤ ㄴ, ㄷ

457 중요

그림은 눈신토끼와 스라소니의 개체 수 변화를 오랜 기간 조사하여 나타낸 것이다.

이에 대한 설명으로 옳은 것만을 〈보기〉에서 있는 대로 고른 것은?

보기

ㄱ. 눈신토끼는 스라소니의 포식자이다.
ㄴ. 스라소니의 개체 수 변화는 비생물적 요인의 변화에 의한 것이다.
ㄷ. 스라소니의 개체 수가 증가하면 눈신토끼의 개체 수는 감소한다.

① ㄱ   ② ㄴ   ③ ㄷ
④ ㄱ, ㄷ   ⑤ ㄴ, ㄷ

개념 ④ 개체군 내의 상호 작용

족집게 전략) 개체군 내에서 일어나는 상호 작용인 텃세, 순위제, 리더제, 사회생활, 가족생활의 의미와 예를 알고, 이는 불필요한 경쟁을 피하기 위한 행동이라는 점을 이해하고 있어야 해.

458 단골 문제

표는 개체군 내에서 일어나는 상호 작용 (가)~(라)에 대한 설명이다. (가)~(라)는 텃세, 리더제, 순위제, 사회생활을 순서 없이 나타낸 것이다.

구분	의미
(가)	한 개체가 리더가 되어 개체군의 행동을 지휘한다.
(나)	힘의 서열에 따라 일정한 순위를 가진다.
(다)	각 개체들의 역할이 분담되어 있고 서로 협력한다.
(라)	일정한 생활 구역을 확보하고 다른 개체의 접근을 막는다.

이에 대한 설명으로 옳은 것은?

① (가)는 기러기 개체군에서 볼 수 있다.
② (나)는 사회생활에 해당한다.
③ (다)의 예로 닭이 모이를 쪼는 순서를 힘의 서열에 따라 정하는 것을 들 수 있다.
④ (라)는 가장 경험이 많은 개체가 개체군의 행동을 지휘하여 질서를 유지하는 것이다.
⑤ (가)~(라)는 모두 개체 간의 경쟁을 증가시키기 위한 것이다.

추가로 나오는 선택지

❶ 모이를 먹을 때 순위가 높은 닭이 먼저 먹는다. (   )
❷ 가마우지는 번식을 위해 개체마다 일정한 영역을 차지하고 다른 개체의 침입을 막는다. (   )
❸ 꿀벌 집단에는 생식, 방어, 먹이 수집 등을 전담하는 개체들이 나뉘어져 있다. (   )

459 서술형

다음은 황금두더지에 대한 설명이다.

> 황금두더지는 일반적으로 혼자 생활하며, 일정한 서식 공간 영역을 점유하고 다른 개체의 접근을 막는다.

황금두더지 개체군 내에서 일어나는 개체군 내 상호 작용의 종류를 쓰고, 이 상호 작용이 주는 이로운 점을 서술하시오.

460 중요

표는 개체군 내의 상호 작용 (가)~(다)의 사례를 나타낸 것이다. (가)~(다)는 사회생활, 텃세, 가족생활을 순서 없이 나타낸 것이다.

상호 작용	사례
(가)	바다악어는 자신의 서식지에 접근한 다른 악어를 공격하여 생활 영역을 지킨다.
(나)	사자는 수사자를 중심으로 생활하며 어린 개체를 키우고, 암사자는 주로 사냥을 한다.
(다)	여왕개미는 산란을 하며, 일개미는 애벌레를 관리하고 먹이를 모은다.

이에 대한 설명으로 옳은 것은?

① (가)는 사회생활에 해당한다.
② (나)의 다른 예로는 꿀벌의 역할 분담이 있다.
③ (나)는 혈연관계의 개체들이 무리 지어 생활하는 특징이 있다.
④ (다)는 힘의 서열에 따라 일정한 순위를 갖는다.
⑤ (다)는 경험이 많은 한 개체가 리더가 되어 개체군의 행동을 지휘한다.

461

그림은 1987년부터 1989년까지 자원의 유입과 유출이 일정한 네 지역에 서식하는 갈색 송어 개체군의 밀도와 평균 질량의 관계를 나타낸 것이다. 송어 개체 사이에는 텃세가 일어난다.

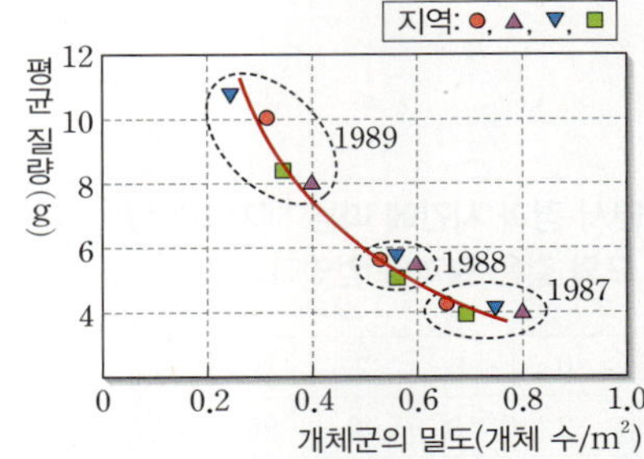

이 자료에 대한 설명으로 옳은 것만을 〈보기〉에서 있는 대로 고른 것은?

보기

ㄱ. 개체군의 밀도가 증가하면 개체들의 평균 질량이 감소한다.
ㄴ. 개체 사이의 경쟁은 1989년보다 1988년에 더 심하다.
ㄷ. 송어 개체군은 개체를 분산시켜 불필요한 경쟁을 막고 있다.

① ㄱ   ② ㄷ   ③ ㄱ, ㄴ
④ ㄴ, ㄷ   ⑤ ㄱ, ㄴ, ㄷ

462

그림은 생태계를 구성하는 요소 간의 관계를 나타낸 것이다.

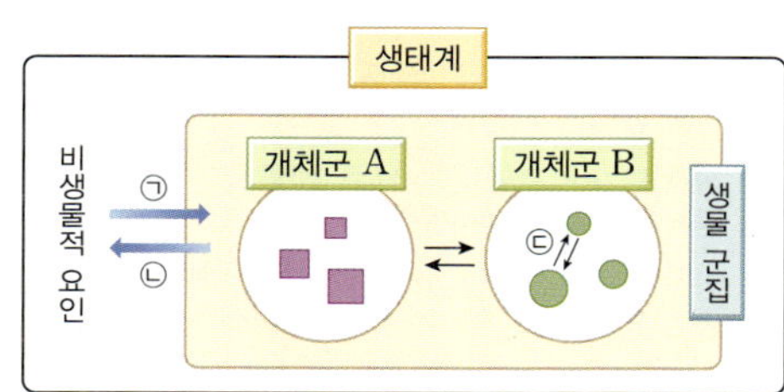

이에 대한 설명으로 옳은 것만을 〈보기〉에서 있는 대로 고른 것은?

보기

ㄱ. 여름 바다에서 고온이 지속되면 적조 현상이 나타나는 것은 ㉠에 해당한다.

ㄴ. 지의류에 의해 바위가 풍화되어 토양이 형성되는 것은 ㉡에 해당한다.

ㄷ. 물개는 다른 물개가 세력권을 침입하면 경계하는데, 이것은 ㉢에 해당한다.

① ㄱ   ② ㄷ   ③ ㄱ, ㄴ
④ ㄴ, ㄷ   ⑤ ㄱ, ㄴ, ㄷ

463

효모를 배양하면서 경과 시간에 따른 배지의 단위 부피당 효모의 개체 수를 조사하여 표와 같은 결과를 얻었다.

경과 시간(시)	0	1	2	3	4	5	6	7
개체 수	2	10	40	80	140	180	200	200

이에 대한 설명으로 옳은 것만을 〈보기〉에서 있는 대로 고른 것은?

보기

ㄱ. 1시간 후보다 4시간 후에 환경 저항이 더 크다.

ㄴ. 2시간 후보다 5시간 후에 개체 수 증가율이 더 높다.

ㄷ. 7시간 후 출생률은 사망률보다 높다.

① ㄱ   ② ㄴ   ③ ㄷ
④ ㄱ, ㄴ   ⑤ ㄴ, ㄷ

464

그림 (가)는 식물 개체군 A의, (나)는 식물 개체군 B의 시간에 따른 개체 수를 나타낸 것이다. A는 지역 ㉠에, B는 지역 ㉡에 서식하며, ㉠의 면적은 ㉡의 0.5배이다.

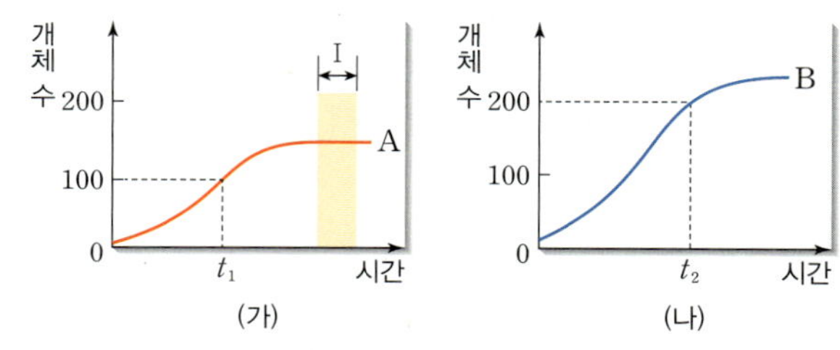

이에 대한 설명으로 옳은 것만을 〈보기〉에서 있는 대로 고른 것은?

보기

ㄱ. A는 서로 다른 종으로 구성된다.

ㄴ. 구간 I 에서 A는 환경 저항을 받지 않는다.

ㄷ. t_1에서 A의 개체군 밀도와 t_2에서 B의 개체군 밀도는 같다.

① ㄱ   ② ㄷ   ③ ㄱ, ㄴ
④ ㄱ, ㄷ   ⑤ ㄴ, ㄷ

465 고난도

그림 (가)는 종 A의 생장 곡선을, (나)는 어떤 생태계에서 종 A와 종 B의 시간에 따른 개체 수를 나타낸 것이다. A는 B의 포식자이다.

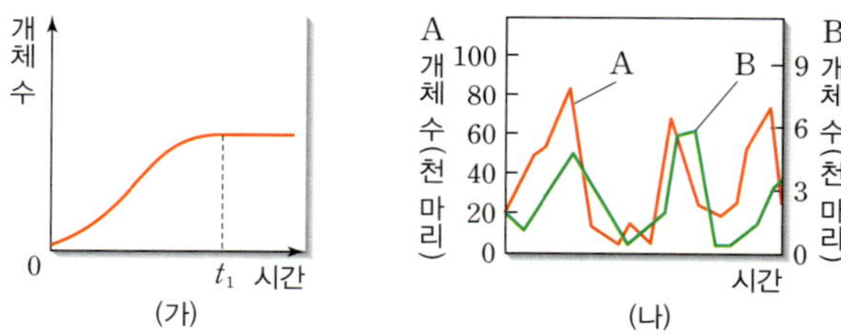

이에 대한 설명으로 옳은 것만을 〈보기〉에서 있는 대로 고른 것은?

보기

ㄱ. A와 B는 먹이 사슬을 형성한다.

ㄴ. (가)는 A의 이론적 생장 곡선이다.

ㄷ. (나)에서 포식과 피식에 의한 주기적 변동을 볼 수 있다.

① ㄱ   ② ㄷ   ③ ㄱ, ㄴ
④ ㄱ, ㄷ   ⑤ ㄴ, ㄷ

466

그림은 어떤 군집을 구성하는 서로 다른 동물 종 A와 B의 개체 수 변화를 장기간에 걸쳐 조사한 것이다. A와 B는 포식자와 피식자를 순서 없이 나타낸 것이다.

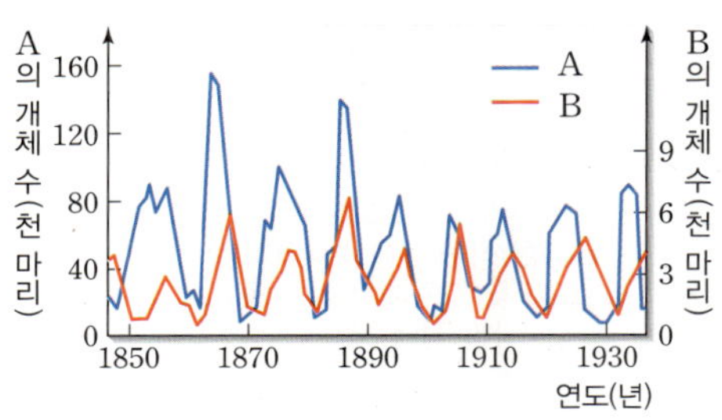

이에 대한 설명으로 옳은 것만을 〈보기〉에서 있는 대로 고른 것은? (단, 주어진 자료만 고려한다.)

보기
ㄱ. A는 B의 포식자이다.
ㄴ. B의 증가는 A의 환경 저항 중 하나이다.
ㄷ. A와 B의 개체 수 변동은 계절에 따른 변화가 가장 큰 원인이다.

① ㄱ　　　　② ㄴ　　　　③ ㄷ
④ ㄱ, ㄴ　　　⑤ ㄴ, ㄷ

467 고난도

표는 동시에 태어난 종 A의 1000 개체에서 상대 수명에 따른 사망 개체 수를 나타낸 것이고, 그림은 세 가지 유형의 생존 곡선을 나타낸 것이다.

상대 수명	사망 개체 수	상대 수명	사망 개체 수
10	960	50	2
20	20	60	1
30	11	70	1
40	4	80	1

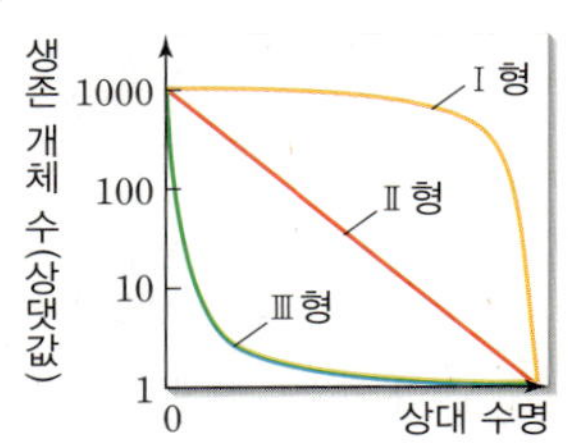

A에 대한 설명으로 옳은 것만을 〈보기〉에서 있는 대로 고른 것은?

보기
ㄱ. A의 생존 곡선은 Ⅰ형보다는 Ⅲ형에 가깝다.
ㄴ. 일반적으로 어린 개체는 부모의 보호를 받는다.
ㄷ. 한 번에 낳는 자손의 수가 다른 유형의 생물에 비해 적다.

① ㄱ　　　　② ㄴ　　　　③ ㄱ, ㄴ
④ ㄱ, ㄷ　　　⑤ ㄴ, ㄷ

468

그림 (가)는 생태계를 구성하는 요소 간의 관계를, (나)는 같은 종의 은어가 하천에서 세력권을 형성한 모습을 나타낸 것이다.

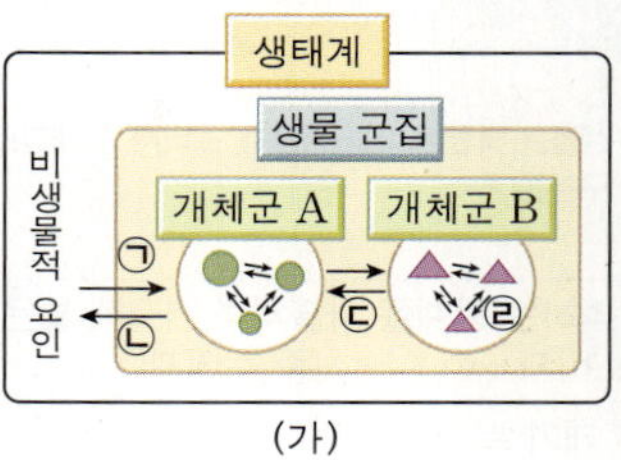

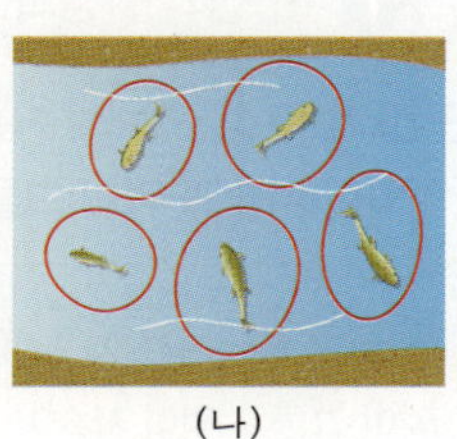

이에 대한 설명으로 옳은 것만을 〈보기〉에서 있는 대로 고른 것은?

보기
ㄱ. (나)는 ㉠~㉣ 중 ㉣에 해당한다.
ㄴ. 온도 상승이 은어의 활동에 미치는 영향은 ㉠에 해당한다.
ㄷ. 닭이 힘의 서열에 따라 모이를 쪼는 순서를 정하는 것은 ㉢에 해당한다.

① ㄱ　　　　② ㄷ　　　　③ ㄱ, ㄴ
④ ㄴ, ㄷ　　　⑤ ㄱ, ㄴ, ㄷ

469

다음은 동물 개체군에서 나타나는 상호 작용의 두 가지 예를 나타낸 것이다.

(가) 원숭이 A종의 수컷은 싸움을 통해 서열을 결정하여 짝짓기가 이루어진다.
(나) 목초지를 향해 양떼가 이동할 때 앞선 한 마리의 양이 전체 무리를 이끈다.

(가)와 (나)의 공통된 특징으로 옳은 것만을 〈보기〉에서 있는 대로 고른 것은?

보기
ㄱ. 한 개체군 내 개체 간의 상호 작용이다.
ㄴ. 개체들이 역할을 분담하는 사회생활을 한다.
ㄷ. 지속된 경쟁을 통해 개체군 내 질서를 유지한다.

① ㄱ　　　　② ㄴ　　　　③ ㄷ
④ ㄱ, ㄴ　　　⑤ ㄱ, ㄷ

02 군집

개념 ① 군집의 구성과 특성

1. 군집의 구성 → 군집을 구성하는 생물은 역할에 따라 생산자, 소비자, 분해자로 구분된다.

(1) **먹이 사슬과 먹이 그물**

먹이 사슬	• 생물 간의 먹고 먹히는 관계를 사슬처럼 연결해 놓은 것 • 생산자 → 1차 소비자 → … → 최종 소비자
먹이 그물	먹이 사슬이 여러 개가 복잡하게 얽혀서 형성된 것

(2) **생태적 지위**: 각 개체군들이 군집 내에서 차지하는 위치로, 먹이 지위와 공간 지위가 있다. → 생태계에서 개체군이 담당하는 구조적, 기능적 역할이다.

먹이 지위	개체군이 먹이 사슬에서 차지하는 위치
공간 지위	개체군이 차지하는 서식 공간

2. 군집의 구조

(1) **우점종**: 군집에서 개체 수가 많고 넓은 면적을 차지하여 그 군집을 대표할 수 있는 종이며, 중요치가 가장 높다.

> 중요치(중요도)＝상대 밀도＋상대 빈도＋상대 피도

(2) **식물 군집의 수직 구조**

① **층상 구조**: 많은 식물 개체군으로 구성된 군집에서 나타나며, 수직적인 몇 개의 층으로 구성된다.

② 빛의 세기와 양, 온도 등 환경 변화에 따라 위에서부터 교목층, 아교목층, 관목층, 초본층, 선태층(지표층), 지중층으로 구분되며, 특히 교목층과 아교목층에는 그 군집을 대표하는 수목들이 자라고 있다.

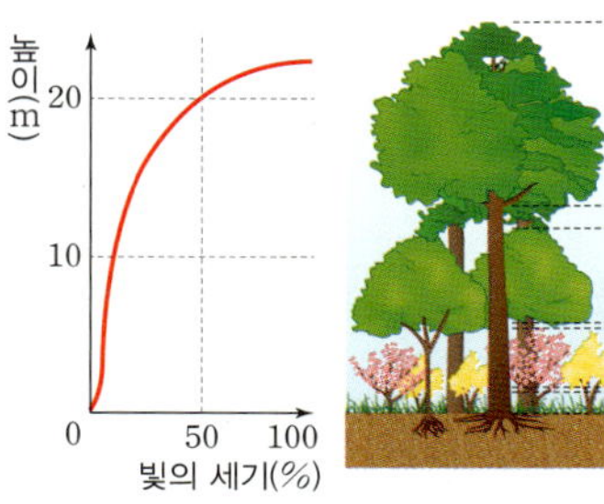

▲ 삼림의 층상 구조

3. 군집의 종류

(1) **육상 군집**: 기온과 강수량에 따라 구분한다.

삼림	• 기온이 높고 강수량이 많은 지역에 발달하며, 다양한 종류의 목본과 초본이 서식한다. • 예 열대 우림, 상록 활엽수림, 낙엽 활엽수림, 침엽수림
초원	• 기온이 높고 강수량이 적어 주로 초본이 서식한다. • 예 열대 초원, 온대 초원
사막	• 강수량이 매우 적거나 기온이 낮아 일부 생물만 서식한다. • 예 열대 사막, 온대 사막, 한대 사막

(2) **수생 군집**: 담수 군집(강, 호수)과 해수 군집(바다)이 있다.

4. 군집의 분포

수평 분포	• 위도에 따라 기온과 강수량 등의 환경 조건이 달라지며, 이에 따라 식물 군집의 분포가 달라지는 것 • 저위도에서 고위도로 갈수록 열대우림 → 낙엽수림 → 침엽수림 → 툰드라 순으로 분포한다.
수직 분포	• 특정 지역에서 고도에 따른 기온 차이에 의해 수직적으로 다른 식물 군집이 나타나는 것 • 고도가 낮은 곳에서 높은 곳으로 갈수록 상록 활엽수림대 → 낙엽 활엽수림대 → 혼합림대 → 침엽수림대 → 관목대 순으로 분포한다.

개념 ② 군집의 천이

1. 식물 군집의 천이: 식물 군집이 오랜 시간을 거치면서 종의 구성과 수가 점진적으로 변해 가는 과정을 천이라고 한다.

(1) **1차 천이**: 처음부터 생물이 없었던 장소(토양이 없는 불모지)에서 시작하여 안정된 군집이 될 때까지의 과정으로, 건성 천이와 습성 천이로 나눈다. → 건성 천이와 습성 천이는 수분의 유무에 따라 구분된다.

건성 천이	• 용암이나 암석으로 된 맨땅에서 시작하는 천이 • 맨땅 → 지의류(개척자) → 선태류 → 초원 → 관목림 → 양수림 → 혼합림 → 음수림(극상)
습성 천이	• 연못이나 호수와 같이 습한 곳에서 시작하는 천이 • 빈영양호 → 부영양호 → 습원 → 초원 → 관목림 → 양수림 → 혼합림 → 음수림(극상)

(2) **2차 천이**: 산불이나 산사태 또는 인위적인 벌목 등으로 파괴된 서식처에서 시작되는 천이로, 토양이 형성된 상태에서 초원에서부터 시작한다.

2. 천이의 극상: 천이의 마지막 단계에서 식물 군집이 안정적으로 유지되는 상태로, 온대 지방은 주로 음수림이 극상을 이룬다.

개념 ③ 군집 내 개체군의 상호 작용

종류	의미와 예
종간 경쟁	• 생태적 지위가 비슷한 두 개체군 사이에서 먹이와 생활 공간을 서로 차지하기 위해 일어난다. ➡ 경쟁·배타 원리: 두 개체군의 경쟁 결과, 한 개체군이 그 지역에서 사라진다. • 예 짚신벌레와 애기짚신벌레
분서(생태 지위 분화)	두 개체군의 생태적 지위가 비슷할 때 먹이, 생활 공간, 활동 시기, 산란 시기 등을 다르게 하여 경쟁을 피한다. • 예 피라미와 은어
포식과 피식	두 개체군 사이의 먹고 먹히는 관계 ➡ 먹는 종을 포식자, 먹히는 종을 피식자라 하며, 두 개체군의 크기는 주기적으로 변동한다. 예 눈신토끼와 스라소니
공생	• 상리 공생: 두 개체군이 모두 이익을 얻는다. 예 흰동가리와 말미잘 • 편리공생: 한 개체군은 이익을 얻고, 다른 개체군은 이익도 손해도 없다. 예 빨판상어와 거북
기생	• 서로 다른 두 개체군이 함께 살면서 한 개체군(기생자)은 이익을 얻고, 다른 개체군(숙주)은 손해를 본다. • 예 사람과 기생충, 새삼과 숙주 식물

탐구 활동 — 방형구법으로 식물 군집 조사하기

과정 ❶ 조사하고자 하는 지역에 $1\,m^2$ 면적의 방형구 25개를 설치한다.

❷ 방형구 안에 있는 식물의 종과 개체 수를 조사하여 밀도, 빈도, 피도를 구한다.

■ 종 A
▲ 종 B
● 종 C

❸ 중요치를 구한 후, 우점종을 결정한다.

- 밀도 $= \dfrac{\text{특정 종의 개체 수}}{\text{방형구 전체의 면적}(m^2)}$

- 상대 밀도(%) $= \dfrac{\text{특정 종의 밀도}}{\text{모든 종의 밀도 합}} \times 100$

- 빈도 $= \dfrac{\text{특정 종이 출현한 방형구 수}}{\text{전체 방형구의 수}}$

- 상대 빈도(%) $= \dfrac{\text{특정 종의 빈도}}{\text{모든 종의 빈도 합}} \times 100$

- 피도 $= \dfrac{\text{특정 종의 점유 면적}(m^2)}{\text{방형구 전체의 면적}(m^2)}$

- 상대 피도(%) $= \dfrac{\text{특정 종의 피도}}{\text{모든 종의 피도 합}} \times 100$

결과 그림에서 종 A~C 1개체당 면적이 방형구 1개의 면적에 대해 각각 25 %, 10 %, 20 %일 때, A~C의 개체 수, 출현한 방형구 수, 점유 면적(m^2)은 표와 같다.

식물	개체 수	출현한 방형구 수	점유 면적(m^2)
A	10	5	2.5
B	15	10	1.5
C	15	5	3
계	40	20	7

정리 • 조사 결과를 토대로 각 종의 중요치를 계산하면 표와 같다.

식물	상대 밀도 (%)	상대 빈도 (%)	상대 피도 (%)	중요치
A	25	25	36	86
B	37.5	50	21	108.5
C	37.5	25	43	105.5

• 따라서 우점종은 중요치가 가장 높은 B이다.

정답 및 해설 | 61쪽

470

□는 각 개체군들이 군집 내에서 차지하는 먹이 지위와 공간 지위이다.

471

군집을 대표하는 우점종은 상대 밀도, 상대 빈도, 상대 피도의 합인 □가 가장 높은 종이다.

472

군집에 대한 설명으로 옳은 것은 ○, 옳지 <u>않은</u> 것은 ×로 표시하시오.

(1) 온대 지방의 숲에서 교목층은 초본층보다 빛을 더 많이 받는다.　　(　　　)

(2) 강과 호수의 담수 군집과 바다의 해수 군집은 모두 수생 군집에 속한다.　　(　　　)

(3) 위도에 따른 식물 군집의 분포를 수직 분포라고 한다.　　(　　　)

473

천이의 마지막 단계에서 식물 군집이 안정적으로 유지되는 상태를 천이의 □이라고 한다.

474

생태적 지위가 비슷한 두 개체군이 같은 장소에 서식할 경우 먹이나 생활 공간을 차지하기 위해 종간 □이 일어난다.

475

표는 개체군 간의 상호 작용을 나타낸 것이다. (1)에는 해당하는 상호 작용의 명칭을 쓰고, (2), (3)에는 이익을 얻는 종은 '＋', 손해를 보는 종은 '－', 이익도 손해도 없는 종은 '0'으로 관계를 나타내시오.

명칭	상리 공생		(1)	
종	흰동가리	말미잘	빨판상어	거북
관계	(2)	(3)	＋	0

개념 **1** 군집의 구성과 특성

(족집게 전략) 방형구법은 우점종을 구하는 기초적인 과정에 대한 것부터 종 다양성에 대한 문항까지 다양한 측면에서 출제될 수 있어. 기본 공식도 잘 알면서 그 의미도 파악할 수 있어야 해.

476 단골 문제

그림은 면적이 $1\,m^2$로 같은 지역 A와 B에 동일한 크기의 방형구 25개를 각각 설치하여 조사한 식물 종의 분포를 나타낸 것이다. 방형구에 나타낸 각 도형은 식물 1개체를 의미하며, 참나무, 개망초, 패랭이꽃의 1개체당 면적은 각각 $100\,cm^2$로 같다.

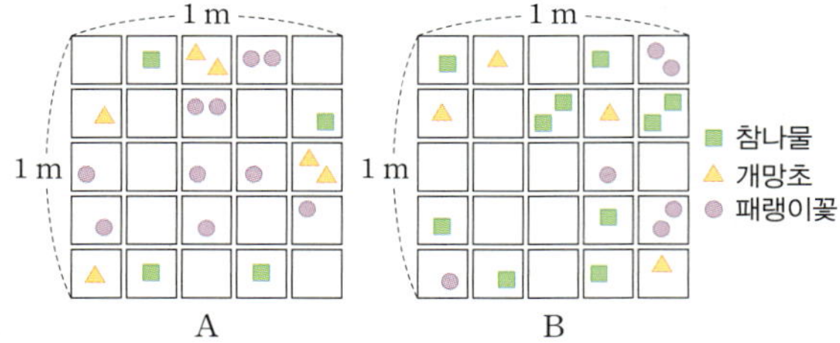

이에 대한 설명으로 옳은 것만을 〈보기〉에서 있는 대로 고른 것은? (단, 제시된 종 이외의 종은 고려하지 않는다.)

보기
ㄱ. A에서 우점종은 패랭이꽃이다.
ㄴ. A에서 상대 피도는 참나무가 개망초보다 작다.
ㄷ. B에서 개체군의 상대 빈도는 개망초와 패랭이꽃이 같다.

① ㄱ 　② ㄷ 　③ ㄱ, ㄴ
④ ㄴ, ㄷ 　⑤ ㄱ, ㄴ, ㄷ

추가로 나오는 선택지

❶ A에서 개망초의 상대 빈도는 25 %이다. (　　)
❷ A에서 우점종과 B에서 우점종은 같다. (　　)
❸ A에서 개망초의 중요치는 B에서 패랭이꽃의 중요치와 서로 같다. (　　)

477 서술형

생태적 지위가 무엇인지 아래 단어를 모두 사용하여 서술하시오.

공간 지위, 먹이 지위

478

그림은 식물 군집에서 높이에 따른 층상 구조를 나타낸 것이다.

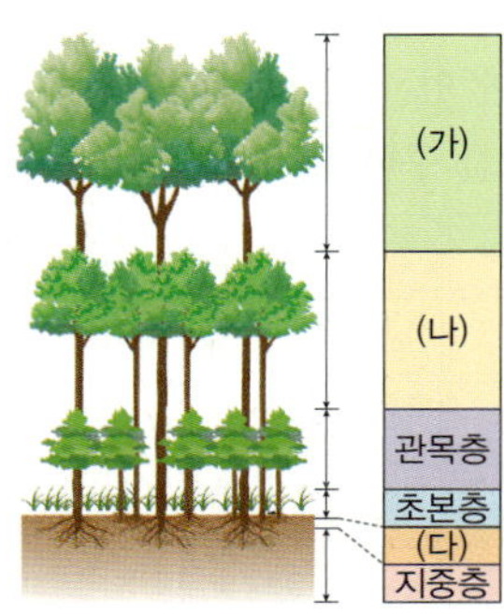

이에 대한 설명으로 옳은 것은?

① (가)에서는 (나)에서보다 광합성량이 적다.
② (가)를 이루는 식물의 잎은 관목층을 이루는 식물의 잎보다 얇다.
③ (가)에는 (나)보다 강한 빛에 적응한 식물 종이 발달한다.
④ (가)보다 (다)에 높은 온도에 적응한 식물이 발달한다.
⑤ 초본층에는 관목층보다 강한 빛에 적응한 식물이 발달한다.

479 중요

그림은 가로와 세로가 각각 1 m인 어떤 지역에 면적이 동일한 25개의 방형구를 설치하여 봄과 여름에 조사한 식물 종의 분포 변화를 나타낸 것이다. 방형구에 나타난 각 도형은 식물 1개체를 의미한다.

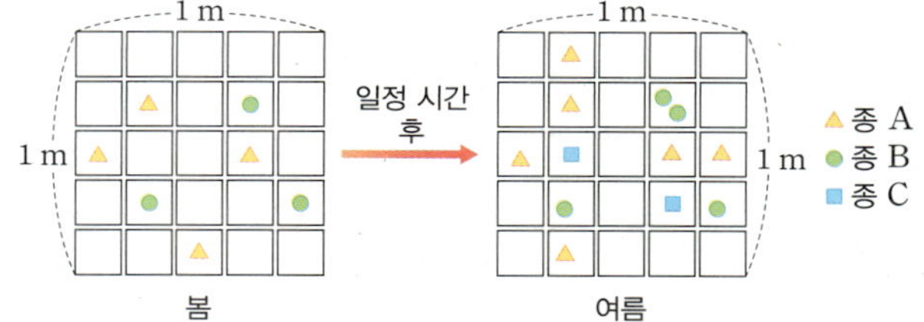

이에 대한 설명으로 옳은 것만을 〈보기〉에서 있는 대로 고른 것은? (단, 제시된 종 이외의 종은 고려하지 않는다.)

보기
ㄱ. 봄에 A의 빈도는 B의 빈도와 같다.
ㄴ. 여름에 B의 상대 밀도는 상대 빈도보다 크다.
ㄷ. A의 밀도는 여름보다 봄에 크다.

① ㄱ 　② ㄴ 　③ ㄷ
④ ㄱ, ㄴ 　⑤ ㄴ, ㄷ

480

표는 어떤 지역의 식물 군집을 방형구법으로 조사하여 정리한 자료이다. 이 지역에는 5종의 식물 종 A~E가 서식하고 있다.

식물	개체 수	출현한 방형구 수
A	47	9
B	94	16
C	27	45
D	18	17
E	14	13
계	200	100

(1) 상대 밀도가 가장 높은 종은 무엇인지 쓰시오.

(2) 상대 빈도가 가장 높은 종은 무엇인지 쓰시오.

481 중요

그림은 두 개체군 (가)와 (나)의 생태적 지위를 먹이의 양과 서식지의 크기에 따라 나타낸 것이다. (가)와 (나)는 개체군의 크기가 같고 경쟁 관계에 있으며, A~D는 서식지의 크기와 먹이의 양에 대한 조건이다.

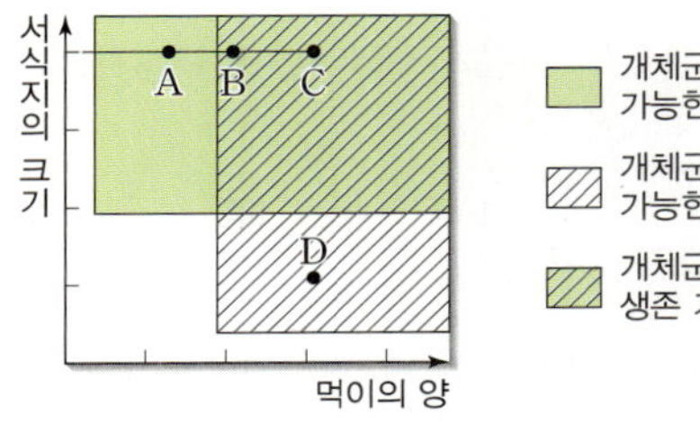

이에 대한 설명으로 옳은 것만을 〈보기〉에서 있는 대로 고른 것은? (단, 주어진 조건만을 고려한다.)

> 보기
> ㄱ. A보다 B에서 (가)와 (나) 사이에 경쟁이 많이 일어난다.
> ㄴ. C에서 D로 환경이 변하면 (나)는 (가)보다 생존에 더 유리하다.
> ㄷ. A에서 C로 환경이 변하면 서식지의 크기보다 먹이의 양이 개체군 (나)의 생존에 더 큰 영향을 미친다.

① ㄱ ② ㄷ ③ ㄱ, ㄴ
④ ㄴ, ㄷ ⑤ ㄱ, ㄴ, ㄷ

482 서술형

그림은 어느 지역에 면적이 동일한 25개의 방형구를 설치하여 조사한 식물 종의 분포를, 표는 각 식물 종의 상대 피도를 나타낸 것이다.

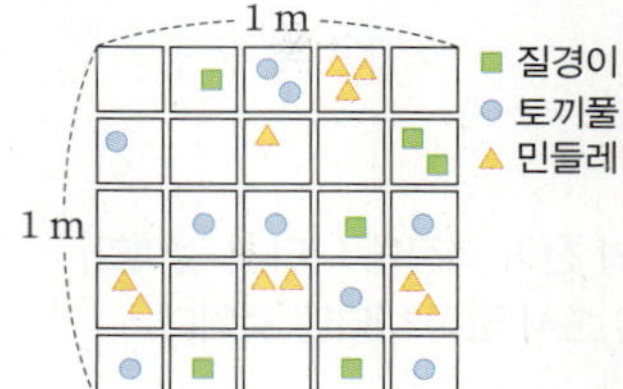

식물	상대 피도
질경이	50 %
토끼풀	33 %
민들레	17 %

질경이의 중요치를 풀이 과정과 함께 서술하시오. (단, 방형구 내의 각 도형은 식물 1개체를 의미한다.)

483

그림은 어떤 산에서 고도에 따른 식물 군집의 분포를 나타낸 것이다. (가)와 (나)는 낙엽 활엽수림과 침엽수림을 순서 없이 나타낸 것이다.

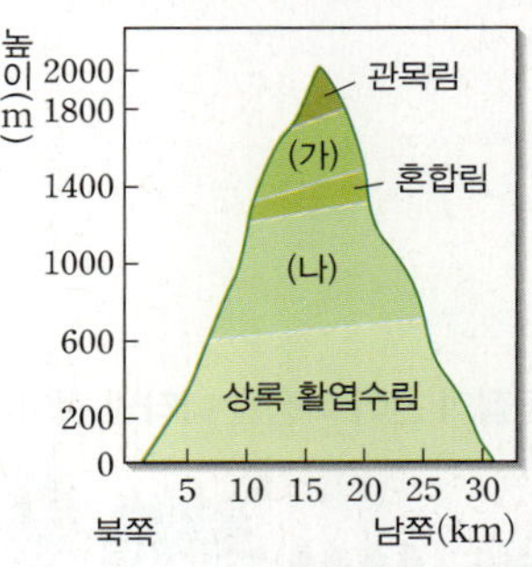

이에 대한 설명으로 옳은 것만을 〈보기〉에서 있는 대로 고른 것은?

> 보기
> ㄱ. 군집의 수직 분포를 나타낸 것이다.
> ㄴ. (가)의 식물은 (나)의 식물보다 잎 1개의 면적이 작다.
> ㄷ. 강수량 차이가 주된 원인이 되어 나타나는 식물 군집의 분포이다.

① ㄱ ② ㄷ ③ ㄱ, ㄴ
④ ㄴ, ㄷ ⑤ ㄱ, ㄴ, ㄷ

족집게 **전략** 군집의 천이에서는 천이가 진행되면서 나타나는 우점종의 변화, 지표면에 도달하는 빛의 세기 변화를 알고, 1차 천이와 2차 천이를 구분할 수 있어야 해.

484 단골 문제

그림은 어떤 지역에서 식물 군집의 천이 과정을 나타낸 것이다. A~C는 양수림, 음수림, 관목림을 순서 없이 나타낸 것이다.

이에 대한 설명으로 옳은 것만을 〈보기〉에서 있는 대로 고른 것은?

보기
ㄱ. B는 음수림이다.
ㄴ. 1차 천이를 나타낸 것이다.
ㄷ. C의 식물 군집은 극상을 이룬다.

① ㄱ ② ㄴ ③ ㄷ
④ ㄱ, ㄴ ⑤ ㄴ, ㄷ

추가로 나오는 **선택지**

❶ 건성 천이를 나타낸 것이다. (   )
❷ 2차 천이를 나타낸 것이다. (   )
❸ A는 (   )이다.
❹ A에서는 B에서보다 지표면에 도달하는 빛의 세기가 강하다. (   )

485 서술형

그림은 어떤 식물 군집의 천이 과정을 나타낸 것이다.

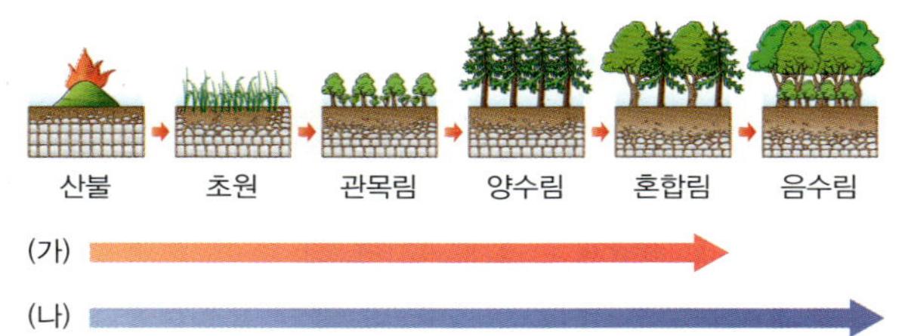

(가)는 토양 내 양분의 양, (나)는 지표면에 도달하는 빛의 세기를 나타낸 것이다. 천이가 진행되면서 (가)와 (나)는 어떻게 변화되는지 서술하시오.

486 중요

그림은 어떤 지역에서 식물 군집의 천이 과정을 나타낸 것이다. A~C는 관목림, 양수림, 음수림을 순서 없이 나타낸 것이다.

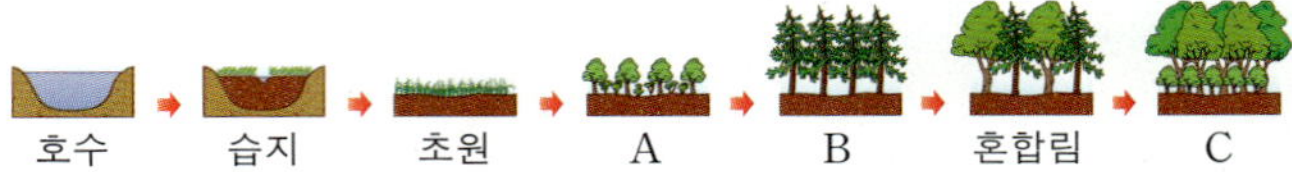

이에 대한 설명으로 옳은 것만을 〈보기〉에서 있는 대로 고른 것은?

보기
ㄱ. 습성 천이이다.
ㄴ. A의 우점종은 지의류이다.
ㄷ. C는 양수림이다.

① ㄱ ② ㄷ ③ ㄱ, ㄴ
④ ㄴ, ㄷ ⑤ ㄱ, ㄴ, ㄷ

487

표는 우리나라의 어떤 지역에서 산불이 발생한 후 시간에 따른 식물의 종류와 토양 성분의 변화를 조사한 자료이다.

구분		산불이 난 후 경과 시간		
		1년	10년	30년
식물의 종류	초본류	10종	5종	3종
	목본류	0	8종	18종
토양 성분	유기물의 양(g/kg)	3	5	10
	수분의 양(%)	4	13	21

이 지역에서 진행되는 천이에 대한 설명으로 옳은 것만을 〈보기〉에서 있는 대로 고른 것은?

보기
ㄱ. 1차 천이이다.
ㄴ. 초원에서 관목림으로 천이가 진행되었다.
ㄷ. 천이가 진행되면서 토양 내 유기물의 양과 수분의 양이 모두 증가한다.

① ㄱ ② ㄷ ③ ㄱ, ㄴ
④ ㄴ, ㄷ ⑤ ㄱ, ㄴ, ㄷ

개념 ❸ 군집 내 개체군의 상호 작용

족집게 전략 군집 내 개체군의 상호 작용에서는 짚신벌레 2종의 경쟁에 대한 자료 해석 문제와 종간 상호 작용을 손해와 이익으로 구분한 표를 해석하는 문제가 자주 나와. 각각에 대해 그래프나 표로 파악하고 있으면 빠르게 문제를 해결할 수 있어.

488 단골 문제

그림 (가)는 짚신벌레 A종을 단독 배양할 때, (나)는 짚신벌레 A종과 B종을 혼합 배양할 때 시간에 따른 개체 수를 나타낸 것이다.

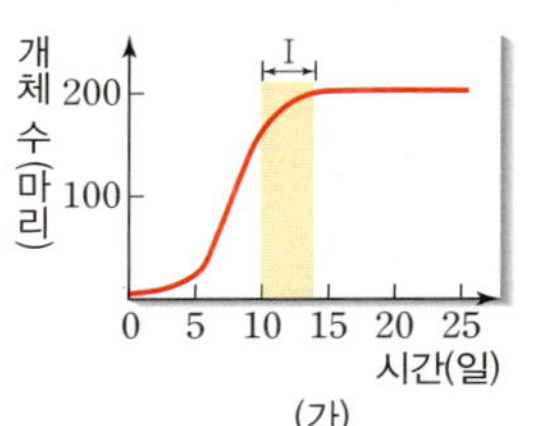

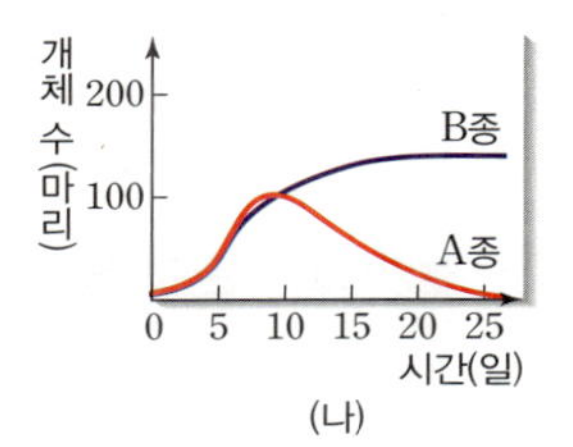

이에 대한 설명으로 옳은 것만을 〈보기〉에서 있는 대로 고른 것은?

보기

ㄱ. (가)의 구간 Ⅰ에서 환경 저항이 감소한다.

ㄴ. (나)에서 A종과 B종은 상리 공생 관계이다.

ㄷ. (나)에서 배양 15일 후 A종은 출생률보다 사망률이 높다.

① ㄱ　　　　② ㄴ　　　　③ ㄷ

④ ㄱ, ㄴ　　　⑤ ㄴ, ㄷ

추가로 나오는 선택지

❶ A종과 B종은 편리공생 관계이다. 　　　　(　)

❷ B종을 단독 배양하면 10일 후 (나)에서보다 개체 수가 많아질 것이다. 　　　　(　)

❸ (나)에서 25일 이후 A종이 모두 없어지면 (　　　)가 일어난 것이다.

489 서술형

다음 자료에서 볼 수 있는 군집 내 개체군의 상호 작용은 무엇인지 해당하는 상호 작용을 쓰고, 그렇게 생각한 까닭을 서술하시오.

청소놀래기가 도미의 입속을 청소해 주고, 청소놀래기는 도미의 입속 찌꺼기를 먹는다.

490

표는 종 1과 종 2 사이에 가능한 상호 작용의 일부를 A~C로 구분하여 나타낸 것이다. A~C는 기생, 상리 공생, 편리공생을 순서 없이 나타낸 것이다.

상호 작용	종 1	종 2
A	㉠	이익
B	?	이익도 손해도 없음
C	이익	이익

이에 대한 설명으로 옳은 것만을 〈보기〉에서 있는 대로 고른 것은?

보기

ㄱ. ㉠은 '손해'이다.

ㄴ. B에서 종 1은 종 2의 포식자이다.

ㄷ. 사자와 영양의 상호 작용은 C에 해당한다.

① ㄱ　　　　② ㄴ　　　　③ ㄷ

④ ㄱ, ㄴ　　　⑤ ㄱ, ㄷ

491

그림은 생물 간의 상호 작용 네 가지를 구분하는 과정을 나타낸 것이다. 지의류에서 곰팡이와 녹조류의 관계는 A에 속한다.

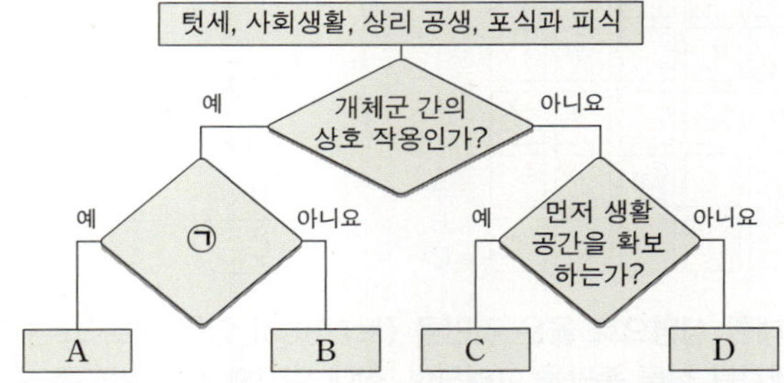

이에 대한 설명으로 옳은 것만을 〈보기〉에서 있는 대로 고른 것은?

보기

ㄱ. D는 사회생활이다.

ㄴ. 흰동가리와 말미잘의 관계는 B에 속한다.

ㄷ. '서로 이익을 얻는가?'는 ㉠에 해당한다.

① ㄱ　　　　② ㄷ　　　　③ ㄱ, ㄴ

④ ㄱ, ㄷ　　　⑤ ㄴ, ㄷ

492

그림은 잘 발달된 삼림 군집의 층상 구조에서 식물의 높이에 따른 비생물적 환경 요인의 변화를 나타낸 것이다.

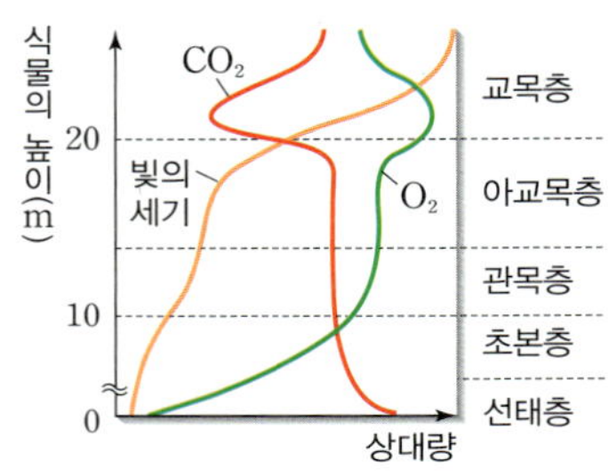

이에 대한 설명으로 옳은 것만을 〈보기〉에서 있는 대로 고른 것은?

보기

ㄱ. 선태층은 광합성량보다 호흡량이 많다.

ㄴ. 초본층보다 교목층에서 광합성량이 많다.

ㄷ. 관목층보다 교목층에 도달하는 빛의 세기가 강하다.

① ㄱ   ② ㄷ   ③ ㄱ, ㄴ
④ ㄴ, ㄷ   ⑤ ㄱ, ㄴ, ㄷ

493

그림은 25개의 방형구를 이용해 어떤 생태계에 서식하는 식물 종 A~C의 분포를 조사한 결과를, 표는 각 식물 종의 상대 피도를 나타낸 것이다.

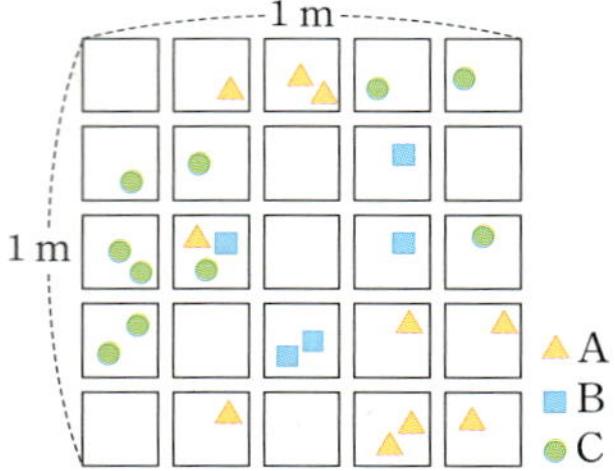

식물 종	상대 피도(%)
A	50
B	10
C	40

이에 대한 설명으로 옳은 것만을 〈보기〉에서 있는 대로 고른 것은? (단, 제시된 식물 종만을 고려하며, 상대 밀도와 상대 빈도를 구할 때 계산은 소숫점 첫째 자리에서 반올림한다.)

보기

ㄱ. 이 생태계의 우점종은 A이다.

ㄴ. B의 상대 빈도는 20 %이다.

ㄷ. C의 중요치는 130보다 크다.

① ㄱ   ② ㄷ   ③ ㄱ, ㄴ
④ ㄴ, ㄷ   ⑤ ㄱ, ㄴ, ㄷ

494

그림은 홍수로 인한 강의 범람으로 두터운 퇴적물이 쌓인 지역에서 시간 경과에 따라 나타난 식물 A~C의 피도를 조사한 것이다.

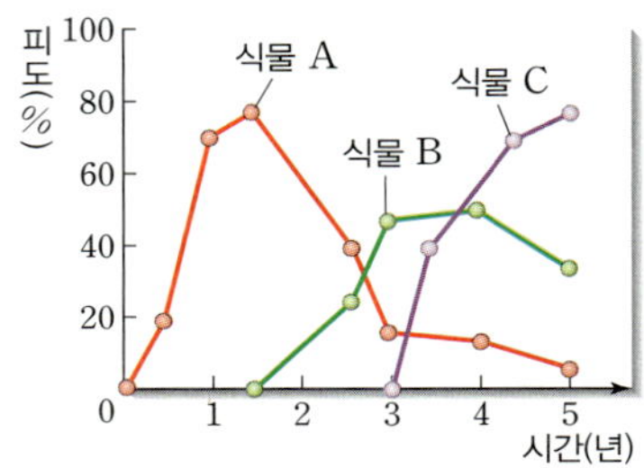

이에 대한 설명으로 옳은 것만을 〈보기〉에서 있는 대로 고른 것은?

보기

ㄱ. 이 지역에서는 2차 천이가 일어난다.

ㄴ. A와 B는 경쟁 관계이다.

ㄷ. C의 피도가 증가하면 A의 피도도 증가한다.

① ㄱ   ② ㄷ   ③ ㄱ, ㄴ
④ ㄴ, ㄷ   ⑤ ㄱ, ㄴ, ㄷ

495 고난도

그림은 세 군집 A~C가 형성된 지역의 평균 기온과 평균 강수량을 나타낸 것이다. A~C는 각각 사막, 툰드라, 열대우림 중 하나이다.

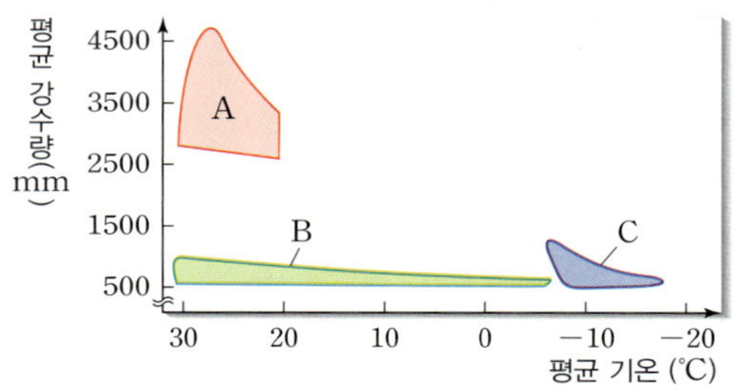

이에 대한 설명으로 옳은 것만을 〈보기〉에서 있는 대로 고른 것은?

보기

ㄱ. A에서는 건조에 강한 식물 개체군이 우점종이 된다.

ㄴ. B는 사막이다.

ㄷ. C에서는 낙엽 활엽수가 우점종이다.

① ㄱ   ② ㄴ   ③ ㄱ, ㄷ
④ ㄴ, ㄷ   ⑤ ㄱ, ㄴ, ㄷ

496

그림 (가)는 수생 식물 A와 B를 단독으로 심었을 때, (나)는 함께 심었을 때 수심에 따른 각 생물의 생체량을 나타낸 것이다.

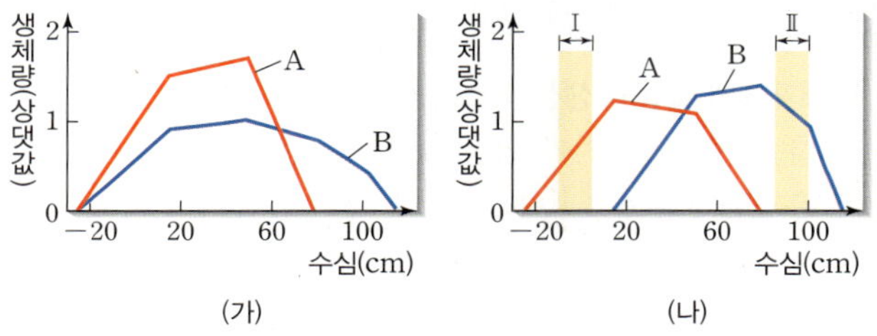

이에 대한 설명으로 옳은 것만을 〈보기〉에서 있는 대로 고른 것은?

보기
ㄱ. A와 B는 경쟁 관계이다.
ㄴ. 구간 Ⅰ과 Ⅱ에서 모두 경쟁 · 배타가 일어났다.
ㄷ. B가 서식하는 수심의 범위는 (가)에서가 (나)에서보다 넓다.

① ㄱ　　　　② ㄴ　　　　③ ㄱ, ㄴ
④ ㄱ, ㄷ　　　⑤ ㄴ, ㄷ

497

그림 (가)는 어떤 지역에서 군집의 천이 과정을, (나)는 이 군집에서 시간에 따른 종 ㉠과 ㉡의 어린나무의 밀도를 나타낸 것이다. A와 B는 음수림과 양수림을 순서 없이 나타낸 것이며, 종 ㉠과 ㉡은 A에서의 우점종과 B에서의 우점종을 순서 없이 나타낸 것이다.

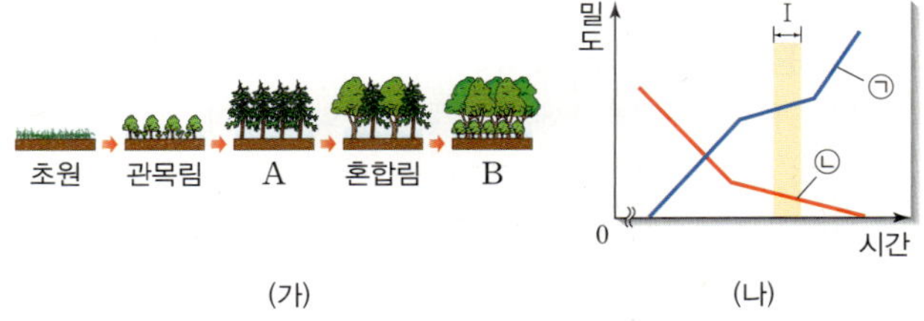

이에 대한 설명으로 옳은 것만을 〈보기〉에서 있는 대로 고른 것은?

보기
ㄱ. A는 극상을 이룬다.
ㄴ. ㉠은 B에서의 우점종이다.
ㄷ. 구간 Ⅰ에서 ㉠은 ㉡보다 생존에 불리하다.

① ㄱ　　　　② ㄴ　　　　③ ㄷ
④ ㄱ, ㄴ　　　⑤ ㄴ, ㄷ

498 고난도

그림은 어떤 해안가에 서식하는 두 종의 따개비 A와 B의 분포를, 표는 A와 B의 특성을 나타낸 것이다.

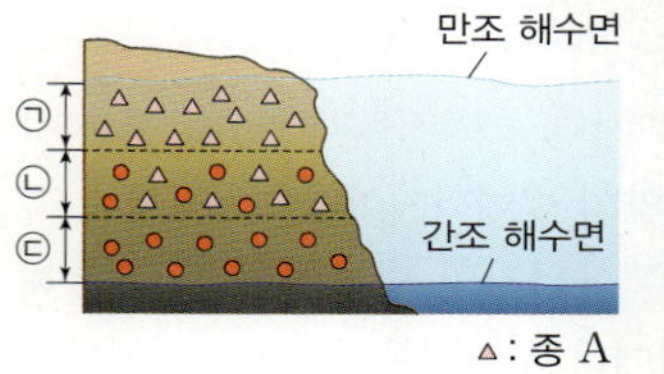

A와 B의 특성
• A는 B보다 건조에 강하다.
• A를 제거하여도 B의 서식 범위는 변하지 않는다.
• B를 제거하면 A는 ㉢에도 서식한다.

이에 대한 설명으로 옳은 것만을 〈보기〉에서 있는 대로 고른 것은?

보기
ㄱ. 건조한 환경에서는 A가 B보다 생존에 유리하다.
ㄴ. A가 ㉢에 서식하지 않는 것은 경쟁 · 배타의 결과이다.
ㄷ. ㉡에서 B를 모두 제거하면 A의 개체군 밀도가 일시적으로 증가한다.

① ㄱ　　　　② ㄴ　　　　③ ㄱ, ㄷ
④ ㄴ, ㄷ　　　⑤ ㄱ, ㄴ, ㄷ

499

그림 (가)는 종 A와 B를 각각 단독 배양할 때 시간에 따른 개체 수를, (나)는 군집 내 종 사이의 상호 작용을 나타낸 것이다. (가)의 A와 B를 혼합 배양할 때 일어나는 상호 작용은 (나)의 ㉠과 ㉡ 중 하나이며, ㉠과 ㉡은 경쟁과 상리 공생을 순서 없이 나타낸 것이다. K는 A와 B를 혼합 배양했을 때 A와 B의 최대 개체 수이다.

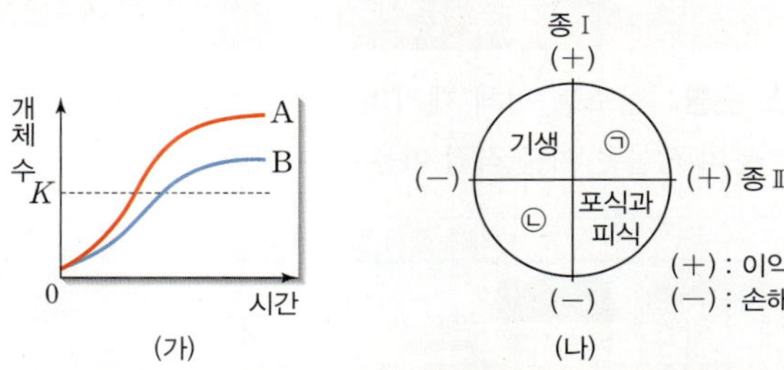

이에 대한 설명으로 옳은 것만을 〈보기〉에서 있는 대로 고른 것은? (단, 단독 배양할 때와 혼합 배양할 때의 배양 조건은 동일하며, 이입과 이출은 없다.)

보기
ㄱ. (가)에서 A의 생장 곡선은 이론적 생장 곡선과 일치한다.
ㄴ. 혼합 배양 시 A와 B 사이에 일어나는 상호 작용은 ㉡이다.
ㄷ. 생태적 지위가 겹치는 두 종 사이에 일어나는 상호 작용은 ㉠이다.

① ㄱ　　　　② ㄴ　　　　③ ㄷ
④ ㄱ, ㄴ　　　⑤ ㄴ, ㄷ

03 에너지 흐름과 물질의 순환

개념 ❶ 에너지 흐름

1. **에너지 흐름의 과정** → 생태계에서 에너지는 순환하지 않고 한쪽 방향으로 흐른다.
   (1) 생태계 에너지의 근원은 태양의 빛에너지이다.
   (2) 각 영양 단계에서 전달받은 에너지의 일부는 호흡을 통해 생명 활동에 사용되거나 열에너지로 전환되고, 일부 에너지만 상위 영양 단계로 전달된다.

2. **에너지 효율**: 생태계의 한 영양 단계에서 다음 영양 단계로 이동하는 에너지의 비율이다.

$$\text{에너지 효율}(\%) = \frac{\text{현 영양 단계의 에너지 총량}}{\text{전 영양 단계의 에너지 총량}} \times 100$$

개념 ❷ 물질 순환
→ 생태계에서 물질은 순환하며 먹이 사슬을 따라 이동한 뒤 다시 환경으로 돌아간다.

1. **탄소 순환**: 탄소는 생물체를 구성하는 원소의 약 20 %를 차지한다. 대기에서는 주로 이산화 탄소(CO_2) 형태로, 물속에서는 주로 탄산수소 이온(HCO_3^-) 형태로 존재한다.

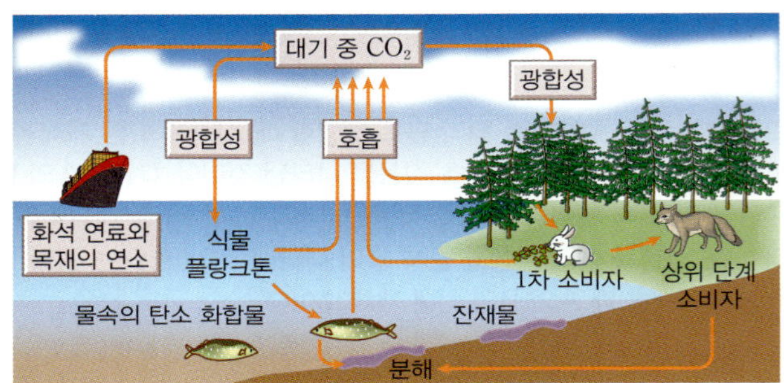

2. **질소 순환**: 질소는 전체 대기의 약 78 %를 차지하고 있지만 대부분의 생물은 이를 직접 이용할 수 없다.

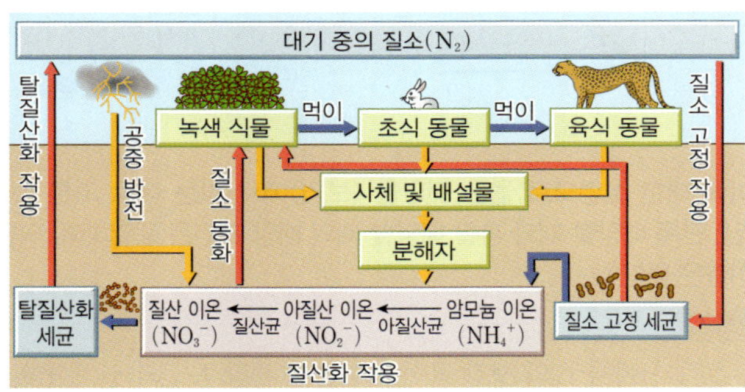

질소 고정 작용	대기 중의 질소(N_2)가 질소 고정 세균(뿌리혹박테리아 등)에 의해 암모늄 이온(NH_4^+)으로 전환되거나, 공중 방전에 의해 질산 이온(NO_3^-)으로 전환되어 생물에 이용된다.
질산화 작용	토양 속의 암모늄 이온(NH_4^+)은 질산화 세균에 의해 질산 이온(NO_3^-)으로 전환된다.
탈질산화 작용	토양 속 질산 이온(NO_3^-)의 일부는 탈질산화 세균의 작용으로 질소 기체(N_2)로 되어 방출된다.

개념 ❸ 물질의 생산과 소비

1. **생태계에서 물질의 생산과 소비**
   (1) **총생산량**: 생산자가 일정 기간 동안 광합성을 통해 합성한 유기물의 총량
   (2) **순생산량**: 총생산량에서 생산자의 호흡으로 소비하는 호흡량을 제외하고 생산자에 저장되는 유기물의 양
   (3) **생장량**: 순생산량에서 피식량과 고사량, 낙엽량을 제외하고 생산자에 남아 있는 유기물의 양

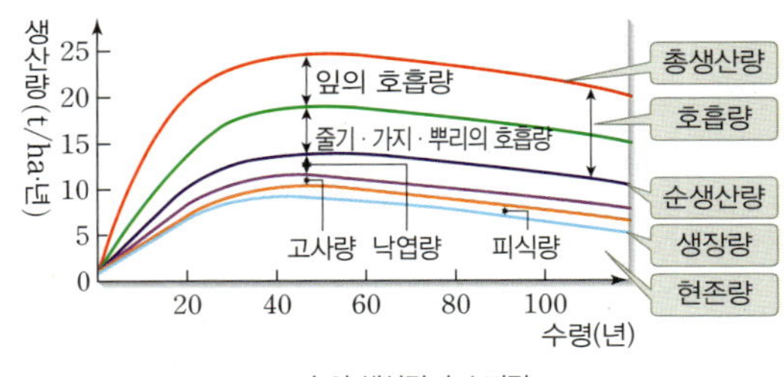

▲ 숲의 생산량과 소비량

개념 ❹ 생태계의 평형

1. **생태 피라미드**
   (1) **생태 피라미드**: 먹이 사슬에서 각 영양 단계에 속하는 생물의 개체 수, 생물량, 에너지양을 하위 영양 단계부터 상위 영양 단계로 순서대로 쌓아 올린 것이다.
   (2) **생태 피라미드 종류** ┌ 일반적으로 하위 영양 단계에서 상위 영양 단계로 이동할 때마다 개체 수, 생물량, 에너지양이 감소해 피라미드 모양을 나타낸다.

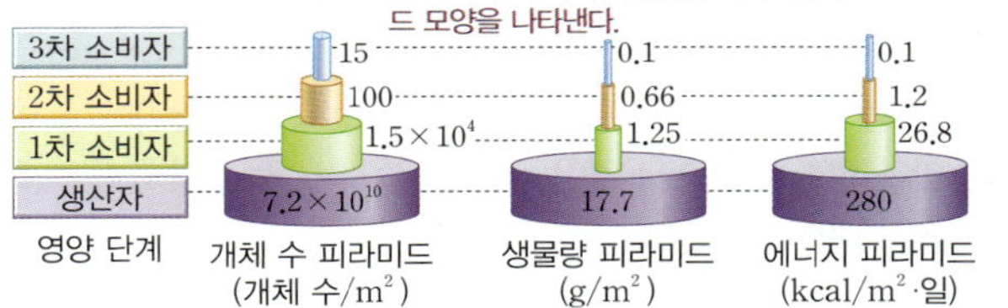

2. **생태계 평형**
   (1) **생태계 평형**: 생태계에서 생물 군집의 종류나 개체 수, 물질의 양, 에너지 흐름이 안정된 상태를 유지하는 것이다.
   (2) 생태계 평형은 주로 먹이 그물에 의해 유지되며, 먹이 그물이 복잡할수록 물질의 순환이 안정적이고 에너지 흐름도 원활하므로 생태계 평형이 잘 유지된다.
   (3) **생태계 평형의 파괴와 회복**

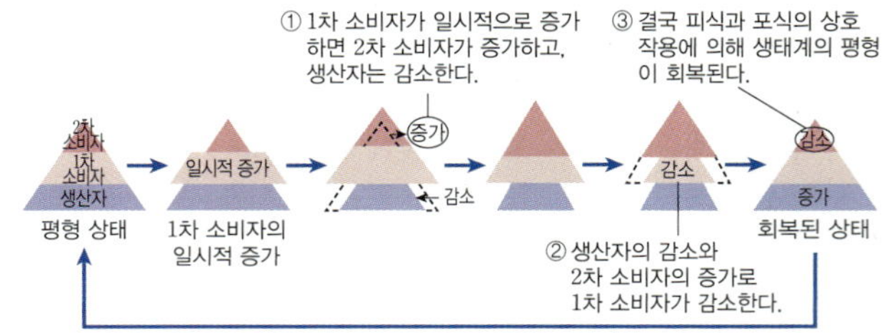

자료 분석   에너지 흐름 및 물질의 생산과 소비

1. 에너지 흐름과 에너지 효율

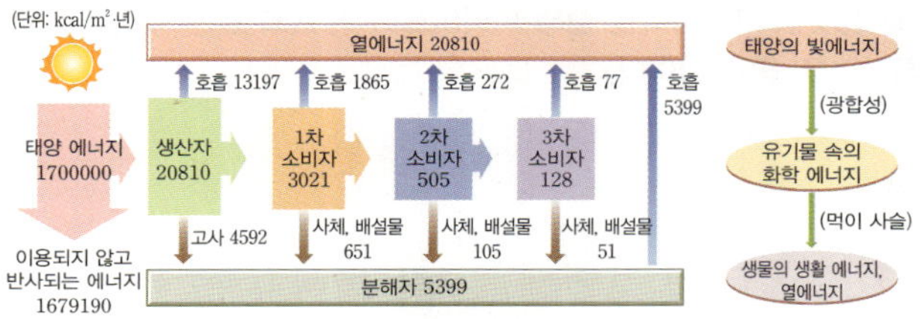

- 에너지 효율의 공식에 따라 각 영양 단계의 에너지 효율을 계산하면 다음과 같다.

$$에너지 \ 효율(\%) = \frac{현 \ 영양 \ 단계의 \ 에너지 \ 총량}{전 \ 영양 \ 단계의 \ 에너지 \ 총량} \times 100$$

- 생산자의 에너지 효율 : $\frac{20810}{1700000} \times 100 ≒ 1.2(\%)$
- 1차 소비자의 에너지 효율 : $\frac{3021}{20810} \times 100 ≒ 14.5(\%)$
- 2차 소비자의 에너지 효율 : $\frac{505}{3021} \times 100 ≒ 16.7(\%)$
- 3차 소비자의 에너지 효율 : $\frac{128}{505} \times 100 ≒ 25.3(\%)$

- 에너지 효율은 일반적으로 상위 영양 단계로 갈수록 커진다.
- 태양으로부터 생태계로 유입된 빛에너지는 최종적으로 열에너지로 전환되어 생태계 밖으로 방출된다.

2. 식물 군집에서 물질의 생산과 소비

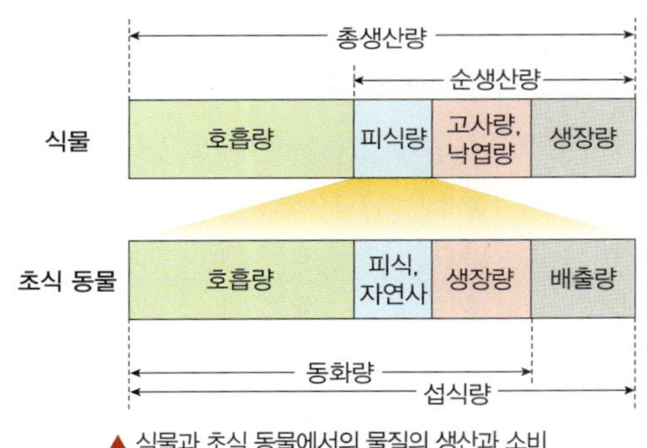

▲ 식물과 초식 동물에서의 물질의 생산과 소비

- 식물의 총생산량＝호흡량＋순생산량(피식량＋고사량, 낙엽량＋생장량)
- 호흡량: 생물의 호흡에 이용된 유기물의 총량
- 생장량: 생물의 생장에 이용된 유기물의 총량
- 고사량, 낙엽량: 잎이나 줄기 등이 식물체에서 떨어져나가 식물이 잃어버리는 유기물의 총량
- 피식량: 식물이 초식 동물에게 먹히는 유기물의 총량

정답 및 해설 | 65쪽

500

생태계의 한 영양 단계에서 다음 영양 단계로 이동하는 에너지의 비율을 [   ]이라고 한다.

501

생태계에서 [   ]은 순환하고, 에너지는 영양 단계를 따라 한쪽 방향으로 흐른다.

502

다음은 물질의 생산과 소비에 대한 설명이다. [   ] 안에 들어갈 알맞은 말을 쓰시오.

> 생산자가 일정 기간 동안 광합성을 통해 합성한 유기물의 총량을 [㉠]이라고 하며, [㉠]에서 생산자의 호흡량을 제외한 유기물의 양을 [㉡]이라고 한다. [㉡]에서 고사량, 낙엽량과 초식 동물에게 먹히는 [㉢]을 제외하고 생산자에 남아 있는 유기물의 양을 [㉣]이라고 한다.

503

생태계에서 생물 군집의 종류나 개체 수, 물질의 양, 에너지 흐름 등이 안정된 상태를 유지하는 것을 [   ]이라고 한다.

504

그림은 생태계 평형이 일시적으로 깨진 후 평형이 회복되는 과정을 나타낸 것이다.

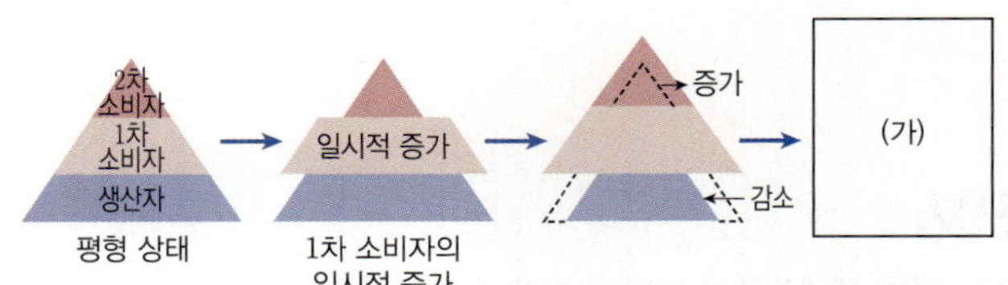

위 그림을 보고 생태계 평형이 회복되는 과정 중 (가)에서 일어나는 현상을 다음과 같이 설명하였다. [   ] 안에 들어갈 알맞은 말을 쓰시오.

> (가)에서 1차 소비자는 [   ]한다.

개념 ❶ 에너지 흐름

족집게 전략 에너지 흐름에서는 각 영양 단계의 에너지 효율을 구할 수 있어야 해. 특히 에너지 흐름 그림 자료의 전형적인 형태를 눈에 잘 익혀 두어야 빠르게 문제를 해결할 수 있어.

505 단골 문제

그림은 어떤 안정된 생태계에서 각 영양 단계의 에너지양을 상댓값으로 나타낸 것이다. (가)~(다)는 이 생태계의 생물적 요인이다.

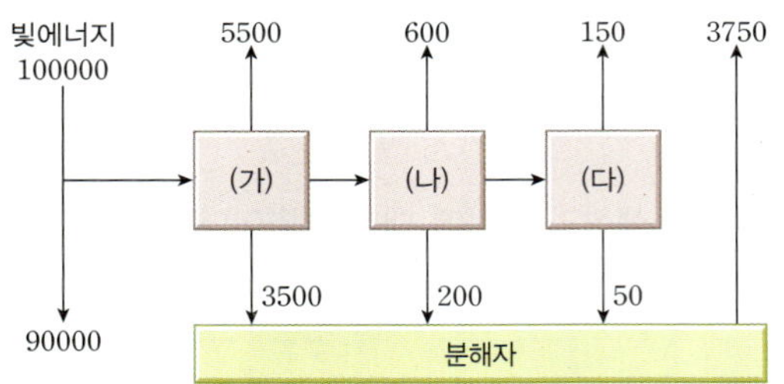

이에 대한 설명으로 옳은 것만을 〈보기〉에서 있는 대로 고른 것은?

보기

ㄱ. 각 영양 단계의 에너지양은 (가)>(나)>(다)이다.

ㄴ. 에너지 효율은 2차 소비자가 1차 소비자의 2배이다.

ㄷ. $\dfrac{\text{호흡으로 소모되는 에너지양}}{\text{현 영양 단계의 에너지양}}$ 은 (나)에서가 (다)에서보다 크다.

① ㄱ   ② ㄷ   ③ ㄱ, ㄴ
④ ㄴ, ㄷ   ⑤ ㄱ, ㄴ, ㄷ

추가로 나오는 선택지

❶ (가)의 에너지양은 (나)의 에너지양보다 크다. (   )
❷ (다)는 생산자이다. (   )
❸ 2차 소비자의 에너지 효율은 (   ) %이다.

506

표는 연못 생태계에서 태양의 빛에너지 양과 영양 단계별 에너지양을 나타낸 것이다. 이 생태계에서 1차 소비자의 에너지 효율을 구하시오.

(단위: kcal)

구분	에너지양
태양 빛	10000
녹색 식물	200
1차 소비자	10

507 중요

그림은 어떤 육지 생태계에서 서로 다른 영양 단계인 A~D의 에너지양을 상댓값으로 나타낸 생태 피라미드이다. A와 D는 각각 생산자와 3차 소비자 중 하나이다.

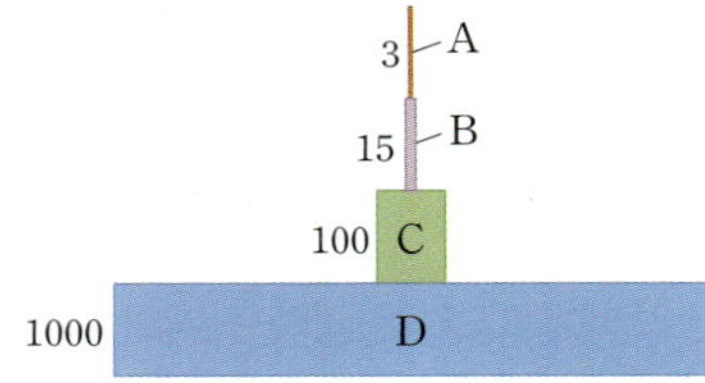

이에 대한 설명으로 옳은 것만을 〈보기〉에서 있는 대로 고른 것은?

보기

ㄱ. B는 1차 소비자이다.

ㄴ. 에너지 효율은 A가 B보다 높다.

ㄷ. 상위 영양 단계로 갈수록 에너지양이 증가한다.

① ㄱ   ② ㄴ   ③ ㄷ
④ ㄱ, ㄴ   ⑤ ㄴ, ㄷ

508

표는 동일한 지역 내 풀밭과 연못 생태계에서 각 영양 단계의 월평균 생체량과 에너지양을 1년간 조사한 것이다. 생체량은 생물체의 중량이다.

구분	생체량(kcal/월)		에너지양(kcal/월)	
	풀밭	연못	풀밭	연못
생산자	1000	2	300	400
1차 소비자	20	5	30	40
2차 소비자	1	7	6	8

이에 대한 설명으로 옳은 것만을 〈보기〉에서 있는 대로 고른 것은?

보기

ㄱ. 생체량은 모두 상위 영양 단계로 갈수록 증가한다.

ㄴ. 2차 소비자의 에너지 효율은 연못에서가 풀밭에서보다 높다.

ㄷ. 1차 소비자로 이동한 에너지양은 연못에서가 풀밭에서보다 많다.

① ㄴ   ② ㄷ   ③ ㄱ, ㄴ
④ ㄱ, ㄷ   ⑤ ㄴ, ㄷ

개념 ② 물질 순환

족집게 전략 물질 순환에는 탄소 순환과 질소 순환이 있어. 탄소 순환은 간단한 편이지만, 질소 순환은 각 단계를 매개하는 생물과 이동하는 물질, 의미 등을 잘 정리해 두어야 해.

509 단골 문제

그림은 생태계에서 일어나는 질소 순환 과정의 일부를 나타낸 것이다. A와 B는 분해자와 생산자를 순서 없이 나타낸 것이다.

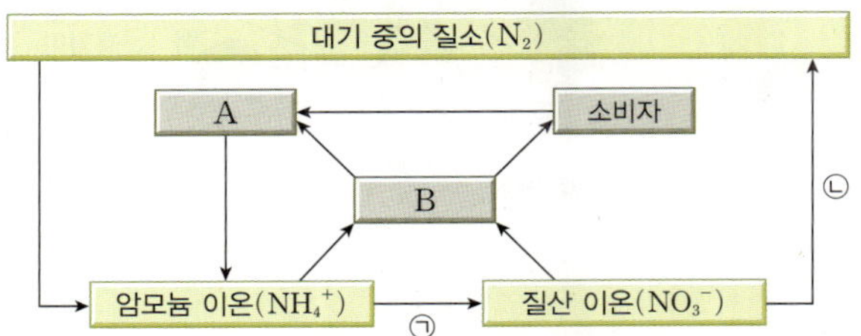

이에 대한 설명으로 옳은 것만을 〈보기〉에서 있는 대로 고른 것은?

보기
ㄱ. B는 질산 이온을 이용해 포도당을 합성한다.
ㄴ. ㉠은 질산화 작용이다.
ㄷ. ㉡은 질소 고정 과정이다.

① ㄱ   ② ㄴ   ③ ㄷ
④ ㄱ, ㄴ   ⑤ ㄴ, ㄷ

추가로 나오는 선택지

❶ ㉡은 탈질산화 과정이다.   (   )
❷ A는 (   )이다.
❸ B는 스스로 대기 중의 질소를 이용할 수 있다.   (   )

510 서술형

그림은 생태계에서 일어나는 질소 순환 과정의 일부를 나타낸 것이다.

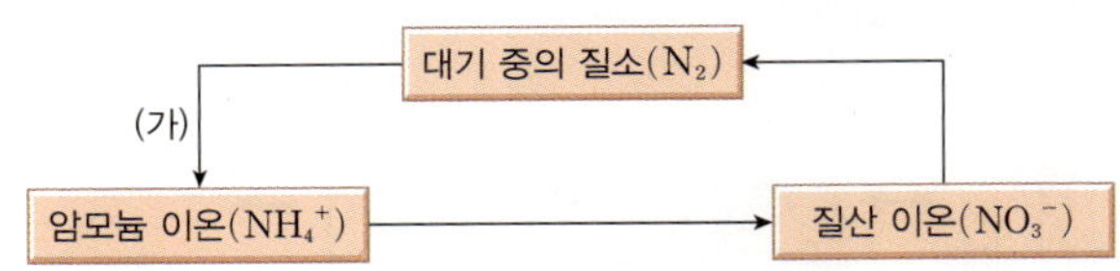

(가) 단계에서 일어나는 현상을 서술하시오.

511

그림은 생태계 내에서 일어나는 탄소 순환 과정의 일부를 나타낸 것이다. A~C는 분해자, 생산자, 소비자를 순서 없이 나타낸 것이다.

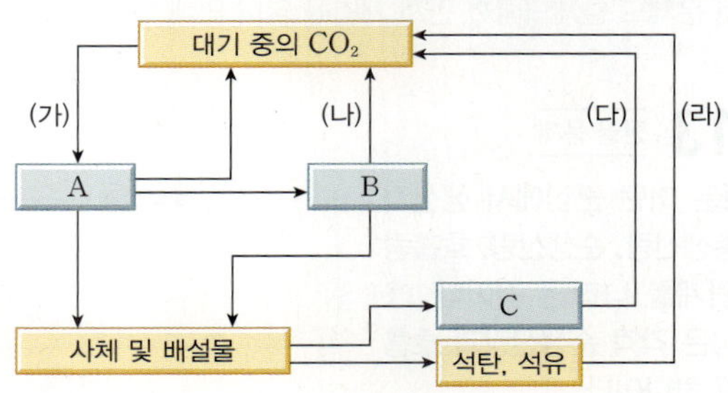

이에 대한 설명으로 옳은 것은?

① A에는 세균이나 곰팡이가 해당한다.
② B의 호흡에 의해 (나) 과정이 일어난다.
③ (가)에서 화학 에너지가 빛에너지로 전환된다.
④ (다) 과정은 석유를 이용한 산업화이다.
⑤ (라) 과정에 의해 지구 온난화가 억제된다.

512 중요

그림은 질소 순환의 일부를 나타낸 것이다.

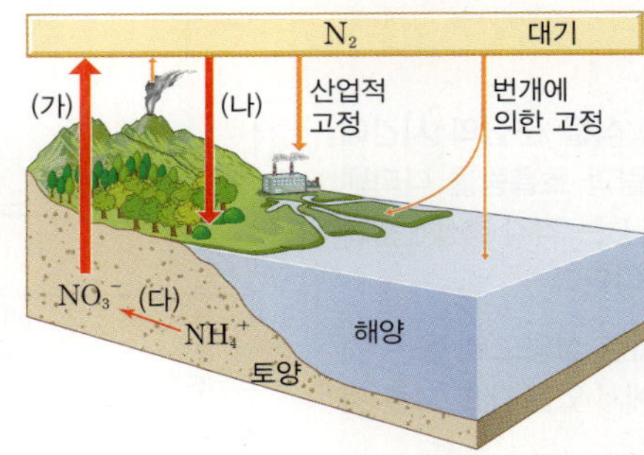

이에 대한 설명으로 옳은 것만을 〈보기〉에서 있는 대로 고른 것은?

보기
ㄱ. 과정 (가)에는 탈질산화 세균(질산 분해 세균)이 관여한다.
ㄴ. 뿌리혹박테리아는 과정 (나)에 관여한다.
ㄷ. 과정 (다)에는 질산균이 관여한다.

① ㄱ   ② ㄴ   ③ ㄷ
④ ㄱ, ㄴ   ⑤ ㄱ, ㄴ, ㄷ

개념 ③ 물질의 생산과 소비

족집게 전략 식물 군집에서 물질의 생산과 관련된 총생산량, 순생산량 등의 용어를 이해해야 해. 최근 2가지 그림 자료를 주고 연결시키는 문제도 출제되니까 먼저 개념을 깊이 있게 이해하기!

513 단골 문제

그림은 어떤 군집에서 생산자의 총생산량, 순생산량, 호흡량의 관계를 나타낸 것이다. ⊙과 ⓒ은 각각 순생산량과 호흡량 중 하나이다.

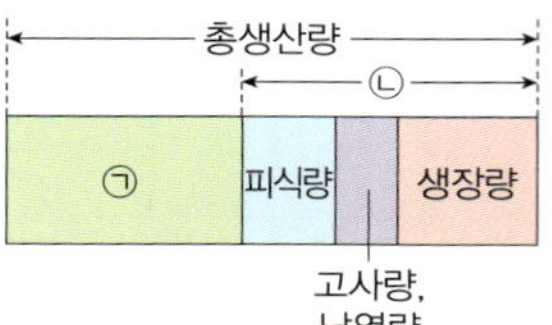

이에 대한 설명으로 옳은 것만을 〈보기〉에서 있는 대로 고른 것은?

보기

ㄱ. ⊙은 호흡량이다.
ㄴ. ⓒ은 1차 소비자의 섭식량과 같다.
ㄷ. 총생산량은 생산자가 광합성을 통해 생산한 유기물의 총량이다.

① ㄱ   ② ㄴ   ③ ㄱ, ㄷ
④ ㄴ, ㄷ   ⑤ ㄱ, ㄴ, ㄷ

추가로 나오는 선택지

❶ ⓒ은 ( )이다.
❷ 총생산량에는 무기물의 양도 포함된다. ( )
❸ 순생산량은 생장량보다 많다. ( )

514

그림은 어떤 식물 군집의 시간에 따른 총생산량과 호흡량을 나타낸 것이다. A와 B는 각각 총생산량과 호흡량 중 하나이다.

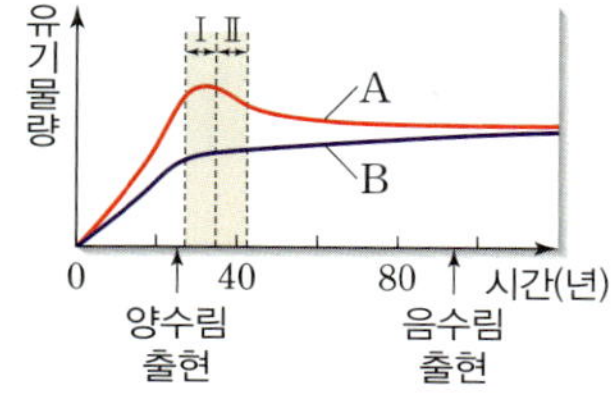

이 자료에 대한 설명으로 옳은 것만을 〈보기〉에서 있는 대로 고른 것은?

보기

ㄱ. A는 총생산량이다.
ㄴ. 구간 Ⅰ에서 이 식물 군집은 혼합림을 이룬다.
ㄷ. 구간 Ⅱ에서 $\dfrac{B}{순생산량}$ 는 시간이 지남에 따라 감소한다.

① ㄱ   ② ㄴ   ③ ㄱ, ㄷ
④ ㄴ, ㄷ   ⑤ ㄱ, ㄴ, ㄷ

개념 ④ 생태계의 평형

족집게 전략 생태계 평형에서는 문제가 자주 출제되는 편은 아니지만 어떤 생태계가 더 안정한지를 알고 있어야 해.

515 단골 문제

그림은 두 생태계 (가)와 (나)의 먹이 관계를 나타낸 것이다.

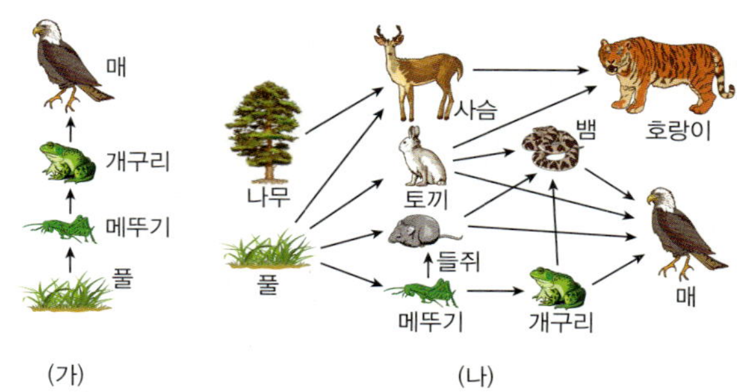

이에 대한 설명으로 옳은 것만을 〈보기〉에서 있는 대로 고른 것은? (단, 이입과 이출은 없다.)

보기

ㄱ. (가)와 (나)에서 메뚜기는 1차 소비자이다.
ㄴ. (나)는 (가)보다 외부의 간섭에 대해 안정적이다.
ㄷ. 개구리가 멸종하면 (가)와 (나)에서 매도 모두 멸종한다.

① ㄱ   ② ㄷ   ③ ㄱ, ㄴ
④ ㄴ, ㄷ   ⑤ ㄱ, ㄴ, ㄷ

추가로 나오는 선택지

❶ (나)에서 들쥐는 1차 소비자이면서 2차 소비자이다. ( )
❷ 환경이 변했을 때 (나)보다 (가)에서 생태계 평형이 더 잘 유지된다. ( )

516 서술형

그림은 어떤 생태계의 평형이 일시적으로 파괴된 후 다시 평형이 회복되는 과정에서 개체 수 피라미드의 변화를 나타낸 것이다. (가)에 해당하는 변화를 서술하시오.

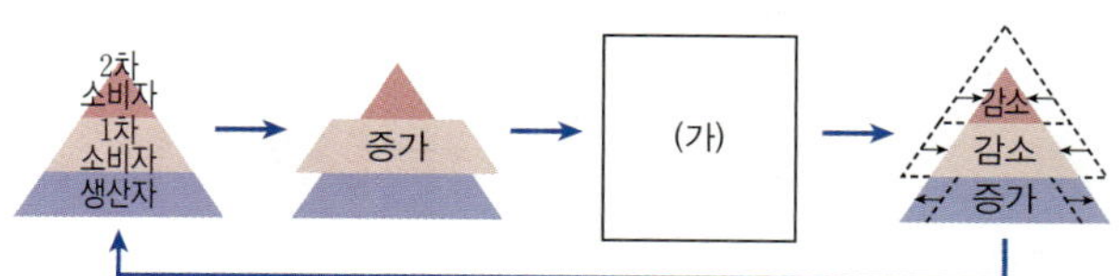

517

그림은 어떤 생태계에서 영양 단계에 따른 에너지 이동량을 상댓값으로 나타낸 것이다. A~D는 생물적 요소이다.

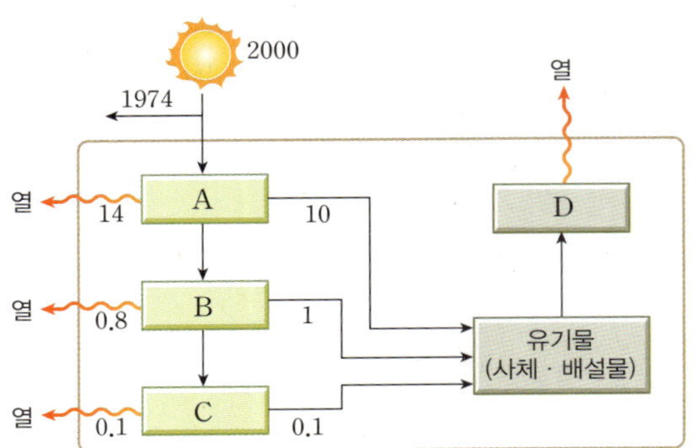

이에 대한 설명으로 옳은 것만을 〈보기〉에서 있는 대로 고른 것은?

보기
ㄱ. 에너지양은 A>C이다.

ㄴ. A의 $\dfrac{피식량}{호흡량}$은 0.2보다 크다.

ㄷ. 에너지 효율은 2차 소비자가 1차 소비자보다 낮다.

① ㄱ ② ㄷ ③ ㄱ, ㄴ
④ ㄱ, ㄷ ⑤ ㄴ, ㄷ

518

그림 (가)와 (나)는 각각 서로 다른 생태계에서 생산자, 1차 소비자, 2차 소비자의 에너지양을 상댓값으로 나타낸 생태 피라미드이다.

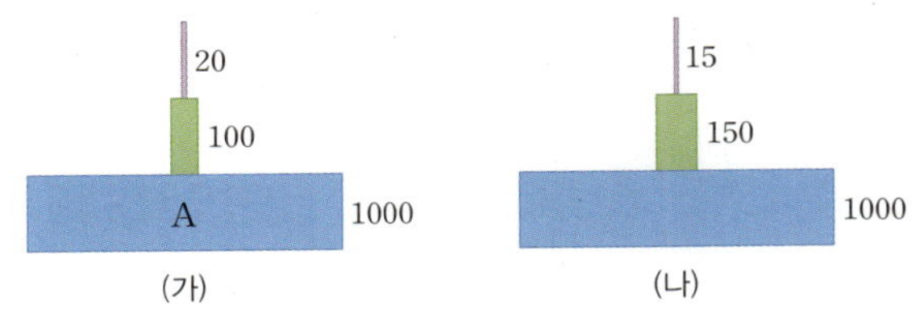

이에 대한 설명으로 옳은 것만을 〈보기〉에서 있는 대로 고른 것은?

보기
ㄱ. A는 빛에너지를 이용해 유기물을 합성한다.

ㄴ. 1차 소비자의 에너지 효율은 (가)에서보다 (나)에서가 높다.

ㄷ. (가)와 (나)는 모두 상위 영양 단계로 갈수록 에너지 효율이 증가한다.

① ㄱ ② ㄷ ③ ㄱ, ㄴ
④ ㄴ, ㄷ ⑤ ㄱ, ㄴ, ㄷ

519

그림은 어떤 바다에서의 먹이 그물과 영양 단계를 따라 이동하는 에너지양을 상댓값으로 나타낸 것이다.

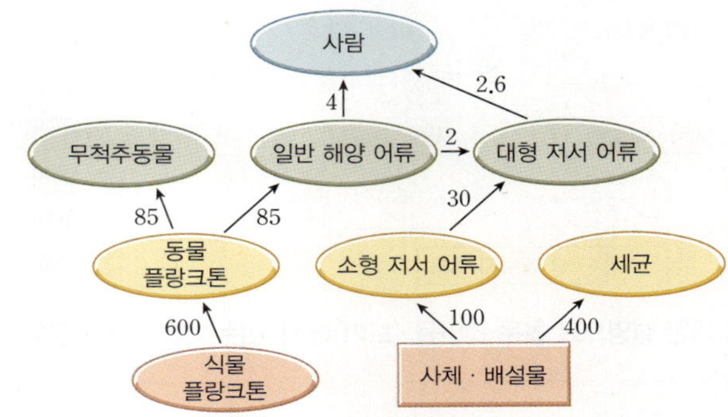

이에 대한 설명으로 옳은 것만을 〈보기〉에서 있는 대로 고른 것은?

보기
ㄱ. 식물 플랑크톤은 생산자이다.

ㄴ. 상위 영양 단계로 갈수록 이동하는 에너지양이 감소한다.

ㄷ. 대형 저서 어류의 수가 감소하면 일반 해양 어류는 일시적으로 증가한다.

① ㄱ ② ㄷ ③ ㄱ, ㄴ
④ ㄴ, ㄷ ⑤ ㄱ, ㄴ, ㄷ

520 고난도

그림 (가)는 어떤 식물 군집에서 시간에 따른 유기물량을, (나)는 이 생태계에서 일어나는 질소 순환 과정의 일부를 나타낸 것이다. ㉠~㉢은 순생산량, 총생산량, 생장량을 순서 없이 나타낸 것이며, Ⅰ과 Ⅱ는 생산자와 1차 소비자를 순서 없이 나타낸 것이다.

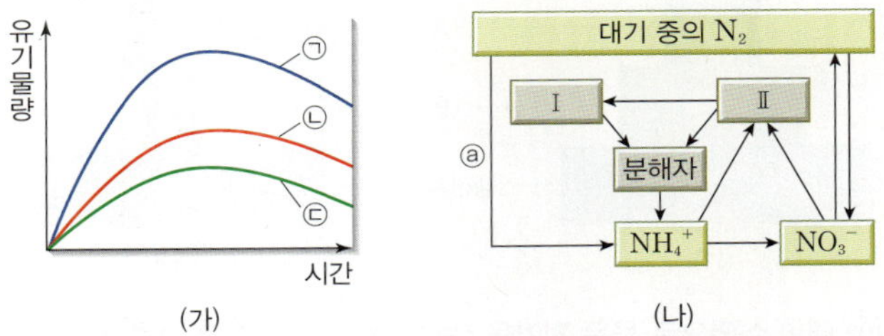

이에 대한 설명으로 옳은 것만을 〈보기〉에서 있는 대로 고른 것은?

보기
ㄱ. ⓐ 과정에 질산화 세균이 관여한다.

ㄴ. (가)에서 식물 군집의 호흡량은 '㉠−㉡'이다.

ㄷ. Ⅱ에서 Ⅰ로 이동하는 유기물량은 '㉡−㉢'에 포함되어 있다.

① ㄱ ② ㄴ ③ ㄱ, ㄷ
④ ㄴ, ㄷ ⑤ ㄱ, ㄴ, ㄷ

521 고난도

그림은 육지 생태계 (가)와 (나)에서 일어나는 에너지의 흐름을, 표는 (나)에서 각 영양 단계의 에너지양을 나타낸 것이다. A~G는 각각 생산자, 소비자, 분해자 중 하나이며, ㉠~㉢은 생산자, 1차 소비자, 2차 소비자를 순서 없이 나타낸 것이다.

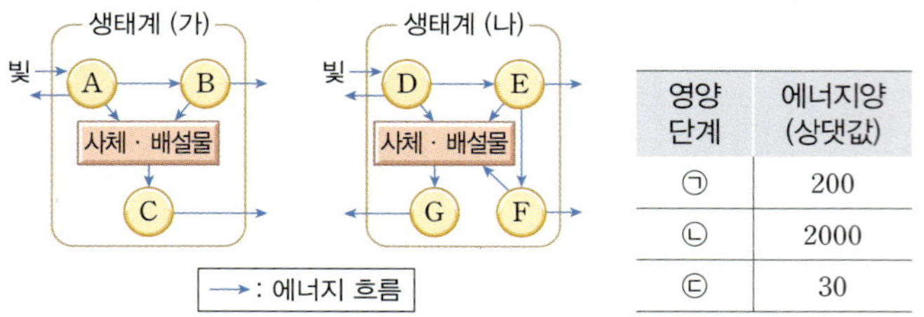

영양 단계	에너지양 (상댓값)
㉠	200
㉡	2000
㉢	30

이에 대한 설명으로 옳은 것만을 〈보기〉에서 있는 대로 고른 것은?

보기

ㄱ. C와 G는 모두 생산자이다.
ㄴ. E의 에너지 효율은 10 %이다.
ㄷ. 질소 고정 세균은 ㉡에 포함된다.

① ㄱ ② ㄴ ③ ㄱ, ㄴ
④ ㄱ, ㄷ ⑤ ㄴ, ㄷ

522

그림 (가)는 안정된 초원 생태계의 에너지 피라미드를, (나)는 (가)에 살충제를 살포한 후의 에너지 피라미드를 나타낸 것이다. A와 B는 메뚜기와 뱀을 순서 없이 나타낸 것이다.

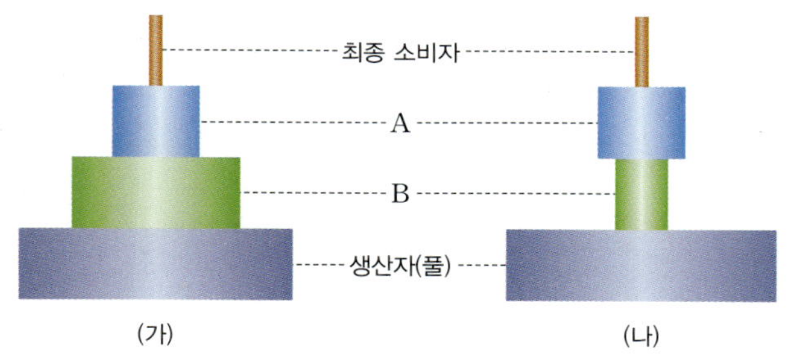

이에 대한 설명으로 옳은 것만을 〈보기〉에서 있는 대로 고른 것은?

보기

ㄱ. (나) 이후 A는 일시적으로 증가할 것이다.
ㄴ. (나) 이후 생태계 평형이 회복되면 B는 A보다 에너지양이 많을 것이다.
ㄷ. (나) 이후 최종 소비자는 일시적으로 증가할 것이다.

① ㄱ ② ㄴ ③ ㄷ
④ ㄱ, ㄴ ⑤ ㄴ, ㄷ

523

그림은 어떤 안정된 생태계에서의 에너지 흐름을 나타낸 것이다. A와 B는 각각 1차 소비자와 생산자 중 하나이고, B의 에너지 효율은 10 %이다.

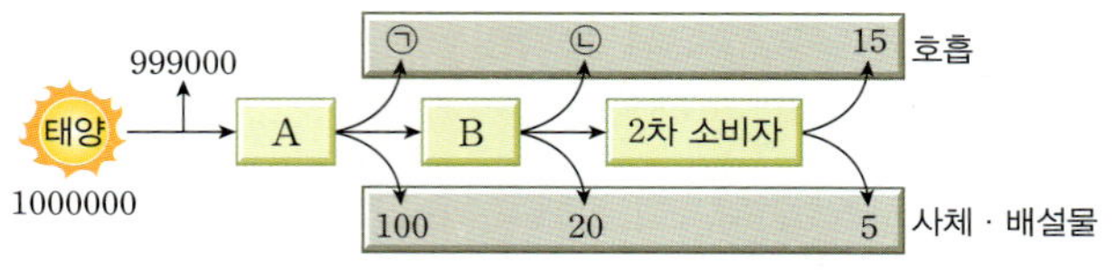

이 자료에 대한 설명으로 옳은 것만을 〈보기〉에서 있는 대로 고른 것은?

보기

ㄱ. '㉠－㉡＝440'이다.
ㄴ. A에서 광합성이 일어난다.
ㄷ. 1차 소비자의 에너지 효율은 2차 소비자의 에너지 효율보다 낮다.

① ㄱ ② ㄷ ③ ㄱ, ㄴ
④ ㄴ, ㄷ ⑤ ㄱ, ㄴ, ㄷ

524

그림은 생태계에서 일어나는 질소 순환 과정의 일부를 나타낸 것이다. (가)~(다)는 소비자, 생산자, 분해자를 순서 없이 나타낸 것이다.

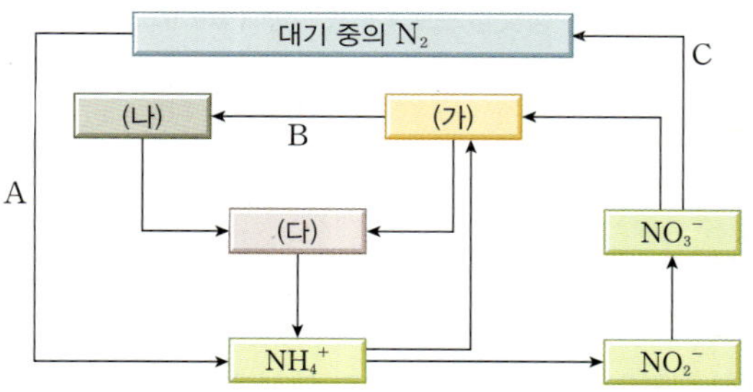

이에 대한 설명으로 옳은 것만을 〈보기〉에서 있는 대로 고른 것은?

보기

ㄱ. C는 질소 동화 작용이다.
ㄴ. 세균과 곰팡이는 (다)에 속한다.
ㄷ. 뿌리혹박테리아는 A에 관여한다.

① ㄱ ② ㄴ ③ ㄷ
④ ㄱ, ㄴ ⑤ ㄴ, ㄷ

525

그림 (가)는 어떤 지역에서 산사태가 난 이후의 천이 과정을, (나)는 혼합림에서 총생산량, 호흡량, 고사량, 피식량의 관계를 나타낸 것이다. A와 B는 각각 양수림과 음수림 중 하나이다.

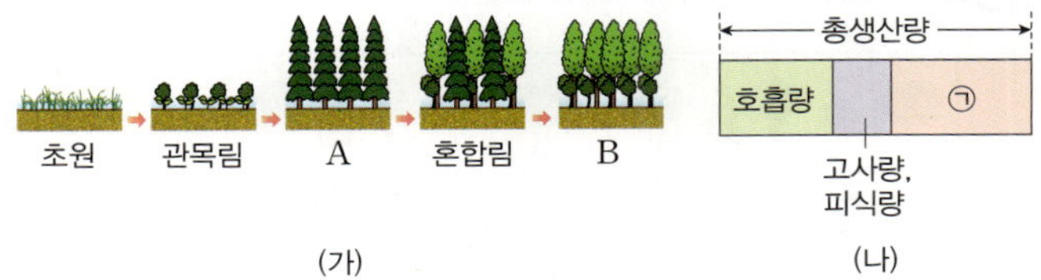

이에 대한 설명으로 옳은 것만을 〈보기〉에서 있는 대로 고른 것은?

보기
ㄱ. ㉠은 생장량이다.
ㄴ. (가)는 2차 천이 과정이다.
ㄷ. A의 우점종은 B의 우점종보다 약한 빛에서도 잘 자란다.

① ㄱ ② ㄷ ③ ㄱ, ㄴ
④ ㄴ, ㄷ ⑤ ㄱ, ㄴ, ㄷ

526 고난도

표는 어떤 안정된 초원 생태계에서 영양 단계 A~C의 생물량, 에너지양, 에너지 효율을 나타낸 것이다. A~C는 생산자, 1차 소비자, 2차 소비자를 순서 없이 나타낸 것이다.

영양 단계	생물량(상댓값)	에너지양(상댓값)	에너지 효율(%)
A	800	2000	1
B	10	㉠	5
C	30	200	10

이에 대한 설명으로 옳은 것만을 〈보기〉에서 있는 대로 고른 것은?

보기
ㄱ. ㉠은 10이다.
ㄴ. A는 2차 소비자이다.
ㄷ. 생물량은 하위 영양 단계로 갈수록 감소한다.

① ㄱ ② ㄴ ③ ㄷ
④ ㄱ, ㄴ ⑤ ㄱ, ㄷ

527

그림은 물질 순환 과정의 일부를 나타낸 것이다. 기체 A와 B는 N_2와 CO_2를 순서 없이 나타낸 것이며, ㉠과 ㉡은 생산자와 소비자를 순서 없이 나타낸 것이다.

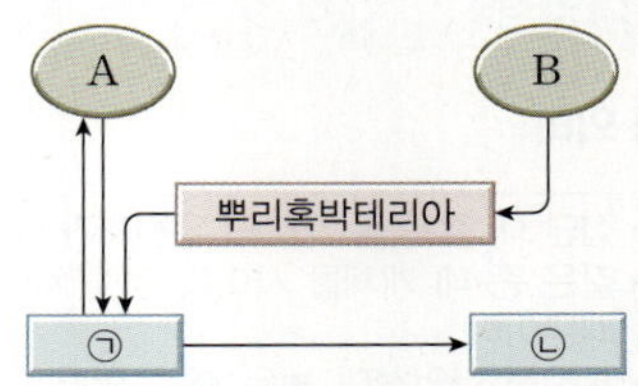

이에 대한 설명으로 옳은 것만을 〈보기〉에서 있는 대로 고른 것은?

보기
ㄱ. A는 N_2이다.
ㄴ. 에너지와 물질은 모두 ㉠에서 ㉡으로 이동한다.
ㄷ. 뿌리혹박테리아는 B를 식물이 이용할 수 있는 형태로 전환시킨다.

① ㄱ ② ㄴ ③ ㄱ, ㄷ
④ ㄴ, ㄷ ⑤ ㄱ, ㄴ, ㄷ

528 고난도

그림 (가)는 어떤 식물 군집에서 호흡량, 피식량 및 고사량, 생장량의 관계를, (나)는 이 식물 군집에서 시간에 따른 ㉠과 ㉡을 나타낸 것이다. A와 B는 각각 총생산량과 순생산량 중 하나이며, ㉠과 ㉡은 A와 B를 순서 없이 나타낸 것이다.

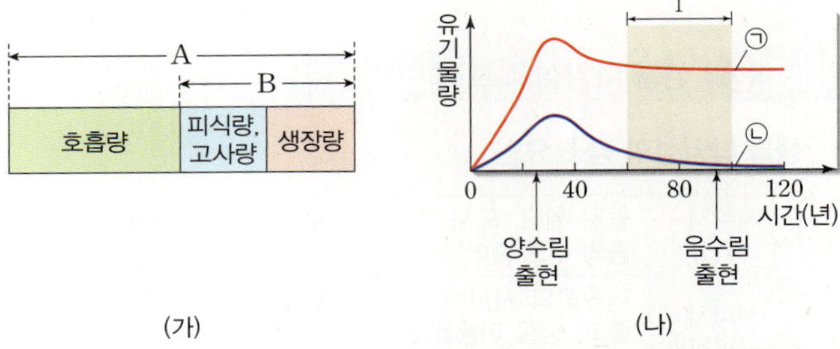

이에 대한 설명으로 옳은 것만을 〈보기〉에서 있는 대로 고른 것은?

보기
ㄱ. ㉡은 총생산량이다.
ㄴ. (나)에서 40년 이후 B는 감소한다.
ㄷ. (나)의 구간 I 에서 시간이 지남에 따라 $\dfrac{A}{호흡량}$는 감소한다.

① ㄱ ② ㄴ ③ ㄷ
④ ㄱ, ㄴ ⑤ ㄴ, ㄷ

01 생물 다양성과 보전

개념 ❶ 생물 다양성

1. 생물 다양성의 의미

유전적 다양성	• 집단 내 같은 종 사이의 유전자가 다양한 정도이다. • 같은 종 내 개체들 사이의 형질 차이는 유전적 다양성 때문이다. • 유전적 다양성이 높은 종은 환경 조건이 급격히 변했을 때 살아남을 확률이 높다. • 예 유럽정원달팽이 껍질 무늬, 무당벌레 점무늬 등
종 다양성	• 특정 지역에 얼마나 많은 종이 균등하게 분포하여 살고 있는지를 나타낸다. • 생물종은 지역에 따라 다르게 분포하므로 지역마다 종 다양성이 다르다. • 종 다양성이 높을수록 먹이 그물이 복잡하게 형성되어 생태계가 안정적으로 유지된다. • 예 초원 생태계: 기린, 사자, 코끼리, 얼룩말 등 다양한 생물종으로 구성
생태계 다양성	• 특정 지역에 존재하는 생태계의 다양한 정도를 의미한다. • 생태계의 종류에 따라 환경 요인과 서식하는 생물종이 다르며, 생물의 상호 작용도 다양하게 나타난다. • 예 사막, 갯벌, 열대 우림, 습지, 산호초, 초지, 농경지 등

2. 생물 다양성과 생태계 평형

(1) 생물 다양성이 증가하면 먹이 관계가 다양하고 복잡해진다.

(2) 생물종이 다양하지 못한 경우에는 급격한 환경의 변화가 있을 때 생태계 평형이 깨질 수 있다.

(3) 생태계 평형이 깨지면 물질의 순환과 에너지 흐름에도 이상이 초래되어 모든 생물의 생존이 위협받게 된다.

개념 ❷ 생물 다양성의 보전

1. 생물 다양성의 감소 요인

서식지 파괴	농지 확장, 도시 개발 등으로 서식지가 파괴되면 생물종의 수도 줄어든다.
서식지 단편화	대규모의 서식지가 소규모로 분할되면 서식지 면적이 줄고, 생물 이동을 제한하여 고립시켜 개체군의 크기가 작아져 멸종으로 이어질 수 있다.
외래종 도입	서식지에 없던 생물이 유입되어 새로운 환경에 적응하면서 고유종이 위협을 받고 생태계가 교란된다. 예 큰입우럭(배스), 가시박, 뉴트리아 등
불법 포획과 남획	• 포획이 금지된 종을 포획하거나, 원래의 개체군의 크기를 회복할 수 없을 정도로 과도하게 포획하는 것이다. • 불법 포획과 남획으로 일부 종은 멸종 위기에 처해 있다.
환경 오염과 기후 변화	인간의 산업 활동으로 환경이 오염되면 생태계는 심각하게 파괴되며, 지구 온난화는 생물 다양성을 감소시킨다.

2. 생물 다양성 보전 방법: 서식지 보전 및 연결, 보호 구역 지정, 멸종 위기종 지정 및 복원, 국제 협약 제정, 종자 은행 운영 등

자료 분석 — 종 다양성 비교하기

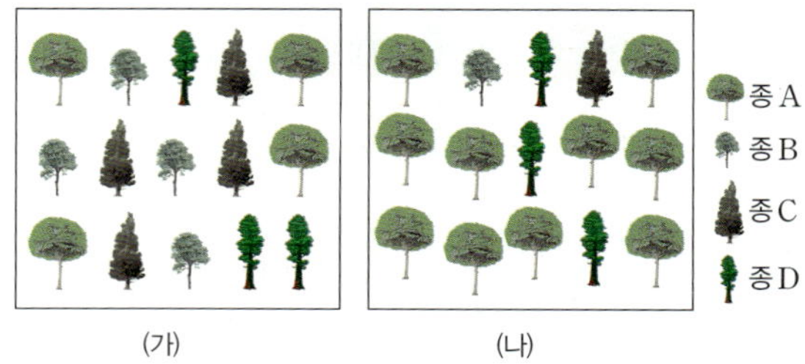

❶ 어떤 지역의 종 다양성은 종의 수가 많을수록, 전체 개체 수에서 각 종이 차지하는 비율이 균등할수록 높다.

❷ 서식지별 개체 수

지역 \ 식물 종	A	B	C	D
(가)	4	4	4	3
(나)	10	1	1	3

• (가)와 (나)에서 종의 수는 모두 4종으로 같다.

• (가)는 (나)보다 각 종이 차지하는 비율이 균등하다.

• (가)는 (나)보다 종 다양성이 높다.

STEP 1 바로바로 개념 확인

정답 및 해설 | 68쪽

529

유럽정원달팽이 껍질 무늬가 다양한 것과 무당벌레 점무늬가 다양한 것은 생물 다양성 중 [   ] 다양성의 예이다.

530

생물 다양성에 대한 설명으로 옳은 것은 ○, 옳지 <u>않은</u> 것은 ×로 표시하시오.

(1) 생물 다양성이 증가하면 먹이 관계가 다양하고 복잡해진다.

(   )

(2) 생물 다양성이 감소하여 단순해지면 생태계의 평형이 더 잘 유지된다.

(   )

531

생물 다양성을 감소시키는 요인으로 옳은 것만을 〈보기〉에서 있는 대로 고르시오.

보기
ㄱ. 서식지 파괴　　　ㄴ. 서식지 단편화 ㄷ. 멸종 위기종 복원　　ㄹ. 급격한 기후 변화

개념 1 생물 다양성

(족집게 전략) 생물 다양성의 3가지 의미에 대해 잘 알아야 하고, 각 의미에 해당하는 예를 알고 있어야 해. 어려운 문제는 출제되지 않으니까 기본 개념만 잘 알고 있으면 해결할 수 있어.

532 단골 문제

그림은 생물 다양성의 세 가지 의미를 나타낸 것이다. (가)~(다)는 생태계 다양성, 유전적 다양성, 종 다양성을 순서 없이 나타낸 것이다.

(가) (나) (다)

이에 대한 설명으로 옳은 것만을 〈보기〉에서 있는 대로 고른 것은?

보기

ㄱ. 종 다양성에는 생산자만 포함된다.
ㄴ. 생태계 다양성은 한 생태계 내에 존재하는 생물종의 다양한 정도이다.
ㄷ. 동일한 생물종의 개체 사이에 색, 크기, 모양 등의 형질이 서로 다르게 나타나는 것은 (가)에 해당한다.

① ㄱ   ② ㄷ   ③ ㄱ, ㄴ
④ ㄱ, ㄷ   ⑤ ㄴ, ㄷ

추가로 나오는 선택지

❶ 종 다양성이 높은 생태계는 종 다양성이 낮은 생태계보다 안정적으로 유지된다. (   )
❷ 삼림, 초원, 사막, 습지 등이 다양하게 나타나는 것은 (   )에 해당한다.
❸ 유전적 다양성이 높은 종은 환경이 급격히 변하면 멸종할 확률이 높다. (   )

533 서술형

그림의 무당벌레는 등의 무늬가 다양하다.

이 사례는 생물 다양성의 세 가지 의미 중 어떤 것에 해당하는지를 쓰고, 이와 유사한 사례를 한 가지 더 서술하시오.

개념 2 생물 다양성의 보전

(족집게 전략) 여기에서는 생물 다양성의 중요성을 알고 생물 다양성 보전을 위한 방안을 설명할 수 있어야 해. 특히 보기에 나오는 예들이 상식적인 수준을 넘지 않으니까 차분하게만 읽으면 모든 문제를 잘 해결할 수 있어.

534 단골 문제

다음은 생물 다양성의 보전을 위한 노력에 대해 학생들이 발표한 내용이다.

발표 내용이 옳은 학생만을 있는 대로 고른 것은?

① A   ② B   ③ C
④ A, B   ⑤ B, C

추가로 나오는 선택지

❶ 외래종의 도입을 막기 위해 노력한다. (   )
❷ 멸종 위기종을 포획하여 더 좁은 서식지로 옮긴다. (   )
❸ 생물 다양성 보전을 위해 국가 간에 (   )을 체결한다.

535

외래종에 대한 설명으로 옳은 것은?

① 항상 생물 다양성을 증가시킨다.
② 모두 고유종의 포식자이다.
③ 원래 살고 있던 지역을 벗어나 다른 지역으로 유입된 생물종이다.
④ 천적이 없는 경우 개체 수가 급격히 감소할 수 있다.
⑤ 우리나라에서 황소개구리, 붉은귀거북, 가시박 등은 외래종에 속하지 않는다.

536

다음은 바나나에 대한 설명이다.

바나나 야생종은 그림과 같이 씨가 있어 씨를 통해 번식하지만, 전 세계에서 재배되고 있는 바나나는 씨가 없다. 씨 없는 바나나를 발견한 후, ⓐ줄기의 일부를 잘라 옮겨 심는 방식으로 번식시켰기 때문에 이들은 ⓑ유전적으로 동일한 개체들이다.

이에 대한 설명으로 옳은 것만을 〈보기〉에서 있는 대로 고른 것은?

보기
ㄱ. 재배 바나나는 종 다양성이 풍부하다.
ㄴ. ⓐ는 유전적 다양성을 확보하기 위한 것이다.
ㄷ. ⓑ는 야생종에 비해 질병에 의해 멸종할 가능성이 높다.

① ㄱ　　　　② ㄴ　　　　③ ㄷ
④ ㄱ, ㄷ　　　⑤ ㄴ, ㄷ

537

그림은 면적이 같은 서로 다른 지역 (가)와 (나)에 서식하는 식물 종 A~E를 나타낸 것이다.

이에 대한 설명으로 옳은 것만을 〈보기〉에서 있는 대로 고른 것은? (단, 종 다양성은 종의 수가 많을수록, 전체에서 각 종이 차지하는 비율이 균등할수록 높다.)

보기
ㄱ. 식물의 종 다양성은 (나)에서가 (가)에서보다 높다.
ㄴ. A의 개체군 밀도는 (나)에서가 (가)에서의 2배이다.
ㄷ. 생태계 평형은 (가)에서가 (나)에서보다 안정적으로 유지될 수 있다.

① ㄱ　　　　② ㄴ　　　　③ ㄷ
④ ㄱ, ㄴ　　　⑤ ㄱ, ㄷ

538 고난도

표는 면적이 같은 서로 다른 지역 (가)와 (나)에 서식하고 있는 모든 식물 종 A~E의 개체 수를 나타낸 것이며, 그림은 (가) 지역에 살고 있는 뒤쥐의 대립유전자 Q와 q, R와 r의 구성을 나타낸 것이다.

식물 종 지역	A	B	C	D	E	계
(가)	51	37	29	33	50	200
(나)	111	37	14	1	37	200

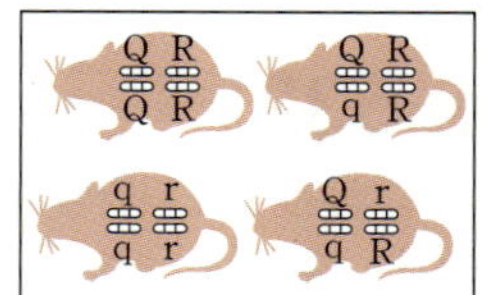

이에 대한 설명으로 옳은 것만을 〈보기〉에서 있는 대로 고른 것은?

보기
ㄱ. 표와 그림은 모두 종 다양성에 대한 자료이다.
ㄴ. B의 개체군 밀도는 (가)에서와 (나)에서가 같다.
ㄷ. 식물 종 다양성은 (나)에서가 (가)에서보다 높다.

① ㄱ　　　　② ㄴ　　　　③ ㄷ
④ ㄱ, ㄴ　　　⑤ ㄴ, ㄷ

539

그림 (가)는 생물 다양성의 감소 원인에 따라 영향을 받은 종의 비율을, (나)는 한 지역을 개발할 때 보존되는 면적에 따라 개발 전 발견되었던 종 수와 비교해 개발 후 살아남은 종 수의 비율을 나타낸 것이다.

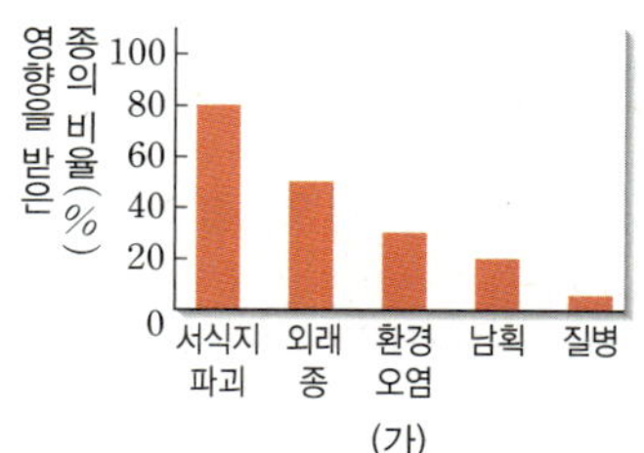

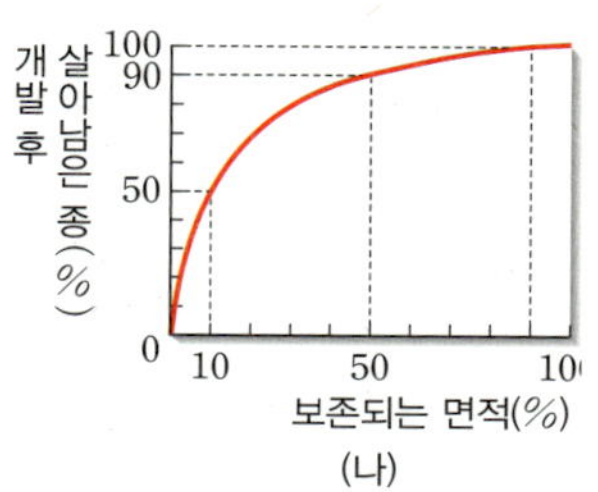

이에 대한 설명으로 옳은 것은?

① 남획은 질병보다 생물의 종 다양성을 증가시킨다.
② 환경 오염은 서식지 파괴보다 생태계에 더 많은 영향을 준다.
③ 생태 통로의 설치는 외래종의 유입을 촉진하기 위한 것이다.
④ (나)에서 보존되지 않는 면적이 전체의 50 %일 때가 10 %일 때에 비해 생물 다양성이 높다.
⑤ (나)에서 개발 후 보존되는 면적이 10 %일 때가 50 %일 때보다 멸종되는 종의 비율이 높다.

기 출 문 제 학 습 전략 교 과 서

기출의 바이블

2026 수능 수학
끌장 연계 학습
수능 수학 기출 문제집
수능 수학 예상 문제집
수능 수학
평가원 기출의 또 다른 이름.
너기출
For 2026
2025 수능 반영
수학 I
수학 I
수능코드에 최적화된 최신 21개년 평가원 기출
481문항을 빠짐없이 담았다!
어 삼 쉬 사
Plus+
수능필수
유형 훈련서
수학 I
240제
이투스북

BON.N제
본

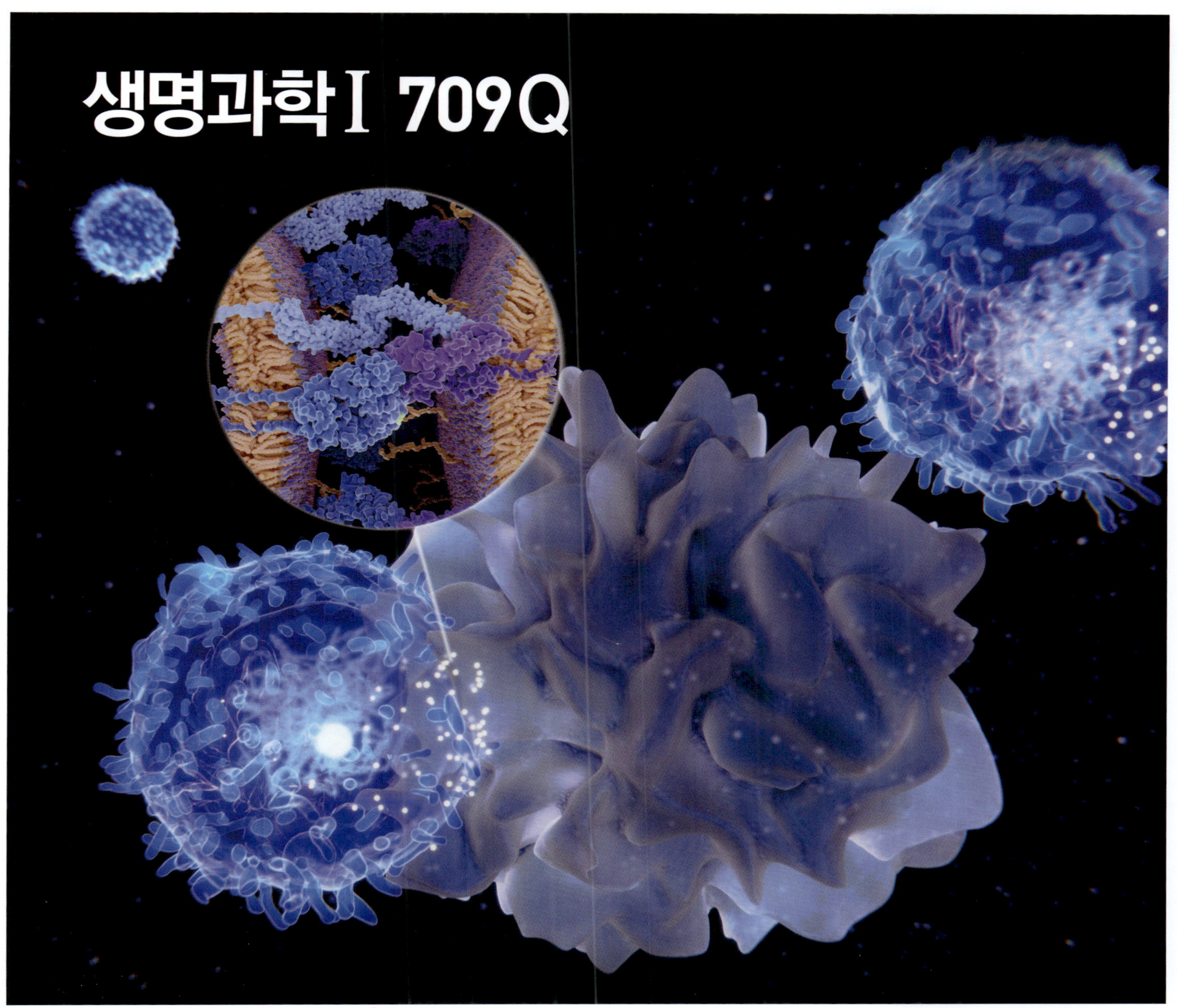

시험 대비 워크북

BON. N제

BON.본 N제

시험 대비 워크북

01. 생명 과학의 특성과 탐구 방법

540

다음 여러 탐구 사례 중 중 연역적 탐구에 해당하는 것은?

① 구달은 침팬지의 성장을 관찰하여 행동 특성을 알아내었다.
② 왓슨과 크릭은 DNA 구조의 관찰 결과를 토대로 DNA의 입체 구조를 밝혀냈다.
③ 다윈은 다양한 생물을 관찰하여 자연 선택이 진화의 원리라는 것을 밝혔다.
④ 분류학자들은 많은 물고기를 관찰하여 물고기는 아가미로 호흡한다고 발표하였다.
⑤ 레디는 실험을 통해 뚜껑이 없는 병의 고기에서만 구더기가 생기는 것을 보고 생물 속생설을 주장하였다.

541

다음은 DNA 구조의 발견 과정에 대한 자료이다.

1953년 생물학자인 왓슨과 크릭은 물리학자인 프랭클린의 DNA 구조에 대한 실험 결과와 당시 여러 화학 실험 결과를 바탕으로 DNA 이중 나선 구조에 대한 이론을 정립하여 논문을 발표하였다. 이 논문의 결과로 인해 생명 과학에서 분자 생물학과 유전 공학이라는 새로운 학문이 탄생할 수 있었다.

이 자료를 통해 알 수 있는 생명 과학의 특성에 대한 설명으로 옳은 것만을 〈보기〉에서 있는 대로 고른 것은?

보기

ㄱ. 물리학의 연구 결과가 생명 과학에 적용되었다.
ㄴ. 생명 과학은 이론에 대한 연구와 실험이 모두 중요하다는 것을 알 수 있다.
ㄷ. 생명 과학과 서로 다른 학문 간의 통합을 통해 새로운 학문 분야가 나타날 수 있었다.

① ㄱ   ② ㄷ   ③ ㄱ, ㄴ
④ ㄴ, ㄷ   ⑤ ㄱ, ㄴ, ㄷ

542

다음은 생명 과학이 다른 학문 분야와 연계된 사례에 대한 설명이다.

(가) 물리학의 연구 성과를 이용하여 개발된 자기공명 영상 장치(MRI)는 살아있는 사람의 뇌를 관찰할 수 있게 도와주어 생명 과학의 세부 분야인 신경 과학과 사회 과학인 심리학의 발전에 기여하였고, 다시 ㉠뇌과학이라는 학문으로 융합되었다.
(나) 컴퓨터 과학과 통계학의 연구 성과를 이용해 생물이 가진 염기 서열을 분석하고 처리하면서 생명 과학의 세부 학문인 생물 정보학이 나타났다.

이에 대한 설명으로 옳은 것만을 〈보기〉에서 있는 대로 고른 것은?

보기

ㄱ. ㉠의 발달을 위해서 다른 학문과 생명 과학이 서로 통합되어야 한다.
ㄴ. 생물 정보학의 발전에 컴퓨터 공학자들과 생명 과학자들의 협력이 필요하다.
ㄷ. (가)와 (나)를 통해 생명 과학의 세분화된 학문은 융합되지 않는다는 것을 알 수 있다.

① ㄱ   ② ㄷ   ③ ㄱ, ㄴ
④ ㄴ, ㄷ   ⑤ ㄱ, ㄴ, ㄷ

543

표에서 (가)는 다윈이 실시한 탐구 과정을, (나)는 생명 과학의 탐구 방법의 과정 중 하나를 나타낸 것이다.

(가)	다윈은 남아메리카 해안을 항해하며 다양한 생물의 화석과 표본을 수집하고 관찰하였으며, 이를 토대로 ㉠공통점, 규칙성을 발견하여 진화론으로 발전시켰다.
(나)	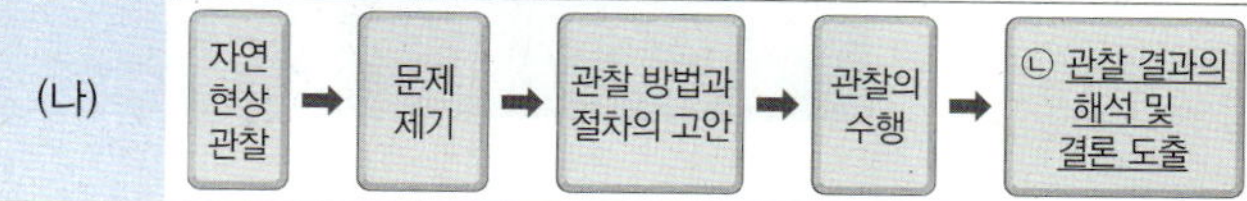

이에 대한 설명으로 옳은 것만을 〈보기〉에서 있는 대로 고른 것은?

보기

ㄱ. ㉠은 (나)에서 ㉡ 단계에 해당한다.
ㄴ. (가)와 (나)는 모두 연역적 탐구 방법이다.
ㄷ. (나)에는 실험군과 대조군을 설정하는 단계가 있다.

① ㄱ   ② ㄷ   ③ ㄱ, ㄴ
④ ㄴ, ㄷ   ⑤ ㄱ, ㄴ, ㄷ

544

다음은 바닷가 갯바위 생태계에서 조개의 종 수에 대한 탐구이다.

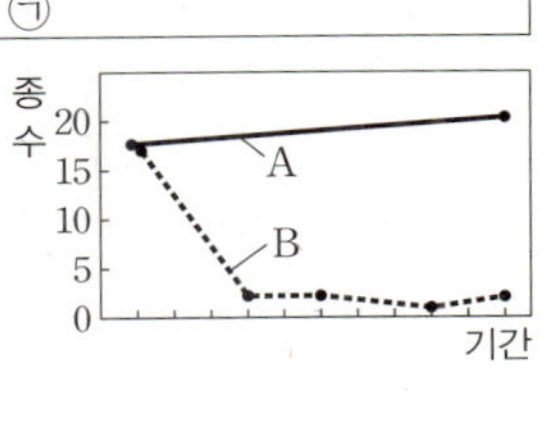

(가) 가설: 　　　　　　　⊙
(나) 불가사리를 그대로 둔 서식지(A)와 불가사리를 제거한 서식지(B)에서 일정 기간 동안 조개의 종 수 변화를 조사한 결과 그림과 같이 나타났다.

이에 대한 설명으로 옳은 것만을 〈보기〉에서 있는 대로 고른 것은?

보기
ㄱ. 대조군을 설정하지 않았다.
ㄴ. 종속변인은 불가사리의 유무이다.
ㄷ. '불가사리가 없으면 조개의 종 수가 감소할 것이다.'는 ⊙에 들어갈 적합한 가설이다.

① ㄱ　　　② ㄷ　　　③ ㄱ, ㄴ　　　④ ㄴ, ㄷ　　　⑤ ㄱ, ㄴ, ㄷ

545

다음은 침 속의 녹말 분해 효소에 미치는 영향을 알아보기 위한 실험이다.

(가) 10% 침 희석액(5 mL), 10% 녹말풀 용액(10 mL), 증류수를 시험관 A~E에 그림과 같이 동일하게 각각 넣고, pH와 온도 조건을 서로 다르게 처리하였다.

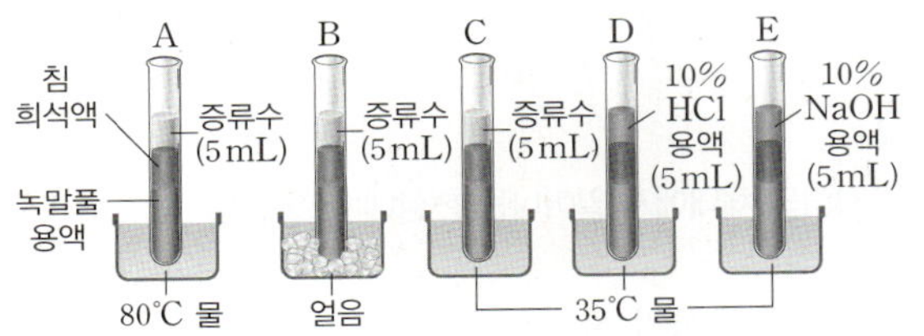

(나) 5분이 지난 후, C에서만 녹말풀이 다량 분해되었다.

이 실험에 대한 설명으로 옳은 것만을 〈보기〉에서 있는 대로 고른 것은?

보기
ㄱ. 연역적 탐구 방법을 이용하였다.
ㄴ. A는 B에 대한 대조군이다.
ㄷ. pH에 따른 녹말 분해 효소의 작용을 알아보고자 할 때는 D와 E만 비교해야 한다.

① ㄱ　　　② ㄴ　　　③ ㄱ, ㄷ　　　④ ㄴ, ㄷ　　　⑤ ㄱ, ㄴ, ㄷ

546

다음은 민수가 어떤 물고기 X의 몸 색에 대해 알아본 연구 일지의 일부이다.

(가) 물고기 X를 관찰하다 보니 X의 수컷이 암컷보다 화려하고 밝은 색을 띠고 있었다. 수컷이 암컷보다 밝은 색을 띠는 이유는 무엇일까?
(나) 나는 '수컷이 밝은 색을 띠면 암컷과 짝짓기 비율이 높아질 것이다.'라는 (　⊙　)을 세웠다. 이후 다음과 같은 실험을 진행하였다.
(다) 밝은 색을 가진 수컷 40마리를 A 집단, 평균적인 밝기의 색을 가진 수컷 40마리를 B 집단, 어두운 색을 가진 수컷 40마리를 C 집단으로 나누었다.
(라) A~C 집단에 각각 암컷 40마리를 넣어준 후, 일정 시간 동안 암컷과의 짝짓기 비율을 측정하였다.

이에 대한 설명으로 옳은 것만을 〈보기〉에서 있는 대로 고른 것은?

보기
ㄱ. ⊙은 가설이다.
ㄴ. 각 집단에서의 짝짓기 비율은 조작 변인이다.
ㄷ. 실험 결과가 가설을 지지하지 않으면 (다) 단계부터 다시 시작해야 한다.

① ㄱ　　　② ㄷ　　　③ ㄱ, ㄴ
④ ㄴ, ㄷ　　　⑤ ㄱ, ㄴ, ㄷ

547

다음은 물질 Y가 세균을 죽이는지 알아보기 위해 수행한 탐구 과정을 순서 없이 나열한 것이다.

(가) Y는 세균을 죽게 한다는 결론을 내렸다.
(나) 실험 결과 Y가 있는 용액을 떨어뜨린 배지에서는 세균이 죽었고, Y가 없는 용액을 떨어뜨린 배지에서는 세균이 죽지 않았다.
(다) 관찰을 토대로 Y가 세균을 죽게 할 것이라고 가정하였다.
(라) 완전히 멸균된 2개의 배지에 세균을 배양하고 한 배지에는 Y가 있는 용액을, 다른 배지에는 Y가 없는 용액을 떨어뜨린 후 적당한 온도를 유지하였다.

탐구 과정을 순서대로 옳게 나열한 것은?

① (가) → (나) → (라) → (다)　　② (나) → (라) → (다) → (가)
③ (다) → (나) → (라) → (가)　　④ (다) → (라) → (나) → (가)
⑤ (라) → (다) → (나) → (가)

548

그림은 잎사귀벌레와 돌나물의 특징을 나타낸 것이다.

잎사귀벌레는 나뭇잎과 유사한 몸을 가지고 있어 천적으로부터 몸을 숨길 수 있다.

돌나물은 줄기에 물을 많이 함유할 수 있어 건조한 환경에서도 잘 자란다.

이 자료에 공통으로 나타난 생물의 특성과 가장 관련이 깊은 것은?

① 효모는 출아법으로 번식한다.
② 사람의 간에서 암모니아가 요소로 합성된다.
③ 사막여우는 북극여우보다 귀가 크고 몸집이 작다.
④ 식사를 하고 나면 혈당량을 감소시키는 호르몬의 분비량이 증가한다.
⑤ 밀폐된 유리병에 쥐만 넣어 두면 죽지만, 녹색 식물과 함께 두면 산다.

549

그림은 생물의 특성 일부를 (가)와 (나)로 구분하여 나타낸 것이다. (가)와 (나)는 각각 종족 유지 특성과 개체 유지 특성 중 하나이고, A~C는 유전, 동화 작용, 항상성을 순서 없이 나타낸 것이다.

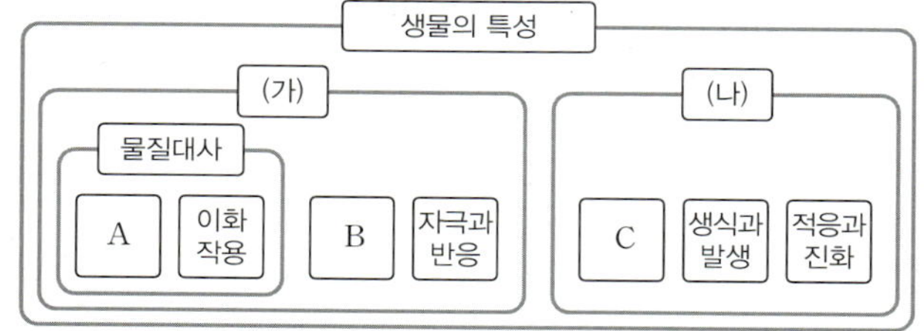

이에 대한 설명으로 옳은 것은?

① (가)는 종족 유지 특성이다.
② A가 일어날 때 에너지가 방출된다.
③ 단백질 합성은 B의 예에 해당한다.
④ 바이러스는 (가)의 특성을 모두 가진다.
⑤ 일자형 이마선을 가진 부모의 자녀가 모두 일자형 이마선을 가지는 것은 C의 예에 해당한다.

550

다음은 화성 토양에 생명체가 존재하는지 확인하기 위한 실험이다.

[실험 과정 및 결과]
(가) 화성 토양이 든 실험 용기에 방사성 기체($^{14}CO_2$)를 넣은 후 전등 빛을 비추었다.
(나) 일정 시간 후 용기 내 방사성 기체를 제거하고 토양을 가열하였다.

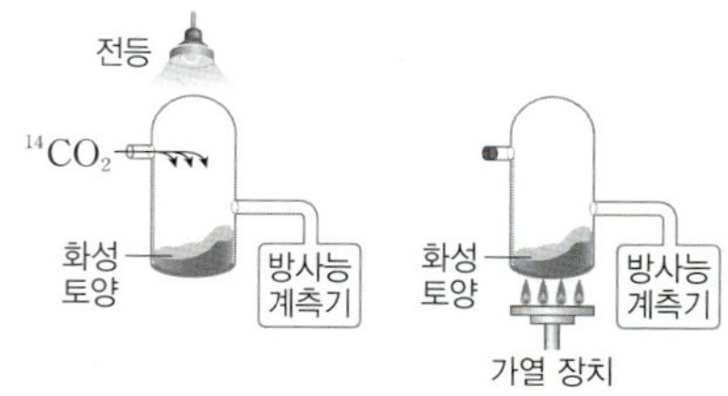

(다) 방사능 계측기를 이용하여 용기 속의 방사성 기체의 발생 여부를 확인하였지만, 방사능 기체가 검출되지 않았다.

이 실험에 대한 설명으로 옳은 것만을 〈보기〉에서 있는 대로 고른 것은?

보기

ㄱ. 이 실험은 생물의 특성 중 자극에 대한 반응을 이용한 것이다.
ㄴ. (다)에서 ^{14}C가 포함된 기체의 발생 여부를 측정했다.
ㄷ. 이 실험 결과 화성 토양에 생명체가 존재하지 않았다.

① ㄱ   ② ㄴ   ③ ㄱ, ㄷ
④ ㄴ, ㄷ   ⑤ ㄱ, ㄴ, ㄷ

551

다음은 사람의 체내에서 일어나는 현상에 대한 설명이다.

휴식 상태에서 생리 식염수를 마시면 오줌이 천천히 만들어지지만, 물을 마시면 오줌이 빠르게 만들어진다. 이것은 사람이 체내 삼투압을 일정하게 유지하는 기작을 가지고 있기 때문이다.

이 자료에 나타난 생물의 특성과 가장 관련이 깊은 것은?

① 올챙이가 자라서 개구리가 된다.
② 짚신벌레는 분열법으로 번식한다.
③ 아버지의 특정 형질이 아들에게 나타난다.
④ 기온이 올라가면 사람의 몸에서 땀이 분비된다.
⑤ 동백나무는 2월 중순에 꽃이 피고 종자를 맺는다.

552

다음은 벌레잡이통풀에 대한 설명이다.

- 벌레잡이통풀은 식물을 잡아먹을 수 있는 포충 주머니를 가지고 있다.
- 포충 주머니에서 달콤한 향기가 풍겼을 때 ㉠곤충은 이를 맡고 포충 주머니에 앉는다.

㉠에 나타난 생물의 특성과 가장 관련이 깊은 것은?

① 짚신벌레 한 마리가 분열하여 16마리로 늘어났다.
② 식물의 어린 싹은 빛을 비추는 쪽으로 굽어 자란다.
③ 벌집에 있는 꿀벌 애벌레는 꿀을 먹고 성체가 된다.
④ 둥근 완두와 주름진 완두를 교배하였더니 다음 세대에서 둥근 완두만 나타났다.
⑤ 항생제를 오래 사용하였더니 항생제에 저항성을 갖는 슈퍼 박테리아가 등장하였다.

553

그림은 A가 B에서 증식하는 과정을 나타낸 것이다. A와 B는 각각 대장균과 박테리오파지 중 하나이다.

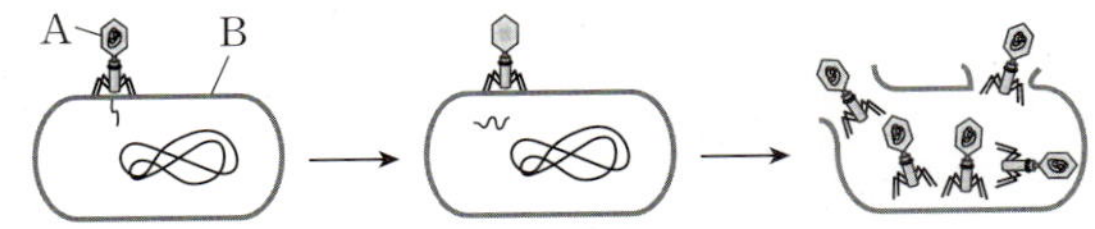

이에 대한 설명으로 옳은 것만을 〈보기〉에서 있는 대로 고른 것은?

보기
ㄱ. A는 박테리오파지이다.
ㄴ. A는 B 안에서 증식할 수 있다.
ㄷ. B는 세포 구조를 갖지 않는다.

① ㄱ   ② ㄷ   ③ ㄱ, ㄴ
④ ㄴ, ㄷ   ⑤ ㄱ, ㄴ, ㄷ

554

그림은 동물 세포와 바이러스를 순서 없이 나타낸 것이다.

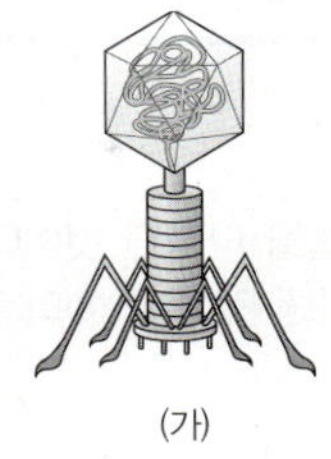 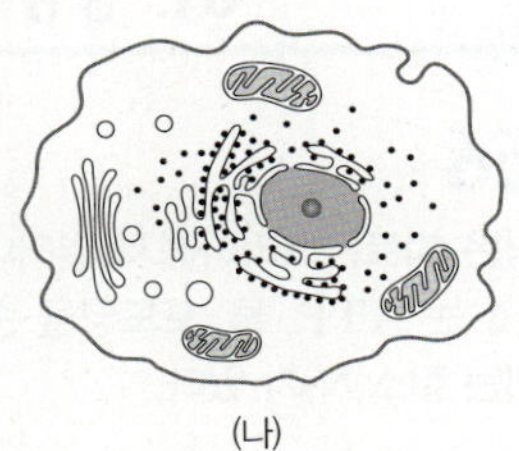

(가)   (나)

이에 대한 설명으로 옳은 것만을 〈보기〉에서 있는 대로 고른 것은?

보기
ㄱ. (가)는 자신의 효소를 이용하여 물질대사를 한다.
ㄴ. (가)는 (나)의 유전 정보를 이용해 증식한다.
ㄷ. (가)와 (나)는 모두 핵산을 가지고 있다.

① ㄱ   ② ㄴ   ③ ㄷ
④ ㄱ, ㄴ   ⑤ ㄴ, ㄷ

555

표 (가)는 A~C에서 특징 ㉠~㉢의 유무를, (나)는 ㉠~㉢을 순서 없이 나타낸 것이다. A~C는 강아지 로봇, 강아지, 박테리오파지를 순서 없이 나타낸 것이다.

구분	㉠	㉡	㉢
A	ⓐ	ⓑ	×
B	○	○	○
C	?	×	○

(○: 있음, ×: 없음)

(가)

특징(㉠~㉢)
• 세포로 되어 있다.
• 핵산을 가지고 있다.
• 독립적으로 물질대사를 한다.

(나)

이에 대한 설명으로 옳은 것만을 〈보기〉에서 있는 대로 고른 것은?

보기
ㄱ. ⓐ와 ⓑ는 모두 '×'이다.
ㄴ. C는 구성 물질로 단백질을 갖는다.
ㄷ. '핵산을 가지고 있다.'는 ㉠이다.

① ㄴ   ② ㄱ, ㄴ   ③ ㄱ, ㄷ
④ ㄴ, ㄷ   ⑤ ㄱ, ㄴ, ㄷ

01. 생명 활동과 에너지

556

그림은 미토콘드리아에서 일어나는 세포 호흡을 나타낸 것이다. 물질 ⓐ~ⓒ는 ATP, 물, 포도당을 순서 없이 나타낸 것이며, ⓑ의 구성 원소에는 질소(N)가 있다.

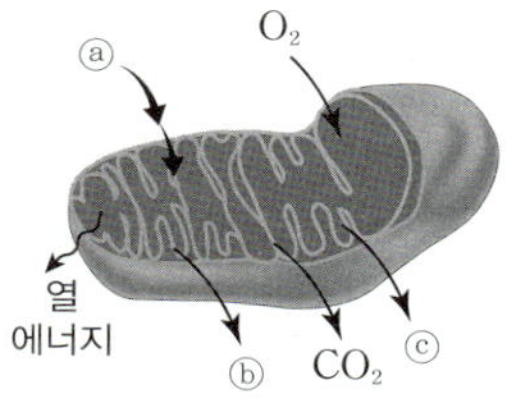

이에 대한 설명으로 옳은 것만을 〈보기〉에서 있는 대로 고른 것은?

보기

ㄱ. ⓐ에 저장된 에너지는 모두 ⓑ에 저장된다.
ㄴ. ⓑ의 구성 원소에는 인(P)이 포함된다.
ㄷ. ⓒ는 물이다.

① ㄱ   ② ㄷ   ③ ㄱ, ㄴ
④ ㄴ, ㄷ   ⑤ ㄱ, ㄴ, ㄷ

557

그림 (가)는 식물 세포의 구조를, (나)는 생명체의 물질대사에서 나타나는 에너지 변화를 나타낸 것이다. A~C는 각각 엽록체, 리보솜, 미토콘드리아 중 하나이다.

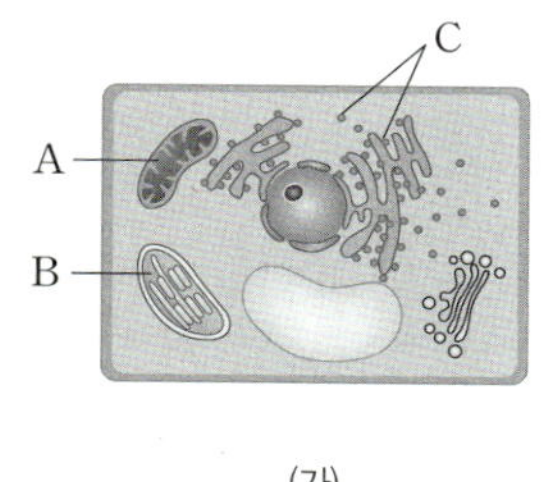

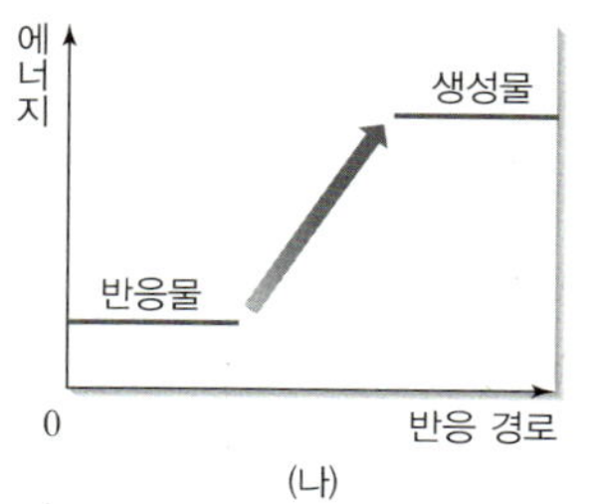

이에 대한 설명으로 옳은 것만을 〈보기〉에서 있는 대로 고른 것은?

보기

ㄱ. A에서 이화 작용이 일어난다.
ㄴ. B에서 빛에너지가 화학 에너지로 전환된다.
ㄷ. B와 C에서 모두 (나)와 같은 에너지 변화가 나타난다.

① ㄱ   ② ㄴ   ③ ㄱ, ㄷ
④ ㄴ, ㄷ   ⑤ ㄱ, ㄴ, ㄷ

558

그림은 사람에서 일어나는 물질대사 (가)와 (나)를 나타낸 것이다.

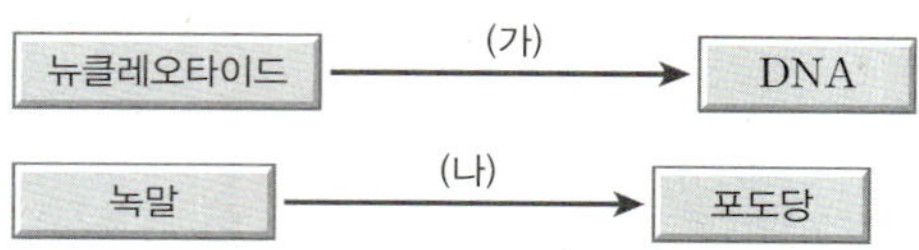

이에 대한 설명으로 옳은 것만을 〈보기〉에서 있는 대로 고른 것은?

보기

ㄱ. (가)는 동화 작용에 해당한다.
ㄴ. (나)에서 1분자당 에너지의 크기는 녹말이 포도당보다 작다.
ㄷ. (가)와 (나)에는 모두 효소가 관여한다.

① ㄱ   ② ㄴ   ③ ㄱ, ㄷ
④ ㄴ, ㄷ   ⑤ ㄱ, ㄴ, ㄷ

559

그림 (가)는 어떤 생명체에서 일어나는 물질대사 A와 B를, (나)는 ATP와 ADP 사이의 전환을 나타낸 것이다. A와 B는 각각 광합성과 세포 호흡 중 하나이다.

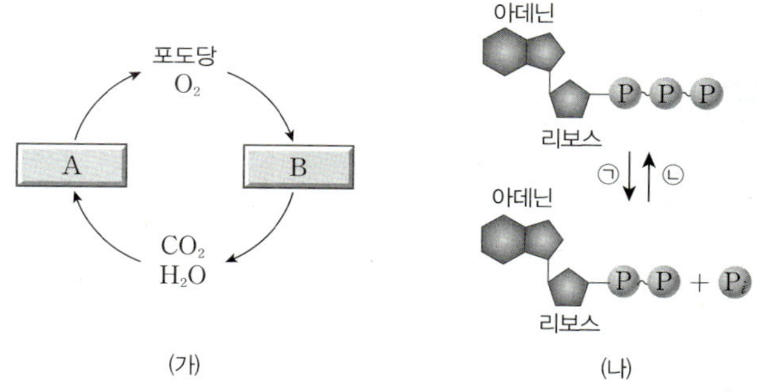

이에 대한 설명으로 옳은 것만을 〈보기〉에서 있는 대로 고른 것은?

보기

ㄱ. ㉠ 과정은 흡열 반응에 해당한다.
ㄴ. 식물에서 A와 ㉡ 과정이 모두 일어난다.
ㄷ. B에서 ㉡ 과정이 일어난다.

① ㄱ   ② ㄷ   ③ ㄱ, ㄴ
④ ㄴ, ㄷ   ⑤ ㄱ, ㄴ, ㄷ

560

그림 (가)는 사람에서 일어나는 물질 A와 B의 전환 과정을, (나)는 물질대사 ⓛ에서 일어나는 에너지 변화를 나타낸 것이다. A와 B는 각각 글리코젠과 포도당 중 하나이고, ㉠과 ⓛ은 이화 작용과 동화 작용을 순서 없이 나타낸 것이다.

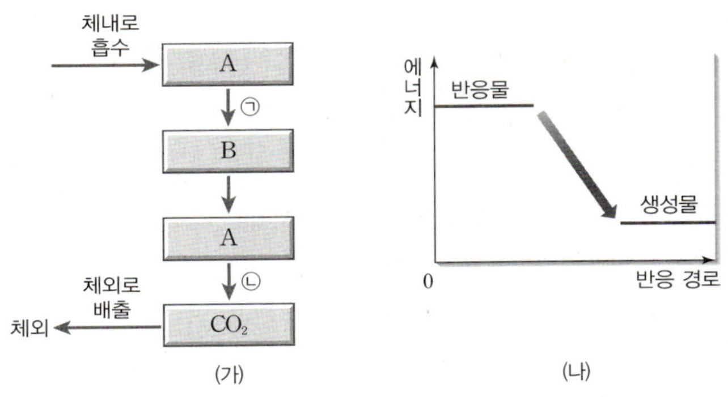

(가)   (나)

이에 대한 설명으로 옳은 것만을 〈보기〉에서 있는 대로 고른 것은?

보기
ㄱ. 식물의 광합성에서 A는 반응물로 이용된다.
ㄴ. ㉠은 흡열 반응에 해당한다.
ㄷ. B는 포도당이다.

① ㄱ   ② ㄴ   ③ ㄱ, ㄷ
④ ㄴ, ㄷ   ⑤ ㄱ, ㄴ, ㄷ

561

그림은 사람에서 세포 호흡을 통해 최종 분해 산물과 에너지가 생성되는 과정 중 일부를 나타낸 것이다. ㉠과 ⓛ은 각각 CO_2와 O_2 중 하나이다.

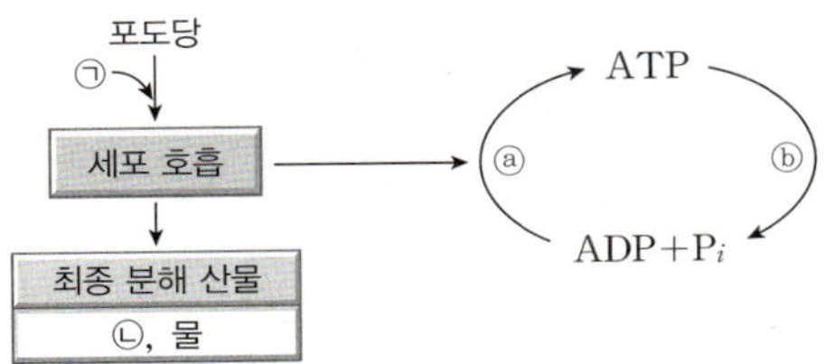

이에 대한 설명으로 옳은 것만을 〈보기〉에서 있는 대로 고른 것은?

보기
ㄱ. ㉠은 O_2이다.
ㄴ. ⓐ 과정은 동물과 식물에서 모두 일어난다.
ㄷ. 근육 운동에 ⓑ 과정에서 방출된 에너지가 이용된다.

① ㄱ   ② ㄷ   ③ ㄱ, ㄴ
④ ㄴ, ㄷ   ⑤ ㄱ, ㄴ, ㄷ

562

그림은 어떤 식물에서 포도당이 세포 호흡을 거쳐 최종 분해 산물로 되는 과정과 포도당의 전환 과정을 나타낸 것이다. 물질 ⓐ~ⓓ는 녹말, CO_2, ADP, ATP를 순서 없이 나타낸 것이다.

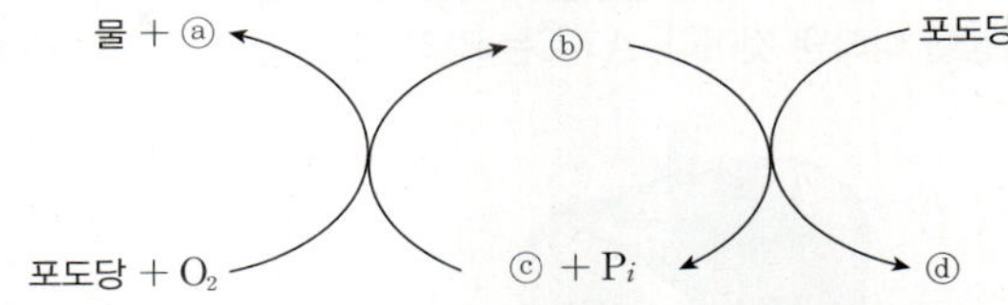

이에 대한 설명으로 옳은 것만을 〈보기〉에서 있는 대로 고른 것은?

보기
ㄱ. ⓐ와 ⓒ는 모두 구성 원소에 탄소(C)가 있다.
ㄴ. 1분자당 인산기 수는 ⓑ가 ⓒ의 2배이다.
ㄷ. 1분자당 에너지의 크기는 포도당이 ⓓ보다 크다.

① ㄱ   ② ㄷ   ③ ㄱ, ㄴ
④ ㄴ, ㄷ   ⑤ ㄱ, ㄴ, ㄷ

563

그림은 물질대사 (가)와 (나)에서 물질과 에너지의 이동을 나타낸 것이다. (가)와 (나)는 각각 광합성과 세포 호흡 중 하나이고, 물질 ㉠~㉢은 CO_2, ATP, 포도당을 순서 없이 나타낸 것이다.

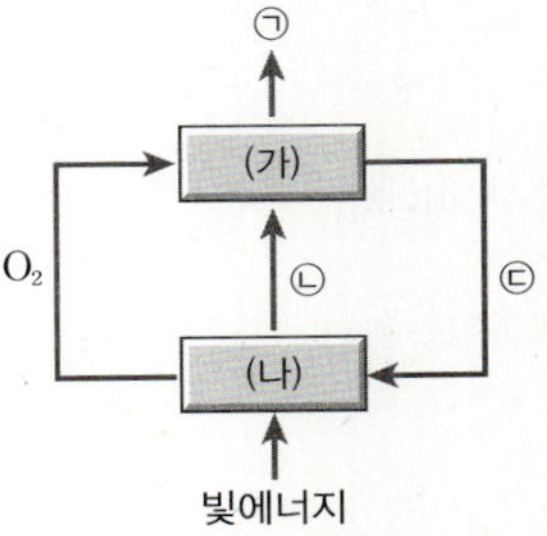

이에 대한 설명으로 옳은 것만을 〈보기〉에서 있는 대로 고른 것은?

보기
ㄱ. ㉠의 구성 성분에는 당이 포함된다.
ㄴ. ⓛ이 가진 에너지는 모두 ㉢에 저장된다.
ㄷ. (나)는 동화 작용의 예에 해당한다.

① ㄱ   ② ㄴ   ③ ㄱ, ㄷ
④ ㄴ, ㄷ   ⑤ ㄱ, ㄴ, ㄷ

564

그림 (가)는 사람의 소화계 일부를, (나)는 글리코젠이 포도당으로 전환되는 과정을 나타낸 것이다. A~C는 각각 이자, 간, 위 중 하나이다.

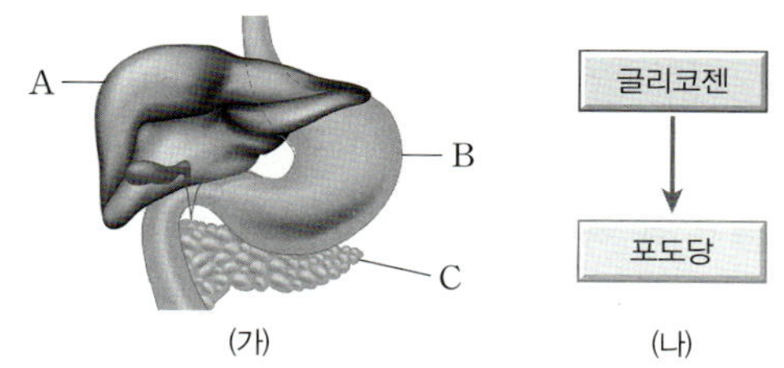

(가)   (나)

이에 대한 설명으로 옳은 것만을 〈보기〉에서 있는 대로 고른 것은?

보기
ㄱ. A에서 (나)가 일어난다.
ㄴ. (나)는 동화 작용에 해당한다.
ㄷ. B와 C에는 모두 소화 효소를 분비하는 상피 조직이 있다.

① ㄱ   ② ㄴ   ③ ㄱ, ㄷ
④ ㄴ, ㄷ   ⑤ ㄱ, ㄴ, ㄷ

565

그림 (가)는 사람에서 세포 호흡을 통해 최종 분해 산물이 생성되는 과정의 일부를, (나)는 사람의 혈액 순환 경로의 일부를 나타낸 것이다. ㉠과 ㉡은 각각 CO_2와 포도당 중 하나이고, ⓐ와 ⓑ는 각각 대동맥과 폐동맥 중 하나이다. A는 호흡계에 속하는 기관이다.

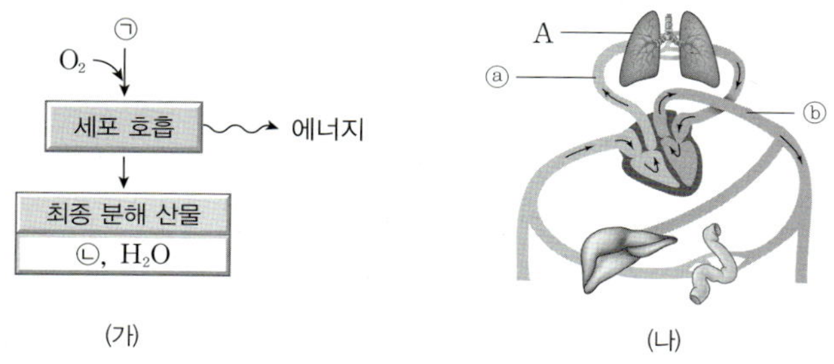

(가)   (나)

이에 대한 설명으로 옳은 것만을 〈보기〉에서 있는 대로 고른 것은?

보기
ㄱ. 혈액의 단위 부피당 ㉡의 양은 ⓐ에서가 ⓑ에서보다 적다.
ㄴ. ⓑ의 혈액에는 ㉠과 O_2가 모두 포함되어 있다.
ㄷ. A를 구성하는 세포에서 (가)가 일어난다.

① ㄱ   ② ㄴ   ③ ㄱ, ㄷ
④ ㄴ, ㄷ   ⑤ ㄱ, ㄴ, ㄷ

566

그림은 사람에서 일어나는 에너지 대사 과정의 일부와 물질 ㉠~㉢의 이동을 나타낸 것이다. A와 B는 호흡계와 소화계 중 하나이고, ㉠~㉢은 CO_2, 포도당, O_2를 순서 없이 나타낸 것이다.

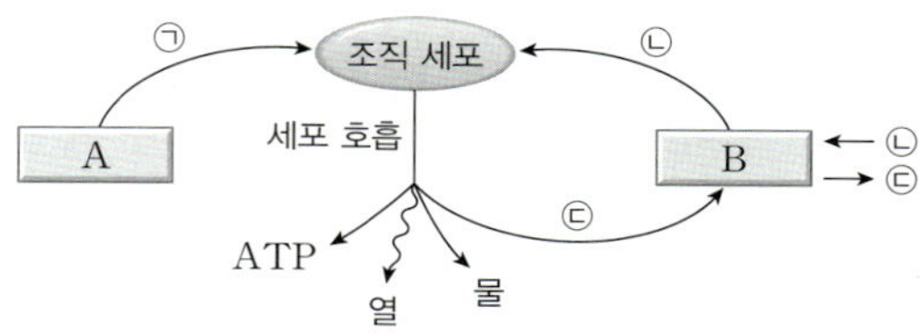

이에 대한 설명으로 옳은 것만을 〈보기〉에서 있는 대로 고른 것은?

보기
ㄱ. 간은 A에 속한다.
ㄴ. 세포 호흡을 통해 ㉠에 저장된 에너지는 모두 ATP로 전환된다.
ㄷ. 격렬한 운동을 하면 단위 시간당 체외로 방출되는 ㉢의 양이 운동 전보다 감소한다.

① ㄱ   ② ㄷ   ③ ㄱ, ㄴ
④ ㄴ, ㄷ   ⑤ ㄱ, ㄴ, ㄷ

567

표는 구성 원소와 이를 포함하는 물질 ㉠~㉢을, 그림은 사람에서 일어나는 물질대사 Ⅰ과 Ⅱ를 나타낸 것이다. ㉠~㉢은 물, 포도당, 이산화 탄소를 순서 없이 나타낸 것이다.

구성 원소	물질
탄소(C)	㉠, ㉢
수소(H)	㉠, ㉡
산소(O)	㉠, ㉡, ㉢

㉠ $\xrightarrow{\text{Ⅰ}}$ 글리코젠

녹말 $\xrightarrow{\text{Ⅱ}}$ ㉠

이에 대한 설명으로 옳은 것만을 〈보기〉에서 있는 대로 고른 것은?

보기
ㄱ. 소화계에서 Ⅰ과 Ⅱ가 모두 일어난다.
ㄴ. 세포 호흡 결과 생성된 ㉡ 중 일부는 호흡계를 통해 배출된다.
ㄷ. 세포 호흡을 통해 ㉢이 ㉠으로 분해된다.

① ㄱ   ② ㄷ   ③ ㄱ, ㄴ
④ ㄴ, ㄷ   ⑤ ㄱ, ㄴ, ㄷ

568

그림 (가)는 위를 구성하는 조직 세포와 주변 모세 혈관 사이의 기체 교환을, (나)는 지점 ㉠과 ㉡에서 혈액의 단위 부피당 기체 A와 B의 양을 나타낸 것이다. A와 B는 각각 CO_2와 O_2 중 하나이다.

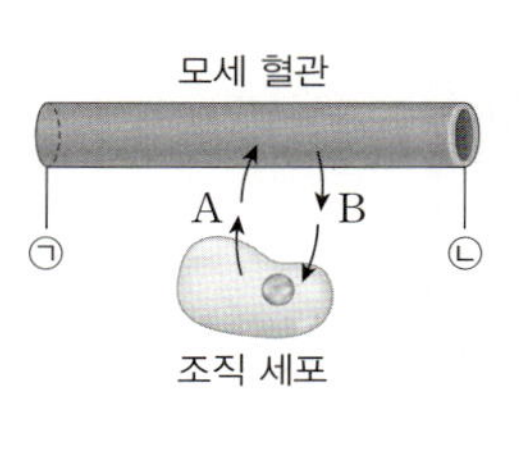

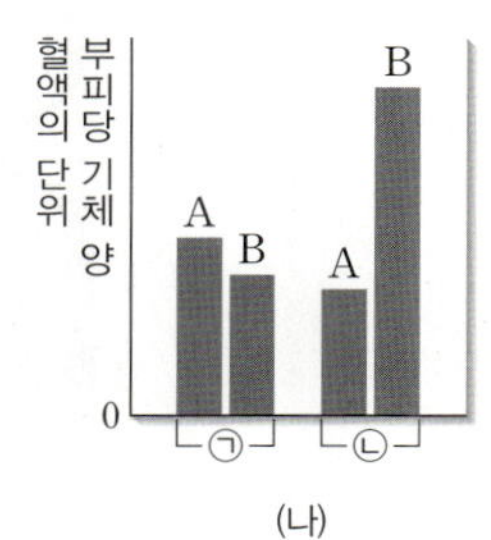

이에 대한 설명으로 옳은 것만을 〈보기〉에서 있는 대로 고른 것은?

보기

ㄱ. 조직 세포에서 모세 혈관으로 A는 확산에 의해 이동한다.
ㄴ. B는 CO_2이다.
ㄷ. 혈액은 ㉠에서 ㉡ 방향으로 흐른다.

① ㄱ   ② ㄷ   ③ ㄱ, ㄴ
④ ㄴ, ㄷ   ⑤ ㄱ, ㄴ, ㄷ

569

표는 사람의 기관계와 이에 속하는 기관의 예를 나타낸 것이다. A와 B는 각각 소화계와 순환계 중 하나이고, ㉠과 ㉡은 각각 기관지와 간 중 하나이다.

기관계	A	호흡계	B
기관	㉠	㉡	간정맥

이에 대한 설명으로 옳은 것만을 〈보기〉에서 있는 대로 고른 것은?

보기

ㄱ. ㉠에서 글리코젠의 합성이 일어난다.
ㄴ. ㉠과 ㉡에는 모두 상피 조직이 있다.
ㄷ. 심장은 B에 속한다.

① ㄱ   ② ㄷ   ③ ㄱ, ㄴ
④ ㄴ, ㄷ   ⑤ ㄱ, ㄴ, ㄷ

570

표는 사람에서 일어나는 물질대사 Ⅰ과 Ⅱ를, 그림은 사람의 혈액 순환 경로의 일부를 나타낸 것이다. Ⅰ과 Ⅱ는 각각 요소의 생성 과정과 세포 호흡 중 하나이고, ⓐ와 ⓑ는 각각 요소와 포도당 중 하나이며, A~C는 각각 간, 소장, 대동맥 중 하나이다.

구분	물질 변화
Ⅰ	$ⓐ + O_2 →$ 물 $+ CO_2$
Ⅱ	암모니아 $→ ⓑ$

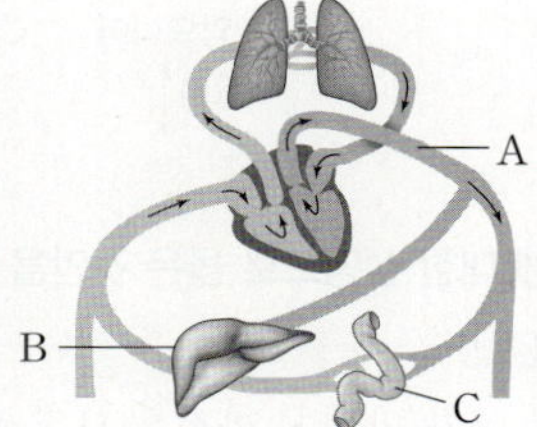

이에 대한 설명으로 옳은 것만을 〈보기〉에서 있는 대로 고른 것은?

보기

ㄱ. A의 혈액에는 ⓐ와 ⓑ 중 ⓐ만 존재한다.
ㄴ. B에서 Ⅰ과 Ⅱ가 모두 일어난다.
ㄷ. C에서 ⓐ의 흡수가 일어난다.

① ㄱ   ② ㄷ   ③ ㄱ, ㄴ
④ ㄴ, ㄷ   ⑤ ㄱ, ㄴ, ㄷ

571

그림은 세포 호흡 결과 생성된 3가지 노폐물(물, 요소, 이산화 탄소)을 구분하는 과정을 나타낸 것이다.

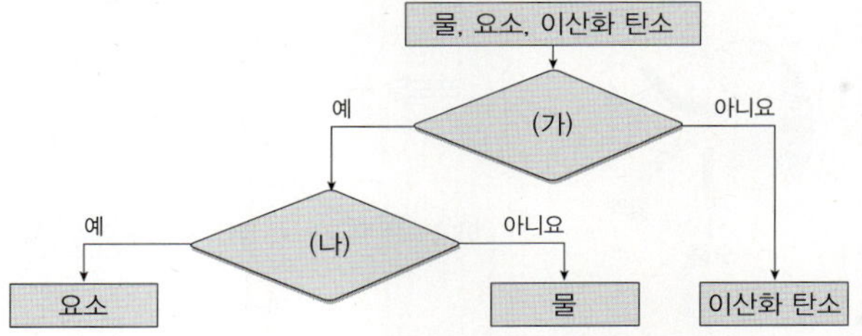

이에 대한 설명으로 옳은 것만을 〈보기〉에서 있는 대로 고른 것은?

보기

ㄱ. '간에서 생성되는가?'는 (가)에 해당한다.
ㄴ. '구성 원소에 질소가 포함되는가?'는 (나)에 해당한다.
ㄷ. 세포 호흡 결과 생성된 물은 배설계를 통해서만 배설된다.

① ㄱ   ② ㄴ   ③ ㄱ, ㄷ
④ ㄴ, ㄷ   ⑤ ㄱ, ㄴ, ㄷ

572

그림은 사람에서 일어나는 물질대사 과정의 일부를 나타낸 것이다. ㉠~㉣은 물, 요소, 글리코젠, 아미노산을 순서 없이 나타낸 것이다.

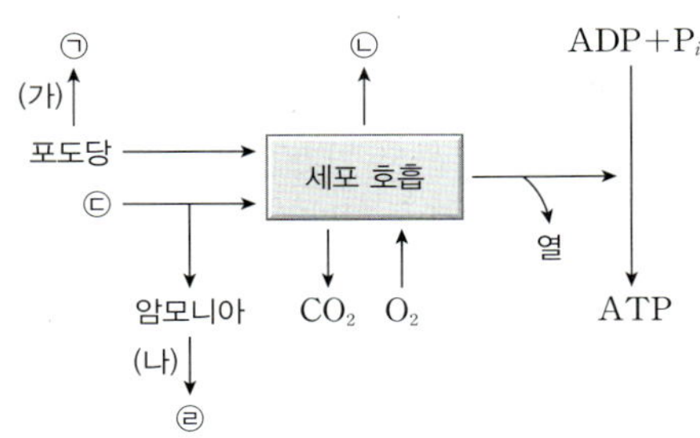

이에 대한 설명으로 옳은 것만을 〈보기〉에서 있는 대로 고른 것은?

보기
- ㄱ. (가)와 (나) 과정은 모두 동화 작용에 해당한다.
- ㄴ. ㉠과 ㉢의 구성 원소에는 모두 질소(N)가 포함된다.
- ㄷ. 오줌의 구성 성분에는 ㉡과 ㉣이 모두 포함된다.

① ㄱ   ② ㄴ   ③ ㄱ, ㄷ
④ ㄴ, ㄷ   ⑤ ㄱ, ㄴ, ㄷ

573

그림 (가)는 사람의 콩팥 구조를, (나)는 사람에서 포도당과 아미노산의 세포 호흡 결과 생성되는 노폐물을 나타낸 것이다. A와 B는 각각 콩팥 정맥과 콩팥 동맥 중 하나이고, ㉠과 ㉡은 각각 요소와 CO_2 중 하나이다.

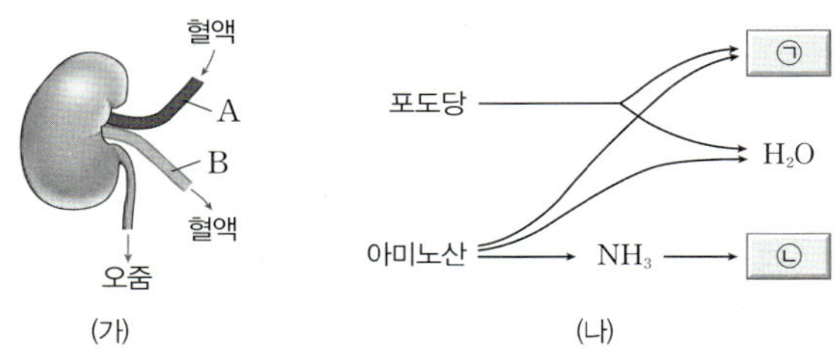

이에 대한 설명으로 옳은 것만을 〈보기〉에서 있는 대로 고른 것은?

보기
- ㄱ. A와 콩팥은 모두 배설계에 속한다.
- ㄴ. 호흡계에서 ㉠과 H_2O의 배출이 모두 일어난다.
- ㄷ. 혈액의 단위 부피당 ㉡의 양은 A에서가 B에서보다 많다.

① ㄱ   ② ㄷ   ③ ㄱ, ㄴ
④ ㄴ, ㄷ   ⑤ ㄱ, ㄴ, ㄷ

574

그림은 사람의 혈액 순환 경로를 나타낸 것이다. ㉠~㉣은 각각 콩팥, 소장, 대정맥, 폐정맥 중 하나이다.

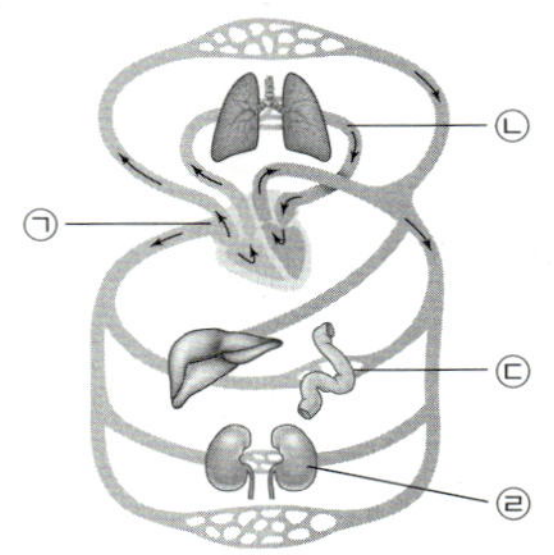

이에 대한 설명으로 옳은 것만을 〈보기〉에서 있는 대로 고른 것은?

보기
- ㄱ. 혈액의 단위 부피당 $\dfrac{CO_2의\ 양}{O_2의\ 양}$ 은 ㉠에서가 ㉡에서보다 작다.
- ㄴ. ㉢에서 지방산의 흡수가 일어난다.
- ㄷ. ㉡과 ㉣에는 모두 결합 조직이 존재한다.

① ㄱ   ② ㄴ   ③ ㄱ, ㄷ
④ ㄴ, ㄷ   ⑤ ㄱ, ㄴ, ㄷ

575

표는 사람의 몸을 구성하는 기관의 특징을 나타낸 것이다. A와 B는 콩팥과 대장을 순서 없이 나타낸 것이다.

기관	특징
A	?
간	㉠
B	배설계에 속한다.

이에 대한 설명으로 옳은 것만을 〈보기〉에서 있는 대로 고른 것은?

보기
- ㄱ. A와 간은 모두 소화계에 속한다.
- ㄴ. '요소가 생성된다.'는 ㉠에 해당한다.
- ㄷ. A와 B의 세포에서 모두 이화 작용이 일어난다.

① ㄱ   ② ㄷ   ③ ㄱ, ㄴ
④ ㄴ, ㄷ   ⑤ ㄱ, ㄴ, ㄷ

576

그림은 사람의 순환계와 기관계 A~C의 통합적 작용을, 표는 A~C 각각에 속하는 기관의 예를 나타낸 것이다. A~C는 각각 소화계, 배설계, 호흡계 중 하나이고, ㉠~㉢은 방광, 소장, 기관지를 순서없이 나타낸 것이다.

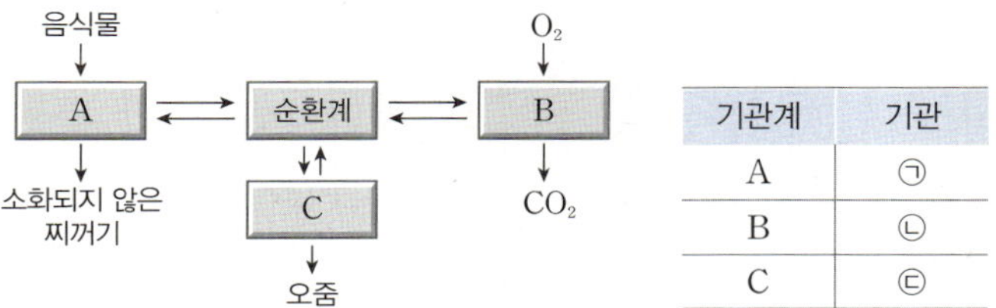

기관계	기관
A	㉠
B	㉡
C	㉢

이에 대한 설명으로 옳은 것만을 〈보기〉에서 있는 대로 고른 것은?

보기

ㄱ. ㉠과 ㉢에는 모두 근육 조직이 있다.
ㄴ. B로 들어온 O_2는 확산에 의해 순환계로 이동한다.
ㄷ. A에서 흡수되지 않은 물질은 C를 통해 배출된다.

① ㄱ   ② ㄷ   ③ ㄱ, ㄴ
④ ㄴ, ㄷ   ⑤ ㄱ, ㄴ, ㄷ

577

그림은 사람의 호흡계와 기관계 (가)~(다)의 통합적 작용을 나타낸 것이다. (가)~(다)는 순환계, 배설계, 소화계를 순서 없이 나타낸 것이다.

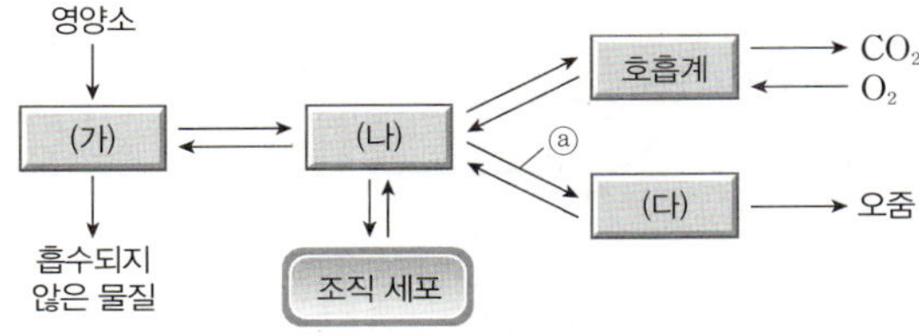

이에 대한 설명으로 옳은 것만을 〈보기〉에서 있는 대로 고른 것은?

보기

ㄱ. (가)와 (나)의 세포에서 모두 세포 호흡이 일어난다.
ㄴ. 대장은 (다)에 속한다.
ㄷ. ⓐ에는 요소와 물의 이동이 모두 포함된다.

① ㄱ   ② ㄴ   ③ ㄱ, ㄷ
④ ㄴ, ㄷ   ⑤ ㄱ, ㄴ, ㄷ

578

다음은 에너지 대사에 대한 학생 A~C의 설명이다.

제시한 설명이 옳은 학생만을 있는 대로 고른 것은?

① A   ② C   ③ A, B
④ B, C   ⑤ A, B, C

579

표 (가)는 체중이 60 kg인 어떤 남자 A가 하루 동안 섭취한 영양소의 양을, (나)는 활동에 따른 에너지 소비량과 A가 하루 동안 활동한 시간을 나타낸 것이다. 탄수화물과 단백질의 열량은 모두 4 kcal/g, 지방의 열량은 9 kcal/g이다. A의 기초 대사량은 1 kcal/kg · h이고, 1일 대사량은 1일 기초 대사량과 1일 활동 대사량을 합한 값이다.

구분	섭취량(g)
탄수화물	400
단백질	250
지방	100

(가)

구분	에너지 소비량 (kcal/kg · h)	시간 (h)
식사	1.4	3
공부	1.5	8
걷기	2.2	2
운동	2.5	2
잠	0.8	9

(나)

이에 대한 설명으로 옳은 것만을 〈보기〉에서 있는 대로 고른 것은?

보기

ㄱ. A의 1일 기초 대사량은 1440 kcal이다.
ㄴ. A의 1일 활동 대사량은 2000 kcal보다 크다.
ㄷ. A가 하루 동안 섭취한 총 에너지양은 1일 대사량보다 적다.

① ㄱ   ② ㄴ   ③ ㄱ, ㄷ
④ ㄴ, ㄷ   ⑤ ㄱ, ㄴ, ㄷ

01. 흥분의 전도와 전달

580

그림은 시냅스로 연결된 뉴런 (가)~(다)를 나타낸 것이다. (가)~(다) 중 하나는 감각기와 연결되어 있다.

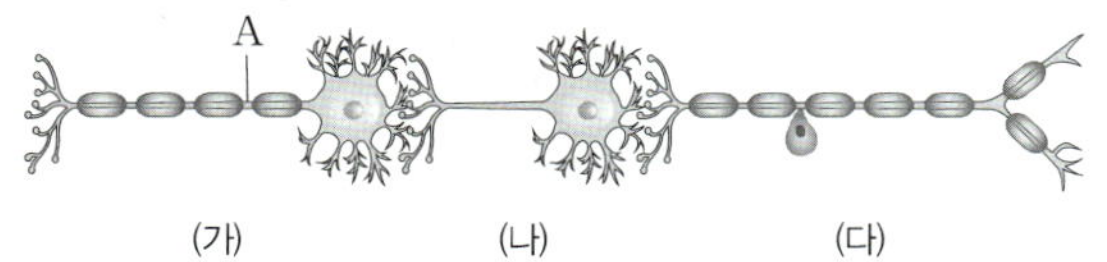

이에 대한 설명으로 옳은 것만을 〈보기〉에서 있는 대로 고른 것은?

보기

ㄱ. (가)는 감각기와 연결되어 있다.
ㄴ. (다)에서 흥분이 전도될 때 도약전도가 일어난다.
ㄷ. A에서 세포막을 통한 이온의 이동이 일어난다.

① ㄱ 　② ㄴ 　③ ㄱ, ㄴ
④ ㄱ, ㄷ 　⑤ ㄴ, ㄷ

581

그림은 어떤 뉴런에 서로 다른 세기의 자극 ㉠~㉢을 주었을 때 축삭 돌기의 동일한 지점에서 같은 시간 동안 측정한 막전위 변화를 나타낸 것이다.

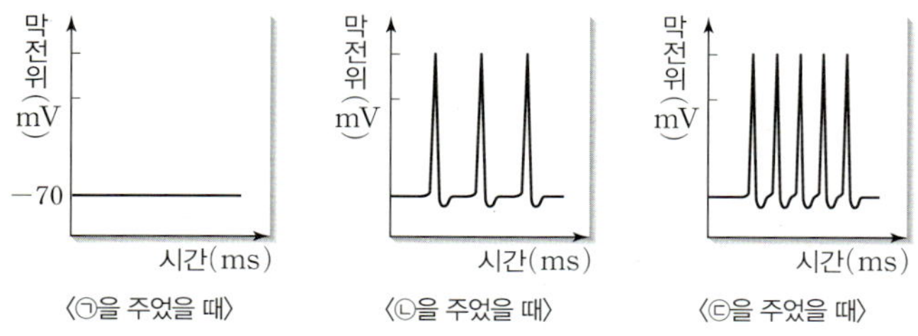

이에 대한 설명으로 옳은 것만을 〈보기〉에서 있는 대로 고른 것은?

보기

ㄱ. 이 뉴런의 역치 전위는 $-70\,\mathrm{mV}$이다.
ㄴ. 자극의 세기는 ㉠<㉡<㉢이다.
ㄷ. 활동 전위의 크기는 ㉡을 주었을 때와 ㉢을 주었을 때가 같다.

① ㄱ 　② ㄴ 　③ ㄱ, ㄷ
④ ㄴ, ㄷ 　⑤ ㄱ, ㄴ, ㄷ

582

그림은 뉴런의 축삭 돌기 한 지점에 자극을 준 후 지점 (가)와 (나)에서 측정한 막전위를 나타낸 것이다.

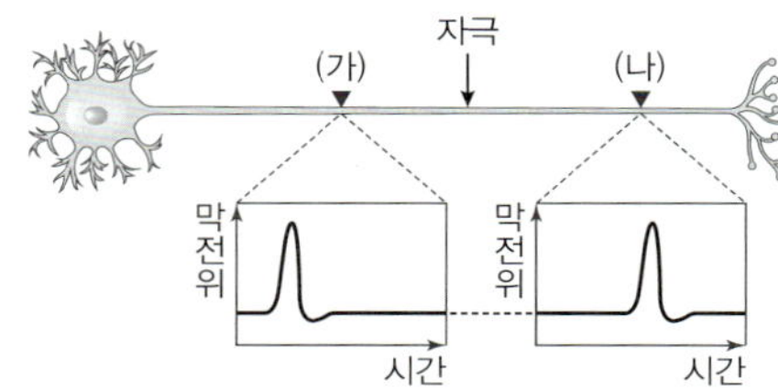

이에 대한 설명으로 옳은 것을 〈보기〉에서 있는 대로 고른 것은?

보기

ㄱ. (가)와 (나)에서의 휴지 전위는 같다.
ㄴ. 흥분은 축삭 돌기를 따라 양방향으로 전도될 수 있다.
ㄷ. 자극이 주어지면 자극의 세기와 상관없이 (가)에서 활동 전위가 발생한다.

① ㄱ 　② ㄷ 　③ ㄱ, ㄴ
④ ㄱ, ㄷ 　⑤ ㄴ, ㄷ

583

그림 (가)는 어떤 뉴런에 역치 이상의 자극을 주었을 때 이온 ㉠과 ㉡의 막 투과도 변화를, (나)는 이 뉴런에서 Na^+-K^+ 펌프를 통한 ㉠과 ㉡의 이동 방향을 나타낸 것이다. ㉠과 ㉡은 각각 Na^+과 K^+ 중 하나이다.

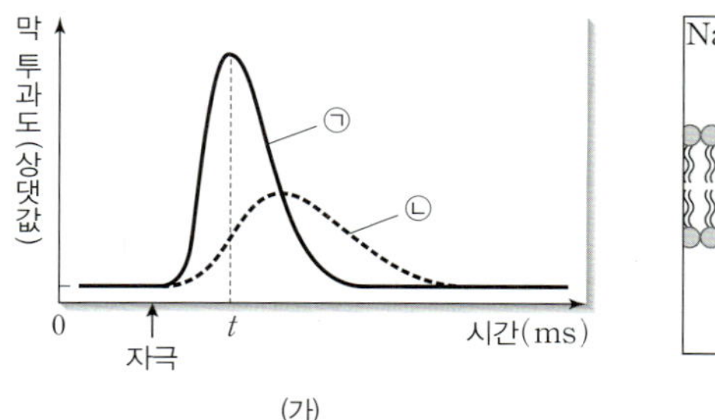
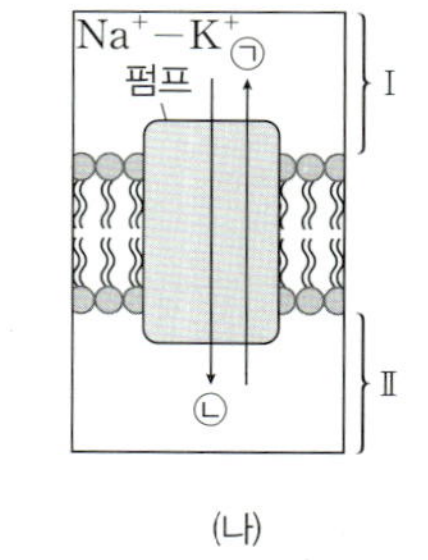

이에 대한 설명으로 옳은 것만을 〈보기〉에서 있는 대로 고른 것은?

보기

ㄱ. ㉠은 K^+이다.
ㄴ. t일 때 Ⅰ은 음$(-)$전하를, Ⅱ는 양$(+)$전하를 띤다.
ㄷ. 재분극 중일 때 ㉡의 농도는 Ⅰ에서가 Ⅱ에서보다 높다.

① ㄱ 　② ㄴ 　③ ㄷ
④ ㄱ, ㄴ 　⑤ ㄴ, ㄷ

584

그림 (가)는 어떤 뉴런에서 흥분 전도가 1회 일어날 때 두 시점(t_1, t_2)에서 통로를 통한 이온 ㉠과 ㉡의 이동을, (나)는 이 뉴런의 어떤 지점에서 흥분이 발생할 때 막전위의 변화를 나타낸 것이다. ㉠과 ㉡은 각각 K^+과 Na^+ 중 하나이다.

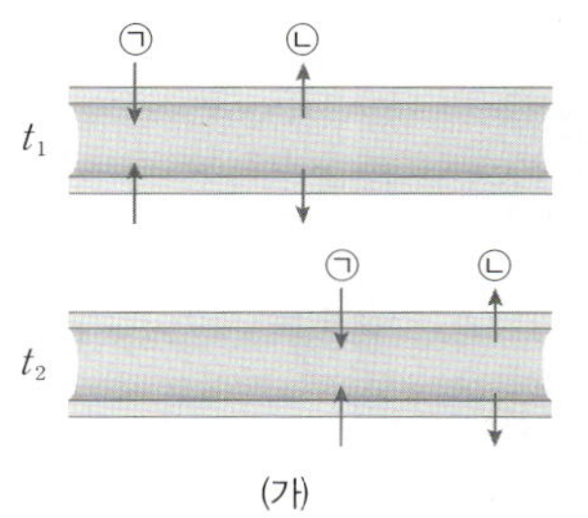
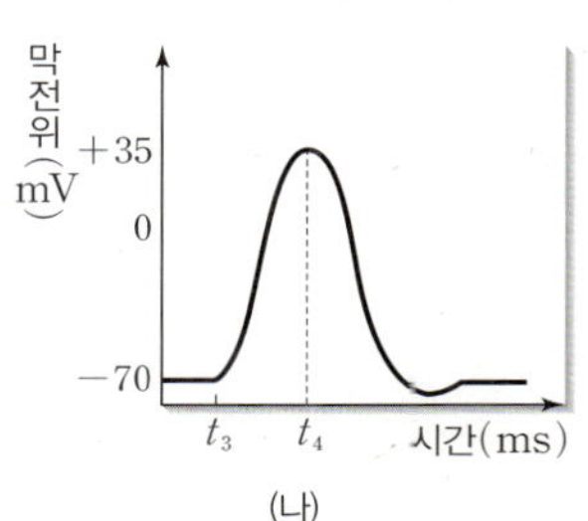

(가)   (나)

이에 대한 설명으로 옳은 것만을 〈보기〉에서 있는 대로 고른 것은? (단, t_1과 t_2는 시간 순서와 상관없다.)

보기
ㄱ. ㉡은 K^+이다.
ㄴ. t_2일 때가 t_1일 때보다 이른 시점이다.
ㄷ. t_3과 t_4 사이에서 ㉠의 막 투과도는 증가한다.

① ㄱ   ② ㄷ   ③ ㄱ, ㄴ
④ ㄴ, ㄷ   ⑤ ㄱ, ㄴ, ㄷ

585

그림은 흥분의 전달 과정을 나타낸 것이다. 신경 전달 물질 X가 이온 통로 ㉠에 작용하면 ㉠이 열려 뉴런 (가)가 탈분극된다.

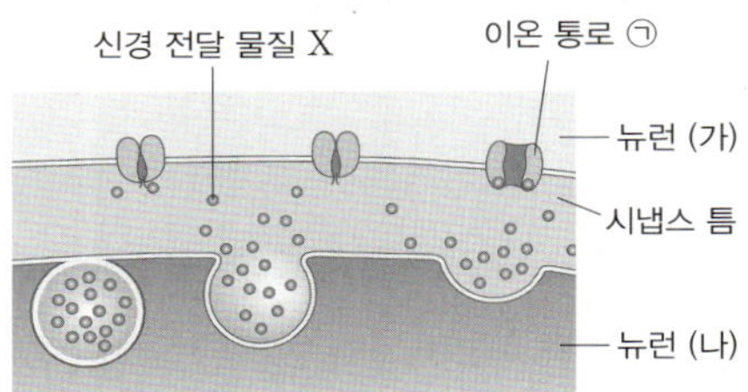

이에 대한 설명으로 옳은 것만을 〈보기〉에서 있는 대로 고른 것은?

보기
ㄱ. ㉠이 열리면 K^+이 유입된다.
ㄴ. 흥분은 (나)에서 (가)로 전달된다.
ㄷ. (가)를 역치 이상으로 자극하면 (나)에서 활동 전위가 발생된다.

① ㄱ   ② ㄴ   ③ ㄱ, ㄴ
④ ㄱ, ㄷ   ⑤ ㄴ, ㄷ

586

그림 (가)는 서로 다른 뉴런의 P 지점을 역치 이상으로 동시에 1회 자극하는 모습을, (나)는 이때 Q 지점에서의 막 전위 변화를 나타낸 것이다. ㉠~㉢ 각각은 A~D에서의 막전위 변화 중 하나이다.

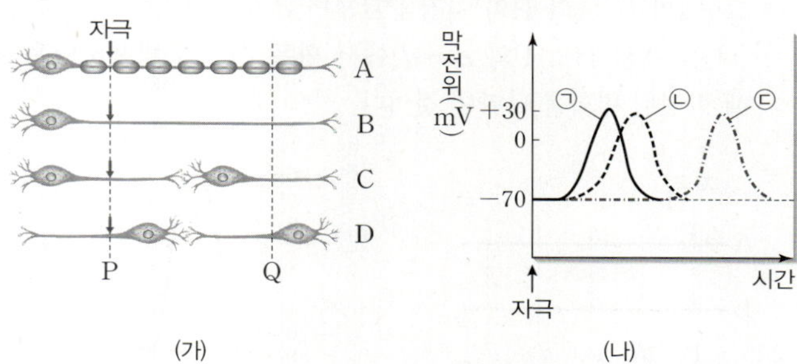

(가)   (나)

이에 대한 설명으로 옳은 것만을 〈보기〉에서 있는 대로 고른 것은? (단, 축삭 돌기의 지름은 모두 같다.)

보기
ㄱ. ㉠은 A에서의 막전위 변화이다.
ㄴ. ㉢은 D에서의 막전위 변화이다.
ㄷ. (가)에서 Q 지점을 역치 이상으로 동시에 1회 자극하면 A와 B의 P에서 모두 활동 전위가 발생된다.

① ㄱ   ② ㄷ   ③ ㄱ, ㄴ
④ ㄱ, ㄷ   ⑤ ㄴ, ㄷ

587

그림은 민말이집 뉴런 (가)와 (나)에서 자극을 준 지점과 지점 Ⅰ~Ⅲ을, 표는 (가)와 (나)에 역치 이상의 자극을 동시에 1회 주고 경과된 시간이 t일 때 ㉠~㉢ 지점에서의 막전위를 나타낸 것이다. ㉠~㉢은 각각 Ⅰ~Ⅲ 중 하나이다.

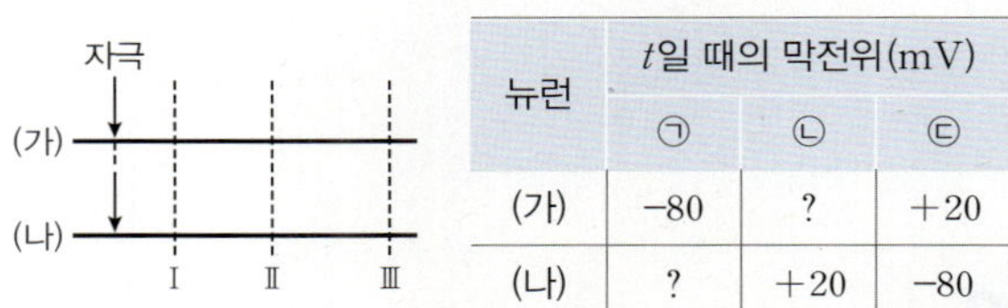

뉴런	t일 때의 막전위(mV)		
	㉠	㉡	㉢
(가)	−80	?	+20
(나)	?	+20	−80

t일 때에 대한 설명으로 옳은 것만을 〈보기〉에서 있는 대로 고른 것은? (단, (가)와 (나)의 휴지 전위는 모두 $-70\,mV$이다.)

보기
ㄱ. ㉡은 Ⅲ이다.
ㄴ. (나)의 ㉠에서 막전위는 양($+$)의 값이다.
ㄷ. 흥분 전도 속도는 (가)에서가 (나)에서보다 빠르다.

① ㄱ   ② ㄴ   ③ ㄷ
④ ㄱ, ㄴ   ⑤ ㄴ, ㄷ

588

다음은 민말이집 신경 A와 B의 흥분 전도에 대한 자료이다.

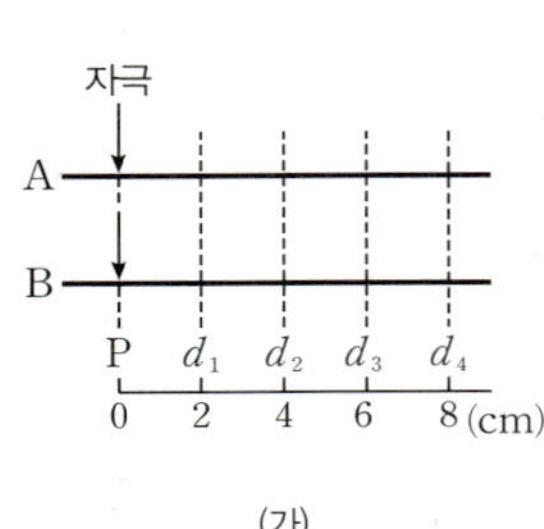 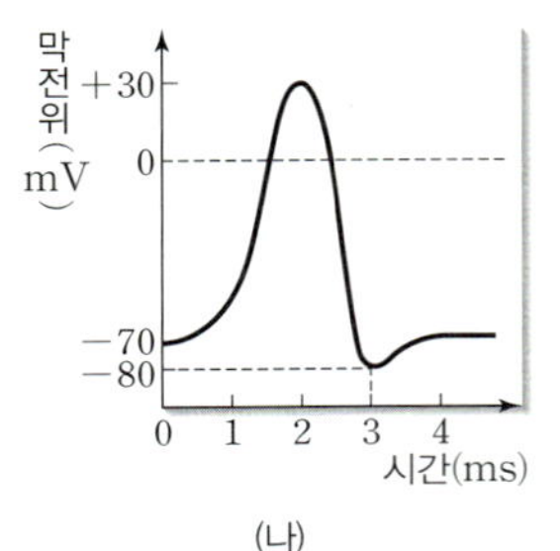

- 그림 (가)는 A와 B의 지점 P로부터 d_1~d_4까지의 거리를, (나)는 A와 B의 P와 d_1~d_4에서 활동 전위가 발생하였을 때 막전위 변화를 나타낸 것이다.

- 흥분 전도 속도는 A에서가 B에서의 1.5배이다.
- ㉠A와 B의 P에 역치 이상의 자극을 동시에 1회 주고 경과된 시간이 5 ms일 때 A의 ⓐ와 B의 ⓑ에서의 막전위는 각각 −80 mV이다. ⓐ와 ⓑ 각각은 d_1~d_4 중 하나이다.

이에 대한 설명으로 옳은 것만을 〈보기〉에서 있는 대로 고른 것은?

보기
ㄱ. ⓐ는 d_3이다.
ㄴ. B에서의 흥분 전도 속도는 2 cm/ms이다.
ㄷ. ㉠일 때 A의 ⓐ와 ⓑ 사이에 탈분극 중인 지점이 있다.

① ㄱ   ② ㄴ   ③ ㄱ, ㄴ
④ ㄱ, ㄷ   ⑤ ㄴ, ㄷ

589

그림은 뉴런 A~D가 연결된 모습을 나타낸 것이다. A를 자극하면 A와 D에서만 활동 전위가 발생하며, C를 자극하면 A와 B에서 모두 활동 전위가 발생한다.
A~D 사이에서 흥분이 전달되는 방향으로 옳은 것은?

① A → C   ② B → C
③ B → A → D   ④ C → A → D
⑤ D → A → C

02. 근수축 운동

590

그림은 골격근의 구조를 나타낸 것이다. ㉠은 원심성 뉴런이며, ⓐ와 ⓑ는 각각 액틴 필라멘트와 마이오신 필라멘트 중 하나이다.

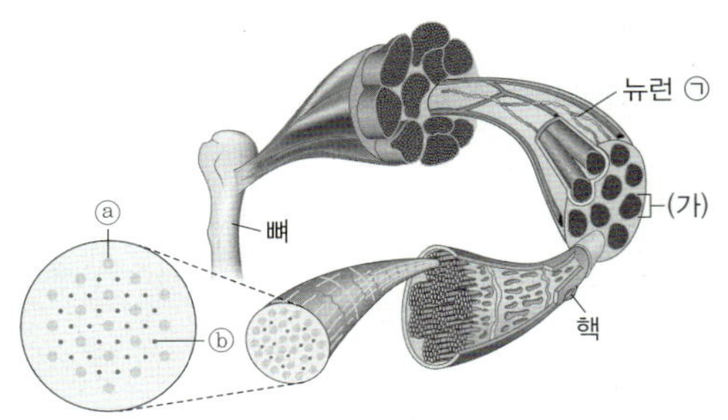

이에 대한 설명으로 옳은 것만을 〈보기〉에서 있는 대로 고른 것은?

보기
ㄱ. (가)는 근육 섬유이다.
ㄴ. ㉠은 자율 신경계를 구성한다.
ㄷ. 근육 원섬유 마디의 I대에 ⓐ가 포함되어 있다.

① ㄱ   ② ㄴ   ③ ㄷ
④ ㄱ, ㄴ   ⑤ ㄴ, ㄷ

591

표는 시점 t_1과 t_2일 때 근육 원섬유 마디 X와, X에 있는 부위 ㉠과 ㉡의 길이를 나타낸 것이다. ㉠과 ㉡은 각각 A대와 H대 중 하나이다.

(단위: μm)

구분	X	㉠	㉡
t_1	?	0	1.6
t_2	2.0	0.2	1.6

이에 대한 설명으로 옳은 것만을 〈보기〉에서 있는 대로 고른 것은? (단, X의 구조는 좌우 대칭이다.)

보기
ㄱ. ㉠은 H대이다.
ㄴ. t_1일 때 X에서 액틴 필라멘트만 있는 부위의 길이는 0.4 μm이다.
ㄷ. X의 길이는 ㉠과 I대의 길이를 합한 것과 같다.

① ㄱ   ② ㄴ   ③ ㄷ
④ ㄱ, ㄴ   ⑤ ㄴ, ㄷ

592

그림은 근육 원섬유 마디 X를 나타낸 것이다.

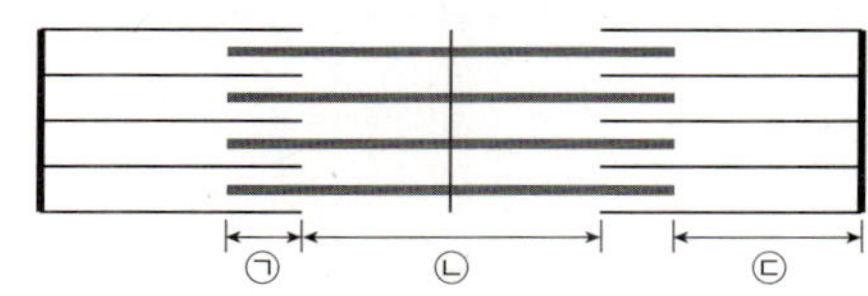

X가 수축해 길이가 $0.4\ \mu\mathrm{m}$ 짧아졌을 때 일어나는 현상으로 옳은 것만을 〈보기〉에서 있는 대로 고른 것은? (단, X의 구조는 좌우 대칭이다.)

보기

ㄱ. ㉠의 길이는 $0.2\ \mu\mathrm{m}$ 길어진다.
ㄴ. ㉡의 길이는 변하지 않는다.
ㄷ. ㉠과 ㉢의 길이 합은 $0.2\ \mu\mathrm{m}$ 길어진다.

① ㄱ ② ㄴ ③ ㄷ
④ ㄱ, ㄴ ⑤ ㄴ, ㄷ

593

그림은 근육 원섬유 마디 X를, 표는 시간이 t_1에서 t_2로 흐를 때 X에서 일어나는 변화를 나타낸 것이다. ⓐ~ⓒ는 각각 ㉠~㉢ 부위 중 하나이다.

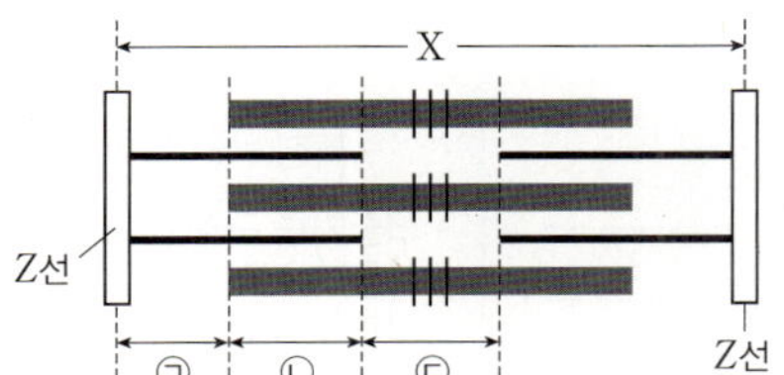

$t_1 \rightarrow t_2$로 흐를 때
• ⓐ의 길이가 $0.2\ \mu\mathrm{m}$ 길어진다. • ⓑ와 ⓒ의 길이 합이 $0.2\ \mu\mathrm{m}$ 길어진다.

시간이 t_1에서 t_2로 흐를 때에 대한 설명으로 옳은 것만을 〈보기〉에서 있는 대로 고른 것은? (단, X의 구조는 좌우 대칭이다.)

보기

ㄱ. ㉠과 ㉢의 길이 합이 $0.2\ \mu\mathrm{m}$ 길어진다.
ㄴ. X에서 H대의 길이가 $0.4\ \mu\mathrm{m}$ 길어진다.
ㄷ. X가 포함된 근육 원섬유에서 $\dfrac{\text{I대의 길이}}{\text{A대의 길이}}$ 가 작아진다.

① ㄱ ② ㄴ ③ ㄱ, ㄴ
④ ㄱ, ㄷ ⑤ ㄴ, ㄷ

594

표 (가)는 근육 원섬유 마디 X를 구성하는 부위 ㉠~㉢에 액틴 필라멘트와 마이오신 필라멘트가 있는지의 여부를, (나)는 t_1일 때와 t_2일 때 ㉠~㉢ 중 두 부위의 길이 합을 나타낸 것이다. X의 길이는 ㉠~㉢의 길이 합과 같다. ㉠~㉢은 각각 액틴 필라멘트만 있는 부위, 마이오신 필라멘트만 있는 부위, 액틴 필라멘트와 마이오신 필라멘트가 겹쳐 있는 부위 중 하나이다.

구분	액틴 필라멘트	마이오신 필라멘트
㉠	있음	?
㉡	?	?
㉢	없음	?

(가)

구분	㉠+㉡	㉠+㉢
t_1	$1.8\ \mu\mathrm{m}$	$2.6\ \mu\mathrm{m}$
t_2	$1.8\ \mu\mathrm{m}$	$2.2\ \mu\mathrm{m}$

(나)

이에 대한 설명으로 옳은 것만을 〈보기〉에서 있는 대로 고른 것은?

보기

ㄱ. ㉡과 ㉢에 모두 마이오신 필라멘트가 있다.
ㄴ. ㉠의 길이는 t_2일 때가 t_1일 때보다 $0.4\ \mu\mathrm{m}$ 짧다.
ㄷ. ㉡+㉢의 길이는 t_1일 때와 t_2일 때가 같다.

① ㄱ ② ㄴ ③ ㄱ, ㄴ
④ ㄱ, ㄷ ⑤ ㄴ, ㄷ

595

다음은 근육 원섬유 마디 X에 대한 자료이다.

• X의 길이는 부위 ㉠~㉢의 길이 합과 같다.
• ㉠은 마이오신 필라멘트가 없는 부위, ㉢은 액틴 필라멘트가 없는 부위이다.
• t_2일 때가 t_1일 때보다 ⓐ의 길이는 $0.4\ \mu\mathrm{m}$ 짧으며, ⓑ와 ⓒ의 길이는 모두 길다. ⓐ~ⓒ는 각각 ㉠~㉢ 중 하나이다.

이에 대한 설명으로 옳은 것만을 〈보기〉에서 있는 대로 고른 것은?

보기

ㄱ. t_2일 때가 t_1일 때보다 이완된 상태이다.
ㄴ. t_1일 때와 t_2일 때 ⓐ와 ㉢의 길이 합은 같다.
ㄷ. t_2일 때가 t_1일 때보다 H대의 길이가 $0.4\ \mu\mathrm{m}$ 길다.

① ㄱ ② ㄴ ③ ㄱ, ㄷ
④ ㄴ, ㄷ ⑤ ㄱ, ㄴ, ㄷ

596

그림은 사람의 뇌 구조를, 표는 반응 (가)와 (나)를 나타낸 것이다.

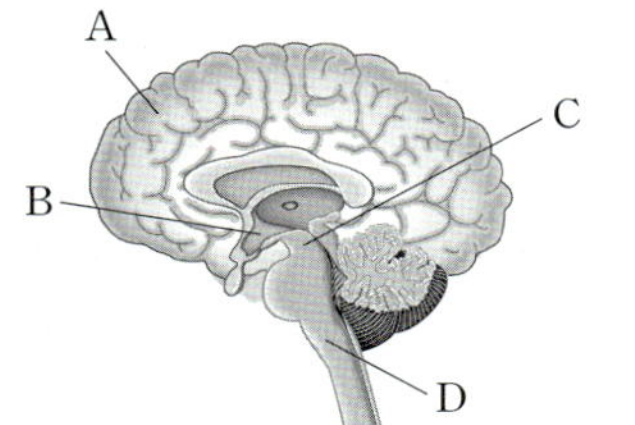

구분	반응
(가)	밝은 곳에서 동공이 작아진다.
(나)	추운 곳에서 얼굴이 창백해진다.

이에 대한 설명으로 옳은 것만을 〈보기〉에서 있는 대로 고른 것은?

ㄱ. A의 기능은 주로 백색질이 담당한다.
ㄴ. (가)의 중추는 C이다.
ㄷ. (나)는 D와 연결된 신경의 작용으로 일어난다.

① ㄴ ② ㄷ ③ ㄱ, ㄴ
④ ㄱ, ㄷ ⑤ ㄴ, ㄷ

597

그림은 사람의 신경계에서 일어나는 흥분 전달 경로를 나타낸 것이다. A와 B는 감각기, P와 Q는 반응기이다.

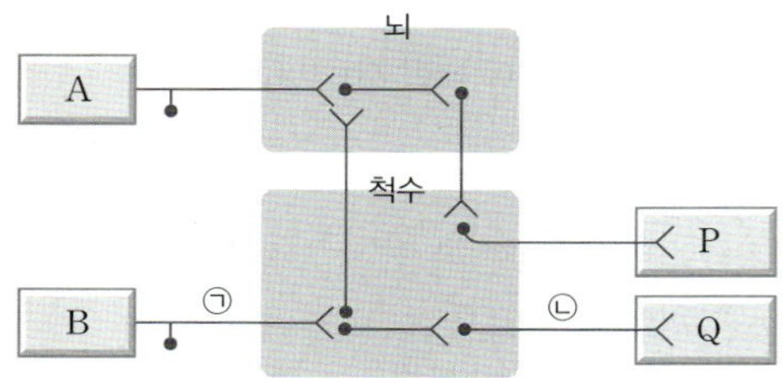

이에 대한 설명으로 옳은 것만을 〈보기〉에서 있는 대로 고른 것은?

ㄱ. ㉠과 ㉡은 모두 척수 신경이다.
ㄴ. B → 척수 → Q의 경로로 일어나는 반응은 무조건 반사에 해당한다.
ㄷ. 주머니에서 열쇠를 찾아 꺼내는 반응은 A → P의 경로로 일어난다.

① ㄱ ② ㄴ ③ ㄷ
④ ㄱ, ㄴ ⑤ ㄴ, ㄷ

598

그림은 자극에 대한 반응 Ⅰ~Ⅲ을 구분하는 과정을 나타낸 것이다. Ⅰ은 호흡 운동 촉진, Ⅱ는 침 분비 촉진, Ⅲ은 무릎 반사이다.

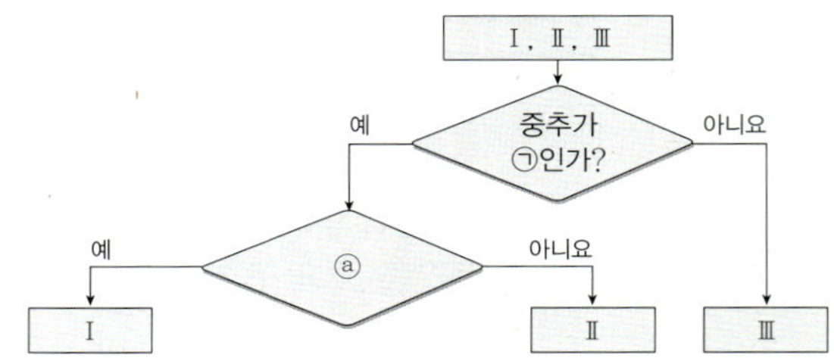

이에 대한 설명으로 옳은 것만을 〈보기〉에서 있는 대로 고른 것은?

ㄱ. ㉠은 척수이다.
ㄴ. '교감 신경이 관여하는가?'는 ⓐ에 해당한다.
ㄷ. Ⅲ은 아세틸콜린을 분비하는 원심성 신경의 작용으로 일어난다.

① ㄱ ② ㄴ ③ ㄱ, ㄴ
④ ㄱ, ㄷ ⑤ ㄴ, ㄷ

599

표 (가)는 중추 신경계를 구성하는 부위 A~D에서 특징 ㉠~㉢의 유무를, (나)는 ㉠~㉢을 순서 없이 나타낸 것이다. A~D는 각각 척수, 연수, 대뇌, 중간뇌 중 하나이다.

구분	㉠	㉡	㉢
A	×	×	?
B	○	○	?
C	○	○	?
D	×	○	?

(○: 있음, ×: 없음)

(가)

특징(㉠~㉢)
- 뇌줄기를 구성한다.
- 자율 신경이 나온다.
- 회피 반사의 중추이다.

(나)

이에 대한 설명으로 옳은 것만을 〈보기〉에서 있는 대로 고른 것은?

ㄱ. ㉢은 D만 갖는 특징이다.
ㄴ. ㉠은 '자율 신경이 나온다.'이다.
ㄷ. B와 C 중 하나에서 심장과 연결된 교감 신경이 나온다.

① ㄱ ② ㄴ ③ ㄱ, ㄴ
④ ㄱ, ㄷ ⑤ ㄴ, ㄷ

600

다음은 신경 A~C에 대한 자료이다.

- A~C는 모두 중추와 반응기를 연결한다.
- A는 신경절 이전 뉴런이 신경절 이후 뉴런보다 짧다.
- A와 B는 호흡 속도를 조절하기 위해 길항 작용을 한다.
- 무릎 반사가 일어날 때 척수 → C → 반응기로 흥분이 전달된다.

이에 대한 설명으로 옳은 것만을 〈보기〉에서 있는 대로 고른 것은?

보기
ㄱ. A는 연수에서 나온다.
ㄴ. B의 신경절 이후 뉴런 말단에서 노르에피네프린이 분비된다.
ㄷ. C는 척수의 전근을 구성한다.

① ㄴ   ② ㄷ   ③ ㄱ, ㄴ
④ ㄱ, ㄷ   ⑤ ㄴ, ㄷ

601

그림은 말초 신경 A~C와 신경 세포체가 있는 위치를, 표는 신경 ㉠~㉢의 작용으로 변화되는 요인을 나타낸 것이다. ㉠~㉢은 각각 A~C 중 하나이다.

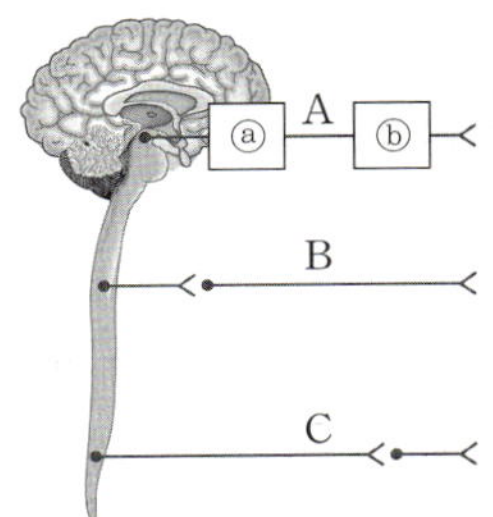

신경	변화되는 요인
㉠	방광의 크기
㉡	동공의 크기
㉢	심장 박동 속도

이에 대한 설명으로 옳은 것만을 〈보기〉에서 있는 대로 고른 것은?

보기
ㄱ. ㉠은 C이다.
ㄴ. ⓐ와 ⓑ 중 ⓐ에 신경절이 있다.
ㄷ. ㉢의 작용으로 심장 박동 속도가 느려진다.

① ㄱ   ② ㄴ   ③ ㄱ, ㄴ
④ ㄱ, ㄷ   ⑤ ㄴ, ㄷ

602

표는 신경 A~C에서 특징 ㉠~㉢의 유무를, 그림은 A를 자극하기 전과 후의 심장 세포에서 활동 전위의 발생 빈도를 나타낸 것이다. A~C는 각각 특정한 반응기와 연결된 교감 신경, 부교감 신경, 체성 운동 신경 중 하나이고, ㉡과 ㉢ 중 하나는 '척수에서만 나온다.'이다.

구분	㉠	㉡	㉢
A	○	○	×
B	×	○	○
C	×	×	○

(○: 있음, ×: 없음)

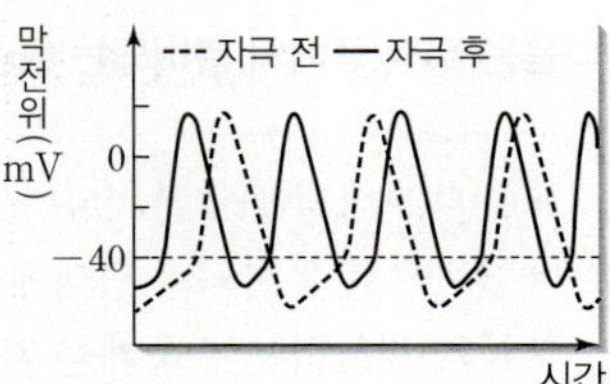

이에 대한 설명으로 옳은 것만을 〈보기〉에서 있는 대로 고른 것은?

보기
ㄱ. '척수에서만 나온다.'는 ㉡이다.
ㄴ. B의 작용으로 침 분비가 촉진된다.
ㄷ. '반응기로 아세틸콜린을 분비한다.'는 ㉢이 될 수 있다.

① ㄱ   ② ㄴ   ③ ㄱ, ㄷ
④ ㄴ, ㄷ   ⑤ ㄱ, ㄴ, ㄷ

603

표 (가)는 사람의 신경계 이상에 의한 질환 A와 B의 원인을, (나)는 A와 B의 주요 증상을 순서 없이 나타낸 것이다. ㉠은 뇌의 한 부위이다.

질환	발병 원인
A	운동 뉴런의 파괴
B	인지 기능을 담당하는 ㉠의 퇴화

(가)

주요 증상
・경련, 근육 위축
・기억력 감소, 치매

(나)

이에 대한 설명으로 옳은 것만을 〈보기〉에서 있는 대로 고른 것은?

보기
ㄱ. 대뇌는 ㉠에 해당한다.
ㄴ. A는 말초 신경계 이상으로 인해 나타난다.
ㄷ. 경련, 근육 위축은 B의 주요 증상이다.

① ㄱ   ② ㄴ   ③ ㄷ
④ ㄱ, ㄴ   ⑤ ㄴ, ㄷ

01. 호르몬과 항상성 유지 원리

604

다음은 우리 몸에서 분비되는 물질 X에 대한 설명이다.

- ㉠내분비샘에서 분비된다.
- 혈관으로 분비되어 혈액에 의해 운반된다.
- X와 결합하는 수용체를 가진 표적 세포에 작용한다.

이에 대한 설명으로 옳은 것만을 〈보기〉에서 있는 대로 고른 것은?

보기

ㄱ. 정소와 난소는 모두 ㉠에 해당한다.
ㄴ. X의 예로 무기질 코르티코이드가 있다.
ㄷ. X는 우리 몸이 자극에 대해 반응하도록 신호를 전달한다.

① ㄱ　　　　② ㄷ　　　　③ ㄱ, ㄴ
④ ㄴ, ㄷ　　　⑤ ㄱ, ㄴ, ㄷ

605

그림은 사람의 내분비샘 A~D를 나타낸 것이다. A~D는 각각 부신, 이자, 갑상샘, 뇌하수체 중 하나이다. 이에 대한 설명으로 옳은 것만을 〈보기〉에서 있는 대로 고른 것은?

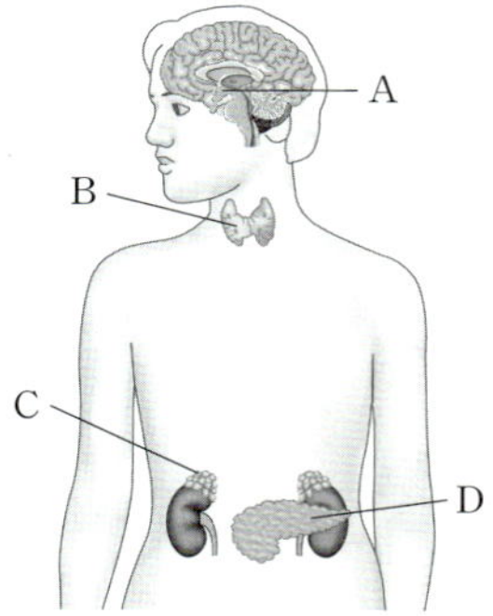

보기

ㄱ. A에서 B와 C를 각각 자극하는 호르몬이 분비된다.
ㄴ. 결핍되면 소인증이 나타나는 호르몬은 B에서 분비된다.
ㄷ. C에서 분비되는 호르몬과 D에서 분비되는 호르몬 중 혈당량 조절에 대해 길항 작용을 하는 호르몬이 있다.

① ㄱ　　　　② ㄴ　　　　③ ㄱ, ㄷ
④ ㄴ, ㄷ　　　⑤ ㄱ, ㄴ, ㄷ

606

그림은 내분비샘 A~C에서 호르몬이 분비되는 경로와 해당 호르몬의 작용을, 표는 A~C를 순서 없이 나타낸 것이다.

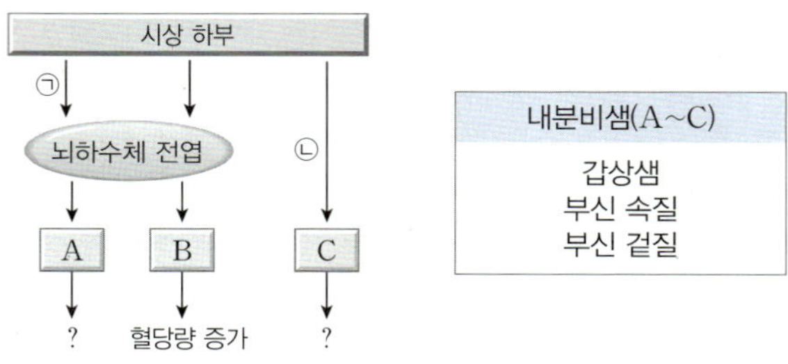

이에 대한 설명으로 옳은 것만을 〈보기〉에서 있는 대로 고른 것은?

보기

ㄱ. 기온이 높아질수록 A에서 호르몬의 분비가 촉진된다.
ㄴ. C에서 혈당량을 증가시키는 호르몬이 분비된다.
ㄷ. ㉠과 ㉡은 모두 호르몬의 작용으로 일어난다.

① ㄱ　　　　② ㄴ　　　　③ ㄷ
④ ㄱ, ㄴ　　　⑤ ㄴ, ㄷ

607

그림은 호르몬의 분비 조절 방식을 나타낸 것이다.

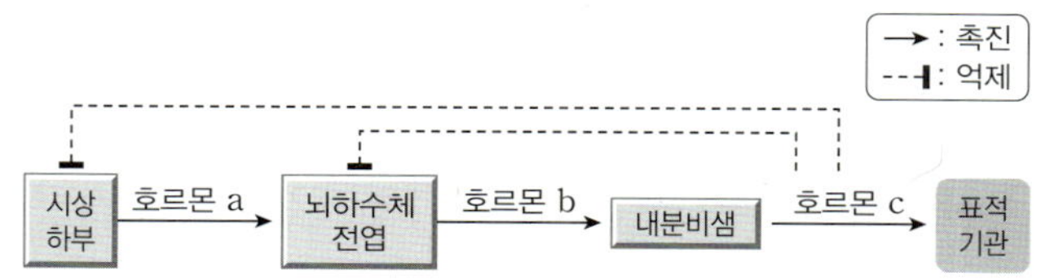

이에 대한 설명으로 옳은 것만을 〈보기〉에서 있는 대로 고른 것은?

보기

ㄱ. 혈관에 b를 주사하면 a의 분비가 억제된다.
ㄴ. c의 분비량이 많아지면 b의 분비가 촉진된다.
ㄷ. 티록신의 분비는 이와 같은 방식으로 조절된다.

① ㄱ　　　　② ㄴ　　　　③ ㄱ, ㄴ
④ ㄱ, ㄷ　　　⑤ ㄴ, ㄷ

608

그림은 환자 A~D의 티록신 분비량과 갑상샘 자극 호르몬(TSH) 분비량을 나타낸 것이다. A~D는 각각 갑상샘과 뇌하수체 중 하나의 활성이 정상보다 높거나 낮다.

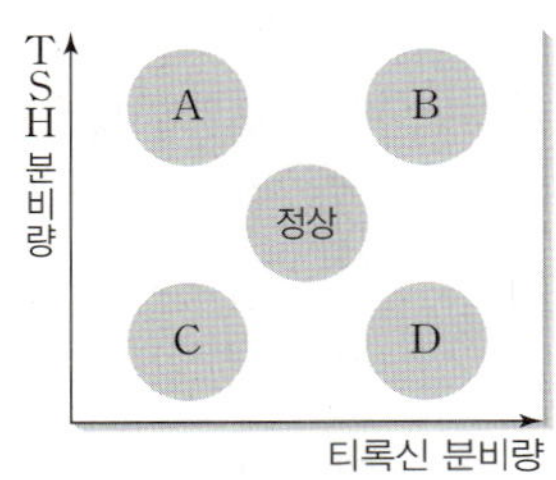

이에 대한 설명으로 옳은 것만을 〈보기〉에서 있는 대로 고른 것은?

보기

ㄱ. A와 D는 모두 갑상샘에 이상이 있다.
ㄴ. C와 D는 모두 이상이 있는 부위의 활성이 정상보다 높다.
ㄷ. 갑상샘 자극 호르몬 방출 호르몬(TRH)의 분비량은 A에서가 B에서보다 적다.

① ㄱ   ② ㄴ   ③ ㄱ, ㄴ
④ ㄱ, ㄷ   ⑤ ㄴ, ㄷ

609

다음은 호르몬 분비에 대한 자료이다. 호르몬 A~C는 각각 호르몬 1~3 중 하나이다.

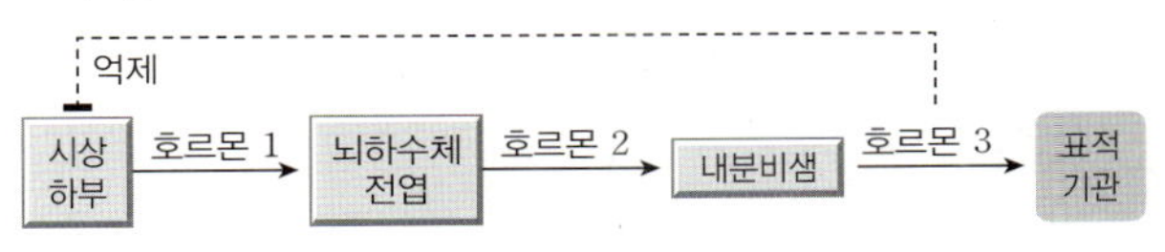

- 그림은 호르몬 1~3의 분비가 조절되는 과정을 나타낸 것이다.
- A의 분비가 촉진되면 C의 분비가 촉진된다.
- B의 분비가 촉진하면 C의 분비가 억제된다.

이에 대한 설명으로 옳은 것만을 〈보기〉에서 있는 대로 고른 것은?

보기

ㄱ. C는 호르몬 2이다.
ㄴ. A의 분비가 촉진되면 B의 분비가 촉진된다.
ㄷ. 항이뇨 호르몬은 호르몬 3에 해당한다.

① ㄱ   ② ㄴ   ③ ㄱ, ㄴ
④ ㄱ, ㄷ   ⑤ ㄴ, ㄷ

610

그림 (가)는 호르몬이 분비되는 경로를, (나)는 운동 시작 후 이자에서 호르몬 ㉠과 ㉡의 분비량 변화를 나타낸 것이다. 부신에서 경로 A와 B에 의해 각각 에피네프린과 당질 코르티코이드 중 하나가 분비된다.

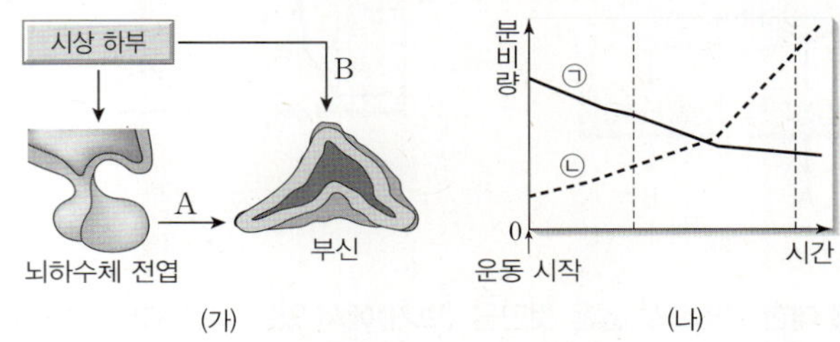

이에 대한 설명으로 옳은 것만을 〈보기〉에서 있는 대로 고른 것은?

보기

ㄱ. A에 의해 부신 속질에서 호르몬이 분비된다.
ㄴ. 혈중 ㉠의 농도가 높아지면 혈당량이 감소한다.
ㄷ. B에 의해 분비되는 호르몬은 혈당량 조절에 대해 ㉡과 길항 작용을 한다.

① ㄱ   ② ㄴ   ③ ㄷ
④ ㄱ, ㄴ   ⑤ ㄴ, ㄷ

611

그림은 체온과 혈당량 조절 과정에서 일어나는 호르몬 ⓐ~ⓒ의 분비 경로를 나타낸 것이다. ⓐ~ⓒ는 각각 티록신, 글루카곤, 에피네프린 중 하나이다.

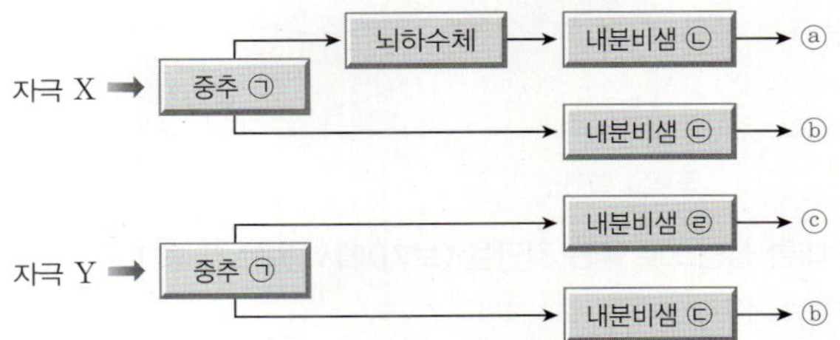

이에 대한 설명으로 옳지 않은 것은?

① ㉠은 시상 하부이다.
② ㉢은 부신 속질이다.
③ '체온 하강'은 X에 해당한다.
④ ⓒ는 간에서 글리코젠의 분해를 촉진시킨다.
⑤ 호르몬에 의해 ㉠에서 ㉢으로 신호가 전달된다.

612

그림 (가)는 호르몬 A와 B의 분비 경로를, (나)는 식사 후 시간에 따른 혈중 호르몬 ㉠, ㉡의 농도를 나타낸 것이다. A와 B는 각각 티록신과 당질 코르티코이드 중 하나이며, ㉠과 ㉡은 모두 이자에서 분비된다.

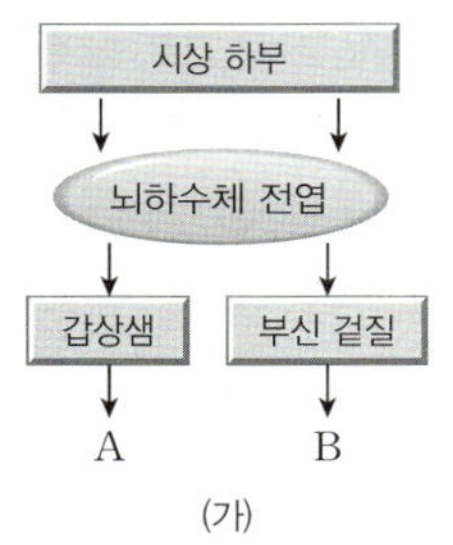
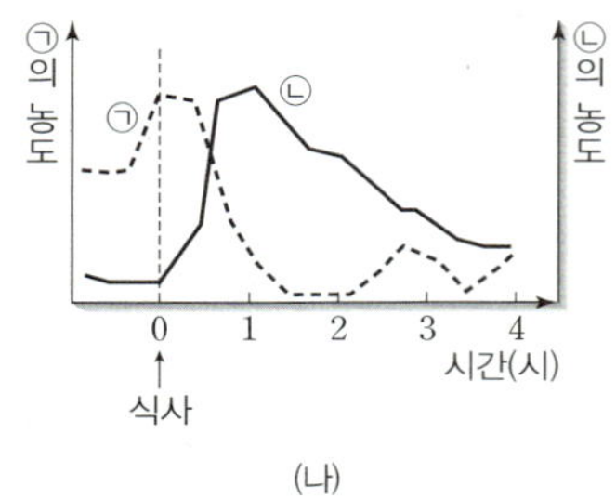

(가)   (나)

이에 대한 설명으로 옳은 것만을 〈보기〉에서 있는 대로 고른 것은?

보기
ㄱ. A는 티록신이다.
ㄴ. 혈당량 조절에 대해 B와 ㉠은 길항 작용을 한다.
ㄷ. ㉡의 분비가 촉진되면 간에 저장되는 글리코젠의 양이 증가한다.

① ㄴ   ② ㄷ   ③ ㄱ, ㄴ
④ ㄱ, ㄷ   ⑤ ㄱ, ㄴ, ㄷ

613

그림은 건강한 사람과 호르몬 X가 과다하게 분비되는 어떤 환자가 동일한 양의 포도당을 섭취했을 때 시간에 따른 혈당량을 나타낸 것이다. X는 이자에서 분비된다.

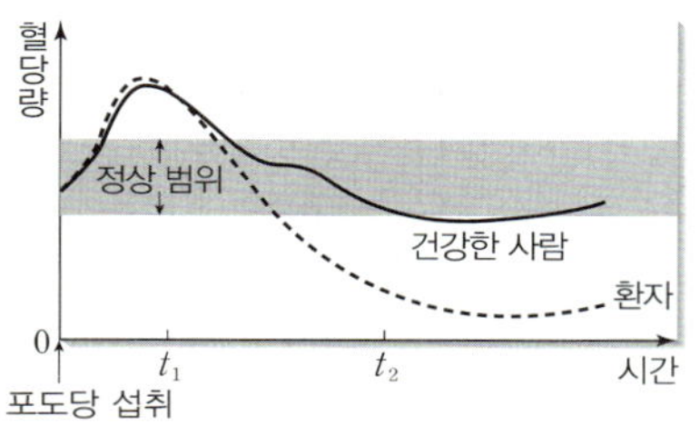

이에 대한 설명으로 옳은 것만을 〈보기〉에서 있는 대로 고른 것은?

보기
ㄱ. X는 글루카곤이다.
ㄴ. 건강한 사람의 인슐린 분비량은 t_1일 때가 t_2일 때보다 적다.
ㄷ. $t_1 \sim t_2$ 동안 건강한 사람의 간에 저장되는 글리코젠의 양은 증가한다.

① ㄴ   ② ㄷ   ③ ㄱ, ㄴ
④ ㄱ, ㄷ   ⑤ ㄱ, ㄴ, ㄷ

614

다음은 온도가 내려갔을 때 자동 온도 조절 장치에 의해 실내 온도가 일정하게 유지되는 과정을 나타낸 것이다.

> 실내 온도가 설정점 이하로 낮아진다. → ㉠센서가 온도 저하를 감지해 신호를 생성한다. → 신호가 ㉡전선을 통해 자동 온도 조절 장치로 전달된다. → ㉢자동 온도 조절 장치는 온도를 높이기 위한 신호를 생성한다. → ㉣신호는 온풍기로 전달된다. → ㉤온풍기가 작동한다.

이 과정을 사람의 체온 조절 과정에 적용시켰을 때에 대한 설명으로 옳은 것은?

① ㉠은 연수이다.
② ㉡은 교감 신경이다.
③ ㉢에서 티록신이 분비된다.
④ ㉣은 신경과 호르몬에 의해 전달된다.
⑤ ㉤으로 인해 조직 세포의 산소 소비량이 감소한다.

615

그림 (가)는 시상 하부 온도를 구간 Ⅰ과 Ⅱ에서 일시적으로 변화시켰을 때 물질대사율의 변화를, (나)는 피부에서 Ⅰ과 Ⅱ 중 한 구간에서 일어난 변화를 나타낸 것이다.

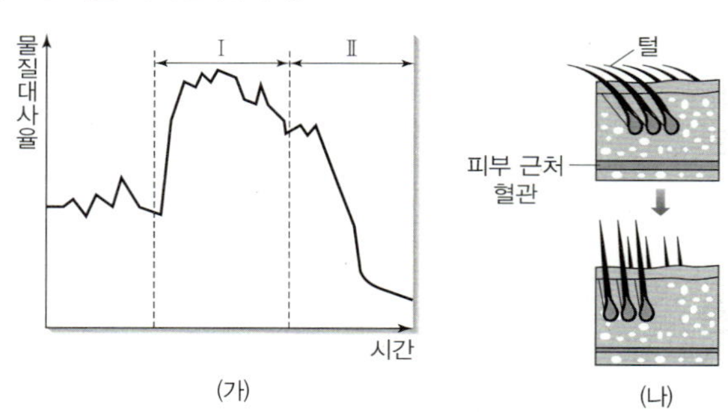

(가)   (나)

이에 대한 설명으로 옳은 것만을 〈보기〉에서 있는 대로 고른 것은?

보기
ㄱ. (나)는 Ⅰ에서 일어난 변화이다.
ㄴ. 체온은 Ⅰ에서 낮아지고, Ⅱ에서 높아진다.
ㄷ. Ⅰ과 Ⅱ 중 혈중 티록신 농도가 가장 높은 시점은 Ⅱ에 있다.

① ㄱ   ② ㄴ   ③ ㄷ
④ ㄱ, ㄴ   ⑤ ㄴ, ㄷ

616

그림 (가)는 피부 온도가 서로 다른 조건 A와 B에서 부위 X의 온도에 따른 땀 분비에 의한 열 방출량을, (나)는 X에 의해 호르몬 ㉠과 ㉡이 분비되는 경로를 나타낸 것이다. ㉠과 ㉡은 각각 티록신과 에피네프린 중 하나이다.

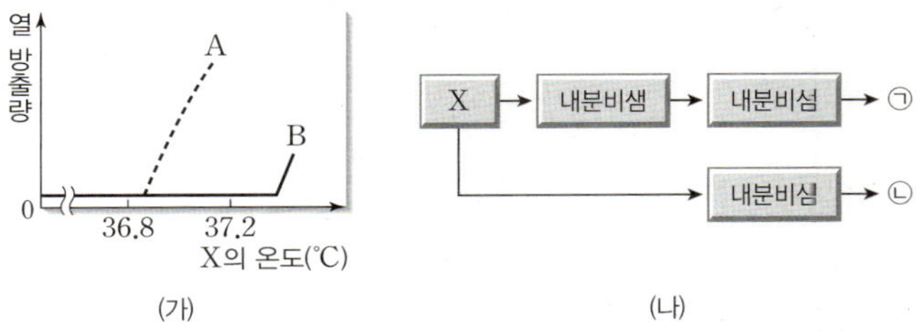

이에 대한 설명으로 옳은 것만을 〈보기〉에서 있는 대로 고른 것은?

보기
ㄱ. X는 시상 하부이다.
ㄴ. 피부 온도는 B에서가 A에서보다 낮다.
ㄷ. ㉠은 조직 세포의 세포 호흡을 촉진시킨다.

① ㄴ   ② ㄷ   ③ ㄱ, ㄴ
④ ㄱ, ㄷ   ⑤ ㄱ, ㄴ, ㄷ

617

그림은 서로 다른 내분비샘 ㉠~㉣에 의한 호르몬 A와 B의 분비 경로를, 표는 두 조건 ⓐ와 ⓑ일 때 오줌의 삼투압을 나타낸 것이다. A와 B는 각각 티록신과 항이뇨 호르몬 중 하나이며, ⓐ와 ⓑ는 각각 항이뇨 호르몬이 있을 때와 없을 때 중 하나이다.

(단위: 상댓값)

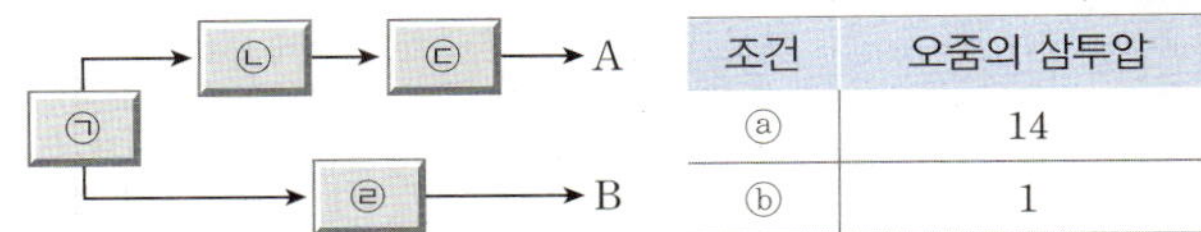

조건	오줌의 삼투압
ⓐ	14
ⓑ	1

이에 대한 설명으로 옳은 것만을 〈보기〉에서 있는 대로 고른 것은?

보기
ㄱ. ⓐ는 A가 있을 때이다.
ㄴ. B는 ㉣에서 생성된다.
ㄷ. 혈중 B의 농도가 증가하면 $\frac{오줌의\ 삼투압}{혈장의\ 삼투압}$ 은 커진다.

① ㄱ   ② ㄴ   ③ ㄷ
④ ㄱ, ㄴ   ⑤ ㄴ, ㄷ

618

그림 (가)는 호르몬 A의 분비와 작용을, (나)는 정상 상태와 조건 ㉠일 때 압력 X에 따른 혈중 A의 농도를 나타낸 것이다. ㉠은 혈액량이 정상 상태보다 많은 조건과 적은 조건 중 하나이다.

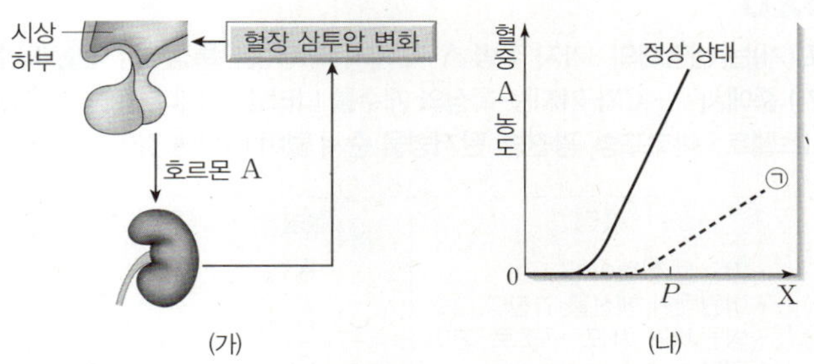

이에 대한 설명으로 옳은 것만을 〈보기〉에서 있는 대로 고른 것은?

보기
ㄱ. 혈장 삼투압은 X에 해당한다.
ㄴ. ㉠은 정상 상태보다 혈액량이 많은 조건이다.
ㄷ. (나)에서 P일 때 오줌의 삼투압은 ㉠에서가 정상 상태에서보다 높다.

① ㄱ   ② ㄴ   ③ ㄷ
④ ㄱ, ㄴ   ⑤ ㄴ, ㄷ

619

그림은 체내 ㉠의 변화량에 따른 삼투압 조절 호르몬 X의 혈중 농도를, 표는 안정 상태에 비해 혈장 삼투압과 혈액량이 다른 4가지 조건(ⓐ~ⓓ)을 나타낸 것이다. ㉠은 혈액량과 혈장 삼투압 중 하나이며, X는 뇌하수체 후엽에서 분비된다.

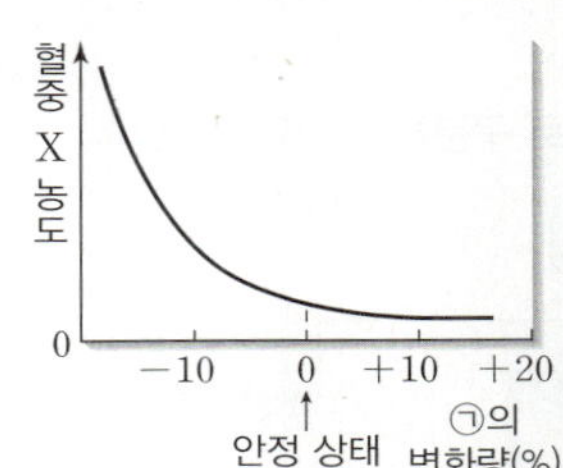

조건		혈장 삼투압	
		높음	낮음
혈액량	많음	ⓐ	ⓑ
	적음	ⓒ	ⓓ

이에 대한 설명으로 옳은 것만을 〈보기〉에서 있는 대로 고른 것은? (단, 제시된 조건 이외의 다른 조건은 고려하지 않는다.)

보기
ㄱ. ㉠은 혈장 삼투압이다.
ㄴ. 오줌의 삼투압은 ⓑ일 때가 ⓓ일 때보다 낮다.
ㄷ. 혈중 X의 농도는 ⓒ일 때가 ⓑ일 때보다 낮다.

① ㄱ   ② ㄴ   ③ ㄷ
④ ㄱ, ㄴ   ⑤ ㄴ, ㄷ

01. 질병과 비특이적 방어 작용

620

표 (가)는 생명체의 3가지 질병 A~C에서 나타나는 특징 3가지를, (나)는 (가) 중에서 A~C가 가지는 특징의 개수를 나타낸 것이다. A~C는 크로이츠펠트 · 야코프병, 광견병, 탄저병을 순서 없이 나타낸 것이다.

특징
• 감염성 질병이다.
• 병원체가 핵산을 가진다.
• 병원체가 세포 구조로 되어 있다.

(가)

질병	특징 개수
A	2
B	3
C	1

(나)

이에 대한 설명으로 옳은 것만을 〈보기〉에서 있는 대로 고른 것은?

보기

ㄱ. A는 탄저병이다.
ㄴ. A와 C의 병원체는 모두 독립적으로 물질대사를 하지 못한다.
ㄷ. B의 병원체는 핵막을 가진다.

① ㄱ　　　　　② ㄴ　　　　　③ ㄱ, ㄷ
④ ㄴ, ㄷ　　　　　⑤ ㄱ, ㄴ, ㄷ

621

그림은 사람의 6가지 질병을 (가)~(다)로 구분하여 나타낸 것이다.

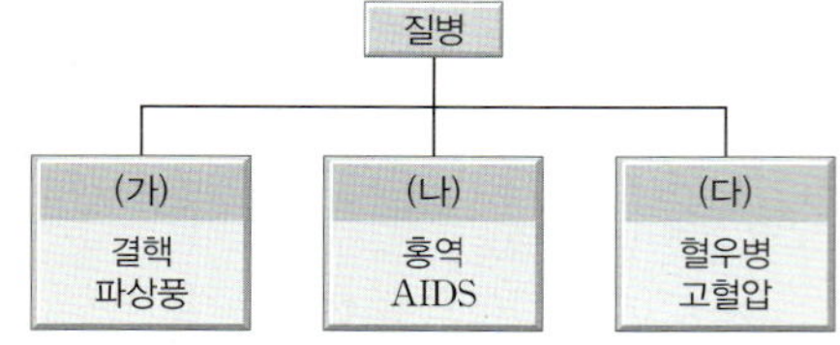

이에 대한 설명으로 옳은 것만을 〈보기〉에서 있는 대로 고른 것은?

보기

ㄱ. (가)의 질병을 일으키는 병원체는 세포 분열을 통해 증식한다.
ㄴ. (나)의 질병을 치료할 때 항생제를 이용한다.
ㄷ. (나)와 (다)의 질병은 모두 다른 사람에게 전염될 수 있다.

① ㄱ　　　　　② ㄴ　　　　　③ ㄱ, ㄷ
④ ㄴ, ㄷ　　　　　⑤ ㄱ, ㄴ, ㄷ

622

그림은 말라리아를 일으키는 병원체 A, 콜레라를 일으키는 병원체 B, 독감을 일으키는 병원체 C의 공통점과 차이점을 나타낸 것이다.

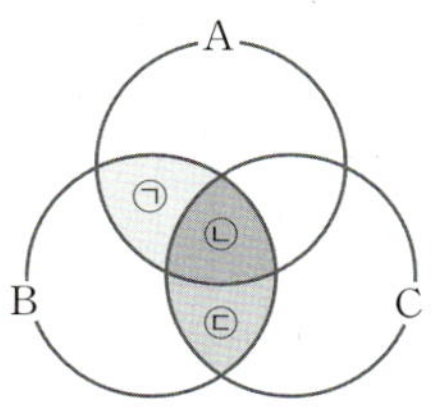

이에 대한 설명으로 옳은 것만을 〈보기〉에서 있는 대로 고른 것은?

보기

ㄱ. '핵막을 가지지 않는다.'는 ㉠에 해당한다.
ㄴ. '단백질이 있다.'는 ㉡에 해당한다.
ㄷ. '스스로 물질대사를 하지 못한다.'는 ㉢에 해당한다.

① ㄱ　　　　　② ㄴ　　　　　③ ㄱ, ㄷ
④ ㄴ, ㄷ　　　　　⑤ ㄱ, ㄴ, ㄷ

623

표 (가)는 질병 A~C에서 특징 ㉠~㉢의 유무를, (나)는 ㉠~㉢을 순서 없이 나타낸 것이다. A~C는 무좀, 광우병, 파상풍을 순서 없이 나타낸 것이다.

특징 질병	㉠	㉡	㉢
A	○	×	?
B	×	?	?
C	?	?	○

(○: 있음, ×: 없음)

(가)

특징(㉠~㉢)
• 감염성 질병이다.
• 세균에 의해 발생한다.
• 병원체가 독립적으로 물질대사를 한다.

(나)

이에 대한 설명으로 옳은 것만을 〈보기〉에서 있는 대로 고른 것은?

보기

ㄱ. ㉠은 '세균에 의해 발생한다.'이다.
ㄴ. A는 항진균제를 이용하여 치료한다.
ㄷ. B와 C의 병원체는 모두 핵막을 가지지 않는다.

① ㄱ　　　　　② ㄷ　　　　　③ ㄱ, ㄴ
④ ㄴ, ㄷ　　　　　⑤ ㄱ, ㄴ, ㄷ

624

다음은 사람의 질병과 비특이적 면역에 대한 학생 A~C의 설명이다.

제시한 설명이 옳은 학생만을 있는 대로 고른 것은?

① A　　　　② C　　　　③ A, B
④ B, C　　　⑤ A, B, C

626

다음은 사람이 방어 작용과 면역 관련 질환에 대한 설명이다. A~C는 꽃가루 알레르기, 염증 반응, 체액성 면역을 순서 없이 나타낸 것이다.

- A와 C가 일어나는 과정에서 모두 항원 항체 반응이 일어난다.
- A는 후천성 면역, B는 선천성 면역에 해당한다.
- B와 C가 일어나는 과정에서 모두 히스타민의 분비가 일어난다.

이에 대한 설명으로 옳은 것만을 〈보기〉에서 있는 대로 고른 것은?

보기
ㄱ. A가 일어나는 과정에서 형질 세포가 관여한다.
ㄴ. B는 특이적 방어 작용에 해당한다.
ㄷ. C가 일어나는 과정에서 꽃가루로부터 히스타민이 분비된다.

① ㄱ　　　　② ㄴ　　　　③ ㄱ, ㄷ
④ ㄴ, ㄷ　　　⑤ ㄱ, ㄴ, ㄷ

625

그림 (가)~(다)는 어떤 사람의 피부에 상처가 나 세균 X에 감염되었을 때 일어나는 염증 반응을 순서 없이 나타낸 것이다.

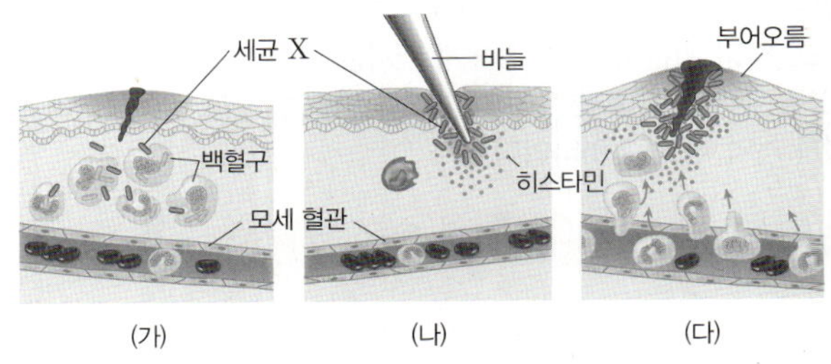

이에 대한 설명으로 옳은 것만을 〈보기〉에서 있는 대로 고른 것은?

보기
ㄱ. (가)에서 백혈구의 식균 작용이 일어난다.
ㄴ. 염증 반응에서 히스타민은 모세 혈관의 투과성을 감소시킨다.
ㄷ. 염증 반응은 (나) → (가) → (다)의 순서로 일어난다.

① ㄱ　　　　② ㄴ　　　　③ ㄱ, ㄷ
④ ㄴ, ㄷ　　　⑤ ㄱ, ㄴ, ㄷ

627

그림은 어떤 사람의 체내에 항원 X가 처음 침입하였을 때 일어나는 림프구에 의한 방어 작용의 일부를 나타낸 것이다. 세포 ㉠~㉢은 형질 세포, 기억 세포, 세포독성 T림프구를 순서 없이 나타낸 것이다.

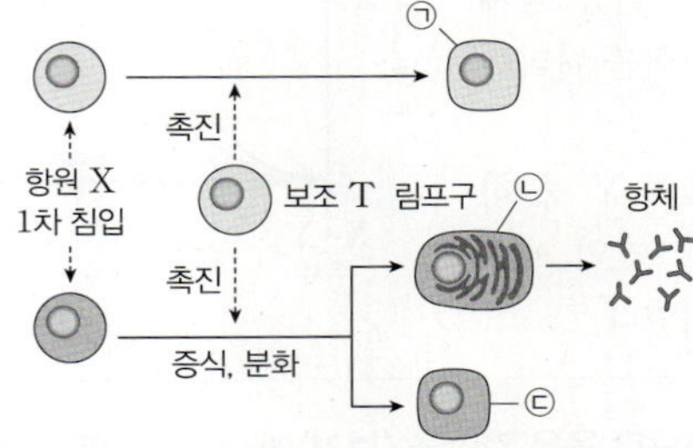

이에 대한 설명으로 옳은 것만을 〈보기〉에서 있는 대로 고른 것은?

보기
ㄱ. ㉠은 가슴샘에서 성숙 과정을 거친다.
ㄴ. ㉡은 세포성 면역에 관여한다.
ㄷ. 이 사람의 체내에 X가 재침입하면 ㉢이 ㉡으로 분화한다.

① ㄱ　　　　② ㄴ　　　　③ ㄱ, ㄷ
④ ㄴ, ㄷ　　　⑤ ㄱ, ㄴ, ㄷ

628

그림 (가)~(다)는 어떤 사람이 세균 X에 감염된 후 나타나는 면역 반응을 순서 없이 나타낸 것이다. 세포 ㉠~㉢은 각각 B 림프구, 보조 T 림프구, 대식 세포 중 하나이다.

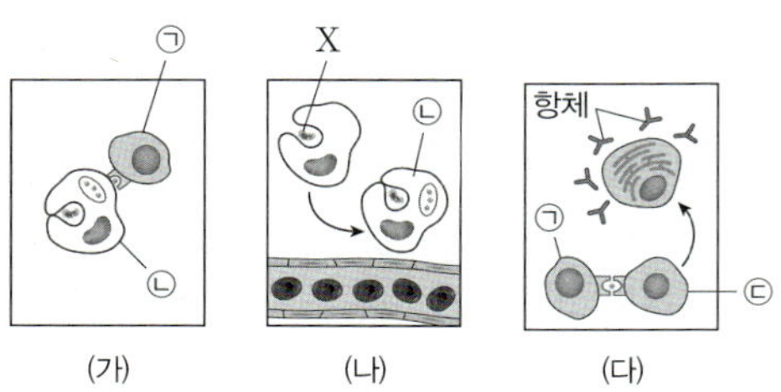

이에 대한 설명으로 옳은 것만을 〈보기〉에서 있는 대로 고른 것은?

보기

ㄱ. (나)에서 비특이적 방어 작용이 일어난다.
ㄴ. 면역 반응은 (나) → (다) → (가)의 순서로 일어난다.
ㄷ. ㉢은 골수에서 성숙 과정을 거친다.

① ㄱ 　　② ㄴ 　　③ ㄱ, ㄷ
④ ㄴ, ㄷ 　　⑤ ㄱ, ㄴ, ㄷ

629

다음은 항원 X와 Y에 대한 방어 작용 실험이다.

- X와 Y에 노출된 적이 없는 생쥐 ㉠에게 X와 Y를 함께 주사하고, 일정 시간 후 ㉠에게 동일한 양의 X와 Y를 다시 주사하였다.
- 그림은 ㉠에서 X와 Y에 대한 혈중 항체 농도의 변화를 나타낸 것이다.
- ㉠에서 X와 Y 중 하나에 대한 기억 세포만 형성되었다.

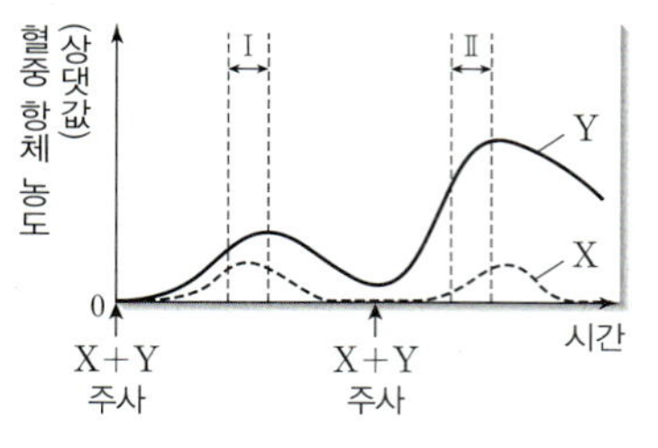

이에 대한 설명으로 옳은 것만을 〈보기〉에서 있는 대로 고른 것은?

보기

ㄱ. ㉠에서 Y에 대한 기억 세포가 형성되지 않았다.
ㄴ. 구간 Ⅰ에서 ㉠으로부터 혈청을 분리하여 Y와 섞으면 항원 항체 반응이 일어난다.
ㄷ. 구간 Ⅱ에서 X에 대한 특이적 방어 작용이 일어났다.

① ㄱ 　　② ㄴ 　　③ ㄱ, ㄷ
④ ㄴ, ㄷ 　　⑤ ㄱ, ㄴ, ㄷ

630

다음은 병원체 X와 Y를 이용한 실험이다.

[실험 과정 및 결과]

(가) 유전적으로 동일하고 X와 Y에 노출된 적이 없는 생쥐 A와 B를 준비하여 A에 X를, B에 Y를 주사한다.

(나) 1주 후 A와 B에 각각 (가)에서와 동일한 병원체를 주사하였더니 모두 2차 면역 반응이 일어났다.

(다) (나)의 A에서 혈청 ⓐ를, B에서 혈청 ⓑ를 분리하여 각각 X, Y와 섞는다.

(라) 그림은 X와 Y에 존재하는 항원의 종류를, 표는 ⓐ, ⓑ와 X, Y의 항원 항체 반응 결과를 나타낸 것이다.

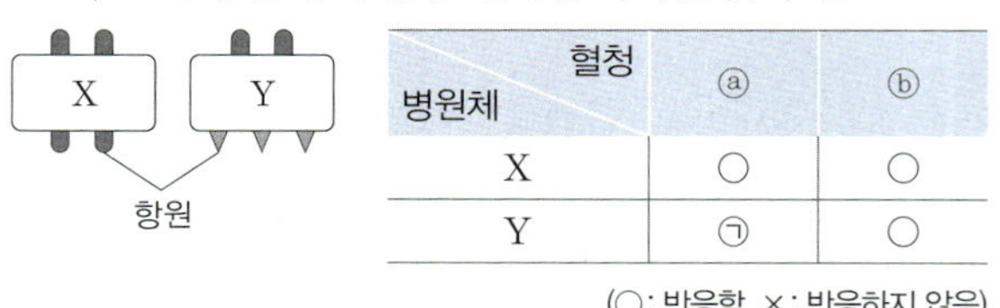

병원체 \ 혈청	ⓐ	ⓑ
X	○	○
Y	㉠	○

(○: 반응함, ×: 반응하지 않음)

이에 대한 설명으로 옳은 것만을 〈보기〉에서 있는 대로 고른 것은?

보기

ㄱ. ㉠은 '×'이다.
ㄴ. ⓑ에는 Y에 대한 형질 세포가 들어 있다.
ㄷ. (나)의 B에 X를 주사하면 기억 세포가 형질 세포로 분화한다.

① ㄱ 　② ㄷ 　③ ㄱ, ㄴ 　④ ㄴ, ㄷ 　⑤ ㄱ, ㄴ, ㄷ

631

그림은 항원 X를 주사한 생쥐 A로부터 ㉠을 추출하여 생쥐 B에게 주사하고, 일정 시간 후 X를 B에게 주사한 실험의 일부를 나타낸 것이다. X를 주사한 B에서 X에 대한 2차 면역 반응이 일어났으며, ㉠은 혈청과 기억 세포 중 하나이다.

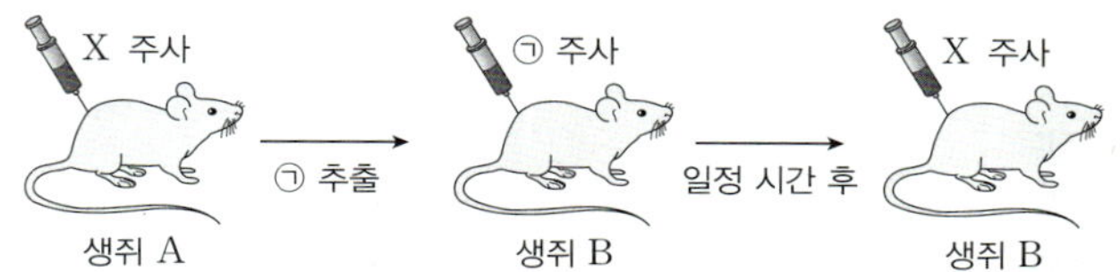

이에 대한 설명으로 옳은 것만을 〈보기〉에서 있는 대로 고른 것은? (단, A와 B는 유전적으로 동일하며, X에 노출된 적이 없었다.)

보기

ㄱ. ㉠은 혈청이다.
ㄴ. X를 주사한 B에서 특이적 방어 작용이 일어났다.
ㄷ. X를 주사한 B에서 ㉠이 형질 세포로 분화하였다.

① ㄱ 　② ㄴ 　③ ㄱ, ㄷ 　④ ㄴ, ㄷ 　⑤ ㄱ, ㄴ, ㄷ

632

표는 사람 (가)~(라) 사이의 ABO식 혈액형에 대한 응집 반응 결과를, 그림은 (가)의 혈액과 (나)의 혈액을 섞은 결과를 나타낸 것이다. (가)~(라)의 ABO식 혈액형은 모두 다르다.

구분	(다)의 혈장	(라)의 혈장
(가)의 적혈구	?	+
(나)의 적혈구	−	?

(+ : 응집함, − : 응집 안 함)

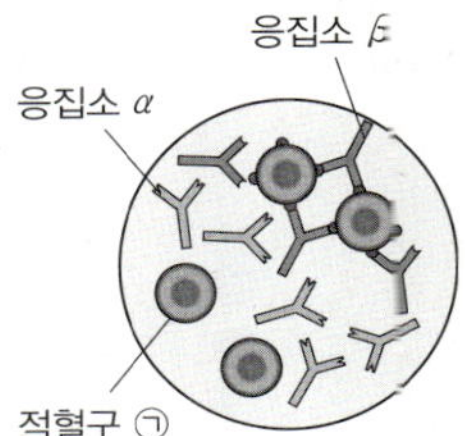

이에 대한 설명으로 옳은 것만을 〈보기〉에서 있는 대로 고른 것은? (단, ABO식 혈액형만 고려한다.)

보기
ㄱ. (가)의 혈장과 (다)의 적혈구를 섞으면 응집 반응이 일어난다.
ㄴ. 적혈구 ㉠은 (나)의 적혈구이다.
ㄷ. (라)의 혈액형은 AB형이다.

① ㄱ ② ㄷ ③ ㄱ, ㄴ
④ ㄱ, ㄷ ⑤ ㄴ, ㄷ

633

그림은 철수의 혈액을 항 A 혈청에 섞었을 때의 응집 반응 결과를, 표는 40명의 학생으로 구성된 집단을 대상으로 응집소 ㉠과 ㉡에 대한 특징을 조사한 것이다. 이 집단에는 A형, B형, AB형, O형이 모두 있다.

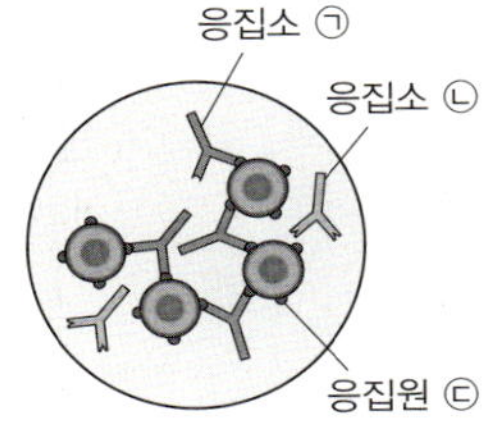

구분	학생 수(명)
응집소 ㉠을 가짐	25
응집소 ㉡과 응집 반응이 일어나지 않음	20
응집소 ㉠과 ㉡을 모두 가지지 않음	9

이 집단에 대한 설명으로 옳은 것만을 〈보기〉에서 있는 대로 고른 것은? (단, 이 집단에는 철수가 포함되어 있지 않고, ABO식 혈액형만 고려한다.)

보기
ㄱ. 응집소 ㉠은 응집소 α이다.
ㄴ. 항 B 혈청에 응집되는 혈액을 가진 학생 수는 응집되지 않는 혈액을 가진 학생 수보다 많다.
ㄷ. 응집원 ㉢을 가진 학생 수는 15명이다.

① ㄱ ② ㄴ ③ ㄱ, ㄷ
④ ㄴ, ㄷ ⑤ ㄱ, ㄴ, ㄷ

634

다음은 Rh식 혈액형 판정에 대한 실험이다.

[실험 과정 및 결과]
(가) 붉은털원숭이의 혈액에서 ㉠적혈구를 분리하여 토끼에게 주사한다.
(나) 1주 후, (가)의 토끼에서 혈액을 채취한 후, 혈액에서 적혈구와 ㉡혈청을 각각 분리하여 얻는다.
(다) (나)에서 얻은 토끼의 혈청을 사람 I 의 혈액에 섞었더니 응집 반응이 일어났다.

이에 대한 설명으로 옳은 것만을 〈보기〉에서 있는 대로 고른 것은? (단, Rh식 혈액형만 고려한다.)

보기
ㄱ. ㉠과 ㉡을 섞으면 응집 반응이 일어나지 않는다.
ㄴ. ㉡에는 Rh 응집소가 있다.
ㄷ. I 은 Rh⁻형인 사람에게 수혈이 가능하다.

① ㄱ ② ㄴ ③ ㄱ, ㄷ
④ ㄴ, ㄷ ⑤ ㄱ, ㄴ, ㄷ

635

표는 100명의 학생 집단을 대상으로 ABO식 혈액형에 대한 응집원 ㉠, ㉡과 응집소 ㉢, ㉣의 유무, Rh식 혈액형에 대한 응집원의 유무를 조사한 것이다. 이 집단에는 A형, B형, AB형, O형이 모두 있고, A형인 학생 수가 B형인 학생 수보다 많으며, Rh⁻형인 학생들 중 A형인 학생과 AB형인 학생은 각각 2명이다.

구분	학생 수(명)
응집원 ㉠과 응집소 ㉣을 모두 가진 학생	26
응집원 ㉡을 가진 학생	52
응집소 ㉢을 가진 학생	56
Rh 응집원을 가진 학생	96

이에 대한 설명으로 옳은 것만을 〈보기〉에서 있는 대로 고른 것은?

보기
ㄱ. O형인 학생 수는 22명이다.
ㄴ. Rh⁺형인 학생들 중 A형인 학생 수는 AB형인 학생 수의 2배이다.
ㄷ. 항 B 혈청에 응집되는 혈액을 가진 학생 수는 48명이다.

① ㄱ ② ㄷ ③ ㄱ, ㄴ
④ ㄱ, ㄷ ⑤ ㄴ, ㄷ

01. 염색체

636

그림 (가)는 어떤 사람의 염색체 중 하나를, (나)는 이 염색체의 구성 성분을 나타낸 것이다. 어떤 형질에 대한 이 사람의 유전자형은 Rr이며, R와 r는 대립유전자이다. ⓐ와 ⓑ는 각각 히스톤 단백질과 DNA 중 하나이다.

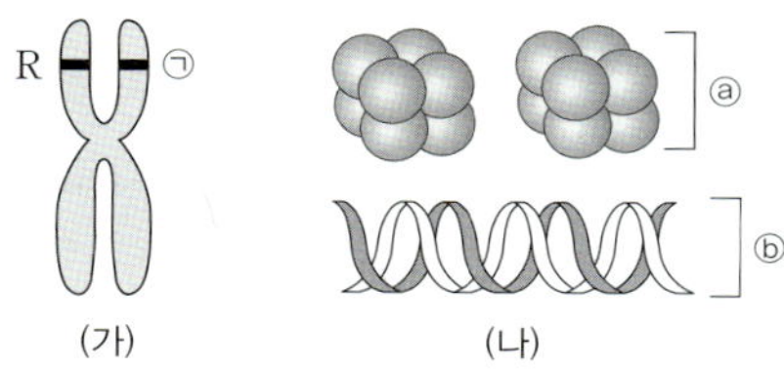

이에 대한 설명으로 옳은 것만을 〈보기〉에서 있는 대로 고른 것은? (단, 돌연변이는 고려하지 않는다.)

보기
ㄱ. ㉠은 대립유전자 R이다.
ㄴ. ⓐ는 히스톤 단백질이다.
ㄷ. ⓑ에 유전 정보가 저장되어 있다.

① ㄱ   ② ㄴ   ③ ㄱ, ㄷ
④ ㄴ, ㄷ   ⑤ ㄱ, ㄴ, ㄷ

637

그림은 어떤 사람의 염색체 구조를 나타낸 것이다. 이 사람의 특정 형질에 대한 유전자형은 Tt이고, T와 t는 대립유전자이다.

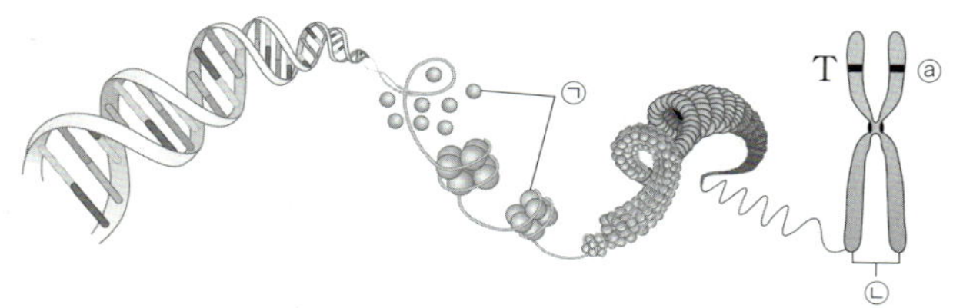

이에 대한 설명으로 옳은 것만을 〈보기〉에서 있는 대로 고른 것은? (단, 돌연변이와 교차는 고려하지 않는다.)

보기
ㄱ. ㉠에 유전 정보가 저장되어 있다.
ㄴ. 세포 주기의 간기에 ㉡이 관찰된다.
ㄷ. ⓐ는 대립유전자 T이다.

① ㄱ   ② ㄷ   ③ ㄱ, ㄴ
④ ㄱ, ㄷ   ⑤ ㄴ, ㄷ

638

그림은 어떤 형질에 대한 유전자형이 Aa인 어떤 동물 수컷의 체세포에서 염색체가 형성되는 과정을 나타낸 것이다. A와 a는 대립유전자이며, ⓐ에는 대립유전자 A가 존재한다.

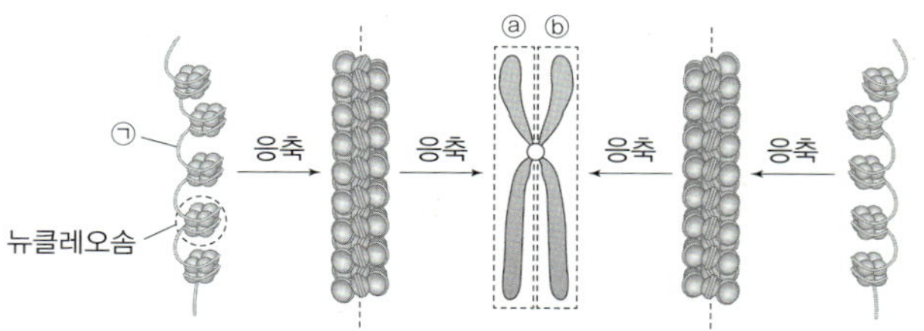

이에 대한 설명으로 옳은 것만을 〈보기〉에서 있는 대로 고른 것은? (단, 돌연변이는 고려하지 않는다.)

보기
ㄱ. ㉠은 DNA이다.
ㄴ. ⓑ에는 대립유전자 A가 있다.
ㄷ. 이 동물에서 생성된 정자 중 ⓐ와 ⓑ를 모두 갖는 정자가 있다.

① ㄱ   ② ㄷ   ③ ㄱ, ㄴ
④ ㄴ, ㄷ   ⑤ ㄱ, ㄴ, ㄷ

639

그림 (가)는 사람에서 체세포의 세포 주기를, (나)는 사람의 체세포에 있는 염색체의 구조를 나타낸 것이다. ㉠~㉢은 각각 G_1기, G_2기, M기 중 하나이다.

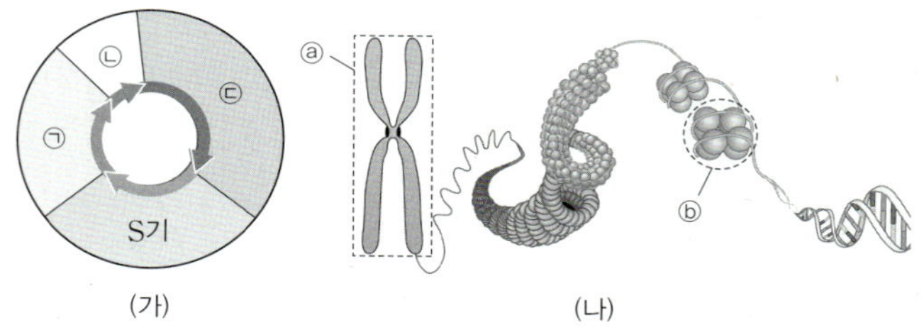

이에 대한 설명으로 옳은 것만을 〈보기〉에서 있는 대로 고른 것은? (단, 돌연변이는 고려하지 않는다.)

보기
ㄱ. ㉡ 시기에 핵막이 소실되었다가 형성된다.
ㄴ. ㉢ 시기에 ⓐ가 관찰된다.
ㄷ. ⓑ는 DNA와 단백질로 이루어져 있다.

① ㄱ   ② ㄷ   ③ ㄱ, ㄴ
④ ㄱ, ㄷ   ⑤ ㄴ, ㄷ

640

그림은 어떤 사람 (가)의 백혈구 ㉠의 핵형 분석 결과를 나타낸 것이다.

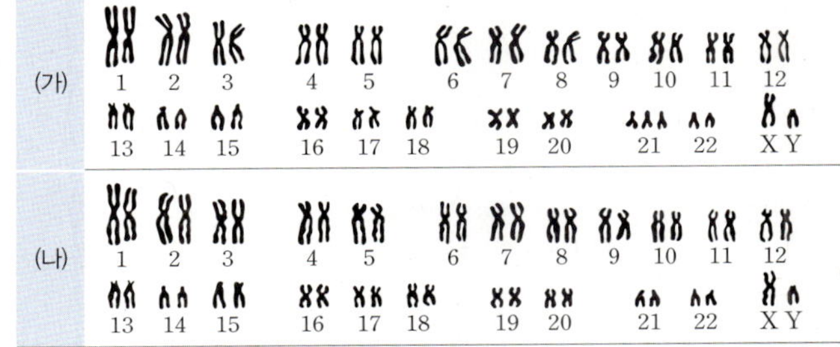

이에 대한 설명으로 옳은 것만을 〈보기〉에서 있는 대로 고른 것은? (단, 돌연변이는 고려하지 않는다.)

보기

ㄱ. ㉠은 감수 1분열 중기의 세포이다.
ㄴ. ⓐ는 ⓑ의 상동 염색체이다.
ㄷ. 이 핵형 분석의 결과로 페닐케톤뇨증 여부를 알 수 있다.

① ㄱ   ② ㄴ   ③ ㄱ, ㄴ
④ ㄱ, ㄷ   ⑤ ㄴ, ㄷ

641

표는 사람 (가)와 (나)의 핵형 분석 결과를 나타낸 것이다.

이에 대한 설명으로 옳은 것만을 〈보기〉에서 있는 대로 고른 것은?

보기

ㄱ. (가)와 (나)의 성별은 같다.
ㄴ. (가)는 다운 증후군의 염색체 이상을 보인다.
ㄷ. (나)에서 낫 모양 적혈구 빈혈증 여부를 알 수 있다.

① ㄱ   ② ㄴ   ③ ㄱ, ㄴ
④ ㄱ, ㄷ   ⑤ ㄴ, ㄷ

642

그림은 세포 (가)와 (나) 각각에 들어 있는 모든 염색체를 나타낸 것이다. (가)와 (나)는 각각 동물 A($2n=6$)와 동물 B($2n=?$)의 세포 중 하나이다.

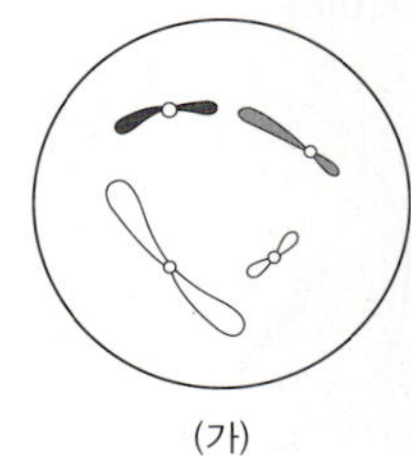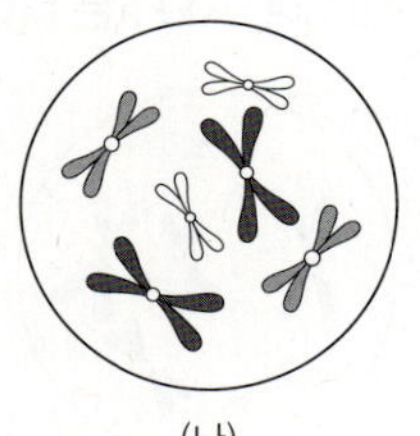

(가)   (나)

이에 대한 설명으로 옳은 것만을 〈보기〉에서 있는 대로 고른 것은? (단, 돌연변이는 고려하지 않는다.)

보기

ㄱ. (가)의 핵상은 n이다.
ㄴ. B의 체세포 1개당 염색체 수는 4이다.
ㄷ. B의 감수 1분열 중기의 세포 1개당 염색 분체 수는 8이다.

① ㄱ   ② ㄴ   ③ ㄱ, ㄷ
④ ㄴ, ㄷ   ⑤ ㄱ, ㄴ, ㄷ

643

표는 서로 다른 동물 A와 B의 체세포 1개에 들어 있는 염색체 수를, 그림은 A와 B 중 한 동물의 어떤 세포에 들어 있는 모든 염색체를 나타낸 것이다. A와 B의 성염색체는 모두 XY이다.

동물	염색체 수
A	6
B	8

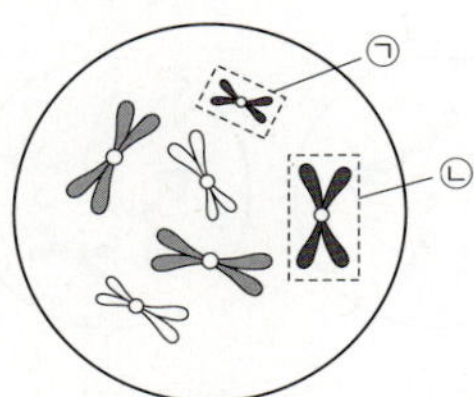

이에 대한 설명으로 옳은 것만을 〈보기〉에서 있는 대로 고른 것은? (단, 돌연변이는 고려하지 않는다.)

보기

ㄱ. 그림은 A의 세포이다.
ㄴ. ㉠과 ㉡은 모두 상염색체이다.
ㄷ. B의 생식세포 1개에 들어 있는 상염색체 수는 6이다.

① ㄱ   ② ㄴ   ③ ㄱ, ㄴ
④ ㄱ, ㄷ   ⑤ ㄴ, ㄷ

644

그림은 동물 Ⅰ의 세포 (가)와 동물 Ⅱ의 세포 (나)에 들어 있는 모든 염색체를 나타낸 것이다. Ⅰ과 Ⅱ는 같은 종이며, 수컷의 성염색체는 XY, 암컷의 성염색체는 XX이다. Ⅰ과 Ⅱ의 특정 형질에 대한 유전자형은 모두 Aa이며, A와 a는 대립유전자이다.

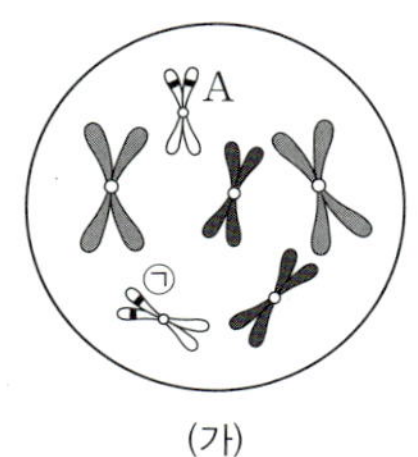
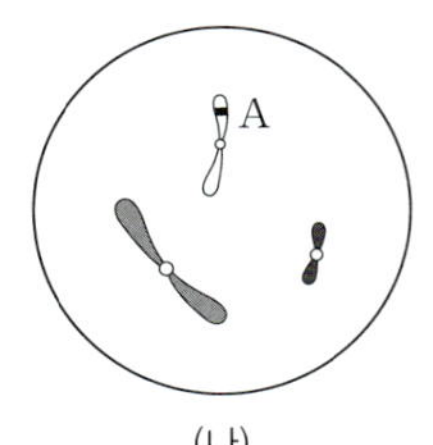

(가)　　　　　　　　(나)

이에 대한 설명으로 옳은 것만을 〈보기〉에서 있는 대로 고른 것은? (단, 돌연변이는 고려하지 않는다.)

보기

ㄱ. (가)의 핵상은 $2n$이다.
ㄴ. Ⅰ과 Ⅱ는 성이 같다.
ㄷ. ㉠은 대립유전자 a이다.

① ㄱ　　　　　② ㄴ　　　　　③ ㄱ, ㄷ
④ ㄴ, ㄷ　　　　⑤ ㄱ, ㄴ, ㄷ

645

그림은 세포 (가)~(라) 각각에 들어 있는 모든 염색체를 나타낸 것이다. (가)~(라) 각각은 개체 A($2n=8$)와 개체 B($2n=?$)의 세포 중 하나이다. A와 B의 성염색체는 암컷이 XX, 수컷이 XY이다.

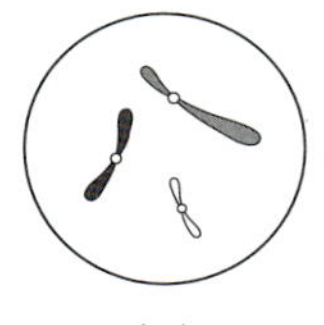
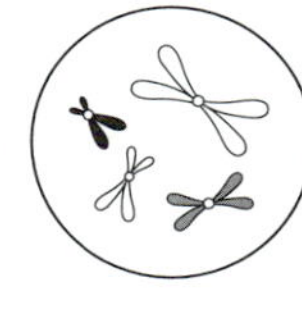
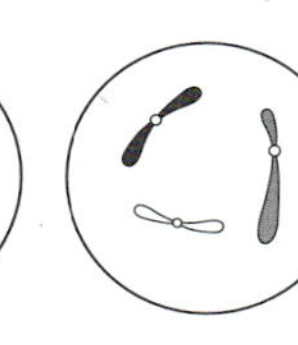
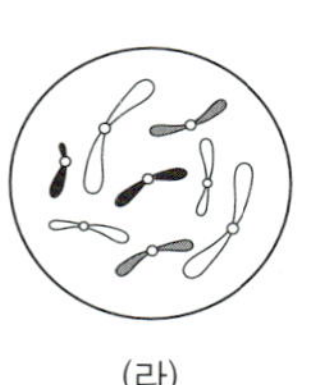

(가)　　　　(나)　　　　(다)　　　　(라)

이에 대한 설명으로 옳은 것만을 〈보기〉에서 있는 대로 고른 것은? (단, 돌연변이는 고려하지 않는다.)

보기

ㄱ. (가)는 A의 세포이다.
ㄴ. A와 B는 모두 수컷이다.
ㄷ. B의 감수 1분열 중기 세포 1개당 염색 분체 수는 12이다.

① ㄱ　　　　　② ㄴ　　　　　③ ㄷ
④ ㄱ, ㄴ　　　　⑤ ㄴ, ㄷ

646

그림 (가)는 어떤 동물의 체세포를 배양한 후 세포당 DNA 양에 따른 세포 수를, (나)는 이 체세포의 세포 주기를 나타낸 것이다. ㉠~㉢은 각각 G_1기, G_2기, M기 중 하나이다.

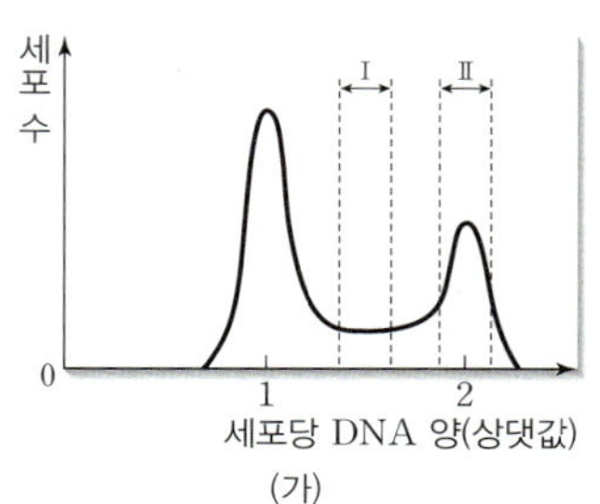
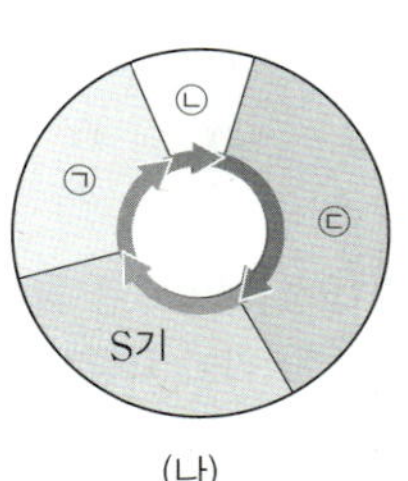

(가)　　　　　　　　(나)

이에 대한 설명으로 옳은 것만을 〈보기〉에서 있는 대로 고른 것은?

보기

ㄱ. 구간 Ⅰ의 세포에는 핵막이 있다.
ㄴ. 구간 Ⅱ에는 ㉡ 시기의 세포가 있다.
ㄷ. (가)에서 ㉠ 시기의 세포 수가 ㉢ 시기의 세포 수보다 많다.

① ㄱ　　　　　② ㄴ　　　　　③ ㄱ, ㄴ
④ ㄱ, ㄷ　　　　⑤ ㄱ, ㄴ, ㄷ

647

그림 (가)는 어떤 동물($2n=4$)의 체세포 Q를 배양한 후 세포당 DNA 양에 따른 세포 수를, (나)는 Q의 체세포 분열 과정 중 ㉠ 시기에서 관찰되는 세포를 나타낸 것이다. 이 동물의 특정 형질에 대한 유전자형은 Rr이며, R와 r는 대립유전자이다.

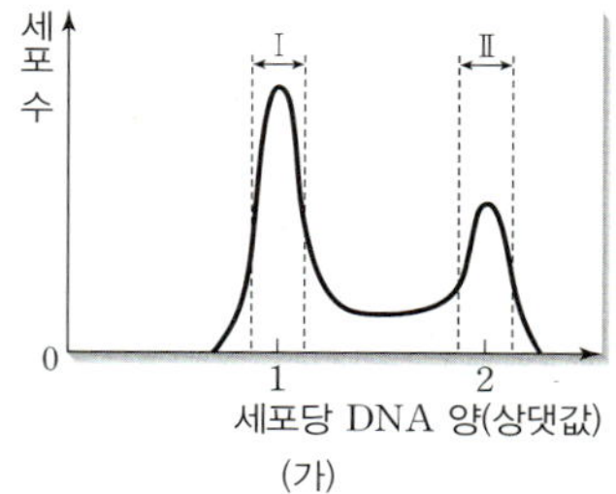
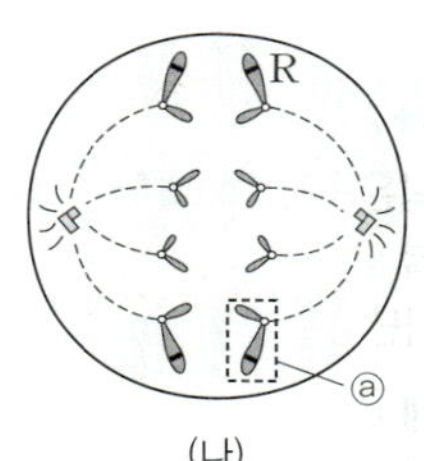

(가)　　　　　　　　(나)

이에 대한 설명으로 옳은 것만을 〈보기〉에서 있는 대로 고른 것은? (단, 돌연변이는 고려하지 않는다.)

보기

ㄱ. 구간 Ⅰ에는 ㉠ 시기의 세포가 있다.
ㄴ. 구간 Ⅱ에는 뉴클레오솜이 있는 세포가 있다.
ㄷ. ⓐ에는 대립유전자 r가 있다.

① ㄱ　　　　　② ㄴ　　　　　③ ㄱ, ㄷ
④ ㄴ, ㄷ　　　　⑤ ㄱ, ㄴ, ㄷ

648

다음은 세포 주기에 대한 실험이다.

[실험 과정]

(가) 어떤 동물의 체세포를 배양하여 집단 A와 B로 나눈다.

(나) 집단 A와 B 중 집단 B에만 물질 X를 처리하고, 두 집단을 동일한 조건에서 일정 시간 동안 배양한다.

(다) 두 집단의 세포를 동시에 고정한 후, 각 집단의 세포당 DNA 양을 측정하여 DNA 양에 따른 세포 수를 그래프로 나타낸다.

[실험 결과]

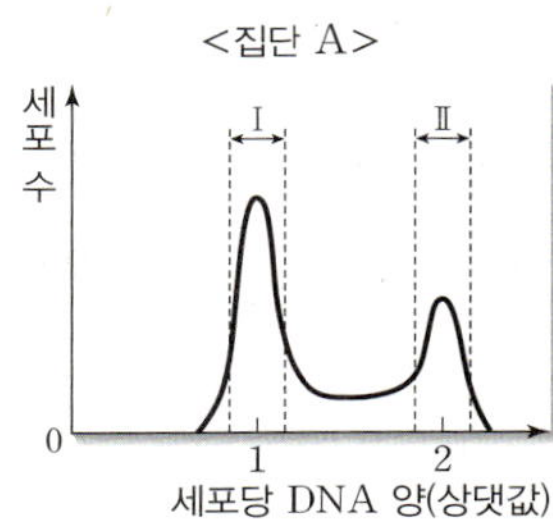
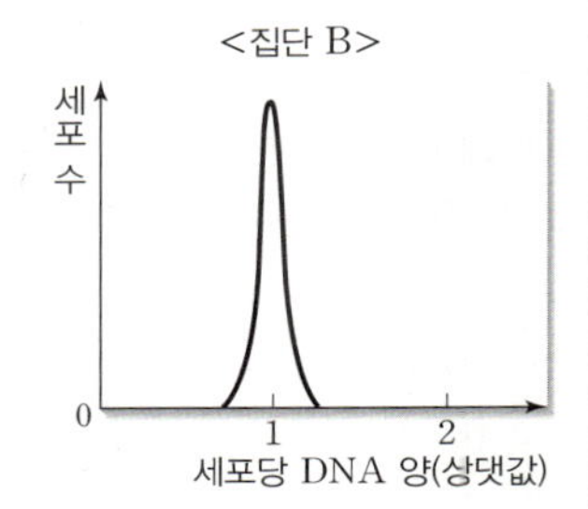

이에 대한 설명으로 옳은 것만을 〈보기〉에서 있는 대로 고른 것은?

보기

ㄱ. A의 세포 주기에서 G_2기보다 G_1기가 길다.

ㄴ. 방추사가 나타난 세포 수는 구간 Ⅱ에서보다 구간 Ⅰ에서 가 많다.

ㄷ. X는 S기에서 G_2기로의 전환을 억제한다.

① ㄱ　　　　② ㄴ　　　　③ ㄱ, ㄴ

④ ㄱ, ㄷ　　　⑤ ㄴ, ㄷ

649

그림은 어떤 동물($2n=4$)의 분열 중인 세포 (가)와 (나)를 나타낸 것이다.

이에 대한 설명으로 옳은 것만을 〈보기〉에서 있는 대로 고른 것은? (단, 돌연변이는 고려하지 않는다.)

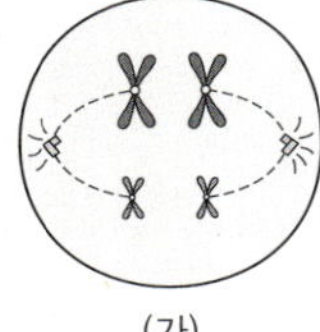
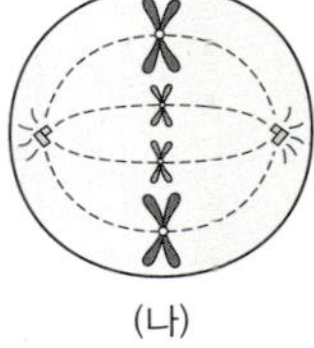

보기

ㄱ. (가)에는 2가 염색체가 있다.

ㄴ. (나)는 감수 2분열 중기의 세포이다.

ㄷ. (가)와 (나)의 염색체 수는 같다.

① ㄱ　　　　② ㄴ　　　　③ ㄷ

④ ㄱ, ㄷ　　　⑤ ㄴ, ㄷ

650

표는 유전자형이 Aa인 어떤 동물의 감수 분열 과정에서 관찰되는 세포 ㉠~㉢이 갖는 대립유전자 A와 a의 DNA 상대량을 나타낸 것이다. ㉠은 G_1기 세포이다. A와 a 각각의 1개당 DNA 상대량은 같으며, A의 DNA 상대량은 ㉠=㉡>㉢이다.

구분		㉠	㉡	㉢
DNA 상대량	A	?	?	?
	a	1	0	2

이에 대한 설명으로 옳은 것만을 〈보기〉에서 있는 대로 고른 것은? (단, 돌연변이는 고려하지 않는다.)

보기

ㄱ. ㉡은 ㉢의 분열 결과 생성된 것이다.

ㄴ. ㉢에서 2가 염색체가 관찰된다.

ㄷ. 세포 1개당 $\dfrac{\text{DNA 양}}{\text{염색체 수}}$은 ㉠이 ㉢보다 작다.

① ㄱ　　　　② ㄷ　　　　③ ㄱ, ㄴ

④ ㄱ, ㄷ　　　⑤ ㄴ, ㄷ

651

표는 같은 종인 동물($2n=6$) Ⅰ과 Ⅱ의 세포 ㉠~㉣이 갖는 유전자 A, a, B, b의 DNA 상대량을, 그림은 ㉠~㉣ 중 어떤 세포에 있는 모든 염색체를 나타낸 것이다. A는 a의 대립유전자이며, B는 b의 대립유전자이다. ㉠은 Ⅰ의 세포이고, ㉡은 Ⅱ의 세포이다. ㉢과 ㉣은 각각 Ⅰ과 Ⅱ의 세포 중 하나이다. Ⅰ과 Ⅱ의 성염색체는 암컷이 XX, 수컷이 XY이다.

세포	DNA 상대량			
	A	a	B	b
㉠	1	1	0	2
㉡	1	0	1	1
㉢	1	0	0	1
㉣	0	0	2	0

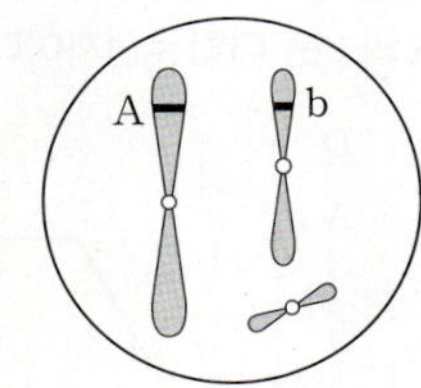

이에 대한 설명으로 옳은 것만을 〈보기〉에서 있는 대로 고른 것은? (단, 돌연변이는 고려하지 않으며, A, a, B, b 각각의 1개당 DNA 상대량은 같다.)

보기

ㄱ. 그림은 ㉢의 염색체를 나타낸 것이다.

ㄴ. ㉣은 Ⅱ의 세포이다.

ㄷ. ㉣로부터 형성된 생식세포가 다른 생식세포와 수정되어 태어난 자손은 항상 암컷이다.

① ㄱ　　　　② ㄴ　　　　③ ㄷ

④ ㄱ, ㄷ　　　⑤ ㄴ, ㄷ

652

그림 (가)는 어떤 동물($2n=6$)의 G_1기 세포 ㉠으로부터 정자가 형성되는 과정과 이 정자가 난자와 수정되어 만들어진 수정란을, (나)는 세포 ㉠~㉤ 중 하나를 나타낸 것이다. ㉠의 유전자형은 Tt, ㉤의 유전자형은 TT이며, T와 t는 대립유전자이다. ㉡과 ㉢은 세포 분열 중기의 세포이며, ㉠은 G_1기의 세포이다.

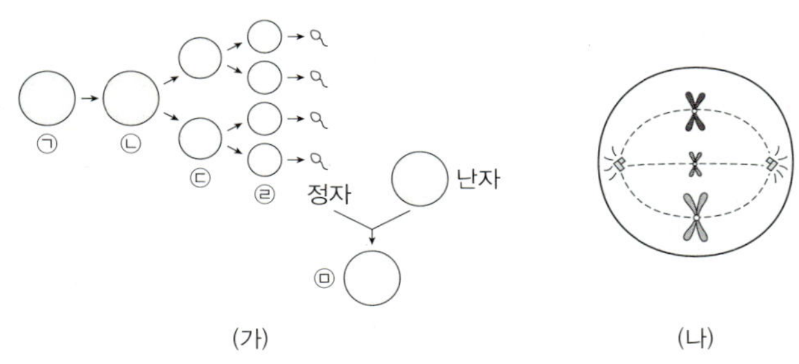

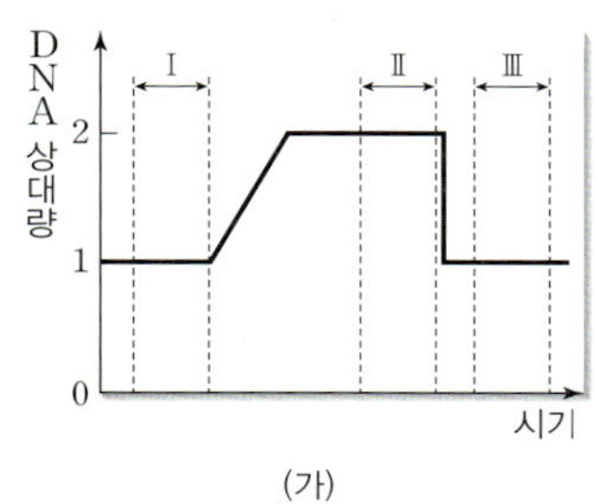

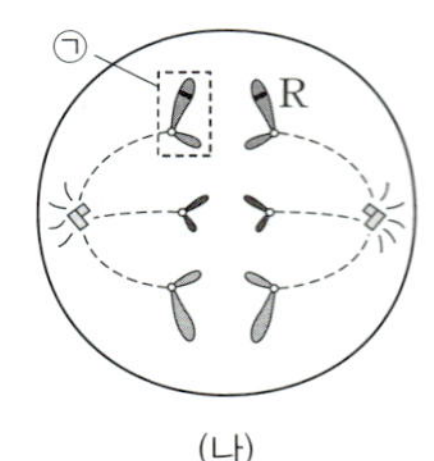

(가)   (나)

이에 대한 설명으로 옳은 것만을 〈보기〉에서 있는 대로 고른 것은? (단, 돌연변이는 고려하지 않으며, T, t 각각의 1개당 DNA 상대량은 같다.)

보기

ㄱ. (나)는 ㉢을 나타낸 것이다.

ㄴ. 세포 1개당 염색체 수는 ㉤이 ㉣의 2배이다.

ㄷ. $\dfrac{\text{㉠에 있는 t의 상대량}}{\text{㉤에 있는 T의 상대량}}$ 과 $\dfrac{\text{㉢에 있는 T의 상대량}}{\text{㉡에 있는 t의 상대량}}$ 은 같다.

① ㄱ   ② ㄴ   ③ ㄱ, ㄴ   ④ ㄱ, ㄷ   ⑤ ㄴ, ㄷ

653

그림 (가)는 어떤 동물($2n=6$)의 세포가 분열하는 동안 핵 1개당 DNA 상대량을, (나)는 구간 Ⅰ~Ⅲ 중 어느 한 구간에서 관찰되는 세포를 나타낸 것이다. 이 동물의 특정 형질에 대한 유전자형은 Rr이며, R와 r는 대립유전자이다.

(가)   (나)

이에 대한 설명으로 옳은 것만을 〈보기〉에서 있는 대로 고른 것은? (단, 돌연변이는 고려하지 않는다.)

보기

ㄱ. 구간 Ⅰ의 세포와 구간 Ⅲ의 세포의 핵상은 같다.

ㄴ. ㉠에는 대립유전자 R가 있다.

ㄷ. (나)는 구간 Ⅱ에서 관찰된다.

① ㄱ   ② ㄴ   ③ ㄱ, ㄴ   ④ ㄱ, ㄷ   ⑤ ㄴ, ㄷ

654

그림 (가)는 어떤 동물($2n=4$)의 체세포 분열 과정에서 핵 1개당 DNA 상대량을, (나)는 t_1과 t_2 중 한 시점에서 관찰되는 세포를 나타낸 것이다. 이 동물의 특정 형질에 대한 유전자형은 Rr이며, R와 r는 대립유전자이다.

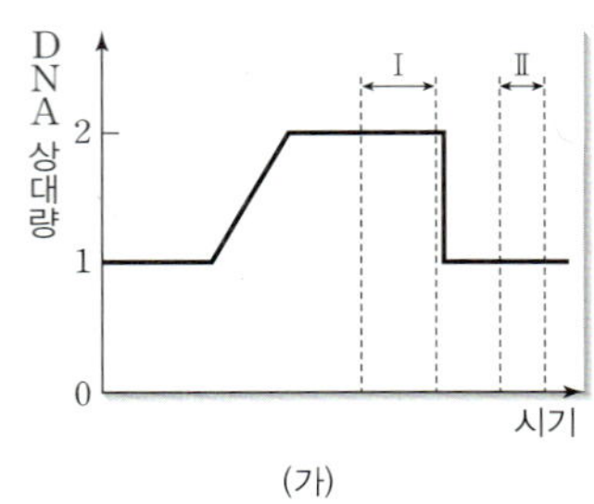

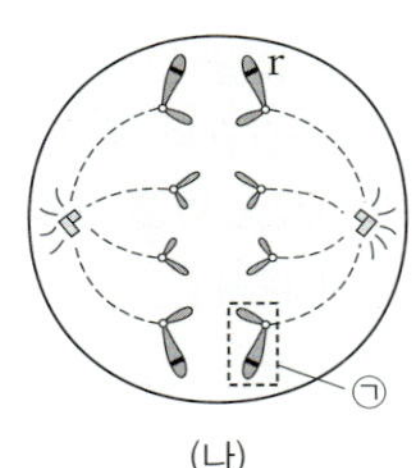

(가)   (나)

이에 대한 설명으로 옳은 것만을 〈보기〉에서 있는 대로 고른 것은? (단, 돌연변이는 고려하지 않는다.)

보기

ㄱ. ㉠에는 대립유전자 R가 있다.

ㄴ. (나)는 구간 Ⅰ에서 관찰되는 세포이다.

ㄷ. (나)로부터 생성되는 두 딸세포의 유전자 구성은 다르다.

① ㄱ   ② ㄴ   ③ ㄱ, ㄴ   ④ ㄱ, ㄷ   ⑤ ㄴ, ㄷ

655

그림은 유전자형이 AABbDd인 어떤 동물의 G_1기 세포 Ⅰ로부터 생식세포가 형성되는 과정을, 표는 세포 ㉠~㉣의 세포 1개당 대립유전자 A, b, d의 DNA 상대량을 나타낸 것이다. B는 b와 대립유전자이고, D는 d와 대립유전자이다. ㉠~㉣은 각각 Ⅰ~Ⅳ 중 하나이며, Ⅱ와 Ⅲ은 중기의 세포이다.

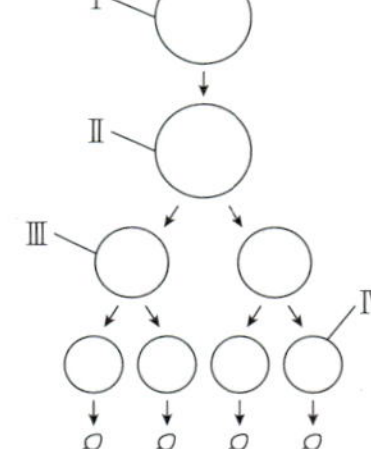

세포	DNA 상대량		
	A	b	d
㉠	1	ⓐ	1
㉡	2	?	1
㉢	2	2	ⓑ
㉣	ⓒ	2	2

이에 대한 설명으로 옳은 것만을 〈보기〉에서 있는 대로 고른 것은? (단, 돌연변이는 고려하지 않으며, A, b, d 각각의 1개당 DNA 상대량은 같다.)

보기

ㄱ. ㉡은 Ⅰ이다.

ㄴ. ⓐ+ⓑ+ⓒ=5이다.

ㄷ. ㉣에 2가 염색체가 있다.

① ㄱ   ② ㄴ   ③ ㄱ, ㄴ   ④ ㄱ, ㄷ   ⑤ ㄴ, ㄷ

656

그림 (가)는 핵상이 $2n$인 식물 P의 체세포 분열 과정에서 핵 1개당 DNA 상대량을, (나)는 P의 감수 분열 과정 일부에서 핵 1개당 DNA 상대량을 나타낸 것이다.

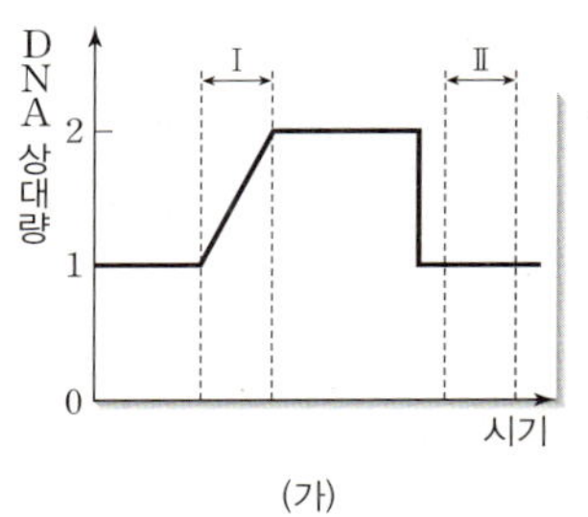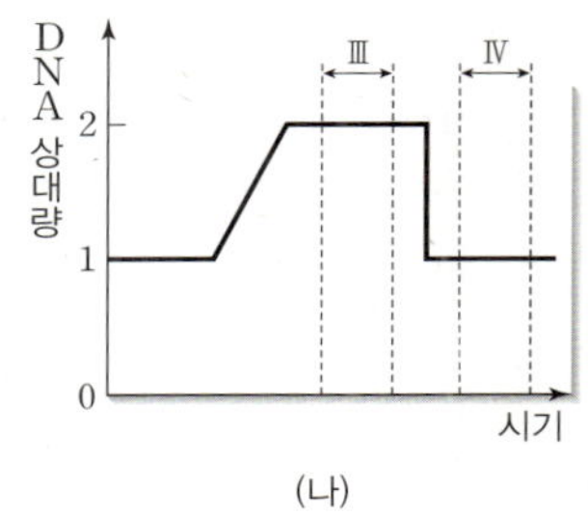

이에 대한 설명으로 옳은 것만을 〈보기〉에서 있는 대로 고른 것은? (단, 돌연변이는 고려하지 않는다.)

보기
ㄱ. Ⅰ 시기에 DNA가 복제된다.
ㄴ. Ⅱ 시기 세포와 Ⅳ 시기 세포의 핵상은 서로 같다.
ㄷ. Ⅲ 시기 세포에는 뉴클레오솜이 있다.

① ㄱ 　② ㄴ 　③ ㄱ, ㄷ
④ ㄴ, ㄷ 　⑤ ㄱ, ㄴ, ㄷ

657

그림은 유전자형이 AaBb인 사람의 감수 분열 과정에서 세포 1개당 DNA 상대량의 변화를, 표는 세포 ㉠~㉣이 가지는 세포 1개당 대립유전자 A, b의 DNA 상대량을 나타낸 것이다. ㉠~㉣은 Ⅰ~Ⅳ 중 서로 다른 한 시기에 관찰되는 세포이다. A는 a와 대립유전자이며, B는 b와 대립유전자이다.

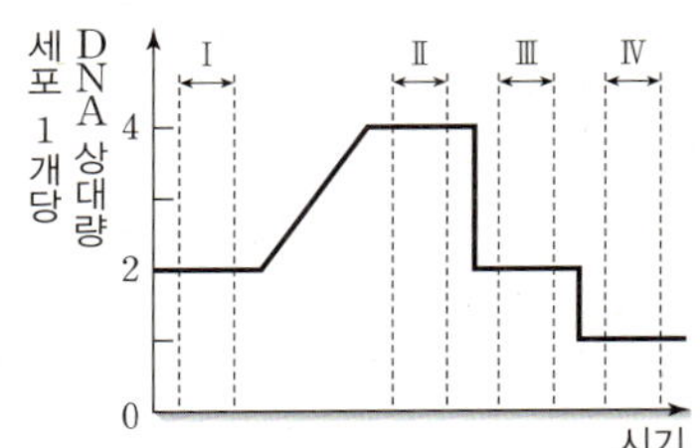

세포	DNA 상대량	
	A	b
㉠	2	2
㉡	2	0
㉢	0	1
㉣	1	1

이에 대한 설명으로 옳은 것만을 〈보기〉에서 있는 대로 고른 것은? (단, 돌연변이는 고려하지 않으며, A, b 각각의 1개당 DNA 상대량은 같다.)

보기
ㄱ. ㉠은 Ⅱ 시기에 관찰되는 세포이다.
ㄴ. ㉣의 핵상은 $2n$이다.
ㄷ. Ⅲ 시기에 관찰되는 세포에는 2가 염색체가 있다.

① ㄱ 　② ㄴ 　③ ㄱ, ㄴ
④ ㄱ, ㄷ 　⑤ ㄴ, ㄷ

658

그림은 유전자형이 AaBbDD인 G_1기의 어떤 세포 P로부터 생식세포가 형성되는 과정에서 나타나는 세포 ㉠~㉣의 세포 1개당 대립유전자 A, B, D의 DNA 상대량을 나타낸 것이다. A는 a와 대립유전자이고, B는 b와 대립유전자이다. ㉠~㉣의 순서는 세포 분열의 순서와 관계가 없으며, ㉠과 ㉡은 중기의 세포이다.

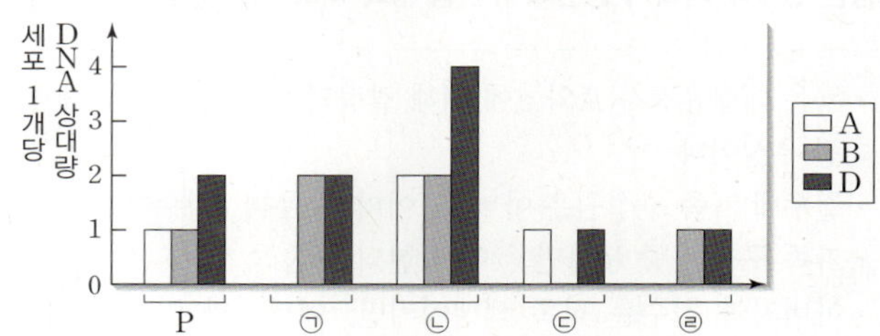

이에 대한 설명으로 옳은 것만을 〈보기〉에서 있는 대로 고른 것은? (단, 돌연변이는 고려하지 않는다.)

보기
ㄱ. ㉡에 2가 염색체가 있다.
ㄴ. ㉣은 감수 2분열 완료 시 생성된다.
ㄷ. 세포의 핵상은 ㉠과 ㉢에서 같다.

① ㄱ 　② ㄷ 　③ ㄱ, ㄴ 　④ ㄴ, ㄷ 　⑤ ㄱ, ㄴ, ㄷ

659

그림은 유전자형이 AABbDd인 어떤 동물의 G_1기 세포 Ⅰ로부터 생식세포가 형성되는 과정을, 표는 세포 ㉠~㉣의 세포 1개당 대립유전자 A, b, d의 DNA 상대량을 나타낸 것이다. B는 b와 대립유전자이고, D는 d와 대립유전자이다. ㉠~㉣는 각각 Ⅰ~Ⅳ 중 하나이며, Ⅱ는 중기의 세포이다.

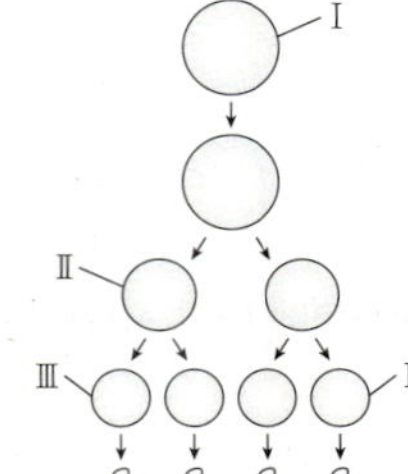

세포	DNA 상대량		
	A	b	d
㉠	1	0	ⓐ
㉡	?	1	?
㉢	1	ⓑ	0
㉣	2	ⓒ	0

이에 대한 설명으로 옳은 것만을 〈보기〉에서 있는 대로 고른 것은? (단, 돌연변이는 고려하지 않으며, A, b, d 각각의 1개당 DNA 상대량은 같다.)

보기
ㄱ. ㉢은 Ⅲ이다.
ㄴ. ⓐ+ⓑ+ⓒ=3이다.
ㄷ. 세포 1개당 $\dfrac{\text{B의 DNA 상대량}}{\text{A의 DNA 상대량}+\text{D의 DNA 상대량}}$ 은 ㉠이 Ⅱ보다 작다.

① ㄱ 　② ㄷ 　③ ㄱ, ㄴ 　④ ㄱ, ㄷ 　⑤ ㄴ, ㄷ

01. 사람의 유전

660

다음은 철수네 가족 구성원의 유전병 ㉠과 적록 색맹에 대한 자료이다.

- ㉠은 대립유전자 A와 a에 의해 결정되며, A는 a에 대해 완전 우성이다.
- 철수네 가족 구성원은 아버지, 어머니, 누나, 철수이다.
- 가족 구성원 중 누나만 ㉠이 발현되었다.
- 아버지와 철수는 적록 색맹이지만, 어머니와 영희는 적록 색맹이 아니다.

이에 대한 설명으로 옳은 것만을 〈보기〉에서 있는 대로 고른 것은? (단, 돌연변이는 고려하지 않는다.)

보기
- ㄱ. ㉠의 유전자는 상염색체에 있다.
- ㄴ. 적록 색맹에 대한 유전자형은 어머니와 누나 모두 이형 접합이다.
- ㄷ. 철수의 동생이 태어날 때, 이 아이가 ㉠을 갖고 적록 색맹일 확률은 $\frac{1}{16}$이다.

① ㄱ   ② ㄷ   ③ ㄱ, ㄴ
④ ㄴ, ㄷ   ⑤ ㄱ, ㄴ, ㄷ

661

다음은 어떤 집안의 적록 색맹과 ABO식 혈액형에 대한 자료이다.

- 적록 색맹은 대립유전자 R와 R*에 의해 결정되며, R는 R*에 대해 완전 우성이다.

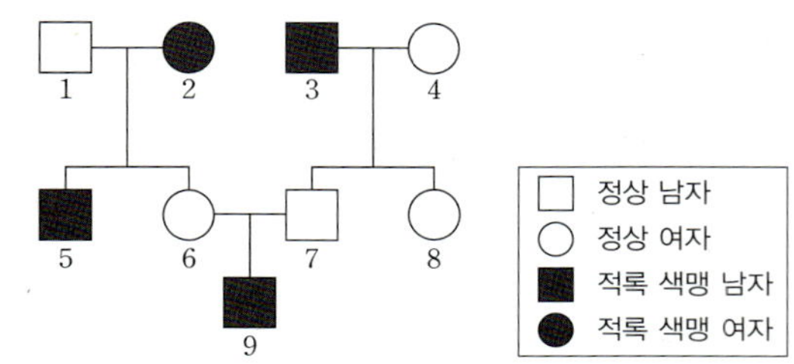

- 구성원 1, 2, 5, 6의 ABO식 혈액형은 모두 다르다.
- ABO식 혈액형은 3과 8이 모두 O형, 9가 AB형이다.
- 5의 혈액을 항 B 혈청과 섞으면 응집 반응이 일어난다.

이에 대한 설명으로 옳은 것만을 〈보기〉에서 있는 대로 고른 것은? (단, 돌연변이는 고려하지 않는다.)

보기
- ㄱ. 6과 8은 모두 R*을 갖고 있다.
- ㄴ. ABO식 혈액형에 대한 유전자형은 5와 7이 같다.
- ㄷ. 9의 동생이 태어날 때, 이 아이가 적록 색맹이면서 ABO식 혈액형이 O형일 확률은 $\frac{1}{8}$이다.

① ㄱ   ② ㄴ   ③ ㄱ, ㄴ
④ ㄱ, ㄷ   ⑤ ㄴ, ㄷ

662

다음은 사람의 유전병 ㉠과 ㉡에 대한 자료이다.

- ㉠은 대립유전자 H와 H*에 의해, ㉡은 대립유전자 T와 T*에 의해 결정된다. H는 H*에 대해, T는 T*에 대해 각각 완전 우성이다.

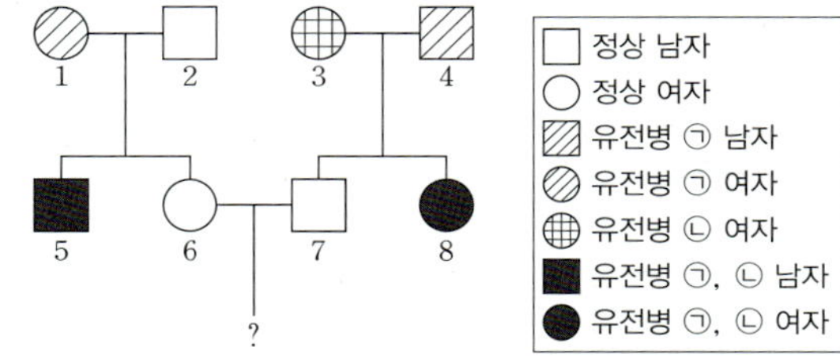

- 2는 H*을 갖고 있지 않다.
- 1과 6의 ㉡에 대한 유전자형은 같다.

이에 대한 설명으로 옳은 것만을 〈보기〉에서 있는 대로 고른 것은? (단, 돌연변이는 고려하지 않는다.)

보기
- ㄱ. ㉠은 열성 형질이다.
- ㄴ. ㉡의 유전자는 X 염색체에 있다.
- ㄷ. 6과 7 사이에서 아이가 태어날 때, 이 아이가 ㉠과 ㉡을 모두 가질 확률은 $\frac{1}{16}$이다.

① ㄴ   ② ㄷ   ③ ㄱ, ㄴ
④ ㄱ, ㄷ   ⑤ ㄱ, ㄴ, ㄷ

663

다음은 어떤 집안의 유전병 ㉠과 ㉡에 대한 자료이다.

- ㉠은 대립유전자 T와 T*에 의해, ㉡은 대립유전자 R와 R*에 의해 결정된다.
- T는 T*에 대해, R는 R*에 대해 각각 완전 우성이다.

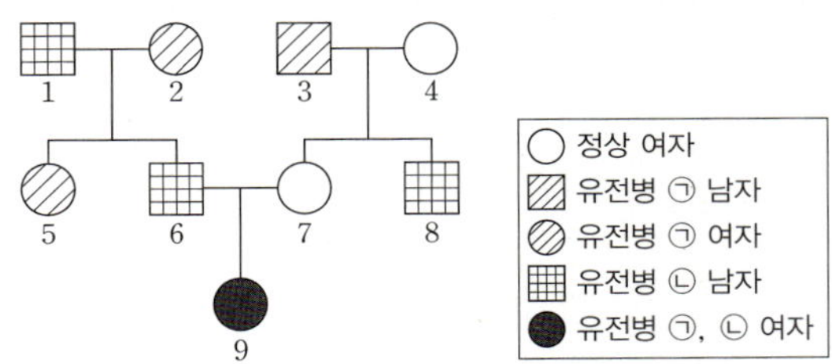

- $\dfrac{1, 2, 3, 4 \text{ 각각의 체세포 1개당 R의 수를 더한 값}}{1, 2, 3, 4 \text{ 각각의 체세포 1개당 R*의 수를 더한 값}} = 1$ 이다.

이에 대한 설명으로 옳은 것만을 〈보기〉에서 있는 대로 고른 것은? (단, 돌연변이는 고려하지 않는다.)

보기

ㄱ. ㉠의 유전자는 X 염색체에 있다.
ㄴ. 2와 7에서 ㉡의 유전자형은 같다.
ㄷ. 9의 동생이 태어날 때, 이 아이가 ㉠과 ㉡을 모두 가질 확률은 $\dfrac{1}{8}$이다.

① ㄱ   ② ㄴ   ③ ㄱ, ㄴ
④ ㄱ, ㄷ   ⑤ ㄴ, ㄷ

664

다음은 어떤 집안의 유전병 ㉠과 ㉡에 대한 자료이다.

- ㉠은 대립유전자 A와 A*에 의해, ㉡은 대립유전자 B와 B*에 의해 결정된다. A는 A*에 대해, B는 B*에 대해 각각 완전 우성이다.
- ㉠의 유전자와 ㉡의 유전자 중 하나는 상염색체에, 다른 하나는 X 염색체에 존재한다.

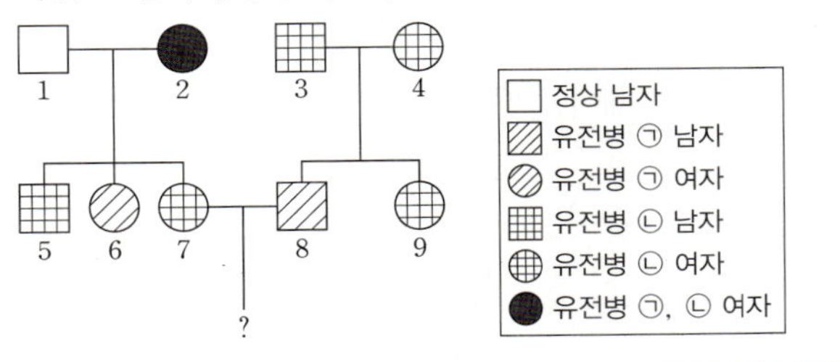

이에 대한 설명으로 옳은 것만을 〈보기〉에서 있는 대로 고른 것은? (단, 돌연변이는 고려하지 않는다.)

보기

ㄱ. ㉡의 유전자는 X 염색체에 있다.
ㄴ. 1, 3, 4 각각의 체세포 1개당 A*의 수를 더한 값과 5, 6, 7 각각의 체세포 1개당 B*의 수를 더한 값은 같다.
ㄷ. 7과 8 사이에서 아이가 태어날 때, 이 아이가 ㉠과 ㉡을 모두 가질 확률은 $\dfrac{1}{8}$이다.

① ㄱ   ② ㄷ   ③ ㄱ, ㄴ
④ ㄴ, ㄷ   ⑤ ㄱ, ㄴ, ㄷ

665

다음은 어떤 가족의 유전병 ㉠과 ABO식 혈액형에 대한 자료이다.

- 표는 성별, ㉠의 발현 여부, ABO식 혈액형의 혈액에서 응집 반응 결과를 나타낸 것이다.

구분	성별	㉠의 발현 여부	응집 반응 결과	
			항 A 혈청	항 B 혈청
아버지	남	발현됨	+	−
어머니	여	발현 안 됨	ⓐ	?
자녀 1	여	발현됨	−	−
자녀 2	남	발현 안 됨	+	+

(+: 응집됨, −: 응집 안 됨)

- ㉠은 대립유전자 T와 T*에 의해 결정되며, T는 T*에 대해 완전 우성이다.
- 아버지와 어머니는 각각 T와 T* 중 한 가지만 가지고 있다.

이에 대한 설명으로 옳은 것만을 〈보기〉에서 있는 대로 고른 것은? (단, 돌연변이는 고려하지 않는다.)

보기

ㄱ. ㉠은 우성 형질이다.
ㄴ. ⓐ는 '−'이다.
ㄷ. 자녀 2의 동생이 태어날 때, 이 아이가 ㉠을 갖고 ABO식 혈액형이 A형일 확률은 $\dfrac{1}{4}$이다.

① ㄱ   ② ㄴ   ③ ㄱ, ㄴ
④ ㄱ, ㄷ   ⑤ ㄴ, ㄷ

666

다음은 어떤 집안의 유전병 ㉠과 ㉡에 대한 자료이다.

- ㉠은 대립유전자 A와 A*에 의해, ㉡은 대립유전자 B와 B*에 의해 결정된다. A는 A*에 대해, B는 B*에 대해 각각 완전 우성이다.

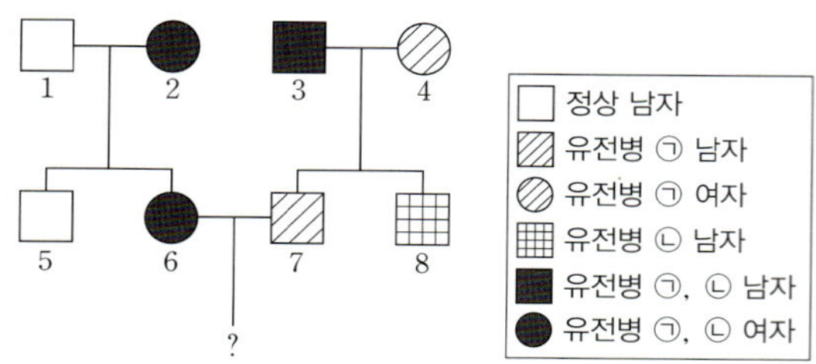

- 표는 구성원 1~4의 체세포 1개당 (가)와 (나)의 DNA 상대량을 나타낸 것이다. (가)는 A와 A* 중 하나이고, (나)는 B와 B* 중 하나이다. A, A*, B, B* 각각의 1개당 DNA 상대량은 같다.

구분		1	2	3	4
DNA 상대량	(가)	ⓐ	ⓑ	0	1
	(나)	1	0	ⓒ	ⓓ

이에 대한 설명으로 옳은 것만을 〈보기〉에서 있는 대로 고른 것은? (단, 돌연변이는 고려하지 않는다.)

보기

ㄱ. (가)는 A이다.

ㄴ. ⓐ+ⓑ+ⓒ+ⓓ=3이다.

ㄷ. 6과 7 사이에서 아이가 태어날 때, 이 아이가 ㉠과 ㉡을 모두 가질 확률은 $\frac{1}{4}$이다.

① ㄱ   ② ㄴ   ③ ㄱ, ㄴ
④ ㄱ, ㄷ   ⑤ ㄴ, ㄷ

667

표는 아버지를 제외한 철수의 가족 구성원에서 체세포 1개당 유전자 P, P*, T, T*의 DNA 상대량을 나타낸 것이다. P와 P*는 대립유전자이며, T와 T*는 대립유전자이다.

구성원	DNA 상대량			
	P	P*	T	T*
어머니	0	2	2	0
누나	1	1	2	0
형	0	1	1	1
철수	0	1	1	1

이에 대한 설명으로 옳은 것만을 〈보기〉에서 있는 대로 고른 것은? (단, P, P*, T, T* 각각의 1개당 DNA 상대량은 같으며, 돌연변이는 고려하지 않는다.)

보기

ㄱ. P와 P*은 상염색체에 있다.

ㄴ. 누나의 체세포에 있는 P는 아버지로부터 물려받았다.

ㄷ. 철수의 아버지는 T와 T*을 모두 가지고 있다.

① ㄱ   ② ㄴ   ③ ㄱ, ㄷ
④ ㄴ, ㄷ   ⑤ ㄱ, ㄴ, ㄷ

668

다음은 어떤 집안의 유전병 ㉠~㉢에 대한 자료이다.

- ㉠은 대립유전자 H와 H*에 의해, ㉡은 대립유전자 R와 R*에 의해, ㉢은 대립유전자 T와 T*에 의해 결정된다.
- H는 H*에 대해, R는 R*에 대해, T는 T*에 대해 각각 완전 우성이다.
- ㉠~㉢의 유전자 중 하나만 X 염색체에 있으며, 나머지 2개는 서로 다른 상염색체에 있다.
- 가계도는 구성원 ⓐ를 제외한 나머지 구성원 1~9에서 유전병 ㉠과 ㉡의 유무를 나타낸 것이다.

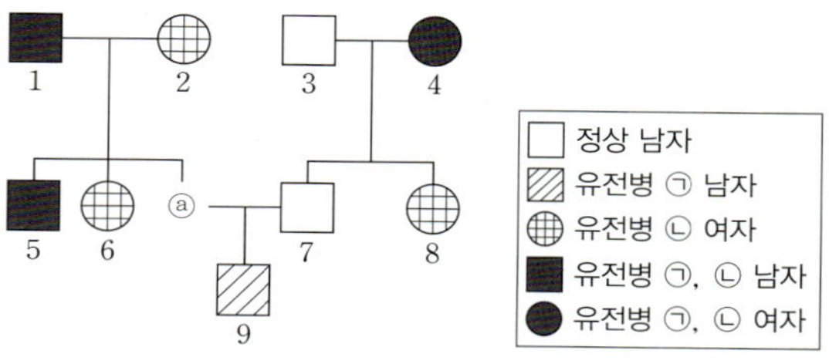

- 체세포 1개당 H의 DNA 상대량은 3과 ⓐ가 서로 같으며 0은 아니다.
- ⓐ의 ㉡에 대한 유전자형은 이형 접합이다.
- ⓐ를 포함한 모든 구성원 중 2, 6, 7만 ㉢을 갖는다.

이에 대한 설명으로 옳은 것만을 〈보기〉에서 있는 대로 고른 것은? (단, 돌연변이는 고려하지 않는다.)

보기

ㄱ. ㉠의 유전자는 X 염색체에 있다.

ㄴ. ⓐ는 ㉡을 갖는다.

ㄷ. 9의 동생이 태어날 때, 이 아이가 ㉠, ㉡, ㉢을 모두 가질 확률은 $\frac{1}{8}$이다.

① ㄱ   ② ㄴ   ③ ㄷ
④ ㄱ, ㄴ   ⑤ ㄴ, ㄷ

669

다음은 어떤 집안의 유전병 ㉠과 ㉡에 대한 자료이다.

- ㉠은 대립유전자 H와 H*에 의해, ㉡은 대립유전자 R와 R* 에 의해 결정된다. H는 H*에 대해, R는 R*에 대해 각각 완전 우성이다.
- ㉠의 유전자와 ㉡의 유전자는 서로 다른 염색체에 존재한다.
- 가계도는 구성원 ⓐ를 제외한 나머지 구성원에서 유전병 ㉠과 ㉡의 유무를 나타낸 것이다.

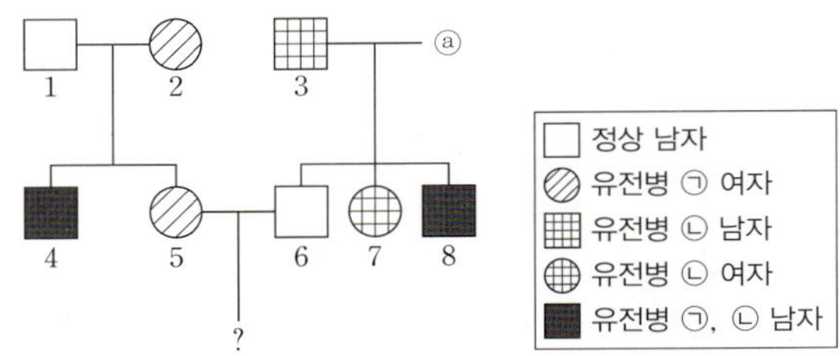

- 표는 구성원 (가)~(다)에서 체세포 1개당 H와 H*의 DNA 상대량을 나타낸 것이다. (가)~(다)는 1, 2, 5를 순서 없이 나타낸 것이다.

구성원		(가)	(나)	(다)
DNA 상대량	H	?	?	1
	H*	0	1	?

- 5의 ㉡에 대한 유전자형은 이형 접합이다.

이에 대한 설명으로 옳은 것만을 〈보기〉에서 있는 대로 고른 것은? (단, 돌연변이는 고려하지 않으며, H와 H* 각각의 1개당 DNA 상대량은 같다.)

보기
ㄱ. ⓐ의 ㉠에 대한 유전자형은 이형 접합이다.
ㄴ. ㉡의 유전자는 X 염색체에 있다.
ㄷ. 5와 6 사이에서 아이가 태어날 때, 이 아이가 ㉠과 ㉡을 모두 가질 확률은 $\frac{1}{16}$이다.

① ㄱ   ② ㄴ   ③ ㄱ, ㄴ
④ ㄱ, ㄷ   ⑤ ㄴ, ㄷ

670

다음은 사람의 유전병 ㉠과 ㉡에 대한 자료이다.

- ㉠은 대립유전자 A와 a에 의해 결정된다.
- ㉡은 서로 다른 상염색체에 존재하는 3쌍의 대립유전자 B와 b, D와 d, E와 e에 의해 결정된다.
- ㉠의 유전자와 ㉡의 유전자는 서로 다른 상염색체에 존재한다.
- ㉡의 표현형은 각각 유전자형에서 대문자로 표시되는 대립유전자의 수에 의해서만 결정되며, 이 대립유전자의 수가 다르면 표현형이 다르다.
- ㉠과 ㉡에 대한 유전자형이 AaBbDdEe인 부모 사이에서 ⓐ가 태어날 때, ⓐ에게서 나타날 수 있는 ㉠의 표현형은 최대 3가지이고, ㉡의 표현형은 최대 7가지이다.

이에 대한 설명으로 옳은 것만을 〈보기〉에서 있는 대로 고른 것은? (단, 돌연변이는 고려하지 않는다.)

보기
ㄱ. A와 a 사이의 우열 관계는 분명하다.
ㄴ. ㉡의 유전은 다인자 유전이다.
ㄷ. ⓐ에서 ㉠과 ㉡의 표현형이 모두 부모와 같을 확률은 $\frac{5}{32}$ 이다.

① ㄱ   ② ㄷ   ③ ㄱ, ㄴ
④ ㄱ, ㄷ   ⑤ ㄴ, ㄷ

671

다음은 어떤 식물의 꽃 색 유전에 대한 자료이다.

- 꽃 색은 3쌍의 대립유전자 A와 a, B와 b, D와 d에 의해 결정되며, A, B, D 유전자는 각각 서로 다른 상염색체에 있다.
- 표는 대문자로 표시되는 대립유전자의 개수에 따라 나타나는 꽃 색의 표현형을 (가)~(다)로 구분한 것이다.

대문자로 표시되는 대립유전자 개수(개)	표현형
5, 6	(가)
2, 3, 4	(나)
0, 1	(다)

유전자형이 AaBbDd인 개체를 자가 교배하여 자손(F_1)을 얻을 때, 이 자손의 표현형이 (가)일 확률은? (단, 돌연변이는 고려하지 않는다.)

① $\frac{1}{8}$ ② $\frac{5}{16}$ ③ $\frac{9}{32}$ ④ $\frac{25}{32}$ ⑤ $\frac{7}{64}$

672

다음은 철수네 가족의 유전병 ㉠에 대한 자료이다.

- 유전병 ㉠은 대립유전자 T와 T*에 의해 결정되며, T와 T*는 성염색체에 있다.
- T는 정상 대립유전자이고, T*은 ㉠ 유전병 대립유전자이며, T와 T* 사이의 우열 관계는 분명하다.
- 감수 분열 시 염색체 비분리가 1회 일어나 ⓐ염색체 수가 비정상적인 난자가 형성되었다. ⓐ와 정상 정자의 수정으로 남자인 철수가 태어났다.
- 표는 철수네 가족의 유전병 ㉠의 유무, 체세포 1개당 성염색체 수, 체세포 1개당 T*의 DNA 상대량을 나타낸 것이다.

구분	아버지	어머니	철수
유전병 ㉠의 유무	없음	없음	있음
체세포 1개당 성염색체 수	2	2	3
체세포 1개당 T*의 DNA 상대량	0	1	2

이에 대한 설명으로 옳은 것만을 〈보기〉에서 있는 대로 고른 것은? (단, 교차와 제시된 염색체 비분리 이외의 다른 돌연변이는 고려하지 않는다.)

ㄱ. ㉠은 열성 형질이다.
ㄴ. 철수는 클라인펠터 증후군을 나타낸다.
ㄷ. ⓐ의 형성 과정 중 성염색체 비분리는 감수 1분열에서 일어났다.

① ㄱ　　　② ㄴ　　　③ ㄱ, ㄴ　　　④ ㄱ, ㄷ　　　⑤ ㄴ, ㄷ

673

그림은 핵형이 정상인 어떤 남자에서 G_1기의 세포 ㉠으로부터 정자가 형성되는 과정을, 표는 세포 Ⅰ~Ⅳ에서 21번 염색체에 있는 유전자 E와 e의 DNA 상대량을 나타낸 것이다. Ⅰ~Ⅳ는 각각 ㉠~㉣ 중 하나이다. 그림에서 21번 염색체의 비분리가 1회 일어났으며, E와 e는 대립유전자이다.

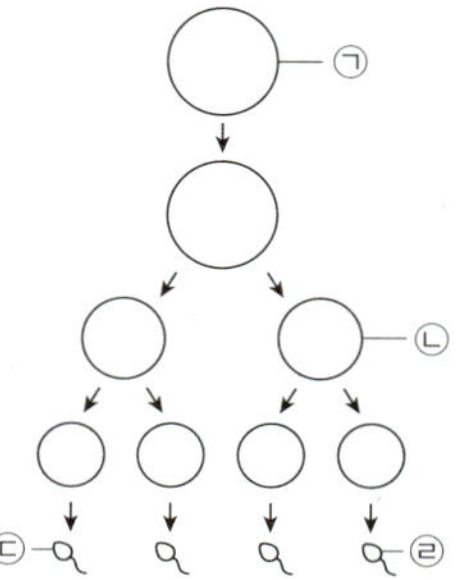

세포	DNA 상대량	
	E	e
Ⅰ	1	0
Ⅱ	0	2
Ⅲ	1	1
Ⅳ	2	0

이에 대한 설명으로 옳은 것만을 〈보기〉에서 있는 대로 고른 것은? (단, ㉡은 중기의 세포이며, 교차와 제시된 염색체 비분리 이외의 다른 돌연변이는 고려하지 않으며, E, e 각각의 1개당 DNA 상대량은 같다.)

ㄱ. 21번 염색체 비분리는 감수 2분열에서 일어났다.
ㄴ. 염색체 수는 Ⅱ가 ㉡보다 적다.
ㄷ. ㉢이 정상 난자와 수정되어 아이가 태어날 때, 이 아이는 다운 증후군을 나타낸다.

① ㄱ　　　② ㄴ　　　③ ㄱ, ㄴ
④ ㄱ, ㄷ　　　⑤ ㄴ, ㄷ

674

다음은 어떤 가족의 유전병 ㉠에 대한 자료이다.

- ㉠은 X 염색체에 있는 대립유전자 R와 r에 의해 결정되며, R는 r에 대해 완전 우성이다.

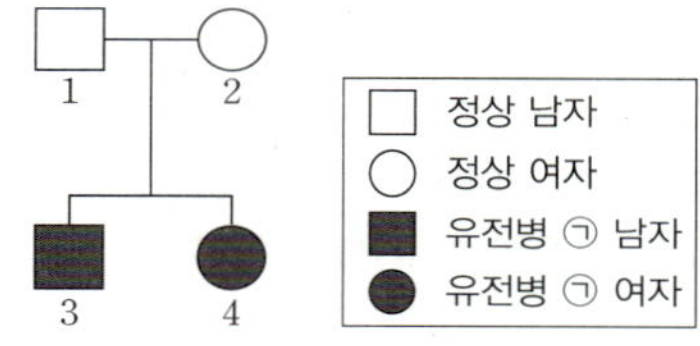

- 3과 4에게서 염색체 수 이상이 나타나고, 체세포 1개당 X 염색체 수는 3이 4보다 많다.
- 3과 4가 태어날 때 각각 부모 중 한 사람의 감수 분열에서 성염색체 비분리가 1회 일어났다.
- 감수 분열 시 염색체 비분리가 1회 일어나 ⓐ염색체 수가 비정상적인 생식세포가 형성되었다. ⓐ와 정상 생식세포의 수정으로 3이 태어났다.

이에 대한 설명으로 옳은 것만을 〈보기〉에서 있는 대로 고른 것은? (단, 제시된 염색체 비분리 이외의 돌연변이와 교차는 고려하지 않는다.)

ㄱ. 4는 터너 증후군이다.
ㄴ. ⓐ의 형성 과정 중 염색체 비분리는 감수 1분열에서 일어났다.
ㄷ. 체세포 1개당 r의 수는 2와 4가 같다.

① ㄱ　　　② ㄴ　　　③ ㄱ, ㄴ
④ ㄱ, ㄷ　　　⑤ ㄴ, ㄷ

675

다음은 어떤 가족의 유전병 ㉠과 ㉡에 대한 자료이다.

- ㉠은 대립유전자 A와 A*에 의해, ㉡은 대립유전자 B와 B*에 의해 결정되며, 각 대립유전자 사이의 우열 관계는 분명하다.

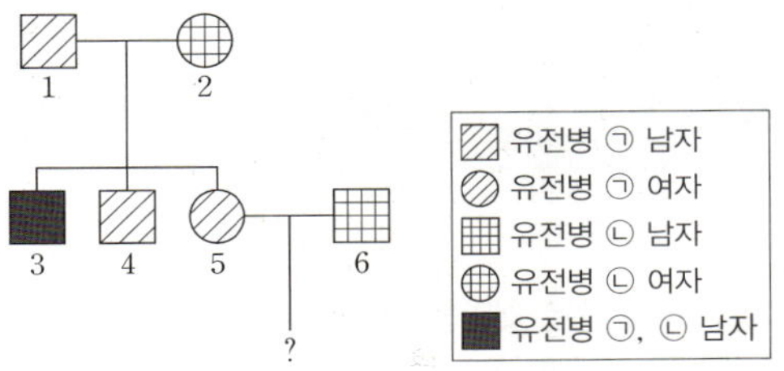

- 표는 가족 구성원에서 체세포 1개당 A*과 B*의 DNA 상대량을 나타낸 것이다.

구성원		1	2	3	4	5
DNA 상대량	A*	2	0	1	1	1
	B*	0	2	1	1	1

- 감수 분열 시 염색체 비분리가 1회 일어나 ⓐ염색체 수가 비정상적인 생식세포가 형성되었다. ⓐ와 정상 생식세포의 수정으로 4가 태어났다. 4의 염색체 수는 47이다.

이에 대한 설명으로 옳은 것만을 〈보기〉에서 있는 대로 고른 것은? (단, 제시된 염색체 비분리 이외의 다른 돌연변이는 고려하지 않으며, A, A*, B, B* 각각의 1개당 DNA 상대량은 같다.)

보기
- ㄱ. ㉠은 우성 형질이다.
- ㄴ. ⓐ의 형성 과정 중 염색체 비분리는 감수 1분열에서 일어났다.
- ㄷ. 5와 6 사이에서 아이가 태어날 때, 이 아이가 ㉠과 ㉡을 모두 가질 확률은 $\frac{1}{4}$이다.

① ㄱ   ② ㄴ   ③ ㄱ, ㄷ
④ ㄴ, ㄷ   ⑤ ㄱ, ㄴ, ㄷ

676

그림은 어떤 동물(2n=4)의 3개의 체세포의 염색체를 모두 나타낸 것이다. (가)는 정상 세포의 염색체, (나)와 (다)는 염색체 이상이 일어난 세포의 염색체이다.

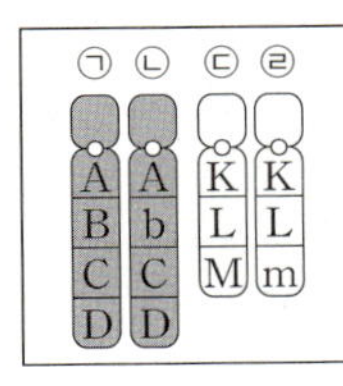
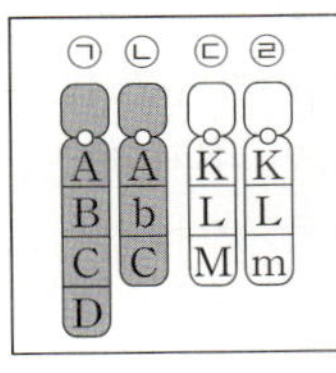
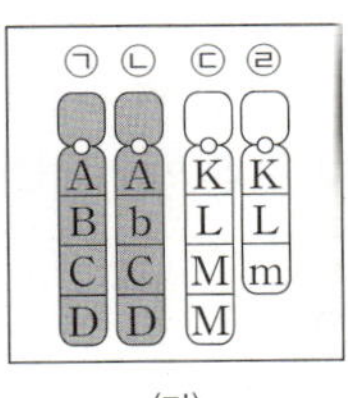

(가)   (나)   (다)

이에 대한 설명으로 옳은 것만을 〈보기〉에서 있는 대로 고른 것은? (단, 알파벳은 유전자를 나타낸다.)

보기
- ㄱ. (가)에서 ㉠은 ㉡의 상동 염색체이다.
- ㄴ. (나)의 ㉡은 결실이 일어난 염색체이다.
- ㄷ. (다)의 ㉢은 역위가 일어난 염색체이다.

① ㄱ   ② ㄷ   ③ ㄱ, ㄴ
④ ㄴ, ㄷ   ⑤ ㄱ, ㄴ, ㄷ

677

다음은 어떤 가족의 유전병 ㉠에 대한 자료이다.

- ㉠은 대립유전자 H와 H*에 의해 결정되며, H와 H* 사이의 우열 관계는 분명하다. H는 정상 대립유전자이고, H*은 ㉠ 유전병 대립유전자이다.
- 자녀 1~4의 어머니와 아버지는 H와 H* 중 한 가지만 가지고 있다.
- 표는 자녀 1~4의 성별, 체세포 1개당 X 염색체 수, 유전병 ㉠의 유무를 나타낸 것이다.

구분	성별	체세포 1개당 X 염색체 수	유전병 ㉠의 유무
자녀 1	남	2	있음
자녀 2	여	2	없음
자녀 3	남	1	없음
자녀 4	여	2	있음

- H와 H*의 1개당 DNA 상대량은 같다.
- 감수 분열 시 염색체 비분리가 1회 일어나 ⓐ염색체 수가 비정상적인 생식세포가 형성되었다. ⓐ와 정상 생식세포의 수정으로 자녀 1이 태어났다.
- 자녀 2는 결실이 일어난 X 염색체를 1개 가지고 있다.

이에 대한 설명으로 옳은 것만을 〈보기〉에서 있는 대로 고른 것은? (단, 제시된 돌연변이 이외의 다른 돌연변이는 고려하지 않는다.)

보기
- ㄱ. 어머니는 ㉠을 갖는다.
- ㄴ. 체세포 1개당 H의 DNA 상대량은 자녀 1과 2가 서로 같다.
- ㄷ. ⓐ는 감수 1분열에서 비분리가 일어나 형성된 정자이다.

① ㄱ   ② ㄴ   ③ ㄱ, ㄴ
④ ㄱ, ㄷ   ⑤ ㄴ, ㄷ

01. 생태계와 개체군

678

그림은 생태계를 구성하는 요소 사이의 관계를 나타낸 것이다.

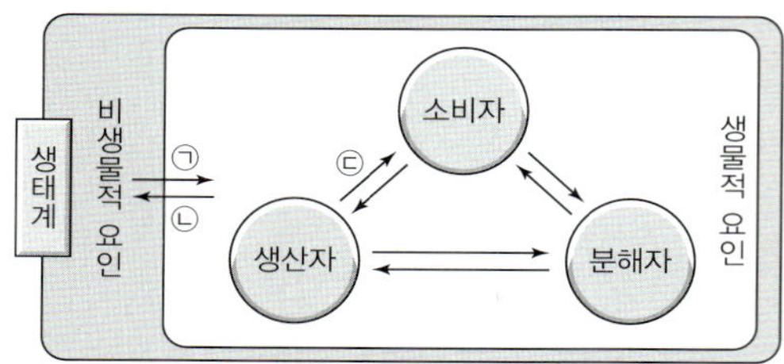

이에 대한 설명으로 옳은 것만을 〈보기〉에서 있는 대로 고른 것은?

보기

ㄱ. 산의 고도에 따라 식물 군집의 분포가 달라지는 현상은
　 ㉠에 해당한다.
ㄴ. 지의류에 의해 암석의 풍화가 촉진되는 것은 ㉡에 해당
　 한다.
ㄷ. 스라소니가 눈신토끼를 잡아먹는 것은 ㉢에 해당한다.

① ㄱ　　　　　② ㄷ　　　　　③ ㄱ, ㄴ
④ ㄴ, ㄷ　　　　⑤ ㄱ, ㄴ, ㄷ

679

표는 어떤 개구리 개체군에서 같은 시기에 태어난 무리가 알에서 깨어 수명이 다할 때까지의 상대 생존일과 생존율을 나타낸 것이다.

상대 생존일(일)	생존율(%)	상대 생존일(일)	생존율(%)
0	100	40	0.8
10	2	60	0.5
20	1.5	80	0.3
30	1.2	100	0

이 자료에 대한 설명으로 옳은 것만을 〈보기〉에서 있는 대로 고른 것은? (단, 이 개체군에서 이입과 이출은 없다.)

보기

ㄱ. 개체군의 생장 곡선을 만들 수 있다.
ㄴ. 초기의 사망률이 후기의 사망률보다 높다.
ㄷ. 생존 결과는 히드라의 생존 곡선과 비슷하다.

① ㄱ　　　　　② ㄴ　　　　　③ ㄷ
④ ㄱ, ㄴ　　　　⑤ ㄴ, ㄷ

680

그림은 연도별 우리나라 인구의 연령 분포를 나타낸 것이다.

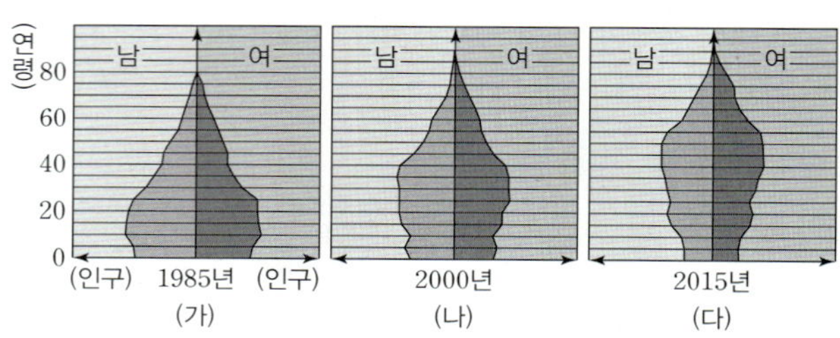

이에 대한 설명으로 옳은 것만을 〈보기〉에서 있는 대로 고른 것은? (단, 주어진 자료만 고려한다.)

보기

ㄱ. (가)에서는 생식 전 연령층의 비율이 높아 개체군의 크기가
　 점점 커진다.
ㄴ. (나)에서는 (가)에서보다 평균 연령이 낮아졌다.
ㄷ. 2025년 우리나라 인구의 연령 분포는 안정형이 될 것이다.

① ㄱ　　　　　② ㄴ　　　　　③ ㄱ, ㄷ
④ ㄴ, ㄷ　　　　⑤ ㄱ, ㄴ, ㄷ

681

표는 사람, 꿩, 악어, 청어가 1회에 배란하는 난자의 수를, 그림은 이 동물의 상대 수명에 따른 생존 개체 수를 나타낸 것이다.

동물	1회에 배란하는 난자의 수(개)
사람	1
꿩	14
악어	50
청어	35000

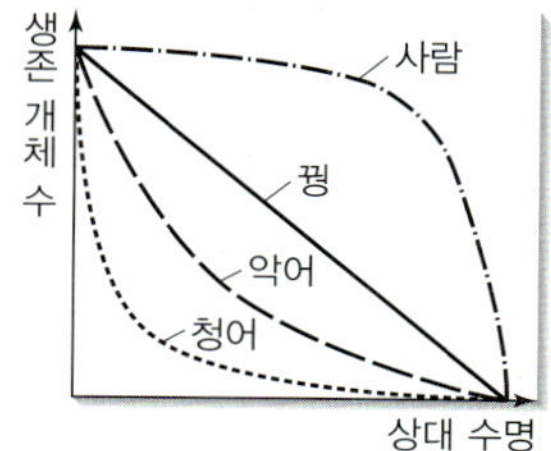

이 자료에 대한 설명으로 옳은 것만을 〈보기〉에서 있는 대로 고른 것은?

보기

ㄱ. 초기 사망률이 높은 종은 많은 수의 난자를 배란한다.
ㄴ. 꿩은 상대 수명에 따라 사망률이 일정하게 감소한다.
ㄷ. 1회에 번식시키는 자손의 수가 많은 종에서 어릴 때 어버이
　 의 보호를 받는 행동이 나타난다.

① ㄱ　　　　　② ㄴ　　　　　③ ㄷ
④ ㄱ, ㄴ　　　　⑤ ㄱ, ㄷ

682

그림 (가)는 생물이 없는 바위에 부착형 생물인 A가 유입되었을 때 시간에 따른 A의 개체군 밀도를, (나)는 (가)에서 A의 출생률 및 사망률을 나타낸 것이다.

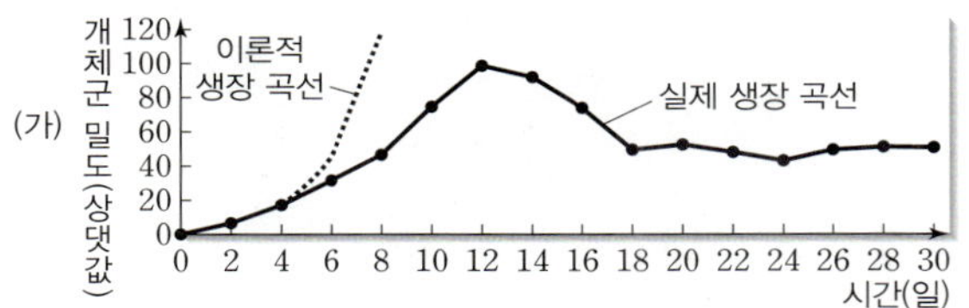

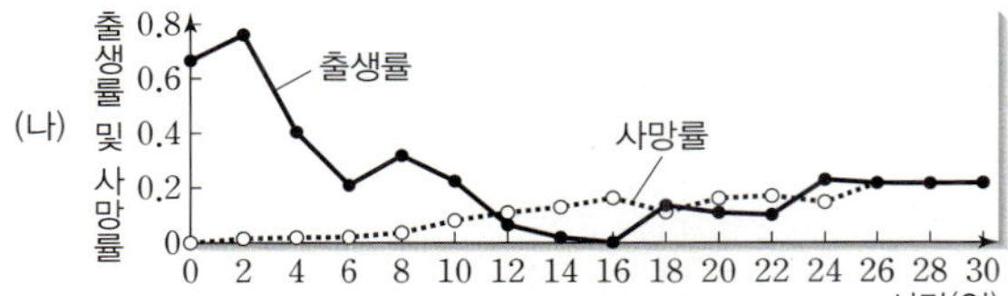

이에 대한 설명으로 옳은 것만을 〈보기〉에서 있는 대로 고른 것은? (단, 주어진 자료만 고려한다.)

보기

ㄱ. 계절에 따른 주기적 변동을 파악할 수 있다.
ㄴ. 사망률이 증가하면 개체군 밀도는 항상 감소한다.
ㄷ. 개체군의 생장 초기에는 이론적 생장 곡선과 실제 생장 곡선이 일치하는 구간이 있다.

① ㄴ　　　② ㄷ　　　③ ㄱ, ㄴ　　　④ ㄱ, ㄷ　　　⑤ ㄴ, ㄷ

683

그림은 나그네쥐와 족제비의 개체군 변동을 나타낸 것이다. A와 B는 나그네쥐와 족제비를 순서 없이 나타낸 것이며, 각각 포식자와 피식자 중 하나이다.

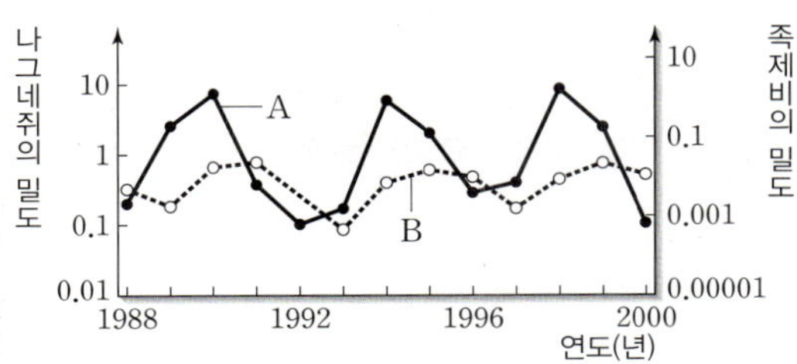

이에 대한 설명으로 옳은 것만을 〈보기〉에서 있는 대로 고른 것은?

보기

ㄱ. A는 나그네쥐이다.
ㄴ. 나그네쥐의 밀도는 항상 족제비의 밀도보다 높다.
ㄷ. 나그네쥐의 개체군 크기는 포식과 피식의 관계에 의해 주기적으로 변동한다.

① ㄱ　　　② ㄷ　　　③ ㄱ, ㄴ
④ ㄴ, ㄷ　　　⑤ ㄱ, ㄴ, ㄷ

684

그림은 은어의 공동 생활 구역과 세력권을, 표는 은어 개체군의 밀도에 따라 공동 생활 구역에서의 활동 비율과 세력권을 형성하는 비율을 나타낸 것이다.

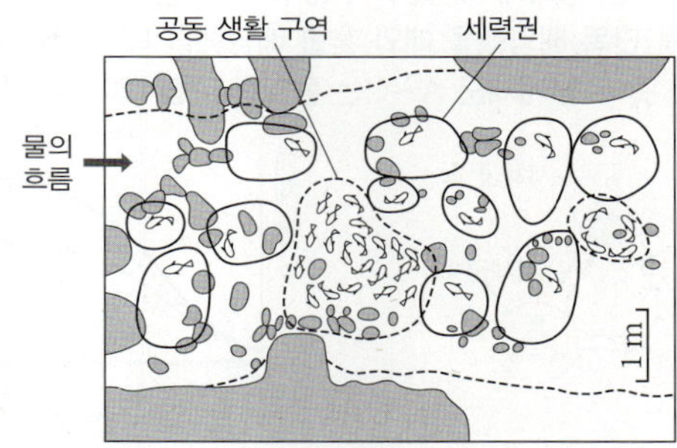

서식 위치	밀도(마리/m²) 0.3	0.9	5.5
공동 생활 구역	62 %	55 %	95 %
세력권	38 %	45 %	5 %

이에 대한 설명으로 옳은 것만을 〈보기〉에서 있는 대로 고른 것은?

보기

ㄱ. 밀도가 0.3인 개체군에서 텃세를 볼 수 있다.
ㄴ. 밀도가 증가할수록 세력권보다는 공동 생활 구역에 서식하는 비율이 증가한다.
ㄷ. 밀도가 5.5일 때는 0.9일 때보다 개체가 일정한 생활 공간을 차지하는 행동이 증가한다.

① ㄱ　　　② ㄷ　　　③ ㄱ, ㄴ
④ ㄴ, ㄷ　　　⑤ ㄱ, ㄴ, ㄷ

685

생태계를 구성하는 요소 간의 관계와 그 예를 옳게 짝지은 것은?

① 반작용 – 배스의 증가로 토종 어류가 감소한다.
② 반작용 – 울창한 숲 속은 외부보다 습도가 높다.
③ 작용 – 연못 속 검정말에 의해 산소 농도가 증가한다.
④ 작용 – 불가사리가 있는 바위에는 따개비의 수가 적다.
⑤ 상호 작용 – 국화는 낮의 길이가 짧아지고 밤의 길이가 길어지면 꽃이 핀다.

686

그림 (가)는 어떤 생태계 내 일부 구성 요소들 간의 관계를, (나)는 종 ⓐ와 종 ⓑ를 단독 배양했을 때와 혼합 배양했을 때 시간에 따른 개체 수를 나타낸 것이다. 개체군 A~C는 동일한 군집 내에서 서식한다.

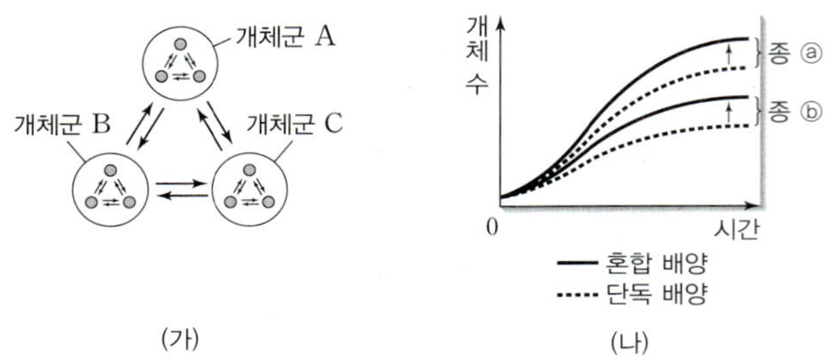

이에 대한 설명으로 옳은 것만을 〈보기〉에서 있는 대로 고른 것은?

보기

ㄱ. 개체군 A는 한 가지 종으로만 구성된다.
ㄴ. (나)에서 혼합 배양 시 ⓐ와 ⓑ 사이에 일어나는 상호 작용은 상리 공생이다.
ㄷ. (가)에서 개체군 간의 상호 작용의 예로 리더제가 있다.

① ㄱ   ② ㄴ   ③ ㄷ
④ ㄱ, ㄴ   ⑤ ㄴ, ㄷ

687

그림 (가)는 서로 다른 생물종 A, B, C를 각각 단독 배양했을 때의 생장 곡선을, (나)와 (다)는 각각 A와 B, A와 C를 혼합 배양했을 때 시간에 따른 각 개체군의 생장 곡선을 나타낸 것이다. (가)~(다)에서 초기 개체 수와 배양 조건은 동일하다.

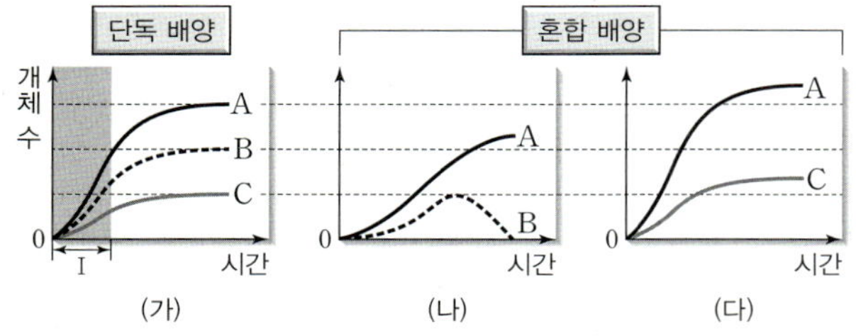

이에 대한 설명으로 옳은 것만을 〈보기〉에서 있는 대로 고른 것은?

보기

ㄱ. (가)의 구간 Ⅰ에서 생장 속도는 A~C 중 A가 가장 빠르다.
ㄴ. (나)에서 경쟁·배타가 일어났다.
ㄷ. (다)에서 A와 C는 경쟁 관계이다.

① ㄱ   ② ㄷ   ③ ㄱ, ㄴ
④ ㄴ, ㄷ   ⑤ ㄱ, ㄴ, ㄷ

688

그림 (가)는 갯벌에서 종에 따라 먹이가 다른 것을, (나)는 한 나무에 사는 새들이 종에 따라 서식 위치가 다른 것을 나타낸 것이다.

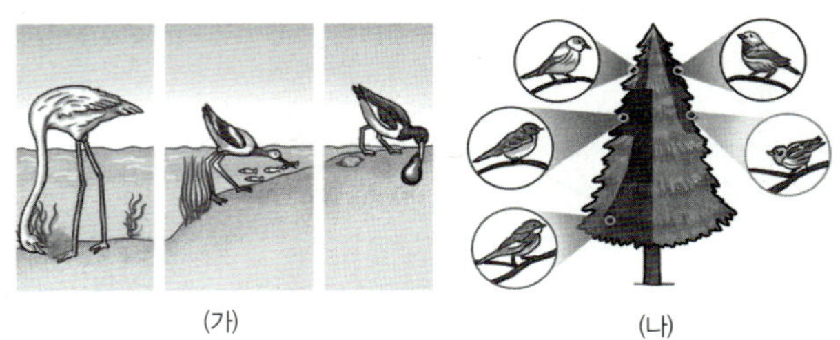
(가)   (나)

이에 대한 설명으로 옳은 것만을 〈보기〉에서 있는 대로 고른 것은?

보기

ㄱ. (가)에서 분서(생태 지위 분화)가 일어났다.
ㄴ. (가)는 먹이 경쟁을 피하기 위한 적응 결과이다.
ㄷ. (나)에서 종에 따라 서식 위치가 다른 것은 서식지 경쟁을 피하기 위한 것이다.

① ㄴ   ② ㄷ   ③ ㄱ, ㄴ
④ ㄱ, ㄷ   ⑤ ㄱ, ㄴ, ㄷ

689

표는 서로 다른 두 종 간의 상호 작용을 나타낸 것이다. 0은 두 종 간에 이익이나 손해가 없는 경우, ―는 손해를 입는 경우, +는 이익을 얻는 경우이다.

종 B＼종 A	―	0	+
―	(가)	?	(나)
0	?	중립	(다)
+	?	?	(라)

이에 대한 설명으로 옳은 것은?

① (가)는 상리 공생에 해당한다.
② (나)는 편리공생에 해당한다.
③ (다)는 기생에 해당한다.
④ (라)는 두 종의 생태적 지위가 중복될 때 나타난다.
⑤ 콩과식물과 뿌리혹박테리아의 관계는 (라)에 해당한다.

690

표는 어느 지역의 식물 군집을 방형구법으로 조사한 결과의 일부를 나타낸 것이다.

종	밀도	빈도	상대 피도 (%)
A	40	0.06	6
B	90	0.06	4
C	25	0.4	50
D	15	0.13	25
E	10	0.05	15
계	180	0.7	100

이에 대한 설명으로 옳은 것만을 〈보기〉에서 있는 대로 고른 것은? (단, A~E 이외의 다른 종은 고려하지 않는다.)

보기
ㄱ. 상대 밀도는 B에서 가장 높다.
ㄴ. 밀도가 높을수록 상대 빈도가 높다.
ㄷ. 이 지역의 우점종은 종 D이다.

① ㄱ 　　② ㄷ 　　③ ㄱ, ㄴ
④ ㄴ, ㄷ 　　⑤ ㄱ, ㄴ, ㄷ

691

표는 두 종 사이의 상호 작용을 나타낸 것이며, ㉠과 ㉡은 각각 경쟁과 상리 공생 중 하나이다. 그림 (가)는 종 A와 B를 각각 단독 배양했을 때, (나)는 A와 B를 혼합 배양했을 때 시간에 따른 개체 수를 나타낸 것이다.

상호 작용	종 1	종 2
㉠	손해	ⓐ
㉡	이익	이익

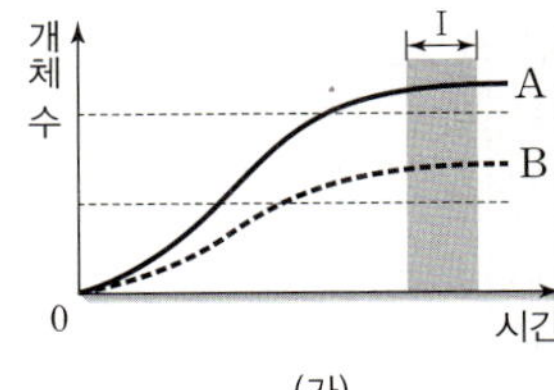
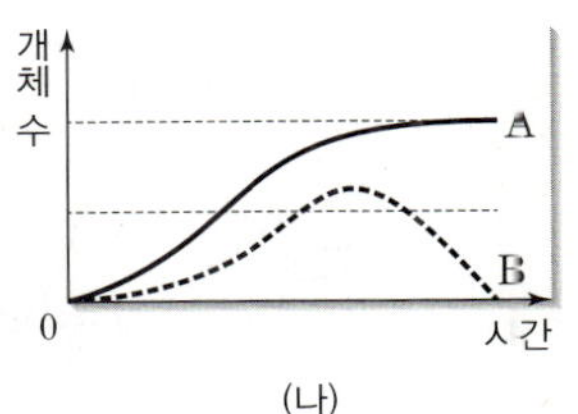

이에 대한 설명으로 옳은 것만을 〈보기〉에서 있는 대로 고른 것은? (단, (가)와 (나)에서 초기 개체 수와 배양 조건은 동일하다.)

보기
ㄱ. ⓐ는 '이익'이다.
ㄴ. (나)에서 A와 B 사이의 상호 작용은 ㉠이다.
ㄷ. (가)의 구간 Ⅰ에서 A는 환경 저항을 받지 않는다.

① ㄱ 　　② ㄴ 　　③ ㄷ
④ ㄱ, ㄴ 　　⑤ ㄴ, ㄷ

692

표는 서로 가까운 식물 종인 A와 B 사이에 일어나는 상호 작용을 알아보기 위하여 동일한 면적에 식물 종 A와 B의 비율을 달리하여 함께 파종하고, 수확한 종자의 비율을 비교한 것이다.

구분	파종한 종자의 비율(%)		상대 피도(%)	
	A	B	A	B
실험 Ⅰ	0	100	0	100
실험 Ⅱ	20	80	30	70
실험 Ⅲ	40	60	60	40
실험 Ⅳ	80	20	95	5

이 실험 결과를 통해 추론할 수 있는 A와 B의 관계에 가장 가까운 예는?

① 치타와 가젤
② 흰동가리와 말미잘
③ 사마귀와 귀뚜라미
④ 애기짚신벌레와 짚신벌레
⑤ 새삼과 숙주 식물

693

그림 (가)는 온대 지방의 용암 대지에서 오랜 세월에 걸쳐 식물 군집이 변화할 때 군집의 피도 변화를, (나)는 (가)의 t에서 군집 높이에 따라 식물이 받는 빛의 양을 나타낸 것이다. A~C는 각각 양수림, 음수림, 지의류 중 하나이다.

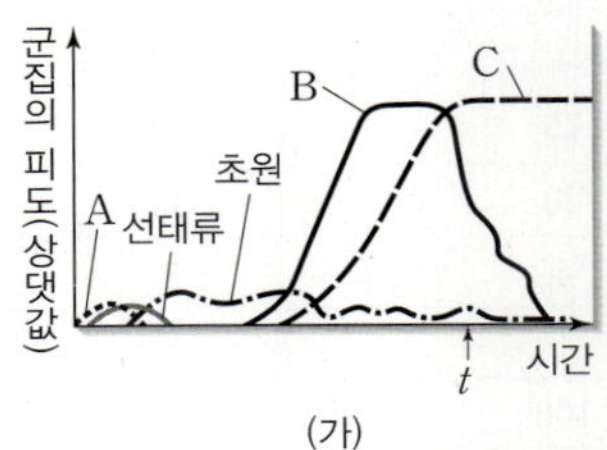
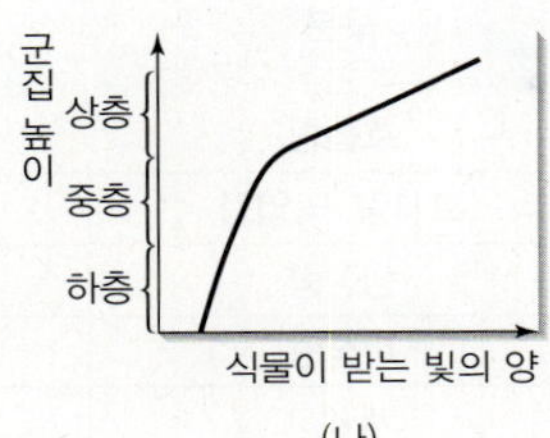

이에 대한 설명으로 옳은 것만을 〈보기〉에서 있는 대로 고른 것은?

보기
ㄱ. A는 지의류이다.
ㄴ. (가)의 천이는 2차 천이이다.
ㄷ. t에서 군집의 상층에는 음수림이 있다.

① ㄱ 　　② ㄴ 　　③ ㄱ, ㄷ
④ ㄴ, ㄷ 　　⑤ ㄱ, ㄴ, ㄷ

694

그림은 어떤 생물 군집에서 생산자와 1차 소비자의 물질 생산과 소비를 나타낸 것이다.

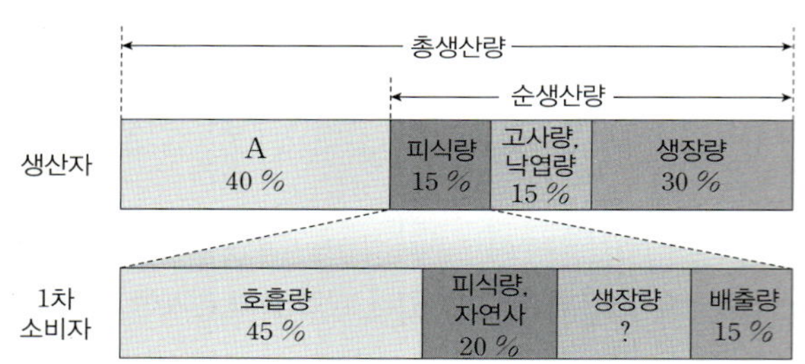

이에 대한 설명으로 옳은 것만을 〈보기〉에서 있는 대로 고른 것은?

보기

ㄱ. 이 군집에서 생산자의 $\dfrac{\text{순생산량}}{\text{호흡량}}$ 은 1.5이다.

ㄴ. 생산자의 총생산량 중 20 %가 2차 소비자에게 전달된다.

ㄷ. 1차 소비자의 생장량 비율은 생산자의 생장량 비율보다 높다.

① ㄱ 　② ㄴ 　③ ㄱ, ㄷ
④ ㄴ, ㄷ 　⑤ ㄱ, ㄴ, ㄷ

695

표는 동일한 면적을 차지하고 있는 식물 군집 Ⅰ과 Ⅱ에서 1년 동안 조사한 총생산량에 대한 생산자의 호흡량, 고사량, 낙엽량, 생장량, 피식량의 백분율을 나타낸 것이다. Ⅰ의 총생산량은 Ⅱ의 총생산량의 2배이다.

구분	식물 군집	
	Ⅰ	Ⅱ
호흡량	75	60
고사량, 낙엽량	20	30
생장량	4	8
피식량	1	2
계(%)	100	100

이 자료에 대한 설명으로 옳은 것만을 〈보기〉에서 있는 대로 고른 것은?

보기

ㄱ. 순생산량은 Ⅱ에서가 Ⅰ에서보다 많다.

ㄴ. 초식 동물의 섭식량은 Ⅰ과 Ⅱ에서 같다.

ㄷ. Ⅱ에서 총생산량에 대한 순생산량의 백분율은 40 %이다.

① ㄱ 　② ㄴ 　③ ㄷ
④ ㄱ, ㄴ 　⑤ ㄴ, ㄷ

696

그림 (가)는 어떤 생태계에서 일어나는 에너지 흐름의 일부를, (나)는 이 생태계의 식물 군집에서 시간에 따른 유기물량을 나타낸 것이다. ㉠과 ㉡은 각각 호흡량과 총생산량 중 하나이다.

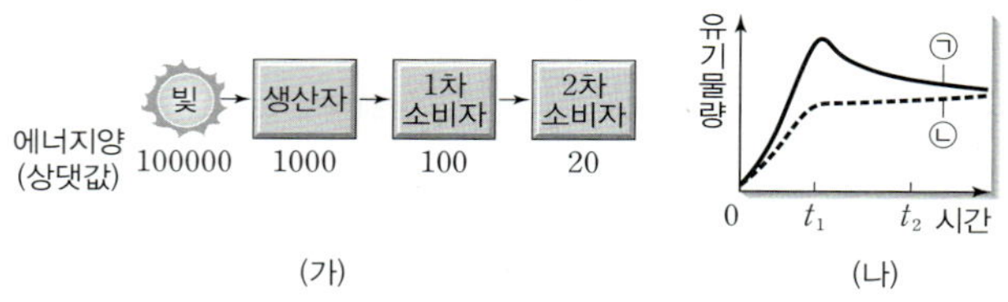

이에 대한 설명으로 옳은 것만을 〈보기〉에서 있는 대로 고른 것은?

보기

ㄱ. 1차 소비자의 생장량은 '㉠−㉡'에 포함된다.

ㄴ. 에너지 효율은 1차 소비자가 2차 소비자보다 높다.

ㄷ. t_1에서 t_2로 되는 동안, 이 식물 군집의 $\dfrac{\text{순생산량}}{\text{호흡량}}$ 은 감소한다.

① ㄴ 　② ㄷ 　③ ㄱ, ㄴ
④ ㄱ, ㄷ 　⑤ ㄴ, ㄷ

697

그림은 미국 카이바브 고원에서 시간의 경과에 따른 퓨마와 사슴의 개체 수, 초원의 생산량 변화를 나타낸 것이다. 카이바브 고원에서는 서식하는 사슴의 개체 수가 감소하자, 1905년 사슴의 포식자인 퓨마의 사냥을 허가하였다.

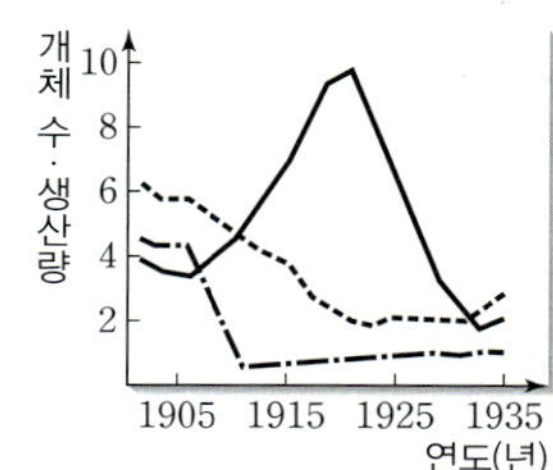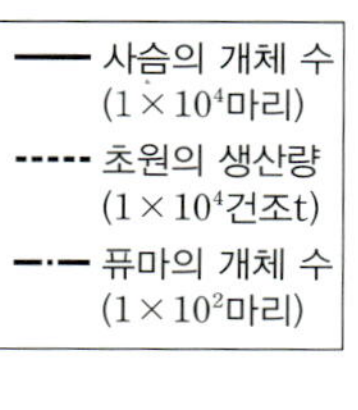

이 자료에 대한 설명으로 옳은 것만을 〈보기〉에서 있는 대로 고른 것은?

보기

ㄱ. 2차 소비자가 감소하면 생산자의 생산량이 증가한다.

ㄴ. 포식자를 제거하여 생태계의 평형을 유지한 사례이다.

ㄷ. 1920년 이후 사슴의 개체 수 감소는 먹이 부족 때문이다.

① ㄱ 　② ㄴ 　③ ㄷ
④ ㄱ, ㄴ 　⑤ ㄴ, ㄷ

698

그림은 생태계에서 일어나는 질소 순환 과정의 일부를 나타낸 것이다.

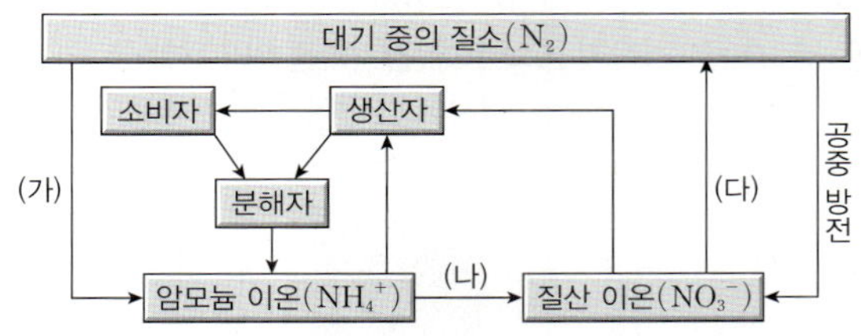

이에 대한 설명으로 옳은 것만을 〈보기〉에서 있는 대로 고른 것은?

보기

ㄱ. 과정 (가)에 질소 고정 세균이 관여한다.
ㄴ. 과정 (나)는 질산화 작용이다.
ㄷ. 과정 (다)에 버섯과 곰팡이가 관여한다.

① ㄴ ② ㄷ ③ ㄱ, ㄴ
④ ㄱ, ㄷ ⑤ ㄱ, ㄴ, ㄷ

700

그림은 생태계에서 탄소 순환 과정과 질소 순환 과정의 일부를 나타낸 것이다.

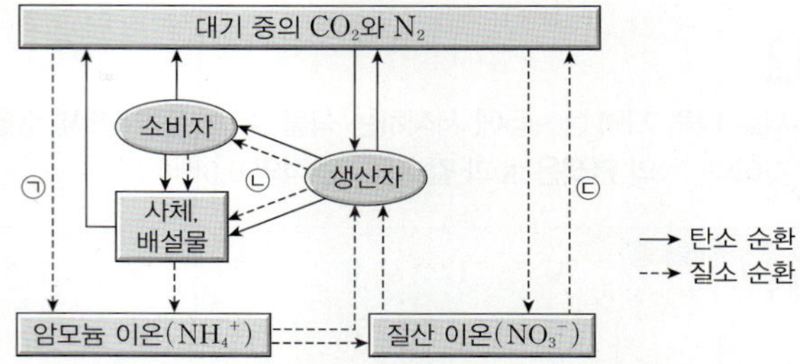

이에 대한 설명으로 옳은 것만을 〈보기〉에서 있는 대로 고른 것은?

보기

ㄱ. ㉠은 탄소 고정 과정이다.
ㄴ. ㉡에서 질소는 주로 단백질의 형태로 이동한다.
ㄷ. ㉢에서 질산화 세균(질산균)이 작용한다.

① ㄱ ② ㄴ ③ ㄷ
④ ㄱ, ㄴ ⑤ ㄱ, ㄴ, ㄷ

699

그림은 안정된 여러 생태계에서의 에너지양과 생물량을 나타낸 것이다.

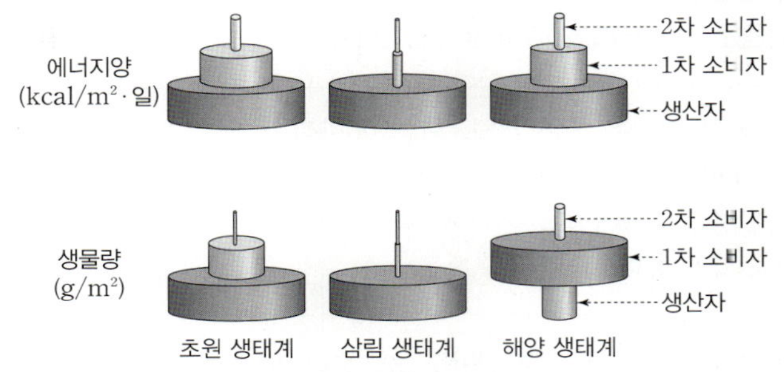

이에 대한 설명으로 옳은 것만을 〈보기〉에서 있는 대로 고른 것은?

보기

ㄱ. 생물량은 항상 생산자가 1차 소비자보다 많다.
ㄴ. 1차 소비자의 에너지 효율이 가장 낮은 곳은 삼림 생태계이다.
ㄷ. 전체 에너지양 중 1차 소비자의 에너지양 비율이 가장 높은 곳은 초원 생태계이다.

① ㄱ ② ㄴ ③ ㄱ, ㄴ
④ ㄱ, ㄷ ⑤ ㄴ, ㄷ

701

그림은 평형 상태의 어떤 생태계에서 이동하는 에너지양을 상대값으로 나타낸 것이다. ㉠과 ㉡은 각각 생산자와 소비자 중 하나이다.

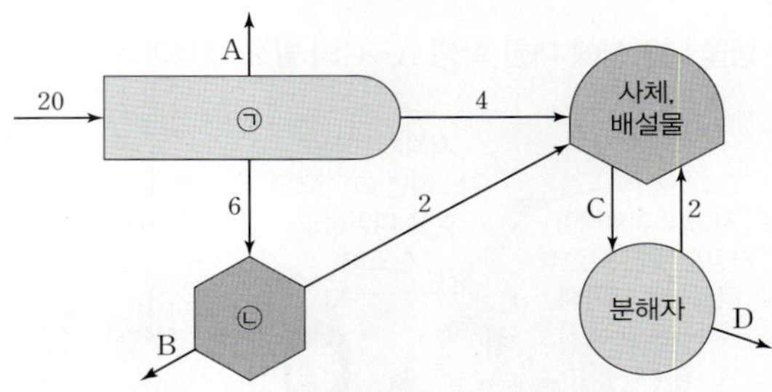

이에 대한 설명으로 옳은 것만을 〈보기〉에서 있는 대로 고른 것은?

보기

ㄱ. ㉠은 생산자이다.
ㄴ. A : B＝5 : 2 이다.
ㄷ. C는 D보다 크다.

① ㄱ ② ㄴ ③ ㄱ, ㄷ
④ ㄴ, ㄷ ⑤ ㄱ, ㄴ, ㄷ

01. 생물 다양성과 보전

702

표는 서로 다른 지역 ㉠~㉢에 서식하는 식물 종 A~E의 개체 수를 나타낸 것이다. ㉠의 면적은 ㉢과 같고, ㉡ 면적의 0.5배이다.

지역 \ 식물 종	A	B	C	D	E	합계
㉠	10	0	10	12	8	40
㉡	20	8	0	12	0	40
㉢	17	0	20	12	11	60

이에 대한 설명으로 옳은 것만을 〈보기〉에서 있는 대로 고른 것은? (단, 종 다양성은 종의 수가 많고 종의 분포가 고를수록 높으며, A~E 이외의 종은 고려하지 않는다.)

보기
ㄱ. 식물 종 다양성은 ㉠에서가 ㉡에서보다 높다.
ㄴ. A의 개체군 밀도는 ㉠에서와 ㉡에서가 같다.
ㄷ. ㉠에서 C의 상대 밀도는 ㉢에서 D의 상대 밀도보다 높다.

① ㄱ　　　　② ㄴ　　　　③ ㄷ
④ ㄱ, ㄴ　　⑤ ㄱ, ㄴ, ㄷ

703

다음은 생물 다양성에 대한 학생 A~C의 발표 내용이다.

발표 내용이 옳은 학생만을 있는 대로 고른 것은?

① A　　　　② C　　　　③ A, B
④ B, C　　　⑤ A, B, C

704

그림은 서로 다른 경작지 A와 B에 감자마름병이 유행한 후의 변화를 나타낸 것이다. 감자마름병은 감자에 곰팡이가 피는 병이다.

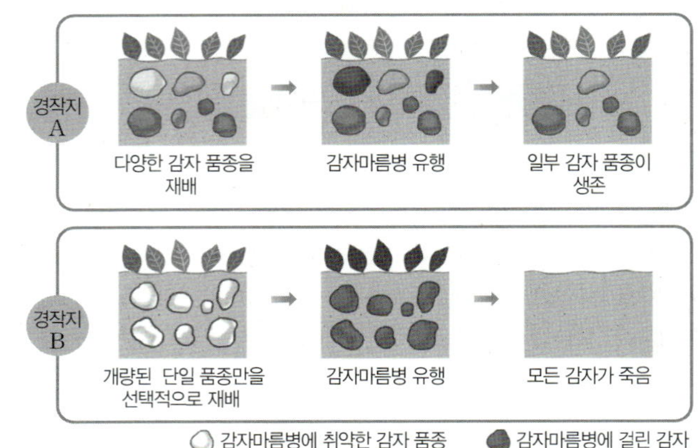

이에 대한 설명으로 옳은 것만을 〈보기〉에서 있는 대로 고른 것은?

보기
ㄱ. 생태계 다양성과 관련이 있다.
ㄴ. 감자의 유전적 다양성은 질병에 대한 생존율을 높인다.
ㄷ. 유전적 다양성은 급격한 환경 변화에서 개체군이나 종의 생존 가능성을 높이는 데 중요하다.

① ㄱ　　　　② ㄷ　　　　③ ㄱ, ㄴ
④ ㄴ, ㄷ　　⑤ ㄱ, ㄴ, ㄷ

705

다음은 100마리 클럽에 대한 설명이다.

생물학자들은 생존 개체 수가 100마리 이하인 종을 조사하여 100마리 클럽이라 부른다. 이 종들은 ⓐ유전적 변이가 적어 질병에 취약해 멸종 위기에 처해 있는 종으로서 ⓑ특별한 보호 조치가 필요하다.

이에 대한 설명으로 옳은 것만을 〈보기〉에서 있는 대로 고른 것은?

보기
ㄱ. ⓐ로 인해 개체군 내에 질병에 대한 저항성 유전자가 충분히 확보되지 못한다.
ㄴ. ⓑ에는 서식지를 보호하는 것이 포함된다.
ㄷ. 개체군이 유지되기 위해서는 일정 수 이상의 개체들이 있어야 한다.

① ㄱ　　　　② ㄷ　　　　③ ㄱ, ㄴ
④ ㄴ, ㄷ　　⑤ ㄱ, ㄴ, ㄷ

706

그림은 서식지가 분할되기 전과 후의 동물 종 A~E의 분포를, 표는 분할 전과 후 A~E의 총 개체 수를 나타낸 것이다. A~E의 위치는 해당 종의 서식 지역을 나타낸 것이다.

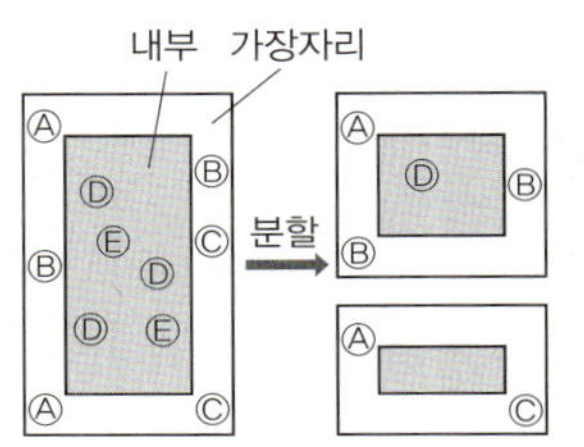

동물	분할 전	분할 후
A	200	150
B	200	100
C	100	50
D	50	50
E	50	0

서식지 분할 전과 비교하여 분할 후에 대한 설명으로 옳은 것만을 〈보기〉에서 있는 대로 고른 것은? (단, 제시된 동물 종만 고려한다.)

보기

ㄱ. 종 다양성이 증가하였다.

ㄴ. $\dfrac{\text{가장자리 면적}}{\text{서식지 전체 면적}}$ 이 감소하였다.

ㄷ. $\dfrac{\text{내부에 서식하는 종의 개체 수}}{\text{가장자리에 서식하는 종의 개체 수}}$ 는 감소하였다.

① ㄱ   ② ㄷ   ③ ㄱ, ㄴ
④ ㄴ, ㄷ   ⑤ ㄱ, ㄴ, ㄷ

707

다음 (가)~(다)는 생물 다양성과 관련된 사례이다.

(가) 갯벌을 간척하여 농경지로 개간한다.
(나) 종자 은행에 옥수수의 다양한 종자를 보관한다.
(다) 국가 간에 생물 다양성을 보호하기 위한 국제 협약을 체결한다.

이에 대한 설명으로 옳은 것만을 〈보기〉에서 있는 대로 고른 것은?

보기

ㄱ. (가) 과정에서 갯벌 생태계의 평형이 깨진다.
ㄴ. (나)를 통해 유전적 다양성을 보전할 수 있다.
ㄷ. (다)는 개인 차원의 실천 내용이다.

① ㄱ   ② ㄷ   ③ ㄱ, ㄴ
④ ㄱ, ㄷ   ⑤ ㄴ, ㄷ

708

그림은 동일한 면적의 식물 군집 (가)와 (나)를 나타낸 것이다.

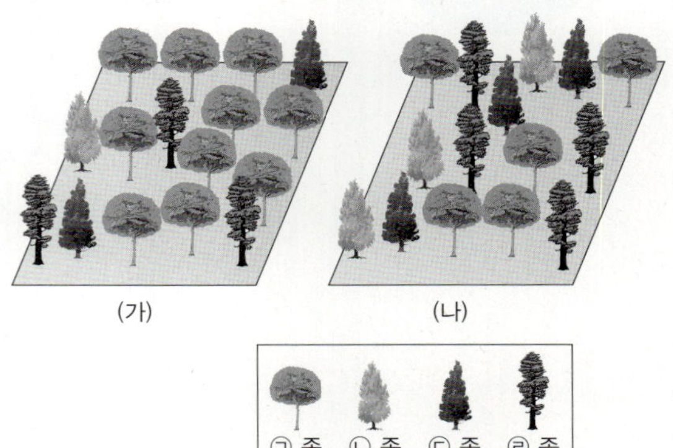

이에 대한 설명으로 옳은 것만을 〈보기〉에서 있는 대로 고른 것은? (단, 종 다양성은 종의 수가 많고 종의 분포가 고를수록 높다.)

보기

ㄱ. (가)에서 밀도가 가장 높은 종은 ㉠이다.
ㄴ. 식물 종의 수는 (나)가 (가)보다 많다.
ㄷ. 종 다양성은 (가)에서가 (나)에서보다 높다.

① ㄱ   ② ㄷ   ③ ㄱ, ㄴ
④ ㄴ, ㄷ   ⑤ ㄱ, ㄴ, ㄷ

709

그림은 어떤 초지 생태계를 관찰하여 식물의 종 풍부도에 따른 식물의 피도, 질병 발병도의 변화를 나타낸 것이다.

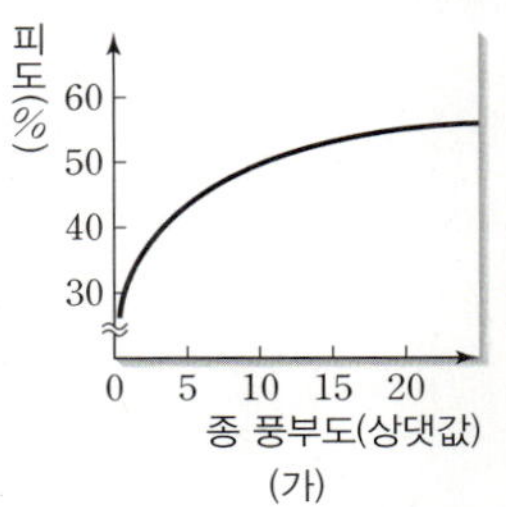

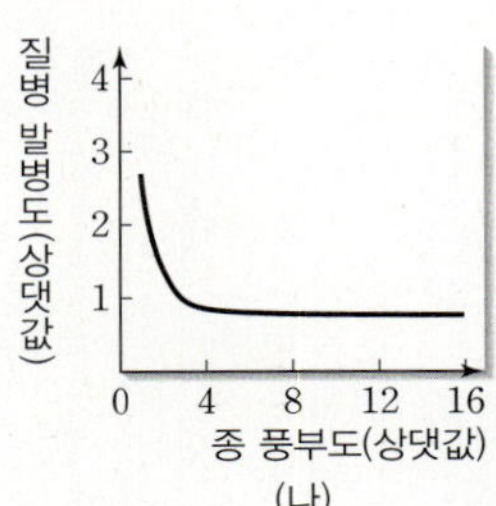

이에 대한 설명으로 옳은 것만을 〈보기〉에서 있는 대로 고른 것은?

보기

ㄱ. 종이 다양하면 질병 발병도가 낮아진다.
ㄴ. 식물의 종 풍부도가 높아지면 식물의 피도가 높아진다.
ㄷ. 식물의 종 풍부도가 높으면 생태계 안정성이 낮아진다.

① ㄱ   ② ㄴ   ③ ㄷ
④ ㄱ, ㄴ   ⑤ ㄱ, ㄴ, ㄷ

memo

BON. 본 N 제

BON.**N**제

수능·내신 영어의 모든 것을 마스터하세요!
MASTER
Series

독해를 마스터
듣기를 마스터
영단어를 마스터

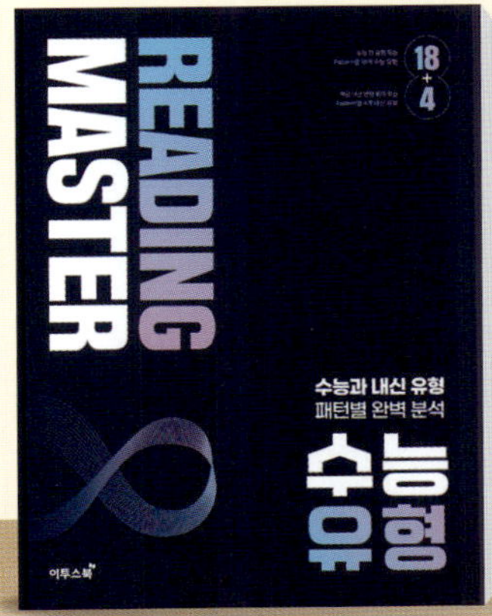

18+4
READING MASTER
수능과 내신 유형 패턴별 완벽 분석
수능유형
이투스북

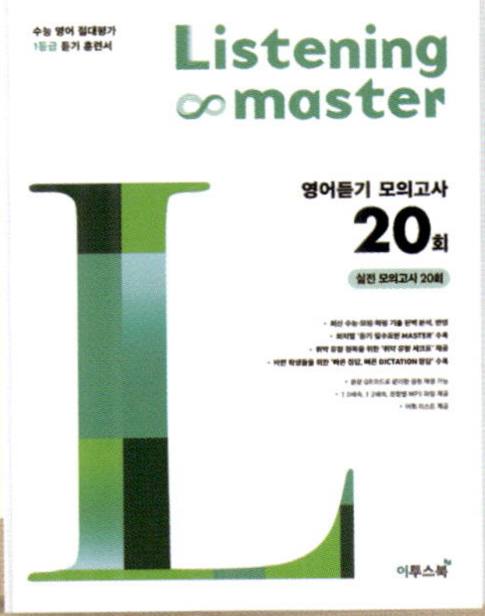

수능 영어 절대평가 1등급 듣기 훈련서
Listening ∞ master
영어듣기 모의고사 20회
실전 모의고사 20회
이투스북

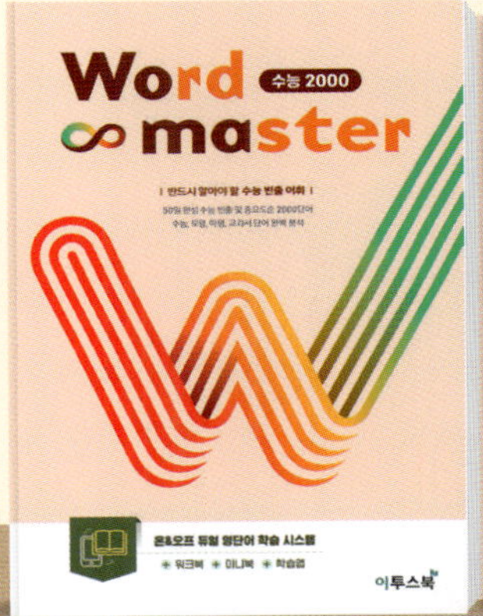

Word ∞ master
수능 2000
반드시 알아야 할 수능 빈출 어휘
온&오프 듀얼 영단어 학습 시스템
워크북 미니북 학습앱
이투스북

최신 수능 경향 반영!
수준별 독해서
"유형 - 실전 - 고난도"로
영어 독해 체계적 완성

1등급 목표!
수능 영어 듣기 훈련서
유형 학습부터 고난도까지
완벽한 3단계 난이도 구성

반드시 알아야 할
빈출 어휘 영단어장
학습앱&워크북, 미니북
온&오프 복습 시스템

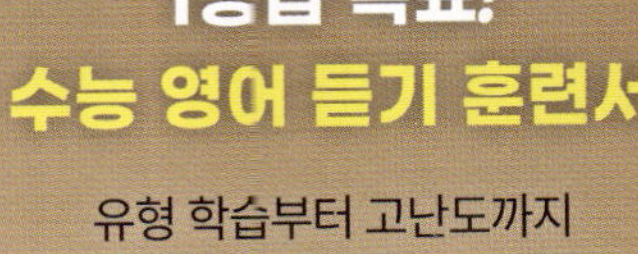

READING MASTER
수능 고난도

Listening ∞ master
영어듣기 모의고사 20회

Word ∞ master
Workbook
Word ∞ master

워드마스터 학습앱
바로가기

• 이투스북 도서는 전국 서점 및 온라인 서점에서 구매하실 수 있습니다. • 이투스북 온라인 서점 | www.etoosbook.com
이투스북

양만 많은 문제집
푸느라 부족한 시간과
수능
D-100
눈 뜨고
있어요

오?
20XX
입시 전략
매번 바뀌는 출제 경향에 생기는 혼란

험난한 수능 코스
1등급
난 늘 제자리걸음..

이렇게 된 이상
아샵에
모든 걸 건다!!!
최신 수능 경향
매년 ASAP 반영
3/6/9 모의고사
& 수능 대비
전략적 시즌제 콘텐츠
오답률 높은 문항으로
취약 유형 대비
코칭 선생님께 학습 관리 받는
느낌이 들 정도로 체계적이라
대만족이었습니다!
깔끔한 구성에 좋은 문항들이네요!

수험생 무사 입시 완봉 기원!
아샵부흥회
수능
대박
가보
자고
수능 1 등급
마샵
E
영어
마샵
M
수학
아샵
수능 실전 연습
풀 모의고사
국어 | 수학 | 영어 | 사탐 | 과탐

핵심만 뽑은
효율 甲 모의고사

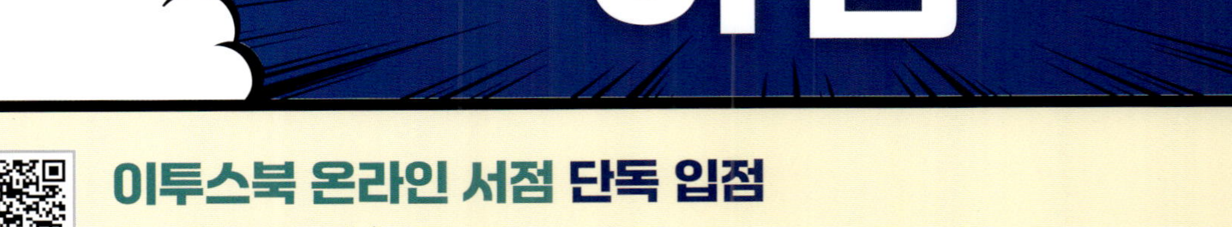
아샵

BON.본 N제

생명과학 I 709Q

모든 교과서 완벽 분석
모든 교과서 내용을 체계적으로 분석하여
시험의 적중률을 높임

필수 개념의 출제 경향 파악
족집게 전략과 단골 문제를 통해
필수 개념의 출제 경향과 대표 문제 파악

다양한 유형의 문제 수록
시험에 나올 수 있는 모든 유형의 문제 수록

1등급을 위한 시험 유형 훈련서
BON.N제
본
생명과학 I 709Q
정답 및 해설
이투스북
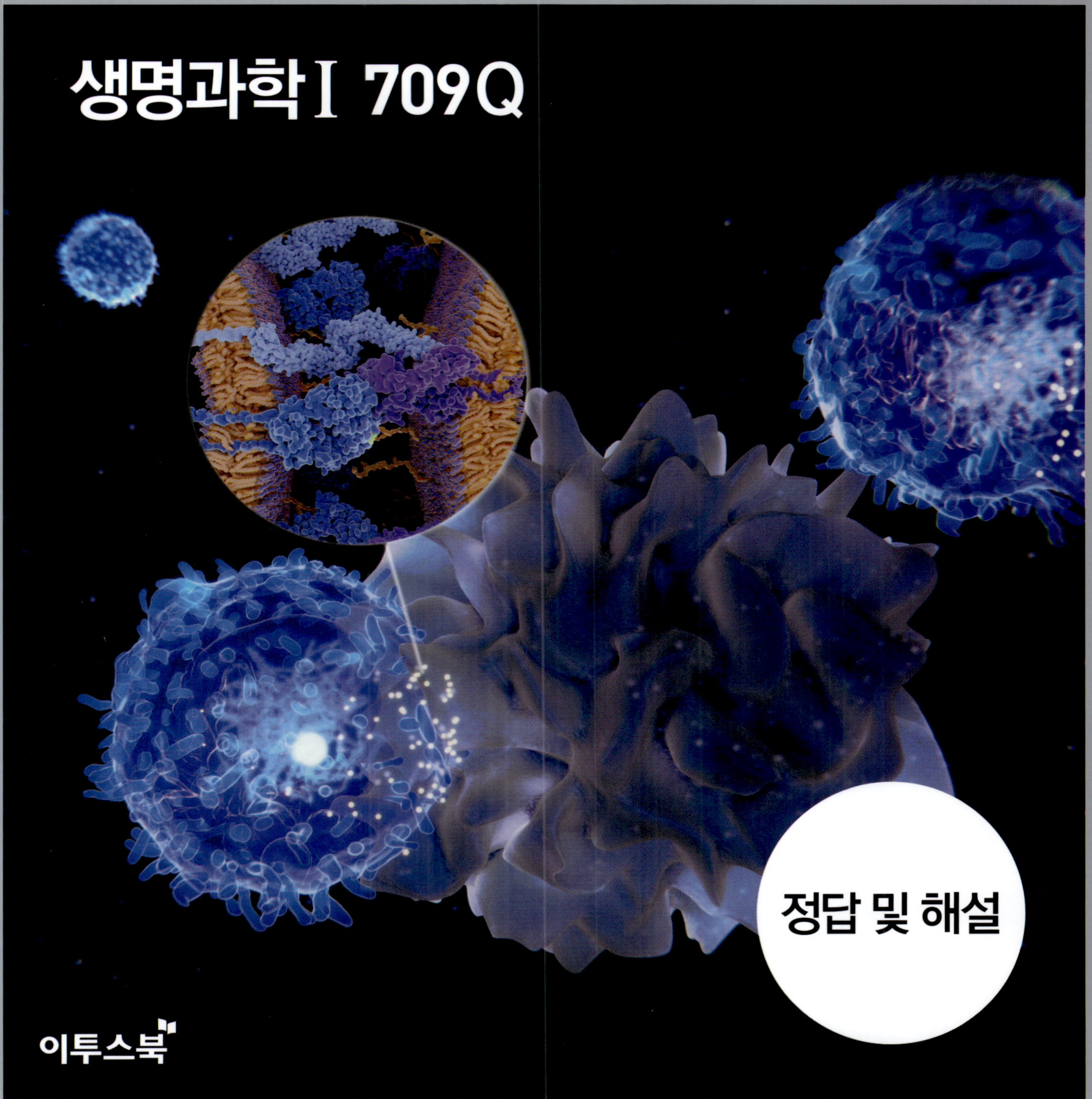

BON. N제

BON.본 N제

정답 및 해설

I. 생명 과학의 이해

I-1. 생명 과학의 이해

01. 생명 과학의 특성과 탐구 방법

STEP 1 바로바로 개념 확인　　　본문 011쪽

001 생명 과학　　**002** 통합적　　**003** (1) 연 (2) 연 (3) 귀　　**004** 대조군
005 조작　　**006** (1) ㄷ → ㄱ → ㅁ → ㄴ → ㄹ (2) ㄱ

003 연역적 탐구 방법은 가설 설정 단계가 있고, 실험군과 대조군으로 나누는 대조 실험을 수행한다. 반면 귀납적 탐구 방법은 여러 번의 관찰을 통해 자료를 분석한 후 결론을 도출하는 방법으로, 가설 설정 단계가 없다.

006 (1) 연역적 탐구 과정에서는 문제 인식 → 가설 설정 → 탐구 설계 및 수행 → 결과 정리 및 해석 → 결론 도출의 단계를 거친다.
(2) 실험 결과가 가설과 일치하지 않으면 가설 설정 단계부터 다시 시작해야 한다.

STEP 2 알짜 문제로 실력 키우기　　　본문 012~013쪽

007 ③　　**008** ③　　**009** ③　　**010** 해설 참조　　**011** ⑤　　**012** ⑤
013 ①　　**014** ③

007 생명 과학은 통합적인 성격을 가지고 있어 다른 학문 분야와 서로 영향을 주고받으며 발전하고 있다.
③ 생명 과학은 물리학이나 화학과 같은 물질 과학의 영향을 받아 통합적으로 발달해 왔다.

오답 피하기　① 생명 과학은 연구 대상의 규모가 세포에서부터 생태계에 이르기까지 광범위하다.
② 생명 과학은 순수 학문의 성격을 가진 부분도 있지만, 연구 성과를 인류의 생존과 복지에 응용하고 있다.
④ 생명 과학의 성과는 과학 이외에 윤리학이나 경제학과 같은 학문 발달에도 영향을 미쳤다.
⑤ 생체 화학 물질의 조성과 기능을 연구하는 생화학과 같은 학문 분야는 생명 과학의 세부 학문 분야 중 하나이다.

추가로 나오는 선택지

❶ ○　❷ ○　❸ ×

❶ 생명 과학은 생명 현상을 탐구하는 학문이다.
❷ 생명 과학은 물리학과 화학의 연구 결과를 활용하여 비약적으로 발전하였다.
❸ 시공간에서 물질의 운동과 힘을 연구하는 사람은 물리학자이다.

008 생명 과학은 다른 학문 분야와 연계하여 발전해 왔으며, 대표적인 예로 전자 현미경을 이용한 세포 관찰이나 X선을 이용한 DNA 구조 발견 등이 있다.
③ 광학을 이용한 허블 망원경으로 블랙홀을 관찰하는 것은 생명 과학의 발전과는 거리가 멀다.

009 (가)와 (나)는 모두 귀납적 탐구 방법을 이용한 사례이다.
③ (가)는 귀납적 탐구 방법을 이용한 사례로, 귀납적 탐구 방법에서는 최대한 많은 자료를 관찰하여 규칙성을 발견하는 것이 중요하다.

오답 피하기　① ㉠은 관찰을 하는 단계로, 이 단계에서 대조 실험은 하지 않는다.
② (가)는 다윈이 진화론을 밝힌 탐구 방법을 이용한 사례로, 다양한 생물들의 표본과 화석 관찰을 통해 공통점과 규칙성을 발견하였으므로 귀납적 탐구 방법이 이용되었다.
④ (나)는 귀납적 탐구 방법을 이용한 사례로, 가설 설정 단계가 없다.
⑤ (나)에서 구달은 가설 검증이 아닌 수년간의 관찰을 통해 결론을 도출하였다.

추가로 나오는 선택지

❶ ○　❷ ×

❶ 다윈은 귀납적 탐구 방법을 통해 결론을 도출하여 자연 선택설을 기초로 한 진화론을 주장하였다.
❷ 귀납적 탐구 방법은 연역적 탐구 방법과 동일하게 자료의 해석 및 결론 도출 단계가 있다.

자료 정리

귀납적 탐구 방법을 이용한 예
(가) 다윈의 진화론: 다윈은 갈라파고스 군도에서 다양한 핀치 새를 수집하고 관찰하여 이들이 한 종류에 속한다는 것을 알게 되었고, 여러 관찰 결과를 이용하여 진화론으로 발전시켰다.
(나) 제인 구달의 침팬지 연구: 구달은 탄자니아 곰비에서 야생 침팬지들과 함께 지내며 침팬지의 행동을 40년간 관찰하고 이를 발표하여 사람들의 동물에 대한 고정 관념을 깨뜨리는 새로운 이론을 제시하였다. 구달의 탐구도 오랜 시간 관찰 결과를 토대로 이론을 정립하는 귀납적 탐구 방법의 예이다.

010 모범 답안　귀납적 탐구 방법, 관찰 수행

채점 기준	배점
생명 과학의 탐구 방법 종류와 ㉠에 들어갈 탐구 과정을 모두 옳게 서술한 경우	100%
생명 과학의 탐구 방법 종류와 ㉠에 들어갈 탐구 과정 중 하나만 옳게 서술한 경우	50%

011 닭의 각기병에 대한 탐구 과정은 연역적 탐구 방법을 이용한 대표적인 예이다.
ㄱ. 닭의 각기병에 대한 탐구는 가설 설정과 대조 실험이 있으므로 연역적 탐구 방법이 이용되었다.
ㄴ. (나)는 관찰 및 의문에 대한 잠정적인 결론을 세우는 가설 설정 단계이다.

ㄷ. (라)의 두 집단에서 각기병 발병 여부는 종속변인이다.

❶ ○ ❷ ○ ❸ 변인

❶ 닭의 모이를 백미에서 현미로 바꾼 후 각기병에 걸린 닭이 낫게 된 이유를 확인하고자 하는 탐구이므로 '현미에는 각기병을 낫게 하는 물질이 들어 있을 것이다.'는 가설 ㉠에 해당한다.

❷ 모이의 종류에 따라 각기병이 낫는 것을 알아보고자 하였으므로 (다)에서 모이의 종류는 조작 변인이다.

❸ 통제 변인은 실험에서 일정하게 유지하는 변인이므로 동일한 품종의 닭을 사용한 것은 변인 통제를 위한 것이다.

012 생명 과학의 탐구 방법에는 연역적 탐구 방법과 귀납적 탐구 방법이 있다.

⑤ 연역적 탐구 방법에서 가설은 잠정적인 결론을 미리 설정하는 것이지, 그렇다고 결론을 미리 일반화하여 탐구를 수행하지 않는다.

오답 피하기 ① 연역적 탐구에서는 실험군과 대조군을 나누어 대조 실험을 해야 실험에 대한 타당성을 높일 수 있다.

② 가설 설정 단계는 귀납적 탐구 방법에는 없고, 연역적 탐구 방법에는 있다.

③ 귀납적 탐구 방법에는 자료를 수집하는 단계가 있다.

④ 다윈의 진화론은 귀납적 탐구 방법을 이용한 대표적인 예이다.

013 이 탐구는 가설을 설정한 후 수행하였으므로 연역적 탐구 방법이 이용되었다.

ㄱ. ㉠은 실험 전 A가 세운 잠정적인 결론으로서 가설에 해당한다.

오답 피하기 ㄴ. 연역적 탐구 방법이 이용되었다.

ㄷ. 탐구 결과가 가설과 일치하지 않으면 가설 설정 단계부터 다시 시작해야 한다.

014 (가)는 귀납적 탐구 방법, (나)는 연역적 탐구 방법이다.

ㄱ. (가)는 관찰을 수행한 후, 이를 해석하고 결론을 도출하는 귀납적 탐구 방법이다.

ㄷ. (나)에서 실험군과 대조군을 설정하는 대조 실험을 해야 실험 결과의 타당성을 높일 수 있다.

오답 피하기 ㄴ. (가)를 통해 다윈의 진화론이 도출되었다.

STEP 3 **1등급을 위한 실전 완벽 대비**   본문 014~015쪽

015 ②	**016** ②	**017** ⑤	**018** ③	**019** ④
020 ③	**021** ⑤			
022 ①	**023** ③			

015 생명 과학은 통합적인 특징을 가지고 있어 물질 과학과 같은 다른 학문 분야 발전의 영향을 받는다. 또한 생명 과학의 발전은 다른 학문 분야에 영향을 주고 있다.

ㄴ. 생화학과 분자 생물학은 생명 과학과 화학, 물리학 등이 연계된 통합적 특성을 가진 학문이다.

오답 피하기 ㄱ. 세포에서부터 조직, 기관, 개체, 그리고 생태계에 이르기까지 생명 현상의 모든 단계가 생명 과학의 연구 대상이 된다.

ㄷ. 왓슨과 크릭의 사례는 생명 과학의 통합적인 특성을 나타내는 가장 대표적인 예이다.

016 생명 과학의 연구 성과는 다른 학문 분야의 발전에 영향을 주고 있으며, 인류 복지 향상을 위해 사용되고 있다.

② 생화학의 출현과 같이 화학과 생명 과학의 연구 성과는 서로 영향을 주고받으며 발달해 왔다.

오답 피하기 ① 생명 과학은 인간의 특성뿐 아니라 세포에서 생태계에 이르는 각 단계까지 모두 연구의 대상이 된다.

③ 생명 과학 분야의 연구 성과는 다른 학문 분야의 성과와 서로 영향을 주고받으며 발전하고 있다.

④ 생명 과학의 성과는 신품종의 개발이나 신약의 개발 등 인류 복지 향상을 위해 활용되고 있다.

⑤ 컴퓨터 과학의 발전으로 다량의 생물 유전 정보를 파악하여 활용할 수 있게 되었고, 정보 기술이 생명 과학과 연계되어 생물 정보학 등으로 발달하였다.

017 전자 현미경은 광학과 전자기학의 원리를 이용하여 개발되었으며, 생명 과학자가 세포의 미세 구조를 볼 수 있도록 도와주었다.

ㄴ. 물리학의 발달은 세포 연구에 영향을 준 대표적인 예이다.

ㄷ. 전자 현미경의 발달로 생명 과학의 연구 분야가 세포의 미세 구조에까지 넓어질 수 있게 되었다.

오답 피하기 ㄱ. 문제의 자료는 생명 과학의 통합적인 특성을 보여주고 있다.

018 (가)는 미생물에 대한 파스퇴르의 연역적 탐구 방법을, (나)는 세포설을 확립하기까지의 귀납적 탐구 방법을 나타낸 것이다.

ㄱ. (가)는 파스퇴르가 생물 속생설을 확립하게 된 실험으로 연역적 탐구 방법이 이용된 사례이다.

ㄴ. (가)는 연역적 탐구 방법의 예이므로 가설 설정 단계가 있다.

오답 피하기 ㄷ. (나)는 귀납적 탐구 방법의 예이므로 최대한 많은 관찰을 하는 것이 중요하며, 대조 실험 과정은 없다.

019 다윈은 귀납적 탐구 방법을 이용하여 갈라파고스 군도에서 핀치 새의 부리를 관찰하여 서식 지역과 먹이에 따라 핀치 새의 부리 모양이 다르다는 것을 알게 되었다.

ㄴ. 관찰 수행 단계는 (나)이다.

ㄷ. (다)에서 관찰 결과를 해석한 후 (라) 단계에서는 발견된 규칙성에 따라 결론을 도출하였다.

오답 피하기 ㄱ. (가)는 문제 인식 단계이다. 가설 설정 단계는 귀납적 탐구 방법에는 없는 단계이다.

자료 정리

주어진 자료를 귀납적 탐구 단계에 따라 구분하면 다음과 같다.

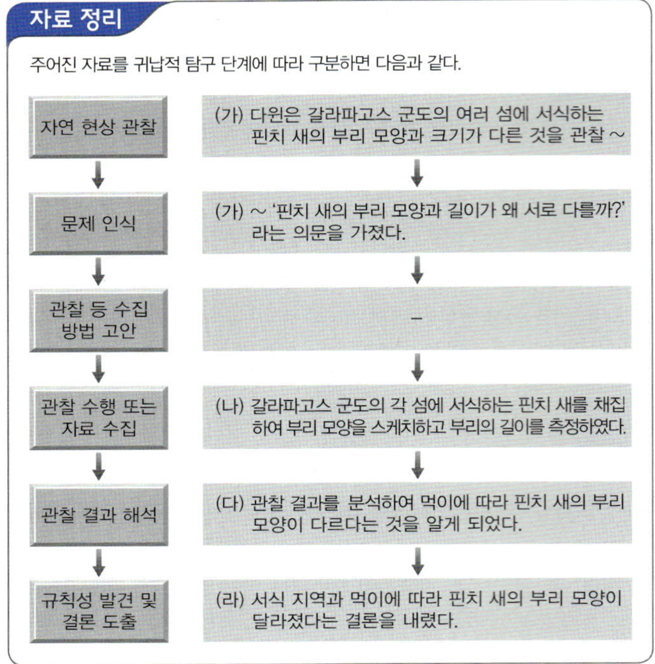

020 민수는 A로부터 얻은 잎 추출물이 세균의 증식을 억제하는 물질(항균 물질)을 가지고 있는지 실험을 통해 밝히고자 하였다.

ㄱ. ㉠은 조작 변인이며, A의 추출액을 묻힌 원반 모양의 종이 주위에서 세균이 죽은 것은 종속변인에 해당한다.

ㄴ. (가)는 관찰된 사실에 대한 의문을 갖고 가설을 설정하는 단계이다.

오답 피하기 ㄷ. 민수가 실시한 실험에서 대조군이 설정되어 있지 않다. 따라서 민수가 실시한 탐구 과정은 타당성이 높은 실험이라고 할 수 없다.

021 영희는 가설을 설정하고, 실험을 수행하여 효소 X의 기능을 알아보고자 하였으므로 연역적 탐구 방법을 이용하였다.

ㄱ, ㄴ. ㉠은 '효소 X'이며, 효소 X가 첨가되지 않은 Ⅱ는 대조군이다.

ㄷ. 효소 X가 녹말을 분해한다고 결론지었으므로 '효소 X는 녹말을 분해할 것이다.'가 이 실험의 가설에 해당한다. 가설은 조작 변인과 종속 변인이 모두 포함되게 진술해야 한다.

022 문제의 실험은 아메바의 핵을 제거하고 생존 여부를 알아보는 실험이다.

ㄱ. 아메바의 핵을 제거한 A는 실험군, 아메바의 핵을 제거하지 않은 B는 대조군이다.

오답 피하기 ㄴ. 핵의 제거 유무는 조작 변인이다.

ㄷ. 핵을 제거한 아메바와 핵을 제거하지 않은 아메바를 비교하는 실험이므로 가설은 '아메바는 핵을 제거하면 죽을 것이다.' 또는 '아메바에서 핵을 제거하면 세포의 생명 활동이 일어나지 않을 것이다.'가 될 수 있다.

023 가설을 설정한 후 실험을 설계하였으므로 실험은 연역적 탐구 방법으로 수행되었다.

ㄱ. 실험 결과의 타당성을 높이기 위해서는 햇빛을 제외한 나머지 조건은 모두 통제해 주어야 한다. 즉, ㉠은 20 ℃이다.

ㄷ. 이 실험은 콩이 싹트는 데 햇빛이 영향을 미치는지 알아보는 것으로, 햇빛의 유무는 조작 변인에 해당하고, 조작 변인의 영향을 받아 변하는 콩의 발아 여부는 종속변인에 해당한다.

오답 피하기 ㄴ. 물을 충분히 주는 것은 통제 변인에 해당한다.

02. 생물의 특성

STEP 1 바로바로 개념 확인
본문 017쪽

024 세포 **025** 물질대사 **026** (1) ○ (2) × (3) ○ **027** 동화, 흡수
028 항상성 **029** 단백질 **030** (1) 비 (2) 생 (3) 비 (4) 생

026 항상성은 체내 상태를 일정하게 유지하려는 성질이며, 발생은 수정란에서 하나의 개체가 되는 과정이고, 유전은 유전 물질이 자손에게 전해져 어버이의 유전 형질을 이어받는 것이다.

028 추울 때 체온 유지를 위해 몸이 떨리는 것과 건강한 사람의 혈당량이 0.1 %로 유지되는 것은 모두 항상성에 해당한다.

030 세포의 구조를 갖지 않으며 숙주 세포 밖에서 핵산과 단백질의 입자로 존재하는 것은 바이러스의 비생물적 특성이다. 숙주 세포의 효소를 이용해 물질대사와 증식을 하고, 증식 과정에 돌연변이가 일어나 변종 바이러스가 나타나는 것은 바이러스의 생물적 특성이다.

STEP 2 알짜 문제로 실력 키우기
본문 018~019쪽

031 ① **032** 해설 참조 **033** ⑤ **034** ② **035** ③ **036** 해설 참조
037 ② **038** ⑤

031 생물의 특성 중 개체 유지 특성에는 세포로 구성, 물질대사, 자극에 대한 반응과 항상성, 발생과 생장이 있다. 거미가 거미줄의 진동을 감지해 먹이를 향해 다가가는 것은 자극에 대한 반응에 해당한다.

① 미모사에 손을 대면 잎이 접히는 것은 자극에 대한 반응에 해당한다.

오답 피하기 ② 선인장의 가시는 잎이 변형된 것이며, 이는 건조한 환경에 대한 적응과 진화에 해당한다.

③ 섭취한 음식물이 소화 효소에 의해 분해되는 것은 물질대사에 해당한다.

④ 반딧불이가 ATP의 에너지를 이용해 빛을 내는 것은 물질대사에 해당한다.

⑤ 어머니가 적록 색맹일 경우 아들도 적록 색맹인 것은 유전에 해당한다.

❶ 발생 ❷ 항상성
❶ 발생은 다세포 생물에서 생식세포의 수정으로 생성된 수정란이 개체가 되는 과정이다.
❷ 항상성은 환경 변화에 대하여 체내 상태를 일정하게 유지하는 성질이다.

032 생물은 체온, 혈당량, 삼투압 등 체내 환경을 일정하게 유지하려는 성질인 항상성이 있다. 강아지가 더워지면 혀를 내밀고 숨을 쉬는 것은 체외로 열 발산량을 높여 체온을 일정하게 유지하려는 항상성에 해당한다.

모범 답안 (1) 항상성
(2) 더울 때 땀을 흘린다, 추울 때 몸을 떤다. 등 항상성 유지 중 체온 조절과 관련된 예를 한 가지 제시한 경우

채점 기준	배점
(1), (2)를 모두 옳게 서술한 경우	100%
(1)과 (2) 중 하나만 옳게 서술한 경우	50%

033 반딧불이의 발광 현상은 배 부분에 있는 빛을 내는 세포가 물질대사를 통해 에너지를 소모하면서 일어난다. ㉠에서 효소에 의한 유기물의 산화는 물질대사 중 이화 작용에 해당한다.
⑤ 침 속의 아밀레이스가 녹말을 엿당으로 분해하는 것은 물질대사 중 이화 작용에 해당한다.

오답 피하기 ① 수정란이 올챙이가 되는 것은 발생에 해당한다.
② 짚신벌레가 분열법으로 번식하는 것은 생식에 해당한다.
③ 어머니의 특정 형질이 아들에게 나타나는 것은 유전에 해당한다.
④ 서양민들레가 계속 꽃이 피어 종자를 만드는 것은 생식에 해당한다.

034 강아지와 강아지 로봇은 움직이고 자극에 대해 반응하는 공통점이 있지만, 강아지 로봇은 강아지와 달리 호흡, 음식물 섭취, 항상성과 같은 특성을 나타내지 않는다.
② 강아지 로봇은 생물이 아니므로 호흡을 하지 않는다.

035 종족 유지 특성에는 생식과 유전, 적응과 진화가 있다. 먹이 종류와 활동 환경에 따라 새의 발 모양이 다른 것은 생물의 특성 중 적응과 진화에 해당한다.
③ 반달가슴곰이 북극곰보다 몸집이 작은 것은 적응과 진화에 해당한다.
오답 피하기 ① 짚신벌레가 분열법으로 증식하는 것은 생식에 해당한다.
② 미모사의 잎을 건드렸을 때 잎이 접히는 것은 자극에 대한 반응에 해당한다.
④ 대장균이 포도당을 분해하여 에너지를 얻는 것은 물질대사에 해당한다.
⑤ 소나무가 빛에너지를 이용하여 양분을 합성하는 것은 물질대사에 해당한다.

❶ ○ ❷ 적응과 진화
❶ 독수리뿐만 아니라 지구의 모든 생물은 세포로 구성되어 있다.
❷ 먹이 종류와 활동 환경에 따라 새의 발 모양이 다른 것은 생물의 특성 중 적응과 진화에 해당한다.

036 선인장의 잎이 변해 가시가 된 것은 건조한 환경에 식물이 적응하여 진화한 예이다. 추운 지방에 사는 곰이 지방층을 두껍게 하여 추위를 견디는 것도 적응과 진화의 예이다. 따라서 (가)와 (나)에 공통으로 나타난 생물의 특성은 적응과 진화이다.

모범 답안 (1) 적응과 진화
(2) 사막여우의 귀는 북극여우의 귀보다 크다, 겨울에 곰, 뱀 등이 겨울잠을 잔다, 사막에 사는 캥거루쥐는 진한 오줌을 소량 눈다. 등

채점 기준	배점
(1), (2)를 모두 옳게 서술한 경우	100%
(1)과 (2) 중 하나만 옳게 서술한 경우	50%

자료 정리

적응과 진화의 예
① 선인장의 잎은 가시로 변하여 수분 손실을 줄인다.
② 뱀이 겨울잠을 자는 것은 추운 겨울 환경을 견디기 위한 것이다.
③ 사막에 사는 캥거루쥐는 수분 손실을 최소화하기 위해 진한 오줌을 소량 눈다.
④ 추운 지방에 사는 곰과 물개는 지방층을 두껍게 하여 추위를 견디도록 되어 있다.
⑤ 북극여우는 귀가 작고 사막여우는 귀가 커서 체열을 방출하기 쉽다. 이는 열 발산량을 조절하여 서식 환경의 온도에 적응한 결과이다.

037 ② 바이러스는 생물적 특성과 비생물적 특성을 모두 나타내는데, 숙주 세포에 침입한 후 숙주 세포 안에서 복제, 증식하는 것은 생물적 특성에 해당한다.
오답 피하기 ①, ④ 비생물적 특성에 해당한다.
③, ⑤ 바이러스는 자신의 효소가 없어 스스로 물질대사를 할 수 없다.

❶ ✕ ❷ ○ ❸ ✕
❶ 바이러스는 세균보다 크기가 작다.
❷ 바이러스는 숙주 세포의 효소를 이용하여 물질대사와 증식을 하며, 증식 과정에서 돌연변이가 일어난다.
❸ 바이러스는 숙주 밖에서 단백질 결정체로 존재한다.

038 박테리오파지와 대장균은 모두 핵산과 단백질이 있고, 대장균만 영양 배지에서 스스로 증식할 수 있다. 따라서 영양 배지에서 스스로 증식하지 못하는 A가 박테리오파지이므로 B는 대장균이다.
ㄴ. 대장균(B)은 세포 구조를 갖는다.
ㄷ. 박테리오파지(A)는 대장균(B) 안에서 대장균의 효소를 이용하여 물질대사와 증식을 할 수 있다.
오답 피하기 ㄱ. 세포 분열을 통해 증식하는 것은 대장균(B)이다.

STEP 3 1등급을 위한 실전 완벽 대비　　본문 020~021쪽

| 039 ② | 040 ① | 041 ② | 042 ④ | 043 ② | 044 ④ | 045 ③ |
| 046 ⑤ | | | | | | |

039 낙타 혹 속의 지방을 분해하여 물과 에너지를 얻는 것은 물질대사에 해당한다.
② 효모의 발효를 통해 쌀을 막걸리로 만드는 것은 물질대사에 해당한다.
오답 피하기 ① 미모사의 잎에 손을 대면 잎이 오므라드는 것은 자극에 대한 반응에 해당한다.
③ 사막 선인장의 가시는 잎이 변한 것이며, 이는 적응과 진화에 해당한다.
④ 기온이 올라갔을 때 사람의 몸에서 땀이 분비되는 것은 항상성에 해당한다.
⑤ 공이 얼굴로 날아올 때 반사적으로 눈을 감는 것은 자극에 대한 반응에 해당한다.

040 효모는 에너지를 얻기 위해 포도당을 이용한다. 효모에 의해 포도당이 분해되는 물질대사 과정이 일어나면 이산화 탄소가 발생하고 이에 석회수가 뿌옇게 흐려진다. 따라서 이 실험은 생물의 특성 중 물질대사를 알아보기 위한 실험이다.
① 벼가 빛에너지를 흡수하여 양분을 합성하는 것은 물질대사에 해당한다.
오답 피하기 ② 지렁이에게 빛을 비추면 어두운 곳으로 이동하는 것은 자극에 대한 반응에 해당한다.
③ 올챙이가 자라는 동안 뒷다리가 먼저 생긴 후 앞다리가 생기는 것은 발생과 생장에 해당한다.
④ 호주에는 다른 대륙에서는 발견되지 않는 캥거루나 오리너구리가 살고 있는 것은 적응과 진화에 해당한다.
⑤ 평지에서 홀로 자란 소나무의 가지가 숲 속에서 자란 것보다 넓게 퍼지는 것은 적응에 해당한다.

자료 정리

효모의 물질대사 실험

① 증류수와 효모를 넣은 A는 대조군이고, 포도당 수용액과 효모를 넣은 B는 실험군이다.
② 이 실험은 효모를 이용하여 생물의 특성 중 물질대사, 즉 이화 작용을 확인하기 위한 것이다. 효모에 의해 포도당이 분해되면 이산화 탄소가 발생하며, 이산화 탄소는 관을 따라 이동하여 석회수를 뿌옇게 흐려지게 한다.
③ 효모는 산소 호흡과 무산소 호흡을 통해 포도당을 분해하여 에너지를 모두 얻을 수 있다. 무산소 호흡 과정에서는 포도당을 분해하여 에탄올과 이산화 탄소가 생성되며, 산소 호흡 과정에서는 포도당을 분해하여 물과 이산화 탄소가 생성된다.

041 매미의 알이 성체가 되기까지의 과정은 생물의 특성 중 발생과 생장에 해당한다.
② 올챙이의 다리가 나오면서 개구리가 되는 것은 발생과 생장에 해당한다.
오답 피하기 ① 코끼리가 세포로 되어 있다는 것은 모든 생물이 세포로 되어 있다는 특성에 해당된다.
③ 식후에 인슐린이 분비되어 혈당량이 조절되는 것은 항상성에 해당한다.
④ 모래가 들어오는 것을 막기 위해 낙타가 콧구멍을 자유롭게 열고 닫을 수 있다는 것은 적응과 진화에 해당한다.
⑤ 살충제를 여러 세대를 거쳐 살포하면 살충제 저항성 모기의 비율이 점점 증가하는 것은 적응과 진화에 해당한다.

042 생물의 특성 중 (가)는 유전, (나)는 자극에 대한 반응, (다)는 적응과 진화에 해당한다.

043 (가)를 빛이 비추는 곳에 두면 잎에서 광합성이 일어나 산소가 증가하고 이산화 탄소가 감소한다. 따라서 (나)에서 시간에 따라 증가하는 A는 O_2, 감소하는 B는 CO_2이다.
ㄴ. 잎에서는 에너지가 흡수되는 동화 작용이 일어난다.
오답 피하기 ㄱ. A는 O_2, B는 CO_2이다.
ㄷ. 이 실험은 생물의 특성 중 물질대사를 알아보기 위한 것이다.

044 ④ 유전은 생식을 통해 유전 물질(유전자)이 자손에게 전해져 자손이 어버이의 유전 형질을 이어받는 것으로, 혈우병과 적록 색맹도 유전 물질인 유전자를 통해 전달된다.
오답 피하기 ① 땀을 많이 흘리면 오줌량이 감소하는 것은 항상성에 해당한다.
② 아메바가 세포 분열에 의해 증식하는 것은 생식에 해당한다.
③ 배추벌레가 자라나 배추흰나비가 되는 것은 생장에 해당한다.
⑤ 사막에 사는 낙타의 속눈썹이 빽빽하게 나 있는 것은 적응과 진화에 해당한다.

045 ㉠은 짚신벌레만 갖는 특징, ㉡은 짚신벌레와 독감 바이러스가 공통으로 갖는 특징, ㉢은 독감 바이러스만 갖는 특징이다.
ㄷ. '숙주 세포 밖에서 단백질 결정으로 존재한다.'는 바이러스만 갖는 특징이므로 ㉢에 해당한다.
오답 피하기 ㄱ, ㄴ. '핵산을 가지고 있다.'는 ㉡에, '세포로 되어 있다.'는 ㉠에 해당한다.

046 (가)에서 조류 독감 바이러스는 세균보다 작다는 것을 알 수 있다. (나)에서 바이러스는 숙주 세포 밖에서 스스로 증식하지 못한다는 것을, (다)에서 바이러스의 증식 과정에서 돌연변이가 일어날 수 있다는 것을 알 수 있다.
ㄴ. 조류 독감 바이러스는 살아 있는 세포 내에서 숙주 세포의 효소를

이용하여 증식을 할 수 있다.

ㄷ. (다)에서 다양한 변종 조류 독감 바이러스가 발견된 것으로 보아 증식 과정에서 돌연변이가 일어나 변종 바이러스가 출현했다는 것을 알 수 있다.

오답 피하기 ㄱ. 바이러스는 세포의 구조를 갖지 않으므로 숙주 세포 밖에서 핵산과 단백질 결정체로 존재한다.

자료 정리

바이러스의 특성
(가) 조류 독감에 걸린 조류의 분변을 세균 여과기로 거른 후, 여과액에서 결정체를 추출하였다.
➡ 바이러스는 세균보다 작아 세균 여과기를 통과할 수 있다(비생물적 특성).
(나) (가)에서 얻은 결정체를 영양 배지에 넣었더니 아무런 변화가 없었지만, 다른 여러 조류에 넣어주었더니 조류 독감에 걸렸다.
➡ 숙주 세포 밖에서 증식하지 못한다(비생물적 특성).
➡ 숙주 세포 안에서 증식할 수 있다(생물적 특성).
(다) 여러 조류를 검사한 결과, 다양한 변종 조류 독감 바이러스가 나타났다.
➡ 증식 과정에서 돌연변이가 일어나 변종 바이러스가 출현하였다(생물적 특성).

Ⅱ-1. 사람의 물질대사

01. 생명 활동과 에너지

STEP 1 바로바로 **개념 확인**   본문 025쪽

047 물질대사   **048** 동화 작용, 이화 작용   **0049** 세포 호흡   **050** 미토콘드리아   **051** (1) ○ (2) ○ (3) ✕   **052** ⓐ: 산소(O_2), ⓑ: 이산화 탄소(CO_2)   **053** ㉠

048 동화 작용은 크기가 작은 저분자 물질을 크기가 큰 고분자 물질로 합성하는 반응이고, 이화 작용은 고분자 물질을 저분자 물질로 분해하는 반응이다.

049 세포 호흡은 세포 내에서 영양소를 분해하여 생명 활동에 필요한 에너지를 생성하는 과정이다.

050 세포 호흡에서 ATP가 생성되는 세포 소기관은 미토콘드리아이며, 세포 호흡의 일부 과정은 세포질에서 진행된다.

052 세포 호흡에서 포도당은 산소(ⓐ)와 반응하여 물과 이산화 탄소(ⓑ)로 최종 분해되고, 그 결과 방출된 에너지 중 일부가 ATP에 저장되며, 나머지는 열에너지로 방출된다.

053 ATP가 ADP와 무기 인산(P_i) 1분자로 분해되는 과정(㉠)에서 에너지가 방출된다.

STEP 2 알짜 문제로 **실력 키우기**   본문 026~027쪽

054 ⑤   **055** 해설 참조   **056** ③   **057** ④   **058** ④   **059** ②
060 ④   **061** 해설 참조

054 ⓐ는 세포 호흡, ⓑ는 광합성이다.
ㄱ. 세포 호흡(ⓐ)은 고분자 물질인 포도당이 산소와 반응하여 저분자 물질인 물과 이산화 탄소로 분해되는 이화 작용의 예이다.
ㄴ. 광합성(ⓑ)에서는 빛에너지를 흡수하여 저분자 물질인 물과 이산화 탄소로부터 고분자 물질인 포도당이 합성된다. 따라서 ⓑ에서는 흡수된 빛에너지가 포도당에 화학 에너지로 전환된다.
ㄷ. 생명체 내에서 일어나는 물질대사에는 모두 효소가 관여한다.

추가로 나오는 선택지

❶ ○ ❷ ○
❶ 세포 호흡(ⓐ)은 동물과 식물에서 모두 일어난다.
❷ 잎의 울타리 조직에는 엽록체가 존재하므로 광합성(ⓑ)이 일어난다.

055 간단하고 작은 저분자 물질을 복잡하고 큰 고분자 물질로 합성하는 A는 동화 작용, 복잡하고 큰 고분자 물질을 간단하고 작은 저분자 물질로 분해시키는 B는 이화 작용이다.

[모범 답안] A는 동화 작용, B는 이화 작용이다. A는 흡열 반응으로 에너지의 흡수가 일어나고, B는 발열 반응으로 에너지의 방출이 일어난다.

채점 기준	배점
A와 B의 물질대사 종류와 A와 B에서 에너지 출입이 어떻게 일어나는지를 모두 옳게 서술한 경우	100%
A와 B의 물질대사 종류만 옳게 쓴 경우	50%

056 (가)는 아미노산이 단백질로 합성되는 반응이고, (나)는 글리코젠이 포도당으로 분해되는 반응이다. 따라서 (가)는 동화 작용, (나)는 이화 작용에 해당한다.

ㄱ. (가)는 저분자 물질인 아미노산이 고분자 물질인 단백질로 합성하는 반응이므로 동화 작용에 해당한다.

ㄴ. (나)는 고분자 물질인 글리코젠을 저분자 물질인 포도당으로 분해하는 반응이므로 이화 작용에 해당한다. 따라서 (나)는 에너지가 방출되는 발열 반응이다.

[오답 피하기] ㄷ. (나)는 이화 작용이므로 1분자당 저장된 에너지의 크기는 반응물에서가 생성물에서보다 크다.

057 (가)는 저분자 물질인 포도당을 고분자 물질인 녹말로 합성하는 반응이고, (나)는 고분자 물질인 지방을 저분자 물질인 지방산과 모노글리세리드로 분해하는 반응이다. (나)는 반응물의 에너지가 생성물의 에너지보다 크므로 이화 작용에서 나타나는 에너지 변화이다.

ㄴ. ⓑ는 이화 작용에 해당하므로 에너지가 방출되는 발열 반응이다.

ㄷ. 세포 호흡은 이화 작용에 해당하므로 (나)와 같은 에너지 변화가 나타난다.

[오답 피하기] ㄱ. (나)는 이화 작용인 ⓑ에서 나타나는 에너지 변화이다.

자료 정리

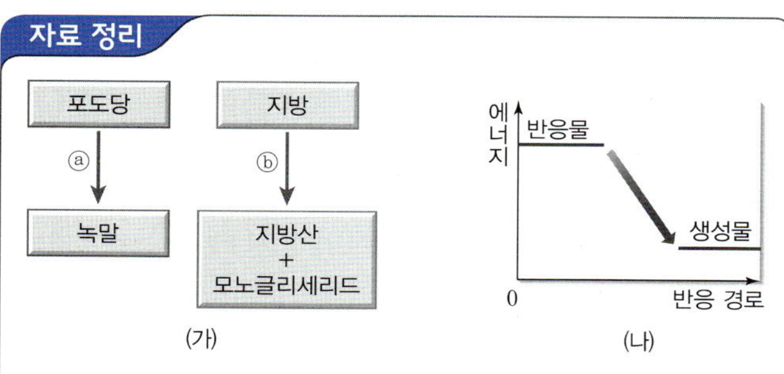

(1) 포도당이 녹말로 합성되는 과정은 동화 작용이다. 동화 작용이 일어날 때는 에너지가 흡수(흡열 반응)된다.
(2) 지방이 지방산과 모노글리세리드로 분해되는 과정은 이화 작용이다. 이화 작용이 일어날 때는 에너지가 방출(발열 반응)된다.
(3) (나)에서 에너지의 크기는 반응물이 생성물보다 크므로 (나)는 에너지가 방출되는 반응(발열 반응)에서 나타나는 변화이다.

058 세포 호흡은 세포 내에서 영양소를 분해하여 생명 활동에 필요한 에너지를 생성하는 과정이다. 이 과정에서 포도당은 O_2(ⓐ)와 반응하여 물과 CO_2(ⓑ)로 최종 분해된다.

ㄴ. 세포 호흡을 통해 방출된 에너지는 ATP에 저장되어 근육 운동, 물질 합성, 체온 유지 등 다양한 생명 활동에 이용된다.

ㄷ. 세포 호흡을 통해 포도당의 화학 에너지 중 일부가 ATP에 저장되고, 나머지는 열에너지로 방출된다.

[오답 피하기] ㄱ. ⓐ는 O_2, ⓑ는 CO_2이다.

추가로 나오는 선택지

❶ × ❷ ○

❶ 세포 호흡은 주로 미토콘드리아에서 일어나며, 세포질에서도 일부 과정이 일어난다.

❷ ATP가 분해될 때 에너지가 방출되며, 이 에너지는 여러 형태의 에너지로 전환되어 다양한 생명 활동에 이용된다.

059 ATP는 생명 활동에 직접 이용되는 에너지의 저장 물질이자, 에너지의 전달 물질이다. ATP의 2번째와 3번째 인산기 사이에 있는 고에너지 인산 결합이 끊어져 ATP가 ADP와 무기 인산(P_i)으로 분해되는 과정(㉠)에서 에너지가 방출된다. ADP는 세포 호흡을 통해 생성된 에너지를 공급받아 무기 인산(P_i)과 결합하여 다시 ATP로 합성되는 과정(㉡)에서 에너지를 저장한다.

ㄴ. 동물과 식물에는 미토콘드리아가 모두 존재한다. 따라서 동물과 식물에서 ㉠ 과정이 모두 일어난다.

[오답 피하기] ㄱ. ATP가 ADP로 분해되는 ㉠ 과정에서 에너지가 방출되고, ADP가 ATP로 합성되는 ㉡ 과정에서 에너지가 흡수된다.

ㄷ. 1분자당 인산기의 수는 ATP가 3개, ADP가 2개이므로 1분자당 인산기의 수는 ATP가 ADP보다 많다.

060 세포 호흡을 통해 포도당은 세포질을 거쳐 미토콘드리아에서 분해되며, 이 과정에서 포도당은 O_2(㉠)와 반응하여 물과 CO_2(㉡)로 최종 분해되고, 그 결과 에너지를 방출한다. 세포 호흡의 결과 방출된 에너지의 일부는 ATP의 화학 에너지 형태로 저장되고, 나머지는 열에너지로 방출된다.

ㄴ. 미토콘드리아에서는 세포 호흡 과정을 통해 방출된 에너지를 이용하여 ADP가 ATP로 합성되는 (가) 과정이 일어난다.

ㄷ. 미토콘드리아에서 세포 호흡을 통해 생성된 에너지 중 일부가 ATP로 합성되고, ATP가 분해되어 방출된 에너지 중 일부는 체온 유지에 쓰인다.

[오답 피하기] ㄱ. ㉠은 O_2, ㉡은 CO_2이다.

061 세포 호흡 과정에서 포도당은 O_2와 반응하여 물과 CO_2로 최종 분해되므로 세포 호흡이 활발하게 일어날수록 O_2가 많이 소모되고, CO_2가 많이 방출된다. A의 싹튼 콩에서는 세포 호흡이 일어나 O_2가 소모되고, CO_2가 방출되지만 방출된 CO_2는 KOH 용액에 흡수되므로 잉크 방울은 O_2 소모량에 의해 ㉠ 방향으로 이동한다. 하지만 B의 고무 찰흙에서는 세포 호흡이 일어나지 않으므로 잉크 방울은 거의 이동하지 않는다.

 A의 싹튼 콩에서 세포 호흡이 일어나 O_2가 소모되고, CO_2가 방출되며, 방출된 CO_2는 KOH 용액에 흡수된다. 따라서 A에서는 잉크 방울이 ㉠ 방향으로 이동한다. 하지만 B의 고무찰흙에서는 세포 호흡이 일어나지 않으므로 잉크 방울이 거의 이동하지 않는다.

채점 기준	배점
A와 B에서 잉크 방울의 이동 방향과 판단 근거를 모두 옳게 서술한 경우	100%
A와 B 중 하나만 잉크 방울의 이동 방향과 판단 근거를 옳게 서술한 경우	60%
A와 B에서 잉크 방울의 이동 방향만 옳게 쓴 경우	30%

STEP 3 1등급을 위한 실전 완벽 대비   본문 028~029쪽

062 ②   **063** ④   **064** ③   **065** ④   **066** ③   **067** ⑤   **068** ②
069 ⑤

062 ⓐ는 아미노산이 단백질로 구성된 효소로 합성되는 과정이므로 동화 작용에 해당하고, ⓑ는 포도당이 O_2를 이용하여 물과 CO_2로 분해되는 세포 호흡 과정이므로 이화 작용에 해당한다.
ㄴ. ⓐ는 간단하고 작은 물질을 복잡하고 큰 물질로 합성하는 동화 작용이며 에너지가 흡수되는 흡열 반응이다. 따라서 반응물보다 생성물의 에너지가 큰 그림의 반응은 ⓐ에서 나타나는 에너지 변화이다.
 ㄱ. ⓐ는 동화 작용에 해당한다.
ㄷ. 세포 호흡(ⓑ)에서 생성된 에너지 중 일부가 ATP 합성에 쓰이고, 나머지는 열에너지로 방출된다.

063 A는 CO_2와 H_2O이 반응하여 포도당과 O_2가 생성되는 광합성이고, B는 포도당과 O_2가 반응하여 CO_2와 H_2O이 생성되는 세포 호흡이다.
ㄴ. 포도당은 이화 작용인 세포 호흡을 통해 CO_2와 물로 분해되므로 1분자당 저장된 에너지의 크기는 CO_2가 포도당보다 작다.
ㄷ. 생명체에서 일어나는 물질대사에서는 모두 효소가 관여한다.
 ㄱ. 식물에서 A는 엽록체, B는 세포질과 미토콘드리아에서 일어난다.

064 (가)에서 방출되는 에너지를 공급받아 ADP가 무기 인산(P_i)과 결합하여 ATP로 합성되고, ATP가 ADP와 무기 인산(P_i)으로 분해되며 방출되는 에너지를 이용하여 (나)가 일어나므로 (가)는 이화 작용에 해당하는 세포 호흡이고, (나)는 동화 작용에 해당하는 글리코젠 합성 과정이다. 따라서 ⓐ는 포도당, ⓑ는 CO_2, ⓒ는 글리코젠이다.
ㄱ. 포도당(ⓐ)은 단당류에 속한다.
ㄷ. 단당류인 포도당(ⓐ)이 다당류인 글리코젠(ⓒ)으로 전환되는 과정은 간단하고 작은 물질을 복잡하고 큰 물질로 합성하는 동화 작용이며, 에너지가 흡수되는 흡열 반응이다.
 ㄴ. (가)는 세포 호흡으로, 미토콘드리아를 가지고 있는 식물에서도 일어난다.

065 동화 작용은 저분자 물질로부터 고분자 물질을 합성하는 반응이며, 에너지의 흡수가 일어나는 흡열 반응이다. 반면에 이화 작용은 고분자 물질을 저분자 물질로 분해하는 반응이며, 에너지의 방출이 일어나는 발열 반응이다. 동화 작용과 이화 작용에는 모두 효소가 관여한다. 따라서 A는 이화 작용, B는 동화 작용이며, ㉠과 ㉢은 각각 '발열 반응에 해당한다.'와 '고분자 물질이 저분자 물질로 분해된다.' 중 하나이고, ㉡은 '효소가 관여한다.'이다.
ㄴ. 리소좀에서 일어나는 세포내 소화는 이화 작용(A)에 해당한다.
ㄷ. 동화 작용(B)은 흡열 반응에 해당하며, 에너지의 흡수가 일어난다.
 ㄱ. A는 고분자 물질이 저분자 물질로 분해되고, 발열 반응에 해당하므로 ⓐ는 '○'이고, B는 저분자 물질이 고분자로 물질로 합성되고, 흡열 반응에 해당하므로 ⓑ는 '×'이다.

066 세포 호흡에서 포도당은 O_2(㉠)와 반응하여 CO_2(㉡)와 H_2O로 최종 분해되고, 그 결과 에너지가 방출된다. 세포 호흡의 결과 방출된 에너지의 일부는 ATP의 화학 에너지로 저장되고, 나머지는 열에너지로 방출된다.
ㄱ. ㉠은 O_2, ㉡은 CO_2이다.
ㄷ. Na^+-K^+ 펌프에 의한 물질 수송(능동 수송)에는 ATP가 ADP와 무기 인산(P_i)으로 분해되는 ⓑ 과정에서 방출된 에너지가 이용된다.
 ㄴ. 세포 호흡을 통해 포도당의 화학 에너지 중 일부가 ATP에 저장되고, 나머지는 열에너지로 방출된다. 따라서 포도당에 저장된 에너지 중 일부가 ⓐ 과정(ATP 합성)에 이용된다.

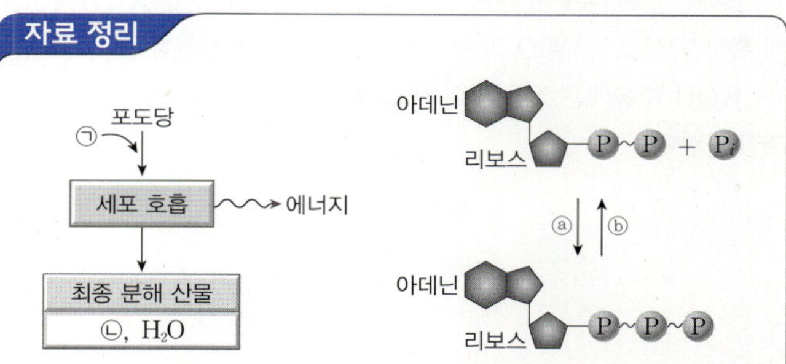

자료 정리

(1) 세포 호흡을 통해 포도당은 산소(㉠)와 반응하여 물과 이산화 탄소(㉡)로 분해되고, 그 결과 에너지가 방출된다. 이때 방출된 에너지의 일부는 ATP에 화학 에너지의 형태로 저장된다.
(2) ATP의 고에너지 인산 결합이 끊어지면 ADP와 무기 인산(P_i)으로 분해되면서 에너지가 방출된다. ⓐ는 ATP의 합성 과정, ⓑ는 ATP의 분해 과정이다.

067 세포 호흡에서 포도당(ⓐ)은 O_2와 반응하여 CO_2(ⓑ)와 H_2O로 최종 분해되고, 그 결과 에너지가 방출된다. 세포 호흡의 결과 방출된 에너지를 공급받아 ADP(㉡)가 무기 인산(P_i)과 결합하여 ATP(㉠)로 합성되고, ATP(㉠)가 ADP(㉡)와 무기 인산(P_i)으로 분해될 때 방출되는 에너지는 다양한 생명 활동에 이용된다.
ㄱ. ⓐ는 포도당, ⓑ는 CO_2이다.
ㄴ. 세포 호흡을 통해 방출된 에너지 중 일부가 ATP에 저장되고 나머지는 열에너지로 방출된다. 따라서 세포 호흡을 통해 포도당(ⓐ)에 저장

된 에너지 중 일부만 ATP(㉠)의 화학 에너지로 저장된다.
ㄷ. 1분자당 인산기의 수는 ATP가 3개, ADP가 2개이므로 1분자당 인산기 수는 ㉠(ATP)이 ㉡(ADP)보다 많다.

068 산소 호흡은 산소를 이용하여 포도당을 CO_2와 물로 완전히 분해하고 다량의 ATP를 생성한다. 발효는 산소가 부족하거나 없는 상태에서 포도당이 CO_2와 물로 완전히 분해되지 않아 중간 산물이 생성되며, 산소 호흡에 비해 적은 양의 ATP가 생성된다. 따라서 중간 산물이 생성되는 (가)가 발효, 포도당이 CO_2와 물로 완전히 분해되며 다량의 에너지를 단계적으로 방출하는 (나)가 산소 호흡이다.
ㄷ. 포도당 1분자당 생성되는 ATP의 양은 산소 호흡에서가 발효에서보다 많다.

오답 피하기 ㄱ. 발효와 산소 호흡은 모두 이화 작용에 해당한다.
ㄴ. 산소 호흡에서는 산소가 이용된다.

069 세포 호흡 과정에서 포도당은 O_2와 반응하여 물과 CO_2로 최종 분해되므로 세포 호흡이 활발하게 일어날수록 O_2가 많이 소모되고, CO_2가 많이 방출된다. A와 B의 싹튼 콩에서는 모두 세포 호흡이 일어나고 A에서는 잉크 방울이 세포 호흡 과정에서 소모된 O_2와 방출된 CO_2 부피 차이만큼 오른쪽으로 이동하며, B에서는 KOH 수용액이 방출된 CO_2를 흡수하므로 잉크 방울이 소모된 O_2의 부피만큼 ㉠ 방향으로 이동한다.
ㄱ. A의 싹튼 콩에서는 세포 호흡이 일어나므로 이화 작용이 일어난다.
ㄴ. B에서는 싹튼 콩의 세포 호흡 결과로 방출된 CO_2를 KOH 수용액이 흡수하므로 소모된 O_2의 부피만큼 ㉠ 방향으로 이동한다.
ㄷ. KOH 수용액은 싹튼 콩의 세포 호흡으로 생성된 CO_2를 흡수하는 역할을 한다.

02. 기관계의 통합적 작용(1)

STEP 1 바로바로 개념 확인 본문 031쪽

070 소화계 **071** 산소, 이산화 탄소 **072** 순환계 **073** (1) ○ (2) ×
(3) × **074** (1) ⓐ: 이산화 탄소, ⓑ: 산소 (2) 기체의 분압 차에 의한 확산

070 분자의 크기가 커서 세포막을 통과할 수 없는 음식물 속의 영양소를 세포가 흡수할 수 있는 형태로 작게 분해하여 체내로 흡수하는 기관계는 소화계이다.

071 호흡계는 들숨을 통해 세포 호흡에 필요한 산소를 흡수하고, 세포 호흡 결과 생성된 물과 이산화 탄소를 날숨의 형태로 내보낸다.

072 순환계는 호흡계에서 흡수한 산소와 소화계에서 흡수한 영양소를 온몸의 조직 세포에 운반하는 역할을 담당한다.

073 (1) 음식물 속의 탄수화물(녹말)은 포도당으로, 단백질은 아미노산으로, 지방은 지방산과 모노글리세리드로 분해된다.
(2) 호흡계와 순환계 사이에서 일어나는 기체 교환은 기체의 분압 차에 의한 확산의 원리로 일어나기 때문에 ATP가 소모되지 않는다.
(3) 온몸을 돌고 심장으로 돌아온 정맥혈이 폐를 거치면서 기체 교환을 통해 동맥혈이 되어 심장으로 되돌아오는 순환이 폐순환이다.

074 (1) 폐의 주변 모세 혈관으로부터 폐포로 이동하여 몸 밖으로 배출되는 ⓐ는 이산화 탄소, 폐포로부터 모세 혈관으로 이동하여 폐정맥을 통해 심장으로 운반되는 ⓑ는 산소이다.
(2) 폐포와 폐의 모세 혈관 사이에서 기체가 교환되는 원리는 기체의 분압 차에 의한 확산이다.

STEP 2 알짜 문제로 실력 키우기 본문 032~034쪽

075 ⑤ **076** 해설 참조 **077** ② **078** ② **079** ④ **080** 해설 참조
081 ① **082** ① **083** ② **084** 해설 참조 **085** ⑤ **086** ④

075 A는 위, B는 이자, C는 소장이며, A~C는 모두 소화계에 속하는 기관이다. 소화계는 크기가 커서 세포막을 통과하기 어려운 음식물 속의 영양소를 분해하여 흡수하는 역할을 한다.
ㄱ. A에는 소화 효소를 분비하는 상피 조직이 있어 펩신 등의 소화 효소가 생성되어 분비된다.
ㄴ. B와 C의 세포에서는 모두 세포 호흡과 같은 이화 작용이 일어난다.
ㄷ. C의 융털에서 중성 지방의 최종 소화 산물인 지방산의 흡수가 일어난다.

추가로 나오는 선택지
❶ ○ ❷ × ❸ ○
❶ 위(A)에는 근육 조직 뿐만 아니라, 상피 조직, 결합 조직, 신경 조직이 있다.
❷ 이자(B)에서는 펩신이 분비되지 않는다. 펩신은 위(A)에서 분비된다.
❸ 소장(C)에서는 단백질의 최종 분해 산물인 아미노산이 흡수된다.

076 소장의 융털에서는 영양소의 최종 소화 산물이 흡수된다. 포도당, 아미노산, 비타민 B, C 등의 수용성 양분은 소장 융털의 모세 혈관으로 흡수되어 간문맥 → 간 → 간정맥 → 심장의 경로로 이동한다. 반면에 지방산, 모노글리세리드, 비타민 A, D, E, K 등의 지용성 양분은 소장 융털의 암죽관으로 흡수된 후 간을 거치지 않고 심장의 경로로 이동한다.

모범 답안 A는 심장, B는 간, C는 소장이다. 수용성 영양소는 소장(C) 융털의 모세 혈관으로 흡수된 후, 간문맥 → 간(B) → 간정맥 → 심장 (A)의 경로로 이동한다.

채점 기준	배점
A~C가 어떤 기관인지 쓰고, 수용성 영양소의 경로를 A~C를 포함하여 옳게 서술한 경우	100%
A~C가 어떤 기관인지 명칭만 옳게 쓴 경우	50%

자료 정리

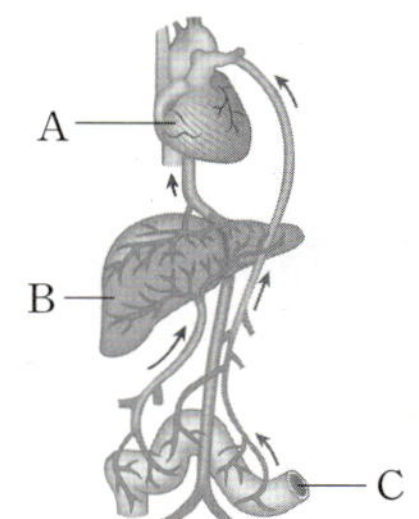

(1) 수용성 영양소 : 아미노산, 포도당, 비타민 B, C 등
(2) 지용성 영양소 : 지방산, 모노글리세리드, 비타민 A, D, E, K 등
(3) 흡수된 영양소의 이동 경로
① 수용성 영양소: 소장(C) 융털의 모세 혈관 → 간문맥 → 간(B) → 간정맥 → 심장(A) → 온몸
② 지용성 영양소: 소장(C) 융털의 암죽관 → 림프관 → 심장 → 온몸

077 A는 간, B는 이자이다. A와 B는 모두 소화계에 속하며, 상피 조직이 있고, 이화 작용이 일어난다.
ㄴ. 간(A)과 이자(B)는 모두 소화계에 속하는 기관이므로 '소화계에 속한다.'는 ⓒ에 해당한다.

오답 피하기 ㄱ. 간(A)과 이자(B)는 모두 상피 조직이 있으므로 '상피 조직이 있다.'는 ㉠에 해당하지 않는다.
ㄷ. 간(A)과 이자(B)에서는 모두 세포 호흡이 일어나므로 '이화 작용이 일어난다.'는 ⓒ에 해당하지 않는다.

078 A는 단백질, B는 중성 지방, C는 녹말이며, B(중성 지방)의 소화 산물인 ⓒ은 지방산, C(녹말)의 소화 산물인 ⓔ은 포도당이다.
ㄴ. ㉠은 단백질(A)의 펩타이드 결합을 분해하는 소화 효소이다. ㉠의 소화 작용으로 단백질(A)은 아미노산으로 분해된다.

오답 피하기 ㄱ. 단백질(A)과 녹말(C) 중 구성 원소에 질소(N)가 있는 영양소는 단백질(A)이다.
ㄷ. 수용성 영양소인 포도당(ⓔ)은 소장 융털의 모세 혈관으로 흡수되지만, 지용성 영양소인 지방산(ⓒ)과 모노글리세리드는 소장 융털의 상피 세포로 흡수된 후 지방으로 재합성되어 소장 융털의 암죽관으로 흡수된다.

079 호흡계는 세포 호흡에 필요한 O_2를 흡수하고, 세포 호흡 결과 발생한 CO_2와 물을 내보내는 역할을 한다. 폐포와 폐의 모세 혈관 사이에서 O_2(㉠)와 CO_2(ⓒ)의 교환은 기체의 분압 차에 의한 확산에 의해 일어난다. 따라서 O_2(㉠)는 O_2 분압이 높은 폐에서 O_2 분압이 낮은 폐

의 모세 혈관으로, CO_2(ⓒ)는 CO_2 분압이 높은 폐의 모세 혈관에서 CO_2 분압이 낮은 폐포로 이동한다.
ㄴ. 혈액의 단위 부피당 ⓒ(CO_2)의 양이 A에서가 B에서보다 적으므로 혈액은 B에서 A 방향으로 흐르며, 이때 폐포와 폐의 모세 혈관 사이에서 O_2(㉠)와 CO_2(ⓒ)의 교환이 일어났음을 알 수 있다.
ㄷ. 폐포와 폐의 모세 혈관 사이에서 기체 교환은 기체의 분압 차에 의한 확산에 의해 일어나기 때문에 ATP가 사용되지 않는다.

오답 피하기 ㄱ. ㉠은 O_2, ⓒ은 CO_2이다.

추가로 나오는 선택지

❶ × ❷ ○

❶ 혈액이 B에서 A 방향으로 흐르면서 폐포와 폐의 모세 혈관 사이에서 기체 교환이 일어나므로 A는 폐정맥 쪽과, B는 폐동맥 쪽과 연결되어 있다.
❷ 폐포와 폐의 모세 혈관 사이에서 ⓒ(CO_2)의 기체 교환은 기체의 분압 차에 의한 확산에 의해 일어난다.

080 조직 세포와 모세 혈관 사이에서 기체 교환은 분압 차에 의한 확산에 의해 일어난다. 따라서 O_2(㉠)는 O_2 분압이 높은 모세 혈관에서 O_2 분압이 낮은 조직 세포로, CO_2(ⓒ)는 CO_2 분압이 높은 조직 세포에서 CO_2 분압이 낮은 모세 혈관으로 이동한다.

모범 답안 기체 교환이 일어날 때 O_2의 분압은 모세 혈관에서가 조직 세포에서보다 높고, CO_2의 분압은 조직 세포에서가 모세 혈관에서보다 높다.

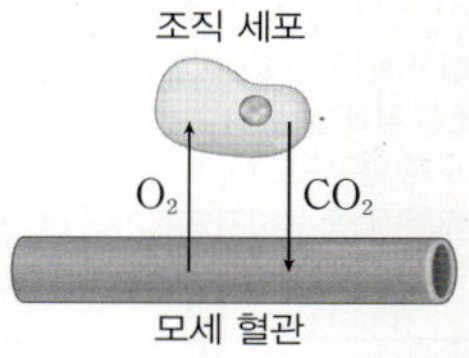

채점 기준	배점
CO_2와 O_2의 이동 경로를 그림에 옳게 표시하고, CO_2와 O_2의 분압 크기를 비교하여 옳게 서술한 경우	100%
CO_2와 O_2의 이동 경로만을 그림에 표시하거나, CO_2와 O_2의 분압 크기 비교 중 한 가지만 옳게 서술한 경우	50%

081 소화계는 크기가 커서 세포막을 통과하기 어려운 음식물 속의 영양소를 분해하여 흡수하는 역할을 하고, 호흡계는 세포 호흡에 필요한 O_2를 흡수하고, 세포 호흡 결과 발생한 CO_2를 내보내는 역할을 한다. 따라서 (가)는 소화계, (나)는 호흡계이며, ㉠은 녹말, ⓒ은 포도당, ⓒ은 O_2, ⓔ은 CO_2이다.
ㄱ. 소화계(가)에서는 ㉠이 ⓒ으로 분해되는 소화 과정과 세포 호흡 등의 이화 작용이 일어난다.

오답 피하기 ㄴ. 세포 호흡은 이화 작용에 해당하므로 1분자당 저장된 에너지의 크기는 포도당(ⓒ)이 CO_2(ⓔ)보다 크다.
ㄷ. 호흡계(나)에서 폐포와 폐의 모세 혈관 사이에서의 O_2(ⓒ)의 이동은

분압 차에 의한 확산에 의해 일어나기 때문에 ATP에 저장된 에너지가 쓰이지 않는다.

082 폐의 모세 혈관을 따라 혈액이 흐르는 동안 폐포와 폐의 모세 혈관 사이에서 기체 교환이 일어나 O_2는 폐포에서 모세 혈관으로, CO_2는 폐의 모세 혈관에서 폐포로 이동한다. 따라서 혈액이 A에서 B 방향으로 흐를 때 B에서가 A에서보다 분압이 더 낮은 ㉠이 O_2, A에서가 B에서보다 분압이 더 높은 ㉡이 CO_2이다.

ㄱ. ㉠은 O_2, ㉡은 CO_2이다.

오답 피하기 ㄴ. CO_2(㉡)는 분압 차에 의한 확산에 위해 폐의 모세 혈관에서 폐포로 이동한다.

ㄷ. 혈액의 단위 부피당 CO_2(㉡) 분압은 A에서가 B에서보다 크고, O_2(㉠) 분압은 A에서가 B에서보다 작다. 따라서 혈액의 단위 부피당 $\dfrac{O_2\ 분압}{CO_2\ 분압}$ 은 A에서가 B에서보다 작다.

자료 정리

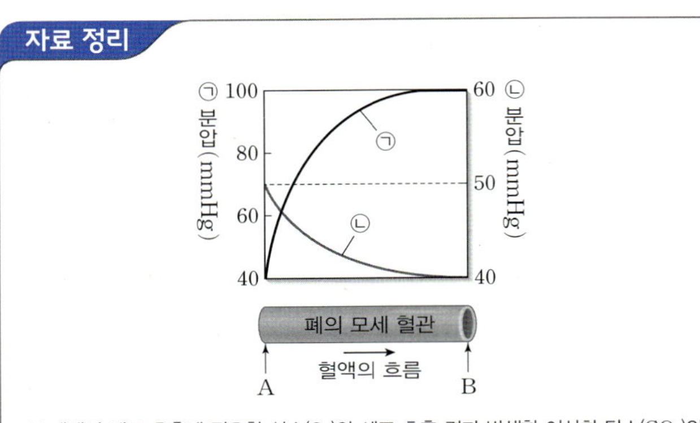

(1) 폐에서 세포 호흡에 필요한 산소(O_2)와 세포 호흡 결과 발생한 이산화 탄소(CO_2)의 기체 교환은 분압 차에 의한 확산에 의해 이루어진다.

(2) 폐동맥(A쪽)에는 세포 호흡 결과 발생한 CO_2가 많고 O_2가 적은 정맥혈이, 폐정맥(B쪽)에는 폐포에서 폐의 모세 혈관으로 O_2가 확산되므로 O_2가 많고 CO_2가 적은 동맥혈이 흐른다. ➡ ㉠ 분압은 점점 높아지므로 ㉠이 O_2, ㉡ 분압은 점점 낮아지므로 ㉡이 CO_2이다.

---

083 A는 심장, B는 소장이고, ㉠은 폐로 들어가는 혈액이 흐르는 폐동맥, ㉡은 심장으로부터 온몸으로 방출되는 혈액이 흐르는 대동맥이다.

ㄴ. 심장(A)과 소장(B)은 생명체의 구성 단계 중 기관에 해당하며, 모두 근육 조직이 있다.

오답 피하기 ㄱ. 심장(A)은 순환계에 속한다.

ㄷ. 폐동맥(㉠)에는 정맥혈, 대동맥(㉡)에는 동맥혈이 흐르므로 혈액의 단위 부피당 CO_2의 양은 ㉠에서가 ㉡에서보다 많다.

추가로 나오는 선택지

❶ ○ ❷ ×

❶ B는 소장으로 소화계에 속한다.

❷ 폐동맥(㉠)에는 정맥혈이, 대동맥(㉡)에는 동맥혈이 흐르므로 혈액의 단위 부피당 CO_2의 양은 ㉡에서가 ㉠에서보다 적다.

084 혈액이 체순환을 거치는 동안 모세 혈관에서 조직 세포로 O_2가

이동하고, 세포 호흡 결과 발생한 CO_2가 조직 세포에서 모세 혈관으로 이동하기 때문에 대정맥에는 정맥혈이 흐른다. 체순환을 마친 혈액은 폐순환을 거치는 동안 폐포에서 폐의 모세 혈관으로 O_2가 이동하고, 폐의 모세 혈관에서 폐포로 CO_2가 이동하기 때문에 폐정맥에는 동맥혈이 흐른다.

모범 답안 체순환을 거치는 동안 조직 세포의 모세 혈관에서 조직 세포로 O_2가 이동하고, 세포 호흡 결과 발생한 CO_2가 조직 세포에서 모세 혈관으로 이동하기 때문에 ㉠(대정맥)에는 정맥혈이 흐른다. 정맥혈이 폐순환을 거치는 동안 폐포에서 폐의 모세 혈관으로 O_2가 이동하고, 폐의 모세 혈관에서 폐포로 CO_2가 이동하기 때문에 ㉡(폐정맥)에는 동맥혈이 흐른다.

채점 기준	배점
㉠과 ㉡에 흐르는 혈액을 쓰고, 판단 근거를 혈액 순환 경로와 관련지어 옳게 서술한 경우	100%
㉠과 ㉡에 흐르는 혈액만 옳게 쓴 경우	40%

085 영양소의 소화와 흡수가 일어나는 (가)는 소화계, 세포 호흡에 필요한 O_2의 흡수가 일어나는 (나)는 호흡계, 모든 기관계가 연결되어 있으며 물질 운반의 역할을 하는 (다)는 순환계이다.

ㄱ. 간은 소화계(가)에 속한다.

ㄴ. (가)는 소화계, (나)는 호흡계, (다)는 순환계이다.

ㄷ. 세포 호흡 결과 발생한 CO_2의 일부는 순환계(다)를 통해 호흡계(나)로 이동하여 날숨의 형태로 배출된다.

086 심장이 속하는 A는 순환계, 폐가 속하는 B는 호흡계, 소장이 속하는 C는 소화계이다.

ㄴ. A와 B에서는 모두 세포 호흡 등의 물질대사가 일어난다.

ㄷ. 음식물로 섭취한 아미노산은 소화계(C)에서 흡수되어 순환계(A)를 통해 온몸의 조직 세포로 운반된다.

오답 피하기 ㄱ. A는 순환계, B는 호흡계, C는 소화계이다.

STEP 3 1등급을 위한 실전 완벽 대비 본문 035~037쪽

| 087 ⑤ | 088 ④ | 089 ② | 090 ⑤ | 091 ③ | 092 ④ | 093 ④ |
| 094 ③ | 095 ② | 096 ③ | 097 ④ | 098 ③ | | |

087 A는 간, B는 위, C는 소장이다.

ㄱ. 간(A)에서는 포도당이 글리코젠으로 합성되는 반응 등의 동화 작용이 일어난다.

ㄴ. 위(B)와 소장(C)은 생명체의 구성 단계 중 기관에 해당하며, 모두 근육 조직이 있다.

ㄷ. 지방산과 모노글리세리드와 같은 지용성 영양소는 소장(C) 융털의 암죽관으로 흡수된다.

088 A는 중성 지방, B는 단백질이다. 소장 융털의 모세 혈관으로 흡수된 수용성 영양소는 간문맥 → 간 → 간정맥 → 심장으로 이동하며, 소장 융털의 암죽관으로 흡수된 지용성 영양소는 간을 거치지 않고 심장으로 이동한다.

ㄴ. 인체를 구성하는 비율은 단백질(B)이 중성 지방(A)보다 높다.

ㄷ. 수용성 영양소인 ⓒ(아미노산)은 소장 융털에서 흡수된 후 ⓐ의 경로로 이동한다.

 ㄱ. 중성 지방의 소화 산물인 ㉠은 지방산이다.

089 혈액이 B에서 A로 흐름에 따라 CO_2 분압은 감소하고, O_2 분압은 증가하므로 X는 폐포이고, ㉠은 O_2, ⓒ은 CO_2이다.

ㄴ. 혈액의 단위 부피당 CO_2(ⓒ)의 양은 A에서가 B에서보다 적고, O_2(㉠)의 양은 A에서가 B에서보다 많다. 따라서 혈액의 단위 부피당 $\dfrac{㉠의 양}{ⓒ의 양}$ 은 A에서가 B에서보다 크다.

 ㄱ. X는 폐포이다.

ㄷ. 폐포(X)와 폐의 모세 혈관 사이에서 기체 교환은 기체의 분압 차에 의한 확산에 의해 일어나기 때문에 ATP가 사용되지 않는다.

090 기관지는 호흡계에 속하므로 B는 호흡계, A는 소화계이고, A에 속하는 ㉠은 이자이다. 순환계에 속하는 ⓒ은 폐동맥이다.

ㄱ. 이자(㉠)에는 소화 효소를 분비하는 상피 조직이 있어 아밀레이스, 라이페이스, 트립신 등의 소화 효소가 분비된다.

ㄴ. ⓒ은 폐동맥이다.

ㄷ. 폐동맥(ⓒ)의 혈액에 들어 있는 CO_2 중 일부는 호흡계(B)로 이동하여 날숨의 형태로 배출된다.

091 A는 폐, B는 간이고, 폐로 들어가는 혈액이 흐르는 ㉠이 폐동맥, 폐에서 나오는 혈액이 흐르는 ⓒ이 폐정맥이다.

ㄱ. 기관지와 폐(A)는 모두 호흡계에 속한다.

ㄴ. 간(B)에서는 글리코젠이 포도당으로 분해되는 과정이 일어난다.

 ㄷ. 폐동맥(㉠)에는 정맥혈이, 폐정맥(ⓒ)에는 동맥혈이 흐르므로 혈액의 단위 부피당 CO_2의 양은 ㉠에서가 ⓒ에서보다 많고, O_2의 양은 ㉠에서가 ⓒ에서보다 적다. 따라서 혈액의 단위 부피당 $\dfrac{CO_2의 양}{O_2의 양}$ 은 ㉠에서가 ⓒ에서보다 크다.

092 위와 간은 소화계에 속하고, 위에서 펩신에 의해 섭취한 단백질이 분해된다. 따라서 A는 간, B는 폐, C는 위이다.

ㄴ. 간(A), 폐(B), 위(C)는 모두 결합 조직을 가지고 있으므로 '결합 조직이 있다.'는 ㉠에 해당한다.

ㄷ. 간(A)과 위(C)는 모두 세포로 구성되어 있으므로 세포 호흡과 같은 이화 작용이 일어난다.

 ㄱ. 폐(B)는 호흡계에 속한다.

093 음식물로 섭취한 녹말은 소화계에서 포도당으로 분해되어 흡수되며, 온몸의 조직 세포로 운반되어 세포 호흡에 이용된다. 세포 호흡에서 포도당은 O_2(㉠)와 반응하여 CO_2(ⓒ)와 H_2O로 분해되며, 이 과정에서 에너지가 방출된다.

ㄴ. 세포 호흡 결과 생성된 CO_2 중 일부는 순환계를 통해 호흡계로 운반되어 배출된다.

ㄷ. 녹말이 포도당으로 분해되는 소화 과정(가)은 소화계에서 일어난다.

 ㄱ. ㉠은 O_2, ⓒ은 CO_2이다.

094 순환계에 속하는 기관인 A는 대정맥, 소화 효소에 의해 지방이 분해되는 기관인 B는 소장이다.

ㄱ. 심장에는 신경 조직이 있으므로 '신경 조직이 있다.'는 (가)에 해당한다.

ㄴ. A는 대정맥, B는 소장이다.

 ㄷ. 지방산은 소장(B) 융털의 암죽관을 통해 흡수된다.

095 구성 원소에 탄소(C)를 포함하는 물질은 이산화 탄소, 단백질, 포도당이고, 질소(N)를 포함하는 물질은 단백질이며, 수소(H)를 포함하는 물질은 단백질, 포도당, 물이다. 따라서 ⓐ는 이산화 탄소, ⓑ는 단백질, ⓒ는 포도당, ⓓ는 물이다. 폐가 속하는 기관계 ㉠은 호흡계이고, 심장이 속하는 기관계 ⓒ은 순환계이다.

ㄷ. 포도당(ⓒ)이 산소와 함께 세포 호흡에 이용되면 최종 분해 산물로 이산화 탄소(ⓐ)와 물(ⓓ)이 모두 생성된다.

 ㄱ. 폐동맥은 순환계(ⓒ)에 속한다.

ㄴ. 단백질(ⓑ)의 최종 소화 산물인 아미노산은 소장 융털의 모세 혈관을 통해 흡수된다.

096 (가)는 체순환 경로의 일부이고, (나)는 폐순환 경로이다. ㉠은 간, ⓒ은 소장, ⓒ은 폐이다.

ㄱ. 간(㉠)과 소장(ⓒ)에서는 모두 세포 호흡이 일어난다.

ㄷ. 폐(ⓒ)에서는 산소(O_2)와 이산화 탄소(CO_2)의 기체 교환이 확산에 의해 이루어진다.

 ㄴ. 혈액이 B 지점에서 A 지점을 흐르는 동안 폐포와 폐의 모세 혈관 사이에서 기체 교환이 일어나므로 혈액의 단위 부피당 CO_2의 양은 A 지점에서가 B 지점에서보다 적다.

097 (가)는 호흡계, (나)는 순환계, (다)는 소화계이다. 조직 세포로부터 순환계(나)로 운반되는 ㉠은 CO_2이고, 순환계(나)를 통해 조직 세포로 운반되는 ⓒ은 O_2이다.

ㄴ. 호흡계(가)에서 순환계(나)로 ⓒ(O_2) 이동은 분압 차에 의한 확산에 의해 일어난다.

ㄷ. 대장은 소화계(다)에 속하는 기관이다.

 ㄱ. ㉠은 CO_2, ⓒ은 O_2이다.

098 이화 작용은 간, 심장, 소장에서 모두 일어나고, 소화계에는 간과 소장이 속하며, 소화 효소에 의해 섭취한 녹말이 분해되는 기관은 소장이다. 따라서 A는 간, B는 심장, C는 소장이고, ㉠은 '소화 효소에 의해 섭취한 녹말이 분해된다.', ㉡은 '이화 작용이 일어난다.' ㉢은 '소화계에 속한다.'이다.

ㄱ. 간(A)에서는 포도당이 글리코젠으로 합성되는 반응이 일어난다.

ㄴ. 순환계에 속하는 기관인 심장(B)과 소화계에 속하는 기관인 소장(C)에는 모두 근육 조직이 있다.

오답 피하기 ㄷ. ㉠은 '소화 효소에 의해 섭취한 녹말이 분해된다.'이다.

03. 기관계의 통합적 작용 (2)

STEP 1　바로바로 **개념 확인**　　본문 039쪽

099 A: 이산화 탄소, B: 물, C: 요소　　**100** A: 호흡계, B: 소화계, C: 배설계　**101** 기초　**102** 활동　**103** (1) ○ (2) ○

099 영양소가 세포 호흡에 이용되어 생성되는 노폐물 중 이산화 탄소(A)는 폐에서 날숨으로 배출되고, 물(B)은 폐에서 날숨으로, 콩팥에서 오줌으로 배설된다. 단백질이 분해되어 생성되는 암모니아는 간에서 요소(C)로 전환된 후 콩팥에서 오줌으로 배설된다.

100 호흡계(A)는 세포 호흡에 필요한 산소(O_2)를 흡수하고, 세포 호흡 결과 생성된 이산화 탄소(CO_2)를 날숨의 형태로 배출한다. 소화계(B)는 음식물 속의 영양소를 세포가 흡수할 수 있는 작은 크기로 분해하여 흡수한다. 배설계(C)는 세포 호흡 결과 발생한 노폐물을 오줌 등의 형태로 배설하는 역할을 한다.

101 심장 박동, 체온 유지, 호흡 운동 등 생명체가 생명 활동을 유지하는 데 필요한 최소한의 에너지양을 기초 대사량이라고 한다.

102 기초 대사량 이외에 운동하기, 밥 먹기, 공부하기 등 다양한 신체 활동을 하는 데 필요한 에너지양을 활동 대사량이라고 한다.

103 (1) 대사성 질환은 물질대사의 이상으로 발생하는 질환이며, 불균형적인 영양 섭취와 잘못된 생활 습관 등에 의해 발생한다. 따라서 대사성 질환을 예방하기 위해서는 균형 잡힌 식사와 영양 섭취, 꾸준한 운동 등이 중요하다.
(2) 대사 증후군은 고혈압, 고혈당, 고지혈증 등의 증상이 한 사람에게서 동시에 나타나는 경우를 말한다.

STEP 2　알짜 문제로 **실력 키우기**　　본문 040~042쪽

| **104** ④ | **105** 해설 참조 | **106** ⑤ | **107** ② | **108** ③ | **109** 해설 참조 |
| **110** ① | **111** ⑤ | **112** ④ | **113** 해설 참조 | **114** ② | **115** ① |

104 중성 지방과 녹말이 세포 호흡에 이용되면 노폐물로 물(㉠), CO_2가 생성되고, 단백질이 세포 호흡에 이용되면 노폐물로 물(㉠), CO_2, 암모니아(㉡)가 생성된다.

ㄴ. 세포 호흡 결과 생성된 물(㉠)은 배설계를 통해 오줌의 형태로 배설되거나, 호흡계를 통해 날숨으로 배출된다.

ㄷ. 간에서 암모니아(㉡)가 요소로 전환된다.

오답 피하기 ㄱ. A는 단백질, B는 중성 지방이다.

추가로 나오는 선택지

❶ ○ **❷** ○

❶ 물(㉠) 중 일부는 콩팥에서 오줌의 형태로 배설된다.

❷ 소화계에 속하는 기관인 간에서 암모니아(㉡)가 요소로 전환된다.

105 아미노산이 세포 호흡에 이용되면 노폐물로 물, CO_2와 함께 질소성 노폐물인 NH_3가 생성된다. CO_2는 호흡계(폐)에서 날숨으로 배출되고, 물은 배설계(콩팥)에서 오줌으로 배설되거나, 호흡계(폐)에서 날숨으로 배출된다. NH_3는 간에서 요소로 전환되어 배설계(콩팥)에서 오줌으로 배설된다.

모범 답안 아미노산의 세포 호흡 결과 생성되는 노폐물은 물, CO_2, NH_3이며, 이중 CO_2는 호흡계(폐)에서 날숨으로 배출되고, 물은 배설계(콩팥)에서 오줌으로 배설되거나, 호흡계(폐)에서 날숨으로 배출된다. NH_3는 간에서 요소로 전환되어 배설계(콩팥)에서 오줌으로 배설된다.

채점 기준	배점
노폐물의 종류 3가지를 쓰고, 이들이 몸 밖으로 배설되는 과정을 옳게 서술한 경우	100%
노폐물의 종류 3가지만 옳게 쓴 경우	50%

106 A는 간, B는 소장, C는 콩팥이다.

ㄱ. 간(A)에서 독성이 강한 질소성 노폐물인 암모니아가 독성이 약한 요소로 전환된다.

ㄴ. 소장(B)에서는 포도당, 아미노산, 지방산 등과 같은 최종 소화 산물이 흡수된다.

ㄷ. 세포 호흡 결과 생성된 물의 일부는 콩팥(C)을 통해 오줌으로 배설된다.

107 탄수화물이 포도당으로 분해되어 세포 호흡에 이용되면 노폐물로 CO_2와 H_2O이 생성되고, 단백질이 아미노산으로 분해되어 세포 호흡에 이용되면 노폐물로 CO_2, H_2O, 암모니아가 생성된다. 암모니아는 요소로 전환되어 배설되므로 ㉠은 CO_2, ㉡은 요소이다. 세포 호흡 결과 생성된 CO_2(㉠)는 폐(A)를 통해 날숨으로 배출되고, 요소(㉡)는 콩팥

(B)을 통해 오줌으로 배설된다.

ㄴ. 소화계에 속하는 간에서 암모니아가 요소(ⓒ)로 전환된다.

오답 피하기 ㄱ. ⓒ은 CO_2, ⓒ은 요소이다.

ㄷ. 콩팥(B)은 배설계에 속하지만, 대장은 소화계에 속한다.

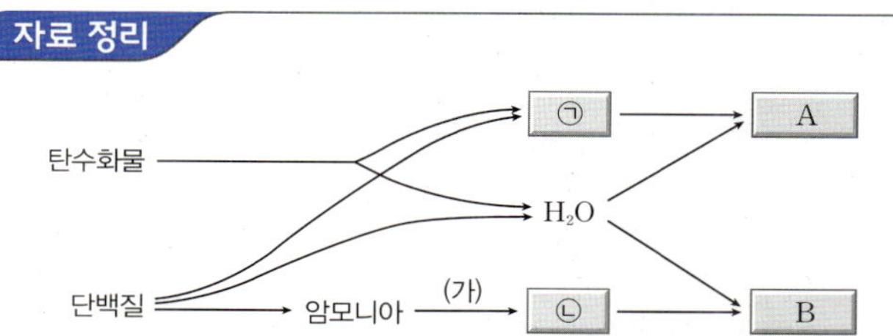

(1) 탄수화물은 탄소(C), 수소(H), 산소(O)로 구성되어 있고, 단백질은 탄소(C), 수소(H), 산소(O), 질소(N) 등으로 구성되어 있다. ➡ 세포 호흡 과정에서 탄수화물이 분해되면 CO_2(ⓒ), H_2O과 같은 노폐물이, 단백질이 분해되면 노폐물로 CO_2, H_2O, 암모니아(NH_3)가 생성된다.

(2) H_2O은 호흡계와 배설계를 통해 배출되고, 암모니아는 간에서 독성이 약한 요소로 전환된 후 배설계를 통해 배설된다. ➡ CO_2(ⓒ)와 물(H_2O)을 배출시키는 A는 호흡계에 속하는 폐, H_2O과 요소를 모두 배설시키는 B는 배설계에 속하는 콩팥이다.

108 영양소의 소화와 흡수가 일어나는 A는 소화계, 세포 호흡에 필요한 O_2를 흡수하고 세포 호흡 결과 생성된 CO_2를 내보내는 B는 호흡계, 오줌을 생성하여 내보내는 C는 배설계이다.

ㄱ. 소화계(A)에 속하는 간에서 암모니아가 요소로 전환된다.

ㄷ. 오줌이 생성되는 콩팥은 배설계(C)에 속한다.

오답 피하기 ㄴ. A는 소화계, B는 호흡계, C는 배설계이다.

추가로 나오는 선택지

❶ ○ ❷ ○ ❸ ×

❶ 소화계(A)에서 영양소의 분해와 같은 이화 작용이 일어난다.

❷ 기관지는 호흡계(B)에 속한다.

❸ 배설계(C)는 결합 조직, 신경 조직, 상피 조직, 근육 조직과 같은 여러 가지 조직으로 구성된다.

109 호흡계는 세포 호흡에 필요한 O_2를 흡수하고 세포 호흡 결과 생성되는 CO_2를 내보내는 역할을 하며, 배설계는 세포 호흡 결과 생성되는 물, 요소 등의 노폐물을 오줌으로 내보내는 역할을 한다.

모범 답안 (가)는 호흡계, (나)는 배설계이다. (가)는 세포 호흡에 필요한 O_2를 흡수하고, 세포 호흡 결과 생성된 CO_2와 물을 몸 밖으로 내보낸다. (나)는 요소 등의 노폐물을 물과 함께 오줌으로 내보낸다.

채점 기준	배점
(가)와 (나)에 해당하는 기관계를 쓰고, (가)와 (나)의 역할을 모두 옳게 서술한 경우	100%
(가)와 (나)에 해당하는 기관계만 옳게 쓴 경우	50%

110 기관지가 속하는 A는 호흡계, 대장이 속하는 C는 소화계, 방광이 속하는 D는 배설계이므로, B는 순환계이다.

ㄱ. 폐정맥은 순환계(B)에 속하므로 ⓐ에 해당한다.

ㄴ. A는 호흡계, B는 순환계, C는 소화계, D는 배설계이다.

ㄷ. 세포 호흡 결과 생성된 물은 호흡계(A)와 배설계(D)를 통해 배설된다.

111 음식물 속 영양소의 소화와 흡수가 일어나는 (가)는 소화계, 요소 등의 노폐물을 오줌으로 내보내는 (다)는 배설계, 모든 기관계와 연결되어 물질을 수송하는 (나)는 순환계이다.

ㄱ. 음식물 속 포도당은 소화계(가)에서 소화되고 흡수되어 순환계(나)를 통해 온몸의 조직 세포로 운반된다.

ㄴ. 콩팥은 배설계(다)에 속하는 기관이다.

ㄷ. 소화계(가), 순환계(나), 배설계(다)에서는 모두 이화 작용인 세포 호흡이 일어난다.

112 B: 1일 대사량은 하루 동안 생활하는 데 필요한 총 에너지양이며, 기초 대사량과 활동 대사량이 포함된다.

C: 에너지 섭취량보다 에너지 소비량이 많은 영양 부족 상태가 지속되면 체중 감소, 근육량 감소, 면역력 저하, 영양실조 등의 이상이 생길 수 있다.

오답 피하기 A: 활동 대사량은 기초 대사량에 이외에 다양한 신체 활동에 필요한 에너지양이다.

추가로 나오는 선택지

❶ ○ ❷ ×

❶ 기초 대사량은 생명 활동을 유지하는 데 필요한 최소한의 에너지양이다.

❷ 활동 대사량은 공부나 운동 등 다양한 신체 활동을 하는 데 필요한 에너지양이다. 심장 박동으로 소모되는 에너지양은 기초 대사량에 포함된다.

113 대사 증후군을 예방하기 위해서는 지나친 탄수화물과 지방의 섭취를 피하고, 균형 잡힌 식사를 하며, 꾸준하고 규칙적인 운동을 해야 한다.

모범 답안 대사 증후군은 고혈압, 고혈당, 고지혈증 등의 증상이 한 사람에게 동시에 나타나는 경우이며, 이를 예방하기 위해서는 지나친 탄수화물과 지방의 섭취를 피하고, 균형 잡힌 식사를 하며, 꾸준하고 규칙적인 운동을 해야 한다.

채점 기준	배점
대사 증후군의 정의와 대사 증후군을 예방하기 위한 방법 2가지를 모두 옳게 서술한 경우	100%
대사 증후군의 정의만 옳게 서술한 경우	50%

114 (가)는 에너지 섭취량보다 에너지 소비량이 많으므로 영양 부족 상태이고, (나)는 에너지 섭취량이 에너지 소비량보다 많으므로 영양 과다 상태이다.

ㄴ. 영양 과다 상태(나)에서 사용되고 남은 에너지는 주로 지방의 형태로 저장된다.

 ㄱ. (가)는 영양 부족 상태, (나)는 영양 과다 상태이다.
ㄷ. 영양 과다(나) 상태가 지속되면 영양 실조가 아니라 비만이 될 가능성이 높아진다.

자료 정리

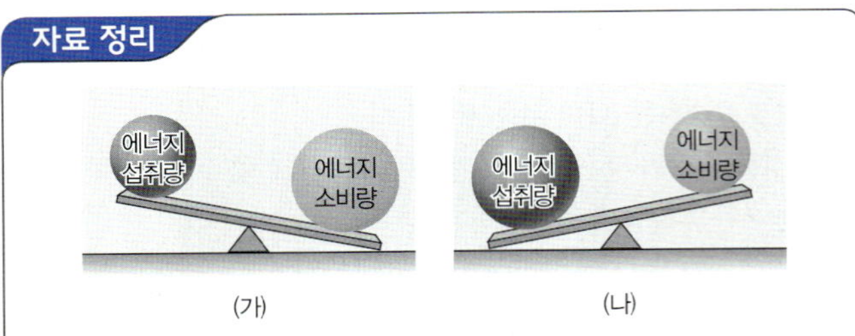

(1) (가)는 에너지 섭취량보다 에너지 소비량이 많으며, 이와 같은 상태가 지속되면 체중 감소, 근육량 감소, 생장 장애, 영양실조 등의 이상이 생긴다.
(2) (나)는 에너지 소비량보다 에너지 섭취량이 많으며, 이와 같은 상태가 지속되면 체중이 증가하여 비만이 된다.

115 탄수화물과 단백질의 열량은 모두 4 kcal/g, 지방의 열량은 9 kcal/g이다. A~C의 1일 평균 에너지 섭취량에 따라 열량을 계산하면 A는 3210 kcal, B는 2520 kcal, C는 2080 kcal이다.
ㄱ. 섭취한 열량은 B가 C보다 많다.
 ㄴ. 1일 평균 에너지 섭취량 중 탄수화물이 차지하는 열량의 비율은 A는 $\frac{1600\ kcal}{3210\ kcal}$, C는 $\frac{1400\ kcal}{2080\ kcal}$이다. 따라서 1일 평균 에너지 섭취량 중 탄수화물이 차지하는 열량의 비율은 C가 A보다 높다.
ㄷ. A~C 중 비만이 될 가능성이 가장 높은 사람은 1일 평균 에너지 섭취량보다 많은 열량을 섭취한 A이다.

STEP 3 1등급을 위한 실전 완벽 대비　　본문 043~045쪽

116 ④	117 ③	118 ①	119 ④	120 ①	121 ③	122 ④
123 ⑤	124 ③	125 ②	126 ③	127 ①		

116 세포 호흡 결과 생성된 노폐물 중 구성 원소에 질소(N)가 포함되는 물질은 암모니아이고, 수소(H)가 포함되는 물질은 물과 암모니아이며, 산소(O)가 포함되는 물질은 이산화 탄소와 물이다. 따라서 (가)는 이산화 탄소(CO_2), (나)는 물(H_2O), (다)는 암모니아(NH_3)이고, ⓐ는 수소(H), ⓑ는 산소(O), ⓒ는 질소(N)이다.
ㄴ. 세포 호흡 결과 생성된 물은 호흡계와 배설계를 통해 배설된다.
ㄷ. 소화계에 속하는 간에서 암모니아가 요소로 전환된다.
 ㄱ. ⓐ는 수소(H), ⓑ는 산소(O), ⓒ는 질소(N)이다.

117 ㉠은 폐정맥, ㉡은 대정맥, ㉢은 콩팥 정맥, ㉣은 콩팥 동맥이다.
ㄱ. 폐정맥(㉠)과 콩팥 정맥(㉢)은 순환계에 속하는 기관이며, 모두 상피 조직이 있다.
ㄴ. 폐정맥(㉠)에는 동맥혈, 대정맥(㉡)에는 정맥혈이 흐르므로 혈액의 단위 부피당 O_2의 양은 폐정맥(㉠)에서가 대정맥(㉡)에서보다 많고, 혈액의 단위 부피당 CO_2의 양은 폐정맥(㉠)에서가 대정맥(㉡)에서보다 적다. 따라서 혈액의 단위 부피당 $\frac{O_2의\ 양}{CO_2의\ 양}$은 대정맥(㉡)에서가 폐정맥(㉠)에서보다 작다.
 ㄷ. 콩팥에서 오줌으로 요소가 배설되므로 혈액의 단위 부피당 요소의 양은 콩팥 정맥(㉢)에서가 콩팥 동맥(㉣)에서보다 적다.

118 콩팥에서 오줌이 생성되므로 B는 콩팥이고, A는 대장이다.
ㄱ. A는 대장, B는 콩팥이다.
 ㄴ. 대장(A)은 소화계, 콩팥(B)은 배설계에 속한다.
ㄷ. 세 기관에서 모두 세포 호흡이 일어나므로 '세포 호흡이 일어난다.'는 ㉠에 해당하지 않는다.

119 구성 원소에 질소가 포함되며 배설계를 통해 배설되는 A는 요소이고, 인체를 구성하는 물질의 비율이 단백질보다 높은 B는 물이므로 C는 이산화 탄소이다.
ㄴ. A는 요소, B는 물, C는 이산화 탄소이다.
ㄷ. 간에서는 암모니아가 요소(A)로 전환되고, 세포 호흡 결과로 물(B)과 이산화 탄소(C)가 모두 생성된다.
 ㄱ. 중성 지방이 세포 호흡을 통해 분해되면 물(B)과 이산화 탄소(C)가 생성된다.

120 대동맥이 속하는 A는 순환계, 대장이 속하는 B는 소화계, 방광이 속하는 C는 배설계이며, ㉠은 심장, ㉡은 콩팥이다.
ㄱ. A~C에서는 모두 세포 호흡 등의 물질대사가 일어난다.
 ㄴ. 심장(㉠)은 순환계(A), 콩팥(㉡)은 배설계(C)에 속한다.
ㄷ. 소화계(B)에서 흡수되지 않은 물질은 소화계(B)에 속하는 항문을 통해 몸 밖으로 배출된다.

121 글리코젠이 포도당으로 분해되어 세포 호흡에 이용되면 노폐물로 H_2O과 CO_2가 생성되고, 단백질이 아미노산으로 분해되어 세포 호흡에 이용되면 노폐물로 H_2O, CO_2, 암모니아가 생성된다. 따라서 ㉠은 이산화 탄소(CO_2), ㉡은 요소이다.
ㄱ. 세포 호흡 결과 생성된 CO_2(㉠)는 호흡계에서 날숨의 형태로 배출된다.
ㄴ. 간에서는 글리코젠이 포도당으로 분해되는 과정(가)과 암모니아가 요소(㉡)로 전환되는 과정(다)이 모두 일어난다.
 ㄷ. 단백질이 아미노산으로 분해되는 (나) 과정은 이화 작용에, 암모니아가 요소로 전환되는 (다) 과정은 동화 작용에 해당한다.

122 세포 호흡에 필요한 O_2를 흡수하고 세포 호흡 결과 생성되는 CO_2를 내보내는 A는 호흡계, 오줌을 생성하여 내보내는 B는 배설계, 영양소의 소화와 흡수가 일어나는 C는 소화계이다.

ㄴ. 세포 호흡 결과 생성된 물은 호흡계(A)와 배설계(B) 등을 통해 배설된다.

ㄷ. 소화계에 속하는 소장에서는 아미노산 등과 같은 최종 소화 산물이 흡수되고, 소화계에 속하는 간에서는 암모니아가 요소로 전환되므로 소화계에서 순환계로의 이동(㉠)에는 아미노산과 요소의 이동이 모두 포함된다.

오답 피하기 ㄱ. 폐동맥은 순환계에 속한다.

123 ㉠은 소화계, ㉡은 호흡계, ㉢은 순환계, ㉣은 배설계이다.

ㄱ. A는 순환계(㉢)에 속하는 심장이고, B는 호흡계(㉡)에 속하는 폐이다.

ㄴ. 소화계(㉠)에 속하는 간에서 생성된 요소 중 일부는 배설계(㉣)를 통해 오줌의 형태로 배설된다.

ㄷ. 호흡계(㉡)를 통해 들어온 O_2는 분압 차에 의한 확산에 의해 순환계(㉢)로 이동한다.

124 (가)는 순환계, (나)는 호흡계, (다)는 배설계이고, ⓐ는 이산화 탄소, ⓑ는 산소이다.

ㄱ. 조직 세포에서 세포 호흡 결과 생성된 이산화 탄소(ⓐ)는 순환계(가)를 통해 호흡계(나)로 이동하여 날숨의 형태로 배출된다.

ㄴ. 격렬한 운동을 하면 호흡 운동이 빨라지고, 조직 세포에 산소(ⓑ)를 충분히 공급하기 위하여 단위 시간당 체내로 흡수되어 이동하는 산소(ⓑ)의 양이 운동 전보다 증가한다. 따라서 격렬한 운동을 하면 호흡계(나)에서 순환계(가)로 단위 시간당 이동하는 산소(ⓑ)의 양이 증가한다.

오답 피하기 ㄷ. 대장은 소화계에 속한다.

125 ㄴ. 단위 시간당 활동에 필요한 에너지양이 적을수록 활동을 하는 과정에서 음식물에 포함된 에너지가 모두 소모되는 데 걸리는 시간이 길어질 것이므로 단위 시간당 활동에 필요한 에너지양은 A가 C보다 많다.

오답 피하기 ㄱ. A~C에 따라 음식물에 포함된 에너지가 모두 소모되는 데 걸리는 시간은 (가)가 (다)보다 길다. 따라서 음식물에 포함된 에너지양도 (가)가 (다)보다 많다.

ㄷ. B를 할 때 (나)와 (라)에 포함된 에너지를 모두 소모시키는 데 걸리는 시간의 합은 3시간보다 짧다.

126 A: 기초 대사량은 생명을 유지하는 데 필요한 최소한의 에너지양이다. 1일 대사량은 하루 동안 생활하는 데 필요한 총 에너지양이며, 기초 대사량과 활동 대사량이 포함된다.

B: 대사 증후군은 고혈압, 고혈당, 고지혈증 등의 증상이 동시에 한 사람에게서 나타나는 경우이다.

오답 피하기 C: 건강한 생활을 유지하려면 에너지 섭취량과 에너지 소비량이 균형을 이루어야 한다. 에너지 소비량이 에너지 섭취량보다 많

은 영양 부족 상태가 지속되면 영양실조, 생장 장애, 질병에 대한 저항성 감소 등의 이상이 발생할 수 있다.

127 탄수화물과 단백질의 열량은 모두 4 kcal/g, 지방의 열량은 9 kcal/g이므로 영호가 하루 동안 섭취한 에너지양은 3150 kcal이다. 영호의 몸무게가 60kg이므로 영호가 각 활동별로 소비한 에너지양을 계산하면 표와 같으며, 하루 동안 소비한 에너지양은 3240 kcal이다.

구분	시간당 에너지 소비량 (kcal/h · kg)	시간 (h)	소비한 에너지양 (kcal)
수면	1.0	8	$1.0 \times 8 \times 60 = 480$
휴식	1.5	4	$1.5 \times 4 \times 60 = 360$
공부	2.5	8	$2.5 \times 8 \times 60 = 1200$
운동	6.0	2	$6.0 \times 2 \times 60 = 720$
산책	4.0	2	$4.0 \times 2 \times 60 = 480$

ㄱ. 수면을 통해 소비한 에너지양과 산책을 통해 소비한 에너지양은 모두 480 kcal로 같다.

오답 피하기 ㄴ. 기초 대사량은 생명 활동을 유지하는 데 필요한 최소한의 에너지양이며, 공부를 하는 데 필요한 에너지양은 활동 대사량에 속한다.

ㄷ. 영호가 하루 동안 섭취한 에너지양은 3150 kcal, (나)의 활동을 통해 소비한 에너지양은 3240 kcal이다. 따라서 영호가 하루 동안 섭취한 에너지양은 (나)의 활동을 통해 소비한 에너지양보다 적다.

III. 항상성과 몸의 조절

III-1. 신경계와 근수축

01. 흥분의 전도와 전달

STEP 1 바로바로 개념 확인　　　　본문 049쪽

128 뉴런　**129** (1) × (2) ○ (3) ×　**130** (1) (가) (2) (나) (3) K^+
131 (1) × (2) ○　**132** 시냅스　**133** 신경 전달 물질

129 뉴런은 가지 돌기를 통해 흥분을 받아들인 후 축삭 돌기를 통해 흥분을 이동(전도)시키며, 운동 뉴런은 중추 신경(연합 뉴런)의 명령을 반응기로 전달하는 원심성 뉴런이다.

130 분극 상태인 구간은 휴지 전위($-70\,\mathrm{mV}$)를 나타내는 (가)이며, Na^+이 유입되는 구간은 막전위가 상승하여 탈분극이 일어나는 (나)이다. (다)에서 막전위가 하강하는 것은 K^+이 유출되기 때문이다.

131 자극을 받은 부위에서 유입된 Na^+이 축삭 돌기 안에서 인접한 부위로 확산되어 막전위를 상승시킴으로써 흥분이 전도된다. 말이집 신경은 도약전도가 일어나므로 민말이집 신경보다 흥분 전도 속도가 빠르다.

STEP 2 알짜 문제로 실력 키우기　　　　본문 050~053쪽

134 ⑤	**135** ⑤	**136** ②	**137** ③	**138** 해설 참조	**139** ③
140 ③	**141** ⑤	**142** ①	**143** 해설 참조	**144** ②	**145** ②
146 ①	**147** ③	**148** 해설 참조	**149** ①	**150** ⑤	**151** ⑤
152 ④	**153** 해설 참조				

134 ⑤ (가)는 원심성(운동) 뉴런, (나)는 연합 뉴런, (다)는 구심성(감각) 뉴런이므로 흥분은 (다) → (나) → (가)로 전달된다.
오답 피하기 ① (가)는 축삭 돌기가 말이집으로 싸여 있는 말이집 뉴런이다.
② (나)는 감각 뉴런과 운동 뉴런을 연결하는 연합 뉴런이다.
③, ④ (다)는 감각기와 연결되어 있는 감각 뉴런으로, 연합 뉴런인 (나)로 흥분을 전달하는 구심성 뉴런이다.

추가로 나오는 선택지

❶ ○　❷ ○　❸ ×
❶ (가)는 중추 신경의 반응 명령을 반응기로 전달하는 원심성 뉴런(운동 뉴런)이다.
❷ (나)는 감각 뉴런과 운동 뉴런을 연결하는 연합 뉴런이다.
❸ (다)는 감각기에서 받아들인 자극을 중추 신경에 전달하는 구심성 뉴런(감각 뉴런)이다.

135 ㄱ. 뉴런은 신경계를 구성하는 기본 단위인 신경 세포이므로 신경계는 ㉠에 해당한다.
ㄴ. 뉴런은 축삭 돌기를 따라 흥분을 전도시키고, 다른 뉴런으로 흥분을 전달하면서 흥분을 멀리까지 이동시킨다.
ㄷ. 뉴런은 자극을 받아 발생시킨 흥분을 반응기가 있는 곳까지 이동시킴으로써 우리 몸이 자극에 대해 반응할 수 있게 한다.

136 ㄴ. 말이집 신경에서 흥분의 전도는 축삭 돌기의 랑비에 결절(B)에서 일어난다.
오답 피하기 ㄱ. A는 축삭 돌기 말단으로, 이 부위에서 다른 뉴런으로 흥분이 전달된다.
ㄷ. C는 감각기나 다른 뉴런으로부터 자극을 받아들이는 가지 돌기이다.

137 ㄱ. ㉡은 구심성 뉴런과 원심성 뉴런을 연결하는 연합 뉴런이므로 ㉠이 원심성 뉴런이다.
ㄴ. 연합 뉴런(㉡)의 신경 세포체에는 핵과 여러 세포 소기관이 있다.
오답 피하기 ㄷ. ㉢은 구심성(감각) 뉴런, (가)는 반응기, (나)는 감각기이므로 흥분은 ㉢ → ㉡ → ㉠ 방향으로 이동한다.

138 ㉢은 감각기인 (나)와 연합 뉴런(㉡)을 연결하는 구심성 뉴런이다.
모범 답안 감각 뉴런 또는 구심성 뉴런, 감각기에서 받아들인 자극을 연합 뉴런으로 전달한다.

채점 기준	배점
뉴런 ㉢의 종류를 옳게 쓰고, ㉢의 기능을 흥분 전달과 연관지어 옳게 서술한 경우	100%
뉴런 ㉢의 종류만 옳게 쓴 경우	30%

139 ③ I을 비롯한 모든 구간에서 Na^+-K^+ 펌프가 작동하므로 K^+이 세포 안으로 유입된다.
오답 피하기 ① 활동 전위의 크기(h)는 자극의 세기에 상관없이 일정하다.
② I에서 Na^+이 세포 안으로 유입되어 막전위가 상승하는 탈분극이 일어난다.
④ II에서 K^+이 세포 밖으로 유출되어 막전위가 하강하는 재분극이 일어난다.
⑤ II를 비롯한 모든 구간에서 Na^+-K^+ 펌프의 작동으로 Na^+의 농도는 항상 세포 안이 밖보다 낮다.

추가로 나오는 선택지

❶ ○　❷ ○
❶ 모든 구간에서 Na^+-K^+ 펌프가 작동하므로 Na^+ 농도는 세포 안보다 밖이, K^+의 농도는 세포 밖보다 안이 항상 높게 유지된다.
❷ II(재분극)에서 Na^+의 막 투과도는 감소하고, K^+의 막 투과도는 증가한다.

140 ③ Na^+(ⓒ)은 통로를 통해 세포 안으로 유입(확산)되며, 이때 막 전위가 상승하는 탈분극이 일어난다.

오답 피하기 ①, ② ⊙은 세포 안의 농도가 세포 밖의 농도보다 높으므로 K^+이다. 재분극 시 K^+은 통로가 열리면 농도 차에 의해 세포 밖으로 유출(확산)된다.

④ ⓒ은 Na^+이므로 Na^+-K^+ 펌프를 통해 세포 밖으로 이동한다.

⑤ 역치 이상의 자극을 받은 축삭 돌기 지점에서 Na^+의 유입에 의한 탈분극이 K^+의 유출에 의한 재분극보다 먼저 일어나므로 ⓒ(Na^+)의 막 투과도가 ⊙(K^+)의 막 투과도보다 먼저 높아진다.

141 ㄴ. 막전위가 $-80\,mV$이므로 세포막 안쪽이 바깥쪽보다 음(−) 전하를 띤다.

ㄷ. 세포막을 통한 Na^+의 유입보다 K^+의 유출이 활발하므로 막전위가 휴지 전위($-70\,mV$)보다 더 음(−)의 값을 나타낸다.

오답 피하기 ㄱ. 막전위가 휴지 전위보다 더 음(−)의 값을 나타내므로 재분극(과분극) 중이다.

142 ㄴ. 뉴런이 자극을 받으면 Na^+의 유입에 의한 탈분극이 K^+의 유출에 의한 재분극보다 먼저 일어나므로 ⊙이 Na^+이고, ⓒ이 K^+이다. Na^+의 농도는 세포 안이 밖보다 낮다.

오답 피하기 ㄱ. ⊙은 막전위를 상승시켜 탈분극을 일으키는 Na^+이다.

ㄷ. ⓒ은 막전위를 하강시켜 재분극을 일으키는 K^+이다. K^+은 Na^+-K^+ 펌프를 통해 세포 안으로 이동한다.

자료 정리

흥분 발생 시 이온의 막 투과도 변화

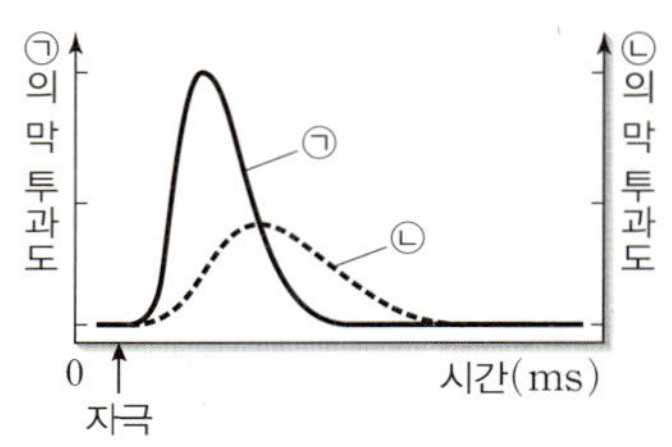

- 역치 이상의 자극이 주어지면, 자극을 받은 지점에서는 Na^+의 유입에 의한 막전위 상승이 먼저 일어나므로 ⊙은 Na^+ 통로를 통해 세포 안으로 유입되어 탈분극을 일으키는 Na^+이다.
- 활동 전위가 생성된 후 K^+의 유출에 의한 막전위 하강이 일어나므로 ⓒ은 K^+ 통로를 통해 세포 밖으로 유출되어 재분극을 일으키는 K^+이다.

---

143 ⓒ은 세포 밖으로 유출되면서 막전위를 하강시키는 K^+이다.

모범 답안 ⓒ(K^+)은 K^+ 통로를 통해 세포 안에서 밖으로 이동(확산)하며, 이때 막전위가 하강하는 재분극이 일어난다.

채점 기준	배점
이온 통로를 통한 세포 밖으로의 ⓒ의 이동과 막전위 하강에 의한 재분극을 모두 옳게 서술한 경우	100%
이온 통로를 통한 세포 밖으로의 ⓒ의 이동과 막전위 하강에 의한 재분극 중 하나만 옳게 서술한 경우	50%

144 ② 역치 이상의 자극이 주어졌을 때 흥분은 ⊙ → ⓒ → ⓒ 방향으로 전도되며, t_1일 때 ⊙에서 탈분극이 일어나므로 ⓒ은 아직 흥분이 도달하지 않아 분극 상태이다.

오답 피하기 ① 흥분이 발생해 활동 전위가 생성되면 세포막 안쪽이 바깥쪽에 비해 양(+)전하를 띠게 된다. 시간이 t_1에서 t_2로 흐를 때 ⊙에서 세포막 안쪽이 양(+)전하를 띤 후 ⓒ에서 세포막 안쪽이 양(+)전하를 띠게 되므로 흥분은 ⊙ → ⓒ → ⓒ 방향으로 전도된다.

③ t_1일 때 ⓒ의 세포막 안쪽은 음(−)전하이었다가, t_2일 때 양(+)전하가 되므로 $t_1 \to t_2$일 때 ⓒ의 막전위가 상승한다.

④ t_2 이후 ⊙에서 K^+의 유출에 의해 막전위가 하강하는 재분극이 일어나 세포막 안쪽이 다시 음(−)전하를 띠게 된다.

⑤ t_2일 때 ⓒ은 분극 상태이며, 흥분이 ⊙ → ⓒ → ⓒ 방향으로 전도되므로 t_2 이후 ⓒ에서 Na^+의 유입에 의한 탈분극이 일어나 활동 전위가 발생할 것이다.

추가로 나오는 선택지

❶ ○ ❷ ×

❶ t_1일 때 ⊙에서 Na^+의 유입에 의한 탈분극이 일어났다.

❷ 흥분은 ⊙ → ⓒ → ⓒ의 방향으로 전도되므로 t_2 이후 K^+의 유출은 ⓒ에서가 ⓒ에서보다 먼저 일어날 것이다.

---

145 흥분이 도달한 축삭 돌기 지점에서 Na^+의 유입에 의한 탈분극 → K^+의 유출에 의한 재분극 순서로 막전위가 변한다. 그런데 (나)에서 재분극(K^+ 유출) 중인 지점이 탈분극(Na^+ 유입) 중인 지점보다 왼쪽에 있으므로 흥분은 오른쪽(→) 방향으로 전도되고 있다. 따라서 일어난 순서는 (가) → (다) → (나)이다.

자료 정리

흥분의 전도 과정

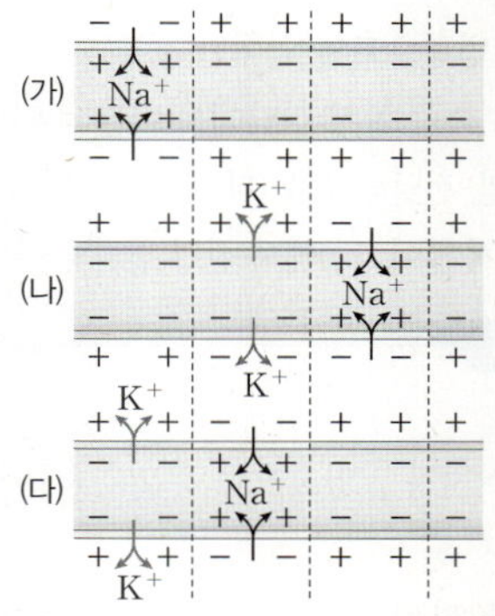

- 흥분이 발생하는 지점에서는 Na^+ 유입에 의한 탈분극이 먼저 일어난 후, K^+ 유출에 의한 재분극이 일어난다.
- (나)에서 가운데 지점은 재분극, 오른쪽 지점은 탈분극 중이다. 활동 전위는 가운데 지점에서가 오른쪽 지점에서보다 먼저 생성되었으므로 흥분은 가운데 지점에서 오른쪽 지점으로 전도되고 있다.
- (가)~(다) 중 탈분극(Na^+ 유입)이 일어나는 지점이 가장 왼쪽에 있는 (가)가 가장 이른 시기이고, 탈분극이 일어나는 지점이 가장 오른쪽에 있는 (나)가 가장 나중 시기이다.

146 ㄱ. 흥분은 ㉠ → ㉡ 방향으로 전도된다. 흥분이 도달한 축삭 돌기 지점에서는 Na^+ 통로가 열리면서 탈분극이 일어나므로 Na^+ 통로가 열리는 순서는 ㉠ → ㉡이다.

오답 피하기 ㄴ. 한 뉴런에서 발생하는 활동 전위의 크기는 축삭 돌기 지점(랑비에 결절)에 상관없이 같으므로 ㉠과 ㉡에서 모두 같다.

ㄷ. ㉢은 말이집으로 싸여 있어 절연체 역할을 하는 부위이므로 세포막을 통한 이온의 유입이나 유출이 일어나지 않는다.

147 ㄱ. A는 축삭 돌기가 말이집(B)으로 싸여 있지 않아 활동 전위가 발생하는 부위인 랑비에 결절이다.

ㄴ. 이 뉴런은 축삭 돌기가 말이집(B)으로 싸여 있으므로 랑비에 결절(A)에서만 활동 전위가 발생되어 흥분이 전도되는 도약전도가 일어난다.

오답 피하기 ㄷ. 흥분이 전도될 때 말이집(B)으로 싸인 부위에서는 활동 전위가 발생되지 않는다.

148 흥분 전도 속도는 축삭 돌기의 지름이 클수록 빠르며, 말이집이 있을 때가 없을 때보다 빠르다.

모범 답안 C, C는 축삭 돌기의 지름(두께)이 가장 크고 말이집이 있기 때문이다.

채점 기준	배점
C를 쓰고, 지름(두께)과 말이집을 모두 포함하여 옳게 서술한 경우	100%
C를 쓰고, 지름(두께)과 말이집 중 하나만 포함하여 옳게 서술한 경우	70%
C만 쓴 경우	30%

149 ㄱ. (가)에서는 막전위가 변하지 않았고, (나)에서는 (다)에서보다 활동 전위가 먼저 발생되었으므로 흥분은 (나) → (다)로만 전달되었다. 따라서 자극을 준 뉴런은 (나)이다.

오답 피하기 ㄴ. (나)에 자극을 주었을 때 (가)에서는 활동 전위가 발생되지 않으므로 흥분은 (나) → (가)로는 전달되지 않는다. 따라서 시냅스에서 흥분 전달은 한 방향으로만 일어난다.

ㄷ. 흥분은 한 뉴런의 축삭 돌기 말단에서 다른 뉴런의 신경 세포체 또는 가지 돌기 방향으로만 전달되므로 (다)에 역치 이상의 자극을 주더라도 (나)로 흥분이 전달되지 않아 (나)에서 신경 전달 물질이 분비되지 않는다.

추가로 나오는 선택지

❶ × ❷ ○

❶ (가)에 자극이 주어지지 않았으므로 흥분은 (가)에서 (나)로 전달되지 않았다.

❷ (나)의 축삭 돌기 말단에서 분비된 신경 전달 물질이 (다)를 탈분극시킴으로써 흥분이 전달된다.

150 ⑤ (가)는 흥분 전달을 촉진하는 각성제에 해당한다. 신경 전달 물질을 빠르게 분해하는 약물은 흥분 전달을 억제하므로 진정제(나)에 해당한다.

오답 피하기 ① (가)는 긴장 상태를 유지시키고 각성 효과를 나타내므로 각성제에 해당한다.

②, ③ (나)는 긴장과 통증을 완화시키고 수면을 유도하므로 진정제에 해당한다. 따라서 (나)는 흥분 전달을 억제한다.

④ (가)는 흥분 전달을 촉진하고, (나)는 흥분 전달을 억제해 모두 신경계의 작용에 영향을 미친다.

151 ㄱ. X는 뉴런의 축삭 돌기 말단에서 분비되어 시냅스에서 흥분 전달을 일으키는 물질이므로 신경 전달 물질이다.

ㄴ. X는 (나)에 작용해 (나) 안으로 Na^+이 유입되게 한다. 따라서 X가 분비되면 (나)의 막전위를 상승시켜 흥분이 전달된다.

ㄷ. 흥분은 (가)에서 (나)로 전달되며, 자극을 받아 (가)의 축삭 돌기 말단으로 흥분이 전도되면 신경 전달 물질(X)이 분비된다.

152 A에 자극을 주었을 때 B~D 중 C에서만 활동 전위가 발생되므로 A에서의 흥분은 C로만 전달된다. B에 자극을 주었을 때 A, C, D에서 모두 활동 전위가 발생되므로 B에서의 흥분은 D로 전달된 후 나머지 뉴런에게로 전달된다. 따라서 흥분의 전달 방향은 B → D → A → C이다.

153 카페인은 각성제 중 하나이며, 수면제는 진정제 중 하나이다.

모범 답안 카페인은 흥분 전달을 촉진하는 각성제인 반면, 수면제는 흥분 전달을 억제하는 진정제이다.

채점 기준	배점
카페인의 흥분 전달 촉진과 수면제의 흥분 전달 억제를 포함하여 모두 옳게 서술한 경우	100%
카페인의 흥분 전달 촉진과 수면제의 흥분 전달 억제 중 하나만 포함하여 옳게 서술한 경우	50%

STEP **3** 1등급을 위한 실전 완벽 대비 본문 054~055쪽

154 ① 155 ② 156 ① 157 ③ 158 ④ 159 ① 160 ①

154 ㄴ. 흥분은 (다) → (나) → (가) 방향으로 전달되므로 (가)는 원심성(운동) 뉴런, (다)는 구심성(감각) 뉴런이다. 따라서 (가)와 (다)는 모두 말초 신경계에 속한다.

오답 피하기 ㄱ. 흥분은 한 뉴런의 축삭 돌기 말단에서 다른 뉴런의 신경 세포체 또는 가지 돌기 방향으로만 전달되므로 (다) → (나) → (가) 방향으로 전달된다.

ㄷ. 흥분은 (가)에서 (나)로는 전달되지 않으므로 A에 역치 이상의 자극을 주어도 (나)에서 신경 전달 물질이 분비되지 않는다.

155 ㄷ. ㉠은 Na^+, ㉡은 K^+이다. Na^+의 농도는 항상 세포 밖이 안보다 높고, K^+의 농도는 항상 세포 안이 밖보다 높으므로 t일 때 뉴런

에서 통로를 통해 Na^+(㉠)이 세포 안으로 확산되고, K^+(㉡)이 세포 밖으로 확산된다.

오답 피하기 ㄱ. 자극을 받은 축삭 돌기 지점에서 탈분극(막전위 상승)이 재분극(막전위 하강)보다 먼저 일어나므로 ㉠은 Na^+, ㉡은 K^+이다.
ㄴ. 통로를 통한 Na^+(㉠)의 확산은 항상 세포 밖에서 안으로 일어난다.

156 ㄱ. B에서 ㉠을 통해 세포 안으로 이온이 유입되므로 ㉠은 Na^+ 통로이다. Na^+ 통로(㉠)가 열리면 Na^+이 유입되므로 막전위가 상승하는 탈분극이 일어난다.

오답 피하기 ㄴ. B에서는 Na^+의 유입에 의한 탈분극이, C에서는 K^+의 유출에 의한 재분극이 일어나고 있으므로 흥분은 C에서가 B에서보다 먼저 도달했다. 따라서 흥분은 C → B → A 방향으로 전도된다.
ㄷ. ㉡은 K^+을 세포 밖으로 확산시키는 K^+ 통로이다. K^+의 농도는 항상 세포 안이 밖보다 높으므로 통로를 통한 K^+의 확산은 세포 안에서 밖으로만 일어난다.

157 ㄱ. 막전위가 휴지 전위($-70\,mV$)보다 더 낮은 음($-$)전하의 값인 $-80\,mV$가 되는 경우는 재분극 말기(과분극) 때이다. 따라서 t일 때 I~Ⅲ 중 한 지점에서만 탈분극이 일어나고 Ⅲ에서 재분극(과분극)이 일어나므로 흥분은 Ⅲ → Ⅱ → I 방향으로 전도되었다.
ㄴ. I~Ⅲ 중 한 지점에서만 탈분극이 일어나므로 I에서 탈분극, Ⅱ에서 재분극이 일어난다. 따라서 I에서 Na^+이 통로를 통해 세포 안으로 유입되면서 막전위가 상승한다.

오답 피하기 ㄷ. Ⅱ에서의 막전위($+15\,mV$)는 재분극이 일어날 때의 막전위이다. ㉠은 막전위가 상승하는 탈분극 구간이다.

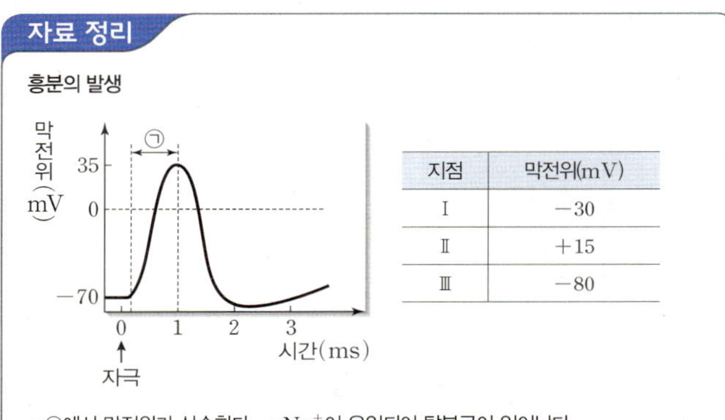

지점	막전위(mV)
I	-30
Ⅱ	$+15$
Ⅲ	-80

- ㉠에서 막전위가 상승한다. → Na^+이 유입되어 탈분극이 일어난다.
- 이 뉴런의 휴지 전위는 $-70\,mV$이고, Ⅲ은 막전위가 휴지 전위보다 더 낮은 음($-$)전하의 값인 $-80\,mV$이다. → Ⅲ은 재분극 말기(과분극) 시점이므로 I~Ⅲ 중 Ⅲ에 가장 먼저 흥분이 도달하였다.

158 ㄱ. 자극을 주고 $5\,ms$가 되었을 때, A는 P로부터 $6\,cm$ 떨어진 d_2에서 막전위가 $-80\,mV$가 되었으므로 A에서의 흥분 전도 속도는 $3\,cm/ms(=6\,cm/2\,ms)$이고, B의 경우에는 P로부터 $4\,cm$ 떨어진 d_1에서 막전위가 $-80\,mV$가 되었으므로 B에서의 흥분 전도 속도는 $2\,cm/ms(=4\,cm/2\,ms)$이다. 따라서 흥분의 전도 속도는 A에서가 B에서보다 빠르다.

ㄷ. B는 ㉠일 때 P로부터 $4\,cm$ 떨어진 d_1에서 막전위가 $-80\,mV$가 되었으므로 흥분은 $1\,ms$당 $2\,cm$씩 전도된다. 따라서 ㉠일 때 d_2에서의 막전위는 (나)에서 시간이 $2\,ms$일 때의 막전위와 같으며, d_2에서는 탈분극이 일어나고 있다. d_3에서도 막전위는 (나)에서 시간이 $1\,ms$일 때의 막전위와 같으며, d_3에서는 탈분극이 일어나고 있다. 따라서 ㉠일 때 B의 d_2와 d_3 사이에 탈분극이 일어나는 지점이 있으며, 이 지점에서 세포 안으로 유입되는 Na^+의 막 투과도가 세포 밖으로 유출되는 K^+의 막 투과도보다 크다.

오답 피하기 ㄴ. A의 흥분 전도 속도는 $3\,cm/ms$이므로 ㉠일 때 A의 d_1에서의 막전위는 (나)에서 시간이 $\dfrac{11}{3}\,ms$일 때의 막전위와 같다. 따라서 ㉠일 때 A의 d_1과 d_2 사이에 있는 지점에서의 막전위는 $-70\,mV$와 $-80\,mV$ 사이의 음($-$)의 값을 가진다.

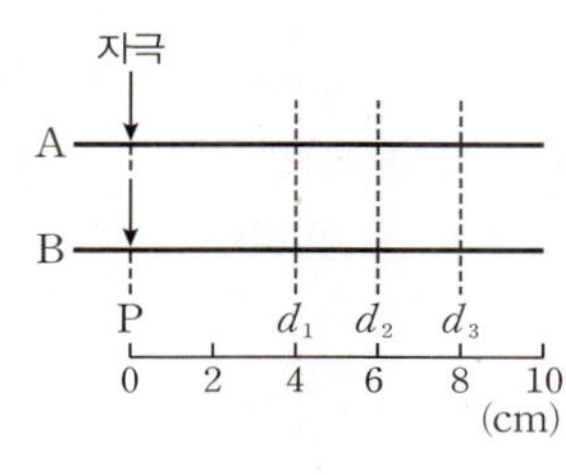

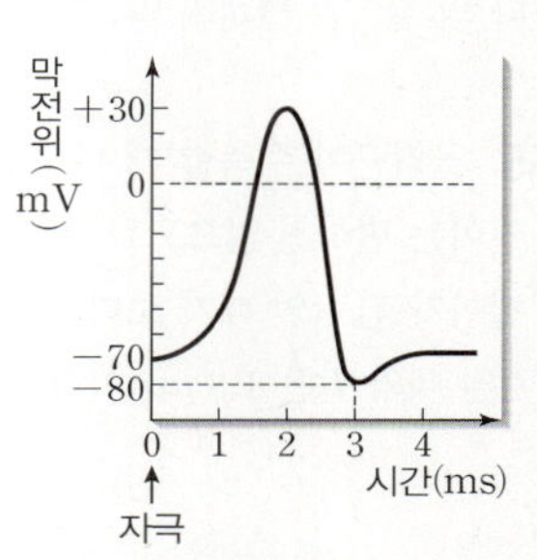

- 축삭 돌기의 한 지점에 흥분이 도달한 후 $3\,ms$가 지나면 막전위가 $-80\,mV$가 된다.
- A는 P를 자극하고 $2\,ms$가 지났을 때 흥분이 d_2에 도달했으며, 이후 $3\,ms$가 더 지나 d_2에서의 막전위가 $-80\,mV$가 되었다. → A에서의 흥분 전도 속도는 $6\,cm/2\,ms=3\,cm/ms$이다.
- B는 P를 자극하고 $2\,ms$가 지났을 때 흥분이 d_1에 도달했으며, 이후 $3\,ms$가 더 지나 d_1에서의 막전위가 $-80\,mV$가 되었다. → B에서의 흥분 전도 속도는 $4\,cm/2\,ms=2\,cm/ms$이다.

159 ㄴ. A~D(㉠~㉣) 중 3개의 지점에서 활동 전위가 생성되었으므로 C가 있는 뉴런을 자극했으며, 그 결과 C → B → A의 순서로 활동 전위가 발생되었다.

오답 피하기 ㄱ. ㉠에서 활동 전위가 가장 먼저 발생되었으므로 ㉠은 C이다.
ㄷ. ㉡은 B, ㉢은 A, ㉣은 D이다. 시간이 $4\,ms$일 때 A에서 활동 전위가 발생되었으므로 A가 있는 뉴런의 축삭 돌기 말단에서 신경 전달 물질이 분비되는 시간은 $4\,ms$가 지난 후이다.

160 ㄱ. (가)의 축삭 돌기 말단에서 분비된 X(신경 전달 물질)가 (나)에 작용하므로 흥분은 (가)에서 (나)로 전달된다.

오답 피하기 ㄴ. A는 X와 수용체의 결합을 억제하므로 X에 의한 흥분 전달을 억제한다. 따라서 A는 X에 의해 (나)가 탈분극되는 것을 억제한다.
ㄷ. A와 B는 모두 X가 (나)에 작용하는 것을 억제해 흥분 전달을 억제하므로 진정제로 사용될 수 있지만, C는 X에 의한 흥분 전달을 촉진하므로 각성제로 사용될 수 있다.

02. 근수축 운동

STEP 1 바로바로 개념 확인
본문 057쪽

161 (1) × (2) ○ (3) ○ **162** 근육 섬유 **163** (1) ㉠: 마이오신 필라멘트, ㉡: 액틴 필라멘트 (2) (나) (3) (가), (나) **164** H, A **165** (1) t_1 (2) 1.8 μm

161 골격근을 구성하는 다핵 세포는 근육 섬유이다. 근육 원섬유는 근육 섬유의 세포질에 있는 굵은 마이오신 필라멘트와 가는 액틴 필라멘트로 이루어진 구조이다.

163 ㉠은 굵은 마이오신 필라멘트, ㉡은 가는 액틴 필라멘트이며, (가)는 H대, (나)는 I대, (다)는 A대이다. 이 중 액틴 필라멘트만 있는 I대(나)가 전자 현미경에서 가장 밝게 관찰되며, 골격근이 수축할 때 A대(다)의 길이는 변하지 않는다.

165 골격근이 수축할 때 마이오신 필라멘트의 길이에 해당하는 A대의 길이는 변하지 않으므로 ㉠이 A대, ㉡이 H대이다. 따라서 H(㉡)의 길이가 긴 t_1일 때가 보다 이완된 시점이며, t_2일 때 A대(㉠)의 길이는 t_1일 때와 같은 1.8 μm이다.

STEP 2 알짜 문제로 실력 키우기
본문 058~059쪽

166 ③ **167** ③ **168** ⑤ **169** ③ **170** ② **171** ④ **172** ③ **173** ① **174** 해설 참조

166 ③ ㉢은 M선과 H대(㉠)를 모두 포함하는 A대이다. A대(㉢)와 H대(㉠)에는 모두 마이오신 필라멘트가 있다.

오답 피하기 ① ㉠은 H대이다.
② ㉡은 Z선을 포함하는 I대이다. I대(㉡)에는 액틴 필라멘트가 있지만, H대(㉠)에는 액틴 필라멘트가 없다.
④ I대, A대, H대 중 전자 현미경에서 가장 밝게 관찰되는 부위는 액틴 필라멘트만 있는 I대(㉡)이다.
⑤ A대(㉢)에서 H대(㉠)를 뺀 나머지 부위는 액틴 필라멘트와 마이오신 필라멘트가 겹쳐 있는 부위이다.

추가로 나오는 선택지
❶ × ❷ × ❸ ×

❶ ㉡은 I대이다.
❷ ㉢은 A대로, 액틴 필라멘트와 마이오신 필라멘트가 있다.
❸ 전자 현미경에서 가장 밝게 관찰되는 부위는 액틴 필라멘트만 있는 I대(㉡)이다.

167 ③ ㉢은 근육 원섬유이다. 골격근을 구성하는 다핵 세포는 근육 섬유(㉡)이다.

오답 피하기 ① ㉠은 많은 수의 근육 섬유로 이루어진 근육 섬유 다발이다.
② ㉡은 골격근을 이루는 세포인 근육 섬유이다. 근육 섬유에 액틴 필라멘트와 마이오신 필라멘트로 이루어진 근육 원섬유가 있다.
④ ㉣은 두 Z선 사이의 구간으로, 근육 원섬유(㉢)에서 반복적으로 나타나는 근육 원섬유 마디이다.
⑤ 근육 원섬유 마디(㉣)는 골격근 수축의 기본 단위로, 각 근육 원섬유 마디가 수축해 전체적으로 골격근이 수축하게 된다.

168 ⑤ 골격근의 이완 과정(㉠)에서 액틴 필라멘트와 마이오신 필라멘트가 겹쳐 있는 부위의 길이는 짧아진다.

오답 피하기 ① ㉠은 근육 원섬유 마디의 길이가 길어지는 골격근의 이완 과정이다.
② ㉡은 근육 원섬유 마디의 길이가 짧아지는 골격근의 수축 과정이며, 이때 수축에 필요한 에너지를 공급하기 위해 ATP가 소모된다.
③ 골격근의 수축 과정(㉡)에서 I대와 H대의 길이는 모두 짧아진다.
④ 골격근의 이완과 수축 과정 모두에서 A대의 길이는 변하지 않는다.

추가로 나오는 선택지
❶ ○ ❷ ○ ❸ ×

❶ 이완 과정(㉠)에서 H대의 길이는 길어진다.
❷ 수축 과정(㉡)에서 액틴 필라멘트와 마이오신 필라멘트가 겹쳐 있는 부위의 길이는 길어진다.
❸ 골격근이 수축하거나 이완하더라도 A대의 길이는 항상 일정하며, H대는 A대에 포함되므로 A대의 길이는 H대의 길이보다 짧아질 수 없다.

169 ㄱ. A대의 길이는 X의 수축, 이완에 상관없이 변하지 않으므로 t_1일 때와 t_2일 때가 같다.
ㄴ. X의 길이는 t_1일 때가 t_2일 때보다 0.3 μm 짧으므로 H대의 길이도 t_1일 때가 t_2일 때보다 0.3 μm 짧다.

오답 피하기 ㄷ. X는 t_2일 때가 t_1일 때보다 0.3 μm 길어 이완했으므로 액틴 필라멘트만 있는 부위(I대)의 길이는 0.3 μm 길어졌다.

170 ㄷ. 골격근이 수축할 때 액틴 필라멘트가 마이오신 필라멘트 사이를 활주하듯 움직이게 되는데, 이러한 골격근의 수축 과정은 활주설로 설명할 수 있다.

오답 피하기 ㄱ. 골격근이 수축할 때 마이오신 필라멘트(㉠)가 ATP를 소모해 액틴 필라멘트(㉡)를 끌어당긴다.
ㄴ. 액틴 필라멘트(㉡)가 마이오신 필라멘트(㉠) 사이에서 M선이 있는 방향으로 움직일 때 액틴 필라멘트와 마이오신 필라멘트가 겹쳐 있는 부위가 늘어나며 근육 원섬유 마디가 수축한다.

171 ㄴ. (가)는 굵은 마이오신 필라멘트(㉠)와 가는 액틴 필라멘트(㉡)가 겹쳐 있는 부위(A대−H대)의 단면이며, 이 부위는 골격근이 수축할 때 길이가 길어진다.

ㄷ. (나)는 마이오신 필라멘트(㉠)만 있는 H대의 단면이며, H대는 골격근이 수축할 때 길이가 짧아진다.

오답 피하기 ㄱ. ㉠은 마이오신 필라멘트이다.

172 ㄷ. 골격근이 수축, 이완할 때 A대의 길이는 변하지 않으므로 ㉡이 A대이며, ㉠은 I대이다. X의 길이는 마이오신 필라멘트의 길이에 해당하는 A대(㉡)와 액틴 필라멘트만 있는 I대(㉠)의 길이 합과 같으며, t_2일 때 A대의 길이는 t_1일 때와 같은 $1.6\ \mu m$이므로 X의 길이는 $1.6+0.6=2.2\ \mu m$이다.

오답 피하기 ㄱ. I대(㉠)에는 마이오신 필라멘트가 없다.

ㄴ. t_1일 때 I대(㉠)의 길이는 t_2일 때보다 $0.2\ \mu m$ 짧으므로 t_1일 때 H대의 길이도 t_2일 때보다 $0.2\ \mu m$ 짧다. 따라서 t_1일 때 H대의 길이는 0이다.

자료 정리

골격근의 수축

구분	H대	㉠	㉡
t_1	?	$0.4\ \mu m$	$1.6\ \mu m$
t_2	$0.2\ \mu m$	$0.6\ \mu m$	?

- 골격근이 수축, 이완할 때 A대의 길이는 변하지 않는다. 따라서 길이가 변한 ㉠이 I대, ㉡이 A대이며, t_2일 때 A대(㉡)의 길이는 $1.6\ \mu m$이다.
- t_2일 때가 t_1일 때보다 I대(㉠)의 길이가 $0.2\ \mu m$ 길다. t_2일 때가 t_1일 때보다 X가 이완해 길이가 $0.2\ \mu m$ 길어졌으며, H대의 길이도 $0.2\ \mu m$ 길어졌다. 따라서 t_1일 때 H대의 길이는 0이다.

173 ㄱ. 근육 원섬유 마디 X가 이완해 길어진 길이=H대가 길어진 길이=I대(액틴 필라멘트만 있는 부위)가 길어진 길이=액틴 필라멘트와 마이오신 필라멘트가 겹쳐 있는 부위가 짧아진 길이이다. 따라서 X의 길이가 $n\ \mu m$ 길어지면 H대의 길이도 $n\ \mu m$ 길어진다.

오답 피하기 ㄴ. 근육 원섬유 마디 X가 이완해 길이가 $n\ \mu m$ 길어지면 액틴 필라멘트만 있는 부위(I대)의 길이도 $n\ \mu m$ 길어지지만, A대의 길이는 변하지 않는다. 따라서 $\dfrac{\text{액틴 필라멘트만 있는 부위의 길이}}{\text{A대의 길이}}$ 는 커진다.

ㄷ. 근육 원섬유 마디 X가 이완해 길이가 $n\ \mu m$ 길어지면 액틴 필라멘트와 마이오신 필라멘트가 겹쳐 있는 부위의 길이는 $n\ \mu m$ 짧아진다.

174 골격근이 수축하기 위해서는 ATP에 의해 공급되는 에너지가 필요하다.

모범 답안 골격근이 수축하는 데 필요한 에너지를 공급하기 위해서이다.

채점 기준	배점
골격근 수축에 필요한 에너지 공급한다고 서술한 경우	100%
에너지 공급만 쓴 경우	50%

175 ② **176** ⑤ **177** ① **178** ① **179** ② **180** ⑤ **181** ③
182 ④

175 ㄴ. ㉠은 액틴 필라멘트만 있어 전자 현미경에서 가장 밝게 관찰되는 I대로, 액틴 필라멘트와 가운데 Z선이 있다.

오답 피하기 ㄱ. (가)는 핵이 있는 세포인 근육 섬유이고, (나)는 근육 원섬유이다.

ㄷ. ㉡과 ㉢은 모두 액틴 필라멘트와 마이오신 필라멘트가 겹쳐 있는 부위이다. 따라서 A대는 ㉡+㉢+H대의 길이를 합한 것이다.

176 ㄴ. ㉢은 굵은 마이오신 필라멘트로, A대와 H대에 모두 있다.

ㄷ. 근육 원섬유가 수축할 때 마이오신 필라멘트가 액틴 필라멘트를 끌어당기면 양쪽에 있는 액틴 필라멘트(㉡)가 M선이 있는 가운데 방향으로 움직인다.

오답 피하기 ㄱ. ㉠은 가는 액틴 필라멘트(㉡)가 결합해 있는 부위이므로 Z선이다. M선에는 마이오신 필라멘트가 결합해 있다.

177 근육이 수축할 때 마이오신 필라멘트(ⓐ)가 ATP를 소모해 액틴 필라멘트(ⓑ)를 활주하듯 끌어당긴다.

ㄱ. ㉠은 마이오신 필라멘트(ⓐ)와 액틴 필라멘트(ⓑ)가 모두 있어 어둡게 관찰되는 A대, ㉡은 액틴 필라멘트(ⓑ)만 있어 밝게 관찰되는 I대이다.

오답 피하기 ㄴ. 근육이 수축할 때 H대와 I대(㉡)의 길이는 짧아지지만 A대(㉠)의 길이는 변하지 않는다.

ㄷ. 사람의 골격근에서는 산소 호흡뿐 아니라 무산소 호흡도 일어나 근육 수축에 필요한 에너지를 공급한다. 따라서 산소가 없을 때에도 마이오신 필라멘트(ⓐ)가 에너지를 소모하여 액틴 필라멘트(ⓑ)를 끌어당길 수 있다.

178 A대는 액틴 필라멘트와 마이오신 필라멘트가 겹쳐 있는 부위와 마이오신 필라멘트만 있는 부위(H대)로 구성되며, I대에는 액틴 필라멘트만 있다.

ㄱ. 골격근이 수축할 때 길이가 짧아지는 부위는 H대와 I대이므로 '마이오신 필라멘트가 존재한다.'와 '골격근이 수축할 때 짧아진다.'는 ⓐ와 ⓑ 중 하나이고, ㉡은 H대이다.

오답 피하기 ㄴ. 마이오신 필라멘트는 A대와 H대에 각각 있으므로 '마이오신 필라멘트가 있다.'는 ⓐ와 ⓑ 중 하나이다.

ㄷ. (나)에서 빠진 특징은 ⓒ이다. 그런데 A대와 I대에는 각각 액틴 필라멘트가 있으므로 '액틴 필라멘트가 있다.'는 ⓒ에 해당하지 않는다.

179 ㄷ. (나)는 굵은 마이오신 필라멘트만 있는 H대의 단면이다. 근육 원섬유 마디가 수축하면 H대의 길이는 짧아진다.

오답 피하기 ㄱ, ㄴ. 근육 원섬유 마디가 수축할 때 액틴 필라멘트(㉠)의 길이는 변하지 않으며, 액틴 필라멘트(㉠)가 마이오신 필라멘트(㉡) 사이를 활주해 두 필라멘트가 겹쳐 있는 부위의 길이가 길어진다.

180 ㄱ. 시간이 t_1에서 t_2로 흐르면서 H대의 길이가 $0.4\,\mu\mathrm{m}$ 길어졌으므로 X의 길이도 $0.4\,\mu\mathrm{m}$ 길어졌다. 따라서 t_1일 때 X의 길이는 $2.4-0.4=2.0\,\mu\mathrm{m}$이다.

ㄴ. 근육 원섬유 마디가 이완할 때 I대의 길이는 길어지므로 I대의 길이는 t_2일 때가 t_1일 때보다 길다.

ㄷ. 근육 원섬유 마디가 이완할 때 마이오신 필라멘트(㉠)와 액틴 필라멘트(㉡)가 겹쳐 있는 부위의 길이는 짧아지므로 ㉠과 ㉡이 겹쳐 있는 부위의 길이는 t_1일 때가 t_2일 때보다 길다.

181 ㄱ, ㄴ. 골격근이 수축, 이완할 때 A대의 길이는 변하지 않으므로 ㉠은 H대, ㉡은 A대이다. t만큼 지나는 동안 H대(㉠)의 길이가 $0.2\,\mu\mathrm{m}$ 길어졌으므로 X는 이완하여 길이가 $0.2\,\mu\mathrm{m}$ 길어졌다.

오답 피하기 ㄷ. 근육 원섬유 마디에서 마이오신 필라멘트가 있는 부위는 A대이며, A대의 길이는 변하지 않는다. 그런데 t만큼 지나는 동안 H대(㉠)와 A대(㉡)의 길이 합이 $2.0\,\mu\mathrm{m}$가 되었으므로 A대의 길이는 $2.0\,\mu\mathrm{m}$보다 짧다.

182 X에서 ㉠은 H대, ㉡은 I대의 절반이다. t_1일 때가 t_2일 때보다 ⓐ의 길이는 $0.8\,\mu\mathrm{m}$ 짧고, ⓑ의 길이는 $0.4\,\mu\mathrm{m}$ 짧으므로 ⓐ는 ㉠(H대), ⓑ는 ㉡(I대의 절반)이다.

ㄴ. X는 t_2일 때가 t_1일 때보다 $0.8\,\mu\mathrm{m}$ 더 길어진 이완된 상태이므로 t_2일 때 X의 길이는 $2.4+0.8=3.2\,\mu\mathrm{m}$이다.

ㄷ. t_1일 때와 t_2일 때 A대의 길이는 같으며, t_1일 때 ㉡(ⓑ)의 길이는 $0.4\,\mu\mathrm{m}$이므로 A대의 길이는 $2.4-(0.4\times2)=1.6\,\mu\mathrm{m}$이다. 따라서 t_1일 때와 t_2일 때 A대의 길이는 모두 $1.6\,\mu\mathrm{m}$이다.

오답 피하기 ㄱ. t_1일 때 X의 길이는 $2.4\,\mu\mathrm{m}$, H대(㉠)의 길이는 $0.4\,\mu\mathrm{m}$, 양쪽에 있는 I대의 총 길이는 $0.4\times2=0.8\,\mu\mathrm{m}$이므로 ㉢의 길이는 $\dfrac{2.4-0.4-0.8}{2}=0.6\,\mu\mathrm{m}$이다.

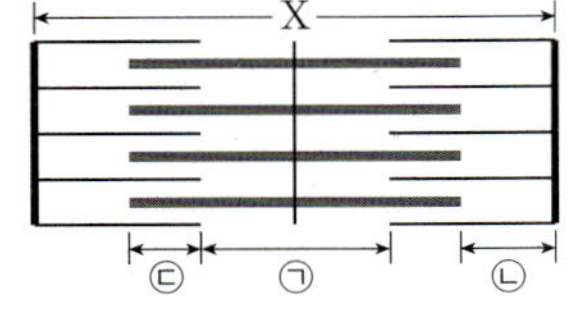

자료 정리

골격근의 수축

(단위 : $\mu\mathrm{m}$)

구분	ⓐ	ⓑ
t_1	0.4	0.4
t_2	1.2	0.8

- X가 이완해 길이가 $x\,\mu\mathrm{m}$ 길어지면 H대(㉠)의 길이는 $x\,\mu\mathrm{m}$ 길어지며, ㉡의 길이는 $\dfrac{1}{2}x\,\mu\mathrm{m}$ 길어지고, ㉢의 길이는 $\dfrac{1}{2}x\,\mu\mathrm{m}$ 짧아진다.
- t_2일 때가 t_1일 때보다 ⓐ의 길이는 $0.8\,\mu\mathrm{m}$ 길고, ⓑ의 길이는 $0.4\,\mu\mathrm{m}$ 길다. 따라서 ⓐ는 ㉠(H대), ⓑ는 ㉡(I대의 절반)이다.

03. 신경계

STEP 1 바로바로 개념 확인 본문 063쪽

183 (1) ○ (2) × **184** (1) B (2) A (3) E **185** (1) × (2) × (3) ○
186 (가): 구심성 신경, (나): 체성 신경계, (다): 자율 신경계 **187** (1) 부 (2) 교 (3) 부 (4) 교

183 뇌 신경은 뇌와 연결된 말초 신경이며, 척수 신경은 척수와 연결된 말초 신경이다.

184 A는 대뇌, B는 간뇌의 시상 하부, C는 중간뇌, D는 소뇌, E는 연수, F는 척수이다.

187 교감 신경은 신경절 이전 뉴런이 신경절 이후 뉴런보다 짧으며, 신경절 이후 뉴런의 말단에서 노르에피네프린이 분비된다. 부교감 신경은 신경절 이전 뉴런이 신경절 이후 뉴런보다 길며, 신경절 이후 뉴런의 말단에서 아세틸콜린이 분비된다.

STEP 2 알짜 문제로 실력 키우기 본문 064~066쪽

188 ⑤ **189** ⑤ **190** ④ **191** ④ **192** 해설 참조 **193** ③
194 ① **195** ④ **196** 해설 참조 **197** ② **198** ④ **199** 해설 참조
200 ⑤ **201** ④ **202** ⑤

188 ⑤ 뇌줄기는 중간뇌(C), 뇌교, 연수(E)로 구성되며, 소뇌(D)는 뇌줄기를 구성하지 않는다.

오답 피하기 ① A는 대뇌이다. 대뇌는 겉질이 어두운 회색질, 속질이 밝은 백색질이다.
② B는 간뇌의 시상 하부이다. 간뇌의 시상 하부는 체온과 삼투압의 조절 중추이다.
③ C는 중간뇌로, 홍채 운동(동공 반사)을 조절하는 중추이다.
④ E는 연수로, 소화, 순환, 호흡의 조절 중추이다.

추가로 나오는 선택지

❶ ○ ❷ × ❸ ○
❶ A는 대뇌로, 추리, 기억, 상상, 언어 등의 정신 활동을 담당하고, 감각과 운동의 중추이다.
❷ D는 소뇌로, 수의 운동을 조절하여 몸의 평형을 유지한다.
❸ E는 연수로, 뇌와 척수를 연결하는 신경이 지나는 곳으로 신경의 좌우 교차가 일어난다.

189 ㄱ. A는 뇌가 포함된 중추 신경계이다. 연합 뉴런은 중추 신경계를 구성한다.

ㄴ. C는 중추 신경계(A)를 이루는 척수이다. 척수는 겉질이 밝은 백색

질이다.

ㄷ. B는 말초 신경계, D는 뇌 신경이다. 말초 신경계와 뇌 신경에는 감각기의 흥분을 중추로 전달하는 구심성(감각) 신경과 중추의 명령을 반응기로 전달하는 원심성(운동) 신경이 모두 있다.

190 ㄴ, ㄷ. A는 뇌, B는 척수이다. 뇌와 척수는 모두 중추 신경계를 구성하며, 자극에 대해 반응하기 위한 운동 명령을 내린다.

오답 피하기 ㄱ. A는 뇌이다. 뇌 신경은 뇌와 연결된 구심성 신경과 원심성 신경으로, 말초 신경계를 구성한다.

191 ④ B는 원심성 신경 다발이므로 배 쪽에 있는 전근이다.

오답 피하기 ① 이 중추는 겉질이 백색질, 속질이 회색질인 척수이다.
② 척수는 무조건 반사의 일종인 무릎 반사의 중추이다.
③ A는 구심성 신경 다발이므로 등 쪽에 있는 후근이다.
⑤ 척수는 뇌와 말초 신경을 연결해 뇌와 말초 신경 사이에서 정보를 전달하는 역할을 한다.

192 (가)는 구심성 신경(A) → 척수(F) → 원심성 신경(E)의 경로로 흥분이 전달되고, (나)는 구심성 신경(A) → B → 대뇌(C) → D → 원심성 신경(E)의 경로로 흥분이 전달된다.

모범 답안 (가)는 척수가 중추인 무조건 반사이며, (나)는 대뇌가 중추인 의식적인 반응이다.

채점 기준	배점
(가)와 (나)를 모두 옳게 서술한 경우	100%
(가)와 (나) 중 하나만 옳게 서술한 경우	50%

193 ③ (다)는 신경절 이전 뉴런이 신경절 이후 뉴런보다 긴 부교감 신경이다. 방광은 부교감 신경의 작용으로 수축된다.

오답 피하기 ① (가)는 신경절 이전 뉴런이 신경절 이후 뉴런보다 짧으므로 교감 신경이다.
② (나)는 신경절이 없으며, 신경 세포체가 축삭 돌기의 한쪽에 위치해 있으므로 피부(감각기)의 자극을 척수로 전달하는 구심성(감각) 신경이다.
④ 교감 신경의 신경절 이전 뉴런 말단(㉠)과 부교감 신경의 신경절 이전 뉴런 말단(㉡)에서는 모두 아세틸콜린이 분비된다.
⑤ (가)와 (다)는 중추의 명령을 반응기로 전달하는 원심성 신경, (나)는 감각기에서 받아들인 자극을 중추로 전달하는 구심성 신경이므로 (가)~(다)는 모두 말초 신경계를 구성한다.

추가로 나오는 **선택지**

❶ ○ ❷ × ❸ ×

❶ (가)는 중추의 명령을 반응기로 전달하는 원심성 신경이다.
❷ 교감 신경(가)의 작용으로 심장 박동이 촉진되고, 부교감 신경(다)의 작용으로 심장 박동이 억제된다.
❸ 부교감 신경(다)의 신경절 이후 뉴런의 말단에서는 아세틸콜린이 분비된다.

말초 신경계의 구조와 기능

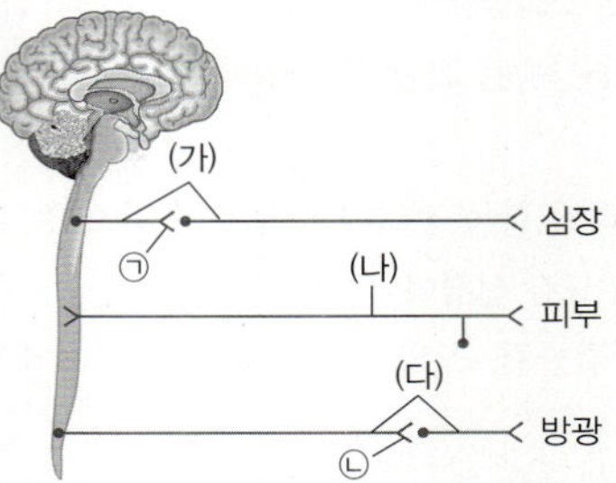

• (가)는 신경절 이전 뉴런이 신경절 이후 뉴런보다 짧으므로 교감 신경이다. ㉠은 교감 신경의 신경절 이전 뉴런의 말단으로, ㉠에서는 아세틸콜린이 분비된다.
• (나)는 신경 세포체가 축삭 돌기의 한쪽에 위치해 있으므로 구심성(감각) 신경이다.
• (다)는 신경절 이전 뉴런이 신경절 이후 뉴런보다 길므로 부교감 신경이다. ㉡은 부교감 신경의 신경절 이전 뉴런의 말단으로, ㉡에서는 아세틸콜린이 분비된다.

194 ㄴ. 구심성(감각) 신경은 감각기에서 받아들인 자극을 중추 신경계로 전달한다.

오답 피하기 ㄱ. 자율 신경계가 관여하는 반응의 중추는 중간뇌, 연수, 척수로, 자율 신경계가 관여하여 심장, 내장 기관, 분비샘의 작용이 자율적(무의식적)으로 조절된다.
ㄷ. 체성 신경계는 골격근과 연결되어 있으며, 중추 신경계에서 내린 반응 명령을 골격근으로 전달한다.

195 ㄱ. 자율 신경계(㉡)는 교감 신경과 부교감 신경으로 구성되므로 ㉠은 체성 신경계이다.
ㄴ. 체성 신경계에는 중추와 반응기 사이에 신경절이 없다.

오답 피하기 ㄷ. 자율 신경계(㉡)는 대뇌의 영향을 직접 받지 않고, 중간뇌, 연수, 척수의 명령을 전달해 몸의 기능을 조절한다.

196 (가)는 중추 신경계와 내장근을 연결하므로 자율 신경계에 속하며, (나)는 중추 신경계와 골격근을 연결하므로 체성 신경계에 속한다.

모범 답안 공통점은 (가)와 (나) 모두 흥분을 중추에서 반응기로 전달하는 원심성 신경이다. 차이점은 (가)는 신경절이 있는 자율 신경, (나)는 신경절이 없는 체성 신경이다.

채점 기준	배점
제시어를 모두 사용해 (가)와 (나)의 공통점과 차이점을 모두 옳게 서술한 경우	100%
(가)와 (나)의 공통점과 차이점 중 하나만 옳게 서술한 경우	50%

197 ㄷ. 혈압 상승, 동공 확대 등은 모두 교감 신경의 작용으로 일어난다. 교감 신경은 모두 척수에서 나오므로 신경절 이전 뉴런의 신경 세포체가 척수에 있다.

오답 피하기 ㄱ, ㄴ. 이 자율 신경은 교감 신경이며, 교감 신경은 신경절 이전 뉴런이 신경절 이후 뉴런보다 짧다.

198 X는 신경절 이전 뉴런이 신경절 이후 뉴런보다 길며, 폐의 기관지 수축, 심장 박동을 감소시키므로 부교감 신경이다. 동공 축소, 방광 수축, 혈압 하강, 소화액 분비 촉진은 모두 부교감 신경의 작용으로 일어나지만, 혈당량 상승은 교감 신경의 작용으로 일어난다.

199 X를 자극하자 활동 전위 발생 빈도가 감소했으므로 X는 심장 박동을 억제하는 부교감 신경이다.

(모범 답안) 아세틸콜린, X의 작용으로 동공이 축소되고 방광이 수축된다.

채점 기준	배점
아세틸콜린을 쓰고, X의 작용으로 동공과 방광에서 일어나는 현상을 모두 옳게 서술한 경우	100%
아세틸콜린을 쓰고, X의 작용으로 동공과 방광에서 일어나는 현상 중 하나만 옳게 서술한 경우	70%
아세틸콜린만 쓴 경우	30%

200 ㄱ. (나)는 신경절 이전 뉴런이 신경절 이후 뉴런보다 짧은 교감 신경이므로 ㉠은 교감 신경의 신경절 이후 뉴런 말단에서 분비되는 노르에피네프린이다.

ㄴ. (가)는 신경절 이전 뉴런이 신경절 이후 뉴런보다 긴 부교감 신경이다. 부교감 신경의 작용으로 위액과 같은 소화액 분비가 촉진된다.

ㄷ. 부교감 신경(가)은 위에서의 소화를 촉진하고, 교감 신경(나)은 위에서의 소화를 억제하므로 서로 반대되는 길항 작용을 한다.

201 ㄴ. ㉡을 가진 환자는 인지 기능을 담당하는 대뇌가 퇴화되므로 지적 능력에 이상이 생길 수 있다.

ㄷ. ㉢을 가진 환자는 중추의 명령을 골격근으로 전달하는 운동 뉴런이 파괴되므로 중추의 명령이 근육으로 제대로 전달되지 못해 신체의 움직임에 이상이 생길 수 있다.

(오답 피하기) ㄱ. 대뇌가 포함된 뇌는 중추 신경계를 구성하므로 '중추 신경계 이상'이 (가)에 해당한다.

추가로 나오는 선택지

❶ × ❷ ○

❶ '말초 신경계 이상'이 (나)에 해당한다.

❷ ㉣을 가진 사람은 말초 신경의 말이집이 손상되었기 때문에 흥분의 전도에 이상이 생길 수 있다.

202 ㄱ. 중추 신경계를 구성하는 뇌에 있는 특정 뉴런이 파괴되어 나타나므로 중추 신경계 이상으로 나타난다.

ㄴ. 뉴런은 흥분을 전달하는 역할을 하므로 특정 뉴런이 파괴되면 이 뉴런에 의해 일어나는 흥분 전달에 이상이 생길 수 있다.

ㄷ. 뉴런에 의해 흥분이 감각기에서 반응기로 전달됨으로써 우리 몸은 자극에 대해 반응한다. 따라서 뉴런이 파괴되면 자극에 대해 반응하는 데 이상이 생길 수 있다.

---

203 ④	204 ①	205 ①	206 ④	207 ①	208 ③	209 ①
210 ①	211 ②	212 ③	213 ①	214 ④		

203 ㄱ. A는 중추 신경계이다. 중추 신경계는 연합 뉴런으로 구성된다.

ㄷ. C는 척수 신경이다. 심장에 연결된 교감 신경은 척수에서 나오는 말초 신경이므로 척수 신경에 속한다.

(오답 피하기) ㄴ. B는 척수이다. 척수는 겉질이 백색질이다.

204 ㄱ. A는 뇌이다. 호흡 운동 억제, 위액 분비 촉진은 모두 중추인 연수에서 나오는 부교감 신경(㉠)의 작용으로 일어나므로 ㉠은 연수가 속한 뇌(A)와 반응기를 연결하는 부교감 신경이다.

(오답 피하기) ㄴ. B는 중추 신경계를 구성하는 척수이다. 척수 신경은 척수와 연결된 말초 신경이다.

ㄷ. 방광은 교감 신경의 작용으로 확장되며, 부교감 신경의 작용으로 수축된다.

205 ㄴ. ㉠은 동공을 축소시키는 부교감 신경이며, 이 부교감 신경은 홍채 운동(동공 반사)의 중추인 중간뇌(B)에서 나온다. 따라서 ㉠의 신경절 이전 뉴런의 신경 세포체는 중간뇌(B)에 있다.

(오답 피하기) ㄱ. A는 대뇌이다. 대뇌의 기능은 주로 겉질인 회색질에서 담당한다.

ㄷ. ㉡은 소화 운동을 억제시키는 교감 신경이므로 척수에서 나온다. 그러나 척수는 흥분의 전달 통로이며, 이 반응의 조절 중추는 소화 운동을 조절하는 연수(D)이다.

206 ㄱ. X는 배 쪽에 원심성 신경 다발인 전근이 있고, 등 쪽에 구심성 신경 다발인 후근이 있으므로 척수이다. 따라서 A는 겉질인 백색질, B는 속질인 회색질이다.

ㄷ. ㉠이 모여 후근이 되므로 ㉠은 구심성 신경이다. 따라서 ㉠은 감각기와 척수(X)를 연결하며, 감각 정보를 척수(X)로 전달한다.

(오답 피하기) ㄴ. 척수(X)는 무릎 반사와 같은 무조건 반사의 중추이다. 의식적인 반응의 중추는 대뇌이다.

207 ㄱ. A는 대뇌이다. 대뇌의 겉질은 회색질이다.

(오답 피하기) ㄴ. ㉡은 신경절 이후 뉴런 말단에서 아세틸콜린이 분비되는 부교감 신경이므로 ㉠은 교감 신경이다. 교감 신경(㉠)은 척수에서 나오므로 교감 신경(㉠)의 신경절 이전 뉴런의 신경 세포체는 척수에 있다. B는 중간뇌이다.

ㄷ. 주위가 밝아질수록 동공은 축소된다. 부교감 신경(㉡)은 동공을 축소시키므로 주위가 밝아질수록 부교감 신경(㉡)에서 활동 전위의 발생이 촉진된다.

208 ㄷ. 무릎 반사는 척수가 중추인 무조건 반사이므로 무릎 반사가

일어날 때 감각기 → 구심성 신경(A) → 척수(C) → 원심성 신경(E) → 반응기의 경로로 흥분이 전달된다.

오답 피하기 ㄱ. A는 흥분을 중추로 전달하는 구심성 신경이므로 척수의 후근을 구성한다.

ㄴ. E는 골격근에 연결된 원심성 신경이므로 체성 신경계에 속한다.

209 대뇌, 연수, 척수, 중간뇌 중 무릎 반사의 중추는 척수이고, 부교감 신경이 나오는 곳은 연수, 척수, 중간뇌이다. 따라서 '부교감 신경이 나온다.'는 ㉠과 ㉡ 중 하나인데, 만약 ㉠인 경우 D는 대뇌가 되고, '무릎 반사의 중추이다.'는 ㉢이 되어 A는 척수가 된다. 그러나 척수는 겉질이 백색질이다. 따라서 '부교감 신경이 나온다.'는 ㉡이고, A는 대뇌이다.

ㄱ. A가 대뇌이므로 '무릎 반사의 중추이다.'는 ㉢이고, D는 척수이다.

오답 피하기 ㄴ. 심장과 연결된 교감 신경은 척수(D)에서 나온다. B는 연수와 중간뇌 중 하나이다.

ㄷ. ㉠~㉢ 중 (나)에서 빠진 특징은 ㉠이다. 그런데 대뇌(A)는 의식적인 반응의 중추이므로 '무조건 반사의 중추이다.'는 ㉠에 해당하지 않는다.

자료 정리

중추 신경계와 말초 신경계

구분	㉠	㉡	㉢
A	○	×	?
B	○	?	×
C	?	?	×
D	×	○	?

㉠~㉢ 중 2가지
• 무릎 반사의 중추이다.
• 부교감 신경이 나온다.

(○: 있음, ×: 없음)

(가)　　　　　　　　(나)

• 부교감 신경은 연수, 척수, 중간뇌에서 나오므로 '부교감 신경이 나온다.'는 ㉠과 ㉡ 중 하나이다.
• '부교감 신경이 나온다.'가 ㉠이면 D는 부교감 신경이 나오지 않는 대뇌이며, 대뇌는 무릎 반사의 중추가 아니다. ➡ 만약 '무릎 반사의 중추이다.'가 ㉢이며, A가 척수라면 척수의 겉질이 백색질이므로 A는 겉질이 회색질이라는 문제의 조건에 맞지 않는다.
• '부교감 신경이 나온다.'는 ㉡이고, A는 대뇌이다.

---

210 ㄱ. ㉠은 중추인 ㉡으로 흥분(활동 전위)을 전달하므로 말초 신경계를 구성하는 구심성 신경이다.

오답 피하기 ㄴ. ㉡은 호흡 속도를 조절하는 중추이므로 연수이다.

ㄷ. 뇌로 가는 혈액의 산소 농도(ⓐ)가 낮아지면 뇌로 산소를 많이 보내기 위해 호흡 속도가 빨라진다. 따라서 ⓐ가 낮아지면 ㉠에서 활동 전위 발생 빈도가 증가한다.

211 A는 신경절이 있으며, 신경절 이전 뉴런이 신경절 이후 뉴런보다 길므로 부교감 신경이다. B는 신경절이 있으며, 신경절 이전 뉴런이 신경절 이후 뉴런보다 짧으므로 교감 신경이다. C는 신경절이 없으므로 체성 신경이다.

ㄴ. 부교감 신경(A)과 체성 신경(C)의 말단에서는 모두 반응기로 아세틸콜린이 분비된다.

오답 피하기 ㄱ. 자율 신경은 심장근, 내장근, 분비샘과 연결되어 있으므로 (가)는 자율 신경과 연결되어 있는 소장이다. 체성 운동 신경이 골격근과 연결되어 있으므로 (나)는 골격근이다.

ㄷ. 교감 신경(B)의 신경절 이전 뉴런의 신경 세포체는 척수의 속질(회색질)에 있다.

212 ㄱ. 방광에 연결된 교감 신경과 부교감 신경은 모두 척수에서 나온다. 그런데 B에 연결된 ㉡과 ㉣ 중 하나만 신경 세포체가 척수에 있으므로 B는 위이고, A는 방광이다.

ㄴ. ㉠은 방광에 연결된 부교감 신경이므로 신경 세포체가 척수에 있다.

오답 피하기 ㄷ. ㉢은 교감 신경의 신경절 이후 뉴런이므로 말단에서 노르에피네프린이 분비되고, ㉣은 부교감 신경의 신경절 이전 뉴런이므로 말단에서 아세틸콜린이 분비된다.

213 ㄱ. 방광 수축은 부교감 신경의 작용으로 일어나며, 무릎 반사는 체성 운동 신경의 작용으로 일어난다. 그런데 (가)는 연수에서 나오므로 A와 B가 모두 아니며, (다)는 부교감 신경이므로 A는 (다)이고, B는 (나)이다.

오답 피하기 ㄴ. (나)는 체성 신경이므로 신경절이 없다.

ㄷ. C는 (가)이다. 심장 박동은 척수에서 나오는 교감 신경에 의해 촉진된다. 그러나 C(가)는 연수에서 나오는 부교감 신경이므로 '심장 박동이 촉진된다.'는 ⓐ에 해당하지 않는다.

자료 정리

말초 신경계의 특징

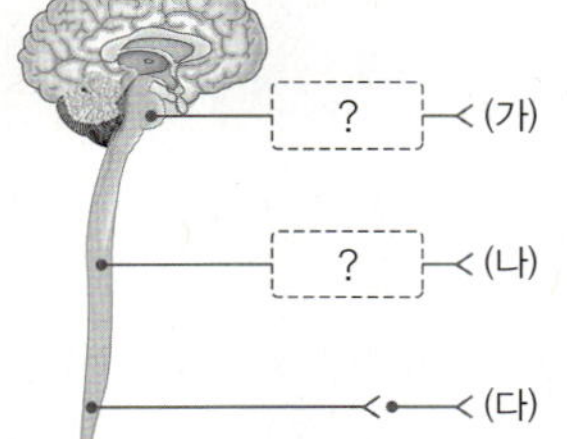

신경	반응
A	방광이 수축된다.
B	무릎 반사가 일어난다.
C	ⓐ

• A는 방광을 수축시키는 부교감 신경이다.
• B는 다리의 골격근을 수축시켜 무릎 반사를 일으키는 체성 신경이다.
• A와 B에 의한 반응의 중추는 모두 척수인데, (가)는 연수에서 나오므로 C가 (가)이다. (나)와 (다)는 각각 A와 B 중 하나인데, (다)는 부교감 신경이므로 A이다.

---

214 ㄱ. 운동 뉴런은 중추의 명령을 근육과 같은 반응기로 전달하므로 A의 주요 증상은 경련, 근육 위축이다.

ㄴ. B의 주요 증상은 기억력 감소, 치매이다. 기억, 인지 기능과 같은 정신 활동의 중추는 대뇌이므로 B는 대뇌의 이상으로 나타나는 알츠하이머병이다.

오답 피하기 ㄷ. 운동 뉴런은 말초 신경계를 구성하므로 A는 말초 신경계 이상 질환이며, 대뇌는 중추 신경계를 구성하므로 B는 중추 신경계 이상 질환이다.

III-2. 호르몬과 항상성

01. 호르몬과 항상성 유지 원리

STEP 1 바로바로 개념 확인
본문 071쪽

215 호르몬 **216** 표적 **217** (1) ○ (2) × (3) ○ (4) × (5) ○
218 항상성 **219** (1) (나) (2) 음성 피드백 **220** 길항 작용

217 티록신은 갑상샘에서 분비되어 물질대사를 촉진하고, 글루카곤과 인슐린은 이자에서 분비되어 혈당량에 대해 길항 작용을 한다. 항이뇨 호르몬은 뇌하수체 후엽에서 분비되어 콩팥에서 수분 재흡수를 촉진하고, 당질 코르티코이드는 부신 겉질에서 분비되어 혈당량을 증가시킨다.

219 (가)는 혈중 티록신 농도가 낮을 때 티록신의 분비가 촉진되는 과정이며, (나)는 혈중 티록신 농도가 높아짐에 따라 티록신이 시상 하부와 뇌하수체의 작용을 억제해 결과적으로 티록신의 분비를 억제하는 음성 피드백 과정이다.

STEP 2 알짜 문제로 실력 키우기
본문 072~073쪽

221 ③ **222** ④ **223** ② **224** ⑤ **225** ② **226** ① **227** 해설 참조
228 ⑤ **229** ②

221 ㄱ. X는 내분비샘에서 분비된 후 혈관으로 들어가 혈액에 의해 운반되므로 호르몬이다.
ㄴ. ㉠은 X와 결합하는 수용체를 가져 X가 작용하는 표적 세포이다.
오답 피하기 ㄷ. X는 혈관으로 들어가 혈액에 의해 온몸으로 운반되며, 땀, 침 등과 달리 분비관을 통해 분비되지 않는다.

추가로 나오는 선택지
❶ ○ ❷ ○ ❸ ○
❶ 인슐린은 X와 같은 호르몬이다.
❷, ❸ 호르몬(X)은 내분비샘에서 생성되어 혈액이나 조직액으로 분비되며, 호르몬에 대한 수용체를 가진 표적 세포(㉠)에만 작용한다.

222 ㄱ, ㄷ. 호르몬은 내분비샘에서 생성, 분비된 후 혈액에 의해 운반되어 수용체를 가진 표적 세포에만 작용해 특정 반응을 일으키는 신호 전달 물질이다.
오답 피하기 ㄴ. 호르몬의 분비량은 일정하게 유지되어야 하며, 많은 양이 분비되면 과다증이 나타날 수 있다.

223 ㄷ. 갑상샘 자극 호르몬(TSH)이 분비되는 ㉠은 뇌하수체 전엽이므로 ㉡은 뇌하수체 후엽이다. 뇌하수체 전엽과 후엽은 모두 호르몬을 분비하는 내분비샘이다.
오답 피하기 ㄱ. 항이뇨 호르몬은 뇌하수체 후엽(㉡)에서 분비된다.
ㄴ. 생장 호르몬은 뇌하수체 전엽(㉠)에서 분비된다.

추가로 나오는 선택지
❶ ○ ❷ × ❸ ○
❶ ㉠은 갑상샘 자극 호르몬이 분비되는 뇌하수체 전엽이다.
❷ 부신 겉질 자극 호르몬은 뇌하수체 전엽(㉠)에서 분비된다.
❸ 뇌하수체 전엽과 후엽은 모두 호르몬을 분비하는 내분비샘이다.

224 ㄴ. X는 이자에서 분비되며, 혈당량을 감소시키므로 인슐린이다. 인슐린은 간에 작용하므로 간은 인슐린의 표적 기관이다.
ㄷ. 인슐린(X)이 결핍되면 혈당량이 정상 수준보다 높아져 오줌으로 포도당이 배설되는 당뇨병이 나타날 수 있다.
오답 피하기 ㄱ. X는 인슐린이다. 글루카곤은 이자에서 분비되며, 혈당량을 증가시킨다.

225 ㄴ. 갑상샘에서 분비되는 티록신은 여러 조직 세포에 작용해 세포 호흡을 촉진시킨다.
오답 피하기 ㄱ. 에스트로젠은 난소에서 분비되는 성호르몬이다.
ㄷ. 부신 겉질에서 분비되는 당질 코르티코이드는 혈당량을 증가시킨다.

226 ㄴ. 부신 겉질 자극 호르몬은 뇌하수체 전엽에서 분비된 후 부신 겉질에 작용해 당질 코르티코이드의 분비를 촉진시킨다. 당질 코르티코이드는 혈당량을 증가시키므로 부신 겉질 자극 호르몬은 ㉡이다.
오답 피하기 ㄱ. A는 갑상샘 자극 호르몬(㉠)과 부신 겉질 자극 호르몬(㉡)을 분비하는 뇌하수체 전엽이다.
ㄷ. B는 뇌하수체 후엽, C는 갑상샘, D는 부신 겉질이다. 무기질 코르티코이드는 부신 겉질(D)에서 분비된다.

227 A는 콩팥에서 수분 재흡수를 촉진시키는 항이뇨 호르몬, B는 뼈나 근육 등의 생장을 촉진시키는 생장 호르몬이므로 C는 혈당량을 낮추는 인슐린이다.
모범 답안 인슐린, 혈당량이 높아져 당뇨병이 생길 수 있다.

채점 기준	배점
인슐린을 쓰고, 혈당량이 높아져 당뇨병이 생긴다고 옳게 서술한 경우	100%
인슐린만 쓴 경우	30%

228 ㄱ. ㉠과 ㉡은 모두 티록신의 분비가 촉진되는 과정이다.
ㄴ. ㉡은 뇌하수체 전엽에서 분비되는 갑상샘 자극 호르몬(TSH)에 의해 일어난다.
ㄷ. ㉢은 혈중 티록신 농도가 높아짐에 따라 음성 피드백에 의해 티록신

의 분비를 억제하는 과정이다.

❶ × ❷ ○ ❸ ×

❶ ㉠은 호르몬에 의해 일어난다.

❷, ❸ 혈중 티록신 농도가 높을수록 음성 피드백에 의해 ㉠과 ㉡이 모두 억제되어 티록신의 분비량이 줄어든다. 이에 따라 조직 세포에서 세포 호흡이 촉진되지 않는다.

229 ㄴ. 항상성은 우리 몸이 자극에 대해 적절히 반응함으로써 유지된다. 신경계와 호르몬은 감각기와 반응기 사이에서 신호를 전달함으로써 자극에 대해 반응하고, 항상성을 유지할 수 있게 한다.

오답 피하기 ㄱ. 항상성 유지의 주요 중추는 간뇌의 시상 하부이다.

ㄷ. 항상성은 외부 환경과 무관하게 체내 환경을 일정하게 유지하는 생물의 특성이다.

STEP 3 1등급을 위한 실전 완벽 대비 본문 074~075쪽

230 ④ **231** ③ **232** ③ **233** ① **234** ⑤ **235** ② **236** ① **237** ⑤

230 ㄱ. 호르몬은 혈액에 의해 온몸으로 운반되어 수용체를 가진 모든 표적 세포에 작용하므로 신경에 비해 신호 전달 속도가 느리고, 작용 범위가 넓다. 따라서 (가)는 호르몬, (나)는 신경이다.

ㄷ. 일반적으로 호르몬(가)은 자극이 사라져도 체내에 남아 있어 효과가 오래 지속되는 반면, 신경(나)은 자극이 사라지면 흥분이 더 이상 발생하지 않으므로 효과가 금방 사라진다.

오답 피하기 ㄴ. 신경(나)은 뉴런을 이용해 신호가 이동(전도, 전달)한다. 혈액에 의해 운반되는 물질은 호르몬(가)이다.

231 ㄱ. 항이뇨 호르몬은 콩팥에 작용하므로 B는 콩팥이다. 따라서 A는 이자이며, 이자는 인슐린 등의 호르몬을 분비하는 내분비샘이다.

ㄷ. 부신 속질에서 에피네프린이 분비되므로 '에피네프린을 분비한다.'는 (가)에 해당한다.

오답 피하기 ㄴ. 항이뇨 호르몬(㉠)은 시상 하부에서 생성된 후 뇌하수체 후엽에서 분비된다.

232 ㄱ. 에피네프린은 시상 하부 → 부신 속질의 경로로, 항이뇨 호르몬은 시상 하부 → 뇌하수체 후엽의 경로로, 당질 코르티코이드는 시상 하부 → 뇌하수체 전엽 → 부신 겉질의 경로로 분비된다. 따라서 (가)는 뇌하수체이고, (나)는 부신이다.

ㄷ. C는 부신 속질에서 분비되는 에피네프린이다. 시상 하부는 교감 신경을 통해 부신 속질(나)에서 에피네프린(C)의 분비를 촉진시킨다.

오답 피하기 ㄴ. B는 혈당량을 증가시키는 당질 코르티코이드이다. 혈당량이 높아질수록 당질 코르티코이드(B)의 분비는 억제된다.

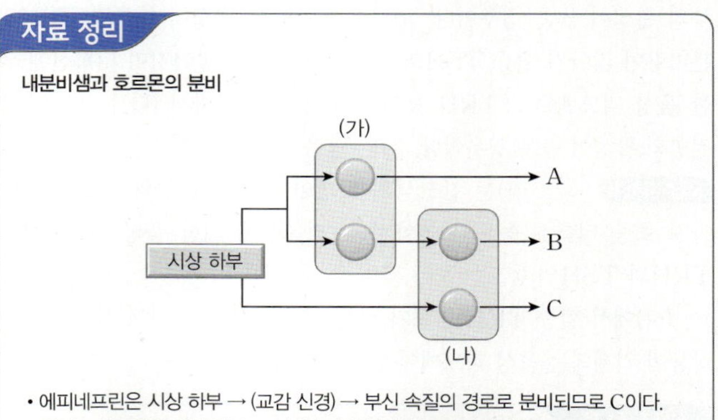

• 에피네프린은 시상 하부 → (교감 신경) → 부신 속질의 경로로 분비되므로 C이다.
• 항이뇨 호르몬은 시상 하부 → 뇌하수체 후엽의 경로로 분비되므로 A이다.
• 당질 코르티코이드는 시상 하부 → (부신 겉질 자극 호르몬 방출 호르몬) → 뇌하수체 전엽 → (부신 겉질 자극 호르몬) → 부신 겉질의 경로로 분비되므로 B이다.

233 ㄴ. C는 정소에서 분비되는 테스토스테론이다. 테스토스테론은 남자의 2차 성징 발현과 생식기 발달에 관여하는 호르몬이다. 따라서 '남성의 2차 성징 발현'은 ㉠에 해당한다.

오답 피하기 ㄱ. A는 정소 및 난소와 같은 생식샘의 발육 및 성호르몬의 분비를 촉진하는 생식샘 자극 호르몬이다. 생식샘 자극 호르몬은 뇌하수체 전엽에서 분비된다.

ㄷ. B는 프로게스테론이다. 프로게스테론은 여성의 생리 주기를 조절하며 수정란의 착상부터 분만까지 임신을 유지하는 데 매우 중요한 호르몬이다. 만약 임신이 되어 혈중 프로게스테론(B)의 농도가 높아지면 음성 피드백에 의해 생식샘 자극 호르몬(A)의 분비가 억제된다.

234 ㄱ. 체온과 혈당량은 모두 외부 환경과 무관하게 일정한 상태로 유지되는 체내 환경에 해당한다.

ㄴ. X는 항상성이다. 항상성은 신경계와 호르몬의 작용으로 체내에서 신호가 전달되어 자극에 대해 적절히 반응함으로써 유지된다. 따라서 ㉠은 호르몬을 분비하는 내분비계이다.

ㄷ. 길항 작용에 의해 특정 기관의 작용이 일정 수준에서 유지되고, 음성 피드백에 의해 호르몬 분비 등이 일정 수준에서 유지됨으로써 항상성(X)이 유지된다.

235 ㄷ. ㉡은 티록신 분비가 과다하여 시상 하부(가)와 뇌하수체 전엽의 작용이 억제되는 음성 피드백 과정이다. 따라서 ㉡이 활발히 일어나면 티록신의 분비가 억제되므로 표적 기관에서 세포 호흡도 억제되어 열 생산량이 감소한다.

오답 피하기 ㄱ. (가)는 뇌하수체 전엽을 자극하는 호르몬을 분비하는 시상 하부이다.

ㄴ. ㉠은 시상 하부에서 분비되어 뇌하수체 전엽을 자극하는 갑상샘 자극 호르몬 방출 호르몬(TRH)에 의해 일어난다. 갑상샘 자극 호르몬(TSH)은 뇌하수체 전엽에서 분비되어 갑상샘을 자극하는 호르몬이다.

236 ㄱ. 시상 하부의 활성이 높으면 TRH의 분비량이 많아져 혈중 TRH, TSH, 티록신의 농도가 모두 높아진다. 따라서 (나)는 시상 하부의 활성이 높은 경우이다. 뇌하수체 전엽의 활성이 높으면 TSH의 분비량이 많아져 혈중 TSH와 티록신의 농도가 높아지며 티록신에 의한 음성 피드백으로 TRH 농도가 낮아진다. 따라서 (다)는 뇌하수체 전엽의 활성이 높은 경우이다. ⓐ는 '높음', ⓑ는 '낮음'이다.

오답 피하기 ㄴ. (가)는 갑상샘의 활성이 높아 티록신의 분비량이 많아져 혈중 티록신 농도가 높아지며, 티록신에 의한 음성 피드백으로 TRH와 TSH의 농도는 모두 낮다.

ㄷ. (다)에서 혈중 TRH 농도가 낮은 것은 티록신에 의해 시상 하부의 작용이 억제되는 음성 피드백이 일어났기 때문이다.

자료 정리

호르몬의 분비 조절

구분	TRH	TSH	티록신
(가)	낮음	낮음	높음
(나)	높음	높음	ⓐ
(다)	ⓑ	높음	높음

- (가)는 티록신에 의한 음성 피드백이 일어나 TRH와 TSH의 분비가 억제되지만, 티록신의 분비량은 높다. ➡ (가)는 갑상샘의 활성이 높은 경우이다.
- (나)는 TRH와 TSH의 농도가 높으므로 티록신의 농도도 높다(ⓐ). 티록신에 의한 음성 피드백이 일어나 TRH와 TSH의 농도가 낮아야 하지만 TRH와 TSH의 농도가 높다. ➡ (나)는 시상 하부의 활성이 높은 경우이다.
- (다)는 TSH의 농도가 높으므로 티록신의 농도도 높다. 티록신에 의한 음성 피드백이 일어나 TRH의 농도는 낮다(ⓑ). ➡ (다)는 뇌하수체 전엽의 활성이 높은 경우이다.

237 ㄱ. A는 이자에서 분비되어 간에 작용해 글리코젠 합성을 촉진시킴으로써 혈당량을 감소시키는 인슐린이다.

ㄴ. 인슐린(A)과 글루카곤(B)은 간에서 서로 반대되는 작용을 촉진시키는 길항 작용을 한다.

ㄷ. B는 혈당량을 증가시키는 글루카곤이다. 글루카곤이 활발히 분비되어 혈당량이 증가하면 그 결과 음성 피드백에 의해 글리코젠의 분비가 억제된다. 글루카곤뿐만 아니라 대부분의 호르몬 분비는 음성 피드백에 의해 조절된다.

02. 항상성 유지

STEP **1** 바로바로 **개념 확인**   본문 077쪽

238 글리코젠, 포도당   **239** (1) ○ (2) ○ (3) × (4) ×   **240** A: 에피네프린, B: 글루카곤   **241** (1) 추 (2) 더 (3) 추   **242** (1) ○ (2) ○ (3) ○

239 이자의 β세포에서 혈당량을 감소시키는 인슐린이 분비되며, 건강한 사람은 식사 후에 혈당량이 증가하므로 글루카곤과 에피네프린의 혈중 농도는 감소한다.

241 추울 때에는 교감 신경의 작용이 강화되어 피부 근처 혈관이 수축함으로써 피부를 통한 열 방출량이 감소하고, 체성 신경의 작용으로 골격근이 떨림으로써 체내 열 생산량이 증가한다.

242 항이뇨 호르몬(ADH)은 콩팥에서 수분 재흡수를 촉진시키므로 ADH 분비량이 많을수록 재흡수되는 수분의 양이 많아져 혈액량이 증가하고 혈압이 높아지며, 오줌의 삼투압이 높아진다.

STEP **2** 알짜 문제로 **실력 키우기**   본문 078~080쪽

243 ⑤	**244** ④	**245** ①	**246** ①	**247** 해설 참조	**248** ③
249 ②	**250** ③	**251** ⑤	**252** 해설 참조	**253** ④	**254** ④
255 ①	**256** ④	**257** 해설 참조			

243 ⑤ 글루카곤(B)은 간세포에서 글리코젠을 포도당으로 분해하여 포도당을 혈액으로 방출하는 과정을 촉진한다.

오답 피하기 ①, ③ 혈당량이 높을 때 혈중 A의 농도도 높아지므로 A는 혈당량을 정상 수준으로 감소시키는 인슐린이다.

② 인슐린(A)은 이자의 β세포에서 분비된다.

④ B는 인슐린(A)과 길항 작용을 하여 혈당량을 증가시키는 글루카곤이다. 혈당량이 낮아지면 글루카곤(B)의 분비가 촉진되어 혈당량이 정상 수준으로 증가한다.

추가로 나오는 **선택지**

❶ ○   ❷ ×   ❸ ○

❶ 글루카곤(B)은 이자의 α세포에서 분비된다.

❷ 운동 후에는 혈당량이 감소하므로 글루카곤(B)의 분비가 촉진된다.

❸ 인슐린(A)과 글루카곤(B)은 혈당량에 대해 길항적으로 작용한다.

244 ㄱ. A는 혈당량이 높아질수록 분비가 억제되므로 혈당량을 증가시키는 글루카곤이다. 글루카곤(A)이 분비되어 혈당량이 증가하면 그 결과 글루카곤의 분비가 억제되는 음성 피드백이 일어난다.

ㄷ. 인슐린(B)은 혈당량을 감소시키고, 에피네프린은 혈당량을 증가시키므로 이 두 호르몬은 혈당량에 대해 길항 작용을 한다.

오답 피하기 ㄴ. B는 혈당량을 감소시키는 인슐린이며, 간에서 글리코젠의 합성(㉠)을 촉진한다.

245 ㄱ. A는 식사 후 혈당량이 증가하면 분비가 억제되고, 운동 후 혈당량이 감소하면 분비가 촉진되므로 혈당량을 증가시키는 글루카곤이다.

오답 피하기 ㄴ. 글루카곤(A)은 간에서 글리코젠의 분해와 포도당 방출을 촉진한다. 체세포에서 포도당의 흡수를 촉진하는 호르몬은 혈당량을 감소시키는 인슐린(B)이다.

ㄷ. B는 혈당량을 감소시키는 인슐린이다. 간에서 포도당의 방출을 촉진하는 호르몬은 혈당량을 증가시키는 글루카곤(A)이다.

246 ㄱ. A는 이자에서 분비되며 혈당량을 감소시키는 인슐린, B는 이자에서 분비되며 혈당량을 증가시키는 글루카곤이다. 인슐린(A)과 글루카곤(B)은 모두 간에 작용한다.

[오답 피하기] ㄴ. 글루카곤(B)과 당질 코르티코이드는 모두 혈당량을 증가시킨다.

ㄷ. C는 부신 속질에서 분비되어 혈당량을 증가시키는 에피네프린이다. 에피네프린(C)은 교감 신경에 의해 분비가 촉진된다.

247 운동 시작 후 혈당량이 감소하면 X의 농도가 증가하므로 X는 혈당량을 증가시키는 호르몬이다.

[모범 답안] 글루카곤, 간에서 글리코젠의 분해를 촉진해 혈당량을 증가시킨다.

채점 기준	배점
X의 명칭을 쓰고 X의 주요 기능을 간과 연관지어 옳게 서술한 경우	100%
X의 주요 기능만 간과 연관지어 옳게 서술한 경우	70%
X의 명칭만 옳게 쓴 경우	30%

248 ㄱ. (가)는 체온 조절의 중추인 간뇌의 시상 하부이다.

ㄴ. ㉠은 교감 신경의 작용이 강화되어 부신 속질에서 에피네프린의 분비가 촉진되는 과정이며, ㉡은 교감 신경의 작용이 강화되어 피부 근처 혈관이 수축하는 과정이다.

[오답 피하기] ㄷ. 저온 자극이 주어지면 ㉡에 의해 피부 근처 모세 혈관이 수축하므로 피부 근처를 흐르는 혈액의 양이 감소하고, 피부를 통한 열 방출량이 감소한다.

추가로 나오는 선택지

❶ ○ ❷ × ❸ ×

①, ② ㉠은 교감 신경의 작용이 강화되어 부신 속질에서 에피네프린의 분비가 촉진되는 과정이므로 ㉠에 의해 물질대사가 촉진되어 체내 열 생산량이 증가한다.

③ ㉡은 교감 신경의 작용이 강화되어 피부를 통한 열 방출량이 감소하는 과정이다.

자료 정리

체온 조절

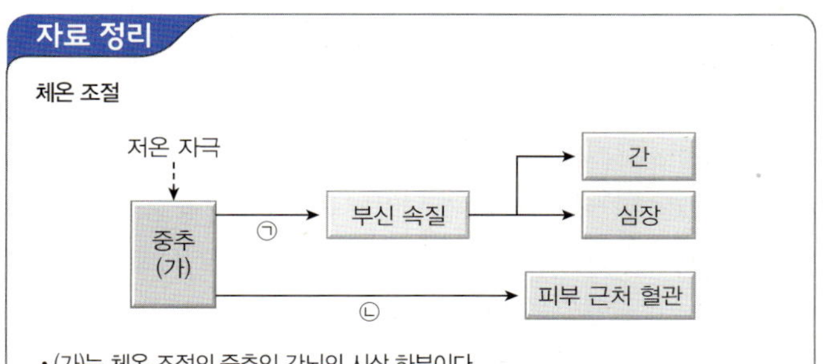

- (가)는 체온 조절의 중추인 간뇌의 시상 하부이다.
- ㉠은 교감 신경의 작용 강화에 의해 부신 속질에서 에피네프린의 분비가 촉진되어 체내 열 생산량이 증가하는 과정이다. 에피네프린은 간에서 혈당량을 높이고, 심장 박동을 촉진시킨다.
- ㉡은 교감 신경의 작용 강화에 의해 피부 근처 혈관이 수축하는 과정이다. 그 결과 피부를 흐르는 혈류량이 감소해 피부를 통한 열 방출량이 감소한다.

249 ㄷ. 추울 때 교감 신경(㉠)의 작용이 강화되어 피부 근처 혈관이 수축하며, 그 결과 피부 근처를 흐르는 혈액량이 감소해 피부를 통한 열 방출량이 감소한다.

[오답 피하기] ㄱ. 더울 때 피부를 흐르는 혈액량이 증가하는 것은 교감 신경의 작용이 완화되어 피부 근처 혈관이 확장되기 때문이다.

ㄴ. 교감 신경(㉠)은 신경절 이전 뉴런이 신경절 이후 뉴런보다 짧다.

250 ㄱ. 추울 때에는 체온을 정상 수준으로 높이기 위해 체내의 열 생산량을 증가시키고, 피부를 통한 열 방출량을 감소시킨다. 따라서 T_2가 T_1보다 낮은 온도이다.

ㄴ. T_2일 때가 T_1일 때보다 시상 하부가 감지하는 온도가 낮으므로 체온을 높이기 위해 교감 신경의 작용이 강화된다.

[오답 피하기] ㄷ. T_2일 때가 T_1일 때보다 피부 근처 혈관이 수축되어 있어 피부를 통한 열 방출량이 적다.

251 ㄱ, ㄴ. 피부 근처 혈관이 확장되고, 땀이 분비되므로 더울 때 교감 신경의 작용이 완화되어 일어나는 반응이다.

ㄷ. 피부 근처 혈관이 확장되면 피부 근처를 흐르는 혈액량이 증가하므로 피부를 통한 열 방출량이 증가한다.

252 체온 조절 과정 결과 체온이 정상 수준까지 상승하므로 저온 자극에 대한 조절 과정을 나타낸 것이다. 체온이 정상보다 낮아지면 교감 신경의 작용이 강화되어 피부 근처 혈관이 수축되고, 체성 신경의 작용으로 골격근이 수축해 몸이 떨린다.

[모범 답안] (가)에서 근육의 떨림이 촉진되며, (나)에서 피부 근처 혈관이 수축된다.

채점 기준	배점
(가)에서의 근육 떨림과 (나)에서의 피부 근처 혈관 수축을 모두 옳게 서술한 경우	100%
(가)에서의 근육 떨림과 (나)에서의 피부 근처 혈관 수축 중 하나만 옳게 서술한 경우	50%

253 항이뇨 호르몬(ADH)은 콩팥에서 수분 재흡수를 촉진시킴으로써 혈장 삼투압을 감소시키고, 혈액량을 늘려 혈압을 증가시키는 작용을 한다.

④ 혈장 삼투압(B)이 증가하면 항이뇨 호르몬의 분비가 촉진되므로 오줌의 양이 감소하고, 오줌의 삼투압이 증가한다.

[오답 피하기] ① 혈압이 감소하거나, 혈장 삼투압이 증가하면 항이뇨 호르몬의 분비가 촉진된다. 따라서 A는 혈압, B는 혈장 삼투압이다.

② 혈압(A)이 정상값보다 감소하면 항이뇨 호르몬의 분비가 촉진되어 수분 재흡수가 촉진되므로 오줌의 양이 감소한다.

③ 체내 수분량이 감소하면 혈액의 농도가 증가하므로 혈장 삼투압(B)도 증가한다.

⑤ 혈장 삼투압(B)이 증가하면 항이뇨 호르몬의 분비가 촉진되어 수분 재흡수가 촉진된다.

추가로 나오는 선택지

❶ ○ **❷** ×

❶ 항이뇨 호르몬의 분비가 촉진되면 콩팥에서 수분의 재흡수량이 증가되므로 혈장 삼투압(B)은 감소한다.

❷ 콩팥에서 수분 재흡수량이 증가하면 혈압(A)은 증가한다.

자료 정리

삼투압 조절

- 항이뇨 호르몬은 콩팥에서 수분 재흡수를 촉진하므로 항이뇨 호르몬의 분비가 촉진되면 오줌으로 배설되는 수분량이 감소한다. ➡ 체내 수분이 보존되어 혈장 삼투압이 감소하며, 혈액량이 많아져 혈압이 증가한다.
- A가 정상값보다 감소하면 항이뇨 호르몬 분비가 촉진되고, 항이뇨 호르몬은 A를 증가시키는 작용을 하므로 A는 혈압이다.
- B가 증가하면 항이뇨 호르몬 분비가 촉진되고, 항이뇨 호르몬은 B를 감소시키는 작용을 하므로 B는 혈장 삼투압이다.

254 ㄱ, ㄷ. 혈장 삼투압이 높으면 뇌하수체 후엽에서 항이뇨 호르몬의 분비가 촉진되며, 그 결과 콩팥에서 수분 재흡수량이 증가해 오줌의 양이 감소하고, 오줌의 삼투압이 증가한다.

오답 피하기 ㄴ. 혈장 삼투압이 높으면 항이뇨 호르몬의 분비가 촉진되어 콩팥에서 수분 재흡수량이 증가한다.

255 ㄱ. A는 뇌하수체 후엽에서 분비되며, 콩팥에 작용해 혈장 삼투압을 변화시키므로 항이뇨 호르몬이다.

오답 피하기 ㄴ. 삼투압의 조절 중추는 간뇌의 시상 하부이다.

ㄷ. 혈장 삼투압이 높아지면 콩팥에서 수분 재흡수량을 증가시켜 혈장 삼투압을 정상 수준으로 감소시키기 위해 항이뇨 호르몬(A)의 분비가 촉진된다.

256 ④ 항이뇨 호르몬은 혈장 삼투압을 감소시키므로 혈장 삼투압(A)이 감소하면 음성 피드백에 의해 항이뇨 호르몬의 분비는 억제된다.

오답 피하기 ① 항이뇨 호르몬의 분비량이 증가하면 수분 재흡수량이 증가하므로 혈장 삼투압(A)은 감소하고, 혈압(B)은 증가한다.

② 혈액량이 많아지면 혈압(B)이 증가한다.

③ 항이뇨 호르몬의 분비량이 증가하면 수분 재흡수량이 증가하므로 오줌 생성량은 감소한다.

⑤ 땀을 많이 흘리면 체내 수분량이 감소해 혈장 삼투압(A)이 증가하므로 항이뇨 호르몬의 분비량이 증가해 혈장 삼투압을 정상 수준으로 낮추게 된다.

257 생리 식염수는 일반 물과 달리 체내에 들어와도 혈장 삼투압의 변화를 일으키지 않지만, 물은 체내에 들어오면 혈장 삼투압을 감소시킨다.

모범 답안 물, 물을 마시면 혈장 삼투압이 감소해 항이뇨 호르몬의 분비가 억제되므로 콩팥에서 수분 재흡수량이 감소하여 오줌의 생성 속도가 증가한다.

채점 기준	배점
물을 쓰고, 혈장 삼투압 감소, 항이뇨 호르몬 분비 억제, 콩팥에서 수분 재흡수량 감소를 모두 넣어 옳게 서술한 경우	100%
물을 쓰고, 혈장 삼투압 감소, 항이뇨 호르몬 분비 억제, 콩팥에서 수분 재흡수량 감소 중 하나만 넣어 옳게 서술한 경우	50%

STEP 3 **1등급을 위한 실전 완벽 대비** 본문 081~083쪽

| 258 ③ | 259 ① | 260 ② | 261 ④ | 262 ① | 263 ④ | 264 ② |
| 265 ③ | 266 ② | 267 ① | 268 ② | 269 ④ | | |

258 ㄱ. A는 혈당량이 감소함에 따라 분비 속도가 증가하므로 혈당량을 증가시키는 글루카곤이다.

ㄴ. B는 혈당량을 감소시키는 인슐린이다. 인슐린(B)이 결핍되면 혈당량이 높아져 오줌으로 포도당이 배설되는 당뇨병이 나타날 수 있다.

오답 피하기 ㄷ. 인공 이자를 이식한 사람은 식사 후 혈당량이 높아져 인슐린(B)의 분비 속도가 증가하므로 체세포에서 포도당의 흡수와 소비가 촉진된다.

259 ㄱ. A는 뇌하수체 전엽에서 분비되는 부신 겉질 자극 호르몬이 부신 겉질을 자극하는 경로이며, 이 경로를 통해 부신 겉질에서 당질 코르티코이드가 분비된다.

오답 피하기 ㄴ. B는 교감 신경이 부신 속질을 자극하는 경로이며, 이 경로에 의해 부신 속질에서 에피네프린이 분비된다.

ㄷ. B가 활발히 일어나 에피네프린의 분비가 촉진되면 혈당량이 증가하므로 혈당량을 감소시키는 인슐린의 분비가 촉진된다.

260 ② $t_2 \sim t_3$ 동안 인슐린(X)이 작용하여 혈당량을 감소시키므로 혈당량은 t_2일 때가 t_3일 때보다 높다.

오답 피하기 ① 포도당을 투여하자 혈중 X의 농도가 증가했으므로 X는 증가된 혈당량을 정상 수준으로 감소시키는 인슐린이다. 인슐린(X)은 이자의 β세포에서 분비된다.

③ 인슐린(X)은 간에서 글리코젠 합성을 촉진해 혈당량을 감소시키고, 에피네프린은 간에서 글리코젠 분해를 촉진해 혈당량을 증가시키므로 이 두 호르몬은 간에서 혈당량에 대해 길항 작용을 한다.

④ $t_2 \sim t_3$ 동안 인슐린(X)에 의해 혈당량이 감소하므로 혈당량은 t_3일 때가 t_2일 때보다 낮다. 따라서 혈당량을 증가시키는 글루카곤의 혈중 농도는 t_3일 때가 t_2일 때보다 높다.

⑤ $t_1 \sim t_2$ 동안 인슐린(X)이 작용해 간에서 글리코젠 합성이 촉진되므로 간에 저장되는 글리코젠의 양이 증가한다.

261 ㄱ. 티록신은 갑상샘에서, 에피네프린은 부신 속질에서, 당질 코르티코이드는 부신 겉질에서 분비된다. 에피네프린은 교감 신경의 자극에 의해 분비되므로 '부신에서 분비된다.'는 ⓐ, '신경 자극에 의해 분비된다.'는 ⓒ이며, A는 당질 코르티코이드, B는 에피네프린, C는 티록신이다. 식사 후 혈당량이 증가하자 혈중 농도가 감소하는 ㉠은 글루카곤, 혈중 농도가 증가하는 ㉡은 인슐린이다. 에피네프린(B)은 혈당량을 증가시키고, 인슐린(㉡)은 혈당량을 감소시키므로 이 두 호르몬은 혈당량 조절에 대해 길항 작용을 한다.

ㄴ. 티록신, 에피네프린, 당질 코르티코이드 중 호르몬 자극에 의해 분비되는 것은 티록신(C)과 당질 코르티코이드(A)이다. 따라서 '호르몬 자극에 의해 분비된다.'는 ⓑ에 해당한다.

오답 피하기 ㄷ. 식사 직후에서 t 동안 혈당량이 높아지면서 인슐린(㉡)의 분비가 촉진되므로 혈중 당질 코르티코이드(A)의 농도는 감소하고, 간에 저장된 글리코젠의 양은 증가한다.

따라서 $\dfrac{\text{혈중 A의 농도}}{\text{간에 저장된 글리코젠의 양}}$ 은 t일 때가 식사 직후보다 작다.

구분	ⓐ	ⓑ	ⓒ
A	○	○	×
B	○	×	○
C	×	○	×

(○: 있음, ×: 없음)

- 티록신과 당질 코르티코이드는 모두 호르몬 자극에 의해 분비되며, 에피네프린은 신경 자극에 의해 분비된다. 따라서 '신경 자극에 의해 분비된다.'는 ⓒ이며, B는 에피네프린이다.
- 에피네프린은 부신 속질, 당질 코르티코이드는 부신 겉질에서 분비된다. 따라서 '부신에서 분비된다.'는 ⓐ이며, A는 당질 코르티코이드이다.
- C는 갑상샘에서 분비되는 티록신이다.

---

262 ㄱ. 체내 열 생산량 증가와 피부를 통한 열 방출량 감소에 의해 체온이 상승하므로 이것은 저온 자극에 의해 일어나는 체온 조절 과정의 결과이다. 저온 자극이 주어지면 근육의 떨림이 촉진되어 체내 열 생산량이 증가한다.

오답 피하기 ㄴ, ㄷ. 저온 자극에 대해 교감 신경의 작용이 강화되므로 피부 근처 혈관이 수축해 피부를 통한 열 방출량이 감소한다.

263 체온 조절 과정 중 어떤 자극에 의해 간에서 물질대사가 촉진되므로 저온 자극 시의 체온 조절 과정이다.

ㄱ. ㉠은 교감 신경의 작용이 강화되어 피부 근처 혈관이 수축되는 과정이며, ㉡은 교감 신경의 작용이 강화되어 부신 속질에서 에피네프린의 분비가 촉진되는 과정이다.

ㄴ. ㉢은 부신 속질에서 분비되는 에피네프린에 의한 조절 과정이며, ㉣은 갑상샘에서 분비되는 티록신에 의한 조절 과정이다.

오답 피하기 ㄷ. 교감 신경의 작용이 강화되어 ㉠이 활발히 일어날수록 피부 근처 혈관이 수축하므로 혈관의 지름이 감소한다.

264 ㄷ. 체온 조절 과정의 결과 피부 근처 혈관이 확장되므로 고온 자극에 대한 체온 조절 과정을 나타낸 것이다. 따라서 '땀 분비 촉진'은 고온 자극에 대해 일어나는 반응인 X에 해당한다.

오답 피하기 ㄱ. 체온 조절의 중추는 간뇌의 시상 하부이다.

ㄴ. ㉠은 교감 신경의 작용이 완화되어 일어난다.

265 ㄱ. 시상 하부의 온도가 높아지거나, 피부 온도가 높아지면 ⓐ가 증가한다. 고온 자극에 대해 피부를 통한 열 방출량을 증가시키는 반응이 일어나므로 ⓐ는 열 방출량이다.

ㄴ. ㉠은 저온 자극에 대해 교감 신경의 작용이 강화되어 일어나는 반응이므로 '피부 근처 혈관 수축'은 ㉠에 해당한다.

오답 피하기 ㄷ. ㉠은 피부 근처 혈관 수축에 의해 피부를 통한 열 방출량이 감소하는 반응이고, ㉡은 부신 속질에서 분비되는 에피네프린에 의해 물질대사가 촉진되어 체내 열 생산량이 증가하는 반응이다. ⓐ는 열 방출량이므로 (나)와 가장 관련이 깊은 반응은 ㉠이다.

266 ㄴ. P일 때 이 환자는 건강한 사람보다 혈중 항이뇨 호르몬 농도가 낮다. 따라서 수분 재흡수가 억제되므로 오줌의 생성량이 많다.

오답 피하기 ㄱ. 건강한 사람에서 땀을 많이 흘리면 체내 수분량이 감소하므로 혈액의 농도가 높아져 혈장 삼투압이 증가한다. 따라서 혈장 삼투압을 감소시키기 위해 항이뇨 호르몬의 분비가 촉진된다.

ㄷ. 건강한 사람에서 혈장 삼투압이 P보다 높아지면 혈중 항이뇨 호르몬 농도가 증가하므로 콩팥에서 수분 재흡수가 촉진된다.

267 ㄱ. 물 섭취 후 과잉의 수분을 제거하기 위해 오줌량이 많아져 오줌의 삼투압이 혈장 삼투압보다 낮아져야 하므로 ㉠은 오줌의 삼투압, ㉡은 혈장 삼투압이다.

오답 피하기 ㄴ. 0~t_1 동안 항이뇨 호르몬의 분비가 억제되어 콩팥에서 수분 재흡수가 억제되므로 오줌의 생성 속도가 증가한다.

ㄷ. t_2일 때가 t_1일 때보다 오줌의 삼투압(㉠)이 낮으므로 혈중 항이뇨 호르몬 농도도 t_2일 때가 t_1일 때보다 낮다.

268 ㄷ. X는 혈장 삼투압을 조절하는 항이뇨 호르몬이다. 항이뇨 호르몬의 분비가 활발해지면 혈장 삼투압이 감소하고, 혈압이 증가하므로 ㉠은 혈압, ㉡은 혈장 삼투압이다. 혈장 삼투압(㉡)이 P_1일 때보다 P_2일 때 높으므로 혈중 항이뇨 호르몬(X) 농도가 높아 수분 재흡수량이 많아져 오줌의 양이 적고, 오줌의 삼투압이 높다.

오답 피하기 ㄱ. 항이뇨 호르몬(X)은 시상 하부에서 생성되며, 뇌하수체 후엽에서 분비된다.

ㄴ. ㉠이 감소하면 혈중 항이뇨 호르몬(X) 농도가 증가하므로 ㉠은 혈압이다.

269 A는 콩팥에 작용해 수분 재흡수를 촉진시키는 항이뇨 호르몬이다.

ㄱ. 항이뇨 호르몬(A)은 시상 하부에서 생성된 후 뇌하수체 후엽에서

분비된다.

ㄷ. 혈중 항이뇨 호르몬(A) 농도가 높을수록 단위 시간당 수분 재흡수량이 많아져 오줌 생성 속도가 느리다. 따라서 오줌 생성 속도는 S_1일 때가 S_2일 때보다 빠르다.

오답 피하기 ㄴ. 혈중 항이뇨 호르몬(A)의 농도가 증가하면 혈장 삼투압은 감소하고, 오줌의 삼투압은 증가한다. 따라서 ㉠은 혈장, ㉡은 오줌이다. 혈장(㉠) 삼투압이 증가하면 수분 재흡수를 촉진시키기 위해 혈중 항이뇨 호르몬(A) 농도가 증가한다.

자료 정리

항이뇨 호르몬의 작용

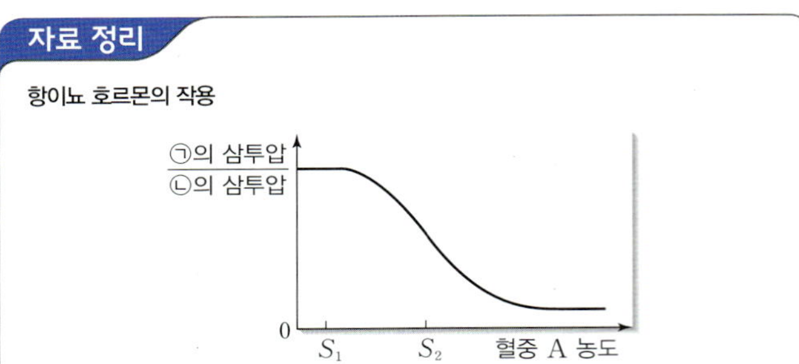

- A는 뇌하수체 후엽에서 분비되어 콩팥에 작용하므로 수분 재흡수를 촉진시키는 항이뇨 호르몬이다. 항이뇨 호르몬은 오줌 생성량을 감소시킴으로써 혈장 삼투압을 감소시키고, 오줌 삼투압을 증가시키는 작용을 한다.
- 혈중 항이뇨 호르몬(A) 농도가 증가하면 혈장의 삼투압은 감소하고, 오줌의 삼투압은 증가한다. 따라서 ㉠은 혈장, ㉡은 오줌이다.

III-3. 질병과 방어 작용

01. 질병과 비특이적 방어 작용

STEP 1 바로바로 개념 확인   본문 085쪽

270 병원체   **271** 비감염성   **272** 항생제, 항진균제   **273** 프라이온
274 (1) ㄱ, ㄹ, ㅂ (2) ㄷ, ㅅ, ㅇ (3) ㄴ (4) ㅁ   **275** (1) × (2) ○ (3) ○ (4) ○

270 질병을 일으키는 감염 인자를 병원체라고 하며, 질병을 일으키는 병원체의 종류에는 세균, 바이러스, 원생생물, 곰팡이, 변형 프라이온 등이 있다.

271 고혈압, 당뇨병, 혈우병 등과 같이 병원체 없이 발생하며 전염되지 않는 질병을 비감염성 질병이라고 하며, 유전, 생활 방식, 환경 등 여러 가지 원인이 복합적으로 작용하여 발생한다.

272 세균에 의한 질병의 치료에는 항생제가 사용되고, 바이러스에 의한 질병에는 항바이러스제가 사용되며, 곰팡이에 의한 질병의 치료에는 항진균제가 사용된다.

273 사람에서 발병하는 크로이츠펠트·야코프병은 변형 프라이온이 원인이다. 변형 프라이온은 단백질로만 구성되어 있는 감염성 입자이다.

275 (1) 비특이적 방어 작용은 병원체의 종류나 감염 경험의 유무와 관계없이 감염 발생 시 신속하게 일어나며, 태어나면서부터 지니는 선천성 면역이다.
(2) 대식 세포와 같은 백혈구는 체내로 침투한 병원체를 세포 내로 끌어들인 후, 효소를 이용하여 분해하는 식균 작용을 하며, 백혈구의 식균 작용은 비특이적 방어 작용에 해당한다.
(3) 땀, 눈물, 침 등의 분비액 속에는 세균의 세포벽을 분해하는 라이소자임이 들어 있어 세균의 증식을 억제한다.
(4) 염증 반응이 일어나는 과정에서 비만 세포로부터 분비되는 히스타민은 모세 혈관을 확장시켜 혈류량을 늘리고 혈관벽의 투과성을 증가시킴으로써 혈장과 백혈구 등이 모세 혈관으로부터 상처 부위로 쉽게 빠져나가게 한다.

STEP 2 알짜 문제로 실력 키우기   본문 086~087쪽

276 ②   **277** 해설 참조   **278** ④   **279** ②   **280** ③   **281** 해설 참조
282 ③   **283** ①

276 홍역을 일으키는 A는 바이러스, 탄저병을 일으키는 B는 세균, 무좀을 일으키는 C는 곰팡이에 속한다.

ㄴ. 바이러스(A)와 세균(B)은 모두 유전 물질인 핵산을 가진다.

`오답 피하기` ㄱ. 바이러스(A)는 독립적으로 물질대사를 할 수 없으며, 숙주 세포 내에서만 증식할 수 있다.

ㄷ. 진핵생물인 곰팡이(C)는 핵막을 가지지만, 원핵생물인 세균(B)은 핵막을 가지지 않는다.

`추가로 나오는 선택지`

❶ × ❷ ○

❶ 바이러스(A)는 세포 구조가 아니며, 핵산과 단백질로 구성되어 있다.

❷ 세균(B)과 곰팡이(C)는 모두 단백질을 가진다.

---

277 독감을 일으키는 병원체 A는 바이러스, 파상풍을 일으키는 병원체 B는 세균에 속한다.

`모범 답안` ㉠ – 독립적으로 물질대사를 하지 못한다. 세포 구조가 아니다. 등, ㉡ – 핵산을 가진다. 단백질을 가진다. 등, ㉢ – 세포 분열을 통해 증식한다. 독립적으로 물질대사를 한다. 등

채점 기준	배점
㉠~㉢에 해당하는 특성을 모두 옳게 서술한 경우	100%
㉠~㉢에 해당하는 특성 중 2가지만 옳게 서술한 경우	70%
㉠~㉢에 해당하는 특성 중 1가지만 옳게 서술한 경우	40%

278 (가)는 병원체 없이 발생하며 타인에게 전염되지 않는 비감염성 질병, (나)는 병원체에 의해 발생하며 타인에게 전염되는 감염성 질병이다.

ㄴ. ㉠을 일으키는 병원체는 세균에 속하며, 세균에 의한 질병의 치료에 항생제가 이용된다.

ㄷ. ㉡을 일으키는 병원체는 원생생물로, 핵을 가지고 있는 진핵생물이다. 따라서 ㉡의 병원체는 세포 구조를 가진다.

`오답 피하기` ㄱ. 후천성 면역 결핍증(AIDS)의 병원체는 바이러스에 속하며, 타인에게 전염되므로 (나)(감염성 질병)에 속한다.

`자료 정리`

구분	질병
(가)	고혈압, 당뇨병
(나)	㉠결핵, ㉡말라리아

❶ 고혈압, 당뇨병은 병원체 없이 발생하는 비감염성 질병이고, 결핵, 말라리아는 병원체에 의해 발생하는 감염성 질병이다.

❷ 결핵의 병원체는 세균, 말라리아의 병원체는 원생생물에 속한다.

---

279 X는 프라이온이다. 크로이츠펠트 · 야코프병을 일으키는 병원체는 변형된 X이다.

ㄷ. 정상적인 X가 변형된 X와 접촉하면 변형된 X로 구조가 변하여 질병이 나타날 수 있으므로 크로이츠펠트 · 야코프병은 다른 사람에게 전염되는 감염성 질병에 해당한다.

`오답 피하기` ㄱ, ㄴ. 크로이츠펠트 · 야코프병을 일으키는 변형된 X는 단백질성 감염 입자이므로 핵산을 가지지 않고, 독립적으로 물질대사를 하지 못한다.

---

280 (가) 과정은 대식 세포와 같은 백혈구에서 일어나는 식균 작용으로 비특이적 방어 작용에 해당한다.

ㄱ. 대식 세포는 백혈구에 속한다.

ㄴ. (가) 과정(대식 세포의 식균 작용)은 비특이적 방어 작용에 해당한다.

`오답 피하기` ㄷ. 비특이적 방어 작용은 병원체의 종류를 구분하지 않고 신속하게 일어난다. 따라서 대식 세포는 병원체 종류에 관계없이 (가) 과정을 일으킨다.

`추가로 나오는 선택지`

❶ × ❷ ○

❶ (가) 과정은 비특이적 방어 작용에 해당한다.

❷ 대식 세포는 체내에 침입한 병원체를 식균 작용을 통해 1차적으로 제거한다.

---

281 점막은 기관, 소화관 등의 내벽을 덮는 세포층으로, 세균의 세포벽을 분해하는 라이소자임이 들어 있는 점액층으로 덮여 있다. 따라서 점액층이 얇아지면 병원체에 감염될 가능성이 높아진다.

`모범 답안` 점막에서는 라이소자임 등이 들어 있는 끈적끈적한 점액을 분비하여 병원체의 침입을 막는다. 따라서 점액층이 얇아진 (나)일 때가 (가)일 때보다 병원체 감염 가능성이 더 높다.

채점 기준	배점
(가)와 (나) 중 병원체 감염 가능성이 더 높은 상태와 판단 근거를 점막의 기능과 관련지어 옳게 서술한 경우	100%
(가)와 (나) 중 병원체 감염 가능성이 더 높은 상태만 옳게 쓴 경우	30%

---

282 (가)~(다)는 모두 병원체의 종류나 감염 경험의 유무와 관계없이 감염 발생 시 신속하게 반응이 일어나는 비특이적 방어 작용(선천성 면역)에 해당한다.

ㄱ. (가)와 (나)는 모두 비특이적 방어 작용(선천성 면역)에 해당한다.

ㄴ. ㉠에서 분비되는 지방과 땀의 산성 성분은 세균의 증식을 억제한다.

`오답 피하기` ㄷ. (다)는 섬모 운동에 의해 병원체가 제거되는 작용이므로 백혈구가 병원체를 세포 안으로 끌어들여 분해하는 식균 작용에 해당하지 않는다.

---

283 염증 반응은 피부나 점막이 손상되어 병원체가 침투하였을 때 체내에서 일어나는 방어 작용으로, 열, 부어오름, 붉어짐, 통증 등의 증상이 나타나며, 비특이적 방어 작용에 해당한다.

ㄱ. 염증 반응에서 비만 세포로부터 히스타민이 분비된다.

`오답 피하기` ㄴ. 염증 반응에서 히스타민은 모세 혈관을 확장시켜 모세 혈관 벽의 투과성을 증가시킨다.

ㄷ. 염증 반응은 비특이적 방어 작용에 해당하므로 병원체의 종류와 관계없이 일어난다.

자료 정리

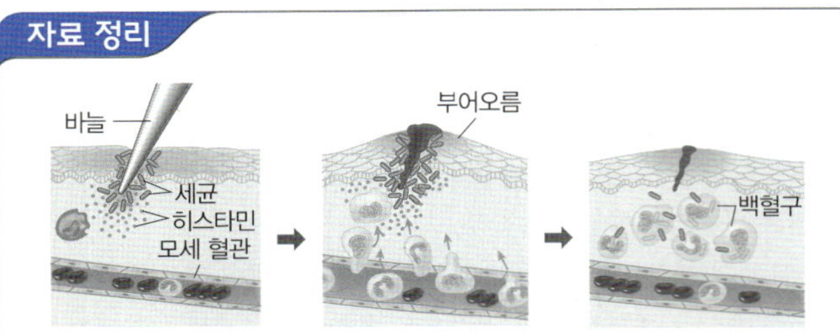

❶ 바늘에 의해 피부가 손상되어 병원체가 체내로 들어오면 손상된 부위의 비만 세포에서 히스타민이 분비된다.
❷ 히스타민은 모세 혈관을 확장시키고 혈류량을 늘려 모세 혈관 밖으로 혈장과 백혈구가 쉽게 새어나가도록 한다. 이때 상처 부위가 부어오르고 열이 나며 붉어 진다.
❸ 상처 부위에 모인 백혈구의 식균 작용을 통해 병원체가 제거된다.

STEP 3 1등급을 위한 실전 완벽 대비 본문 088~089쪽

| 284 ① | 285 ④ | 286 ③ | 287 ① | 288 ③ | 289 ① | 290 ⑤ |
| 291 ⑤ |

284 후천성 면역 결핍증(AIDS)의 병원체인 (가)는 바이러스, 결핵의 병원체인 (나)는 세균에 속한다.
ㄱ. (가)와 (나)는 모두 단백질을 가진다.
오답 피하기 ㄴ. (가)는 세포 구조를 가지지 않으므로 세포 분열을 통해 스스로 증식하지 못한다.
ㄷ. (나)는 독립적으로 물질대사를 할 수 있다.

285 홍역을 일으키는 병원체 A와 소아마비를 일으키는 병원체 C는 모두 바이러스에 속하고, 콜레라를 일으키는 병원체 B는 세균에 속한다.
ㄴ. A~C는 모두 유전 물질인 핵산을 가지므로 '핵산을 가진다.'는 ⓛ에 해당한다.
ㄷ. A와 C의 치료에는 항바이러스제가 이용되고, B의 치료에는 항생제가 이용된다. 따라서 '질병 치료에 항바이러스제가 이용된다.'는 ⓒ에 해당한다.
오답 피하기 ㄱ. A~C에 의한 질병은 모두 감염성 질병이므로 '감염성 질병을 일으킨다.'는 ⓛ에 해당한다.

286 혈우병은 비감염성 질병이고, 병원체가 곰팡이인 질병은 무좀이므로 A는 혈우병, B는 무좀, C는 파상풍이다.
ㄱ. A는 비감염성 질병이면서 유전병이므로 자손에게 유전될 수 있다.
ㄷ. C의 병원체는 세균에 속하며, 단백질을 가진다.
오답 피하기 ㄴ. A는 혈우병, B는 무좀, C는 파상풍이다.

287 광우병, 말라리아, 결핵은 모두 감염성 질병이고, 말라리아의 병원체는 진핵생물인 원생생물이므로 핵막을 가진다. 말라리아와 결핵의 병원체는 핵산을 가지고 있어 증식할 때 핵산의 복제가 일어난다. 따라서 A는 말라리아, B는 결핵, C는 광우병이고, ⓛ은 '타인에게 전염된다.', ⓒ은 '병원체가 증식할 때 핵산의 복제가 일어난다.', ⓒ은 '병원체가 핵막을 가진다.'이다.
ㄱ. B의 병원체는 원핵생물인 세균에 속하며 리보솜을 가진다.
오답 피하기 ㄴ. '병원체가 핵막을 가진다.'는 ⓒ에 해당한다.
ㄷ. A의 병원체는 원생동물, C의 병원체는 변형 프라이온이다. 따라서 A의 병원체는 독립적으로 물질대사를 하지만, C의 병원체는 독립적으로 물질대사를 하지 못한다.

288 A에 속하는 질병들의 병원체는 세균에 속하고, B에 속하는 질병의 병원체는 변형 프라이온이다. C에 속하는 질병은 유전자 돌연변이가 원인이며, 다른 사람에게 전염되지 않는 비감염성 질병이다.
ㄱ. A에 속하는 질병들의 병원체는 세균에 속하고, B에 속하는 질병의 병원체는 변형 프라이온이므로 이들의 병원체는 모두 핵막을 가지지 않는다.
ㄷ. C는 비감염성 질병이므로 다른 사람에게 전염되지 않는다.
오답 피하기 ㄴ. B에 속하는 질병의 병원체는 변형 프라이온이다.

289 ⓑ는 병원체에서 세포벽의 형성을 억제하므로 B의 병원체는 세포벽이 있는 세포 구조를 가진다. 따라서 B는 병원체가 세균에 속하는 결핵이며, A는 병원체가 바이러스에 속하는 후천성 면역 결핍증(AIDS)이다.
ㄱ. A의 병원체는 유전 물질인 핵산을 가지므로 유전 물질의 복제를 억제하는 ⓐ가 A의 치료제로 이용된다.
오답 피하기 ㄴ. A와 B의 병원체는 모두 단백질을 가지므로 '병원체가 단백질을 가진다.'는 A만 갖는 특징인 ⓛ에 해당하지 않는다.
ㄷ. B의 병원체는 세균에 속하므로 독립적으로 물질대사를 할 수 있다.

290 A: 비특이적 방어 작용은 병원체의 종류나 감염 경험의 유무와 관계없이 신속하고 광범위하게 일어나는 방어 작용이다.
B: 우리 몸을 덮고 있는 피부는 병원체의 침투를 막는 물리적 장벽 역할을 하는데, 이는 비특이적 방어 작용에 해당한다.
C: 눈물 속에는 세균의 세포벽을 분해하는 효소인 라이소자임이 들어 있어 세균의 증식을 억제한다.

291 염증 반응은 피부나 점막이 손상되어 병원체가 침투하였을 때 체내에서 일어나는 방어 작용으로, 열, 부어오름, 붉어짐, 통증 등의 증상이 나타난다.
ㄱ. 염증 반응이 일어날 때 비만 세포로부터 분비되는 신호 물질(ⓛ)에는 히스타민이 포함된다.
ㄴ. 백혈구의 식균 작용(ⓒ)은 비특이적 방어 작용(선천성 면역)에 해당한다.

ㄷ. 염증 반응이 일어날 때 비만 세포로부터 분비되는 히스타민은 모세 혈관을 확장시킨다. 그 결과 모세 혈관 벽의 투과성이 증가해 상처 부위가 붉게 부어오르고 백혈구가 손상된 조직으로 유입된다.

02. 특이적 방어 작용과 혈액형

292 세포성 **293** 백신 **294** 알레르기 **295** A: 보조 T 림프구, B: B 림프구, C: 형질 세포, D: 기억 세포 **296** ① AB형 ② B형 ③ O형 ④ A형 **297** ⑴ × ⑵ ○

292 세포성 면역은 활성화된 세포독성 T림프구가 병원체에 감염된 세포를 직접 공격하여 제거하는 면역 반응이고, 체액성 면역은 B 림프구로부터 분화된 형질 세포가 생성하여 분비하는 항체가 항원을 제거하는 면역 반응이다.

293 백신은 감염성 질병을 예방하기 위해 주입하는 항원을 포함하는 물질이다. 백신은 질병을 일으키지 않을 정도로 병원성을 제거하거나 약화시킨 병원체 등으로 만든다.

294 알레르기는 꽃가루, 먼지, 음식물 등과 같이 보통 사람들에게 문제를 일으키지 않는 항원에 대해 면역계가 과민하게 반응하여 발생하는 질환이다.

295 체액성 면역에서 대식 세포가 식균 작용을 통해 X를 분해하고, X의 조각(항원)을 세포 표면에 제시하면 이를 보조 T 림프구(A)가 인식하여 활성화된다. 활성화된 보조 T 림프구(A)의 자극을 받은 B 림프구(B)는 형질 세포(C)와 기억 세포(D)로 분화하며, 형질 세포(C)로부터 항체가 생성되어 분비된다.

296 응집원 A와 B를 모두 가지고 있어 항 A 혈청과 항 B 혈청에서 모두 응집 반응이 일어나면 AB형, 응집원 B만을 가지고 있어 항 B 혈청에서만 응집 반응이 일어나면 B형, 응집원 A와 B를 모두 가지고 있지 않아 항 A 혈청과 항 B 혈청에서 모두 응집 반응이 일어나지 않으면 O형, 응집원 A만을 가지고 있어 항 A 혈청에서만 응집 반응이 일어나면 A형이다.

297 ⑴ Rh식 혈액형에서 응집원과 응집소는 모두 1종류이다.
⑵ 1차 면역 반응이 일어난 후 동일한 항원이 재침입하였을 때 그 항원에 대한 기억 세포가 형질 세포로 분화되어 신속하게 다량의 항체를 생성한다.

298 ③ **299** 해설 참조 **300** ③ **301** ⑤ **302** ③ **303** 해설 참조 **304** ④ **305** ② **306** ① **307** 해설 참조 **308** ③ **309** ④

298 (가)는 B 림프구(㉠)로부터 분화된 형질 세포가 생성하여 분비하는 항체가 항원을 제거하는 체액성 면역이다. (나)는 활성화된 세포독성 T림프구(㉡)가 병원체에 감염된 세포를 직접 공격하여 제거하는 세포성 면역이다.
ㄱ. B 림프구(㉠)는 골수에서 생성되고 성숙된다.
ㄷ. B 림프구(㉠)가 관여하는 체액성 면역과 세포독성 T림프구(㉡)가 관여하는 세포성 면역은 모두 특이적 방어 작용에 해당한다.

오답 피하기 ㄴ. (가)는 체액성 면역, (나)는 세포성 면역에 해당한다.

추가로 나오는 선택지

❶ ○ ❷ ×

❶ 세포독성 T림프구(㉡)는 골수에서 생성되고 가슴샘에서 성숙된다.
❷ (가)는 형질 세포에서 생성된 항체에 의한 체액성 면역이고, (나)는 세포독성 T림프구에 의한 세포성 면역이다.

299 체액성 면역은 보조 T 림프구의 자극으로 B 림프구가 증식하고 분화하여 형성된 형질 세포로부터 항체가 생성되어 분비되며, 이 항체가 항원을 제거하는 면역 반응이다. 세포성 면역은 보조 T 림프구에 의해 활성화된 세포독성 T림프구가 병원체에 감염된 세포를 직접 공격하여 제거하는 면역 반응이다.

모범 답안 ㉠: 항원 항체 반응이 일어난다, B 림프구가 관여한다. 등
㉡: 특이적 면역에 해당한다, 보조 T 림프구가 관여한다. 등
㉢: 세포독성 T림프구가 관여한다, 병원체에 감염된 세포를 직접 제거한다. 등

채점 기준	배점
㉠~㉢에 해당하는 특성을 모두 옳게 서술한 경우	100%
㉠~㉢에 해당하는 특성 중 2가지만 옳게 서술한 경우	70%
㉠~㉢에 해당하는 특성 중 1가지만 옳게 서술한 경우	40%

300 ㉠은 보조 T 림프구, ㉡은 세포독성 T림프구이다. 세포성 면역에서 보조 T 림프구(㉠)에 의해 활성화된 세포독성 T림프구(㉡)는 감염된 세포를 직접 공격하여 제거한다.
ㄱ. 보조 T 림프구(㉠)와 세포독성 T림프구(㉡)는 모두 가슴샘에서 성숙 과정을 거친다.
ㄷ. 그림에 제시된 방어 작용은 세포성 면역으로 특이적 방어 작용(후천성 면역)에 해당한다.

오답 피하기 ㄴ. 세포성 면역에서 세포독성 T림프구(㉡)는 항체를 생성하지 않고, 병원체에 감염된 세포를 직접 공격하여 제거한다.

301 ㉠은 대식 세포, ㉡은 보조 T 림프구, ㉢은 형질 세포이다. 대식 세포(㉠)는 X를 보조 T 림프구(㉡)에 제시하여 X에 대한 정보를 전달하고, 보조 T 림프구(㉡)으로부터 자극을 받은 B 림프구는 형질 세포(㉢)와 기억 세포로 분화한다.

ㄱ. 대식 세포(㉠)는 X를 보조 T 림프구(㉡)에 제시하여 X에 대한 정보를 전달하는 역할을 한다.

ㄴ. ㉠은 대식 세포, ㉡은 보조 T 림프구, ㉢은 형질 세포이다.

ㄷ. 그림에 제시된 방어 작용은 체액성 면역에 해당하며, 형질 세포(㉢)에서 생성된 Y는 X에 대해 특이적으로 작용한다.

자료 정리

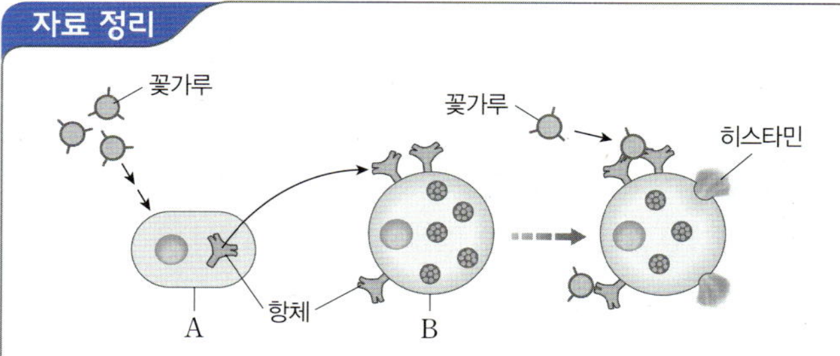

❶ X가 침입하면 대식 세포의 식균 작용이 일어나며, 표면에 X의 조각을 제시하므로 ㉠은 대식 세포이다.

❷ 보조 T 림프구는 대식 세포가 제시한 X의 조각을 인식하여 빠르게 증식하므로 ㉡은 보조 T 림프구이다.

❸ B 림프구가 보조 T 림프구의 자극으로 증식하여 형질 세포와 기억 세포로 분화하고, 형질 세포는 항체를 생성하므로 ㉢은 형질 세포이다.

302 A를 1차 주사하였을 때 Y가 생성되었고, B를 1차 주사하였을 때 X가 생성되었으므로 X는 B, Y는 A에 대한 항체이다. A를 2차 주사하였을 때가 A를 1차 주사하였을 때보다 X의 생성이 크게 증가하였으므로 A를 1차 주사하였을 때 A에 대한 1차 면역 반응이 일어나 A에 대한 기억 세포가 생성되었으며, A를 2차 주사하였을 때 2차 면역 반응이 일어났음을 알 수 있다.

ㄱ. 구간 Ⅰ에서는 A에 대한 1차 면역 반응이 일어났으므로 A에 대한 기억 세포가 존재한다.

ㄷ. 구간 Ⅱ에서는 B에 대한 항체 X가 생성되었으므로 특이적 방어 작용인 체액성 면역이 일어났다.

오답 피하기 ㄴ. Y는 A와 항원 항체 반응을 한다.

추가로 나오는 선택지

❶ × ❷ ×

❶ 구간 Ⅱ에서는 B에 대한 1차 면역 반응만 일어났다.

❷ 특정 항체는 특정 항원에만 결합하는 특이성이 있으며, X는 B에 대한 항체이다.

303 후천성 면역 결핍증(AIDS)은 HIV에 의해 발병하며, HIV는 체액성 면역과 세포성 면역에 관여하는 보조 T 림프구를 숙주로 삼아 증식 과정에서 파괴한다. 따라서 HIV가 증식함에 따라 보조 T 림프구가 파괴되어 체액성 면역과 세포성 면역이 정상적으로 일어나지 못하기 때문에 면역력이 결핍된다.

모범 답안 ㉠은 보조 T 림프구, ㉡은 HIV이다. HIV가 증식함에 따라 보조 T 림프구가 파괴되어 체액성 면역과 세포성 면역이 정상적으로 일어나지 못하기 때문에 면역력이 결핍된다.

채점 기준	배점
㉠과 ㉡을 쓰고, HIV에 감염된 환자의 면역력이 결핍되는 이유를 모두 옳게 서술한 경우	100%
HIV에 감염된 환자의 면역력이 결핍되는 이유만 옳게 서술한 경우	70%
㉠과 ㉡만 옳게 쓴 경우	40%

304 항원이 처음 침입하였을 때 일어나는 1차 면역 반응에서는 B 림프구가 보조 T 림프구의 도움을 받아 형질 세포와 기억 세포로 분화하며, 형질 세포로부터 항체가 생성된다. 이후 동일한 항원이 재침입하면 2차 면역 반응이 일어나며 1차 면역 반응에서 생성된 기억 세포가 빠르게 증식하고 형질 세포와 기억 세포로 분화하며, 형질 세포로부터 항체가 생성되기 때문에 1차 면역 반응에서보다 신속하게 많은 양의 항체가 생성된다.

ㄴ. 구간 Ⅰ과 Ⅱ에서는 모두 항체가 생성되므로 특이적 방어 작용에 해당하는 체액성 면역이 일어난다.

ㄷ. 구간 Ⅱ에서는 X가 1차 침입했을 때보다 신속하게 많은 양의 항체가 생성되고 있으므로 X에 대한 2차 면역 반응이 일어나고 있다. 따라서 구간 Ⅱ에서는 기억 세포(㉠)가 형질 세포(㉡)로 전환되는 ⓐ 과정이 일어난다.

오답 피하기 ㄱ. (가)에서 항체를 생성하여 분비하는 ㉡은 형질 세포이고, ㉠은 기억 세포이다.

305 A는 항원으로 작용하는 꽃가루에 대해 항체를 생성하므로 형질 세포이고, B는 히스타민을 분비하는 비만 세포이다.

ㄴ. 알레르기 반응에서 꽃가루에 대한 항원 항체 반응이 일어나므로 특이적 방어 작용이 일어난다.

오답 피하기 ㄱ. A는 형질 세포, B는 비만 세포이다.

ㄷ. 알레르기 증상은 B에서 분비되는 히스타민에 의해 나타나므로 B에서 히스타민의 방출을 촉진하는 약물을 투여하면 알레르기 증상이 더 심해진다.

자료 정리

❶ 꽃가루(알레르기 항원)가 체내에 들어오면 B 림프구가 분화되어 형질 세포에서 항체를 생성하며, 이렇게 생성된 항체는 비만 세포에 결합한다. 따라서 A는 형질 세포, B는 비만 세포이다.

❷ 꽃가루(알레르기 항원)가 다시 체내에 들어오면 알레르기 항원이 비만 세포의 항체와 결합하고, 비만 세포에서 히스타민이 방출되어 알레르기 증상이 유발된다.

306 ABO식 혈액형은 응집원 A와 B의 유무에 따라 A형, B형, O형, AB형으로 구분한다. 응집원 A는 응집소 α와, 응집원 B는 응집소 β와 결합하여 응집 반응이 일어난다. 항 A 혈청에는 응집소 α가, 항 B 혈청에는 응집소 β가 들어 있다. 따라서 항 B 혈청에만 응집 반응을 나타내는 Ⅰ은 B형, 항 A 혈청과 항 B 혈청에 모두 응집 반응을 나타내는 Ⅱ는 AB형이다.

ㄱ. 응집원(항원)은 적혈구 표면에, 응집소(항체)는 혈장에 있으므로 ⓐ에는 응집소 α가, ⓑ에는 응집원 B가 있고, ⓒ에는 응집소 α와 응집소 β가 모두 없고, ⓓ에는 응집원 A와 응집원 B가 모두 있다.

오답 피하기 ㄴ. ⓑ에는 응집원 B가 있지만, ⓒ에는 응집소 α와 응집소 β가 모두 없으므로 ⓑ와 ⓒ를 섞었을 때 응집 반응은 일어나지 않는다.

ㄷ. Ⅰ은 B형, Ⅱ는 AB형이므로 Ⅱ는 Ⅰ에게 수혈할 수 없다.

추가로 나오는 선택지

❶ × ❷ ×

❶ Ⅱ는 AB형이므로 ⓒ에는 응집소 α와 β가 모두 없고, ⓓ에는 응집원 A와 B가 모두 있다.

❷ B형인 Ⅰ은 A형인 사람에게 수혈할 수 없다.

---

307 Rh식 혈액형은 적혈구 표면에 있는 Rh 응집원의 유무에 따라 Rh^+형과 Rh^-형으로 구분한다. Rh^+형의 적혈구 표면에는 Rh 응집원이 있지만, 혈장에는 Rh 응집소가 존재하지 않는다. 반면에 Rh^-형의 적혈구 표면에는 Rh 응집원이 없으며, Rh 응집원에 노출되지 않았다면 혈장에는 Rh 응집소가 존재하지 않지만, Rh 응집원에 노출되면 혈장에 Rh 응집소가 생성된다. Rh 응집원을 가지는 붉은털원숭이의 적혈구를 토끼에게 주사하면 토끼의 체내에서는 Rh 응집소가 생성되며, 토끼의 혈액을 채취하여 Rh 응집소가 들어 있는 혈청을 만들어 Rh식 혈액형을 판정한다.

모범 답안 Rh 응집원을 가지는 붉은털원숭이(X)의 적혈구를 토끼(Y)에게 주사하면 토끼(Y)의 체내에서는 Rh 응집소가 생성되며, 토끼(Y)의 혈액을 채취하여 얻은 혈청 ㉠에는 Rh 응집소가 들어 있으므로 ㉠에 반응시켰을 때 응집 반응이 일어나는 사람은 Rh^+형, 응집 반응이 일어나지 않는 사람은 Rh^-형으로 판정할 수 있다.

채점 기준	배점
㉠을 이용하여 Rh식 혈액형을 판정할 수 있는 원리를 정확하게 서술한 경우	100%
㉠을 이용하여 Rh식 혈액형을 판정할 수 있는 원리에 대한 서술이 불충분하거나 오류가 있는 경우	50%

---

308 B형인 혈액의 적혈구에는 응집원 B, 혈장에는 응집소 α가 있고, O형인 혈액의 적혈구에는 응집원 A와 B가 모두 없고, 혈장에는 응집소 α와 β가 모두 있다. AB형인 혈액의 적혈구에는 응집원 A와 B가 모두 있고, 혈장에는 응집소 α와 β가 모두 없다.

ㄱ. B형인 혈액의 혈장과 AB형인 혈액의 혈장에는 공통적으로 응집소 α가 있으므로 '혈장에 응집소 α가 있다.'는 ㉠에 해당한다.

ㄷ. AB형, B형, O형 중 O형인 사람만 A형인 사람에게 소량 수혈이 가능하므로 'A형인 사람에게 수혈이 가능하다.'는 ㉢에 해당한다.

오답 피하기 ㄴ. B형인 혈액의 적혈구에는 응집원 B가 있으므로 항 A 혈청에 섞었을 때 응집 반응이 일어나지 않는다. 따라서 '항 A 혈청에 응집 반응이 일어난다.'는 ㉡에 해당하지 않는다.

---

309 B형인 영희의 적혈구에는 응집원 B가 존재하므로 영희의 적혈구와 응집하는 응집소 ㉡은 응집소 β이며, 영희의 적혈구와 응집하지 않는 응집소 ㉠은 응집소 α이다. 철수의 적혈구에는 응집원 A와 응집원 B가 모두 존재하지 않으므로 철수는 O형이다. 제시된 집단의 학생 수(=A형인 학생 수+B형인 학생 수+O형인 학생 수+AB형인 학생 수)는 20명이고, 응집소 ㉠(응집소 α)을 가지는 학생 수(=B형인 학생 수+O형인 학생 수)는 11명, 응집소 ㉡(응집소 β)을 가지는 학생 수(=A형인 학생 수+O형인 학생 수)는 10명, 응집소 ㉠(응집소 α)과 응집소 ㉡(응집소 β)에 모두 응집 반응이 일어나는 학생 수(=AB형인 학생 수)는 6명이므로 O형인 학생 수는 7명이고, A형인 학생 수는 3명, B형인 학생 수는 4명이다.

ㄴ. 이 집단에서 응집소 ㉡(응집소 β)에 응집되는 혈액을 가진 학생 수(=B형인 학생 수+AB형인 학생 수)는 10명이다.

ㄷ. 이 집단에서 철수와 ABO식 혈액형이 동일한 학생 수(=O형인 학생 수)는 7명이다.

오답 피하기 ㄱ. 응집소 ㉠은 응집소 α, 응집소 ㉡은 응집소 β이다.

자료 정리

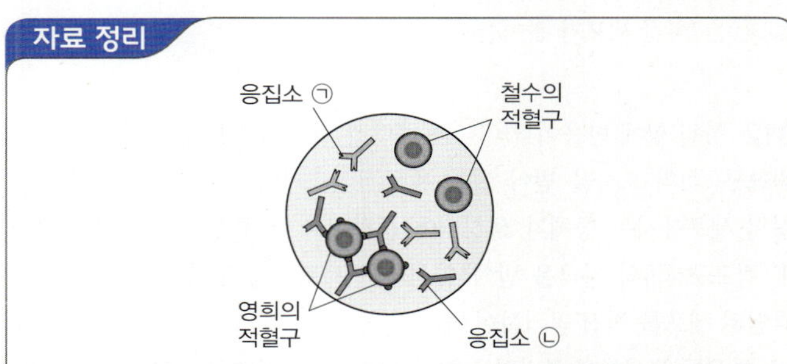

❶ B형인 영희는 응집원 B와 응집소 α를 가진다. ➡ 영희의 적혈구 표면의 응집원 B와 결합하는 응집소 ㉡은 응집소 β이며, 따라서 응집소 ㉠은 응집소 α이다.

❷ 철수의 적혈구 표면에는 응집원이 없으므로 O형이다.

STEP 3 1등급을 위한 실전 완벽 대비   본문 095~097쪽

310 ④	311 ②	312 ①	313 ③	314 ①	315 ⑤	316 ②
317 ③	318 ②	319 ④	320 ①	321 ②		

310 비특이적 방어 작용은 병원체의 종류나 감염 경험의 유무와 관계없이 일어나므로 ⓐ가 비특이적 방어 작용에 해당한다. 병원체의 종류에 따라 선별적으로 일어나며, 이전에 침입한 병원체를 기억하여 2차 방어 작용이 일어나는 ⓑ가 특이적 방어 작용에 해당한다.

ㄴ. ⓐ는 비특이적 방어 작용이며, ⓐ는 태어나면서부터 갖는 선천성 면역에 해당한다.

ㄷ. 그림은 세포독성 T림프구가 X에 감염된 세포를 직접 공격하여 제거하는 세포성 면역 반응이므로 ⓑ에 해당한다.

[오답 피하기] ㄱ. 특이적 방어 작용인 ⓑ는 이전에 침입한 병원체를 기억하고, 비특이적 방어 작용인 ⓐ는 병원체의 종류를 구분하지 않으므로 ㉠과 ㉡은 모두 '○'이다.

311 염증 반응은 비특이적 방어 작용에 해당하고, 체액성 면역과 세포성 면역은 모두 특이적 방어 작용에 해당하며, 형질 세포가 관여하는 방어 작용은 체액성 면역이다. 따라서 A는 세포성 면역, B는 염증 반응, C는 체액성 면역, ㉠은 '형질 세포가 관여한다.', ㉡은 '비특이적 방어 작용이다.', ㉢은 '후천성 면역에 해당한다.'이다.

ㄴ. 세포성 면역인 A에는 보조 T 림프구와 세포독성 T림프구가 관여한다.

[오답 피하기] ㄱ. 세포성 면역은 후천성 면역에 해당하고, 비특이적 방어 작용에 해당하는 염증 반응에는 형질 세포가 관여하지 않으므로 ⓐ는 '○', ⓑ는 '×'이다.

ㄷ. ㉠은 '형질 세포가 관여한다.'이다.

312 항원 항체 반응이 일어나는 체액성 면역에서 B 림프구는 보조 T 림프구(㉢)의 도움을 받아 형질 세포(㉡)는 기억 세포(㉠)로 분화하며, 형질 세포에서는 항체가 생성되어 분비된다. 세포성 면역에서는 보조 T 림프구(㉢)의 자극을 받아 활성화된 세포독성 T림프구(㉣)가 X에 감염된 세포를 직접 공격하여 제거한다.

ㄱ. 항체를 생성하여 분비하는 형질 세포(㉡)는 체액성 면역에 관여한다.

[오답 피하기] ㄴ. 이 사람이 동일한 항원 X에 재감염되면 2차 면역 반응이 일어나며, 이 과정에서 기억 세포(㉠)가 형질 세포(㉡)로 분화한다.

ㄷ. 보조 T 림프구(㉢)와 세포독성 T림프구(㉣)는 모두 골수에서 생성되고 가슴샘에서 성숙된다.

313 대식 세포는 비특이적 방어 작용에 해당하는 식균 작용(㉠ 과정)을 통해 침입한 X를 분해하며, X에 대한 정보를 보조 T 림프구에 제시하여 체액성 면역과 세포성 면역이 일어나도록 한다. 따라서 대식 세포가 결핍된 생쥐에서는 식균 작용과 체액성 면역, 세포성 면역이 잘 일어나지 못하게 되며, 림프구가 결핍된 생쥐에서는 대식 세포에 의한 식균 작용은 정상적으로 일어나지만, 림프구가 관여하는 체액성 면역과 세포성 면역이 잘 일어나지 못한다. 따라서 (나)에서 X에 감염된 후 시간에 따라 X의 수가 가장 크게 증가하는 A가 대식 세포가 결핍된 생쥐, 시간에 따라 X가 거의 제거되는 C가 정상 생쥐, B가 림프구가 결

핍된 생쥐이다.

ㄱ. A는 대식 세포가 결핍된 생쥐, B는 림프구가 결핍된 생쥐, C는 정상 생쥐이다.

ㄷ. 대식 세포는 정상이고 림프구가 결핍된 생쥐 B에서는 체액성 면역이 잘 일어나지 못하므로 구간 Ⅱ에서 X에 대한 항체 수는 B에서가 정상 생쥐인 C에서보다 적다.

[오답 피하기] ㄴ. 대식 세포가 결핍된 생쥐 A에서는 대식 세포에 의한 식균 작용인 ㉠ 과정이 잘 일어나지 못한다. 따라서 구간 Ⅰ에서 ㉠ 과정은 B(림프구가 결핍된 생쥐)에서가 A(대식 세포가 결핍된 생쥐)에서보다 활발하게 일어난다.

314 (가)는 염증 반응, (나)는 식균 작용이다. (나)에서 대식 세포는 식균 작용을 통해 침입한 X를 분해하며, X에 대한 정보를 보조 T 림프구(㉠)에 제시하며, 보조 T 림프구(㉠)는 B 림프구(㉡)를 자극하여 형질 세포와 기억 세포로 분화하게 한다. 형질 세포에서는 X에 대한 항체가 생성되어 분비되며, 항원 항체 반응을 통해 X가 제거된다.

ㄱ. (가)와 (나)에서 염증 반응과 식균 작용이 일어났으므로 (가)와 (나)에서 모두 비특이적 방어 작용이 일어났다.

[오답 피하기] ㄴ. ㉠(보조 T 림프구)은 가슴샘에서 성숙하지만, ㉡(B 림프구)은 골수에서 성숙한다.

ㄷ. (라)에서는 형질 세포로부터 X에 대한 항체가 생성되고 있으므로 X에 대한 체액성 면역이 일어나고 있다.

315 Rh 응집원을 가지는 붉은털원숭이의 적혈구를 토끼에게 주사하면 토끼의 체내에서는 Rh 응집소가 생성되며, 토끼의 혈액을 채취하여 Rh 응집소가 들어 있는 혈청을 만들어 Rh식 혈액형을 판정한다.

ㄱ. Rh식 혈액형 판정에는 Rh 응집소가 들어 있는 혈청을 이용하므로 ⓐ는 ㉢에 해당한다.

ㄴ. Rh⁻형인 Ⅰ의 혈액에는 Rh 응집원이 없고, 이전에 Rh 응집원에 노출된 적이 없으므로 혈장에는 Rh 응집소가 존재하지 않는다. 따라서 Ⅰ은 Ⅱ에게 수혈이 가능하다.

ㄷ. Ⅱ의 적혈구와 ㉠에는 Rh 응집원이 있다.

316 X를 주사한 A의 체내에서는 X에 대한 체액성 면역 반응이 일어나 X에 대한 항체와 기억 세포가 생성된다. A로부터 얻은 혈청에는 항체가 포함되므로 혈청을 주사받은 생쥐에서는 주사 직후 X에 대한 항체 농도가 증가하다가 감소하지만 이후에 X를 주사하였을 때에는 1차 면역 반응이 일어난다. 반면에 X에 대한 기억 세포를 주사 받은 생쥐에게 X를 주사하였을 때에는 2차 면역 반응이 일어나 X에 대한 항체가 신속하게 대량으로 생성된다. 따라서 B에 주사한 ⓐ가 혈청, C에 주사한 ⓑ가 X에 대한 기억 세포이다.

ㄴ. ⓐ(혈청)에는 형질 세포가 포함되지 않으므로 X에 대한 형질 세포 수는 구간 Ⅰ에서가 X에 대한 1차 면역 반응이 일어나고 있는 구간 Ⅱ에서보다 적다.

[오답 피하기] ㄱ. B에 주사한 ⓐ가 혈청, C에 주사한 ⓑ가 X에 대한 기

억 세포이다.

ㄷ. 구간 Ⅱ와 Ⅲ에서는 모두 X에 대하여 비특이적 면역인 1차 방어 작용이 일어나지만, 2차 면역 반응은 구간 Ⅲ에서만 일어난다.

317 A: 알레르기가 일어나는 과정에서 형질 세포로부터 항원에 대한 항체가 만들어져 특이적 방어 작용에 해당하는 항원 항체 반응이 일어난다.

B: 알레르기는 꽃가루, 먼지 등 보통 사람들에게 문제가 되지 않는 항원에 면역계가 과민하게 반응하여 나타난다.

오답 피하기 C: 알레르기가 일어나는 과정에서 항원인 꽃가루에 대한 항체는 형질 세포로부터 만들어진다.

318 ⓐ를 주사받은 Ⅰ에서는 ⓐ를 만드는 데 사용한 세균에 대해 체액성 면역 반응이 일어나므로 Ⅰ로부터 얻은 혈청 ㉠에는 ⓐ를 만드는 데 사용한 세균과 특이적으로 반응하는 항체가 포함되어 있다.

ㄷ. (라)의 Ⅳ와 Ⅵ은 이전에 Y에 노출된 적이 없으며 ⓐ와 ㉠에는 Y에 대한 기억 세포가 포함되어 있지 않으므로 Y에 대한 2차 면역 반응은 일어나지 않는다.

오답 피하기 ㄱ. (라)에서 ㉠과 X를 함께 주사한 Ⅴ는 죽었지만, ㉠과 Y를 함께 주사한 Ⅵ은 생존하였으므로 ⓐ는 Y의 병원성을 약화시켜 만들었다.

ㄴ. ㉠에는 대식 세포, 기억 세포 등 세포 성분이 들어 있지 않다.

319 Ⅰ~Ⅲ 중 Ⅰ과 Ⅲ의 혈액만 항 A 혈청에 섞었을 때 응집되므로 Ⅰ과 Ⅲ은 각각 A형과 AB형 중 하나이고, Ⅱ는 B형 또는 O형이다. Ⅰ의 적혈구와 Ⅲ의 혈장을 섞었을 때 응집 반응이 나타났으므로 Ⅲ의 혈장에는 응집소가 존재한다. 따라서 Ⅰ은 AB형, Ⅲ은 A형이며 Ⅱ의 적혈구와 Ⅲ의 혈장을 섞었을 때 응집 반응이 나타나지 않으므로 Ⅱ는 O형이다.

ㄴ. Ⅰ은 AB형, Ⅱ는 O형, Ⅲ은 A형이다.

ㄷ. O형인 Ⅱ의 혈장에는 응집소 α와 응집소 β가 모두 있고 A형인 Ⅲ의 혈장에는 응집소 β가 있다.

오답 피하기 ㄱ. O형인 Ⅱ의 적혈구에는 응집원 A와 응집원 B가 모두 없고, 혈장에는 응집소 α와 응집소 β가 모두 있으므로 ⓐ는 '−', ⓑ는 '+'이다.

320 응집원 ㉡과 응집소 ㉣이 모두 있는 학생이 존재하므로 응집원 ㉡이 응집원 A이면 응집소 ㉣은 응집소 β이고, 응집원 ㉡이 응집원 B이면 응집소 ㉣은 응집소 α에 해당한다. 만일 응집원 ㉡이 응집원 B, 응집소 ㉣이 응집소 α이면, 응집원 ㉠은 응집원 A, 응집소 ㉢은 응집소 β이다. 이때 응집원 ㉠이 있는 학생 수(=A형인 학생 수+AB형인 학생 수)는 26명, 응집소 ㉢이 있는 학생 수(=A형인 학생 수+O형인 학생 수)는 29명, 응집원 ㉡과 응집소 ㉣이 모두 있는 학생 수(=B형인 학생 수)는 9명이다. 제시된 집단의 학생 수(=A형인 학생 수+B형인 학생 수+O형인 학생 수+AB형인 학생 수)는 50명이므로 이를 계산

하면 A형인 학생 수는 14명이다. 이는 A형인 학생 수가 B형인 학생 수보다 적다는 조건을 만족하지 않는다. 따라서 응집원 ㉠은 응집원 B, 응집원 ㉡은 응집원 A, 응집소 ㉢은 응집소 α, 응집소 ㉣은 응집소 β이며, 이 집단에서 A형인 학생 수는 9명, B형인 학생 수는 14명, AB형인 학생 수는 12명, O형인 학생 수는 15명이다.

ㄱ. 응집원 ㉠은 응집원 B, 응집원 ㉡은 응집원 A, 응집소 ㉢은 응집소 α, 응집소 ㉣은 응집소 β이다.

오답 피하기 ㄴ. 항 A 혈청과 항 B 혈청에 모두 응집되지 않는 혈액을 가진 학생 수(=O형인 학생 수)는 15명이다.

ㄷ. 이 집단에서 A형인 학생 수와 AB형인 학생 수를 합한 값은 21명이다.

321 아버지와 자녀 3은 ABO식 혈액형이 다르고, 아버지와 자녀 3의 혈액에는 동일한 응집소가 있으므로 아버지와 자녀 3의 ABO식 혈액형은 각각 A형과 O형 중 하나이거나, B형과 O형 중 하나이다. 자녀 1의 혈액은 항 A 혈청에 섞었을 때 응집되므로 자녀 1의 ABO식 혈액형은 A형 또는 AB형이다. 아버지가 O형인 경우에는 자녀 1~3의 ABO식 혈액형이 가능한 경우가 없고, 아버지와 자녀 1의 혈액형이 서로 다르므로 아버지와 자녀 2는 B형(㉠), 어머니와 자녀 1은 A형(㉡), 자녀 3은 O형(㉢)이다.

ㄴ. B형인 아버지의 혈액에는 응집소 α가 있다.

오답 피하기 ㄱ. ㉠은 B형, ㉡은 A형, ㉢은 O형이다.

ㄷ. A형인 자녀 1은 O형인 자녀 3에게 수혈이 불가능하다.

IV. 유전

IV-1. 염색체와 세포 분열

01. 염색체

STEP 1 바로바로 **개념 확인**　　본문 101쪽

322 유전자　**323** DNA　**324** 뉴클레오솜　**325** (1) ○ (2) × (3) ○
(4) ×　**326** 44　**327** 2　**328** 동일한(같은)

322 유전자는 생물의 형질을 결정하는 유전 정보의 단위로, DNA의 특정 부위에 있다.

323 DNA는 유전 정보를 저장하고 있는 유전 물질로, 폴리뉴클레오타이드 2가닥이 나선 모양으로 꼬인 구조로 되어 있다.

324 염색체의 기본 단위는 뉴클레오솜으로, DNA가 히스톤 단백질을 휘감고 있는 구조이다.

325 (1) 상동 염색체는 체세포에 있는 모양과 크기가 같은 한 쌍의 염색체로, 부모에게서 각각 하나씩 물려받은 것이다.
(2) 상염색체는 성별에 관계없이 암수에 공통적으로 존재하는 염색체이고, 성염색체는 성 결정에 관여하는 염색체로 암수에 따라 구성이 다르다.
(3) 대립유전자는 상동 염색체의 같은 위치에 존재하며, 동일한 형질을 결정한다.
(4) 핵상은 하나의 세포 속에 들어 있는 염색체의 상대적인 수를 말한다.

326 사람의 체세포에는 염색체가 46개씩 있는데, 이 중 44개(22쌍)의 염색체는 상염색체이고 나머지 2개는 성염색체이다.

327 남자의 체세포에는 X 염색체와 Y 염색체가 1개씩 있고, 여자의 체세포에는 2개의 X 염색체가 있다.

328 1개의 염색체를 이루고 있는 2개의 염색 분체는 간기 때 복제되어 동일한 유전 정보를 갖고 있는 DNA가 각각 응축되어 형성된 것으로, 동일한 유전 정보를 갖고 있다.

STEP 2 알짜 문제로 **실력 키우기**　　본문 102∼103쪽

329 ⑤　**330** ③　**331** ⑤　**332** 해설 참조　**333** ②　**334** ②
335 ⑤　**336** 해설 참조

329 ㄴ, ㄷ. (나)에 있는 상동 염색체 3쌍이 모두 모양과 크기가 같으므로 (나)는 A의 세포이고, A는 암컷이다. (가)와 (다)는 핵상이 n이고 5개의 염색체가 있으므로 (가)와 (다)는 B($2n=10$)의 세포이다. ㉠과 ㉡을 제외한 염색체는 (가)와 (다)에 공통으로 들어 있으므로 ㉠과 ㉡은 성염색체이고, ㉠과 ㉡은 크기와 모양이 다르므로 B는 수컷이다.
오답 피하기 ㄱ. (가)와 (다)는 B의 세포이고, (나)는 A의 세포이다.

추가로 나오는 선택지
❶ × **❷** ○ **❸** ○
❶ (가)와 (다)의 핵상은 n이고, (나)의 핵상은 $2n$이다.
❷ (가)와 (다)는 B의 세포(n)이고, 5개의 염색체가 있으므로 B의 체세포 1개당 염색체 수는 10이다.
❸ 상염색체 수는 (나)가 4개, (다)가 4개로 (나)와 (다)의 상염색체 수는 같다.

330 ㄱ. 유전자는 생물의 형질을 결정하는 유전 정보의 단위로, DNA의 특정 부위에 있다.
ㄷ. 유전체는 한 개체가 갖고 있는 모든 유전 정보이다.
오답 피하기 ㄴ. 염색체의 기본 단위는 뉴클레오솜이고, DNA의 기본 단위는 뉴클레오타이드이다.

331 ㄴ. ⓧ는 뉴클레오솜이다. 뉴클레오솜은 DNA와 히스톤 단백질로 이루어져 있다.
ㄷ. ⓨ는 DNA이다. DNA의 기본 단위는 뉴클레오타이드이다.
오답 피하기 ㄱ. 1개의 염색체를 이루고 있는 2개의 염색 분체는 DNA 복제를 통해 형성된 것으로 동일한 유전 정보를 갖고 있으므로 ㉠은 A이다.

자료 정리

염색체의 구조

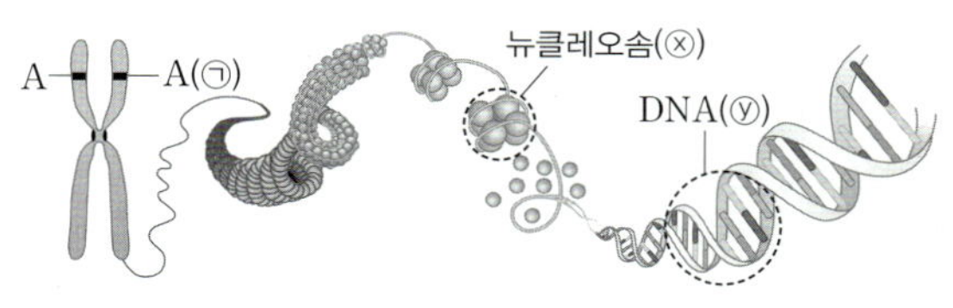

(1) 1개의 염색체를 이루는 2개의 염색 분체는 동일한 유전 정보를 갖고 있다.
(2) 염색체의 기본 단위는 뉴클레오솜이고, 뉴클레오솜은 DNA가 히스톤 단백질을 휘감고 있는 구조이다.
(3) DNA의 기본 단위는 뉴클레오타이드이며, DNA에는 유전 정보가 저장되어 있다.

332 (1) 대립유전자는 상동 염색체의 같은 위치에 존재한다.
모범 답안 (가)는 (나)의 상동 염색체이다. (가)와 (나)의 같은 위치에 대립유전자가 있기 때문이다.

채점 기준	배점
(가)는 (나)의 상동 염색체임을 쓰고, 그 까닭을 모두 옳게 서술한 경우	100%
(가)가 (나)의 상동 염색체인 것을 설명하였지만 그 까닭을 서술하지 못한 경우	50%

(2) 1개의 염색체를 이루고 있는 2개의 염색 분체는 유전 정보가 같다.

[모범 답안] ⊙은 A, ⓒ은 b, ⓒ은 a, ⓔ은 B이다. 1개의 염색체를 이루고 있는 2개의 염색 분체는 DNA 복제를 통해 형성된 것으로 동일한 유전 정보를 갖고 있기 때문이다.

채점 기준	배점
⊙~ⓔ의 유전자를 쓰고, 그 까닭을 모두 옳게 서술한 경우	100%
⊙~ⓔ의 유전자는 설명하였지만 그 까닭을 서술하지 못한 경우	50%

333 ㄴ. ⊙과 ⓒ은 크기와 모양이 같은 염색체이다. 따라서 ⊙은 ⓒ의 상동 염색체이다.

[오답 피하기] ㄱ. (가)는 X 염색체를 2개 갖고 있으므로 여자이다.

ㄷ. (가)의 생식세포에 들어 있는 상염색체는 22개, 성염색체는 1개이다.

추가로 나오는 선택지

❶ ○ ❷ × ❸ 22

❶ ⊙은 ⓒ의 상동 염색체이며, ⊙과 ⓒ은 부모에게서 각각 하나씩 물려받은 것이다.

❷ 핵형 분석을 통해서는 적록 색맹과 같은 유전자 이상 유전병을 알 수 없다. 그러나 염색체 구조 이상 유전병과 염색체 수 이상 유전병은 알 수 있다.

❸ (가)는 여자이다. 여자에서 형성된 생식세포의 상염색체 수는 22이다.

334 ㄷ. 정자는 상염색체 22개와, X 염색체와 Y 염색체 중 1개를 갖고 있다.

[오답 피하기] ㄱ. 남자의 성염색체는 XY이므로 남자의 체세포 1개당 X 염색체 수는 1, Y 염색체 수는 1이다.

ㄴ. 난자는 X 염색체 1개를 갖고 있다.

335 ㄱ. (가)와 (나)는 상동 염색체 1쌍이므로 (가)와 (나)는 부모에게서 각각 하나씩 물려받은 것이다.

ㄴ. ⊙과 ⓒ은 1개의 염색체를 이루고 있는 2개의 염색 분체로, ⊙과 ⓒ은 체세포 분열 과정에서 분리되어 서로 다른 딸세포로 들어간다.

ㄷ. 1개의 염색체를 이루고 있는 2개의 염색 분체는 DNA 복제를 통해 형성된 것으로 동일한 유전 정보를 갖고 있으므로, ⓒ과 ⓔ에 있는 유전 정보는 같다.

336 (1) (가)의 성염색체는 XY이다.

[모범 답안] 남자. (가)의 체세포는 X 염색체 1개와 Y 염색체 1개를 갖고 있으므로 남자이다.

채점 기준	배점
(가)의 성별을 쓰고, 그 까닭을 모두 옳게 서술한 경우	100%
(가)의 성별만 쓴 경우	30%

(2) [모범 답안] A. 1개의 염색체를 이루고 있는 2개의 염색 분체는 DNA 복제를 통해 형성된 것으로 동일한 유전 정보를 갖고 있으므로 A이다.

채점 기준	배점
⊙의 유전자를 쓰고, 그 까닭을 모두 옳게 서술한 경우	100%
⊙의 유전자만 쓴 경우	30%

STEP 3 **1등급을 위한 실전 완벽 대비** 본문 104~105쪽

337 ③ **338** ③ **339** ⑤ **340** ④ **341** ④ **342** ① **343** ④ **344** ③

337 ㄱ. ⊙은 DNA이다. DNA의 기본 단위는 뉴클레오타이드이다.

ㄴ. ⓒ은 뉴클레오솜이다. 뉴클레오솜은 DNA와 히스톤 단백질로 이루어져 있다.

[오답 피하기] ㄷ. ⓒ은 히스톤 단백질이다. 단백질에는 유전 정보가 저장되어 있지 않으며, DNA(⊙)에 유전 정보가 저장되어 있다.

338 ㄱ. A는 단백질이다.

ㄴ. B는 DNA이며, 유전 정보가 저장되어 있다.

[오답 피하기] ㄷ. ⊙과 ⓒ은 1개의 염색체를 구성하고 있는 2개의 염색 분체로 부모 중 한쪽에서만 물려받은 것이다. 부모에게서 각각 하나씩 물려받는 것은 상동 염색체이다.

339 ㄱ, ㄷ. (나)는 Ⅱ의 세포인데, (나)에 있는 상동 염색체 3쌍이 모두 크기와 모양이 같으므로 Ⅱ는 암컷이다. (가)에는 ⓐ와 크기와 모양이 같은 염색체가 없으므로 ⓐ는 X 염색체이고, (가)에는 Y 염색체가 있다. 따라서 Ⅰ은 수컷이다.

[오답 피하기] ㄴ. 1개의 염색체를 이루고 있는 2개의 염색 분체는 DNA 복제를 통해 형성된 것으로 동일한 유전 정보를 갖고 있다. 따라서 ⊙은 A이다.

340 ㄱ. 같은 종은 핵형이 유사하므로 크기와 모양이 유사한 염색체를 공통으로 갖는다. (가), (나), (라)는 크기와 모양이 유사한 공통의 염색체가 있다. (나)에 있는 상동 염색체 쌍이 모두 크기와 모양이 같으므로 (나)는 A의 세포이고, A는 암컷이다. (가)와 (라)에는 Y 염색체가 있으므로 (가)와 (라)는 B의 세포이고, B는 수컷이다. 따라서 (다)는 C의 세포이다.

ㄷ. 세포 1개당 X 염색체 수는 (나)가 2, (라)가 1이고, 상염색체 수는 (나)와 (라) 모두 4이다. 따라서 세포 1개당 $\dfrac{\text{X 염색체 수}}{\text{상염색체 수}}$ 는 (나)가 (라)의 2배이다.

[오답 피하기] ㄴ. (가)는 B, (나)는 A의 세포이다.

341 ㄱ. ㉠과 ㉡은 상동 염색체 1쌍으로, 부모에게서 각각 하나씩 물려받은 것이다.

ㄷ. (가)의 염색 분체 수는 92, (나)의 성염색체 수는 2이므로

$$\frac{\text{(가)의 염색 분체 수}}{\text{(나)의 성염색체 수}} = \frac{92}{2} = 46\text{이다.}$$

오답 피하기 ㄴ. 핵형 분석 결과 (가)는 X 염색체 1개와 Y 염색체 1개를 갖고 있으므로 남자이고, (나)는 X 염색체 2개를 갖고 있으므로 여자이다.

342 ㄴ. 핵형 분석 결과 ⓐ의 체세포는 X 염색체 2개를 갖고 있으므로, ⓐ는 여자이다.

오답 피하기 ㄱ. 핵형 분석에는 염색체가 가장 잘 관찰되는 중기의 세포를 이용한다.

ㄷ. 핵형 분석을 통해서는 ABO식 혈액형을 알 수 없다.

343 ㄴ. ㉠과 ㉡은 상동 염색체 1쌍으로, 부모에게서 각각 하나씩 물려받은 것이다.

ㄷ. ㉢과 ㉣은 1개의 염색체를 이루고 있는 2개의 염색 분체로, 체세포 분열 과정에서 분리되어 서로 다른 딸세포로 들어간다.

오답 피하기 ㄱ. 대립유전자는 상동 염색체의 같은 위치에 있으므로 ㉡에는 a가 있다. 1개의 염색체를 이루고 있는 2개의 염색 분체는 DNA 복제를 통해 형성된 것으로 동일한 유전 정보를 갖고 있으므로 ㉣에는 A가 있다.

344 ㄱ. ㉡에 있는 1개의 염색체는 2개의 염색 분체로 이루어져 있으므로 ㉠이 ㉡으로 되는 과정에서 DNA가 복제되었다.

ㄴ. 1개의 염색체를 이루고 있는 2개의 염색 분체는 DNA 복제를 통해 형성된 것으로 동일한 유전 정보를 갖고 있으므로 ⓐ와 ⓑ는 동일한 유전 정보를 갖고 있다.

오답 피하기 ㄷ. 1개의 염색체를 이루고 있던 2개의 염색 분체는 체세포 분열 과정에서 분리되어 서로 다른 딸세포로 들어가므로 ㉢은 ⓑ를 갖고 있지 않다.

02. 세포 주기와 세포 분열

345 G_1기　**346** S기　**347** 중기　**348** (1) ✕ (2) ✕ (3) ○ (4) ✕
349 전기　**350** (1) ✕ (2) ○ (3) ○　**351** 1

345 간기는 분열기와 분열기 사이의 기간으로, G_1기, S기, G_2기로 나뉜다.

346 간기의 S기에 DNA가 복제된다.

347 체세포 분열 중기에 염색체가 세포 중앙에 배열되며, 중기는 염색체를 관찰하기에 가장 좋은 시기이다.

348 (1) 체세포 분열 전기에 핵막이 사라지고, 말기에 다시 형성되므로 중기와 후기에는 핵막이 관찰되지 않는다.
(2) 딸세포의 DNA 양은 분열 전 G_1기 세포의 DNA 양과 같으며, G_2기 세포의 DNA 양의 절반이다.
(3) 체세포 분열에서는 염색 분체가 분리되어 서로 다른 딸세포로 들어가므로 딸세포의 염색체 수는 분열 전 G_1기 세포의 염색체 수와 같다.
(4) 체세포 분열 후기에 염색 분체가 분리되고, 감수 1분열 후기에 2가 염색체가 분리된다.

349 상동 염색체가 접합한 2가 염색체는 감수 1분열 전기에 형성된다.

350 (1) 감수 1분열과 감수 2분열 사이에 DNA가 복제되는 것이 아니라, 감수 1분열이 시작되기 전에 DNA가 복제된다.
(2) 감수 1분열 시 상동 염색체가 분리되어 서로 다른 딸세포로 들어가므로 염색체 수가 반감된다.
(3) 감수 2분열 시 염색 분체가 분리되어 서로 다른 딸세포로 들어가므로 염색체 수는 변하지 않는다.

351 감수 1분열 중기에 상동 염색체(2가 염색체)가 세포 중앙에 무작위로 배열되고, 각각의 상동 염색체는 독립적으로 분리되기 때문에 유전적으로 다양한 생식세포가 만들어진다.

352 ⑤　**353** ④　**354** ④　**355** 해설 참조　**356** ③　**357** ③
358 ②　**359** 해설 참조　**360** ⑤　**361** ①　**362** ④　**363** ①
364 ④　**365** ④　**366** 해설 참조　**367** 해설 참조

352 구간 Ⅰ에는 G_1기, Ⅱ에는 S기, Ⅲ에는 G_2기와 M기의 세포가 있다.

ㄴ. 구간 Ⅱ에는 S기의 세포가 있다. S기의 세포에서는 DNA 복제가 일어나고 있다.

ㄷ. 구간 Ⅲ에는 G_2기와 M기(분열기)의 세포가 있다. M기(분열기)의 전기에 방추사가 형성되고 말기에 방추사가 사라지므로 구간 Ⅲ에는 방추사가 있는 세포가 있다.

오답 피하기 ㄱ. 구간 Ⅰ에는 G_1기의 세포가 있다. G_1기의 세포는 핵막을 갖고 있다.

추가로 나오는 선택지

❶ ○ ❷ × ❸ Ⅲ

❶ 구간 Ⅰ에는 G_1기, Ⅱ에는 S기, Ⅲ에는 G_2기와 M기(분열기)의 세포가 있다.

❷ G_1기의 세포 수가 G_2기의 세포 수보다 많으므로 $\dfrac{G_1\text{기의 세포 수}}{G_2\text{기의 세포 수}}$ 의 값은 1보다 크다.

❸ 체세포 분열에서 염색 분체의 분리가 일어나는 시기는 후기이다. 구간 Ⅲ에는 후기가 포함되어 있는 M기(분열기)의 세포가 있다.

353 ㄴ. S기에 DNA가 복제되어 DNA 양이 2배가 된다.

ㄷ. G_2기는 세포 분열을 준비하는 시기로, G_2기의 세포에서는 방추사를 구성하는 단백질이 합성된다.

오답 피하기 ㄱ. 간기의 세포에서는 핵막이 관찰된다.

354 ㄱ. ㉠은 G_1기, ㉡은 S기, ㉢은 G_2기이다.

ㄷ. S기에 DNA가 복제되어 DNA 양이 2배가 되므로 핵 1개당 DNA 양은 G_2기(㉢) 세포가 G_1기(㉠) 세포의 2배이다.

오답 피하기 ㄴ. S기(㉡)에는 핵막이 소실되지 않는다. 핵막은 M기(분열기)의 전기에 소실되고 말기에 형성된다.

355 (가)에서 G_1기의 세포 수가 G_2기의 세포 수보다 많다는 것을 알 수 있다. 따라서 A는 G_2기, B는 G_1기이고 세포 주기의 진행 방향은 ㉠이 된다.

모범 답안 (1) ㉠

(2) (가)에서 G_1기의 세포 수가 G_2기의 세포 수보다 많으므로 A는 G_2기, B는 G_1기이기 때문에 세포 주기는 ㉠ 방향으로 진행된다.

채점 기준	배점
(1)과 (2)를 모두 옳게 서술한 경우	100%
(1)만 옳게 쓴 경우	30%

356 ㄷ. 체세포 분열에서는 핵상의 변화가 없으므로 구간 Ⅰ과 Ⅱ에서 관찰되는 세포의 핵상은 $2n$으로 같다.

오답 피하기 ㄱ. (나)는 염색 분체가 분리되어 양극으로 이동하고 있으므로 체세포 분열 후기의 세포이다. 구간 Ⅱ에 M기(분열기)의 후기가 포함되어 있으므로 (나)는 구간 Ⅱ에서 관찰되는 세포이다.

ㄴ. 구간 Ⅰ은 G_1기에 해당한다. 방추사는 M기(분열기)의 전기 때 형성되므로 (나)의 방추사는 구간 Ⅰ에서 나타나지 않는다.

추가로 나오는 선택지

❶ ○ ❷ × ❸ ×

❶ (나)는 염색 분체가 분리되어 양극으로 이동하고 있으므로 체세포 분열 후기의 세포이다.

❷ 체세포 분열에서는 염색체 수의 변화가 없으므로 세포당 염색체 수는 구간 Ⅱ에서 관찰되는 세포와 구간 Ⅰ에서 관찰되는 세포가 같다.

❸ 2가 염색체는 감수 1분열 전기 때 형성되므로 체세포 분열에 해당하는 구간 Ⅱ에는 2가 염색체를 가진 세포가 없다.

357 ㄱ. 체세포 분열 전기에 핵막이 사라지고 말기에 다시 형성된다.

ㄴ. 체세포 분열 중기에 염색체가 세포 중앙에 배열된다.

오답 피하기 ㄷ. 체세포 분열 후기에 염색 분체가 분리되고, 감수 1분열 후기에 상동 염색체가 분리된다.

358 ㄴ. ㉠은 염색체가 세포 중앙에 배열되어 있으므로 체세포 분열 중기의 세포이고, ㉡은 염색 분체가 분리되어 양극으로 이동하고 있으므로 체세포 분열 후기의 세포이다.

오답 피하기 ㄱ. 2가 염색체는 감수 1분열 전기 때 형성된다. 따라서 ㉠에는 2가 염색체가 없다.

ㄷ. 세포 1개당 R의 수는 ㉠과 ㉡ 모두 2로 같다.

359 ㉠은 S기, ㉡은 G_2기, ㉢은 M기(분열기)이다. (나)는 분리된 염색 분체가 방추사에 의해 세포의 양극으로 이동하고 있으므로 체세포 분열 후기의 세포이며 ㉢ 시기(M기)에서 관찰된다.

모범 답안 (1) ㉢

(2) (나)는 염색 분체가 분리되어 양극으로 이동하고 있으므로 체세포 분열 후기의 세포이기 때문에 M기(분열기)인 ㉢ 시기에 관찰된다.

채점 기준	배점
(1)과 (2)를 모두 옳게 서술한 경우	100%
(1)만 옳게 쓴 경우	30%

360 핵 1개당 DNA 양(상댓값)이 ⓐ가 1, ⓑ가 4, ⓒ가 2이므로 ⓐ는 ㉣, ⓑ는 ㉡, ⓒ는 ㉢이다.

ㄴ. 핵 1개당 DNA 양(상댓값)은 ㉢(ⓒ)이 2, ㉡(ⓑ)가 4이고, 세포 1개당 염색체 수(상댓값)는 ㉢(ⓒ)이 1, ㉡(ⓑ)가 2이다. 따라서 $\dfrac{\text{핵 1개당 DNA 양}}{\text{세포 1개당 염색체 수}}$ 은 ㉢(ⓒ)과 ㉡(ⓑ)가 같다.

ㄷ. ㉢이 ㉣로 되는 과정(감수 2분열)에서 염색 분체가 분리되고, ㉡이 ㉢으로 되는 과정(감수 1분열)에서 상동 염색체가 분리된다.

오답 피하기 ㄱ. 세포 1개당 염색체 수(상댓값)는 ㉠이 2이고, ㉢(㉣)가 1이다.

추가로 나오는 선택지

❶ ○ ❷ 상동 염색체

❶ 2가 염색체는 감수 1분열 전기 때 형성된다. ⓑ는 감수 1분열 중기의 세포이므로 ⓑ에서 2가 염색체가 관찰된다.

❷ ㉡이 ㉢으로 되는 과정(감수 1분열)에서 상동 염색체가 분리되고, ㉢이 ㉣로 되는 과정(감수 2분열)에서 염색 분체가 분리된다.

자료 정리

생식세포 분열 시 염색체 수와 DNA 상대량의 변화

(1) 핵 1개당 DNA 상대량과 세포 1개당 염색체 수는 다음과 같다.

세포	핵 1개당 DNA 상대량	세포 1개당 염색체 수(상댓값)
㉠	2	2
㉡	4	2
㉢	2	1
㉣	1	1

(2) 만약 특정 형질에 대한 유전자형이 Aa이고, A와 a가 대립유전자일 때 ㉢이 A가 2이므로 ㉣은 A가 1이다.

---

361 ㄱ. 감수 1분열 전기에 상동 염색체가 접합하여 2가 염색체가 형성된다.

오답 피하기 ㄴ. 감수 1분열 후기에 상동 염색체가 분리되고, 감수 2분열 후기에 염색 분체가 분리된다.

ㄷ. 감수 1분열과 감수 2분열 사이에 DNA가 복제되지 않는다. DNA는 감수 1분열이 시작되기 전에 1번만 복제된다.

362 A는 감수 2분열 중기, B는 감수 1분열 중기, C는 감수 2분열이 끝난 시기이다.

ㄱ. 세포 1개당 염색체 수는 A가 3, B가 6이고, 세포 1개당 염색 분체 수는 A가 6, B가 12이므로 세포 1개당 $\dfrac{\text{염색 분체 수}}{\text{염색체 수}}$ 는 A에서와 B에서가 같다.

ㄴ. 그림은 감수 2분열 중기의 세포이므로 A에서 관찰된다.

오답 피하기 ㄷ. 감수 1분열 후기에 상동 염색체가 분리된다. 감수 1분열 중기인 B에서 관찰되는 세포는 2가 염색체를 갖고 있지만, 감수 2분열이 끝난 C에서 관찰되는 세포는 2가 염색체를 갖고 있지 않다.

363 구간 Ⅰ은 G_1기, Ⅱ는 G_2기와 감수 1분열(M1), Ⅲ은 감수 1분열 말기의 일부와 감수 2분열(M2)에 해당한다.

ㄱ. 구간 Ⅰ과 Ⅱ에서 관찰되는 세포는 뉴클레오솜을 갖고 있으므로 구간 Ⅰ과 Ⅱ에서 관찰되는 세포에 히스톤 단백질이 있다.

오답 피하기 ㄴ. (가)의 구간 Ⅰ은 G_1기에 해당한다. (나)의 방추사는 감수 1분열 전기 때 나타나므로 (가)의 구간 Ⅱ에서 나타난다.

ㄷ. (나)는 2가 염색체가 세포 중앙에 배열되어 있으므로 감수 1분열 중기의 세포이다. 따라서 (나)는 (가)의 구간 Ⅱ에서 관찰된다.

364 ㄱ. ㉠은 B의 DNA 상대량이 4이므로 Ⅱ이다. a의 DNA 상대량이 ㉡이 1, ㉢이 2, ㉣이 0이므로 ㉡은 Ⅰ, ㉢은 Ⅲ, ㉣은 Ⅳ이다.

ㄷ. A의 DNA 상대량은 Ⅱ(㉠)가 2, ㉢(Ⅲ)이 0이고, 염색 분체의 수는 Ⅱ(㉠)가 $2x$라고 하면 ㉢(Ⅲ)이 x이다. 따라서 세포 1개당 $\dfrac{\text{A의 DNA 상대량}}{\text{염색 분체 수}}$ 은 Ⅱ에서가 ㉢에서보다 크다.

오답 피하기 ㄴ. ⓐ는 2, ⓑ는 2이다. 따라서 ⓐ+ⓑ=2+2=4이다.

365 ㄱ. ㉠은 대립유전자 A가 있는 염색체의 상동 염색체이므로 ㉠에는 대립유전자 a가 있다.

ㄴ. Ⅰ에서는 유전자형이 AB, Ab, aB, ab인 생식세포가 형성된다.

오답 피하기 ㄷ. Ⅱ에서 형성될 수 있는 생식세포의 유전자형은 DEF, DEf, DeF, Def, dEF, dEf, deF, def이다. 따라서 Ⅱ에서 형성될 수 있는 생식세포의 유전자형의 종류는 최대 $8(=2^3)$가지이다.

366 (1) 세포가 유전자 ⓐ~ⓓ 중 3개를 갖고 있으면 핵상이 $2n$이고, 2개를 갖고 있으면 핵상이 n이다.

모범 답안 ㉠은 $2n$이고, ㉡과 ㉢은 n이다. ㉠은 ⓐ~ⓓ 중 유전자 ⓐ, ⓑ, ⓓ 3개를 갖고 있으므로 핵상이 $2n$이고, ㉡과 ㉢은 ⓐ~ⓓ 중 2개를 갖고 있으므로 핵상이 n이다.

채점 기준	배점
㉠~㉢의 핵상을 쓰고, 그 까닭을 모두 옳게 서술한 경우	100%
㉠~㉢의 핵상은 설명하였지만 그 까닭을 서술하지 못한 경우	50%

(2) 핵상이 n인 세포는 상동 염색체 중 하나씩만을 갖고 있다.

모범 답안 ⓓ. 핵상이 n인 세포는 대립유전자 2개를 모두 갖지 못하므로 ⓐ와 ⓑ는 대립유전자가 아니고, ⓑ와 ⓓ도 대립유전자가 아니므로 ⓑ의 대립유전자는 ⓒ이고 ⓐ의 대립유전자는 ⓓ이다.

채점 기준	배점
ⓐ의 대립유전자를 쓰고, 그 까닭을 모두 옳게 서술한 경우	100%
ⓐ의 대립유전자만 쓰고, 그 까닭을 서술하지 못한 경우	30%

367 **모범 답안** 감수 1분열 중기에 상동 염색체(2가 염색체)가 무작위로 배열되고, 각각의 상동 염색체가 독립적으로 분리되기 때문에 유전적으로 다양한 생식세포가 만들어진다.

채점 기준	배점
상동 염색체의 무작위 배열과 독립적 분리를 관련지어 옳게 서술한 경우	100%
상동 염색체의 무작위 배열과 독립적 분리 중 한 가지만 언급하여 서술한 경우	50%

368 ② **369** ① **370** ③ **371** ③ **372** ⑤ **373** ① **374** ①
375 ④

368 ㄴ. 구간 Ⅱ에는 G_2기와 M기(분열기)의 세포가 있다. 따라서 Ⅱ에는 체세포 분열 전기의 세포가 있다.

오답 피하기 ㄱ. 구간 Ⅰ에는 DNA가 복제되는 S기의 세포가 있고, ⓒ이 ⓐ으로 응축되는 시기는 체세포 분열 전기이다. 따라서 Ⅰ에는 ⓒ이 ⓐ으로 응축되고 있는 세포가 없다.

ㄷ. 체세포 분열 과정에서는 2가 염색체를 갖고 있는 세포가 없다. 2가 염색체는 감수 1분열 전기 때 형성된다.

369 ㄱ. ⓐ은 G_2기, ⓒ은 M기(분열기), ⓒ은 G_1기이다. (나)는 체세포 분열 후기의 세포이므로 ⓒ 시기(M기)에 관찰된다.

오답 피하기 ㄴ. ⓐ에는 대립유전자 r가 있다.

ㄷ. 핵 1개당 DNA 양은 ⓐ 시기(G_2기) 세포가 ⓒ 시기(G_1기) 세포의 2배이다.

370 ㄱ. 구간 Ⅰ에는 G_1기, Ⅱ에는 G_2기와 M기(분열기)의 세포가 있다. G_2기의 세포는 핵막을 갖고 있다.

ㄴ. ⓑ는 염색 분체가 분리되어 양극으로 이동하고 있는 체세포 분열 후기의 세포이다.

오답 피하기 ㄷ. ⓐ는 염색체가 세포 중앙에 배열되어 있으므로 체세포 분열 중기의 세포이다. 세포 1개당 r의 상대량은 구간 Ⅰ에 있는 세포는 1이고, ⓐ는 2이다.

371 ㄱ. (나)는 염색 분체가 분리되어 양극으로 이동하고 있는 체세포 분열 후기의 세포이다. 체세포 분열에서 핵분열이 끝나면 핵 1개당 DNA 상대량이 절반으로 감소하므로 Ⅱ는 체세포 분열에서 핵분열이 끝난 상태이다. 따라서 (나)는 구간 Ⅰ에서 관찰된다.

ㄴ. 체세포 분열에서는 염색 분체가 분리되므로 세포의 핵상은 $2n$으로 변하지 않는다.

오답 피하기 ㄷ. ⓐ과 ⓒ은 하나의 염색체를 이루고 있던 2개의 염색 분체이므로 ⓐ과 ⓒ은 부모 중 어느 한 사람에게서만 물려받은 것이다.

372 ⓐ은 E와 e를 갖고 있으므로 E와 e는 상염색체에 있는 유전자이고, F와 f, G와 g는 성염색체에 있는 유전자이다. ⓒ의 F와 f의 DNA 상대량이 모두 0이고, ⓒ의 G와 g의 DNA 상대량이 모두 0이므로 (나)를 결정하는 유전자(F와 f)와 (다)를 결정하는 유전자(G와 g) 중 하나는 X 염색체에, 다른 하나는 Y 염색체에 있다.

ㄴ. ⓒ의 E의 DNA 상대량이 2이고, G와 g의 DNA 상대량이 모두 0이므로 ⓐ는 2이다. ⓒ의 g의 DNA 상대량이 1이므로 ⓑ(E)의 DNA 상대량은 1이다.

ㄷ. 이 사람은 X 염색체와 Y 염색체를 갖고 있으므로 남자이다.

오답 피하기 ㄱ. (나)를 결정하는 유전자(F와 f)와 (다)를 결정하는 유전자(G와 g) 중 하나는 X 염색체에, 다른 하나는 Y 염색체에 있으므로 ⓐ에서 f와 g는 같은 염색체에 있지 않다.

373 ㄱ. (나)는 염색 분체가 분리되어 양극으로 이동하므로 감수 2분열 후기의 세포이다. 따라서 (나)의 핵상은 n이다.

오답 피하기 ㄴ. 구간 Ⅱ에는 G_2기와 감수 1분열기(M1)의 세포가 있으므로 (나)는 Ⅱ에서 관찰되지 않는다.

ㄷ. ⓐ에는 대립유전자 R가 있다.

374 ㄱ. ⓐ은 B의 DNA 상대량이 1이므로 Ⅳ이다. ⓒ은 B의 DNA 상대량이 2이고, d의 DNA 상대량이 1이므로 Ⅰ이다. ⓒ은 a의 DNA 상대량이 0이므로 Ⅲ이다. 따라서 ⓒ은 Ⅱ이다.

오답 피하기 ㄴ. ⓒ(Ⅲ)은 a의 DNA 상대량이 0이므로 ⓐ(Ⅳ)은 a의 DNA 상대량이 1(ⓐ)이다. ⓒ(Ⅲ)은 B의 DNA 상대량이 2(ⓑ)이다. ⓒ(Ⅱ)은 d의 DNA 상대량이 2(ⓒ)이다. 따라서 ⓐ+ⓑ+ⓒ=5이다.

ㄷ. A의 DNA 상대량이 Ⅱ(ⓒ)는 2, ⓒ(Ⅲ)은 2이고, B의 DNA 상대량이 Ⅱ(ⓒ)는 4, ⓒ(Ⅲ)은 2이며, D의 DNA 상대량이 Ⅱ(ⓒ)는 2, ⓒ(Ⅲ)은 0이다. 따라서

세포 1개당 $\dfrac{\text{A의 DNA 상대량}}{\text{B의 DNA 상대량}+\text{D의 DNA 상대량}}$ 은 Ⅱ$\left(\text{ⓒ},\ \dfrac{2}{6}\right)$가 ⓒ$\left(\text{Ⅲ},\ \dfrac{2}{2}\right)$보다 작다.

375 학생 A: 암수 생식세포가 무작위로 수정하면 유전적으로 다양한 자손이 생긴다.

학생 C: 상동 염색체는 독립적으로 분리되기 때문에 유전적으로 다양한 생식세포가 생긴다.

오답 피하기 학생 B: 감수 1분열 중기 때 2가 염색체가 세포 중앙에 무작위로 배열된다.

IV-2. 사람의 유전

01. 사람의 유전

STEP 1 바로바로 개념 확인   본문 115쪽

376 가계도   **377** 없다   **378** (1) 1: Tt, 2: Tt   (2) $\frac{3}{4}$ **379** (1) ○
(2) × (3) ○   **380** (1) $X^R X^r$ (2) $\frac{1}{4}$ **381** 다인자 유전

376 가계도 조사를 통해 특정 형질이 우성인지 열성인지를 알아낼 수 있으며, 특정 형질을 결정하는 유전자가 상염색체에 있는지 성염색체에 있는지를 알아낼 수 있다.

377 형질을 결정하는 유전자가 상염색체에 있으면 성별에 따라 이 형질이 발현되는 빈도에 차이가 없다. 그러나 형질을 결정하는 유전자가 성염색체에 있으면 성별에 따라 이 형질이 발현되는 빈도에 차이가 있다.

378 (1) 정상인 1과 2 사이에서 미맹인 딸 3이 태어났으므로 미맹은 열성 형질이며, 미맹의 유전자는 상염색체에 있다. 따라서 1과 2의 미맹에 대한 유전자형은 모두 Tt이다.
(2) 1과 2의 미맹에 대한 유전자형은 모두 Tt이므로 4의 동생이 태어날 때, 이 아이가 정상일 확률은 $\frac{3}{4}$이다.

379 (1) ABO식 혈액형의 대립유전자는 A, B, O로 3가지이다.
(2) ABO식 혈액형을 결정하는 유전자는 상염색체에 있다.
(3) ABO식 혈액형의 표현형은 A형, B형, AB형, O형으로 4가지가 있다.

380 (1) 2는 정상이고 아들인 4가 적록 색맹이므로, 2의 적록 색맹에 대한 유전자형은 $X^R X^r$이다.
(2) 적록 색맹에 대한 유전자형은 1이 $X^R Y$이고, 2가 $X^R X^r$이다. 따라서 4의 동생이 태어날 때, 이 동생이 적록 색맹일 확률은 $\frac{1}{4}$이다.

381 단일 인자 유전은 한 쌍의 대립유전자에 의해 형질이 결정되는 유전 현상이고, 다인자 유전은 여러 쌍의 대립유전자에 의해 형질이 결정되는 유전 현상이다.

STEP 2 알짜 문제로 실력 키우기   본문 116~120쪽

382 ④   **383** ⑤   **384** ④   **385** ④   **386** ④   **387** ①   **388** ⑤
389 해설 참조   **390** ⑤   **391** ②   **392** ⑤   **393** ①   **394** ①
395 ①   **396** ④   **397** 해설 참조   **398** ⑤   **399** ②   **400** ⑤
401 해설 참조

382 ㄱ. 가계도(㉠)에는 한 집안을 구성하는 구성원들의 유전적 특성이 나타난다.
ㄴ. 집단 조사(㉡)를 통해 특정 유전 형질의 특징과 분포 등을 알아낼 수 있다.
오답 피하기 ㄷ. 핵형 분석(㉢)을 통해서는 유전자 이상에 의한 유전병을 알아낼 수 없다. 유전자 이상에 의한 유전병은 생화학적 분석이나 DNA 분석을 통해 알아낼 수 있다.

추가로 나오는 선택지
❶ ○   ❷ ×
❶ 가계도 조사를 통해 특정 형질에 대한 유전자가 상염색체에 있는지 성염색체에 있는지를 알아낼 수 있다.
❷ 핵형 분석은 염색체의 수, 모양, 크기 등 염색체의 외형적인 특징을 분석하는 방법이다.

383 ㄱ. 가계도 조사를 통해 특정 형질에 대한 유전자의 전달 경로, 우열 관계, 유전자형 등을 알아낼 수 있다.
ㄴ. 집단 조사는 여러 가계를 포함하는 집단에서 유전 형질이 나타나는 빈도를 조사하고 그 자료를 통계 처리하는 것으로, 특정 유전 형질의 특징과 분포 등을 알아낼 수 있다.
ㄷ. 쌍둥이 연구는 1란성 쌍둥이와 2란성 쌍둥이의 성장 환경과 형질 발현의 일치율 등을 조사하는 방법으로, 형질의 차이가 유전에 의한 것인지 환경에 의한 것인지를 확인할 수 있다.

384 ㄱ. 정상인 4와 5 사이에서 ㉠이 나타난 7이 태어났으므로 ㉠은 열성 형질이다.
ㄷ. 아버지인 1은 정상인데, 딸인 3에게서 ㉠이 나타나므로 ㉠의 유전자는 상염색체에 있다. ㉠은 상염색체 열성 형질이므로 1과 4의 ㉠에 대한 유전자형은 AA*이다.
오답 피하기 ㄴ. A와 A*은 상염색체에 있다.

추가로 나오는 선택지
❶ ×   ❷ ○
❶ ㉠은 열성 형질이므로 A는 정상 대립유전자, A*은 ㉠ 대립유전자이다.
❷ 4와 5의 ㉠에 대한 유전자형이 AA*이므로 7의 동생이 태어날 때, 이 아이에게서 ㉠이 나타날 확률은 $\frac{1}{4}$이다.

자료 정리

가계도 분석
(1) 부모에게 없던 형질이 자녀에게 나타나면 자녀에게 나타난 형질이 열성이다.
(2) 특정 유전병이 반성유전 열성 형질이라면, 딸이 유전병이면 반드시 아버지가 유전병이다.
(3) 특정 유전병이 반성유전 우성 형질이라면, 아버지가 유전병이면 반드시 딸이 유전병이다.

385 ㄱ. ABO식 혈액형의 표현형은 A형, B형, AB형, O형으로 모두 4가지이다.

ㄷ. ABO식 혈액형의 유전자는 상염색체에 있으므로 성별에 따라 형질이 발현되는 빈도에 차이가 없다.

(오답 피하기) ㄴ. ABO식 혈액형에 대한 유전자형은 AA, AO, BB, BO, AB, OO로 모두 6가지이다.

386 ㄱ. 4와 A형인 5 사이에서 AB형인 6과 O형인 7이 태어났으므로 4는 B형이다. ABO식 혈액형에 대한 유전자형은 4가 BO, 5가 AO, 6이 AB, 7이 OO이다. 2와 A형인 1 사이에서 O형인 3과 B형인 4가 태어났으므로 2는 B형이다. ABO식 혈액형에 대한 유전자형은 1이 AO, 2가 BO, 3이 OO이다.

ㄷ. ABO식 혈액형에 대한 유전자형이 4는 BO이고, 5는 AO이므로 7의 동생이 태어날 때, 이 아이의 ABO식 혈액형이 A형일 확률은 $\frac{1}{4}$이다.

(오답 피하기) ㄴ. 1과 5의 ABO식 혈액형에 대한 유전자형은 모두 AO이다.

387 ㄱ. 부모가 모두 V자형일 때 일자형인 자녀가 태어났으므로 V자형은 우성 형질, 일자형은 열성 형질이다.

(오답 피하기) ㄴ. B의 모든 가구에서 부모의 이마선에 대한 유전자형이 모두 동형 접합성이면 일자형을 가진 자녀가 태어나지 않아야 한다. 따라서 B의 가구 중 부모의 이마선에 대한 유전자형이 이형 접합성인 경우가 있다.

ㄷ. 이마선은 한 쌍의 대립유전자에 의해 결정되므로 이마선의 유전은 단일 인자 유전이다.

388 ㄴ. 아버지, 형, 철수 모두에서 A와 A*의 DNA 상대량의 합이 2이므로 ㉠의 유전자는 상염색체에 있다.

ㄷ. ㉠에 대한 유전자형이 누나가 A*A*이고, 철수가 AA이므로 어머니의 ㉠에 대한 유전자형은 AA*이다. ㉠ 대립유전자 A*이 우성이므로 어머니는 ㉠이 발현된다.

(오답 피하기) ㄱ. 유전자형이 아버지와 형은 AA*이고, 누나는 A*A*이며, 철수는 AA이다. 아버지, 누나, 형은 모두 ㉠이 발현되지만 철수는 ㉠이 발현되지 않으므로 A는 정상 대립유전자이고, A*은 ㉠ 대립유전자이며, A*은 A에 대해 우성이다.

389 (1) 부모에게 없던 형질이 자녀에게 나타나면 자녀에게 나타난 형질이 열성 형질이다.

(모범 답안) 우성 형질. ㉠을 갖는 4와 5 사이에서 정상인 6이 태어났으므로 ㉠은 우성 형질이다.

채점 기준	배점
㉠이 우성 형질인 것을 쓰고, 그 까닭을 모두 옳게 서술한 경우	100%
㉠이 우성 형질인 것만 옳게 쓴 경우	30%

(2) 특정 형질이 반성유전 우성 형질일 경우 아버지에게 이 형질이 나타나면 딸에게도 이 형질이 나타나야 한다.

(모범 답안) 상염색체. ㉠을 갖는 아버지 1에게서 정상인 딸 3이 태어났으므로 ㉠의 유전자는 상염색체에 있다.

채점 기준	배점
㉠의 유전자가 상염색체에 있는 것을 쓰고, 그 까닭을 모두 옳게 서술한 경우	100%
㉠의 유전자가 상염색체에 있는 것만 옳게 쓴 경우	30%

390 ㄱ. 체세포 1개당 A*의 DNA 상대량은 3과 4가 같은데, 3은 정상이고 4는 ㉠이 발현되므로 ㉠의 유전자는 X 염색체에 있다.

ㄴ. 4는 ㉠을 가지므로 X^{A^*}은 ㉠ 대립유전자이고, X^A는 정상 대립유전자이다. 3의 ㉠에 대한 유전자형이 $X^AX^{A^*}$인데 정상이므로 X^A는 X^{A^*}에 대해 우성이고, ㉠은 열성 형질이다. 정상인 어머니 2에게서 ㉠을 가진 4가 태어났으므로 2의 ㉠에 대한 유전자형은 $X^AX^{A^*}$이다. 4와 5 사이에서 ㉠을 갖는 6이 태어났으므로 5의 ㉠에 대한 유전자형은 $X^AX^{A^*}$이다.

ㄷ. 유전자형이 4는 $X^{A^*}Y$이고 5는 $X^AX^{A^*}$이므로 7의 동생이 태어날 때, 이 아이가 ㉠을 가질 확률은 $\frac{1}{2}$이다.

❶ × ❷ ○ ❸ ×

❶ X^A는 X^{A^*}에 대해 우성이다.

❷ 3의 아버지는 ㉠을 가지므로 3의 ㉠에 대한 유전자형은 $X^AX^{A^*}$이다. 4와 5 사이에서 ㉠을 가진 6이 태어났으므로 5의 ㉠에 대한 유전자형은 $X^AX^{A^*}$이다.

❸ ㉠의 유전자는 X 염색체에 있으므로 4는 2로부터 X^{A^*}을 물려받았다.

391 ㄴ. 적록 색맹은 반성유전 열성 형질이므로 딸이 적록 색맹이면 아버지도 적록 색맹이다.

(오답 피하기) ㄱ. 적록 색맹은 열성 형질이다.

ㄷ. 적록 색맹을 결정하는 유전자는 X 염색체에 있다.

392 적록 색맹은 반성유전 열성 형질이므로 X^A는 정상 대립유전자, X^{A^*}은 적록 색맹 대립유전자이다.

ㄱ. 6은 적록 색맹이므로 2로부터 적록 색맹 대립유전자인 X^{A^*}을 물려받았다.

ㄴ. 정상인 4의 아들인 8이 적록 색맹이므로 4의 적록 색맹에 대한 유전자형은 $X^AX^{A^*}$이다. 적록 색맹인 3의 딸인 7이 정상이므로 7의 적록 색맹에 대한 유전자형은 $X^AX^{A^*}$이다.

ㄷ. 적록 색맹에 대한 유전자형은 6이 $X^{A^*}Y$이고, 7이 $X^AX^{A^*}$이므로 6과 7 사이에서 아이가 태어날 때, 이 아이가 적록 색맹일 확률은 $\frac{1}{2}$이다.

393 1은 A*을 갖고 있지 않으면서 ㉠이 나타나지 않으므로 A는 정상 대립유전자, A*은 ㉠ 대립유전자이다.

㉠을 갖지 않은 1과 2 사이에서 ㉠을 갖는 5가 태어났으므로 ㉠은 열성 형질이다. 1이 우성인 정상 대립유전자인 A만을 가지고 있음에도 아들인 5가 ㉠을 가지므로 A와 A*은 X 염색체에 있다.

ㄱ. ㉠은 열성 형질이다.

오답 피하기 ㄴ. 정상인 7의 어머니인 3의 ㉠에 대한 유전자형이 $X^{A^*}X^{A^*}$이므로 7의 ㉠에 대한 유전자형은 $X^A X^{A^*}$이다. 따라서 ⓐ는 '1'이다.

ㄷ. ㉠에 대한 유전자형이 3은 $X^{A^*}X^{A^*}$이고, 4는 $X^A Y$이므로 7의 동생이 태어날 때, 이 아이가 ㉠을 가질 확률은 $\frac{1}{2}$이다.

394 A와 A*의 DNA 상대량의 합이 어머니와 누나는 2이지만 형과 철수는 1이므로 ㉠의 유전자는 X 염색체에 있다. 형은 ㉠이 발현되지 않고 철수는 ㉠이 발현되므로 X^A는 정상 대립유전자, X^{A^*}은 ㉠ 대립유전자이다. ㉠에 대한 유전자형이 어머니는 $X^A X^{A^*}$로 ㉠이 발현되므로 X^{A^*}은 X^A에 대해 우성이다.

ㄱ. ㉠의 유전자는 X 염색체에 있다.

오답 피하기 ㄴ. 누나의 ㉠에 대한 유전자형이 $X^A X^A$이므로 아버지의 ㉠에 대한 유전자형은 $X^A Y$이다. 따라서 ⓐ는 '발현 안 됨'이다.

ㄷ. ㉠에 대한 유전자형이 아버지는 $X^A Y$이고, 어머니는 $X^A X^{A^*}$이므로 철수의 동생이 태어날 때, 이 아이에게서 ㉠이 발현될 확률은 $\frac{1}{2}$이다.

395 1과 2는 각각 A와 A* 중 한 종류만 가지고 있는데, 3과 4의 표현형이 다르므로 ㉠의 유전자는 X 염색체에 있다. 3의 ㉠에 대한 유전자형은 이형 접합인데 정상이므로 X^A는 정상 대립유전자, X^{A^*}은 ㉠ 대립유전자이다.

ㄱ. ㉠은 열성 형질이다.

오답 피하기 ㄴ. ㉠의 유전자는 X 염색체에 있다.

ㄷ. ㉠에 대한 유전자형은 3과 5가 같으므로 5의 ㉠에 대한 유전자형은 $X^A X^{A^*}$이다. 4는 ㉠을 가지므로 4의 ㉠에 대한 유전자형은 $X^{A^*}Y$이다. 따라서 4와 5 사이에서 아이가 태어날 때, 이 아이가 ㉠을 가질 확률은 $\frac{1}{2}$이다.

396 붉은 눈 암컷과 붉은 눈 수컷을 교배하여 얻은 자손(F_1)에서 흰 눈을 가진 개체가 있으므로 붉은 눈이 흰 눈에 대해 우성 형질이다. 또한 자손(F_1)에서 암컷과 수컷의 표현형의 비율이 다르게 나타나므로 눈 색을 결정하는 유전자는 X 염색체에 있다.

ㄱ. 붉은 눈 대립유전자 X^A가 흰 눈 대립유전자 X^{A^*}에 대해 우성이다.

ㄷ. 눈 색에 대한 유전자형은 ㉠이 $X^A X^{A^*}$이고, ㉡ 개체들은 $X^{A^*}Y$이므로 ㉠과 유전자형이 같은 암컷과 ㉡ 중 한 마리를 교배하여 자손(F_1)을 얻을 때, 이 자손이 붉은 눈일 확률은 $\frac{1}{2}$이다.

오답 피하기 ㄴ. 눈 색을 결정하는 유전자는 X 염색체에 있다.

397 (1) ㉠의 유전자는 X 염색체에 있다.

모범 답안 성염색체. 1과 2는 각각 A와 A* 중 한 종류만 가지고 있는데, 3과 4의 표현형이 다르므로 ㉠의 유전자는 성염색체(X 염색체)에 있다.

채점 기준	배점
㉠의 유전자가 성염색체에 있는 것을 쓰고, 그 까닭을 모두 옳게 서술한 경우	100%
㉠의 유전자가 성염색체에 있는 것만 옳게 쓴 경우	30%

(2) 4의 ㉠에 대한 유전자형은 이형 접합이다.

모범 답안 A*. ㉠에 대한 유전자형이 4는 이형 접합인데 ㉠을 가지므로 A는 ㉠ 대립유전자, A*은 정상 대립유전자이다.

채점 기준	배점
A*이 정상 대립유전자인 것을 쓰고, 그 까닭을 모두 옳게 서술한 경우	100%
A*이 정상 대립유전자인 것만 옳게 쓴 경우	30%

398 ㉠은 단일 인자 유전 형질로 유전자형이 Aa인 암수를 교배하여 자손(F_1)이 태어날 때, 이 자손의 표현형이 부모와 같을 확률은 $\frac{1}{2}$이다. ㉡은 다인자 유전 형질이고 E, F, G는 서로 다른 상염색체에 있으므로 유전자형이 EeFfGg인 암수를 교배하여 자손(F_1)이 태어날 때, 이 자손의 표현형이 부모와 같을 확률은 $\frac{5}{16}$이다. A, E, F, G 유전자는 서로 다른 상염색체에 있으므로 유전자형이 AaEeFfGg인 암수를 교배하여 자손(F_1)이 태어날 때, 이 자손의 표현형이 부모와 같을 확률은 $\frac{5}{32}\left(=\frac{1}{2}\times\frac{5}{16}\right)$이다.

추가로 나오는 선택지

❶ × ❷ ○

❶ ㉠의 표현형의 종류가 3가지이므로 A와 a 사이의 우열 관계는 분명하지 않다.

❷ 유전자형이 AaEeFfGg인 개체와 aaeeffgg인 개체 사이에서 자손(F_1)이 태어날 때, 이 자손에게서 나타날 수 있는 ㉠의 표현형은 최대 2가지이고 ㉡의 표현형은 최대 4가지이다. 따라서 유전자형이 AaEeFfGg인 개체와 aaeeffgg인 개체 사이에서 자손(F_1)이 태어날 때, 이 자손에게서 나타날 수 있는 표현형은 최대 8가지이다.

399 ㄴ. 다인자 유전은 표현형이 다양하게 나타난다.

오답 피하기 ㄱ. 사람 키의 유전은 여러 쌍의 대립유전자에 의해 결정되는 다인자 유전이다.

ㄷ. 단일 인자 유전은 한 쌍의 대립유전자가 관여하며, 다인자 유전은 여러 쌍의 대립유전자가 관여한다.

400 ㄴ. 유전자형이 AaBbDd인 개체와 aabbdd인 개체 사이에서 자손(F_1)이 태어날 때, A, B, D 유전자는 각각 서로 다른 상염색체에 있으므로 이 자손에게서 나타날 수 있는 ㉠의 표현형은 최대 4가지이다. 유전자형이 Ee인 개체와 Ee인 개체 사이에서 자손(F_1)이 태어날

때, 이 자손에게서 나타날 수 있는 ㉡의 표현형은 최대 2가지이다. 따라서 유전자형이 AaBbDdEe인 개체와 aabbddEe인 개체 사이에서 자손(F_1)이 태어날 때, 이 자손에게서 나타날 수 있는 표현형은 최대 8가지이다.

ㄷ. 유전자형이 AaBbDdEe인 암수를 교배하여 자손(F_1)이 태어날 때, 이 자손의 ㉠의 표현형이 부모와 같을 확률은 $\frac{5}{16}$이고, ㉡의 표현형이 부모와 같을 확률은 $\frac{3}{4}$이다. 따라서 유전자형이 AaBbDdEe인 암수를 교배하여 자손(F_1)이 태어날 때, 이 자손의 표현형이 부모와 같을 확률은 $\frac{15}{64}\left(=\frac{5}{16}\times\frac{3}{4}\right)$이다.

오답 피하기 ㄱ. ㉠은 세 쌍의 대립유전자에 의해 결정되므로 다인자 유전 형질이고, ㉡은 한 쌍의 대립유전자에 의해 결정되므로 단일 인자 유전 형질이다.

401 모범 답안 ㉠은 다인자 유전 형질, ㉡은 단일 인자 유전 형질이다. ㉠은 두 쌍의 대립유전자에 의해 결정되므로 다인자 유전 형질이고, ㉡은 한 쌍의 대립유전자에 의해 결정되므로 단일 인자 유전 형질이다.

채점 기준	배점
㉠은 다인자 유전 형질, ㉡은 단일 인자 유전 형질인 것을 쓰고, 그 까닭을 모두 옳게 서술한 경우	100%
㉠은 다인자 유전 형질, ㉡은 단일 인자 유전 형질인 것만 옳게 설명한 경우	50%

STEP 3 **1등급을 위한 실전 완벽 대비** 본문 121~123쪽

402 ① 403 ③ 404 ⑤ 405 ⑤ 406 ② 407 ② 408 ④
409 ④ 410 ②

402 1은 ㉠을 갖고 ㉠에 대한 유전자형이 A*A*이므로 A*은 ㉠ 대립유전자이다. 2는 A*을 갖고 있지 않으므로 5와 6의 ㉠에 대한 유전자형은 AA*이며, 5와 6은 모두 ㉠을 가지므로 A*은 A에 대해 완전 우성이다. 만약 ㉠의 유전자가 X 염색체에 있다면 ㉠에 대한 유전자형은 4가 $X^{A^*}Y$이며 4의 딸은 4로부터 X^{A^*}을 물려받아 ㉠을 가져야 하지만 딸인 8이 정상이므로 ㉠의 유전자는 상염색체에 있다. ㉠에 대한 유전자형이 1은 A*A*, 2는 AA이므로 7의 ㉠에 대한 유전자형은 AA*이다. 8은 정상이므로 ㉠에 대한 유전자형이 AA이다. 1과 2는 같은 수의 B*을 갖고 있는데 ㉡에 대한 표현형이 다르므로 ㉡의 유전자는 X 염색체에 있다. ㉡에 대한 유전자형이 3은 $X^{B^*}X^{B^*}$이고, 4는 X^BY이므로 딸인 8의 ㉡에 대한 유전자형은 $X^BX^{B^*}$이다. 3은 ㉡을 갖지만 4와 8은 ㉡을 갖지 않으므로 X^B는 정상 대립유전자, X^{B^*}은 ㉡ 대립유전자이며, X^B는 X^{B^*}에 대해 완전 우성이다. 따라서 ㉡에 대한 유전자형은 7이 X^BY, 8이 $X^BX^{B^*}$이다. 7과 8 사이에서 아이가 태어날 때, 이 아이가

㉠을 가질 확률은 $\frac{1}{2}$이고, ㉡을 가질 확률은 $\frac{1}{4}$이다. ㉠의 유전자는 상염색체에 있고, ㉡의 유전자는 X 염색체에 있으므로 7과 8 사이에서 아이가 태어날 때, 이 아이가 ㉠과 ㉡을 모두 가질 확률은 $\frac{1}{8}\left(=\frac{1}{2}\times\frac{1}{4}\right)$이다.

403 ㄱ. 아버지와 어머니는 정상이지만 딸인 자녀 2는 ㉠을 가지므로 ㉠은 열성 형질이며, ㉠의 유전자는 상염색체에 있다.

ㄴ. 적록 색맹은 반성유전 열성 형질이다. X^R가 정상 대립유전자이고, X^r가 적록 색맹 대립유전자라고 하자. 정상인 어머니의 아들인 자녀 1은 적록 색맹이므로 어머니의 적록 색맹에 대한 유전자형은 이형 접합(X^RX^r)이다. 아버지는 적록 색맹이므로 정상인 딸 자녀 2의 적록 색맹에 대한 유전자형은 이형 접합성(X^RX^r)이다.

오답 피하기 ㄷ. 적록 색맹에 대한 유전자형은 아버지가 X^rY, 어머니가 X^RX^r이므로 자녀 2의 동생이 태어날 때, 이 아이가 적록 색맹일 확률은 $\frac{1}{2}$이다. ㉠에 대한 유전자형은 1과 2가 모두 AA*이므로 자녀 2의 동생이 태어날 때, 이 아이가 ㉠을 가질 확률은 $\frac{1}{4}$이다. 적록 색맹의 유전자는 X 염색체에 있고, ㉠의 유전자는 상염색체에 있으므로 자녀 2의 동생이 태어날 때, 이 아이가 적록 색맹이고 ㉠을 가질 확률은 $\frac{1}{8}\left(=\frac{1}{2}\times\frac{1}{4}\right)$이다.

404 1은 A형이므로 1의 적혈구에는 응집원 A가 있고, 혈장에는 응집소 β가 있다. 1의 혈장과 5의 적혈구를 섞으면 응집 반응이 일어나지 않으므로 5의 적혈구에는 응집원 B가 없으며, 5는 A형 또는 O형이다. 1의 적혈구와 5의 혈장을 섞으면 응집 반응이 일어나므로 5의 혈장에는 응집소 α가 있으며, 5는 B형 또는 O형이다. 따라서 5는 O형이다. 1의 혈장과 6의 적혈구를 섞으면 응집 반응이 일어나므로 6의 적혈구에는 응집원 B가 있으며 6은 B형 또는 AB형이다. 1의 적혈구와 6의 혈장을 섞으면 응집 반응이 일어나지 않으므로 6의 혈장에는 응집소 α가 없으며, 6은 A형 또는 AB형이다. 따라서 6은 AB형이다.

ㄴ. A형인 1과 2 사이에서 O형인 5와 AB형인 6이 태어났으므로 2는 B형이고, ABO식 혈액형에 대한 유전자형은 1이 AO, 2가 BO이다. 2가 BO이므로 7도 BO이고, 3은 AO이다. 따라서 1과 3의 ABO식 혈액형의 유전자형은 같다.

ㄷ. ABO식 혈액형의 유전자형은 6이 AB이고, 7이 BO이므로 6과 7 사이에서 아이가 태어날 때, 이 아이의 ABO식 혈액형이 B형일 확률은 $\frac{1}{2}$이다.

오답 피하기 ㄱ. 5의 적혈구에는 응집원 A와 B가 없고, 6의 혈장에는 응집소 α와 β가 없으므로 5의 적혈구와 6의 혈장을 섞으면 응집 반응이 일어나지 않는다. 따라서 ⓐ는 '—'이다.

405 3과 4는 ㉠을 갖지만 딸인 7은 ㉠을 갖지 않으므로 ㉠은 상염색체 우성 형질이다. T는 ㉠ 대립유전자, T*은 정상 대립유전자이다.

ㄴ. 혈액 응집 반응 결과를 보면 3은 O형, 8은 O형, 9는 AB형이며, 5는 응집원 B를 갖고 있다. 만약 5가 AB형이라면 1, 2, 5, 6의 ABO식 혈액형은 모두 다르므로 6은 O형이어야 한다. 하지만 9가 AB형이므로 모순이다. 따라서 5는 B형이고, ⓐ는 '一'이다.

ㄷ. ㉠에 대한 유전자형은 6이 TT^*, 7이 T^*T^*이므로 9의 동생이 태어날 때, 이 아이가 ㉠을 가질 확률은 $\frac{1}{2}$이다. 3이 O형이고, 1이 B형이므로 7의 ABO식 혈액형에 대한 유전자형은 BO이다. 6의 ABO식 혈액형에 대한 유전자형은 AO이므로 9의 동생이 태어날 때, 이 아이의 ABO식 혈액형이 A형일 확률은 $\frac{1}{4}$이다. ㉠의 유전자와 ABO식 혈액형의 유전자는 서로 다른 염색체에 있으므로 9의 동생이 태어날 때, 이 아이가 ㉠을 갖고 ABO식 혈액형이 A형일 확률은 $\frac{1}{8}\left(=\frac{1}{2}\times\frac{1}{4}\right)$이다.

오답 피하기 ㄱ. ㉠의 유전자는 상염색체에 있다.

406 ㄷ. 유전자형이 모두 AaBb인 부모 사이에서 아이가 태어날 때, ㉠의 표현형이 부모와 같은 아이가 태어날 확률은 $\frac{3}{8}$이므로 ㉠의 표현형이 부모와 다른 아이가 태어날 확률은 $\frac{5}{8}$이다.

오답 피하기 ㄱ. ㉠은 두 쌍의 대립유전자에 의해 결정되므로 ㉠의 유전은 다인자 유전이다.

ㄴ. 유전자형이 AaBb와 aabb인 부모 사이에서 아이가 태어날 때, 이 아이에게서 나타날 수 있는 ㉠의 표현형은 최대 3가지(대문자로 표시되는 대립유전자의 수는 2, 1, 0)이다.

407 ㉠의 유전자가 상염색체에 있다면 ㉠에 대한 유전자형은 (가)와 (나)가 AA^*, (다)가 AA이다. A가 A^*에 대해 완전 우성이므로 1, 2, 6 모두 ㉠의 표현형이 같아야 한다. 하지만 1, 2, 6 중 1만 ㉠을 가지므로 ㉠의 유전자는 X 염색체에 있다. 따라서 (다)는 2이다. 또한 2의 ㉠에 대한 유전자형이 X^AX^A이고, 2의 아들인 6은 ㉠에 대한 유전자형이 X^AY이어야 한다. 따라서 (가)는 6이고, (나)는 1이다. ㉡을 갖지 않은 1과 2 사이에서 ㉡을 가진 아들 6이 태어났으므로 ㉡은 열성 형질이다. 딸인 8은 ㉡을 갖지만 아버지인 3은 ㉡을 갖지 않으므로 ㉡의 유전자는 상염색체에 있다.

ㄴ. ㉡의 유전자는 상염색체에 있다.

오답 피하기 ㄱ. ㉠에 대한 유전자형은 (가)가 X^AY, (나)가 $X^{A^*}Y$이므로 ⓐ와 ⓑ는 모두 '0'이다.

ㄷ. ㉠에 대한 유전자형은 6이 X^AY이고, 7이 $X^AX^{A^*}$이므로 6과 7 사이에서 아이가 태어날 때, 이 아이가 ㉠을 가질 확률은 $\frac{1}{4}$이다. ㉡에 대한 유전자형은 6이 B^*B^*이고, 7이 BB^*이므로 6과 7 사이에서 아이가 태어날 때, 이 아이가 ㉡을 가질 확률은 $\frac{1}{2}$이다. ㉠의 유전자는 X 염색체에 있고, ㉡의 유전자는 상염색체에 있으므로 6과 7 사이에서 아이가 태어날 때, 이 아이가 ㉠과 ㉡을 모두 가질 확률은 $\frac{1}{8}\left(=\frac{1}{4}\times\frac{1}{2}\right)$이다.

408 1과 2는 ㉠을 갖지 않지만 딸인 6은 ㉠을 가지므로 ㉠은 열성 형질이며, ㉠의 유전자는 상염색체에 있다. 1과 2는 각각 B와 B^* 중 한 종류만 가지고 있는데 자녀인 5와 6은 ㉡에 대한 표현형이 다르므로 ㉡의 유전자는 X 염색체에 있다. ㉡에 대한 유전자형이 6은 $X^BX^{B^*}$이고, 6은 ㉡을 가지므로 ㉡은 우성 형질이다. 1과 2는 ㉢을 갖지만 딸인 6은 ㉢을 갖지 않으므로 ㉢은 우성 형질이며, ㉢의 유전자는 상염색체에 있다.

ㄱ. ㉠의 유전자는 상염색체에 있다.

ㄷ. ㉠에 대한 유전자형이 6이 A^*A^*, 7이 AA^*이므로 6과 7 사이에서 아이가 태어날 때, 이 아이가 ㉠을 가질 확률은 $\frac{1}{2}$이다. ㉢에 대한 유전자형이 6이 D^*D^*, 7이 DD^*이므로 6과 7 사이에서 아이가 태어날 때, 이 아이가 ㉢을 가질 확률은 $\frac{1}{2}$이다. ㉠의 유전자와 ㉢의 유전자는 서로 다른 염색체에 있으므로 6과 7 사이에서 아이가 태어날 때, 이 아이가 ㉠과 ㉢을 모두 가질 확률은 $\frac{1}{4}\left(=\frac{1}{2}\times\frac{1}{2}\right)$이다.

오답 피하기 ㄴ. ㉡은 우성 형질이다.

409 ㉠이 반성유전 열성 형질이라면 ㉠을 가진 2로부터 태어나는 아들이 모두 ㉠을 가져야 하지만 5는 ㉠을 갖지 않으므로 ㉠은 반성유전 열성 형질이 아니다. 구성원 7, 8, 9 각각의 체세포 1개당 A^*의 수를 더한 값이 ㉠이 상염색체 우성 형질이라면 6이고, 상염색체 열성 형질이라면 3이며, 반성유전 우성 형질이라면 5이다. ㉡이 반성유전 열성 형질이라면 ㉡을 갖는 9의 아버지인 3이 ㉡을 가져야 하지만 3이 ㉡을 갖지 않으므로 ㉡은 반성유전 열성 형질이 아니다. ㉡이 반성유전 우성 형질이라면 ㉡을 갖는 5의 어머니인 2가 ㉡을 가져야 하지만 2가 ㉡을 갖지 않으므로 ㉡은 반성유전 우성 형질이 아니다. 구성원 1, 2, 6 각각의 체세포 1개당 B^*의 수를 더한 값이 ㉡이 상염색체 우성 형질이라면 5이고, 상염색체 열성 형질이라면 4이다. 구성원 7, 8, 9 각각의 체세포 1개당 A^*의 수를 더한 값과 구성원 1, 2, 6 각각의 체세포 1개당 B^*의 수를 더한 값이 같으므로 ㉠은 반성유전 우성 형질이고, ㉡은 상염색체 우성 형질이다.

ㄱ. ㉠은 반성유전 우성 형질이므로 ㉠의 유전자는 X 염색체에 있다.

ㄷ. ㉠에 대한 유전자형은 6이 $X^AX^{A^*}$, 7이 $X^{A^*}Y$이다. 6과 7 사이에서 아이가 태어날 때, 이 아이가 ㉠을 가질 확률은 $\frac{1}{2}$이다. ㉡에 대한 유전자형은 6이 B^*B^*, 7이 BB^*이다. 6과 7 사이에서 아이가 태어날 때, 이 아이가 ㉡을 가질 확률은 $\frac{1}{2}$이다. ㉠의 유전자는 X 염색체에 있고, ㉡의 유전자는 상염색체에 있으므로 6과 7 사이에서 아이가 태어날 때, 이 아이가 ㉠과 ㉡을 모두 가질 확률은 $\frac{1}{4}\left(=\frac{1}{2}\times\frac{1}{2}\right)$이다.

오답 피하기 ㄴ. ㉡은 우성 형질이다.

410 P의 유전자형이 AaBbDdEe이고, A, B, D, E는 서로 다른 상염색체에 있다. P와 어떤 여자 Q 사이에서 ⓐ가 태어날 때, ⓐ에게서 나타날 수 있는 표현형이 최대 18가지가 되려면 ㉠의 표현형은 최대 3가지, ㉡의 표현형은 최대 6가지가 되어야 한다.

따라서 Q의 ㉠에 대한 유전자형은 Aa이고, ㉡에 대한 유전자형은 B와 b, D와 d, E와 e 중 어느 한 쌍의 대립유전자가 동형 접합성이다(예: BBDdEe, bbDdEe 등).

ㄷ. Q의 ㉠에 대한 유전자형이 Aa이므로 ⓐ에서 ㉠의 표현형이 P와 같을 확률은 $\frac{1}{2}$이다. Q의 ㉡에 대한 유전자형이 BBDdEe라고 하자. ⓐ에서 B의 수가 2일 확률은 $\frac{1}{2}$이고, 1일 확률은 $\frac{1}{2}$이다. 또한 D의 수와 E의 수를 합한 값이 2일 확률은 $\frac{3}{8}$, 1일 확률은 $\frac{1}{4}$이다. 따라서 ⓐ에서 ㉡의 표현형이 P와 같을 확률은 $\frac{5}{16}\left\{=\left(\frac{1}{2}\times\frac{3}{8}\right)+\left(\frac{1}{2}\times\frac{1}{4}\right)\right\}$이다. A, B, D, E는 서로 다른 상염색체에 있으므로 ⓐ에서 ㉠과 ㉡의 표현형이 모두 P와 같을 확률은 $\frac{5}{32}\left(=\frac{1}{2}\times\frac{5}{16}\right)$이다.

오답 피하기 ㄱ. ㉠은 한 쌍의 대립유전자에 의해 결정되므로 ㉠의 유전은 단일 인자 유전 형질이다.

ㄴ. ㉡에 대한 유전자형은 P와 Q가 다르다.

02. 사람의 유전병

STEP 1 바로바로 개념 확인 　　　　　본문 125쪽

411 유전자　**412** 낮은　**413** 염색체 비분리　**414** $n+1$　**415** (1) ×　(2) ○　(3) ×　**416** 전좌　**417** (1) × (2) × (3) ○

411 유전자 이상 유전병은 유전자의 본체인 DNA의 염기 서열에 이상이 생겨 나타난다.

412 낫 모양 적혈구 빈혈증의 경우 헤모글로빈 유전자의 염기 1개가 바뀌어 아미노산 1개가 달라진 결과, 구조가 변형된 돌연변이 헤모글로빈이 만들어진다. 이 돌연변이 헤모글로빈에 의해 낮은 산소 농도에서 적혈구가 낫 모양이 된다.

413 염색체 비분리 현상은 생식세포를 형성하는 감수 분열 과정에서 일부 염색체 또는 전체 염색체가 분리되지 않고 동일한 딸세포로 이동하는 것이다.

414 감수 1분열에서 염색체 비분리가 일어나면 핵상이 $n+1$과 $n-1$인 생식세포가 형성되고, 감수 2분열에서 염색체 비분리가 일어나면 핵상이 $n+1$, n, $n-1$인 생식세포가 형성된다.

415 (1) 이수성 돌연변이는 특정 염색체의 수가 많아지거나 적어지는 돌연변이이다. 염색체 수가 한 조(n) 단위로 변화되는 돌연변이는 배수성 돌연변이이다.
(2) 다운 증후군인 사람의 체세포에는 21번 염색체가 3개 들어 있다. 따라서 다운 증후군인 사람의 체세포 1개당 염색체 수는 47이다.
(3) 터너 증후군(44+X)과 클라인펠터 증후군(44+XXY)은 모두 성염색체 수 이상에 의한 유전병이다.

416 전좌는 염색체의 일부가 떨어진 후 상동 염색체가 아닌 다른 염색체에 붙은 경우이다.

417 (1) 염색체의 동일한 부분이 삽입되어 같은 부분이 반복되는 경우는 중복이다.
(2) 염색체의 일부가 끊어진 다음 거꾸로 붙어 한 염색체 내에서 유전자의 위치가 뒤바뀐 경우는 역위이다.
(3) 고양이 울음 증후군은 5번 염색체의 일부가 결실되어 나타난다.

STEP 2 알짜 문제로 실력 키우기 　　　　　본문 126~128쪽

418 ④　**419** ①　**420** ③　**421** ①　**422** ①　**423** 해설 참조
424 ②　**425** ③　**426** ⑤　**427** 해설 참조

418 ㄱ. ㉠은 페닐케톤뇨증, ㉡은 낫 모양 적혈구 빈혈증, ㉢은 알비노증이다.

ㄷ. 알비노증, 페닐케톤뇨증, 낫 모양 적혈구 빈혈증은 모두 열성 형질이다.

오답 피하기 ㄴ. 낫 모양 적혈구 빈혈증은 유전자 이상에 의한 유전병으로, 핵형 분석을 통해 알아낼 수 없다.

추가로 나오는 선택지

❶ ○ ❷ ×

❶ 페닐케톤뇨증(㉠)은 생화학적 분석법을 통해 알아낼 수 있다.

❷ 알비노증(㉢)은 유전자 이상에 의한 유전병이다. 알비노증인 사람의 체세포 1개당 염색체 수는 46이므로 염색체 수 이상을 나타내지 않는다.

419 ㄱ. 유전자 이상은 염색체의 구조나 수에 영향을 주지 않기 때문에 유전자 이상에 의한 유전병만 있는 사람의 체세포 1개당 염색체 수는 46이다.

오답 피하기 ㄴ. 고양이 울음 증후군은 염색체 구조 이상에 의한 유전병이다.

ㄷ. 유전자 이상에 의한 유전병 중 헌팅턴 무도병은 우성 형질이다.

420 적록 색맹은 반성유전 열성 형질이다. X^A가 X^{A^*}에 대해 완전 우성이므로 X^A가 정상 대립유전자, X^{A^*}이 적록 색맹 대립유전자이다.

ㄱ. 적록 색맹에 대한 유전자형은 1이 $X^A X^{A^*}$이고, 2가 $X^A Y$이다.

ㄴ. 4는 X 염색체가 2개인 클라인펠터 증후군을 나타내고 적록 색맹이므로 4는 어머니로부터 A^*를 가진 X 염색체 2개를 물려받아야 한다. 따라서 ⓐ는 감수 2분열에서 염색체 비분리가 일어나 형성된 난자이다.

오답 피하기 ㄷ. ⓐ가 X 염색체 2개를 갖고 있으므로 ⓑ는 Y 염색체 1개를 갖고 있다.

추가로 나오는 선택지

❶ ○ ❷ ○

❶ ⓐ의 상염색체 수는 22이고, X 염색체 수는 2이므로 ⓐ에서 $\dfrac{\text{상염색체 수}}{\text{X 염색체 수}}=11$이다.

❷ 1은 X^{A^*}을 갖고 있지만, 2는 X^{A^*}을 갖고 있지 않으므로 4는 1로부터 X^{A^*}을 물려받았다.

자료 정리

염색체 비분리 현상

⑴ 감수 분열 과정에서 일부 염색체 또는 전체 염색체가 분리되지 않고 동일한 딸세포로 이동하는 현상을 염색체 비분리라고 한다.

⑵ 감수 1분열에서만 염색체 비분리가 1회 일어나면 핵상이 $n+1$, $n-1$인 생식세포가 형성되고, 감수 2분열에서만 염색체 비분리가 1회 일어나면 핵상이 $n+1$, n, $n-1$인 생식세포가 형성된다.

⑶ 개체의 유전자형이 이형 접합성(Aa)일 때 감수 1분열에서만 염색체 비분리가 1회 일어나면 유전자형이 Aa인 생식세포(핵상: $n+1$)가, 감수 2분열에서만 염색체 비분리가 1회 일어나면 유전자형이 AA 또는 aa인 생식세포(핵상: $n+1$)가 형성된다.

염색체 수 이상 유전병

구분	유전병	염색체 구성	특징
상염색체 돌연변이	다운 증후군	남자: 45+XY 여자: 45+XX	21번 염색체가 3개
	에드워드 증후군	남자: 45+XY 여자: 45+XX	18번 염색체가 3개
성염색체 돌연변이	터너 증후군	44+X	X 염색체가 1개
	클라인펠터 증후군	44+XXY	X 염색체가 2개, Y 염색체가 1개

421 (가)에서는 핵상이 $n+1$, $n-1$인 생식세포가 형성되므로 감수 1분열에서 염색체 비분리가 일어났으며, (나)에서는 핵상이 $n+1$, n, $n-1$인 생식세포가 형성되므로 감수 2분열에서 염색체 비분리가 일어났다.

ㄱ. (가)에서는 감수 1분열에서 염색체 비분리가 일어났으므로 상동 염색체의 비분리가 일어났다.

오답 피하기 ㄴ. (가)에서는 감수 1분열에서 21번 염색체가 비분리되었으므로 A의 염색체 수는 24이다. (나)에서는 감수 2분열에서 성염색체 비분리가 일어났으므로 B의 상염색체 수는 22이다. 따라서 $\dfrac{\text{A의 염색체 수}}{\text{B의 상염색체 수}}=\dfrac{24}{22}=\dfrac{12}{11}$이다.

ㄷ. ㉠은 21번 염색체를 2개 갖고 있고, ㉡은 21번 염색체를 1개 갖고 있으므로 ㉠과 ㉡이 수정되어 아이가 태어날 때, 이 아이는 체세포 1개당 21번 염색체가 3개인 다운 증후군을 나타낸다.

422 3은 정상이고 4는 ㉠을 갖지만 체세포 1개당 A^*의 DNA 상대량은 3과 4가 같으므로 ㉠의 유전자는 X 염색체에 있다. 4는 X^{A^*}만을 갖고 있으므로 X^{A^*}은 ㉠ 대립유전자이고, X^A는 정상 대립유전자이다. 3의 ㉠에 대한 유전자형이 $X^A X^{A^*}$인데 정상이므로 X^A는 X^{A^*}에 대해 완전 우성이다.

ㄱ. ㉠의 유전자는 X 염색체에 있으므로 3의 X^{A^*}은 아버지인 2로부터 물려받았다.

오답 피하기 ㄴ. 5의 ㉠에 대한 유전자형이 $X^A X^{A^*}$인데 7은 정상이므로 7은 아버지(6)로부터 X 염색체 1개와 Y 염색체 1개를 물려받았고, 어머니(5)로부터 X 염색체를 물려받지 않았다. 따라서 염색체 수는 ⓐ가 22, ⓑ가 24이다.

ㄷ. ⓑ는 X 염색체 1개와 Y 염색체 1개를 갖고 있으므로 ⓑ가 형성될 때 염색체 비분리는 감수 1분열에서 일어났다.

423 ⑴ ㉠은 열성 형질이다.

모범 답안 열성 형질. 부모는 모두 정상인데 철수는 ㉠을 가지므로 ㉠은 열성 형질이다.

채점 기준	배점
㉠이 열성 형질인 것을 쓰고, 그 까닭을 모두 옳게 서술한 경우	100%
㉠이 열성 형질인 것만 옳게 쓴 경우	30%

② 철수는 어머니에게서 A*을 가진 7번 염색체 쌍을 물려받았다.

[모범 답안] 감수 2분열. 어머니는 정상이므로 ㉠에 대한 유전자형이 AA*이고, 철수는 ㉠을 가지므로 ㉠에 대한 유전자형이 A*A*이다. 따라서 ⓐ에는 A*을 가진 7번 염색체가 2개 있으므로 ⓐ가 형성될 때 감수 2분열에서 염색체 비분리가 일어났다.

채점 기준	배점
염색체 비분리 시기를 쓰고, 그 까닭을 모두 옳게 서술한 경우	100%
염색체 비분리 시기만 옳게 쓴 경우	30%

424 ㄴ. (나)에는 유전자 B와 D의 위치가 뒤바뀐 염색체가 있으므로 (나)에는 역위가 일어난 염색체가 있다.

[오답 피하기] ㄱ. ㉠은 ㉡의 상동 염색체이다.
ㄷ. (다)에서는 염색체의 동일한 부분이 삽입되어 같은 부분이 반복되는 중복이 일어났다.

❶ × ❷ ○
❶ 고양이 울음 증후군은 5번 염색체의 일부가 결실되어 나타난다.
❷ 중복과 같은 염색체 구조 이상은 핵형 분석을 통해 알아낼 수 있다.

425 ㄱ. 고양이 울음 증후군은 5번 염색체의 일부가 결실되어 나타난다.
ㄴ. 역위는 염색체의 일부가 끊어진 다음 거꾸로 붙어 한 염색체 내에서 유전자의 위치가 뒤바뀐 경우이다.

[오답 피하기] ㄷ. 염색체의 일부가 떨어진 후 상동 염색체가 아닌 다른 염색체에 붙은 경우는 전좌이다. 중복은 염색체의 동일한 부분이 삽입되어 같은 부분이 반복되는 것이다.

426 ㄴ. ㉠과 ㉡은 모두 21번 염색체이다. 따라서 ㉠은 ㉡의 상동 염색체이다.
ㄷ. 자녀 (나)는 아버지에게서 전좌가 일어나지 않은 21번 염색체(㉢)와 Y 염색체(㉣)를 물려받았다.

[오답 피하기] ㄱ. 다운 증후군은 21번 염색체가 3개이다. 그러나 어머니는 21번 염색체와 성염색체 사이에 전좌가 일어났으므로 다운 증후군이 아니다.

427 [모범 답안] 만성 골수성 백혈병은 9번 염색체와 22번 염색체 사이에 전좌가 일어나 나타난다.

채점 기준	배점
만성 골수성 백혈병의 원인을 9번 염색체와 22번 염색체를 비교하여 전좌라는 말과 연관 지어 옳게 서술한 경우	100%
만성 골수성 백혈병의 원인을 전좌라는 말이 없이 9번 염색체와 22번 염색체의 일부가 바뀌어 나타난다고 설명한 경우	50%

| 428 ③ | 429 ⑤ | 430 ③ | 431 ⑤ | 432 ⑤ | 433 ④ | 434 ③ |
| 435 ③ | 436 ③ | 437 ② | | | | |

428 ㄱ. 알비노증은 유전자 이상으로 멜라닌 색소를 합성하는 데 관여하는 효소가 결핍되어 멜라닌 색소가 합성되지 않는다. 따라서 ㉠에 해당한다.
ㄴ. 알비노증과 낫 모양 적혈구 빈혈증은 모두 유전자 이상에 의한 유전병이다. 따라서 ㉡에 해당한다.

[오답 피하기] ㄷ. 유전자 이상에 의한 유전병은 핵형 분석을 통해 알아낼 수 없으며, 유전자 분석법이나 생화학적 분석법을 통해 알아낼 수 있다.

429 ㄴ. 체세포 1개당 염색체 수는 다운 증후군이 47, 고양이 울음 증후군이 46이므로 '체세포 1개당 염색체 수가 47인가?'는 (나)에 해당한다.
ㄷ. 다운 증후군과 고양이 울음 증후군은 모두 염색체 이상에 의한 유전병이므로 핵형 분석을 통해 알아낼 수 있다.

[오답 피하기] ㄱ. 다운 증후군과 고양이 울음 증후군은 모두 염색체 이상에 의한 유전병이고, 페닐케톤뇨증은 유전자 이상에 의한 유전병이므로 '유전자 이상에 의한 유전병인가?'는 (가)에 해당하지 않는다.

430 ㄱ, ㄴ. 고양이 울음 증후군과 클라인펠터 증후군은 염색체 이상에 의한 유전병이고, 클라인펠터 증후군의 성염색체 구성은 XXY이다. 따라서 A는 클라인펠터 증후군, B는 고양이 울음 증후군, C는 낫 모양 적혈구 빈혈증이고, ㉠은 '염색체 이상에 의한 유전병이다.', ㉡은 '성염색체 구성이 XXY이다.'이다.

[오답 피하기] ㄷ. 고양이 울음 증후군(B)을 가진 사람과 낫 모양 적혈구 빈혈증(C)을 가진 사람은 모두 체세포 1개당 염색체 수는 46이다.

431 감수 1분열에서 염색체 비분리가 일어나면 핵상이 $n+1$, $n-1$인 생식세포가 형성되고, 감수 2분열에서 염색체 비분리가 일어나면 핵상이 $n+1$, n, $n-1$인 생식세포가 형성된다. 정자 ㉠~㉣ 각각의 염색체 수는 서로 다르므로 성염색체 비분리는 감수 2분열에서 일어났다.
ㄴ. ㉠~㉣ 각각의 염색체 수는 서로 다르므로 ㉠과 ㉡의 핵상은 $n+1$, $n-1$ 중 하나이고, ㉢과 ㉣의 핵상은 n이다. ㉣의 핵상은 n이므로 ㉣의 염색체 수는 4이다. 따라서 ㉡은 Y 염색체 2개를 갖고 있으므로 ㉠의 염색체 수는 3이다.
ㄷ. 감수 1분열에서 성염색체 비분리가 일어나지 않았으므로 ㉢과 ㉣은 모두 X 염색체 1개씩을 갖고 있다.

[오답 피하기] ㄱ. 성염색체 비분리는 감수 2분열에서 일어났다.

432 ㄱ. 부모는 모두 ㉠이 발현되지 않지만 딸인 자녀 2는 ㉠이 발현되므로 ㉠은 열성 형질이고, ㉠의 유전자는 상염색체에 있다. 따라서 ㉡의 유전자는 X 염색체에 있다.

아버지는 ⓛ이 발현되지 않지만 어머니는 ⓛ이 발현되므로 자녀 2의 ⓛ에 대한 유전자형은 이형 접합성이다. 자녀 2는 ⓛ이 발현되지 않으므로 ⓛ은 열성 형질이다.

ㄴ. 어머니의 ⓛ에 대한 유전자형이 $X^{R}X^{R^*}$인데 자녀 4는 ⓛ이 발현되지 않으므로 어머니로부터 R^*을 가진 X 염색체 1개를 물려받고, 아버지로부터 R를 가진 X 염색체 1개와 Y 염색체 1개를 물려받아야 한다. 따라서 클라인펠터 증후군을 나타내는 구성원은 자녀 4이다.

ㄷ. 자녀 4는 아버지로부터 R를 가진 X 염색체 1개와 Y 염색체 1개를 물려받으므로 ⓐ는 감수 1분열에서 염색체 비분리가 일어나 형성된 정자이다.

433 ㄱ. ⓛ과 ⓒ에서 F의 DNA 상대량은 같다. 만약 감수 1분열에서 염색체 비분리가 일어났다면 ⓔ과 ⓜ은 각각 F를 가진 염색체와 f를 가진 염색체가 1개씩 있어야 한다. 하지만 ⓜ에는 F를 가진 염색체가 없으므로 감수 2분열에서 염색체 비분리가 일어났다.

ㄷ. ⓛ의 염색 분체 수는 12이고, ⓜ의 염색체 수는 2이므로 $\dfrac{\text{ⓜ의 염색체 수}}{\text{ⓛ의 염색 분체 수}}=\dfrac{1}{6}$이다.

[오답 피하기] ㄴ. 감수 2분열에서 염색체 비분리가 일어났고, ⓜ의 염색체 수는 2이므로 ⓔ의 염색체 수는 4이다. ⓗ이 형성될 때에는 염색체 비분리가 일어나지 않았으므로 ⓗ의 염색체 수는 3이다.

434 적록 색맹은 반성유전 열성 형질이다. 정상 대립유전자를 X^{R}, 적록 색맹 대립유전자를 X^{R^*}이라고 하자. 철수의 아버지와 어머니는 모두 정상이므로 적록 색맹에 대한 유전자형은 어머니가 $X^{R}X^{R^*}$, 아버지가 $X^{R}Y$이므로 철수는 어머니로부터 X^{R^*}을 가진 X 염색체 2개를, 아버지로부터 Y 염색체 1개를 물려받았다.

ㄱ, ㄷ. 아버지에게서 Y 염색체 1개를 가진 정자(ⓒ)가 형성되기 위해서는 감수 2분열에서 염색체 비분리가 일어나야 한다. 어머니에게서 X^{R^*}이 있는 X 염색체 2개를 가진 난자(ⓗ)가 형성되기 위해서는 감수 2분열에서 염색체 비분리가 일어나야 한다. ㄱ과 ㄴ은 모두 감수 1분열을 마친 세포이므로 염색체 수는 모두 23이다.

[오답 피하기] ㄴ. 아버지에게서 Y 염색체 1개를 가진 정자(ⓒ)가 형성되었으므로 ⓔ과 ⓜ이 만들어지는 과정에서 염색체 비분리가 일어났다. 따라서 ⓔ과 ⓜ 중 하나만 X 염색체 2개를 가진다.

435 1은 A*의 DNA 상대량이 2이므로 A*은 ㄱ 대립유전자이고, A는 정상 대립유전자이다. ㄱ이 반성유전 우성 형질이라면 4의 딸도 ㄱ을 가져야 하는데 6이 ㄱ을 갖지 않았으므로 ㄱ은 반성유전 우성 형질이 아니다. ㄱ이 반성유전 열성 형질이라면 ㄱ에 대한 유전자형이 AA인 3의 아들이 ㄱ을 갖지 않아야 하는데 아들인 7이 ㄱ을 가지므로 ㄱ은 반성유전 열성 형질이 아니다. ㄱ에 대한 유전자형이 1은 A*A*이고, 2는 AA이므로 5의 ㄱ에 대한 유전자형은 AA*이다. 5는 ㄱ을 가지므로 A*은 A에 대해 완전 우성이다. 1과 2는 모두 B*의 DNA 상대량이 같은데 ⓛ의 표현형이 다르므로 ⓛ의 유전자는 X 염색체에 있

다. 2는 X^{B}만 갖고 있으므로 X^{B}은 ⓛ 발현 대립유전자이고, X^{B^*}는 정상 대립유전자이다. ⓛ에 대한 유전자형이 1은 $X^{B}X^{B}$인데 ⓛ을 갖지 않으므로 X^{B^*}는 X^{B}에 대해 완전 우성이다. ⓛ에 대한 유전자형이 3은 $X^{B^*}X^{B^*}$이고, 4는 $X^{B}Y$인데 8은 ⓛ을 갖지 않으므로 8은 클라인펠터 증후군이고, 아버지로부터 B를 갖는 X 염색체 1개와 Y 염색체 1개를 물려받았고, 어머니로부터 B^*을 갖는 X 염색체 1개를 물려받았다.

ㄱ. 8은 클라인펠터 증후군이다.

ㄴ. ⓐ는 X 염색체 1개와 Y 염색체 1개를 갖고 있으므로 ⓐ의 형성 과정 중 염색체 비분리는 감수 1분열에서 일어났다.

[오답 피하기] ㄷ. ㄱ에 대한 유전자형이 5가 AA*이고, 6이 AA이므로 5와 6 사이에서 아이가 태어날 때, 이 아이가 ㄱ을 가질 확률은 $\dfrac{1}{2}$이다. ⓛ에 대한 유전자형이 5가 $X^{B}Y$이고, 6이 $X^{B}X^{B^*}$이므로 5와 6 사이에서 아이가 태어날 때, 이 아이가 ⓛ을 가질 확률은 $\dfrac{1}{4}$이다. ㄱ의 유전자는 상염색체에 있고, ⓛ의 유전자는 X 염색체에 있으므로 5와 6 사이에서 아이가 태어날 때, 이 아이가 ㄱ과 ⓛ을 모두 가질 확률은 $\dfrac{1}{8}\left(=\dfrac{1}{2}\times\dfrac{1}{4}\right)$이다.

436 터너 증후군을 나타내는 사람의 체세포 1개에는 성염색체가 X 염색체 1개만 있다. 적록 색맹은 반성유전 열성 형질이다.

ㄱ. 영희의 아버지와 어머니 모두 정상이지만 영희는 적록 색맹이므로 영희는 적록 색맹 대립유전자를 어머니로부터 물려받았다.

ㄴ. 영희는 어머니로부터는 적록 색맹 대립유전자를 가진 X 염색체를 물려받았고, 아버지로부터는 성염색체를 물려받지 않았다. 따라서 ⓐ는 아버지에게서 형성된 정자이다.

[오답 피하기] ㄷ. ⓐ의 상염색체 수는 22, ⓑ의 X 염색체 수는 1이므로 $\dfrac{\text{ⓑ의 X 염색체 수}}{\text{ⓐ의 상염색체 수}}=\dfrac{1}{22}$이다.

437 ㄴ. (나)에는 성염색체에 있는 대립유전자 a가 있는 부분의 상염색체로 전좌된 염색체가 있다.

[오답 피하기] ㄱ. ⓛ은 a가 상염색체로 전좌되고 남아 있는 성염색체이다. 따라서 ⓛ은 ㄱ의 상동 염색체가 아니다.

ㄷ. (다)에는 a와 B의 위치가 뒤바뀐 염색체, 즉 역위가 일어난 염색체가 있다.

Ⅴ-1. 생태계의 구성과 기능

01. 생태계와 개체군

STEP 1 바로바로 개념 확인   본문 135쪽

438 비생물적   **439** 작용   **440** 개체 수   **441** (1) ○ (2) × (3) ○
442 주기적   **443** 텃세   **444** (1) 사회생활 (2) 순위제

438 생태계를 구성하는 요인은 생물적 요인과 비생물적 요인으로 구분할 수 있다. 생물적 요인은 생태계 내에서 담당하는 역할에 따라 생산자, 소비자, 분해자로 구분되고, 비생물적 요인에는 빛, 온도, 물, 토양, 공기 등이 있다.

439 작용은 비생물적 요인이 생물에 영향을 주는 것을 말한다.

440 개체군의 밀도는 일정한 지역에 서식하는 개체군의 개체 수를 말한다.

441 (1) 빛의 세기가 강한 곳에 서식하는 식물의 잎은 약한 곳에 서식하는 식물의 잎보다 일반적으로 두껍다.
(2) 같은 시기에 태어난 개체들의 생존율을 그래프로 나타낸 것은 생존 곡선이고, 생장 곡선은 시간에 따른 개체군의 개체 수 변화를 그래프로 나타낸 것이다.
(3) 대부분의 물고기, 굴 등의 어패류는 어릴 때 사망률이 매우 높다.

442 자연 상태에서 개체군의 밀도는 환경 요인에 따라 주기적으로 변한다. 짧게는 계절에 따라 환경 요인이 변하면서 개체군의 크기가 달라지기도 하고, 포식과 피식의 관계에 의해 장기적으로 개체군의 크기가 바뀌기도 한다.

443 개체군 내의 각 개체가 자신의 생활 구역을 확보하여 다른 개체의 접근을 막고 먹이, 배우자, 공간 등을 독점하는 것을 텃세라고 한다.

444 (1) 사회생활은 각 개체들이 역할을 분담하고 이들의 협력으로 전체 개체군이 유지되는 것이다.
(2) 순위제는 힘의 서열에 따라 일정한 순위를 정하는 행동이나 관계이다.

STEP 2 알짜 문제로 실력 키우기   본문 136~139쪽

445 ①   **446** ①   **447** ③   **448** ④   **449** ③   **450** ⑤   **451** ①
452 해설 참조   **453** ②   **454** ③   **455** ③   **456** ④   **457** ③
458 ①   **459** 해설 참조   **460** ③   **461** ⑤

445 생태계 구성 요소 간의 상호 관계 중 ㉠은 작용, ㉡은 반작용, ㉢은 한 개체군 내 개체 사이의 상호 작용이다.
ㄱ. 리더제는 한 개체군 내 개체 간의 상호 작용의 예로, ㉢에 해당한다.
오답 피하기 ㄴ. 개체군은 하나의 종으로 구성된다.
ㄷ. 빛의 세기가 강한 곳의 잎이 빛의 세기가 약한 곳의 잎보다 두꺼운 것은 비생물적 요인인 빛이 생물에 영향을 주었기 때문이므로 ㉠에 해당한다.

추가로 나오는 선택지
❶ ○   ❷ ×   ❸ ○
❶ 일조 시간이 식물의 개화에 영향을 미치는 것은 비생물적 요인인 빛이 생물에 영향을 주는 ㉠에 해당한다.
❷ 분해자는 생물 군집을 이루는 생물적 요인에 해당한다.
❸ 그림을 보면 생물 군집이 두 개체군으로 구성되어 있음을 볼 수 있다.

446 생태계는 비생물적 요인과 생물적 요인으로 구성되어 있다.
① 분해자에는 곰팡이, 세균, 버섯 등이 속한다.
오답 피하기 ② 생산자는 빛에너지를 이용해 무기물인 물과 이산화 탄소로부터 유기물인 포도당을 만든다. 유기물을 무기물로 분해하는 것은 분해자이다.
③ 생물 군집에서 다른 생물을 섭취하여 에너지를 얻는 생물을 소비자라고 한다.
④ 생물적 요인은 비생물적 요인에 영향을 주며, 이를 반작용이라고 한다.
⑤ 호수의 소비자는 육지의 생산자에 의해 공급되는 유기물뿐만 아니라 호수의 생산자가 생산하는 유기물에도 의존한다.

447 생태계를 구성하는 요소는 생태계 > 군집 > 개체군 > 개체의 순으로 포함 관계를 이룬다.
ㄷ. 생태계는 생물적 요인과 비생물적 요인을 모두 포함하는 개념이다.
오답 피하기 ㄱ. 개체군은 군집에 포함된다. 군집은 하나 이상의 개체군으로 이루어져 있다.
ㄴ. 반작용은 생물적 요인이 비생물적 요인에 미치는 영향이다.

448 서로 다른 영양 단계에 속하는 개체군 A~C에서 A는 생산자, B와 C는 소비자에 해당한다.
ㄴ. 물질이 B에서 C로 이동하고 있으므로, C는 B의 포식자이고 B는 C의 피식자이다.
ㄷ. 유기물은 '→'를 따라 영양 단계를 이동한다. 따라서 A에서 C로 이동한다.
오답 피하기 ㄱ. 온도가 A의 생장에 미치는 영향은 비생물적 요인이 생물 군집에 미치는 영향이므로 작용에 해당한다. 반작용은 생물적 요인이 비생물적 요인에게 영향을 주는 것을 말한다.

449 지의류가 바위의 토양화를 촉진하는 것과 숲이 우거져 숲 속 습도가 높아지는 것은 모두 생물이 비생물적 요인에 영향을 주는 반작용의 예에 해당한다.

ㄷ. 낙엽이 만드는 분변으로 흙의 양분이 증가하는 것은 반작용의 예이다.

오답 피하기 ㄱ. 온대 지방의 양서류가 겨울잠을 자는 것은 온도라는 비생물적 요인이 생물에 영향을 미치는 예이다.

ㄴ. 염분이 많은 토양에서 퉁퉁마디가 잘 자라는 것은 비생물적 요인이 생물에 영향을 미치는 예이다.

450 ㄱ. (가)는 비생물적 요인이 생물적 요인에 영향을 주는 작용이며, 한라산 정상에 낮은 온도에 적응한 식물들이 있다는 것은 작용에 해당하는 예이다.

ㄴ. (나)는 생물적 요인이 비생물적 요인에 영향을 주는 반작용이며, 숲 속의 공기가 도시의 공기보다 산소가 많은 것은 숲의 나무들에 의한 광합성의 결과이다.

ㄷ. (다)는 생물 간의 상호 작용을 나타낸 것으로 다람쥐가 도토리를 땅에 저장하여 떡갈나무가 번식하도록 돕는 것은 생물 간의 상호 작용에 해당한다.

451 ㄱ. A는 이론적 생장 곡선, B는 실제 생장 곡선에 해당한다.

오답 피하기 ㄴ. 동일 시간에서 A와 B의 차이는 환경 저항에 해당한다. B에서 환경 저항은 A와 B의 차이가 적은 구간 Ⅰ에서보다 A와 B의 차이가 큰 Ⅱ에서가 더 크다.

ㄷ. 개체 수 증가율은 단위 시간당 증가한 개체 수로 볼 수 있으며, 그래프에서 기울기에 해당한다. 따라서 구간 Ⅰ에서 개체 수 증가율은 그래프의 기울기가 작은 B에서보다 그래프의 기울기가 큰 A에서 크다.

추가로 나오는 선택지

❶ ○ ❷ ×

❶ B에서 개체군 크기는 환경 수용력인 C 이상 커질 수 없다.

❷ 환경 저항은 A와 B의 차이로 볼 수 있으며, 개체 수가 증가할수록 커진다.

452 개체군의 밀도는 단위 면적당 개체 수로 구할 수 있다.

모범 답안 각 개체군의 밀도를 구하면 Ⅰ은 $\frac{10}{2}=5$, Ⅱ는 $\frac{50}{5}=10$, Ⅲ은 $\frac{20}{4}=5$, Ⅳ는 $\frac{33}{3}=11$이므로 개체군의 밀도가 가장 높은 개체군은 Ⅳ이다.

채점 기준	배점
Ⅰ~Ⅳ의 밀도를 구하는 계산식을 모두 쓰고, 이에 따라 밀도가 가장 높은 개체군을 옳게 서술한 경우	100%
밀도가 가장 높은 개체군만 쓴 경우	30%

453 ② B에서 개체군의 밀도는 개체 수가 최대인 t_1에서 최대가 된다.

오답 피하기 ① A는 환경 저항이 없을 때의 이론적 생장 곡선이다.

③ 한 개체군에서 먹이가 감소하면 A에서 B로 변한다.

④ 자연 상태에서 개체군의 생장 곡선은 B에 해당하며, B는 환경 수용력 이상으로 증가하지 못한다.

⑤ 서식지의 노폐물이 증가하면 환경 저항이 증가하므로 개체군의 환경 수용력은 감소한다.

454 A는 어패류, B는 조류(새), C는 사람이나 코끼리 등 대형 포유류에 해당한다.

③ B는 각 연령대에서 사망률이 거의 일정하여 상대 연령에 따른 생존 개체 수의 감소율이 일정하다.

오답 피하기 ① A는 초기 사망률이 B보다 높아 초기에 생존 개체 수가 빠르게 감소한다.

② A는 초기 사망률이 높으므로 종족 유지를 위해 새끼를 많이 낳는 특징을 보인다.

④ C는 어릴 때 부모의 보호를 받는 경우가 많아 생존율이 A보다 높다.

⑤ C의 대표적인 예로 사람과 코끼리 등이 있으며, 굴과 어류는 A의 대표적인 예이다.

455 (가)는 발전형, (나)는 안정형, (다)는 쇠퇴형이다. 개체군의 연령 피라미드에서 A는 생식 후 연령층, B는 생식 연령층, C는 생식 전 연령층이다.

③ (가)는 발전형이며, 개체군의 크기가 커질 것으로 예상되는 형태이다.

오답 피하기 ① A는 생식 후 연령층이다.

② B보다 C 연령층의 비율이 큰 것은 (가)이며, 개체군의 크기가 커질 것으로 예상된다.

④ (나)는 개체 수 변화가 거의 없는 안정형이다.

⑤ 개체군의 연령 피라미드는 개체군의 연령 분포를 파악하기 위한 것으로, 개체군의 주기적 변동을 관찰하기 위한 것이 아니다.

456 돌말 개체군의 주기적 변동은 계절적 변동의 예이다.

ㄱ. 계절에 따른 환경 요인의 변화에 따라 돌말 개체군의 크기가 변하므로 돌말 개체군 크기의 변동 주기는 1년이다.

ㄴ. 늦봄에 돌말의 생장에 필요한 빛의 세기와 수온은 증가하지만 영양염류는 급격히 감소한다. 따라서 돌말 개체 수는 영양염류의 고갈로 감소한다.

오답 피하기 ㄷ. 돌말 개체군의 크기는 계절에 따른 영양염류, 빛의 세기, 수온 등 비생물적 요인의 변화에 의해 변동된다.

457 눈신토끼와 스라소니의 개체 수 변동은 먹이 관계에 의한 변동의 대표적인 예이다.

ㄷ. 포식자인 스라소니의 개체 수가 증가하면 피식자인 눈신토끼는 더 많이 잡아먹히기 때문에 개체 수가 감소한다.

오답 피하기 ㄱ. 영양 단계에서 잡아먹는 쪽이 포식자, 잡아먹히는 쪽이 피식자이다. 따라서 눈신토끼는 스라소니의 피식자이다.

ㄴ. 스라소니의 개체 수 변화는 눈신토끼의 개체 수 변화에 의한 것으로, 생물적 요인의 변화에 의한 것이다.

458 개체군 내의 상호 작용 중 (가)는 리더제, (나)는 순위제, (다)는 사회생활, (라)는 텃세에 해당한다.
① (가)는 리더제로, 기러기 개체군에서 볼 수 있다.
오답 피하기 ② (나)는 순위제에 해당한다.
③ 닭이 모이를 쪼는 순서를 힘의 서열에 따라 정하는 것은 (나)의 예에 해당한다.
④ 가장 경험이 많은 한 개체가 개체군의 행동을 지휘하여 질서를 유지하는 것은 리더제인 (가)에 대한 설명이다.
⑤ (가)~(라)는 모두 불필요한 경쟁을 막아 한정된 자원을 효율적으로 활용하기 위한 것이다.

추가로 나오는 선택지

❶ (나) ❷ (라) ❸ (다)
❶ 모이를 먹을 때 순위가 높은 닭이 먼저 먹는 것은 순위제인 (나)에 해당한다.
❷ 가마우지가 번식을 위해 개체마다 일정한 영역을 차지하고 다른 개체의 침입을 막는 것은 텃세인 (라)에 해당한다.
❸ 꿀벌 집단에서 생식, 방어, 먹이 수집 등을 전담하는 개체들이 나뉘어 있는 것은 사회생활인 (다)에 해당한다.

459 황금두더지는 일정한 서식 공간을 차지하여 필요한 자원을 확보하고 있으며, 이는 텃세에 해당한다. 텃세는 먹이나 생식을 위해 불필요한 싸움이 일어나지 않도록 한다.
모범 답안 텃세. 황금두더지는 공간에 대한 텃세를 통해 개체군의 밀도를 조절하고 불필요한 경쟁을 방지한다.

채점 기준	배점
텃세를 쓰고, 텃세의 이로운 점을 모두 옳게 서술한 경우	100%
텃세는 언급하였지만 이로운 점을 서술하지 못한 경우	30%

460 (가)는 텃세, (나)는 가족생활, (다)는 사회생활이다.
③ (나)는 가족생활로, 혈연관계의 개체들이 무리 지어 생활하는 특징이 있다.
오답 피하기 ① (가)는 바다악어가 자신의 서식지를 확보하는 텃세에 해당한다.
② 꿀벌의 역할 분담은 사회생활인 (다)에 해당한다.

④ 힘의 서열에 따라 일정한 순위를 갖는 것은 순위제이다.
⑤ 경험이 많은 한 개체가 리더가 되어 개체군의 행동을 지휘하는 것은 리더제이다.

461 ㄱ. 그래프에서 x 축의 오른쪽으로 갈수록 개체들의 평균 질량이 감소한다. 즉, 개체군의 밀도가 증가하면 개체들의 평균 질량이 감소한다.
ㄴ. 개체 사이의 경쟁은 개체군의 밀도가 높을수록 증가한다. 즉, 1989년보다 1988년에 경쟁이 더 심하다.
ㄷ. 송어 개체군에서 텃세가 일어난다. 즉, 송어는 개체를 분산시켜 불필요한 경쟁을 막고 있다.

STEP 3 **1등급을 위한 실전 완벽 대비**   본문 140~141쪽

462 ⑤   463 ①   464 ②   465 ④   466 ②   467 ①   468 ③
469 ①

462 생태계 구성 요소 간의 관계에서 ㉠은 작용, ㉡은 반작용, ㉢은 개체군 내 개체 사이의 상호 작용이다.
ㄱ. 여름 바다에서 고온이 지속되면 적조 현상이 나타나는 것은 온도가 생물에 영향을 미친 것이므로 ㉠에 해당한다.
ㄴ. 지의류에 의해 바위가 풍화되어 토양이 형성되는 것은 생물이 토양에 영향을 미친 것이므로 ㉡에 해당한다.
ㄷ. 물개는 다른 물개가 세력권을 침입하면 경계하는 데 이것은 텃세이며, 한 개체군 내 개체 사이의 상호 작용인 ㉢에 해당한다.

463 효모를 배양하면 경과 시간에 따라 효모 개체군의 크기가 증가한다. 효모 개체군의 크기는 환경 수용력까지 증가한 이후 노폐물 증가나 먹이 부족 등으로 인해 더 이상 증가하지 않는다.
ㄱ. 개체 수가 증가할수록 환경 저항이 커진다. 즉, 1시간 후보다 4시간 후에 환경 저항이 더 크다.
오답 피하기 ㄴ. 5시간 후에는 개체 수 증가율이 2시간 후보다 낮다. 즉, 2시간 후보다 5시간 후에 개체 수 증가율이 더 낮다.
ㄷ. 6시간이 경과했을 때와 7시간이 경과했을 때의 개체 수가 같다. 즉, 효모 개체군의 크기가 더 이상 증가하지 않으므로 7시간 후 출생률은 사망률과 같다.

자료 정리

효모 개체군의 생장 곡선
주어진 표를 그래프로 전환하면 다음과 같다.

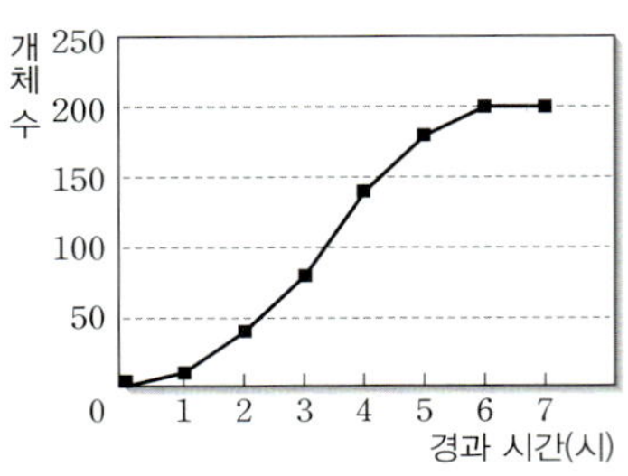

(1) 초기에는 효모의 개체 수가 급격히 증가하다가 일정 시간 이후 더 이상 증가하지 않는다.
(2) 환경 수용력은 특정 환경 조건에서 특정한 종을 유지할 수 있는 최대 개체 수이다. 자료에서는 200 개체에 해당한다.

464 A와 B는 서로 다른 식물 개체군이며, A와 B는 서식 지역의 면적에 차이가 있어 개체군의 밀도를 구하여 서식 환경을 비교할 수 있다.
ㄷ. ㉠의 면적은 ㉡ 면적의 0.5배라고 했으므로 면적을 ㉠, ㉡이라고 하면 $㉠=\dfrac{1}{2}㉡$이므로 t_1에서 $\dfrac{100}{㉠}=\dfrac{100}{0.5\times㉡}=\dfrac{200}{㉡}$이다. 즉, t_1에서 A의 개체군 밀도$=\dfrac{100}{㉠}=\dfrac{200}{㉡}=t_2$에서 B의 개체군 밀도이다. 따라서 t_1에서 A의 개체군 밀도와 t_2에서 B의 개체군 밀도는 같다.

오답 피하기 ㄱ. A는 한 개체군이므로 한 종으로 구성된다.
ㄴ. 구간 Ⅰ에서 A는 환경 저항을 받아 개체 수가 더 이상 증가하지 못한다.

465 (가)는 한 서식지에서 가능한 생장 곡선을, (나)는 포식과 피식에 의한 개체 수의 주기적 변동을 나타낸 것이다.
ㄱ. A와 B는 포식과 피식의 관계에 있으므로 먹이 사슬을 형성한다.
ㄷ. (나)에서 포식과 피식에 의한 주기적 변동이 나타난다.

오답 피하기 ㄴ. (가)는 개체 수가 무한하게 증가하지 못하고 환경 저항이 있는 것으로 보아 A의 실제 생장 곡선이다.

466 그래프에서 A는 B보다 먼저 증가와 감소를 반복하므로 A는 피식자, B는 포식자이다.
ㄴ. B의 증가는 A의 환경 저항 중 하나이다.

오답 피하기 ㄱ. A는 피식자, B는 A의 포식자이다.
ㄷ. 종 A와 B의 개체 수 변동은 포식과 피식의 관계에 따른 변화가 가장 큰 원인이다.

467 표에서 동시에 태어난 개체라고 하였으므로 생존 곡선을 구하기 위한 자료이다.
ㄱ. A는 초기 사망률이 높고 후기 사망률이 낮은 것으로 보아 A의 생존 곡선은 Ⅰ형보다는 Ⅲ형에 가깝다.

오답 피하기 ㄴ. 일반적으로 어린 개체가 부모의 보호를 받는 것은 Ⅰ형의 생물에 해당한다.
ㄷ. 종 A는 초기 사망률이 높아 종족 유지를 위해 한 번에 낳는 자손의 수가 다른 유형의 생물에 비해 많다.

자료 정리

생존 곡선
주어진 표를 생존 개체 수로 나타내면 다음과 같다.

상대 수명	사망 개체 수	생존 개체 수	상대 수명	사망 개체 수	생존 개체 수
10	960	40	50	2	3
20	20	20	60	1	2
30	11	9	70	1	1
40	4	5	80	1	0

이 표를 그래프로 나타내면 다음과 같다.

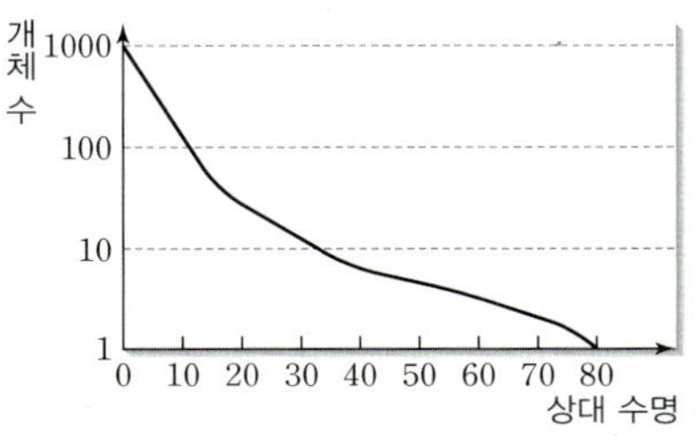

(1) 같은 시기에 태어난 개체들이 시간이 지남에 따라 얼마나 살아남았는지를 그래프로 나타낸 것이 개체군의 생존 곡선이다.
(2) Ⅲ형은 초기에 대부분의 개체가 사망한다.
(3) 초기 사망률이 높은 개체군은 한 번에 낳는 자손의 수가 다른 유형의 생물에 비해 많아야 한다.

468 (가)에서 ㉠은 작용, ㉡은 반작용, ㉢은 개체군 간의 상호 작용, ㉣은 한 개체군 내 개체 간의 상호 작용이다.
ㄱ. (나)는 텃세를 나타낸 것으로, 한 개체군 내 개체 간의 상호 작용인 ㉣에 해당한다.
ㄴ. 온도 상승이 은어의 활동에 미치는 영향은 ㉠(작용)에 해당한다.

오답 피하기 ㄷ. 닭이 힘의 서열에 따라 모이를 쪼는 순서를 정하는 것은 ㉣(한 개체군 내에서의 상호 작용)에 해당한다.

469 (가)는 순위제, (나)는 리더제에 대한 사례이다.
ㄱ. 순위제와 리더제는 모두 한 개체군 내에서 일어나는 개체 간의 상호 작용이다.

오답 피하기 ㄴ. 개체들이 역할을 분담하는 사회생활을 하는 것은 꿀벌이나 개미에서 볼 수 있다.
ㄷ. 순위제와 리더제는 불필요한 경쟁을 피하고 개체군 내 질서를 유지하는 방법 중 하나이다.

02. 군집

470 생태적 지위 **471** 중요치 **472** (1) ◯ (2) ◯ (3) ✕ **473** 극상
474 경쟁 **475** (1) 편리공생 (2) + (3) +

470 생태적 지위는 각 개체군들이 군집 내에서 차지하는 위치로, 먹이 지위와 공간 지위가 있다.

471 우점종은 군집에서 개체 수가 많고 넓은 면적을 차지하여 그 군집을 대표할 수 있는 종으로, 중요치가 가장 높다. 중요치는 상대 밀도, 상대 빈도, 상대 피도를 합한 값이다.

472 (1) 온대 지방의 숲에서는 교목층이 초본층보다 빛을 더 많이 받는다.
(2) 담수 군집(강, 호수)과 해수 군집(바다)은 수생 군집에 속한다.
(3) 위도에 따른 식물 군집의 분포를 수평 분포, 고도에 따른 식물 군집의 분포를 수직 분포라고 한다.

473 천이의 마지막 단계에서 식물 군집이 안정적으로 유지되는 상태를 극상이라고 하며, 대부분의 온대 지방에서는 참나무류로 이루어진 음수림이 극상을 이룬다.

474 생태적 지위가 비슷한 두 개체군이 같은 장소에 서식할 경우 먹이나 생활 공간을 차지하기 위해 종간 경쟁이 일어난다.

475 (1) 편리공생은 한 개체군은 이익을 얻고, 다른 개체군은 이익도 손해도 없는 상호 작용을 말한다. 빨판상어는 거북의 몸에 붙어 이동하고 먹이를 먹지만 거북은 이익도 손해도 없다.
(2) 상리 공생은 두 개체군이 모두 이익을 얻는 상호 작용이므로, 흰동가리와 말미잘은 모두 '+'이다.

476 ⑤ **477** 해설 참조 **478** ③ **479** ② **480** (1) B (2) C **481** ⑤
482 해설 참조 **483** ③ **484** ⑤ **485** 해설 참조 **486** ①
487 ④ **488** ③ **489** 해설 참조 **490** ① **491** ④

476 상대 밀도와 상대 빈도는 개체 수와 출현한 방형구 수를 이용하여 구한다. 즉, 상대 밀도와 상대 빈도의 식을 변형하면 다음과 같다.

- 상대 밀도 $= \dfrac{\text{특정 종의 개체 수}}{\text{모든 종의 개체 수}} \times 100,$
- 상대 빈도 $= \dfrac{\text{특정 종이 출현한 방형구 수}}{\text{각 종이 출현한 방형구 수의 합}} \times 100,$
- 상대 피도 $= \dfrac{\text{특정 종의 점유 면적}}{\text{모든 종의 점유 면적}} \times 100$

우점종을 결정하기 위해 주어진 자료를 표로 정리하면 다음과 같다. (상대 밀도, 상대 빈도, 상대 피도는 소숫점 둘째 자리에서 반올림하였다.)

[지역 A]

구분 / 식물	개체 수	출현한 방형구 수	점유 면적 (m^2)	상대 밀도(%)	상대 빈도(%)	상대 피도(%)	중요치
참나물	4	4	0.04	20.00	25.00	20.00	65
개망초	6	4	0.06	30.00	25.00	30.00	85
패랭이꽃	10	8	0.1	20.00	50.00	50.00	150
계	20	16	0.2	100.00	100.00	100.00	

[지역 B]

구분 / 식물	개체 수	출현한 방형구 수	점유 면적 (m^2)	상대 밀도(%)	상대 빈도(%)	상대 피도(%)	중요치
참나물	10	8	0.1	50.00	50.00	50.00	150
개망초	4	4	0.04	20.00	25.00	20.00	65
패랭이꽃	6	4	0.06	30.00	25.00	30.00	85
계	20	16	0.2	100.00	100.00	100.00	

ㄱ. A에서 우점종은 중요치가 가장 높은 패랭이꽃이다.
ㄴ. A에서 참나물의 상대 피도는 20 %이므로, 개망초의 상대 피도인 30 %보다 작다.
ㄷ. B에서 개체군의 상대 빈도는 개망초와 패랭이꽃에서 25 %로 같다.

추가로 나오는 선택지
❶ ◯ ❷ ✕ ❸ ◯
❶ A에서 개망초의 상대 빈도는 25 %이다.
❷ A에서 우점종은 패랭이꽃이고, B에서 우점종은 참나물이다.
❸ A에서 개망초의 중요치는 85이고, B에서 패랭이꽃의 중요치는 85로 서로 같다.

477 생태적 지위는 각 개체군들이 군집 내에서 차지하는 위치이다.
[모범 답안] 군집 내에서 한 개체군이 차지하는 서식 공간인 공간 지위와 먹이 사슬에서 차지하고 있는 위치인 먹이 지위를 함께 묶어서 생태적 지위라고 한다.

채점 기준	배점
공간 지위와 먹이 지위 두 단어를 모두 사용하여 생태적 지위를 옳게 서술한 경우	100%
공간 지위와 먹이 지위 중 한 단어만 사용하여 설명한 경우	50%

478 그림에서 (가)는 교목층, (나)는 아교목층, (다)는 선태층(지표층)이다. 교목층, 아교목층, 관목층, 초본층은 식물의 광합성이 활발하여 광합성층이라고 하며, 새와 곤충이 서식한다. 선태층에는 낙엽이나 썩은 나무가 있으며, 선태류, 균류, 지네 등이 서식한다. 지중층에는 흙 속에서 낙엽이나 사체가 썩으면서 만들어지는 부식질이 많고, 지렁이, 균류, 세균류 등이 서식한다. 식물 군집의 층상 구조에서 아래로 갈수록 도달하는 빛이 감소한다.
③ (가)는 교목층으로 아교목층인 (나)보다 강한 빛에 적응한 식물이 발달한다.

오답 피하기 ① (가)에는 빛을 많이 받으므로 광합성량이 가장 많다.
② 일반적으로 (가)를 이루는 식물의 잎은 관목층을 이루는 식물의 잎보다 두껍다.
④ (다)에는 낮은 온도에 적응한 식물이 발달한다.
⑤ 초본층에는 관목층보다 약한 빛에 적응한 식물이 발달한다.

479 주어진 자료에서 상대 밀도와 상대 빈도는 전체에 대한 상대적인 값이므로 시간을 줄이기 위해 전체를 계산할 필요 없이 대략적으로 파악하여 계산할 수 있다.
ㄴ. 여름에 B의 상대 밀도는 33 %이고 상대 빈도는 27 %이므로, 상대 밀도가 상대 빈도보다 크다.
오답 피하기 ㄱ. 봄에 A가 출현한 방형구 수는 4이고 B가 출현한 방형구 수는 3이며 전체 방형구 수는 동일하므로 A의 빈도가 B의 빈도보다 크다.
ㄷ. 봄에 A의 개체 수는 4이고 여름에 A의 개체 수는 6이며 면적은 동일하므로, A의 밀도는 봄보다 여름에 크다.

자료 정리

방형구법
주어진 자료에서 계절에 따른 식물의 분포 변화를 추론할 수 있다.
[봄]

식물	개체 수	출현한 방형구 수	상대 밀도(%)	상대 빈도(%)
A	4	4	57	57
B	3	3	43	43
계	7	7	100	100

[여름]

식물	개체 수	출현한 방형구 수	상대 밀도(%)	상대 빈도(%)
A	6	6	50	55
B	4	3	33	27
C	2	2	17	18
계	12	11	100	100

---

480 상대 밀도는 모든 종의 개체 수 합에 대한 특정 종의 개체 수로 구한다. 또한 상대 빈도는 모든 종의 방형구 수 합에 대한 특정 종이 출현한 방형구 수로 구한다. 따라서 주어진 표를 정리하면 다음과 같다.

식물	A	B	C	D	E	계
개체 수	47	94	27	18	14	200
출현한 방형구 수	9	16	45	17	13	100
상대 밀도(%)	23.5	47	13.5	9	7	100
상대 빈도(%)	9	16	45	17	13	100

(1) B의 상대 밀도가 47 %로 가장 높다.
(2) C의 상대 빈도가 45 %로 가장 높다.

481 생태적 지위는 먹이 지위와 공간 지위를 포함한다. 주어진 조건으로 먹이의 양과 서식지의 크기 조건에 따라 경쟁 관계에 있는 (가)와 (나)의 생존이 어떻게 달라지는지 추론할 수 있다.

ㄱ. B에서가 A에서보다 (가)와 (나)의 생태적 지위가 더 많이 겹치므로, A보다 B에서 (가)와 (나) 사이에 경쟁이 많이 일어난다.
ㄴ. C에서 D로 환경이 변하면 D는 개체군 (나)만 생존 가능한 범위이므로 (나)는 (가)보다 생존에 더 유리하다.
ㄷ. A에서 C로 환경이 변하면 서식지의 크기는 같은데 먹이의 양이 달라지므로 서식지의 크기보다 먹이의 양이 개체군 (나)의 생존에 더 큰 영향을 미친다.

482 주어진 자료를 정리하면 다음 표와 같다.

구분 / 식물	개체 수	출현한 방형구 수	상대 밀도(%)	상대 빈도(%)	상대 피도(%)	중요치
질경이	6	5	24	28	50	102
토끼풀	9	8	36	44	33	113
민들레	10	5	40	28	17	85
계	25	18	100	100	100	

모범 답안 질경이의 상대 밀도는 24 %, 상대 빈도는 28 %, 상대 피도는 50 %이다. 따라서 중요치는 102이다.

채점 기준	배점
질경이의 중요치를 구하는 풀이 과정과 그 값을 모두 옳게 서술한 경우	100%
질경이의 중요치를 구하지 못했지만 중요치를 구하는 방법을 알고 있는 경우	50%

483 식물 군집의 수직 분포에서 (가)는 침엽수림, (나)는 낙엽 활엽수림이다.
ㄱ. 그림은 고도에 따른 식물 군집의 분포를 나타낸 것이므로 군집의 수직 분포를 나타낸 것이다.
ㄴ. (가)는 침엽수림이므로 (가)의 식물은 낙엽 활엽수림인 (나)의 식물보다 잎 1개의 면적이 작다.
오답 피하기 ㄷ. 식물 군집의 수평 분포는 기온과 강수량의 차이로 나타나고, 수직 분포는 기온 차이로 나타난다.

484 용암 대지에서 시작하는 천이이므로 건성 천이이다.
ㄴ. 용암 대지와 같이 기존에 생물체가 없는 장소에서 시작하는 천이이므로 1차 천이를 나타낸 것이다.
ㄷ. 음수림인 C의 식물 군집은 극상을 이룬다.
오답 피하기 ㄱ. A는 관목림, B는 양수림, C는 음수림이다.

추가로 나오는 선택지
❶ ○ ❷ × ❸ 관목림 ❹ ○
❶ 용암 대지에서 시작하는 건성 천이를 나타낸 것이다.
❷ 생물이 없는 환경에서 시작된 천이이므로 1차 천이를 나타낸 것이다.
❸ A는 초원 다음에 형성되는 관목림이다.
❹ 천이가 진행되면서 지표면에 도달하는 빛의 세기는 약해진다. 따라서 A에서는 B에서보다 지표면에 도달하는 빛의 세기가 강하다.

485 자료에서 토양 내 양분은 혼합림에서 가장 많으며, 지표면에 도달하는 빛의 세기는 음수림에서 가장 약하다.

[모범 답안] (가)는 천이가 진행되면서 점차 증가하여 혼합림에서 최대가 되며, (나)는 천이가 진행되면서 점차 감소하여 음수림에서 가장 약하다.

채점 기준	배점
(가)와 (나)의 변화를 모두 옳게 서술한 경우	100%
(가)와 (나)의 변화 중 하나만 옳게 서술한 경우	50%

486 식물 군집의 천이에서 A는 관목림, B는 양수림, C는 음수림이다.
ㄱ. 호수가 메워지면서 진행되는 천이이므로 습성 천이이다.
[오답 피하기] ㄴ. A는 관목림이므로 A의 우점종은 관목이다. 지의류는 이끼와 함께 초기 개척자이다.
ㄷ. C는 혼합림 다음 단계이므로 음수림이다.

487 ㄴ. 시간이 지남에 따라 초본류가 감소하고 목본류가 증가하므로 초원에서 관목림으로 천이가 진행되었다.
ㄷ. 천이가 진행되면서 토양 내 유기물의 양과 수분의 양이 모두 증가하였다.
[오답 피하기] ㄱ. 산불이 발생한 이후 진행되는 천이이므로 2차 천이이다.

488 짚신벌레 A종과 B종은 경쟁 관계이다. 두 종을 혼합 배양하면 A종은 경쟁 · 배타가 일어나 전멸하게 된다.
ㄷ. (나)에서 15일 후 A종은 개체 수가 감소하고 있으므로 출생률보다 사망률이 높다.
[오답 피하기] ㄱ. (가)의 구간 Ⅰ에서 환경 저항이 증가한다.
ㄴ. (나)에서 A종과 B종은 경쟁 관계이다.

추가로 나오는 선택지
❶ × ❷ ○ ❸ 경쟁 · 배타
❶ A종과 B종은 경쟁 관계이다.
❷ B종을 단독 배양하면 종간 경쟁이 없으므로 10일 후 (나)에서보다 개체 수가 증가할 것이다.
❸ (나)에서 25일 이후 A종이 모두 없어지면 경쟁 · 배타가 일어난 것이다.

489 도미와 청소놀래기는 서로 이익을 주고받는 관계로 상리 공생에 해당한다.
[모범 답안] 상리 공생. 청소놀래기는 도미의 입속을 청소해 주고, 도미는 청소놀래기에게 먹이를 제공하여 서로 이익을 주고받는 관계이기 때문이다 .

채점 기준	배점
상리 공생을 쓰고, 그 까닭을 모두 옳게 서술한 경우	100%
상리 공생을 썼지만 까닭을 서술하지 못한 경우	30%

490 주어진 자료에서 A는 기생, B는 편리공생, C는 상리 공생이다.

상호 작용	종 1	종 2
기생	손해	이익
편리공생	이익	이익도 손해도 없음
상리 공생	이익	이익

ㄱ. A는 기생이므로 ㉠은 '손해'이다.
[오답 피하기] ㄴ. B는 편리공생이므로 종 1은 종 2의 포식자가 아니다.
ㄷ. 사자와 영양의 상호 작용은 포식과 피식이므로 A~C에 해당하지 않는다.

491 지의류에서 곰팡이와 녹조류의 관계가 A에 속한다고 했으므로 A는 상리 공생, B는 포식과 피식, ㉠은 '서로 이익을 얻는가?'이며, C는 텃세, D는 사회생활이다.
ㄱ. 개체군 간의 상호 작용이 아닌 것은 텃세와 사회생활이다. 따라서 D는 사회생활이다.
ㄷ. 개체군 간의 상호 작용은 포식과 피식, 상리 공생이다. 따라서 '서로 이익을 얻는가?'는 ㉠에 해당한다.
[오답 피하기] ㄴ. 흰동가리와 말미잘의 관계는 상리 공생(A)에 속한다.

STEP 3 1등급을 위한 실전 완벽 대비   본문 148~149쪽

492 ⑤   493 ③   494 ③   495 ②   496 ④   497 ②   498 ⑤
499 ②

492 광합성량은 O_2(산소)의 양으로부터, 호흡량은 CO_2(이산화 탄소)의 양으로부터 추정할 수 있다.
ㄱ. 선태층에서 CO_2(이산화 탄소)는 증가하고 O_2(산소)는 감소하므로 광합성량보다 호흡량이 많다고 할 수 있다.
ㄴ. O_2(산소)의 양을 비교하면 초본층보다 교목층에서 광합성량이 많다고 할 수 있다.
ㄷ. 위쪽으로 갈수록 빛의 세기가 강해지므로 관목층보다 교목층에 도달하는 빛의 세기가 강하다.

삼림의 층상 구조

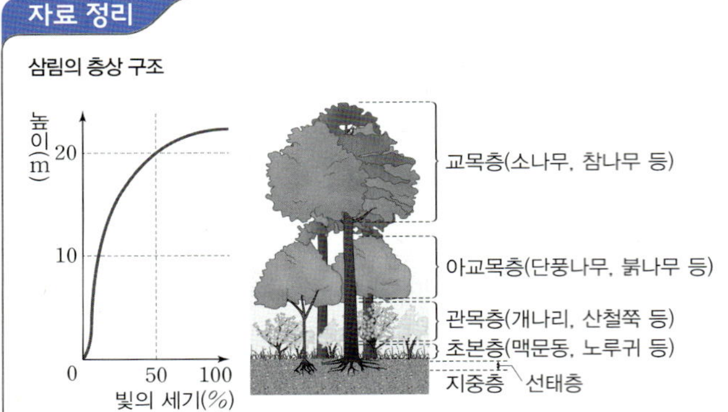

(1) 삼림에서 교목층이 가장 강한 빛을 받고 있으며, 초본층으로 갈수록 도달하는 빛의 세기가 약해진다.
(2) 교목층에는 해당 삼림을 대표하는 우점종이 있다.

493 ㄱ. 이 생태계의 우점종은 중요치가 130으로 가장 높은 A이다.
ㄴ. B의 상대 빈도는 20 %이다.
오답 피하기 ㄷ. C의 중요치는 120으로 130보다 작다.

자료 정리

방형구법
주어진 자료를 정리하면 다음 표와 같다.

구분 / 식물	개체 수	출현한 방형구 수	상대 밀도(%)	상대 빈도(%)	상대 피도(%)	중요치
A	10	8	40	40	50	130
B	5	4	20	20	10	50
C	10	8	40	40	40	120
계	25	20	100	100	100	

(1) 중요치가 가장 높은 A가 우점종이다.
(2) 같은 방형구 안에 하나 이상의 개체가 있어도 빈도에서는 1개체로 간주한다.

494 ㄱ. 홍수로 인해 퇴적물이 쌓인 지역에서 일어나는 천이이므로 2차 천이에 해당한다.
ㄴ. 천이 과정에서 종의 경쟁에 의해 피도의 증감이 일어나므로, A~C는 모두 경쟁 관계이다.
오답 피하기 ㄷ. C의 피도가 증가하면 A의 피도는 감소한다.

495 ㄴ. B는 강수량이 적고 온도가 높은 지역에 형성된 사막이다.
오답 피하기 ㄱ. A는 강수량이 많고 온도가 높은 지역에 형성된 열대우림으로, 건조에 강한 식물이 우점종이 되지 않는다.
ㄷ. C는 툰드라로, 침엽수가 우점종이다.

496 (가)와 (나)를 비교하면 A는 단독으로 심었을 때와 B와 함께 심었을 때의 서식 범위가 같지만, B는 단독으로 심었을 때보다 A와 함께 심었을 때 수심이 얕은 지역에서 서식하지 못한다는 것을 알 수 있다.
ㄱ. A와 B는 서식지가 겹치면 경쟁·배타가 일어나는 것으로 보아 경쟁 관계이다.

ㄷ. B가 서식하는 수심의 범위는 경쟁이 없는 (가)에서가 더 넓다.
오답 피하기 ㄴ. 구간 Ⅰ에서만 경쟁·배타가 일어났다. 구간 Ⅱ에서 A는 경쟁이 없어도 서식하지 못한다.

497 A는 양수림, B는 음수림이다. 시간이 지남에 따라 어린나무의 밀도가 증가하는 ㉠은 음수림(B)의 우점종, 어린나무의 밀도가 감소하는 ㉡은 양수림(A)의 우점종이다.
ㄴ. ㉠은 B(음수림)에서의 우점종이다.
오답 피하기 ㄱ. 극상을 이루는 것은 음수림(B)이다.
ㄷ. 구간 Ⅰ에서 ㉠의 어린나무는 밀도가 증가하고 ㉡의 어린나무는 밀도가 감소하고 있으므로 ㉠은 ㉡보다 생존에 유리하다.

498 ㄱ. B는 건조하지 않은 환경에서는 A와의 경쟁에서 유리하지만, 건조한 환경에서는 A와의 경쟁에서 불리하다.
ㄴ. B를 제거하면 A는 ㉢에도 서식한다고 하였으므로 A가 ㉢에 서식하지 않는 것은 경쟁·배타의 결과이다.
ㄷ. ㉡에서 B를 모두 제거하면 경쟁이 약해지므로 A의 개체군 밀도가 일시적으로 증가한다.

499 A와 B의 혼합 배양 시 A와 B의 최대 개체 수가 단독 배양 시보다 적은 것으로 보아 두 종은 경쟁 관계이며, 생태적 지위가 겹치는 종이다. ㉠은 상리 공생, ㉡은 경쟁에 해당한다.
ㄴ. A와 B는 경쟁 관계이므로 A와 B 사이에 일어나는 상호 작용은 서로 손해를 보는 ㉡에 해당한다.
오답 피하기 ㄱ. (가)에서 A의 생장 곡선은 이론적 생장 곡선과 일치하지 않는다.
ㄷ. 생태적 지위가 겹치는 두 종 사이에서는 경쟁, 즉 ㉡이 일어난다.

자료 정리

개체군 사이의 상호 작용
(1) (가)에서 A와 B는 이론적 생장 곡선이 아닌 실제 생장 곡선을 나타낸다.
(2) 종 Ⅰ과 Ⅱ 사이에서 이익과 이익의 관계는 상리 공생(㉠), 이익과 손해의 관계는 기생 또는 포식과 피식, 손해와 손해의 관계는 경쟁(㉡)에 해당한다.

STEP 1 바로바로 개념 확인 본문 151쪽

500 에너지 효율 **501** 물질 **502** ㉠ 총생산량 ㉡ 순생산량 ㉢ 피식량 ㉣ 생장량 **503** 생태계 평형 **504** 감소

500 에너지 효율은 먹이 사슬의 한 영양 단계에서 다음 영양 단계로 이동하는 에너지의 비율을 말한다.

501 생태계에서 물질은 순환하고 에너지는 영양 단계를 따라 한 쪽 방향으로 흐른다.

502 생산자가 일정 기간 동안 광합성을 통해 합성한 유기물의 총량을 총생산량이라고 하며, 총생산량에서 생산자의 호흡량을 제외한 유기물의 양을 순생산량이라고 한다. 순생산량에서 고사량, 낙엽량과 초식 동물에게 먹히는 피식량을 제외하고 생산자에 남아 있는 유기물의 양을 생장량이라고 한다.

503 생태계 평형은 생태계를 구성하는 생물 군집의 종류나 개체 수, 물질의 양, 에너지 흐름이 급격한 변화 없이 안정된 상태와 균형을 유지하는 것이다.

504 1차 소비자의 일시적 증가로 인해 생산자가 감소하고 2차 소비자가 증가하였으므로, (가)에서는 1차 소비자가 감소한다.

STEP 2 알짜 문제로 실력 키우기 본문 152~154쪽

505 ③ **506** 5 % **507** ② **508** ② **509** ② **510** 해설 참조
511 ② **512** ⑤ **513** ③ **514** ① **515** ③ **516** 해설 참조

505 에너지양은 (가)는 10000, (나)는 1000, (다)는 200이다. 에너지 효율은 (나)는 10 %, (다)는 20 %이다. 호흡으로 소모되는 에너지양의 비는 (나)에서 $\frac{600}{1000}=0.6$, (다)에서 $\frac{150}{200}=0.75$이다.

ㄱ. 각 영양 단계의 에너지양은 생산자가 가장 크고, 최종 소비자가 가장 작다. 따라서 (가)＞(나)＞(다)이다.

ㄴ. 에너지 효율은 2차 소비자가 20 %, 1차 소비자가 10 %이므로 2차 소비자가 1차 소비자의 2배이다.

오답 피하기 ㄷ. $\frac{\text{호흡으로 소모되는 에너지양}}{\text{현 영양 단계의 에너지양}}$ 은 (나)에서가 0.6, (다)에서가 0.75이므로 (나)에서가 (다)에서보다 작다.

추가로 나오는 선택지

❶ ○ ❷ × ❸ 20

❶ 생산자인 (가)의 에너지양은 1차 소비자인 (나)의 에너지양보다 크다.

❷ (가)는 생산자, (나)는 1차 소비자, (다)는 2차 소비자이다.

❸ 2차 소비자의 에너지 효율은 20 %이다.

506 에너지 효율은 $\frac{\text{현 영양 단계의 에너지 총량}}{\text{전 영양 단계의 에너지 총량}}\times100(\%)$으로 계산한다. 따라서 1차 소비자의 에너지 효율은 $\frac{10}{200}\times100=5(\%)$이다. 일반적으로 상위 영양 단계로 갈수록 에너지 효율이 커지지만 항상 적용되지는 않는다.

507 ㄴ. 에너지 효율은 A에서 $\frac{3}{15}\times100=20(\%)$이고, B에서 $\frac{15}{100}\times100=15(\%)$이다. 따라서 A가 B보다 높다.

오답 피하기 ㄱ. 자료에서 A는 3차 소비자, B는 2차 소비자, C는 1차 소비자, D는 생산자이다.

ㄷ. 영양 단계를 따라 이동하면서 호흡 등으로 에너지가 소모되므로 상위 영양 단계로 갈수록 에너지양은 감소한다.

508 ㄷ. 1차 소비자로 이동한 에너지양은 풀밭에서가 30 kcal/일이고 연못에서가 40 kcal/일이다. 따라서 1차 소비자로 이동한 에너지양은 연못에서가 풀밭에서보다 많다.

오답 피하기 ㄱ. 풀밭에서 생체량은 상위 영양 단계로 갈수록 감소하지만 연못에서는 증가한다. 따라서 상위 영양 단계로 갈수록 생체량이 모두 증가하는 것은 아니다.

ㄴ. 2차 소비자의 에너지 효율은 풀밭에서가 $\frac{6}{30}\times100=20(\%)$, 연못에서가 $\frac{8}{40}\times100=20(\%)$로 같다.

자료 정리

생태 피라미드

(1) 자료에서 풀밭은 생산자에서 2차 소비자로 갈수록 생체량이 감소하지만 연못은 생체량이 증가한다. 그러나 연못에서 에너지양은 생산자에서 2차 소비자로 갈수록 감소하여 피라미드 형태를 이루므로 안정적인 생태계이다. 이런 경우 생산자의 증식 속도가 빠르다.

(2) 1차 소비자의 에너지 효율은 풀밭에서가 $\frac{30}{300}\times100=10(\%)$, 연못에서가 $\frac{40}{400}\times100=10(\%)$이다. 따라서 서로 같다.

509 그림에서 물질의 이동 과정을 볼 때 B는 생산자, A는 분해자이다. 또 ㉠은 암모늄 이온이 질산 이온으로 전환되는 질산화 작용이고, ㉡은 탈질산화 세균이 관여하는 탈질산화 작용이다.

ㄴ. ㉠은 암모늄 이온이 질산 이온으로 전환되는 질산화 작용이다.

오답 피하기 ㄱ. 생산자(B)는 질산 이온을 이용해 아미노산, 즉 단백질을 합성한다.

ㄷ. ㉡은 탈질산화 과정이다.

추가로 나오는 선택지

❶ ○ ❷ 분해자 ❸ ×

❶ ⓛ은 탈질산화 세균이 관여하는 탈질산화 작용이다.

❷ A는 분해자이다.

❸ B는 생산자이며, 스스로 대기 중의 질소를 이용할 수 없다.

510 [모범 답안] 질소 고정 세균이 대기 중의 질소(N_2)를 이용해 암모늄 이온(NH_4^+)을 만든다.

채점 기준	배점
질소 고정 세균을 언급하여 암모늄 이온 생성 과정을 모두 옳게 서술한 경우	100%
질소 고정 세균은 언급하였으나 암모늄 이온 생성 과정을 서술하지 못한 경우	50%

511 그림에서 (가)는 광합성, (나)~(라)는 모두 이산화 탄소를 증가시키는 경우이다. A는 생산자, B는 소비자, C는 분해자이다.

② 생물의 호흡은 대기 중의 이산화 탄소를 증가시킨다. 즉, B(소비자)의 호흡에 의해 (나) 과정이 일어난다.

[오답 피하기] ① 세균이나 곰팡이는 C에 해당한다.

③ (가)에서 빛에너지가 화학 에너지로 전환된다.

④ (라) 과정이 석유를 이용한 산업화의 영향이다.

⑤ (라)의 증가는 지구 온난화의 원인이 된다.

512 (가)는 탈질산화 과정, (나)는 질소 고정 과정이며, (다)는 아질산균과 질산균에 의해 일어난다.

ㄱ. 과정 (가)는 탈질산화 세균(질산 분해 세균)이 관여하는 탈질산화 과정이다.

ㄴ. 뿌리혹박테리아는 질소 고정 과정 (나)에 관여한다.

ㄷ. 과정 (다)는 아질산균 및 질산균에 의해 일어난다.

513 ㉠은 호흡량, ㉡은 순생산량이다. 피식량은 1차 소비자의 섭식량과 같다.

ㄱ. ㉠은 호흡량이다.

ㄷ. 총생산량은 생산자가 광합성을 통해 생산한 유기물의 총량을 뜻한다.

[오답 피하기] ㄴ. ㉡은 순생산량으로, 피식량을 포함하고 있으므로 1차 소비자의 섭식량보다 크다.

추가로 나오는 선택지

❶ 순생산량 ❷ × ❸ ○

❶ ⓛ은 순생산량이다.

❷ 총생산량에 무기물의 양은 포함되지 않는다.

❸ 순생산량은 생장량보다 많다.

514 A는 총생산량, B는 호흡량이며, 'A−B'는 순생산량이다.

ㄱ. A는 식물 군집이 만드는 유기물의 총합인 총생산량이다.

[오답 피하기] ㄴ. 구간 Ⅰ에서 이 식물 군집은 양수림을 이룬다. 음수림은 80년 이후에 출현한다.

ㄷ. 구간 Ⅱ에서 순생산량(A−B)은 감소하고 B는 거의 일정하므로 Ⅱ에서 $\dfrac{B}{순생산량}$는 시간이 지남에 따라 증가한다.

자료 정리

식물 군집의 물질 생산

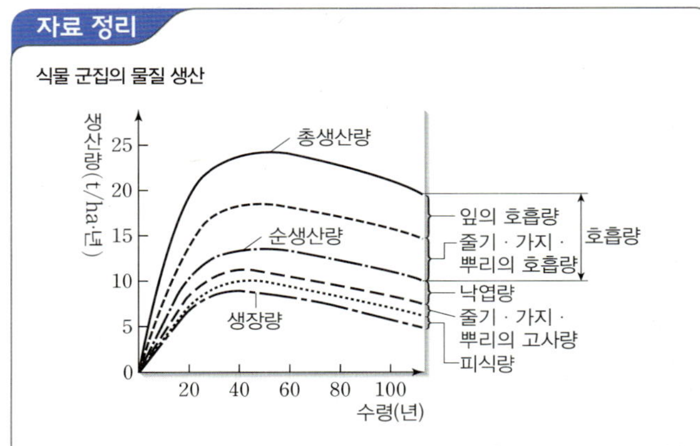

(1) 순생산량: 총생산량에서 생산자의 호흡으로 사용되는 호흡량을 제외하고 생산자에 저장되는 유기물의 양(총생산량−호흡량)이다.

(2) 생장량: 순생산량에서 피식량, 고사량, 낙엽량을 제외한 유기물의 양이다.

(3) 식물(생산자)의 피식량은 초식 동물(1차 소비자)의 섭식량과 같으며, 초식 동물의 동화량은 섭식량에서 배출량을 제외한 유기물의 양이다.

515 ㄱ. (가)와 (나)에서 메뚜기는 풀을 먹는 1차 소비자이다.

ㄴ. 먹이 그물이 복잡하면 외부의 간섭에 대해 안정적이다. 따라서 (나)는 (가)보다 외부의 간섭에 대해 안정적이다.

[오답 피하기] ㄷ. 개구리가 멸종하면 (가)에서는 매도 멸종하지만, (나)에서는 매가 개구리 대신 토끼, 뱀, 들쥐 등을 잡아먹기 때문에 멸종하지 않는다.

추가로 나오는 선택지

❶ ○ ❷ ×

❶ (나)에서 들쥐는 풀을 먹는 1차 소비자이면서 메뚜기를 먹는 2차 소비자이다.

❷ 먹이 그물이 복잡할수록 생태계 평형이 잘 유지되므로 환경이 변했을 때 (가)보다 (나)에서 생태계 평형이 더 잘 유지된다.

516 [모범 답안] 1차 소비자의 증가로 (가)에서 2차 소비자는 증가하고 생산자는 감소한다.

채점 기준	배점
2차 소비자와 생산자가 변화하는 양상을 모두 옳게 서술한 경우	100%
2차 소비자와 생산자 중 하나가 변화하는 양상만 옳게 설명한 경우	50%

| 517 ① | 518 ③ | 519 ⑤ | 520 ④ | 521 ② | 522 ② | 523 ④ |
| 524 ⑤ | 525 ③ | 526 ① | 527 ④ | 528 ⑤ | | |

517 ㄱ. 각 영양 단계의 에너지양은 A는 26, B는 2, C는 0.2이다. 즉, 에너지양은 A>C이다.

오답 피하기 ㄴ. A의 $\dfrac{\text{피식량}}{\text{호흡량}}=\dfrac{2}{14}$이므로 약 0.14이다. 즉, A의 $\dfrac{\text{피식량}}{\text{호흡량}}$은 0.2보다 작다.

ㄷ. 에너지 효율은 2차 소비자가 $\dfrac{0.2}{2}\times100=10(\%)$이고, 1차 소비자가 $\dfrac{2}{26}\times100 \fallingdotseq 8(\%)$이다. 따라서 에너지 효율은 2차 소비자가 1차 소비자보다 높다.

518 ㄱ. A는 생산자이므로 빛에너지를 이용해 유기물인 포도당을 합성한다.

ㄴ. 1차 소비자의 에너지 효율은 (가)에서 $\dfrac{100}{1000}\times100(\%)$, (나)에서 $\dfrac{150}{1000}\times100(\%)$이므로 1차 소비자의 에너지 효율은 (가)에서보다 (나)에서가 높다.

오답 피하기 ㄷ. (가)에서는 1차 소비자, 2차 소비자의 에너지 효율이 10 %, 20 %이고, (나)에서는 15 %, 10 %이다. 따라서 (나)에서는 에너지 효율이 감소한다.

519 ㄱ. 식물 플랑크톤은 해양 생태계의 대표적인 생산자이다.

ㄴ. 각 영양 단계로 이동한 에너지의 일부가 호흡으로 소실되므로 상위 영양 단계로 갈수록 이동하는 에너지양이 감소한다.

ㄷ. 대형 저서 어류는 일반 해양 어류의 포식자이다. 포식자의 수가 감소하면 피식자의 수는 일시적으로 증가한다.

520 그림 (가)에서 ㉠은 총생산량, ㉡은 순생산량 ㉢은 생장량이다. (나)에서 ⓐ는 질소 고정 작용이며, Ⅰ은 1차 소비자, Ⅱ는 생산자이다.

ㄴ. 식물 군집의 호흡량은 총생산량에서 순생산량을 뺀 값, 즉 '㉠−㉡'이다.

ㄷ. Ⅱ에서 Ⅰ로 이동하는 유기물량은 식물 군집의 피식량이며, 순생산량에서 생장량을 제외한 영역(㉡−㉢)에 포함되어 있다.

오답 피하기 ㄱ. 질산화 세균은 암모늄 이온(또는 아질산 이온)을 질산 이온으로 전환시키는 데 관여한다.

521 (나)에서 ㉠은 E, ㉡은 D, ㉢은 F이다. A와 D는 생산자, B와 E는 1차 소비자, F는 2차 소비자, C와 G는 분해자이다.

ㄴ. E의 에너지 효율은 $\dfrac{200}{2000}\times100=10(\%)$이다.

오답 피하기 ㄱ. C와 G는 모두 분해자이다.

ㄷ. 가장 많은 에너지양을 가진 ㉡은 생산자이다.

에너지 흐름
주어진 자료의 표를 에너지양에 따라 순서를 정하면 다음과 같다.

영양 단계	에너지양(상댓값)
㉢(2차 소비자)	30
㉠(1차 소비자)	200
㉡(생산자)	2000

522 ㄴ. (나) 이후 생태계 평형이 회복되면 (가)와 같아진다. 즉, B가 A보다 에너지양이 많은 생태계가 된다.

오답 피하기 ㄱ. B가 줄었으므로 A도 감소한다.

ㄷ. A와 B가 감소함에 따라 최종 소비자도 감소할 것이다.

523 A의 에너지양이 1000이므로 에너지 효율이 10 %인 B의 에너지양이 100이다. 2차 소비자의 에너지양이 20(15+5)이므로 ㉠은 800, ㉡은 60이다.

ㄴ. A는 생산자이므로 A에서 광합성이 일어난다.

ㄷ. 2차 소비자의 에너지 효율은 $\dfrac{20}{100}\times100=20(\%)$이다. 1차 소비자(B)의 에너지 효율은 10 %이므로 1차 소비자의 에너지 효율은 2차 소비자의 에너지 효율보다 낮다.

오답 피하기 ㄱ. '㉠−㉡=800−60=740'이다.

524 (가)는 생산자, (나)는 소비자, (다)는 분해자이다. A는 질소 동화 작용, C는 탈질산화 작용에 해당한다.

ㄴ. 세균과 곰팡이는 분해자인 (다)에 속한다.

ㄷ. 뿌리혹박테리아는 질소 동화 작용인 A에 관여한다.

오답 피하기 ㄱ. C는 탈질산화 작용이다.

525 ㄱ. ㉠은 총생산량에서 호흡량과 고사량, 피식량을 뺀 값이므로 생장량이다.

ㄴ. (가)는 산사태가 난 이후의 천이 과정이므로 2차 천이이다.

오답 피하기 ㄷ. A는 양수림이고, B는 음수림이다. 음수림의 우점종(음수)은 양수림의 우점종(양수)보다 약한 빛에서도 잘 자란다.

526 A는 생산자, B는 2차 소비자, C는 1차 소비자이다.

ㄱ. B의 에너지 효율이 5 %이므로 $\dfrac{㉠}{200}\times100=5(\%)$에서 ㉠은 10(상댓값)이다.

오답 피하기 ㄴ. 생물량과 에너지양이 가장 많은 A는 생산자이다.

ㄷ. 생물량은 상위 영양 단계로 갈수록 감소한다.

527 A는 CO_2, B는 N_2이며, ㉠은 생산자, ㉡은 소비자이다.

ㄴ. 에너지와 물질은 모두 생산자(㉠)에서 소비자(㉡)로 이동한다.

ㄷ. 뿌리혹박테리아는 대기 중의 질소(N_2)를 식물이 이용할 수 있는 형태로 고정시켜 콩과식물에 공급한다.

오답 피하기 ㄱ. A는 생산자가 직접 이용하는 기체이므로 CO_2이다.

528 (가)에서 A는 총생산량, B는 순생산량이고, (나)에서 ㉠은 총생산량, ㉡은 순생산량이다.

ㄴ. (나)에서 40년 이후 순생산량(B)은 감소한다.

ㄷ. 구간 Ⅰ에서 총생산량은 거의 일정하지만 호흡량은 시간이 지남에 따라 증가하므로 $\dfrac{A(총생산량)}{호흡량}$ 는 감소한다.

오답 피하기 ㄱ. ㉡은 총생산량에서 호흡량을 제외한 부분으로 순생산량이다. 순생산량은 총생산량보다 작다.

V-2. 생물 다양성과 보전

01. 생물 다양성과 보전

STEP 1 바로바로 개념 확인　　　　　본문 158쪽

529 유전적　**530** (1) ○ (2) ✕　**531** ㄱ, ㄴ, ㄹ

529 유럽정원달팽이 껍질 무늬가 다양한 것과 무당벌레 점무늬가 다양한 것은 생물 다양성 중 종 다양성의 예이다.

530 (1) 생물 다양성이 증가하면 먹이 관계가 다양하고 복잡해져 생태계가 안정해진다.
(2) 생물 다양성이 감소하여 단순해지면 생태계의 평형이 유지되기 어렵고 외부의 간섭에 의해 쉽게 평형이 깨질 수 있다.

531 생물 다양성을 감소시키는 요인에는 서식지 파괴, 서식지 단편화, 급격한 기후 변화 등이 있으며, 멸종 위기종 복원은 생물 다양성을 보전하기 위한 방법이다.

STEP 2 알짜 문제로 실력 키우기　　　　　본문 159쪽

532 ②　**533** 해설 참조　**534** ⑤　**535** ③

532 (가)는 유전적 다양성, (나)는 종 다양성, (다)는 생태계 다양성이다.
ㄷ. 동일한 생물종의 개체 사이에 색, 크기, 모양 등의 형질이 서로 다르게 나타나는 것은 유전적 다양성인 (가)에 해당한다.

오답 피하기 ㄱ. 종 다양성은 생산자뿐만 아니라 생물 군집을 구성하는 모든 생물종에 대한 다양성이다.

ㄴ. 생태계 다양성은 일정한 지역에 존재하는 생태계의 다양한 정도를 의미한다. 한 생태계 내에 존재하는 생물종의 다양한 정도는 종 다양성이다.

추가로 나오는 선택지

❶ ○　❷ 생태계 다양성　❸ ✕
❶ 종 다양성이 높은 생태계는 종 다양성이 낮은 생태계보다 안정적으로 유지된다.
❷ 삼림, 초원, 사막, 습지 등이 다양하게 나타나는 것은 생태계 다양성이다.
❸ 유전적 다양성이 높은 종은 환경이 급격히 변해도 멸종할 확률이 낮다.

533 [모범 답안] 유전적 다양성. 같은 종의 달팽이들의 껍질 무늬가 다양하다.

채점 기준	배점
유전적 다양성을 쓰고, 유전적 다양성에 해당하는 유사한 사례 한 가지를 모두 옳게 서술한 경우	100%
유전적 다양성만 쓴 경우	30%

534 • 학생 B: 생태 통로는 도로나 철도 건설로 인해 단편화된 서식지를 연결하는 방법 중 하나이다.

• 학생 C: 서식지 개발을 제한하고 보존하는 것은 생물 다양성을 보전하는 가장 효과적인 방법이다.

[오답 피하기] • 학생 A: 멸종 위기에 놓인 종을 보호하기 위해서는 보호 구역을 지정하여 서식지 등을 보호해야 한다.

[추가로 나오는 **선택지**]

❶ ○ ❷ × ❸ 국제 협약

❶ 외래종은 대부분 천적이 없어 대량으로 번식할 수 있으므로 외래종의 도입을 막기 위해 노력해야 한다.

❷ 멸종 위기종을 포획하여 원래의 서식지로 옮겨 준다.

❸ 생물 다양성 보전을 위해 여러 국가가 국제 협약을 체결하고 노력하고 있다.

535 서식지에 없던 생물인 외래종이 유입되어 새로운 환경에 적응하면서 고유종이 위협을 받고 생태계가 교란된다. 큰입우럭, 가시박, 뉴트리아 등이 대표적이다.

③ 원래 우리나라에 서식하지 않던 외래종에는 황소개구리, 붉은귀거북, 가시박 등이 있다.

[오답 피하기] ① 생물 다양성을 감소시키는 경우가 많다.

② 모두 고유종의 포식자는 아니다.

④ 천적이 없는 경우 개체 수가 급격히 증가할 수 있다.

⑤ 황소개구리, 붉은귀거북, 가시박 등은 우리나라의 외래종이다.

STEP 3 1등급을 위한 실전 완벽 대비   본문 160쪽

536 ③   537 ①   538 ②   539 ⑤

536 ㄷ. ⓑ는 유전적 다양성이 낮아 야생종에 비해 질병 등으로 인해 멸종할 가능성이 높다.

[오답 피하기] ㄱ. 재배 바나나는 단일 종이므로 종 다양성이 매우 낮다.

ㄴ. ⓐ는 동일한 개체를 복제하기 위한 방법으로, 유전적 다양성을 확보하기 위한 것이 아니다.

바나나의 유전적 다양성

(1) ⓐ와 같이 줄기의 일부를 잘라 옮겨 심는 것은 무성 생식의 한 방법으로, 유전적으로 동일한 개체가 만들어진다.

(2) 야생종 바나나는 유전적 다양성을 가지고 있지만, 재배되고 있는 바나나는 1종만 대량으로 재배하고 있어 유전적 다양성이 낮다.

(3) 유전적 다양성이 낮은 바나나는 질병에 의해 멸종할 확률이 높으며, 현재 이 바나나는 바나나 곰팡이에 의해 멸종 위기에 처해 있다.

537 ㄱ. 식물의 종 다양성은 식물 종의 수가 많고 각 종이 고르게 분포하는 (나)에서가 (가)에서보다 높다.

[오답 피하기] ㄴ. A의 개체군 밀도는 (가)에서 $\dfrac{8}{\text{면적}}$이고, (나)에서 $\dfrac{4}{\text{면적}}$이다. (가)와 (나)의 면적이 같으므로 A의 개체군 밀도는 (가)에서가 (나)에서의 2배이다.

ㄷ. 생태계 평형은 종 다양성이 높은 (나)에서가 (가)에서보다 더 안정적으로 유지될 수 있다.

종 다양성

주어진 자료를 표로 정리하면 다음과 같다.

지역 \ 식물 종	A	B	C	D	E	계
(가)	8	0	6	0	6	20
(나)	4	4	4	4	4	20

(1) 식물 종 수가 (나)에서 더 많고 각 종이 차지하는 비율도 균등하므로 종 다양성은 (나)에서가 (가)에서보다 높다.

(2) 생태계 평형은 종 다양성이 높을수록 잘 유지되므로 (나)의 생태계가 (가)의 생태계보다 안정적이다.

538 ㄴ. 서식지의 면적이 같으므로 B의 개체군 밀도는 (가)에서와 (나)에서가 같다.

[오답 피하기] ㄱ. 표는 종 다양성에 대한 자료이고, 그림은 유전적 다양성에 대한 자료이다.

ㄷ. (가)와 (나)에서 식물 종의 수는 같지만 (가)에서 더 고르게 분포하고 있으므로, 식물 종 다양성은 (가)에서가 (나)에서보다 높다.

539 ⑤ (나)에서 보존되는 면적이 10 %에서 50 %로 넓어지면 개발 후 살아남은 종의 비율이 증가한다.

[오답 피하기] ① 남획은 질병보다 생물의 종 다양성을 감소시킨다.

② 서식지 파괴는 생태계에 가장 많은 영향을 준다.

③ 생태 통로의 설치 의도는 외래종의 유입을 촉진하기 위한 것이 아니라 생물 다양성을 보전하기 위한 방법이다.

④ 개발에 의해 사라지는 면적이 적을수록 살아남은 종이 많으므로, (나)에서 개발에 의해 사라지는 면적이 전체의 50 %일 때가 10 %일 때에 비해 생물 다양성이 낮다.

중단원 확인 문제

I-1. 생명 과학의 이해   02 ～ 05쪽

540 ⑤	541 ⑤	542 ③	543 ①	544 ②	545 ①	546 ①
547 ④	548 ③	549 ⑤	550 ④	551 ④	552 ②	553 ③
554 ③	555 ②					

540 연역적 탐구 방법은 실험을 통해 가설을 검증하는 과정을 거치는 탐구 과정이다.

⑤ 레디는 구더기가 어떻게 생기는지 알아보기 위해 2개의 병 중 하나는 병 입구를 막고, 다른 하나는 병 입구를 막지 않은 후, 각 병에서 구더기가 생기는지 관찰하였다. 실험 결과 뚜껑이 없는 병의 고기에서만 구더기가 생기는 것을 관찰하고 생물은 생물로부터 생성된다는 생물 속 생설을 주장하였다. 이는 연역적 탐구의 예이다.

오답 피하기 ①, ③, ④ 구달이 침팬지의 성장을 관찰하여 행동 특성을 알아낸 것, 다윈이 다양한 생물을 관찰하여 자연 선택이 진화의 원리라는 것을 밝힌 것, 분류학자들이 많은 물고기를 관찰하여 물고기가 아가미로 호흡한다고 발표한 것은 모두 귀납적 탐구의 예이다.

② 왓슨과 크릭이 DNA 구조의 관찰 결과를 토대로 DNA의 입체 구조를 밝혀낸 것은 이론적인 연구로, 이는 연역적 탐구 방법이 아니다.

자료 정리

레디의 구더기 발생 실험
- 가설: 파리가 생선에 알을 낳지 않으면 구더기는 발생하지 않을 것이다.
- 실험 과정 및 결과

탐구 정리
① (가)는 실험군, (나)는 대조군으로 설정되었다.
② 병 입구를 막는 것은 조작 변인, 구더기의 발생 여부는 종속변인에 해당한다. 이외에 온도, 빛 등 환경 요인은 실험 결과에 영향을 미치므로 일정하게 유지해 주어야 하는 통제 변인에 해당한다.

---

541 DNA 구조 발견 과정에는 생물학자만의 노력뿐만 아니라 물리학자인 프랭클린의 연구 업적도 중요한 정보가 된다. 이뿐 아니라 당시 여러 화학 실험 결과를 모아 왓슨과 크릭은 DNA 이중 나선 구조 모형을 완성할 수 있었다.

ㄱ. 물리학자인 프랭클린의 연구 결과는 생명 과학에 적용되었다.

ㄴ. 왓슨과 크릭은 실험을 직접하지는 않았지만, 실험 결과를 토대로 이론을 정립할 수 있었다. 따라서 생명 과학은 이론에 대한 연구와 실험이

모두 중요하다는 것을 알 수 있다.

ㄷ. 생명 과학과 물리학의 통합을 통해 새로운 학문 분야인 분자 생물학과 유전 공학 등이 나타날 수 있었다.

542 (가)는 생명 과학과 물리학, 사회 과학이 서로 연계되어 발전한 사례를, (나)는 생명 과학과 컴퓨터 과학, 통계학이 서로 통합되어 발전한 사례에 대한 설명이다.

ㄱ. 뇌과학(㉠)의 발달에는 생명 과학의 지식과 물리학, 심리학 등 여러 학분 분야의 지식이 통합적으로 필요하다.

ㄴ. 생물 정보학의 발전에 컴퓨터 공학자와 생명 과학자의 협력이 필요하다.

오답 피하기 ㄷ. (가)와 (나)에서 생명 과학은 세분화되기도 하고 생명 과학과 다른 학문과의 융합을 통해 새로운 학문이 나타나기도 한다는 것을 알 수 있다.

543 (가)는 귀납적 탐구 방법의 예를, (나)는 일반적인 귀납적 탐구 방법의 과정을 나타낸 것이다.

ㄱ. ㉠은 (나)에서 관찰 결과의 해석 및 결론 도출 단계(㉡)에 해당한다.

오답 피하기 ㄴ. (가)와 (나)는 모두 귀납적 탐구 방법이다.

ㄷ. (나)는 귀납적 탐구 방법이다. 실험에서 실험군과 대조군을 설정해야 하는 것은 연역적 탐구 방법이다.

544 바닷가 갯바위 생태계에서 불가사리의 유무가 조개의 종 수에 미치는 영향을 알아보는 탐구 과정이다. 가설이 있는 것으로 보아 연역적인 탐구이므로 실험군과 대조군을 설정해야 한다.

ㄷ. 가설은 조작 변인이 종속변인에 미치는 영향에 대한 잠정적인 결론을 담고 있어야 한다. 실험에서 조작 변인은 불가사리의 유무이고, 종속변인은 조개의 종 수이다. 따라서 '불가사리가 없으면 조개의 종 수가 감소할 것이다.'는 ㉠에 들어갈 적합한 가설이다.

오답 피하기 ㄱ. 불가사리를 그대로 둔 A는 대조군, 불가사리를 인위적으로 제거한 B는 실험군이다.

ㄴ. 조개의 종 수 변화를 조사하였으므로 종속변인은 조개의 종 수이다.

545 침 속의 녹말 분해 효소에 미치는 영향을 알아보기 위한 실험은 연역적 탐구 방법이 이용되었다. 효소의 온도에 의한 영향을 알아보기 위해서는 A, B, C를, 효소의 pH에 의한 영향을 알아보기 위해서는 C, D, E를 비교해야 한다.

ㄱ. 대조 실험을 통해 녹말 분해 효소의 특징을 알아보려 하였으므로 연역적 탐구 방법을 이용하였다.

오답 피하기 ㄴ. A와 B는 모두 온도 조건을 변화시킨 실험군이며, C가 대조군이다.

ㄷ. pH에 따른 녹말 분해 효소의 작용을 알아보고자 할 때는 C, D, E를 비교해야 한다.

시험관	A	B	C	D	E
침 희석액	○	○	○	○	○
pH 조건	증류수	증류수	증류수	10% HCl 용액	10% NaOH 용액
녹말풀 용액	○	○	○	○	○
온도(℃)	80	얼음	35	35	35

(○: 있음)

546 ㄱ. ㉠은 가설이다. 가설은 탐구에 대한 잠정적인 결론에 해당한다.
오답 피하기 ㄴ. 수컷 물고기 X의 몸 색이 다른 것은 조작 변인, 각 집단에서의 짝짓기 비율은 종속변인이다.
ㄷ. 실험 결과가 가설을 지지하지 않으면 탐구의 설계 및 수행 단계가 아닌 가설 설정 단계인 (나)부터 다시 시작해야 한다.

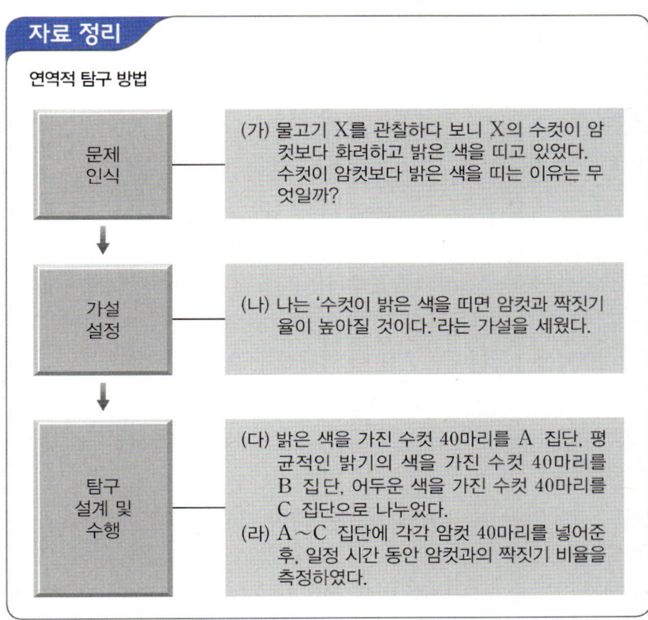

547 (가)는 결론 도출 단계, (나)는 결과 해석(분석) 단계, (다)는 가설 설정 단계, (라)는 탐구 설계 및 수행 단계이므로 (다) → (라) → (나) → (가)의 순서로 탐구를 수행해야 한다.

548 잎사귀벌레와 돌나물의 특징은 모두 생물의 특성 중 적응과 진화에 해당한다.

③ 사막여우와 북극여우가 귀의 크기가 서로 다르고 몸집도 다른 것은 적응과 진화에 해당한다.
오답 피하기 ① 생물의 특성 중 생식에 해당한다.
② 생물의 특성 중 물질대사에 해당한다.
④ 생물의 특성 중 항상성에 해당한다.
⑤ 식물의 광합성과 동물의 호흡에 대한 내용으로 생물의 특성 중 물질대사에 해당한다.

549 (가)는 개체 유지 특성, (나)는 종족 유지 특성이며, A는 동화 작용, B는 항상성, C는 유전이다.
⑤ 일자형 이마선을 가진 부모의 자녀가 모두 일자형 이마선을 가지는 것은 유전(C)의 예에 해당한다.
오답 피하기 ① (가)는 개체 유지 특성이다.
② 동화 작용(A)이 일어날 때 에너지가 흡수된다.
③ B는 항상성이고, 단백질 합성은 물질대사 중 동화 작용의 예에 해당한다.
④ 바이러스는 숙주의 효소를 이용해 물질대사를 할 수 있다. 하지만 자극에 대한 반응과 항상성은 나타내지 않는다.

550 이 실험은 화성 토양에 생명체가 존재하는지 알아보기 위해 수행된 것이다. 화성 토양이 든 용기에 방사성 기체($^{14}CO_2$)를 넣고 후 전등 빛을 비추어준 것으로 보아 광합성을 하는 생명체가 존재하는지 알아보고자 하였다.
ㄴ. (다)에서 ^{14}C가 포함된 방사성 기체의 발생 여부를 측정하여 광합성이 일어났는지 파악하고자 하였다.
ㄷ. 실험 결과 방사능 계측기에 방사성 기체가 검출되지 않았으므로 화성 토양에는 광합성을 하는 생명체가 존재하지 않았다.
오답 피하기 ㄱ. 이 실험은 생물의 특성 중 물질대사를 이용한 것이다.

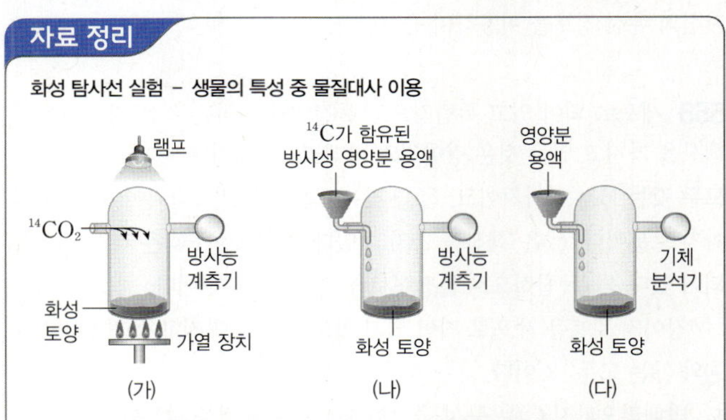

(1) (가)의 화성 토양에 광합성(동화 작용)을 하는 생명체가 있다면 $^{14}CO_2$를 이용하여 ^{14}C를 포함한 유기물을 합성할 것이고, 토양을 가열했을 때 유기물이 산화되어 방사성 기체가 검출될 것이다.
(2) (나)의 화성 토양에 세포 호흡(이화 작용)을 하는 생명체가 있다면, ^{14}C를 포함한 유기물을 이용하여 세포 호흡을 하고 공기 중으로 $^{14}CO_2$를 방출할 것이다.
(3) (다)의 화성 토양에 세포 호흡을 하는 생명체가 있다면 실험 용기 내부에서 기체의 조성이 변했을 것이다.
(4) (가)~(다)는 모두 생명체가 물질대사를 한다는 생물의 특성을 이용한 실험이다.

551 자료는 사람의 체내 삼투압을 일정하게 유지하는 기작에 대한 설명으로, 이는 항상성에 대한 예이다.

④ 기온이 올라가면 사람의 몸에서 땀이 분비되는 것은 몸의 체온을 일정하게 유지하기 위한 것으로, 이는 항상성에 대한 예이다.

오답 피하기 ① 생물의 특성 중 생장에 해당한다.

② 생물의 특성 중 생식에 해당한다.

③ 생물의 특성 중 유전에 해당한다.

⑤ 생물의 특성 중 생식에 해당한다.

552 벌레잡이통풀의 포충 주머니에서 달콤한 향기가 풍겼을 때 곤충이 이를 맡고 포충 주머니에 앉는 것은 자극에 대한 반응이다.

③ 식물의 어린 싹이 빛을 비추는 쪽으로 굽어 자라는 것은 자극에 대한 반응의 예이다.

오답 피하기 ① 생물의 특성 중 생식에 해당한다.

③ 생물의 특성 중 발생과 생장에 해당한다.

④ 생물의 특성 중 유전에 해당한다.

⑤ 생물의 특성 중 적응과 진화에 해당한다.

553 A는 박테리오파지, B는 대장균이다.

ㄱ. A는 바이러스인 박테리오파지이다.

ㄴ. 박테리오파지(A)는 대장균의 효소를 이용하여 대장균(B) 안에서 물질대사를 하고, 증식할 수 있다.

오답 피하기 ㄷ. 대장균(B)은 세포 구조를 갖는다.

554 (가)는 바이러스, (나)는 동물 세포이다.

ㄷ. 바이러스와 동물 세포는 모두 핵산을 가지고 있다.

오답 피하기 ㄱ. 바이러스는 스스로 물질대사를 할 수 없지만, 숙주 세포 내에서 숙주의 효소를 이용하여 물질대사를 할 수 있다.

ㄴ. 바이러스는 숙주인 동물 세포의 효소를 이용하여 물질대사를 하고, 자신의 유전 정보를 이용하여 증식한다.

555 세포로 되어 있고 독립적으로 물질대사를 하는 것은 강아지이고, 핵산을 가지고 있는 것은 강아지와 박테리오파지이다. 따라서 ㉠~㉢을 모두 갖는 B는 강아지이고, ㉢을 갖는 C는 박테리오파지이며, A는 강아지 로봇이다. ㉢은 '핵산을 가지고 있다.'이고, ㉠과 ㉡은 각각 '세포로 되어 있다.'와 '독립적으로 물질대사를 한다.' 중 하나이다.

ㄱ. 강아지 로봇은 세포로 되어 있지 않고 핵산을 가지고 있지 않으므로 ⓐ와 ⓑ는 모두 '×'이다.

ㄴ. 박테리오파지(C)는 구성 물질로 핵산과 단백질을 갖는다.

오답 피하기 ㄷ. '핵산을 가지고 있다'는 ㉢이다.

<table>
<tr><td colspan="7">Ⅱ-1. 사람의 물질대사   06 ~ 11쪽</td></tr>
<tr><td>556 ④</td><td>557 ⑤</td><td>558 ③</td><td>559 ④</td><td>560 ②</td><td>561 ⑤</td><td>562 ①</td></tr>
<tr><td>563 ③</td><td>564 ③</td><td>565 ④</td><td>566 ①</td><td>567 ③</td><td>568 ①</td><td>569 ⑤</td></tr>
<tr><td>570 ④</td><td>571 ②</td><td>572 ③</td><td>573 ④</td><td>574 ④</td><td>575 ⑤</td><td>576 ③</td></tr>
<tr><td>577 ③</td><td>578 ①</td><td>579 ①</td><td></td><td></td><td></td><td></td></tr>
</table>

556 세포 호흡은 세포 내 미토콘드리아에서 영양소를 분해하여 생명 활동에 필요한 에너지를 생성하는 과정이다. 이 과정에서 포도당은 O_2와 반응하여 물과 CO_2로 최종 분해되며 이때 에너지가 방출된다. ATP의 구성 원소에는 질소(N)가 포함되므로 ⓑ는 ATP이고, ⓐ는 포도당, ⓒ는 물이다.

ㄴ. ATP(ⓑ)의 구성 원소에는 인(P)이 포함된다.

ㄷ. ⓒ는 물이다.

오답 피하기 ㄱ. 세포 호흡을 통해 포도당(ⓐ)에 저장된 에너지 중 일부가 ATP(ⓑ)에 저장되고, 나머지는 열에너지로 방출된다.

557 A는 미토콘드리아, B는 엽록체, C는 리보솜이며, (나)는 반응물의 에너지가 생성물의 에너지보다 작으므로 동화 작용에서 나타나는 에너지 변화이다.

ㄱ. 미토콘드리아(A)에서는 이화 작용인 세포 호흡이 일어난다.

ㄴ. 엽록체(B)에서는 빛에너지가 화학 에너지로 전환되는 광합성이 일어난다.

ㄷ. 엽록체(B)에서는 광합성, 리보솜(C)에서는 단백질 합성이 일어나며, 광합성과 단백질 합성은 모두 동화 작용의 예이다. 따라서 엽록체(B)와 리보솜(C)에서 모두 (나)와 같은 에너지 변화가 일어난다.

558 뉴클레오타이드가 DNA로 합성되는 (가)는 동화 작용, 다당류인 녹말이 단당류인 포도당으로 분해되는 (나)는 이화 작용에 해당한다.

ㄱ. (가)는 동화 작용, (나)는 이화 작용에 해당한다.

ㄷ. 생명체에서 일어나는 물질대사에는 모두 효소가 관여한다.

오답 피하기 ㄴ. (나)는 이화 작용이며, 에너지가 방출되는 발열 반응에 해당한다. 따라서 1분자당 에너지의 크기는 녹말이 포도당보다 크다.

559 광합성에서는 빛에너지를 흡수하여 저분자 물질인 물과 이산화 탄소로부터 고분자 물질인 포도당이 합성되고, 세포 호흡에서는 고분자 물질인 포도당이 산소와 반응하여 저분자 물질인 물과 이산화 탄소로 분해된다. 따라서 A는 광합성, B는 세포 호흡이다. ATP의 2번째와 3번째 인산기 사이에 있는 고에너지 인산 결합이 끊어져 ATP가 ADP와 무기 인산(P_i)으로 분해되는 과정(㉠)에서 에너지가 방출된다.

ㄴ. 식물의 엽록체에서는 광합성(A)이 일어나며, ATP 합성(㉡)도 일어난다.

ㄷ. 세포 호흡(B)에서 ATP 합성(㉡)이 일어난다.

오답 피하기 ㄱ. ATP가 ADP로 분해되는 ㉠ 과정은 발열 반응에 해당한다.

560 포도당이 글리코젠으로 전환되는 과정은 동화 작용에 해당하고, 글리코젠이 포도당으로 분해되어 CO_2로 전환되는 과정은 이화 작용에 해당한다. (나)는 반응물의 에너지가 생성물의 에너지보다 크므로 이화 작용에서 나타나는 에너지 변화이다. 따라서 A는 포도당, B는 글리코젠이고, ㉠은 동화 작용, ㉡은 이화 작용이다.

ㄴ. ㉠은 에너지의 흡수가 일어나는 흡열 반응에 해당한다.

오답 피하기 ㄱ. 식물의 광합성에서 포도당(A)은 생성물에 해당한다.

ㄷ. A는 포도당, B는 글리코젠이다.

561 세포 호흡에서 포도당은 O_2(㉠)와 반응하여 CO_2(㉡)와 물로 최종 분해되고, 그 결과 에너지가 방출된다. 세포 호흡의 결과 방출된 에너지의 일부는 ATP에 화학 에너지의 형태로 저장되고, 나머지는 열에너지로 방출된다.

ㄱ. ㉠은 O_2, ㉡은 CO_2이다.

ㄴ. 세포 호흡 결과 생성되는 에너지를 공급받아 ADP가 무기 인산(P_i)과 결합하여 ATP로 합성되는 ⓐ 과정은 동물과 식물의 미토콘드리아에서 모두 일어난다.

ㄷ. 근육 운동에 ATP가 ADP와 무기 인산(P_i)으로 분해되는 ⓑ 과정에서 방출된 에너지가 이용된다.

562 세포 호흡에서 포도당은 O_2와 반응하여 CO_2(ⓐ)와 물로 최종 분해되고, 그 결과 에너지가 방출된다. 세포 호흡의 결과 방출된 에너지의 일부는 ATP(ⓑ)에 화학 에너지의 형태로 저장되며, ATP(ⓑ)가 ADP(ⓒ)와 무기 인산(P_i)으로 분해되는 과정에서 방출된 에너지가 포도당이 녹말(ⓓ)로 합성되는 과정에 이용된다.

ㄱ. CO_2(ⓐ)와 ADP(ⓒ)의 구성 원소에는 모두 탄소(C)가 포함된다.

오답 피하기 ㄴ. 1분자당 인산기 수는 ATP(ⓑ)가 3개, ADP(ⓒ)가 2개이다.

ㄷ. 1분자당 에너지의 크기는 포도당이 녹말(ⓓ)보다 작다.

563 광합성에서는 빛에너지를 흡수하여 물과 CO_2로부터 포도당이 합성되고 O_2가 방출된다. 세포 호흡에서는 포도당이 O_2와 반응하여 물과 CO_2로 분해되며, 세포 호흡 결과 방출된 에너지 중 일부가 ATP에 저장된다. 따라서 (가)는 세포 호흡, (나)는 광합성, ㉠은 ATP, ㉡은 포도당, ㉢은 CO_2이다.

ㄱ. ATP(㉠)의 구성 성분에는 당인 리보스가 포함된다.

ㄷ. 광합성인 (나)는 동화 작용의 예에 해당한다.

오답 피하기 ㄴ. 세포 호흡인 (가)를 통해 ㉡이 가진 에너지 중 일부가 ATP(㉠)에 저장되고, 나머지는 열에너지로 방출된다.

564 A는 간, B는 위, C는 이자이다. 다당류인 글리코젠이 단당류인 포도당으로 분해되는 반응은 이화 작용에 해당한다.

ㄱ. 간(A)에서는 글리코젠이 포도당으로 분해되는 (나)가 일어난다.

ㄷ. 위(B)와 이자(C)에는 모두 소화 효소를 분비하는 상피 조직이 있다.

오답 피하기 ㄴ. (나)는 이화 작용에 해당한다.

565 세포 호흡에서 포도당(㉠)은 O_2와 반응하여 CO_2(㉡)와 H_2O로 최종 분해되고, 그 결과 에너지가 방출된다. 폐동맥(ⓐ)에는 체순환을 마치고 돌아온 정맥혈이 흐르고, 대동맥(ⓑ)에는 폐순환을 마친 동맥혈이 흐른다.

ㄴ. 대동맥(ⓑ)에 흐르는 혈액에는 소화계에서 흡수된 포도당(㉠), 아미노산 등의 양분과 폐순환 과정에서 폐포로부터 확산된 O_2가 포함되어 있다.

ㄷ. A는 호흡계에 속하는 기관인 폐이며, 폐를 구성하는 세포에서 세포 호흡(가)이 일어난다.

오답 피하기 ㄱ. 폐동맥(ⓐ)에는 정맥혈이, 대동맥(ⓑ)에는 동맥혈이 흐르므로 혈액의 단위 부피당 CO_2(㉡)의 양은 ⓐ에서가 ⓑ에서보다 많다.

566 조직 세포의 세포 호흡에 필요한 포도당은 소화계를 통해 흡수되어 공급되고, O_2는 호흡계를 통해 흡수되어 공급된다. 또한 세포 호흡 결과 발생한 CO_2는 호흡계를 통해 몸 밖으로 배출된다. 따라서 ㉠은 포도당, ㉡은 O_2, ㉢은 CO_2이고, A는 소화계, B는 호흡계이다.

ㄱ. 간은 소화계(A)에 속하는 기관이다.

오답 피하기 ㄴ. 세포 호흡을 통해 포도당(㉠)에 저장된 에너지 중 일부만이 ATP에 저장되고, 나머지는 열에너지로 방출된다.

ㄷ. 격렬한 운동을 하면 호흡 운동이 빨라져 단위 시간당 체외로 방출되는 CO_2(㉢)의 양이 운동 전보다 증가한다.

567 물의 구성 원소에는 수소(H)와 산소(O)가 포함되고, 이산화 탄소의 구성 원소에는 탄소(C)와 산소(O)가 포함되며, 포도당의 구성 원소에는 탄소(C), 수소(H), 산소(O)가 포함된다. 따라서 ㉠은 포도당, ㉡은 물, ㉢은 이산화 탄소이다.

ㄱ. 간에서 Ⅰ이 일어나고, 소장에서 Ⅱ가 일어난다. 간과 소장은 모두 소화계에 속하는 기관이다.

ㄴ. 세포 호흡 결과 생성된 물(㉡)은 호흡계와 배설계를 통해 배출된다.

오답 피하기 ㄷ. 포도당(㉠)이 세포 호흡에 이용되면 최종 분해 산물로 물(㉡)과 이산화 탄소(㉢)가 생성된다.

568 위를 구성하는 조직 세포와 주변 모세 혈관 사이에서 O_2는 모세 혈관에서 조직 세포로 이동하고, CO_2는 조직 세포에서 모세 혈관으로 이동한다. 따라서 A는 CO_2, B는 O_2이다. 혈액의 흐름에 따라 CO_2(A)의 양은 ㉠에서가 ㉡에서보다 많고, O_2(B)의 양은 ㉠에서가 ㉡에서보다 적으므로 혈액은 ㉡에서 ㉠ 방향으로 흐른다.

ㄱ. 위를 구성하는 조직 세포와 모세 혈관 사이에서 기체 교환은 분압 차에 의한 확산에 의해 일어난다. 따라서 조직 세포에서 모세 혈관으로 A는 확산에 의해 이동한다.

오답 피하기 ㄴ. A는 CO_2, B는 O_2이다.

ㄷ. 혈액은 ㉡에서 ㉠ 방향으로 흐른다.

569 간정맥이 속하는 B는 순환계이고, 호흡계에 속하는 ㉡은 기관지이다. 따라서 A는 소화계, ㉠은 간이다.
ㄱ. 간(㉠)에서는 포도당이 글리코젠으로 합성되는 반응이 일어난다.
ㄴ. 간(㉠)은 소화계에, 기관지(㉡)는 호흡계에 속하는 기관으로 ㉠과 ㉡에는 모두 상피 조직이 있다.
ㄷ. 심장은 간정맥과 함께 순환계(B)에 속하는 기관이다.

570 ⓐ는 포도당, ⓑ는 요소이고, A는 대동맥, B는 간, C는 소장이다.
ㄴ. 간(B)에서는 세포 호흡(Ⅰ)과 암모니아가 요소로 전환되는 반응(Ⅱ)이 모두 일어난다.
ㄷ. 소장(C) 융털에서 수용성 양분인 포도당(ⓐ)의 흡수가 일어난다.
오답 피하기 ㄱ. 대동맥(A)의 혈액에는 소장(C)에서 흡수된 포도당(ⓐ)과 간(B)에서 생성된 요소(ⓑ)가 모두 존재하며, 순환계를 통해 포도당(ⓐ)은 온몸의 조직 세포에, 요소(ⓑ)는 콩팥에 운반된다.

571 ㄴ. 요소의 구성 원소에는 질소가 포함되지만, 물의 구성 원소에는 질소가 포함되지 않는다. 따라서 '구성 원소에 질소가 포함되는가?'는 요소와 물을 구분하는 기준 (나)에 해당한다.
오답 피하기 ㄱ. 간에서는 물, 요소, 이산화 탄소가 모두 생성되므로 '간에서 생성되는가?'는 (가)에 해당하지 않는다.
ㄷ. 세포 호흡 결과 생성된 물은 호흡계와 배설계를 통해 배설된다.

572 포도당이 세포 호흡에 이용되면 노폐물로 물과 이산화 탄소가 생성되고, 아미노산이 세포 호흡에 이용되면 노폐물로 물, 이산화 탄소, 암모니아가 생성된다. 간에서 포도당은 글리코젠으로 전환되며, 암모니아는 요소로 전환된다. 따라서 ㉠은 글리코젠, ㉡은 물, ㉢은 아미노산, ㉣은 요소이다.
ㄱ. 단당류인 포도당이 다당류인 글리코젠으로 전환되는 (가) 과정과 암모니아가 요소로 전환되는 (나) 과정은 모두 동화 작용에 해당한다.
ㄷ. 세포 호흡 결과 발생한 노폐물 중 물과 요소는 배설계를 통해 오줌의 형태로 배설된다. 따라서 오줌의 구성 성분에는 물(㉡)과 요소(㉣)가 모두 포함된다.
오답 피하기 ㄴ. 요소(㉣)의 구성 원소에는 질소(N)가 포함되지만, 포도당(㉠)의 구성 원소에는 질소(N)가 포함되지 않는다.

573 혈액은 콩팥 동맥을 통해 콩팥으로 들어가고, 콩팥 정맥을 통해 나오므로 A는 콩팥 동맥, B는 콩팥 정맥이다. 포도당이 세포 호흡에 이용되면 노폐물로 물과 CO_2가 생성되고, 아미노산이 세포 호흡에 이용되면 노폐물로 물, CO_2, 암모니아가 생성된다. 따라서 ㉠은 CO_2, ㉡은 요소이다.
ㄴ. 호흡계에서 ㉠(CO_2)과 H_2O은 날숨의 형태로 배출된다.
ㄷ. 콩팥 동맥(A)의 혈액에 포함된 요소(㉡)는 콩팥에서 걸러져 오줌의 형태로 배설된다. 따라서 혈액의 단위 부피당 요소(㉡)의 양은 콩팥 동맥(A)에서가 콩팥 정맥(B)에서보다 많다.

오답 피하기 ㄱ. 콩팥 동맥(A)은 순환계에 속하지만, 콩팥은 배설계에 속한다.

574 ㉠은 대정맥, ㉡은 폐정맥, ㉢은 소장, ㉣은 콩팥이다. 대정맥(㉠)에는 체순환을 마친 정맥혈이 흐르고, 폐정맥(㉡)에는 폐순환을 마친 동맥혈이 흐른다.
ㄴ. 소장(㉢)의 융털에서 지용성 양분인 지방산의 흡수가 일어난다.
ㄷ. 폐정맥(㉡)은 순환계에, 콩팥(㉣)은 배설계에 속하는 기관으로 ㉡과 ㉣에는 모두 결합 조직이 있다.
오답 피하기 ㄱ. 혈액의 단위 부피당 CO_2의 양은 대정맥(㉠)에서가 폐정맥(㉡)에서보다 많고, 혈액의 단위 부피당 O_2의 양은 대정맥(㉠)에서가 폐정맥(㉡)에서보다 적다. 따라서 혈액의 단위 부피당 $\dfrac{CO_2의\ 양}{O_2의\ 양}$ 은 ㉠에서가 ㉡에서보다 크다.

575 콩팥은 배설계에 속하므로 B는 콩팥, A는 대장이다.
ㄱ. 대장(A)과 간은 모두 소화계에 속하는 기관이다.
ㄴ. 간에서는 암모니아가 요소로 전환되므로 '요소가 생성된다.'는 ㉠에 해당한다.
ㄷ. 대장(A)과 콩팥(B)의 세포에서는 모두 세포 호흡과 같은 이화 작용이 일어난다.

576 음식물 속의 영양소를 소화하여 흡수하는 A는 소화계, 세포 호흡에 필요한 O_2를 흡수하고, 세포 호흡 결과 발생하는 CO_2를 방출하는 B는 호흡계, 오줌을 생성하여 내보내는 C는 배설계이다. 소화계(A)에 속하는 ㉠은 소장, 호흡계(B)에 속하는 ㉡은 기관지, 배설계(C)에 속하는 ㉢은 방광이다
ㄱ. 소화계(A)에 속하는 기관인 소장(㉠)과 배설계(C)에 속하는 기관인 방광(㉢)에는 모두 근육 조직이 있다.
ㄴ. 호흡계(B)로 들어온 O_2는 분압 차에 의한 확산에 의해 순환계로 이동한다.
오답 피하기 ㄷ. 소화계(A)에서 흡수되지 않은 물질은 배설계(C)를 통해 배출되지 않고, 소화계(A)에 속하는 항문을 통해 배출된다.

577 영양소를 소화하여 흡수하는 (가)는 소화계, 모든 기관계와 연결되어 있으며 물질 운반의 역할을 하는 (나)는 순환계, 오줌을 생성하여 내보내는 (다)는 배설계이다.
ㄱ. 소화계인 (가)와 순환계인 (나)의 세포에서는 모두 세포 호흡이 일어난다.
ㄷ. 순환계인 (나)에서 배설계인 (다)로 물질의 이동(ⓐ)에는 오줌의 구성 성분인 요소와 물의 이동이 포함된다.
오답 피하기 ㄴ. 대장은 소화계인 (가)에 속한다.

578 A: 체온 유지, 심장 박동 등 생명 활동을 유지하는 데 필요한 최소한의 에너지양을 기초 대사량이라고 한다.

 B: 기초 대사량 외에 다양한 신체 활동을 하는 데 필요한 에너지양은 활동 대사량이다.

C: 건강한 생활을 유지하려면 에너지 섭취량과 에너지 소비량이 균형을 이루어야 한다. 에너지 섭취량을 에너지 소비량보다 항상 높게 유지하는 영양 과다 상태가 지속되면 비만이 될 수 있다.

579 탄수화물과 단백질의 열량은 모두 4 kcal/g, 지방의 열량은 9 kcal/g이다. A가 하루 동안 섭취한 영양소의 양에 따라 에너지양을 계산하면 3500 kcal이다. A의 몸무게가 60 kg이므로 A가 각 활동별로 소비한 에너지양을 계산하면 표와 같다.

구분	에너지 소비량 (kcal/h · kg)	시간 (h)	소비한 에너지양 (kcal)
식사	1.4	3	$1.4 \times 3 \times 60 = 252$
공부	1.5	8	$1.5 \times 8 \times 60 = 720$
걷기	2.2	2	$2.2 \times 2 \times 60 = 264$
운동	2.5	2	$2.5 \times 2 \times 60 = 300$
잠	0.8	9	$0.8 \times 9 \times 60 = 432$

A의 1일 활동 대사량은 1968 kcal이고, 1일 기초 대사량은 $(1 \text{ kcal/kg} \cdot \text{h}) \times 60 \text{ kg} \times 24 \text{ h} = 1440 \text{ kcal}$이다.

ㄱ. A의 1일 기초 대사량은 1440 kcal이다.

 ㄴ. A의 1일 활동 대사량은 1968 kcal이므로 2000 kcal보다 작다.

ㄷ. A가 하루 동안 섭취한 총에너지양은 3500 kcal이고, 1일 대사량은 $1968 \text{ kcal} + 1440 \text{ kcal} = 3408 \text{ kcal}$이다. 따라서 A가 하루 동안 섭취한 총 에너지양은 1일 대사량보다 많다.

III - 1. 신경계와 근수축 12 ~ 17쪽

580 ⑤	581 ④	582 ③	583 ②	584 ⑤	585 ②	586 ④
587 ①	588 ③	589 ④	590 ①	591 ①	592 ①	593 ②
594 ④	595 ⑤	596 ①	597 ④	598 ⑤	599 ①	600 ②
601 ①	602 ③	603 ④				

580 흥분은 (다) → (나) → (가)의 순서로 전달되므로 (가)는 원심성(운동) 뉴런, (나)는 연합 뉴런, (다)는 구심성(감각) 뉴런이다.

ㄴ. (다)는 축삭 돌기가 말이집으로 싸여 있으므로 흥분이 전도될 때 랑비에 결절에서만 활동 전위가 발생하는 도약전도가 일어난다.

ㄷ. A는 말이집으로 싸여 있지 않아 도약전도가 일어나는 부위이다. 즉, A에서 세포막을 통한 이온의 이동에 의해 일어난다.

 ㄱ. (가)는 원심성(운동) 뉴런이므로 반응기와 연결되어 있다. 감각기와 연결된 구심성(감각) 뉴런은 (다)이다.

581 ㄴ. ㉠을 주었을 때는 활동 전위가 발생되지 않았으며, ㉢을 주었을 때가 ㉡을 주었을 때보다 활동 전위의 발생 빈도가 많으므로 자극의 세기는 ㉠<㉡<㉢이다.

ㄷ. 한 뉴런에서 활동 전위의 크기는 자극의 세기와 무관하므로 ㉡을 주었을 때와 ㉢을 주었을 때가 같다.

 ㄱ. 이 뉴런에서 활동 전위가 발생되지 않을 때 막전위가 -70 mV로 유지되므로 이 뉴런의 휴지 전위는 -70 mV이다. 따라서 역치 전위는 -70 mV보다 높다.

582 ㄱ. (가)와 (나)에서 자극을 받지 않았을 때 휴지 전위는 같다.

ㄴ. 축삭 돌기의 중간 지점을 자극하자 (가)와 (나)에서 모두 활동 전위가 발생되었으므로 흥분은 축삭 돌기를 따라 양방향으로 전도될 수 있다.

 ㄷ. 역치 이상의 자극이 주어질 때에만 (가)에서 활동 전위가 생성된다.

583 ㄴ. $Na^+ - K^+$ 펌프를 통해 Na^+(㉠)은 Ⅱ에서 Ⅰ로 이동하므로 Ⅰ은 세포 밖이고, Ⅱ는 세포 안이다. t일 때 막전위는 양(+)의 값을 가지므로 세포 밖(Ⅰ)은 음(−)전하를, 세포 안(Ⅱ)은 양(+)전하를 띤다.

 ㄱ. 자극을 준 후 ㉠의 막 투과도가 ㉡보다 먼저 급격히 상승했으므로 ㉠은 탈분극을 일으키는 Na^+이고, ㉡은 재분극을 일으키는 K^+이다.

ㄷ. $Na^+ - K^+$ 펌프의 작용으로 K^+(㉡)의 농도는 항상 세포 밖(Ⅰ)에서가 세포 안(Ⅱ)에서보다 낮다.

584 ㄱ. 흥분이 전도될 때 ㉠은 세포 안으로 들어오므로 Na^+이고, ㉡은 세포 밖으로 나가므로 K^+이다.

ㄴ. 흥분이 전도될 때 축삭 돌기의 특정 지점은 분극 → Na^+(㉠)의 유입에 의한 탈분극 → K^+(㉡)의 유출에 의한 재분극 → 분극의 순서로 막전위가 변한다. 따라서 (가)에서 흥분은 오른쪽에서 왼쪽(←)으로 전

도되고 있으므로 t_2일 때가 t_1일 때보다 이른 시점이다.

ㄷ. t_3과 t_4 사이에서 막전위가 상승해 활동 전위가 발생되므로 Na^+(㉠)의 막 투과도는 증가한다.

585 ㄴ. (나)에서 분비된 X가 (가)에 있는 이온 통로에 작용하므로 흥분은 (나)에서 (가)로 전달된다.

오답 피하기 ㄱ. X가 이온 통로 ㉠에 작용하면 ㉠이 열려 뉴런 (가)가 탈분극되므로 ㉠이 열리면 (가) 안으로 Na^+이 유입되어 막전위가 상승한다.

ㄷ. 흥분은 (가)에서 (나)로 전달되지 않으므로 (가)를 역치 이상으로 자극해도 (나)에서 활동 전위가 발생되지 않는다.

586 ㄱ. A~D 중 P 지점에서 Q 지점으로 흥분이 이동하는 데 걸리는 시간은 말이집이 있어 도약전도가 일어나며, 시냅스가 없어 흥분 전도만 일어나는 A에서 가장 짧다. 따라서 활동 전위가 가장 먼저 발생된 ㉠이 A에서의 막전위 변화이다.

ㄷ. 흥분은 축삭 돌기를 따라 양방향으로 전도되므로 (가)에서 Q 지점을 역치 이상으로 동시에 1회 자극하면 A와 B의 P 지점에서 모두 활동 전위가 발생된다.

오답 피하기 ㄴ. D의 경우, 흥분은 Q에서 P로 전달되고, P에서 Q로 전달되지 않는다. 따라서 D의 P 지점에 역치 이상으로 자극해도 Q에서 활동 전위가 생성되지 않는다. ㉢은 C에서의 막전위 변화이다.

587 ㄱ. 흥분은 I→II→III 방향으로 전도된다. (나)의 경우, ㉡의 막전위가 $+20 \text{ mV}$이고, ㉢은 재분극(과분극) 상태이므로 I은 ㉠와 ㉢ 중 하나이다. (가)의 경우, ㉢의 막전위가 $+20 \text{ mV}$이고, ㉠이 재분극(과분극) 상태이므로 I는 ㉠와 ㉡ 중 하나이다. 따라서 I은 ㉠이며, II는 ㉢, III은 ㉡이다.

오답 피하기 ㄴ. (나)의 ㉢(II)에서 막전위가 -80 mV이므로 (나)의 ㉠(I)에서 막전위는 $-80 \text{ mV} \sim -70 \text{ mV}$이다.

ㄷ. II(㉢)의 경우, (나)에서가 (가)에서보다 재분극이 더 진행된 상태이므로 흥분 전도 속도는 (나)에서가 (가)에서보다 빠르다.

자료 정리

흥분의 전도

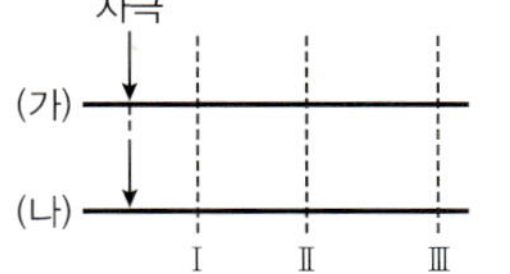

뉴런	t일 때의 막전위(mV)		
	㉠	㉡	㉢
(가)	-80	?	$+20$
(나)	?	$+20$	-80

• (가)의 ㉠과 (나)의 ㉢에서의 막전위가 모두 -80 mV이다. ➡ 휴지 전위(-70 mV)보다 더 음($-$)의 값이므로 재분극(과분극) 상태이다.
• (나)의 ㉢(-80 mV)에서가 (가)의 ㉢($+20 \text{ mV}$)에서보다 재분극이 더 진행된 상태이므로 흥분은 (나)의 ㉢에서가 (가)의 ㉢에서보다 먼저 도달했다. 즉, 흥분의 전도 속도는 (나)에서가 (가)에서보다 빠르다.
• (가)의 경우, ㉠에서가 ㉢에서보다 재분극이 더 진행된 상태이다. 흥분은 ㉠에서 ㉢으로 전도된다. (나)의 경우, ㉢에서가 ㉡에서보다 재분극이 더 진행된 상태이다. 흥분은 ㉢에서 ㉡으로 전된다. ➡ 흥분 전도 방향은 ㉠(I)→㉢(II)→㉡(III)이다.

---

588 ㄱ. 흥분 전도 속도는 A에서가 B에서의 1.5배이므로 P로부터 막전위가 -80 mV인 재분극(과분극) 지점까지의 거리는 A에서가 B에서보다 길다. 따라서 ⓐ는 d_3, ⓑ는 d_2이다.

ㄴ. (나)에서 자극을 받은 부위의 막전위가 -80 mV가 되기까지 3 ms가 걸린다. 그런데 ㉠이 5 ms일 때 A에서는 P로부터 6 cm 떨어진 d_3에서의 막전위가 -80 mV이므로 흥분 전도 속도는 $\dfrac{6 \text{ cm}}{(5-3)\text{ms}} = 3 \text{ cm/ms}$이고, B에서는 P로부터 4 cm 떨어진 d_2에서의 막전위가 -80 mV이므로 흥분 전도 속도는 $\dfrac{4 \text{ cm}}{(5-3)\text{ms}} = 2 \text{ cm/ms}$이다.

오답 피하기 ㄴ. A의 경우, 흥분 전도 속도는 3 cm/ms이므로 5 ms일 때 A의 d_2(ⓑ)는 막전위가 (나)에서 $\dfrac{11}{3} \text{ ms}$일 때의 막전위와 같다. 따라서 A의 d_3(ⓐ)와 d_2(ⓑ) 사이에 있는 지점은 재분극(과분극) 중이다.

589 A를 자극하면 A와 D에서만 활동 전위가 발생하므로 A → D로 흥분이 전달되고, C를 자극하면 A와 B에서 활동 전위가 발생하므로 C → A, C → B로 흥분이 전달된다. 따라서 흥분은 C → A → D와 C → B로 전달된다.

590 ㄱ. (가)는 세포질에 많은 수의 근육 원섬유가 들어 있는 다핵 세포인 근육 섬유이다.

오답 피하기 ㄴ. 골격근은 체성 신경과 연결되어 있으므로 ㉠은 체성 신경계를 구성한다. 자율 신경은 심장근, 내장근, 분비샘에 연결되어 있다.

ㄷ. ⓐ는 굵은 마이오신 필라멘트, ⓑ는 가는 액틴 필라멘트이다. I대에는 액틴 필라멘트(ⓑ)만 있다.

591 ㄱ. 근육이 수축할 때 액틴 필라멘트가 마이오신 필라멘트 사이를 활주함에 따라 근육 원섬유 마디에서 H대와 I대의 길이는 짧아지지만, A대의 길이는 변하지 않는다. 따라서 t_1일 때와 t_2일 때 길이가 같은 ㉡이 A대이고, ㉠은 H대이다.

오답 피하기 ㄴ. H대(㉠)의 길이가 t_1일 때가 t_2일 때보다 $0.2 \text{ }\mu\text{m}$ 짧으므로 t_1일 때 X의 길이는 t_2일 때보다 $0.2 \text{ }\mu\text{m}$ 짧은 $1.8 \text{ }\mu\text{m}$이다. 따라서 t_1일 때 X에서 액틴 필라멘트만 있는 부위의 길이는 X의 길이에서 마이오신 필라멘트가 있는 A대(㉡)의 길이를 뺀 값과 같으므로 $1.8 - 1.6 = 0.2 \text{ }\mu\text{m}$이다.

ㄷ. X의 길이는 A대(㉡)의 길이와 액틴 필라멘트만 있는 부위(I대)의 길이를 합한 것과 같다.

592 X의 길이가 $0.4 \text{ }\mu\text{m}$ 짧아지면 액틴 필라멘트와 마이오신 필라멘트가 겹쳐 있는 ㉠의 길이는 $0.2 \text{ }\mu\text{m}$ 길어지며, H대(㉡)의 길이는 $0.4 \text{ }\mu\text{m}$ 짧아지고, 액틴 필라멘트만 있는 ㉢의 길이는 $0.2 \text{ }\mu\text{m}$ 짧아진다.

593 ㉠은 액틴 필라멘트로만 있는 부위(I대)의 절반, ㉡은 액틴 필라멘트와 마이오신 필라멘트가 겹쳐 있는 부위의 절반, ㉢은 마이오신 필

라멘트로만 있는 부위(H대)이다. 시간이 t_1에서 t_2로 흐를 때 ⓐ의 길이와 ⓑ+ⓒ의 길이 합이 모두 길어지므로 X는 이완한다.

ㄴ. X가 이완해 길이가 $2n$ μm 길어질 경우, ㉠의 길이는 n μm 길어지고, ㉡의 길이는 n μm 짧아지며, ㉢의 길이는 $2n$ μm 길어진다. 따라서 ⓐ는 ㉠이고, ⓑ와 ⓒ는 각각 ㉡과 ㉢ 중 하나이다. 따라서 X의 경우, ㉠의 길이는 0.2 μm 길어지고, ㉡의 길이는 0.2 μm 짧아지며, ㉢(H대)의 길이는 0.4 μm 길어진다.

 ㄱ. ㉠과 ㉢의 길이 합은 $0.2+0.4=0.6$ μm 길어진다.

ㄷ. 근육 원섬유 마디가 이완하면 I대의 길이는 길어지지만 A대의 길이는 변하지 않는다. 따라서 X가 포함된 근육 원섬유에서 $\dfrac{\text{I대의 길이}}{\text{A대의 길이}}$가 커진다.

594 ㄱ. ㉠과 ㉡의 길이 합은 t_1일 때와 t_2일 때 같지만, ㉠과 ㉢의 길이 합은 t_2일 때가 t_1일 때보다 짧다. 따라서 ㉡은 액틴 필라멘트와 마이오신 필라멘트가 겹쳐 있는 부위(A대−H대)이다. 그리고 ㉠에 액틴 필라멘트가 있으므로 ㉠은 액틴 필라멘트만 있는 부위(I대)이고, ㉢은 마이오신 필라멘트만 있는 부위(H대)이다. 따라서 ㉡과 ㉢에 모두 마이오신 필라멘트가 있다.

ㄷ. ㉡과 ㉢의 길이 합은 마이오신 필라멘트의 길이와 같다. 마이오신 필라멘트의 길이는 변하지 않으므로 ㉡과 ㉢의 길이 합은 t_1일 때와 t_2일 때가 같다.

 ㄴ. t_2일 때가 t_1일 때보다 ㉠과 ㉢의 길이 합이 0.4 μm 짧으므로 X의 길이는 0.2 μm 짧다. 따라서 ㉠(I대)의 길이도 0.2 μm 짧다.

자료 정리

골격근의 수축

구분	액틴 필라멘트	마이오신 필라멘트
㉠	있음	?
㉡	?	?
㉢	없음	?

구분	㉠+㉡	㉠+㉢
t_1	1.8 μm	2.6 μm
t_2	1.8 μm	2.2 μm

- ㉠~㉢은 각각 액틴 필라멘트만 있는 부위, 마이오신 필라멘트만 있는 부위, 액틴 필라멘트와 마이오신 필라멘트가 겹쳐 있는 부위 중 하나이다.
- X가 수축해 길이가 n μm 짧아지면 액틴 필라멘트만 있는 부위와 마이오신 필라멘트만 있는 부위의 길이는 각각 n μm씩 짧아지며, 액틴 필라멘트와 마이오신 필라멘트가 겹쳐 있는 부위의 길이는 n μm 길어진다.
- ㉠과 ㉢의 길이 합은 t_1일 때보다 t_2일 때 짧다. ➡ ㉠과 ㉢은 각각 액틴 필라멘트만 있는 부위와 마이오신 필라멘트만 있는 부위 중 하나이고, ㉡은 액틴 필라멘트와 마이오신 필라멘트가 겹쳐 있는 부위(A대−H대)이다.

595 ㄱ. ㉠은 마이오신 필라멘트가 없는 I대, ㉡은 마이오신과 액틴 필라멘트가 겹쳐 있는 부위(A대−H대), ㉢은 액틴 필라멘트가 없는 H대이다. X가 수축하면 ㉡의 길이는 길어지고 ㉠과 ㉢의 길이는 모두 짧아지므로 X의 길이가 짧아지지만, X가 이완하면 ㉡의 길이는 짧아지고 ㉠과 ㉢의 길이는 모두 길어지므로 X의 길이가 길어진다. t_2일 때가 t_1일 때보다 ⓐ의 길이는 짧아지고 ⓑ와 ⓒ의 길이는 모두 길어졌으므로

X는 t_2일 때가 t_1일 때보다 이완되어 길어진 상태이며, ⓐ는 ㉡, ⓑ와 ⓒ는 각각 ㉠과 ㉢ 중 하나이다.

ㄴ. ⓐ(㉡)와 ㉢의 길이 합은 X의 수축 여부에 상관없이 변하지 않는다.

ㄷ. t_2일 때가 t_1일 때보다 ⓐ(㉡)의 길이가 0.4 μm 짧으므로 H대(㉢)의 길이는 0.4 μm 길다.

596 A는 대뇌, B는 간뇌의 시상 하부, C는 중간뇌, D는 연수이다.

ㄴ. 홍채 운동과 동공 반사의 중추는 중간뇌이므로 (가)의 중추는 중간뇌(C)이다.

 ㄱ. 대뇌(A)의 겉질은 회색질, 속질은 백색질이며, 기능은 주로 겉질(회색질)이 담당한다.

ㄷ. 추운 곳에서 얼굴이 창백해지는 것은 교감 신경의 작용이 강화되어 피부 근처 혈관이 수축해 혈류량이 감소하기 때문이며, 이러한 체온 조절의 중추는 간뇌의 시상 하부(B)이다. D는 연수이다.

597 ㄱ. ㉠은 척수에 연결된 구심성 신경, ㉡은 척수에 연결된 원심성 신경이므로 ㉠과 ㉡은 모두 척수 신경이다.

ㄴ. B → 척수 → Q의 경로로 일어나는 반응에서 흥분은 감각기(B) → 구심성 신경(㉠) → 척수 → 원심성 신경(㉡) → 반응기(Q)로 전달되므로 대뇌가 관여하지 않고 척수가 중추로 작용하는 무조건 반사에 해당한다.

 ㄷ. 주머니에서 열쇠를 찾아 꺼내는 반응에서 흥분은 손의 피부(B) → 구심성 신경 → 척수 → 대뇌 → 척수 → 원심성 신경 → 손의 근육(P)의 경로로 일어난다.

598 Ⅰ(호흡 운동 촉진)은 연수가 중추이며, 교감 신경이 관여하는 반응이다. Ⅱ(침 분비 촉진)는 연수가 중추이며, 부교감 신경이 관여하는 반응이다. Ⅲ(무릎 반사)은 척수가 중추이며, 체성 신경이 관여하는 반응이다.

ㄴ. Ⅰ에 교감 신경, Ⅱ에 부교감 신경이 관여하므로 '교감 신경이 관여하는가?'는 ⓐ에 해당한다.

ㄷ. Ⅲ은 중추가 척수인 무릎 반사이다. 무릎 반사는 다리에 있는 골격근의 수축으로 일어나며, 골격근은 원심성 신경인 체성 신경과 연결되어 있다. 체성 신경의 말단에서 아세틸콜린이 분비된다.

 ㄱ. Ⅰ과 Ⅱ의 중추는 모두 연수이므로 ㉠은 연수이다.

599 자율 신경이 나오는 것은 연수, 중간뇌, 척수이며, 자율 신경이 나오지 않는 것은 대뇌이므로 ㉡은 '자율 신경이 나온다.'이고 A는 대뇌이다. 뇌줄기를 구성하는 것은 연수, 중간뇌이므로 ㉠은 '뇌줄기를 구성한다.'이고, D는 척수이다. 따라서 ㉢은 '배뇨 반사의 중추이다.'이고, B와 C는 각각 연수와 중간뇌 중 하나이다.

ㄱ. '회피 반사의 중추이다.'(㉢)는 척수(D)만 갖는 특징이다.

 ㄴ. ㉠은 '뇌줄기를 구성한다.'이다.

ㄷ. 심장과 연결된 교감 신경은 척수(D)에서 나온다. 연수에서는 심장과 연결된 부교감 신경이 나온다.

600 ㄷ. C는 척수의 명령을 반응기로 전달하므로 척수와 연결된 원심성 신경인 체성 운동 신경이다. 전근은 척수에서 나가는 원심성 신경 다발이므로 C는 척수의 전근을 구성한다.

오답 피하기 ㄱ. A는 신경절 이전 뉴런이 신경절 이후 뉴런보다 짧으므로 교감 신경이다. 교감 신경은 모두 척수에서 나온다.

ㄴ. A(교감 신경)와 B가 길항 작용을 하므로 B는 부교감 신경이다. 부교감 신경의 신경절 이후 뉴런 말단에서 아세틸콜린이 분비된다.

601 ㄱ. A는 중간뇌에서 나오므로 동공의 크기 조절에 관여하는 ⓒ이며, 심장 박동 속도 조절에 관여하는 부교감 신경은 연수에서 나오므로 ⓒ은 C가 아니다. 따라서 ⓒ은 B이므로 ㉠은 C이다.

오답 피하기 ㄴ. A(ⓒ)는 중간뇌에서 나오므로 부교감 신경이다. 부교감 신경은 신경절 이전 뉴런이 신경절 이후 뉴런보다 길므로 ⓐ와 ⓑ 중 ⓑ에 신경절이 있다.

ㄷ. ⓒ(B)은 척수에서 나오는 교감 신경이므로 ⓒ의 작용으로 심장 박동 속도가 빨라진다.

602 ㄱ. A를 자극하자 심장 세포에서 활동 전위 발생 빈도가 증가하므로 A는 심장 박동을 촉진시키는 교감 신경이다. 교감 신경(A)은 척수에서 나오므로 '척수에서만 나온다.'는 ⓒ과 ⓒ 중 ⓒ이다.

ㄷ. 체성 운동 신경(B)과 부교감 신경(C)은 교감 신경과 달리 말단에서 모두 아세틸콜린이 분비되므로 '반응기로 아세틸콜린을 분비한다.'는 ⓒ이 될 수 있다.

오답 피하기 ㄴ. 침 분비를 촉진시키는 데 관여하는 신경은 연수에서 나오는 부교감 신경(C)이다.

자료 정리

말초 신경계의 특징

구분	㉠	ⓒ	ⓒ
A	○	○	×
B	×	○	○
C	×	×	○

(○: 있음, ×: 없음)

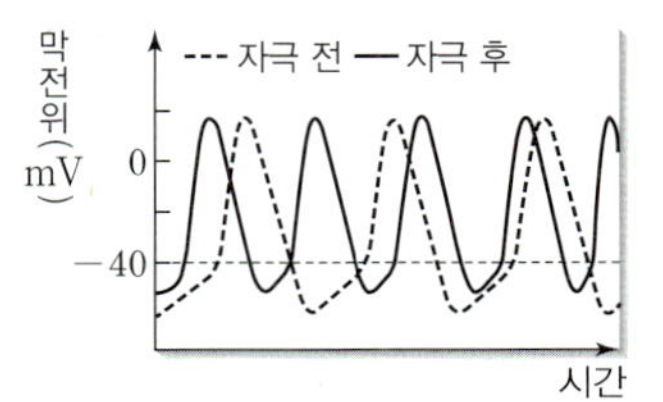

- A는 심장 세포에서 활동 전위 발생 빈도가 증가시키므로 교감 신경이다.
- 교감 신경(A)은 척수에서 나오므로 '척수에서만 나온다.'는 ⓒ이다. B와 C는 부교감 신경과 체성 운동 신경 중 하나인데, B는 척수에서만 나오므로 체성 운동 신경이고, C는 부교감 신경이다.

---

603 ㄱ. 운동 뉴런은 근육과 같은 반응기로 흥분을 전달하므로 운동 뉴런이 파괴되면 경련, 근육 위축이 일어날 수 있다. 따라서 B의 주요 증상은 기억력 감소, 치매이며, 기억과 인지 등의 기능은 대뇌에서 담당하므로 대뇌는 ㉠에 해당한다.

ㄴ. 운동 뉴런은 말초 신경계를 구성하는 원심성 뉴런이므로 A는 말초 신경계 이상으로 인해 나타난다.

오답 피하기 ㄷ. 경련, 근육 위축은 A의 주요 증상이다.

III-2. 호르몬과 항상성　　18~21쪽

604 ⑤	605 ③	606 ②	607 ④	608 ①	609 ③	610 ②
611 ⑤	612 ④	613 ②	614 ④	615 ①	616 ⑤	617 ③
618 ④	619 ②					

604 ㄱ. 정소와 난소는 모두 성호르몬을 분비하는 내분비샘(㉠)에 해당한다.

ㄴ. X는 호르몬이다. 부신 겉질에서 분비되는 무기질 코르티코이드는 콩팥에서 Na^+ 재흡수를 촉진하는 호르몬이다.

ㄷ. 특정 자극에 의해 내분비샘에서 분비된 호르몬(X)은 혈액에 의해 운반되어 표적 세포에 작용함으로써 우리 몸이 자극에 대해 반응하도록 신호를 전달한다.

605 ㄱ. A는 뇌하수체, B는 갑상샘, C는 부신이다. 뇌하수체(A) 전엽에서 갑상샘(B)을 자극하는 갑상샘 자극 호르몬과 부신(C) 겉질을 자극하는 부신 겉질 자극 호르몬이 분비된다.

ㄷ. D는 이자이다. 부신(C) 속질에서 분비되는 에피네프린은 혈당량을 증가시키고, 이자(D)에서 분비되는 인슐린은 혈당량을 감소시키므로 이 두 호르몬은 혈당량 조절에 대해 길항 작용을 한다.

오답 피하기 ㄴ. 결핍되면 소인증이 나타나는 호르몬은 생장 호르몬으로, 뇌하수체(A) 전엽에서 분비된다.

606 ㄴ. 뇌하수체 전엽에서 분비되는 갑상샘 자극 호르몬(TSH)은 갑상샘에서 티록신의 분비를 촉진하고, 부신 겉질 자극 호르몬(ACTH)은 부신 겉질에서 당질 코르티코이드의 분비를 촉진한다. 당질 코르티코이드는 혈당량을 증가시키므로 B는 부신 겉질, A는 갑상샘이다. C는 교감 신경의 자극을 받아 에피네프린을 분비하는 부신 속질이다. 에피네프린은 혈당량을 증가시킨다.

오답 피하기 ㄱ. 갑상샘(A)에서 분비되는 티록신은 세포 호흡을 촉진해 체내 열 생산량을 증가시키므로 기온이 높아질수록 갑상샘(A)에서 티록신 분비가 억제된다.

ㄷ. ㉠은 시상 하부에서 분비되는 호르몬에 의해, ⓒ은 시상 하부와 연결된 교감 신경에 의해 일어나는 과정이다.

607 ㄱ. 혈관에 b를 주사하면 혈중 b의 농도가 증가하므로 c의 분비가 촉진되며, 이에 따라 혈중 c의 농도가 증가하므로 음성 피드백에 의해 시상 하부의 작용이 억제되어 a의 분비가 억제된다.

ㄷ. 티록신의 분비도 이와 같은 음성 피드백 방식으로 조절된다.

오답 피하기 ㄴ. c의 분비량이 많아지면 혈중 c의 농도가 증가하므로 음성 피드백에 의해 뇌하수체 전엽의 작용이 억제되어 b의 분비가 억제된다.

608 갑상샘의 활성이 낮아지면 티록신의 분비량이 적어지고 그 결과 TSH의 분비량이 많아지므로 이는 환자 A에 해당하며, 뇌하수체의 활

성이 높아지면 TSH의 분비량이 많아지고 그 결과 티록신의 분비량이 많아지므로 이는 환자 B에 해당한다. 뇌하수체의 활성이 낮아지면 TSH의 분비량이 적어지고 그 결과 티록신의 분비량이 적어지므로 이는 환자 C에 해당하며, 갑상샘의 활성이 높아지면 티록신의 분비량이 많아지고 그 결과 TSH의 분비량이 적어지므로 이는 환자 D에 해당한다.

ㄱ. A는 갑상샘의 활성이 정상보다 낮은 환자, D는 갑상샘의 활성이 정상보다 높은 환자이다.

오답 피하기 ㄴ. C는 뇌하수체의 활성이 정상보다 낮은 환자, D는 갑상샘의 활성이 정상보다 높은 환자이다.

ㄷ. TRH는 뇌하수체 전엽에서 TSH의 분비를 촉진시키므로 결과적으로 티록신의 분비를 촉진시킨다. 따라서 티록신의 분비량이 적은 A에서가 티록신의 분비량이 많은 B에서보다 음성 피드백이 적게 일어나므로 TRH의 분비량이 많다.

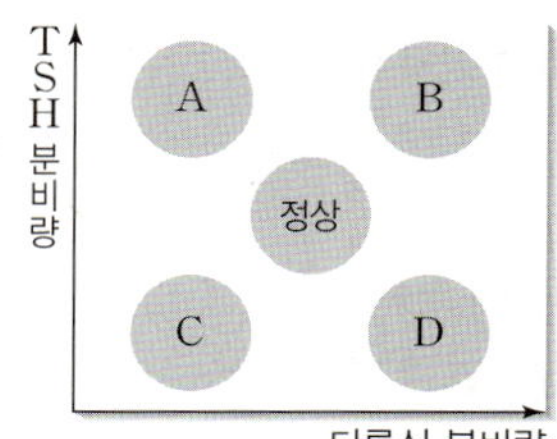

자료 정리

호르몬의 분비 조절

- A: TSH의 분비량이 많고, 티록신의 분비량이 적다. ➡ TSH의 양이 많아도 티록신의 분비가 촉진되지 않으므로 갑상샘의 활성이 정상보다 낮다.
- B: TSH와 티록신의 분비량이 모두 많다. ➡ 티록신의 양이 많아도 음성 피드백에 의해 TSH의 분비가 억제되지 않으므로 뇌하수체의 활성이 정상보다 높다.
- C: TSH와 티록신의 분비량이 모두 적다. ➡ 뇌하수체의 활성이 정상보다 낮다.
- D: TSH 분비량이 적고, 티록신의 분비량이 많다. ➡ TSH의 양이 적어도 티록신의 분비가 촉진되므로 갑상샘의 활성이 정상보다 높다.

609 ㄱ. A의 분비가 촉진되면 C의 분비가 촉진되므로 분비 순서는 A → C이며, B의 분비가 촉진되면 C의 분비는 억제되므로 분비 순서는 C → B이다. 따라서 호르몬의 분비 순서는 A(호르몬 1) → C(호르몬 2) → B(호르몬 3)이다.

ㄴ. 분비 순서가 A → C → B이므로 A의 분비가 촉진되면 C와 B의 분비가 모두 촉진된다.

오답 피하기 ㄷ. 항이뇨 호르몬은 시상 하부에서 생성된 후 뇌하수체 후엽에서 분비되므로 호르몬 3에 해당하지 않는다. 티록신이 호르몬 3에 해당한다.

610 ㄴ. 운동 시작 후 혈당량이 낮아짐에 따라 분비량이 감소하는 ㉠은 혈당량을 감소시키는 인슐린이고, ㉡은 혈당량을 증가시키는 글루카곤이다.

오답 피하기 ㄱ. A는 뇌하수체 전엽에서 분비되는 호르몬에 의해 부신 겉질에서 당질 코르티코이드가 분비되는 경로이다.

ㄷ. B는 교감 신경에 의해 부신 속질에서 에피네프린이 분비되는 경로

이다. 에피네프린과 글루카곤(㉡)은 모두 혈당량을 증가시키기 위해 간에서 글리코젠이 포도당으로 분해되는 과정을 촉진한다.

611 ⑤ 중추인 시상 하부(㉠)의 명령은 교감 신경을 통해 부신 속질(㉢)로 전달되어 에피네프린(ⓑ)의 분비가 촉진된다.

오답 피하기 ① ㉠은 체온과 혈당량의 조절 중추인 간뇌의 시상 하부이다.

② 글루카곤은 이자의 α세포에서 분비되고, 에피네프린은 부신 속질에서 분비된다. 에피네프린은 혈당량을 증가시키며, 물질대사를 촉진해 체내 열 생산량도 증가시키므로 ⓑ는 에피네프린이며, ㉢은 부신 속질이다.

③ 티록신은 시상 하부에서 분비되는 호르몬(갑상샘 자극 호르몬 방출 호르몬)이 뇌하수체 전엽을 자극하고, 뇌하수체 전엽에서 분비되는 갑상샘 자극 호르몬이 갑상샘(㉡)을 자극하여 분비되므로 ⓐ이다. 티록신(ⓐ)과 에피네프린(ⓑ)은 모두 물질대사(세포 호흡)를 촉진해 체온 상승에 관여하므로 '체온 하강'은 X에 해당한다.

④ ㉢는 글루카곤이다. 글루카곤은 간에서 글리코젠의 분해를 촉진시켜 혈당량을 증가시킨다.

612 ㄱ. A는 갑상샘에서 분비되므로 티록신이다.

ㄷ. ㉡은 식사 후 혈당량이 높아짐에 따라 혈중 농도가 증가하므로 혈당량을 감소시키는 인슐린이다. 인슐린은 간에서 글리코젠의 합성을 촉진하므로 인슐린(㉡)의 분비가 촉진되면 간에 저장되는 글리코젠의 양이 증가한다.

오답 피하기 ㄴ. B는 부신 겉질에서 분비되는 당질 코르티코이드이며, ㉠은 글루카곤이다. 당질 코르티코이드(B)와 글루카곤(㉠)은 모두 혈당량을 증가시킨다.

613 ㄷ. $t_1 \sim t_2$ 동안 건강한 사람의 혈당량이 감소하는 것은 인슐린의 작용으로 간에서 글리코젠의 합성이 촉진되기 때문이다. 따라서 $t_1 \sim t_2$ 동안 간에 저장되는 글리코젠의 양은 증가한다.

오답 피하기 ㄱ. 이 환자는 건강한 사람보다 혈당량이 낮으므로 혈당량을 감소시키는 인슐린(X)이 과다하게 분비되었다.

ㄴ. 혈당량은 t_1일 때가 t_2일 때보다 높으므로 건강한 사람의 인슐린 분비량은 t_1일 때가 t_2일 때보다 많다.

614 ④ ㉣은 체온을 높이기 위한 시상 하부의 명령이다. 이 명령은 교감 신경과 호르몬에 의해 반응기로 전달된다.

오답 피하기 ① ㉠은 온도를 감지하는 감각기이므로 피부의 냉점이다.

② ㉡은 감각기의 자극을 중추로 전달하는 구심성(감각) 신경이다. 교감 신경은 중추의 명령을 반응기로 전달하는 원심성 신경이다.

③ ㉢은 체온 조절 중추인 간뇌의 시상 하부이다. 티록신은 갑상샘에서 분비된다.

⑤ ㉤은 체온을 높이기 위해 세포 호흡과 같은 물질대사가 촉진되어 체내 열 생산량이 증가하는 반응이다. 세포 호흡이 촉진되면 조직 세포의 산소 소비량이 증가한다.

615 I에서 물질대사율이 높아져 체내 열 생산량이 증가하므로 시상 하부 온도를 낮춘 것이며, II에서 물질대사율이 낮아져 체내 열 생산량이 감소하므로 시상 하부 온도를 높인 것이다.

ㄱ. (나)에서 피부 근처 혈관이 수축하므로 이 변화는 기온이 낮아질 때 피부를 통한 열 방출량을 감소시키기 위한 것이다. 따라서 (나)는 시상 하부 온도를 낮춘 I에서 일어난 변화이다.

오답 피하기 ㄴ. I에서는 물질대사가 촉진되어 체내 열 생산량이 증가해 체온이 높아지고, II에서 물질대사가 억제되어 체내 열 생산량이 감소해 체온이 낮아진다.

ㄷ. 티록신은 조직 세포의 세포 호흡을 촉진시키는 호르몬이다. 따라서 I과 II 중 혈중 티록신 농도가 가장 높은 시점은 물질대사율이 보다 높은 구간 I에 있다.

616 ㄱ. (가)에서 X의 온도에 따라 땀 분비에 의한 열 방출량이 달라지며, (나)에서 X에 의해 갑상샘에서 티록신이, 부신 속질에서 에피네프린의 분비가 촉진되므로 X는 체온 조절 중추인 시상 하부이다.

ㄴ. B에서가 A에서보다 땀 분비에 의한 열 방출량이 높아지는 시상 하부(X)의 최소 온도가 높다. 땀 분비는 더울 때 촉진되므로 B에서가 A에서보다 주위 온도는 낮다. 따라서 피부 온도도 B에서가 A에서보다 낮다.

ㄷ. ㉠은 시상 하부(X) → 뇌하수체 전엽 → 갑상샘의 경로를 통해 분비되는 티록신이다. 티록신은 조직 세포의 세포 호흡을 촉진시킨다.

617 항이뇨 호르몬은 시상 하부에서 생성된 후 뇌하수체 후엽에서 분비되므로 B이다. 따라서 ㉠은 시상 하부, ㉣은 뇌하수체 후엽이다.

ㄷ. 항이뇨 호르몬(B)은 콩팥에서 수분 재흡수를 촉진해 혈장의 삼투압을 낮추고, 오줌의 삼투압을 높이므로 혈중 항이뇨 호르몬(B)의 농도가 증가하면 $\dfrac{\text{오줌의 삼투압}}{\text{혈장의 삼투압}}$ 은 커진다.

오답 피하기 ㄱ. ⓐ에서가 ⓑ에서보다 오줌의 삼투압이 높으므로 ⓐ는 항이뇨 호르몬(B)이 있어 수분 재흡수가 촉진될 때이다. A는 티록신이다.

ㄴ. 항이뇨 호르몬(B)은 시상 하부(㉠)에서 생성된다.

삼투압 조절

(단위: 상댓값)

조건	오줌의 삼투압
ⓐ	14
ⓑ	1

· 항이뇨 호르몬은 시상 하부에서 생성된 후 뇌하수체 후엽에서 분비된다. ㉠은 시상 하부, ㉣은 뇌하수체 후엽이며, B는 항이뇨 호르몬이다. A는 티록신이다.
· 항이뇨 호르몬이 작용하면 콩팥에서 수분 재흡수가 촉진되어 오줌의 생성량이 감소하고, 오줌의 삼투압이 증가한다. 따라서 ⓐ는 항이뇨 호르몬이 있을 때, ⓑ는 항이뇨 호르몬이 없을 때이다.

618 ㄱ. A는 뇌하수체 후엽에서 분비되어 콩팥에서 수분 재흡수를 촉진하는 항이뇨 호르몬이다. 항이뇨 호르몬은 혈장 삼투압이 높아지거나 혈압이 낮아질 때 분비가 촉진되므로 혈장 삼투압은 X에 해당한다.

ㄴ. X가 같을 때 ㉠에서가 정상 상태에서보다 혈장 항이뇨 호르몬 농도가 낮으므로 ㉠은 정상 상태보다 혈액량이 많아서 수분 재흡수량이 적은 경우이다.

오답 피하기 ㄷ. (나)에서 P일 때 ㉠에서가 정상 상태에서보다 혈중 항이뇨 호르몬 농도가 낮아 수분 재흡수량이 적으므로 오줌의 생성량은 많고, 오줌의 삼투압은 낮다.

619 X는 삼투압 조절 호르몬이므로 콩팥에서 수분 재흡수를 촉진하는 항이뇨 호르몬이다.

ㄴ. 혈장 삼투압이 같은 조건에서는 혈액량이 안정 상태에 비해 많을 때(ⓑ)가 적을 때(ⓓ)보다 항이뇨 호르몬의 분비가 억제되므로 오줌의 생성량은 많아져, 오줌의 삼투압은 낮다.

오답 피하기 ㄱ. 안정 상태에 비해 혈액량이 많아지면 항이뇨 호르몬 분비가 억제되어 오줌의 생성량이 증가하고, 혈장 삼투압이 높아지면 항이뇨 호르몬 분비가 촉진되어 오줌의 생성량이 감소한다. 따라서 ㉠은 혈액량이다.

ㄷ. 체내에 수분이 부족해 혈액량이 감소하고, 혈장 삼투압이 증가할수록 항이뇨 호르몬의 분비는 촉진된다. 따라서 ⓐ~ⓓ 중 혈중 항이뇨 호르몬(X)의 농도가 가장 높은 조건은 ⓒ이고, 가장 낮은 조건은 ⓑ이다.

620 ②	621 ①	622 ②	623 ④	624 ⑤	625 ①	626 ①
627 ③	628 ③	629 ④	630 ②	631 ④	632 ③	633 ③
634 ②	635 ③					

620 광견병의 병원체는 바이러스, 탄저병의 병원체는 세균에 속하고, 크로이츠펠트·야코프병의 병원체는 변형 프라이온이다. 크로이츠펠트·야코프병, 광견병, 탄저병은 모두 감염성 질병이고, 병원체가 핵산을 가지는 질병은 광견병, 탄저병이다. 병원체가 세포 구조로 되어 있는 질병은 탄저병이다. 따라서 A는 광견병, B는 탄저병, C는 크로이츠펠트·야코프병이다.

ㄴ. 광견병(A)의 병원체는 바이러스, 크로이츠펠트·야코프병의 병원체(C)는 변형 프라이온이다. 따라서 A와 C의 병원체는 모두 독립적으로 물질대사를 하지 못한다.

오답 피하기 ㄱ. A는 광견병, B는 탄저병, C는 크로이츠펠트·야코프병이다.

ㄷ. B의 병원체는 원핵생물인 세균에 해당하므로 핵막을 가지지 않는다.

621 (가)에 속하는 질병은 모두 병원체가 세균에 해당하고, (나)에 속하는 질병은 모두 병원체가 바이러스에 해당한다. (다)에 속하는 질병은 모두 다른 사람에게 전염되지 않는 비감염성 질병이다.

ㄱ. (가)에 속하는 질병의 병원체는 세포 구조로 되어 있는 세균이다. 따라서 (가)의 질병을 일으키는 병원체는 세포 분열을 통해 증식한다.

오답 피하기 ㄴ. (나)의 질병을 치료할 때 항바이러스제를 이용한다.

ㄷ. (나)의 질병은 다른 사람에게 전염될 수 있는 감염성 질병이지만, (다)의 질병은 다른 사람에게 전염되지 않는 비감염성 질병이다.

622 말라리아를 일으키는 병원체 A는 원생생물, 콜레라를 일으키는 병원체 B는 세균, 독감을 일으키는 병원체 C는 바이러스이다.

ㄴ. A～C는 모두 단백질을 가지므로 '단백질이 있다.'는 ⓒ에 해당한다.

오답 피하기 ㄱ. 원생생물(A)은 핵막을 가지므로 '핵막을 가지지 않는다.'는 ㉠에 해당하지 않는다.

ㄷ. 세균(B)은 스스로 물질대사를 할 수 있으므로 '스스로 물질대사를 하지 못한다.'는 ⓒ에 해당하지 않는다.

623 무좀, 광우병, 파상풍은 모두 감염성 질병이며, 병원체가 독립적으로 물질대사를 하는 질병은 무좀과 파상풍이다. 병원체가 세균인 질병은 파상풍이다. 따라서 A는 무좀, B는 광우병, C는 파상풍이고, '감염성 질병이다.'는 ⓒ, '세균에 의해 발생한다.'는 ⓛ, '병원체가 독립적으로 물질대사를 한다.'는 ㉠이다.

ㄴ. 무좀(A)의 병원체는 곰팡이에 해당하며, 무좀의 치료에는 항진균제를 이용한다.

ㄷ. 광우병(B)의 병원체는 변형 프라이온, 파상풍(C)의 병원체는 세균에 해당한다. 따라서 B와 C의 병원체는 모두 핵막을 가지지 않는다.

오답 피하기 ㄱ. '세균에 의해 발생한다.'는 ⓛ이다.

624 A: 낫 모양 적혈구 빈혈증은 유전자 돌연변이로 발병하며 다른 사람에게 전염되지 않는 비감염성 질병이다.

B: 독감을 일으키는 병원체가 체내에 침입하면 대식 세포의 식균 작용과 같은 비특이적 방어 작용이 일어난다.

C: 비특이적 방어 작용은 병원체의 종류나 감염 경험의 유무와 관계없이 감염 발생 시 신속하게 반응이 일어난다.

625 염증 반응은 피부나 점막이 손상되어 병원체가 침투하였을 때 체내에서 일어나는 방어 작용으로 열, 부어오름, 붉어짐, 통증 등의 증상이 나타나며, 비특이적 방어 작용에 해당한다.

ㄱ. (가)에서 체내에 침입한 세균은 백혈구의 식균 작용에 의해 제거된다.

오답 피하기 ㄴ. 염증 반응에서 비만 세포로부터 분비된 히스타민은 모세 혈관을 확장시켜 모세 혈관 벽의 투과성을 증가시킨다.

ㄷ. 염증 반응은 (나) → (다) → (가)의 순서로 일어난다.

626 꽃가루 알레르기와 체액성 면역 반응에서는 항원 항체 반응이 일어나고, 체액성 면역은 후천성 면역, 염증 반응은 선천성 면역에 해당한다. 꽃가루 알레르기와 염증 반응에서는 히스타민이 분비된다. 따라서 A는 체액성 면역, B는 염증 반응, C는 꽃가루 알레르기이다.

ㄱ. 체액성 면역(A)이 일어나는 과정에서는 형질 세포가 관여하며, 형질 세포로부터 항원에 대한 항체가 생성되어 분비된다.

오답 피하기 ㄴ. 염증 반응(B)은 비특이적 방어 작용에 해당한다.

ㄷ. 꽃가루 알레르기(C)가 일어나는 과정에서 비만 세포로부터 히스타민이 분비된다.

627 X의 침입에 따라 항체를 생성하여 분비하는 ⓛ이 형질 세포이며, ⓒ은 기억 세포, ㉠은 세포독성 T림프구이다.

ㄱ. 세포독성 T림프구(㉠)는 가슴샘에서 성숙 과정을 거친다.

ㄷ. 이 사람의 체내에 X가 재침입하면 2차 면역 반응이 일어나며, 이 과정에서 기억 세포(ⓒ)가 형질 세포(ⓛ)으로 분화한다.

오답 피하기 ㄴ. ⓛ은 체액성 면역에 관여한다.

628 X가 침입하면 대식 세포는 식균 작용을 통해 침입한 X를 분해하고 X에 대한 정보를 보조 T 림프구에 제시하며, 보조 T 림프구는 B 림프구를 자극하여 형질 세포와 기억 세포로 분화하게 한다. 형질 세포에서는 X에 대한 항체가 생성되어 분비되며, 항원 항체 반응을 통해 X가 제거된다. 따라서 ㉠은 보조 T 림프구, ⓛ은 대식 세포, ⓒ은 B 림프구이다.

ㄱ. (나)에서 일어나는 대식 세포(ⓛ)의 식균 작용은 비특이적 방어 작용에 해당한다.

ㄷ. B 림프구(ⓒ)는 골수에서 성숙 과정을 거친다.

오답 피하기 ㄴ. 면역 반응은 (나) → (가) → (다)의 순서로 일어난다.

629 ㉠에게 항원을 2차 주사하였을 때 Y에 대한 항체는 항원을 1차 주사하였을 때보다 신속하게 대량으로 생성되었지만, X에 대한 항체의 생성은 항원을 1차 주사하였을 때와 2차 주사하였을 때 별다른 차이가 없었다. 따라서 ㉠에서 Y에 대한 2차 면역 반응이 일어나므로 Y에 대한 기억 세포는 형성되었고, X에 대한 기억 세포는 형성되지 않았다.

ㄴ. 구간 Ⅰ에서는 X와 Y에 대한 항체가 모두 생성되었으므로 ㉠으로부터 분리한 혈청을 Y와 섞으면 항원 항체 반응이 일어난다.

ㄷ. 구간 Ⅱ에서는 X에 대한 항체가 생성되었으므로 X에 대한 특이적 방어 작용이 일어났다.

오답 피하기 ㄱ. ㉠에서 X에 대한 기억 세포가 형성되지 않았다.

630 Y는 2종류의 항원을 가지고 있고, 이들 중 하나는 X와 Y에 공통적으로 존재한다. ⓑ는 X와 Y에 대해 모두 항원 항체 반응을 나타내므로 ⓑ에는 X와 Y에 공통적으로 존재하는 항원에 대한 항체가 포함되어 있음을 알 수 있다. 또한 (나)에서 A와 B에 (가)에서와 동일한 병원체를 각각 주사하였을 때 모두 2차 면역 반응이 일어났으므로 A와 B에는 모두 X와 Y에 공통적으로 존재하는 항원에 대한 기억 세포가 존재함을 알 수 있다.

ㄷ. (나)의 B에서는 X와 Y에 공통적으로 존재하는 항원에 대한 기억 세포가 존재하므로 X를 주사하면 X와 Y에 공통적으로 존재하는 항원에 대한 기억 세포가 형질 세포로 분화한다.

오답 피하기 ㄱ. X에 존재하는 항원은 Y에도 존재하므로 ㉠은 '○'이다.

ㄴ. ⓑ는 혈청이므로 ⓑ에는 Y에 존재하는 항원에 대한 항체가 들어 있다.

631 ㉠을 주사한 후, X를 주사한 B에서 2차 면역 반응이 일어났으므로 ㉠은 기억 세포이다.

ㄴ. X을 주사한 B에서 2차 면역 반응이 일어났으므로 X에 대한 특이적 방어 작용이 일어났다.

ㄷ. X를 주사한 B에서는 2차 면역 반응이 일어났으므로 ㉠(기억 세포)이 형질 세포로 분화하였다.

오답 피하기 ㄱ. ㉠은 기억 세포이다.

632 (가)의 혈액과 (나)의 혈액을 섞었을 때 적혈구 ㉠에는 응집원 A와 응집원 B가 모두 없고, 응집원 B를 가진 적혈구가 있으므로 (가)와 (나)는 각각 B형과 O형 중 하나이다. 그런데 (가)의 적혈구를 (라)의 혈장과 섞었을 때 응집 반응이 나타나므로 (가)는 B형, (나)는 O형이며, (가)의 적혈구와 응집 반응을 나타내는 (라)는 A형, (다)는 AB형이다.

ㄱ. (가)의 혈장에는 응집소 α가 있고, (다)의 적혈구에는 응집원 A와 응집원 B가 모두 있다. 따라서 (가)의 혈장과 (다)의 적혈구를 섞으면 응집 반응이 일어난다.

ㄴ. 응집원 A와 응집원 B가 모두 없는 적혈구 ㉠은 O형인 (나)의 적혈구이다.

오답 피하기 ㄷ. (가)는 B형, (나)는 O형, (다)는 AB형, (라)는 A형이다.

633 철수의 혈액을 항 A 혈청에 섞었을 때 응집 반응이 나타났으며, 철수는 A형이고, 응집소 ㉠은 응집소 α, 응집소 ㉡은 응집소 β이다. 제시된 집단의 학생 수(＝A형인 학생 수＋B형인 학생 수＋O형인 학생 수＋AB형인 학생 수)는 40명이고, 응집소 ㉠(응집소 α)을 가지는 학생 수(＝B형인 학생 수＋O형인 학생 수)는 25명, 응집소 ㉡(응집소 β)과 응집 반응이 일어나지 않는 학생 수(＝A형인 학생 수＋O형인 학생 수)는 20명, 응집소 ㉠(응집소 α)과 응집소 ㉡(응집소 β)을 모두 가지지 않는 학생 수(＝AB형인 학생 수)는 9명이다. 따라서 이를 계산하면 이 집단에서 A형인 학생 수는 6명, B형인 학생 수는 11명, AB형인 학생 수는 9명, O형인 학생 수는 14명이다.

ㄱ. 응집소 ㉠은 응집소 α, 응집소 ㉡은 응집소 β이다.

ㄷ. 응집원 ㉢(응집원 A)을 가진 학생 수(＝A형인 학생 수＋AB형인 학생 수)는 15명이다.

오답 피하기 ㄴ. 항 B 혈청에 응집되는 혈액을 가진 학생 수(＝B형인 학생 수＋AB형인 학생 수)와 응집되지 않는 혈액을 가진 학생 수(＝A형인 학생 수＋O형인 학생 수)는 각각 20명이다.

634 ㄴ. ㉡에는 Rh 응집소가 들어 있다.

오답 피하기 ㄱ. ㉠에는 Rh 응집원이 있고, ㉡에는 Rh 응집소가 있으므로 ㉠과 ㉡을 섞으면 응집 반응이 일어난다.

ㄷ. ㉡에 응집 반응을 나타내는 혈액을 가진 Ⅰ은 Rh^+형이므로 Rh^-형인 사람에게 수혈이 불가능하다.

635 응집원 ㉠과 응집소 ㉢이 모두 있는 학생이 존재하므로 응집원 ㉠이 응집원 A이면 응집소 ㉢은 응집소 β이고, 응집원 ㉠이 응집원 B이면 응집소 ㉢은 응집소 α에 해당한다. 만일 응집원 ㉠이 응집원 A, 응집소 ㉢이 응집소 β이면 응집원 ㉡은 응집원 B, 응집소 ㉣은 응집소 α이다. 그러면 응집원 ㉠과 응집소 ㉢을 모두 가진 학생 수(＝A형인 학생 수)는 26명, 응집원 ㉡을 가진 학생 수(＝B형인 학생 수＋AB형인 학생 수)는 52명, 응집소 ㉣을 가진 학생 수(＝B형인 학생 수＋O형인 학생 수)는 56명이다. 제시된 집단의 학생 수(＝A형인 학생 수＋B형인 학생 수＋O형인 학생 수＋AB형인 학생 수)는 100명이므로 이를 계산하면 B형인 학생 수는 34명이다. 이는 A형인 학생 수가 B형인 학생 수보다 많다는 조건을 만족하지 않는다. 따라서 응집원 ㉠은 응집원 B, 응집원 ㉡은 응집원 A, 응집소 ㉢은 응집소 β, 응집소 ㉣은 응집소 α이다. 이 집단에서 A형인 학생 수는 34명, B형인 학생 수는 26명, AB형인 학생 수는 18명, O형인 학생 수는 22명이다. Rh 응집원을 가진 Rh^+형인 학생 수가 96명이므로 Rh^-형인 학생 수는 4명이다.

ㄱ. O형인 학생 수는 22명이다.

ㄴ. Rh^-형인 학생들 중 A형인 학생과 AB형인 학생은 각각 2명이므로 Rh^+형인 학생들 중에 A형인 학생 수는 32명, AB형인 학생 수는 16명이다. 따라서 Rh^+형인 학생들 중 A형인 학생 수는 AB형인 학생 수의 2배이다.

오답 피하기 ㄷ. 항 B 혈청에 응집되는 혈액을 가진 학생 수(＝B형인 학생 수＋AB형인 학생 수)는 44명이다.

636 ⑤	637 ②	638 ③	639 ④	640 ②	641 ③	642 ①
643 ①	644 ③	645 ⑤	646 ③	647 ④	648 ①	649 ③
650 ②	651 ①	652 ③	653 ②	654 ③	655 ④	656 ③
657 ③	658 ⑤	659 ①				

636 ㄱ. 하나의 염색체를 이루고 있는 2개의 염색 분체는 동일한 유전 정보를 갖고 있으므로 ㉠은 대립유전자 R이다.

ㄴ. ⓐ는 히스톤 단백질, ⓑ는 DNA이다.

ㄷ. DNA(ⓑ)에 유전 정보가 저장되어 있다.

637 ㄷ. 하나의 염색체를 이루고 있는 2개의 염색 분체는 동일한 유전 정보를 갖고 있으므로 ⓐ는 대립유전자 T이다.

오답 피하기 　ㄱ. ㉠은 히스톤 단백질이다. 히스톤 단백질에는 유전 정보가 저장되어 있지 않고, DNA에 유전 정보가 저장되어 있다.

ㄴ. 염색체는 간기에 핵 속에 실처럼 풀어져 있다가 세포 분열 전기에 응축된 후 말기에 다시 실처럼 풀어진다. 따라서 ㉡은 간기에 관찰되지 않는다.

638 ㄱ. 뉴클레오솜은 DNA가 히스톤 단백질을 휘감아 형성된 것이고, 뉴클레오솜과 뉴클레오솜은 DNA로 연결되어 있다. 따라서 ㉠은 DNA이다.

ㄴ. 하나의 염색체를 이루고 있는 2개의 염색 분체는 동일한 유전 정보를 갖고 있으므로 ⓑ에는 대립유전자 A가 있다.

오답 피하기 　ㄷ. 감수 2분열에서 염색 분체가 분리되어 서로 다른 딸세포로 들어가므로 이 동물에서 생성된 정자 중 ⓐ와 ⓑ를 모두 갖는 정자는 없다.

639 ㉠은 G_2기, ㉡은 M기, ㉢은 G_1기이다.

ㄱ. M기의 전기에 핵막이 소실되고, 말기에 핵막이 형성된다.

ㄷ. ⓑ는 뉴클레오솜으로, DNA와 단백질로 이루어져 있다.

오답 피하기 　ㄴ. 염색체는 간기에 핵 속에 실처럼 풀어져 있다가 세포 분열 전기에 응축된다. 이후 말기에 다시 실처럼 풀어진다. 따라서 ㉢ 시기(G_1기)에 ⓐ(염색체)가 관찰되지 않는다.

640 ㄴ. ⓐ와 ⓑ는 모두 9번 염색체이므로 ⓐ는 ⓑ의 상동 염색체이다.

오답 피하기 　ㄱ. 체세포 분열 중기의 세포를 이용하여 핵형 분석을 한다.

ㄷ. 핵형 분석을 통해서는 페닐케톤뇨증과 같은 유전자 이상에 의한 유전병의 여부를 알 수 없다.

641 ㄱ. (가)와 (나)의 성염색체는 모두 XY이므로 (가)와 (나)는 모두 남자이다.

ㄴ. (가)의 핵형 분석 결과 21번 염색체가 3개이므로 (가)는 다운 증후군 염색체 이상을 보인다.

오답 피하기 　ㄷ. 핵형 분석을 통해서는 낫 모양 적혈구 빈혈증과 같은 유전자 이상에 의한 유전병은 알 수 없다.

642 ㄱ. (가)에 있는 염색체는 크기와 모양이 다르므로 (가)의 핵상은 n이고, (나)에는 크기와 모양이 같은 염색체가 3쌍 있으므로 (나)의 핵상은 $2n$이다.

오답 피하기 　ㄴ. (가)에는 4개의 염색체가 있으므로 (가)는 B의 세포이며, B의 체세포 1개당 염색체 수는 8이다.

ㄷ. B의 체세포 1개당 염색체 수는 8이므로 B의 감수 1분열 중기의 세포 1개당 염색 분체 수는 16이다.

643 ㄱ. 그림에는 크기와 모양이 같은 염색체 2쌍과 크기와 모양이 다른 염색체 1쌍이 있고, 염색체 수가 6이므로 그림은 A의 세포이다.

오답 피하기 　ㄴ. 그림에 있는 세포의 핵상은 $2n$인데, ㉠과 ㉡의 크기와 모양이 다르므로 ㉠과 ㉡은 모두 성염색체이다.

ㄷ. B의 체세포 1개에 들어 있는 염색체 수는 8이므로 B의 생식세포 1개에 들어 있는 상염색체 수는 3이다.

644 ㄱ. (가)에는 크기와 모양이 같은 염색체가 3쌍 있으므로 (가)의 핵상은 $2n$이다.

ㄷ. A가 있는 염색체와 ㉠이 있는 염색체는 크기와 모양이 같으므로 상동 염색체이다. 상동 염색체의 같은 위치에 대립유전자가 있으므로 ㉠은 대립유전자 a이다.

오답 피하기 　ㄴ. (가)에는 크기와 모양이 같은 염색체가 3쌍 있으므로 Ⅰ은 암컷이다. (나)에는 (가)에 없는 염색체인 Y 염색체가 있으므로 Ⅱ는 수컷이다.

645 (가)와 (다)에 있는 3개의 염색체는 크기와 모양이 다르므로 (가)와 (다)의 핵상은 n이고, (가)와 (다)는 B의 세포이다. (나)에 있는 4개의 염색체는 크기와 모양이 다르므로 (나)의 핵상은 n이고, (라)에는 크기와 모양이 같은 염색체 3쌍과 크기와 모양이 다른 염색체 1쌍이 있으므로 (라)의 핵상은 $2n$이다. 따라서 (나)와 (라)는 A의 세포이다.

ㄴ. (가)와 (다)의 염색체 중에는 크기와 모양이 다른 염색체가 1개씩 있으며, 이 염색체가 성염색체이다. 따라서 B의 성염색체는 XY이다. (라)는 핵상이 $2n$인데 크기와 모양이 다른 염색체가 1쌍 있으며, 이 염색체가 성염색체이므로 A의 성염색체는 XY이다. 따라서 A와 B는 모두 수컷이다.

ㄷ. B의 체세포 1개에 들어 있는 염색체 수는 6이므로 B의 감수 1분열 중기 세포 1개당 염색 분체 수는 12이다.

오답 피하기 　ㄱ. (가)는 B의 세포이다.

646 ㉠은 G_2기, ㉡은 M기, ㉢은 G_1기이다.

ㄱ. 구간 Ⅰ에는 S기의 세포가 있다. S기의 세포에는 핵막이 있다.

ㄴ. 구간 Ⅱ에는 G_2기와 M기의 세포가 있다. 따라서 구간 Ⅱ에는 ㉡ 시기(M기)의 세포가 있다.

오답 피하기 ㄷ. 세포당 DNA 양(상댓값)이 1인 구간에는 G_1기의 세포가 있다. 세포당 DNA 양(상댓값)이 1인 세포 수가 2인 세포 수보다 많으므로 ⊙ 시기(G_2기)의 세포 수가 ⓒ 시기(G_1기)의 세포 수보다 적다.

647 구간 Ⅰ에는 G_1기의 세포가, 구간 Ⅱ에는 G_2기와 M기의 세포가 있다.

ㄴ. 뉴클레오솜은 염색체의 기본 단위이다. 간기와 분열기에 있는 세포에는 뉴클레오솜이 있다.

ㄷ. R가 있는 염색체와 ⓐ가 있는 염색체는 크기와 모양이 같으므로 상동 염색체이다. 상동 염색체의 같은 위치에 대립유전자가 있으므로 ⓐ에는 대립유전자 r가 있다.

오답 피하기 ㄱ. (나)는 염색 분체가 양극으로 이동하고 있으므로 체세포 분열 후기의 세포이다. 따라서 구간 Ⅰ에는 ⊙ 시기의 세포가 없다.

648 ㄱ. A의 세포 주기에서 구간 Ⅰ에는 G_1기의 세포가, 구간 Ⅱ에는 G_2기와 M기의 세포가 있다. 따라서 A의 세포 주기에서 G_2기보다 G_1기가 길다.

오답 피하기 ㄴ. 방추사는 세포 분열 전기에 형성되고, 말기에 소실되므로 방추사가 나타난 세포 수는 구간 Ⅱ에서보다 구간 Ⅰ에서가 적다.

ㄷ. X를 처리한 집단 B에서는 모든 세포의 세포당 DNA 양(상댓값)이 1이므로 X는 G_1기에서 S기로의 전환을 억제한다.

649 ㄷ. (가)와 (나)의 염색체 수는 모두 4이다.

오답 피하기 ㄱ. (가)에서는 상동 염색체가 분리되어 양극으로 이동하므로 (가)는 감수 1분열 후기의 세포이다. 따라서 (가)에는 2가 염색체가 없다.

ㄴ. (나)에서는 4개의 염색체가 세포 중앙에 배열되어 있으므로 (나)는 체세포 분열 중기의 세포이다.

650 ⊙은 G_1기의 세포이므로 ⊙과 ⓒ의 A의 DNA 상대량은 1이다. 따라서 ⓒ은 A의 DNA 상대량이 0이다.

ㄷ. ⊙은 G_1기의 세포이고, ⓒ에서 감수 1분열이 끝난 세포이므로 세포 1개당 DNA 양은 ⊙과 ⓒ에서 같다. 또한 핵상은 ⊙이 $2n$, ⓒ이 n이다. 따라서 세포 1개당 $\dfrac{\text{DNA 양}}{\text{염색체 수}}$은 ⊙이 ⓒ보다 작다.

오답 피하기 ㄱ. A의 DNA 상대량은 ⓒ이 1, ⓒ이 0이고, a의 DNA 상대량은 ⓒ이 0, ⓒ이 2이다. 따라서 ⓒ은 ⓒ의 분열 결과 생성된 것이 아니다.

ㄴ. ⓒ은 감수 1분열이 끝난 세포이므로 ⓒ에서 2가 염색체가 관찰되지 않는다.

651 ㄱ. 그림의 세포에는 A를 가진 염색체가 1개, b를 가진 염색체가 1개 있으므로 그림은 ⓒ의 염색체를 나타낸 것이다.

오답 피하기 ㄴ. ⓒ은 B의 DNA 상대량이 1이고, b의 DNA 상대량이 1인데 A의 DNA 상대량이 1이고, a의 DNA 상대량이 0이므로

로 Ⅱ는 수컷의 세포이고, A와 a는 X 염색체에 있다. ⓒ은 A와 a의 DNA 상대량이 모두 0이므로 ⓒ은 Ⅱ의 세포이다. 따라서 ⓒ은 Ⅰ의 세포이다.

ㄷ. ⓒ은 X 염색체가 없으므로 Y 염색체가 있다. 따라서 ⓒ로부터 형성된 생식세포가 다른 생식세포와 수정되어 태어난 자손은 항상 수컷이다.

652 ㄱ. (나)에는 3개의 염색체가 세포 중앙에 배열되어 있으므로 (나)는 감수 2분열 중기의 세포이다. 따라서 (나)는 ⓒ을 나타낸 것이다.

ㄴ. ⓜ의 핵상은 $2n$이고, ⓔ의 핵상은 n이므로 세포 1개당 염색체 수는 ⓜ이 ⓔ의 2배이다.

오답 피하기 ㄷ. ⓜ의 유전자형이 TT이므로 ⓜ과 ⓔ의 T의 상대량은 2이다. t의 상대량은 ⊙이 1이고, ⓒ이 2이다.

따라서 $\dfrac{\text{⊙에 있는 t의 상대량}}{\text{ⓜ에 있는 T의 상대량}}$은 $\dfrac{\text{ⓔ에 있는 T의 상대량}}{\text{ⓒ에 있는 t의 상대량}}$의 $\dfrac{1}{2}$이다.

653 (나)에는 6개의 염색 분체가 세포의 양극으로 이동하므로 (나)는 감수 2분열 후기의 세포이다.

ㄴ. ⊙과 R가 있는 염색체는 하나의 염색체를 이루던 염색 분체이므로 ⊙에는 대립유전자 R가 있다.

오답 피하기 ㄱ. (가)는 감수 분열 동안의 핵 1개당 DNA 상대량을 나타낸 것이므로 구간 Ⅰ의 세포의 핵상은 $2n$이고, 구간 Ⅲ의 세포의 핵상은 n이다.

ㄷ. (나)는 감수 2분열 후기의 세포이므로 구간 Ⅲ에서 관찰된다.

654 (나)에서는 염색 분체가 분리되어 세포의 양극으로 이동하므로 (나)는 체세포 분열 후기의 세포이다.

ㄱ. r가 있는 염색체와 ⊙은 상동 염색체이므로 ⊙에는 대립유전자 R가 있다.

ㄴ. (나)는 체세포 분열 후기의 세포이므로 (나)는 구간 Ⅰ에서 관찰되는 세포이다.

오답 피하기 ㄷ. 체세포 분열 결과 생성되는 2개의 딸세포는 유전자 구성이 같으므로 (나)로부터 생성되는 두 딸세포의 유전자 구성은 같다.

655 ㄱ. ⊙은 A의 DNA 상대량이 1이므로 Ⅳ이다. ⓒ은 A의 DNA 상대량이 2이고, d의 DNA 상대량이 1이므로 Ⅰ이다. ⓒ은 A의 DNA 상대량이 2이고, b의 DNA 상대량이 2이므로 Ⅲ이다. 따라서 ⓔ은 Ⅱ이다.

ㄷ. ⓔ은 감수 1분열 중기의 세포이므로 2가 염색체가 있다.

오답 피하기 ㄴ. ⊙은 d의 DNA 상대량이 1이므로 ⓐ는 0이다. ⓒ은 b의 DNA 상대량이 2이므로 ⓑ는 0이다. ⓔ은 A의 DNA 상대량이 4이므로 ⓒ는 4이다. 따라서 ⓐ+ⓑ+ⓒ=4이다.

656 ㄱ. Ⅰ 시기에 DNA 상대량이 증가하므로 Ⅰ 시기에 DNA가

복제된다.

ㄷ. 뉴클레오솜은 염색체의 기본 단위이다. 간기와 분열기에 있는 세포에는 뉴클레오솜이 있다.

오답 피하기 ㄴ. (가)는 체세포 분열 과정에서 핵 1개당 DNA 상대량을 나타낸 것이므로 Ⅱ 시기 세포의 핵상은 $2n$이다. (나)는 감수 분열 과정 일부에서 핵 1개당 DNA 상대량을 나타낸 것이므로 Ⅳ 시기 세포의 핵상은 n이다.

657 ㄱ. ㉠은 Ⅱ 시기에, ㉡은 Ⅲ 시기에, ㉢은 Ⅳ 시기에, ㉣은 Ⅰ 시기에 관찰되는 세포이다.

ㄴ. ㉣은 Ⅰ 시기에 관찰되는 세포이므로 ㉣의 핵상은 $2n$이다.

오답 피하기 ㄷ. Ⅲ 시기에 관찰되는 세포는 감수 1분열이 끝난 세포이므로 Ⅲ 시기에 관찰되는 세포에는 2가 염색체가 없다.

658 ㄱ. ㉡은 감수 1분열 중기의 세포이므로 ㉡에 2가 염색체가 있다.

ㄴ. ㉢과 ㉣은 감수 2분열 완료 시 생성된다.

ㄷ. ㉠은 감수 2분열 중기의 세포이므로 ㉠과 ㉢의 핵상은 모두 n이다.

659 ㄱ. A의 DNA 상대량은 ㉠과 ㉢이 1이고, ㉣이 2이므로 ㉡은 A의 DNA 상대량이 2이다. ㉡의 b의 DNA 상대량이 1이므로 ㉡은 Ⅰ이고, ㉣은 Ⅱ이다. ㉢과 ㉣의 d의 DNA 상대량이 0이므로 ㉢은 Ⅲ이고, ㉠이 Ⅳ이다.

오답 피하기 ㄴ. ㉢과 ㉣은 d의 DNA 상대량이 0이므로 ⓐ는 1이다. ㉢은 d의 DNA 상대량이 0이므로 ⓑ는 1, ⓒ는 2이다. 따라서 ⓐ+ⓑ+ⓒ=4이다.

ㄷ. ㉠은 A의 DNA 상대량이 1, B의 DNA 상대량이 1, D의 DNA 상대량이 0이고, Ⅱ는 A의 DNA 상대량이 2, B의 DNA 상대량이 0, D의 DNA 상대량이 2이다. 따라서 세포 1개당

$$\frac{\text{B의 DNA 상대량}}{\text{A의 DNA 상대량}+\text{D의 DNA 상대량}}$$은 ㉠이 Ⅱ보다 크다.

---

660 ㄱ. 부모는 ㉠을 갖지 않지만 누나는 ㉠을 가지므로 ㉠은 열성 형질이고, ㉠의 유전자는 상염색체에 있다.

ㄴ. 적록 색맹은 반성유전 열성 형질이다. 아버지는 적록 색맹이지만 누나는 적록 색맹이 아니므로 누나의 적록 색맹에 대한 유전자형은 이형 접합이다. 철수는 적록 색맹이지만 어머니는 적록 색맹이 아니므로 어머니의 적록 색맹에 대한 유전자형은 이형 접합이다.

오답 피하기 ㄷ. ㉠에 대한 유전자형이 아버지와 어머니는 모두 Aa이므로 철수의 동생이 태어날 때, 이 아이가 ㉠을 가질 확률은 $\frac{1}{4}$이다. 아버지는 적록 색맹 대립유전자를 갖고 있고, 어머니는 적록 색맹 대립유전자를 가진 보인자이므로 철수의 동생이 태어날 때, 이 아이가 적록 색맹일 확률은 $\frac{1}{2}$이다. ㉠의 유전자는 상염색체에 있고, 적록 색맹의 유전자는 X 염색체에 있으므로 철수의 동생이 태어날 때, 이 아이가 ㉠을 갖고 적록 색맹일 확률은 $\frac{1}{8}\left(=\frac{1}{4}\times\frac{1}{2}\right)$이다.

661 ㄱ. 적록 색맹은 반성유전 열성 형질이다. 따라서 R는 정상 대립유전자, R*은 적록 색맹 대립유전자이다. 2와 3은 적록 색맹이므로 6과 8의 적록 색맹에 대한 유전자형은 $X^{R}X^{R*}$이다.

ㄴ. 5의 혈액을 항 B 혈청과 섞으면 응집 반응이 일어나므로 5의 ABO식 혈액형은 AB형 또는 B형이다. 1, 2, 5, 6의 ABO식 혈액형은 모두 다르므로 ABO식 혈액형이 5가 AB형이면 6은 O형이어야 한다. 하지만 ABO식 혈액형이 9가 AB형이므로 5는 B형, 6은 A형이어야 하고, ABO식 혈액형에 대한 유전자형이 5는 BO, 6은 AO이다. ABO식 혈액형이 7은 B형인데 3이 O형이므로 7의 ABO식 혈액형에 대한 유전자형은 BO이다.

오답 피하기 ㄷ. 적록 색맹에 대한 유전자형은 6이 $X^{R}X^{R*}$, 7이 $X^{R}Y$이므로 9의 동생이 태어날 때, 이 아이가 적록 색맹일 확률은 $\frac{1}{4}$이다. ABO식 혈액형에 대한 유전자형은 6이 AO, 7이 BO이므로 9의 동생이 태어날 때, 이 아이가 ABO식 혈액형이 O형일 확률은 $\frac{1}{4}$이다. 적록 색맹의 유전자는 X 염색체에 있고, ABO식 혈액형의 유전자는 상염색체에 있으므로 9의 동생이 태어날 때, 이 아이가 적록 색맹이면서 ABO식 혈액형이 O형일 확률은 $\frac{1}{16}\left(=\frac{1}{4}\times\frac{1}{4}\right)$이다.

662 ㉠의 유전자가 상염색체에 있다면 2의 ㉠에 대한 유전자형은 HH이고, H는 정상 대립유전자, H*은 ㉠ 유전병 대립유전자이다. 따라서 2의 자녀는 모두 정상이어야 하는데 5는 ㉠을 가지므로 ㉠의 유전자는 X 염색체에 있다. 그러므로 2의 ㉠에 대한 유전자형은 $X^{H}Y$이고, H는 정상 대립유전자, H*은 ㉠ 유전병 대립유전자이다. 1은 ㉠을 가지므로

㉠에 대한 유전자형이 $X^H X^{H^*}$이다. 6은 ㉠에 대한 유전자형이 $X^H X^{H^*}$인데 ㉡을 갖지 않으므로 ㉡은 열성 형질이다. 1과 2는 ㉡을 갖지 않지만 5는 ㉡을 가지므로 ㉡은 열성 형질이다. 4는 ㉡을 갖지 않지만 8은 ㉡을 가지므로 ㉡의 유전자는 상염색체에 있다.

ㄱ. ㉠은 열성 형질이다.

ㄷ. ㉠에 대한 유전자형은 6이 $X^H X^{H^*}$, 7이 $X^H Y$이므로 6과 7 사이에서 아이가 태어날 때, 이 아이가 ㉠을 가질 확률은 $\frac{1}{4}$이다. ㉡에 대한 유전자형은 6과 7 모두 TT^*이므로 6과 7 사이에서 아이가 태어날 때, 이 아이가 ㉡을 가질 확률은 $\frac{1}{4}$이다. ㉠의 유전자는 X 염색체에 있고, ㉡의 유전자는 상염색체에 있으므로 6과 7 사이에서 아이가 태어날 때, 이 아이가 ㉠과 ㉡을 모두 가질 확률은 $\frac{1}{16}\left(=\frac{1}{4}\times\frac{1}{4}\right)$이다.

오답 피하기 ㄴ. ㉡의 유전자는 상염색체에 있다.

663 6과 7은 모두 ㉠을 갖지 않지만 딸인 9는 ㉠을 가지므로 ㉠은 열성 형질이며, ㉠의 유전자는 상염색체에 있다. 3과 4는 모두 ㉡을 갖지 않지만 8은 ㉡을 가지므로 ㉡은 열성 형질이다. 만일 ㉡의 유전자가 상염색체에 있다면 ㉡에 대한 유전자형은 1이 $R^* R^*$, 2가 RR^*, 3이 RR^*, 4가 RR^*이고, 1, 2, 3, 4 각각의 체세포 1개당 R의 수를 더한 값이 3, 1, 2, 3, 4 각각의 체세포 1개당 R^*의 수를 더한 값이 5이다. 따라서 제시된 조건에 맞지 않는다. 만일 ㉡의 유전자가 X 염색체에 있다면 ㉡에 대한 유전자형은 1이 $X^{R^*} Y$, 2가 $X^R X^{R^*}$, 3이 $X^R Y$, 4가 $X^R X^{R^*}$이고, 1, 2, 3, 4 각각의 체세포 1개당 R의 수를 더한 값이 3, 1, 2, 3, 4 각각의 체세포 1개당 R^*의 수를 더한 값이 3이다. 따라서 ㉡의 유전자는 X 염색체에 있다.

ㄴ. 2의 아들이 ㉡을 가지므로 2의 ㉡에 대한 유전자형은 $X^R X^{R^*}$이며, 6과 7의 딸인 9는 ㉡을 가지므로 7의 ㉡에 대한 유전자형은 $X^R X^{R^*}$이다.

ㄷ. ㉠에 대한 유전자형은 6과 7이 모두 TT^*이므로 9의 동생이 태어날 때, 이 아이가 ㉠을 가질 확률은 $\frac{1}{4}$이다. ㉡에 대한 유전자형은 6이 $X^{R^*} Y$, 7이 $X^R X^{R^*}$이므로 9의 동생이 태어날 때, 이 아이가 ㉡을 가질 확률은 $\frac{1}{2}$이다. ㉠의 유전자는 상염색체에 있고, ㉡의 유전자는 X 염색체에 있으므로 9의 동생이 태어날 때, 이 아이가 ㉠과 ㉡을 모두 가질 확률은 $\frac{1}{8}\left(=\frac{1}{4}\times\frac{1}{2}\right)$이다.

오답 피하기 ㄱ. ㉠의 유전자는 상염색체에 있다.

664 ㄱ. 3과 4는 모두 ㉠을 갖지 않지만 8은 ㉠을 가지므로 ㉠은 열성 형질이다. 1은 ㉠을 갖지 않지만 딸인 6은 ㉠을 가지므로 ㉠의 유전자는 상염색체에 있다. 따라서 ㉡의 유전자는 X 염색체에 있다. 3과 4는 모두 ㉡을 갖지만 8은 ㉡을 갖지 않으므로 ㉡은 우성 형질이다.

ㄴ. ㉠에 대한 유전자형은 1, 3, 4가 모두 AA^*이다. ㉡에 대한 유전자형은 5가 $X^B Y$, 6이 $X^B X^{B^*}$, 7이 $X^B X^{B^*}$이다. 따라서 1, 3, 4 각각의 체세포 1개당 A^*의 수를 더한 값과 5, 6, 7 각각의 체세포 1개당 B^*의 수를 더한 값은 같다.

오답 피하기 ㄷ. ㉠에 대한 유전자형은 7이 AA^*이고, 8이 $A^* A^*$이므

로 7과 8 사이에서 아이가 태어날 때, 이 아이가 ㉠을 가질 확률은 $\frac{1}{2}$이다. ㉡에 대한 유전자형은 7이 $X^B X^{B^*}$이고, 8이 $X^B Y$이므로 7과 8 사이에서 아이가 태어날 때, 이 아이가 ㉡을 가질 확률은 $\frac{1}{2}$이다. ㉠의 유전자는 상염색체에 있고, ㉡의 유전자는 X 염색체에 있으므로 7과 8 사이에서 아이가 태어날 때, 이 아이가 ㉠과 ㉡을 모두 가질 확률은 $\frac{1}{4}\left(=\frac{1}{2}\times\frac{1}{2}\right)$이다.

665 ㄱ. 아버지와 어머니는 각각 T와 T^* 중 한 가지만 가지고 있는데 자녀 1과 2의 ㉠의 발현 여부가 다르므로 ㉠의 유전자는 X 염색체에 있다. 자녀 1의 ㉠에 대한 유전자형은 이형 접합인데 ㉠을 가지므로 ㉠은 우성 형질이다.

ㄴ. ABO식 혈액형은 아버지가 A형, 자녀 1이 O형, 자녀 2가 AB형이다. 따라서 어머니의 ABO식 혈액형은 B형이고, ⓐ는 '−'이다.

오답 피하기 ㄷ. ㉠에 대한 유전자형은 아버지가 $X^T Y$, 어머니가 $X^{T^*} X^{T^*}$이므로 자녀 2의 동생이 태어날 때, 이 아이가 ㉠을 가질 확률은 $\frac{1}{2}$이다. ABO식 혈액형에 대한 유전자형은 아버지가 AO, 어머니가 BO이므로 자녀 2의 동생이 태어날 때, 이 아이의 ABO식 혈액형이 A형일 확률은 $\frac{1}{4}$이다. ㉠의 유전자는 X 염색체에 있고, ABO식 혈액형의 유전자는 상염색체에 있으므로 자녀 2의 동생이 태어날 때, 이 아이가 ㉠을 갖고 ABO식 혈액형이 A형일 확률은 $\frac{1}{8}\left(=\frac{1}{2}\times\frac{1}{4}\right)$이다.

666 ㉠을 갖는 3과 4 사이에서 ㉠을 갖지 않는 8이 태어났으므로 ㉠은 우성 형질이다. ㉠의 유전자가 상염색체에 있다면 ㉠에 대한 유전자형은 3과 4 모두 AA^*이어야 하는데 제시된 조건과 맞지 않는다. ㉠의 유전자는 X 염색체에 있으며, ㉠에 대한 유전자형은 3이 $X^A Y$이고 4는 $X^A X^{A^*}$이다. 따라서 (가)는 X^{A^*}이다. ㉡이 반성유전 열성 형질이라면 ㉡을 갖는 6의 어버이인 1은 ㉡을 가져야 하는데 정상이므로 ㉡은 반성유전 열성 형질이 아니다. ㉡이 반성유전 우성 형질이라면 ㉡에 대한 유전자형은 1이 $X^B Y$, 2가 $X^B X^{B^*}$이어야 하는데 제시된 조건과 맞지 않는다. ㉡이 상염색체 우성 형질이라면 ㉡에 대한 유전자형은 1이 $B^* B^*$, 2가 BB^*이어야 하는데 제시된 조건과 맞지 않는다. 따라서 ㉡은 상염색체 열성 형질이며, ㉡에 대한 유전자형은 1이 BB^*, 2가 $B^* B^*$이다. 따라서 (나)는 B이다.

ㄴ. ㉠에 대한 유전자형은 1이 $X^{A^*} Y$, 2가 $X^A X^{A^*}$이므로 ⓐ는 1, ⓑ는 1이다. ㉡에 대한 유전자형은 3이 $B^* B^*$, 4가 BB^*이므로 ⓒ는 0, ⓓ는 1이다. 따라서 ⓐ+ⓑ+ⓒ+ⓓ=3이다.

오답 피하기 ㄱ. (가)는 A^*이다.

ㄷ. ㉠에 대한 유전자형은 6이 $X^A X^{A^*}$, 7이 $X^A Y$이므로 6과 7 사이에서 아이가 태어날 때, 이 아이가 ㉠을 가질 확률은 $\frac{3}{4}$이다. ㉡에 대한 유전자형은 6이 $B^* B^*$, 7이 BB^*이므로 6과 7 사이에서 아이가 태어날 때, 이 아이가 ㉡을 가질 확률은 $\frac{1}{2}$이다. ㉠의 유전자는 X 염색체에 있고, ㉡의 유전자는 상염색체에 있으므로 6과 7 사이에서 아이가 태어날

때, 이 아이가 ㉠과 ㉡을 모두 가질 확률은 $\frac{3}{8}\left(=\frac{3}{4}\times\frac{1}{2}\right)$이다.

667 ㄴ. 어머니는 P*만을 갖고 있으므로 누나의 체세포에 있는 P는 아버지로부터 물려받았다.

ㄷ. 어머니와 누나는 T만을 갖고 있고, 형과 철수는 T와 T*을 갖고 있으므로 철수의 아버지는 T와 T*을 모두 가지고 있다.

 ㄱ. 체세포 1개당 P와 P*의 DNA 상대량의 합이 어머니와 누나는 2이지만 형과 철수는 1이므로 P와 P*은 X 염색체에 있다.

668 3은 H를 갖고 있고, H는 H*에 대해 완전 우성이므로 ㉠은 열성 형질이고, H는 정상 대립유전자, H*은 ㉠ 유전병 대립유전자이다. ㉠의 유전자가 X 염색체에 있다면 ㉠을 갖는 4의 아들은 모두 ㉠을 가져야 한다. 하지만 7은 ㉠을 갖지 않으므로 ㉠의 유전자는 상염색체에 있다. 3과 4는 ㉡을 갖지 않지만 7은 ㉡을 가지므로 ㉡은 열성 형질이다. ㉡의 유전자가 X 염색체에 있다면 ㉡을 갖는 6의 아버지는 ㉡을 가져야 한다. 하지만 1은 ㉡을 갖지 않으므로 ㉡의 유전자는 상염색체에 있다. 따라서 ㉢의 유전자는 X 염색체에 있다. ㉢이 열성 형질이라면 ㉢을 갖는 4의 아들은 ㉢을 가져야 하지만 7은 ㉢을 갖지 않으므로 ㉢은 우성 형질이다.

ㄴ. ㉢은 우성 형질이고, ⓐ의 ㉢에 대한 유전자형은 이형 접합이므로 ⓐ는 ㉢을 갖는다.

 ㄱ. ㉠의 유전자는 상염색체에 있다.

ㄷ. ㉠에 대한 유전자형이 ⓐ와 7이 모두 HH*이므로 9의 동생이 태어날 때, 이 아이가 ㉠을 가질 확률은 $\frac{1}{4}$이다. ㉡에 대한 유전자형이 ⓐ는 $X^R X^{R*}$, 7이 $X^R Y$이므로 9의 동생이 태어날 때, 이 아이가 ㉡을 가질 확률은 $\frac{1}{2}$이다. ㉢에 대한 유전자형이 ⓐ는 TT*, 7이 T*T*이므로 9의 동생이 태어날 때, 이 아이가 ㉢을 가질 확률은 $\frac{1}{2}$이다. ㉠의 유전자, ㉡의 유전자, ㉢의 유전자는 각각 서로 다른 염색체에 있으므로 9의 동생이 태어날 때, 이 아이가 ㉠, ㉡, ㉢을 모두 가질 확률은 $\frac{1}{16}\left(=\frac{1}{4}\times\frac{1}{2}\times\frac{1}{2}\right)$이다.

669 ㉠이 열성 형질이라면 2와 5의 ㉠에 대한 유전자형은 H*H*이어야 한다. 하지만 (가)~(다) 중 H*H*은 없으므로 ㉠은 우성 형질이다. ㉠의 유전자가 상염색체에 있다면 1의 ㉠에 대한 유전자형은 H*H*이어야 한다. 하지만 (가)~(다) 중 H*H*은 없으므로 ㉠의 유전자는 X 염색체에 있다. (가)는 2이고 ㉠에 대한 유전자형은 $X^H X^H$이다. (나)는 1이고 ㉠에 대한 유전자형은 $X^H Y$이며, (다)는 5이고 ㉠에 대한 유전자형은 $X^{H*} X^{H*}$이다. ㉠의 유전자와 ㉡의 유전자는 서로 다른 염색체에 존재하므로 ㉡의 유전자는 상염색체에 있다. 1과 2는 ㉡을 갖지 않지만 4는 ㉡을 가지므로 ㉡은 열성 형질이다.

ㄱ. 6은 ㉠을 갖지 않지만 8은 ㉠을 가지므로 ⓐ의 ㉠에 대한 유전자형은 $X^H X^{H*}$이다.

 ㄴ. ㉡의 유전자는 상염색체에 있다.

ㄷ. ㉠에 대한 유전자형은 5가 $X^H X^{H*}$, 6이 $X^{H*} Y$이므로 5와 6 사이에서 아이가 태어날 때, 이 아이가 ㉠을 가질 확률은 $\frac{1}{2}$이다. ㉡에 대한 유전자형은 5가 RR*, 6이 RR*이므로 5와 6 사이에서 아이가 태어날 때, 이 아이가 ㉡을 가질 확률은 $\frac{1}{4}$이다. ㉠의 유전자는 X 염색체에 있고, ㉡의 유전자는 상염색체에 있으므로 5와 6 사이에서 아이가 태어날 때, 이 아이가 ㉠과 ㉡을 모두 가질 확률은 $\frac{1}{8}\left(=\frac{1}{2}\times\frac{1}{4}\right)$이다.

670 ㄴ. ㉡은 3쌍의 대립유전자에 의해 결정되므로 ㉡의 유전은 다인자 유전이다.

ㄷ. ⓐ에서 ㉠의 표현형이 부모와 같을 확률은 $\frac{1}{2}$이다. ⓐ에서 ㉡의 표현형이 부모와 같을 확률은 $\frac{5}{16}$이다. ㉠의 유전자와 ㉡의 유전자는 서로 다른 상염색체에 존재하므로 ⓐ에서 ㉠과 ㉡의 표현형이 모두 부모와 같을 확률은 $\frac{5}{32}\left(=\frac{1}{2}\times\frac{5}{16}\right)$이다.

 ㄱ. ⓐ에게서 나타날 수 있는 ㉠의 표현형은 최대 3가지이므로 A와 a 사이의 우열 관계는 분명하지 않다.

671 자손(F_1)에서 대문자로 표시되는 대립유전자 개수가 6일 확률은 $\frac{1}{64}$이고, 대문자로 표시되는 대립유전자 개수가 5일 확률은 $\frac{6}{64}$이다. 따라서 자손의 표현형이 (가)일 확률은 $\frac{7}{64}\left(=\frac{1}{64}+\frac{6}{64}\right)$이다.

672 ㄱ. 아버지와 어머니 모두 정상인데 철수는 ㉠을 가지므로 ㉠은 열성 형질이다.

ㄴ. 철수는 체세포 1개당 T*의 DNA 상대량이 2이므로 X 염색체 2개를 갖고 있다. 철수의 성염색체 수가 3이므로 철수의 성염색체 구성은 XXY이다. 따라서 철수는 클라인펠터 증후군을 나타낸다.

 ㄷ. 철수는 어머니로부터 T*을 가진 X 염색체 2개를 물려받았다. 따라서 ⓐ의 형성 과정 중 성염색체 비분리는 감수 2분열에서 일어났다.

673 ㄱ. I은 E의 DNA 상대량이 1이고, e의 DNA 상대량이 0이므로 ㉢과 ㉣ 중 하나이다. IV는 E의 DNA 상대량이 2이므로 IV에서 감수 2분열을 통해 I이 형성되었다. 따라서 ㉡은 IV, ㉣은 I이다. II는 e의 DNA 상대량이 2이므로 II는 ㉢이며 21번 염색체를 2개 갖고 있다. 따라서 염색체 비분리는 감수 2분열에서 일어났다.

ㄷ. ㉢은 21번 염색체가 2개이므로 ㉢이 정상 난자와 수정되어 아이가 태어날 때, 이 아이는 다운 증후군을 나타낸다.

 ㄴ. II의 염색체 수는 24이고, ㉡의 염색체 수는 23이다.

674 정상인 1과 2 사이에서 유전병을 가진 3과 4가 태어났으므로 ㉠은 열성 형질이다. ㉠에 대한 유전자형은 1이 $X^R Y$, 2가 $X^R X^r$이다.

ㄱ. 3과 4에게서 염색체 수 이상이 나타나고, 체세포 1개당 X 염색체 수는 3이 4보다 많으므로 성염색체 구성은 3이 XXY, 4가 X이다. 따라서 3은 클라인펠터 증후군, 4는 터너 증후군이다.

ㄷ. ㉠에 대한 유전자형은 2가 $X^R X^r$이므로 2의 체세포 1개당 r의 수는 1이다. 4는 터너 증후군이므로 체세포 1개당 r의 수는 1이다.

오답 피하기 ㄴ. 3은 1에게서 Y 염색체 1개를, 2에게서 r를 가진 X 염색체 2개를 물려받았다. 따라서 ⓐ의 형성 과정 중 성염색체 비분리는 감수 2분열에서 일어났다.

675 ㄱ. ㉠을 갖는 1의 ㉠에 대한 유전자형이 A^*A^*이므로 ㉠의 유전자는 상염색체에 있으며, A^*은 ㉠ 유전병 대립유전자, A는 정상 대립유전자이다. 3과 5 모두 ㉠에 대한 유전자형은 AA^*인데 ㉠을 가지므로 ㉠은 우성 형질이다.

ㄴ. ㉡의 유전자가 상염색체에 있다면 3과 5의 ㉡에 대한 유전자형이 BB^*이고 모두 ㉡을 갖고 있어야 한다. 3은 ㉡을 갖지만 5는 ㉡을 갖지 않으므로 ㉡의 유전자는 X 염색체에 있다. 5의 ㉡에 대한 유전자형이 $X^B X^{B^*}$인데 ㉡을 갖지 않으므로 ㉡은 열성 형질이고, B가 정상 대립유전자, B^*이 ㉡ 유전병 대립유전자이다. 4는 B^*이 하나 있는데 ㉡을 갖지 않으므로 4는 B를 하나 더 갖고 있다. 즉, 4는 1로부터 X 염색체 1개와 Y 염색체 1개를, 2로부터 X 염색체 1개를 물려받았다. 따라서 ⓐ의 형성 과정 중 염색체 비분리는 감수 1분열에서 일어났다.

ㄷ. ㉠의 유전자형은 5가 AA^*, 6이 AA이므로 5와 6 사이에서 아이가 태어날 때, 이 아이가 ㉠을 가질 확률은 $\frac{1}{2}$이다. ㉡의 유전자형은 5가 $X^B X^{B^*}$, 6이 $X^{B^*}Y$이므로 5와 6 사이에서 아이가 태어날 때, 이 아이가 ㉡을 가질 확률은 $\frac{1}{2}$이다. ㉠의 유전자는 상염색체에 있고, ㉡의 유전자는 X 염색체에 있으므로 5와 6 사이에서 아이가 태어날 때, 이 아이가 ㉠과 ㉡을 모두 가질 확률은 $\frac{1}{4}\left(=\frac{1}{2}\times\frac{1}{2}\right)$이다.

676 ㄱ. (가)에서 ㉠은 ㉡의 상동 염색체이다.

ㄴ. (나)의 ㉡은 염색체의 일부(유전자 D)가 떨어져 없어진 염색체이다. 따라서 (나)의 ㉡은 결실이 일어난 염색체이다.

오답 피하기 ㄷ. (다)의 ㉢은 염색체의 동일한 부분(유전자 M)이 삽입되어 같은 부분이 반복된 염색체이다. 따라서 (다)의 ㉢은 중복이 일어난 염색체이다.

677 자녀 1~4의 어머니와 아버지는 H와 H^* 중 한 가지만 가지고 있는데 자녀 3과 4는 ㉠의 표현형이 다르므로 ㉠의 유전자는 X 염색체에 있다. 자녀 4의 ㉠에 대한 유전자형은 이형 접합($X^H X^{H^*}$)인데 ㉠을 가지므로 H^*은 H에 대해 완전 우성이다. 자녀 3은 ㉠을 갖지 않으므로 어머니로부터 X^H를 물려받았다. 따라서 ㉠에 대한 유전자형은 아버지가 $X^{H^*}Y$, 어머니가 $X^H X^H$이다.

ㄴ. 자녀 1의 체세포 1개에는 X 염색체가 2개 있지만 ㉠을 갖고 있으므로 자녀 1의 체세포 1개는 H가 있는 X 염색체 1개와 H^*이 있는 X 염색체 1개가 있다. 자녀 2는 아버지로부터 H^*이 있는 X 염색체를 물려받아 ㉠을 가져야 한다. 하지만 자녀 2는 ㉠을 갖지 않으므로 자녀 2는 아버지로부터 물려받은 X 염색체에서 H^*이 있는 부분이 결실되었다. 따라서 자녀 2의 체세포 1개에 있는 X 염색체 중 1개에는 H가 있고, 다른 1개에는 H와 H^*이 모두 없다.

ㄷ. 자녀 1은 아버지로부터 H^*이 있는 X 염색체와 Y 염색체를 물려받았다. 따라서 ⓐ는 감수 1분열에서 비분리가 일어나 형성된 정자이다.

오답 피하기 ㄱ. 어머니는 ㉠을 갖지 않는다.

678 ③	679 ②	680 ①	681 ①	682 ②	683 ⑤	684 ①
685 ②	686 ④	687 ③	688 ⑤	689 ⑤	690 ①	691 ②
692 ④	693 ③	694 ①	695 ⑤	696 ④	697 ③	698 ③
699 ⑤	700 ②	701 ⑤				

678 그림에서 ㉠은 작용, ㉡은 반작용, ㉢은 생산자와 소비자 사이의 상호 작용이다.
ㄱ. 산의 고도에 따라 식물 군집의 분포가 달라지는 현상은 ㉠에 해당한다.
ㄴ. 지의류에 의해 암석의 풍화가 촉진되는 것은 ㉡에 해당한다.
오답 피하기 ㄷ. 스라소니가 눈신토끼를 잡아먹는 것은 1차 소비자와 2차 소비자 사이의 상호 작용이다.

679 ㄴ. 자료에서 생존율이 초기 10일 이내에 100 %에서 2 %로 감소하였다. 즉, 초기 사망률은 98 %가 된다. 이후 생존율은 낮은 상태에서 유지된다. 따라서 초기의 사망률이 후기의 사망률보다 높다.
오답 피하기 ㄱ. 자료는 같은 시기에 태어난 무리가 알에서 깨어 수명이 다할 때까지의 상대 생존일과 생존율을 나타낸 것이므로, 개체군의 생존 곡선을 만들 수 있다.
ㄷ. 자료에서는 초기의 사망률이 후기의 사망률보다 높다. 히드라는 각 연령대의 사망률이 일정하다.

> **자료 정리**
>
> **생존 곡선**
> 주어진 표를 이용해 생존 곡선을 그리면 다음과 같다.
>
> 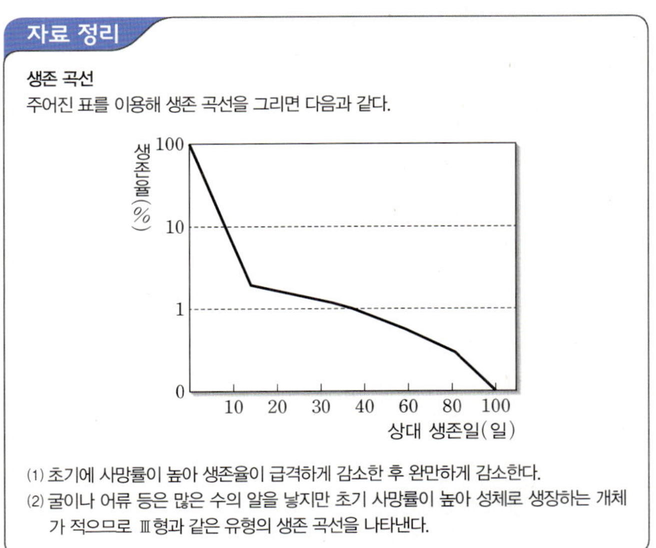
>
>
> (1) 초기에 사망률이 높아 생존율이 급격하게 감소한 후 완만하게 감소한다.
> (2) 굴이나 어류 등은 많은 수의 알을 낳지만 초기 사망률이 높아 성체로 생장하는 개체가 적으므로 Ⅲ형과 같은 유형의 생존 곡선을 나타낸다.

680 자료에서 연령 분포가 (가)는 발전형, (나)는 안정형, (다)는 쇠퇴형에 가깝다.
ㄱ. (가)는 발전형이므로, (가)에서는 생식 전 연령층의 비율이 높아 개체군의 크기가 점점 커진다.
오답 피하기 ㄴ. (나)에서는 생식 연령층의 비율이 생식 전 연령층보다 높다. 즉, (가)에서보다 평균 연령이 높아졌다.
ㄷ. 2025년 우리나라 인구의 연령 분포는 쇠퇴형이 유지될 것이다.

681 ㄱ. 초기 사망률이 높은 청어와 같은 종은 사람에 비해 많은 수의 난자를 배란한다.
오답 피하기 ㄴ. 꿩은 상대 수명에 따라 사망률이 일정하게 유지되어 각 연령대에서 사망하는 개체 수가 일정하다.
ㄷ. 1회에 번식시키는 자손의 수가 적은 종에서 어릴 때 어버이의 보호를 받는 행동이 나타난다.

682 ㄷ. 개체군 밀도 곡선에서 생장 초기에 이론적 생장 곡선과 실제 생장 곡선이 일치하는 구간이 있다.
오답 피하기 ㄱ. A의 생장 곡선에서 계절에 따른 주기적 변동이 나타나지 않는다.
ㄴ. 12일까지는 사망률이 증가해도 개체군 밀도가 증가하고 있다.

683 자료에서는 포식과 피식에 의한 주기적 변동을 관찰할 수 있다.
ㄱ. A는 나그네쥐, B는 족제비이다.
ㄴ. 나그네쥐는 피식자로 밀도가 포식자인 족제비보다 항상 높다.
ㄷ. 나그네쥐의 개체군 크기는 포식과 피식 관계에 의해 주기적으로 변동한다.

> **자료 정리**
>
> **개체군의 주기적 변동**
> 주어진 자료에서는 포식과 피식 관계에 의한 주기적 변동이 나타난다.
> (1) 나그네쥐가 증가하면 족제비도 증가하고, 나그네쥐가 감소하면 족제비도 감소한다.
> (2) 포식과 피식에 의한 주기적 변동에서 먼저 변동하는 것이 피식자이고, 나중에 동일한 형태로 변동하는 것이 포식자이다.

684 은어는 세력권을 형성하여 텃세를 나타내는 대표적인 생물이다.
ㄱ. 밀도가 0.3인 개체군에서는 세력권을 형성하는 개체들이 38 %이므로 텃세를 볼 수 있다.
오답 피하기 ㄴ. 밀도가 증가할수록 세력권보다는 공동 생활 구역에 서식하는 비율이 항상 증가하는 것은 아니다.
ㄷ. 밀도가 5.5일 때는 0.9일 때보다 개체가 일정한 생활 공간을 차지하는 행동, 즉 세력권을 형성하는 비율이 감소한다.

685 작용은 비생물적 요인이 생물적 요인에 영향을 주는 것, 반작용은 생물적 요인이 비생물적 요인에 영향을 주는 것, 상호 작용은 생물적 요인 간에 서로 영향을 주고받는 것이다.
② 울창한 숲 속이 외부보다 습도가 높은 것은 식물이 습도에 영향을 준 것이므로 반작용이다.
오답 피하기 ① 배스의 증가로 토종 어류가 감소한다. – 상호 작용
③ 연못 속 검정말에 의해 산소 농도가 증가한다. – 반작용
④ 불가사리가 있는 바위에는 따개비의 수가 적다. – 상호 작용
⑤ 국화는 낮의 길이가 짧아지고 밤의 길이가 길어지면 꽃이 핀다. – 작용

686 (가)는 개체군 간의 상호 작용을 나타낸 것이다. (나)에서는 단독 배양 시보다 혼합 배양 시 개체 수가 증가하는 것으로 보아 종 ⓐ와 ⓑ는 서로 이익을 주고받는 관계라는 것을 알 수 있다.

ㄱ. 개체군은 단일 종으로 구성된다.

ㄴ. (나)에서 혼합 배양 시 ⓐ와 ⓑ 간의 상호 작용은 서로 이익을 주고받는 관계이므로 상리 공생이다.

오답 피하기 ㄷ. (가)는 개체군 간의 상호 작용에 해당한다. 리더제는 개체군 내 상호 작용이다.

687 혼합 배양 시 A와 B는 모두 단독 배양 시보다 개체군의 크기가 감소하는 것으로 보아 경쟁 관계이며, 특히 B는 경쟁·배타를 통해 절멸하였다. 혼합 배양 시 A와 C는 모두 단독 배양 시보다 개체군의 크기가 증가하는 것으로 보아 상리 공생 관계이다.

ㄱ. (가)의 구간 Ⅰ에서 A의 생장이 가장 빠르므로, 생장 속도는 A~C 중 A가 가장 빠르다.

ㄴ. (나)에서 경쟁·배타가 일어나 B가 제거되었다.

오답 피하기 ㄷ. (다)에서 A와 C는 상리 공생 관계이다.

688 (가)는 종에 따라 먹이가 다르게 분서가 일어난 것을, (나)는 서식 위치가 다르게 분서가 일어난 것을 나타낸 것이다.

ㄱ, ㄴ. (가)에서 분서(생태 지위 분화)가 일어났으며, 이는 먹이 경쟁을 피하기 위한 적응 결과이다.

ㄷ. (나)에서 종에 따라 서식 위치가 다른 것은 서식지 경쟁을 피하기 위한 행동이다.

689 주어진 표를 정리하면 다음과 같다.

 종 B	종 A −	0	+
−	(가) 경쟁	?	(나) 포식과 피식, 기생
0	?	중립	(다) 편리공생
+	?	?	(라) 상리 공생

⑤ 콩과식물과 뿌리혹박테리아의 관계는 서로 이익을 주는 관계이므로 (라)에 해당한다.

오답 피하기 ① (가)는 경쟁에 해당하고, (라)는 상리 공생에 해당한다.

② (나)는 포식과 피식 또는 기생에 해당한다.

③ (다)는 편리공생에 해당한다.

④ (가)는 두 종의 생태적 지위가 중복될 때 나타난다.

690 ㄱ. 상대 밀도는 밀도가 가장 높은 B에서 가장 높다.

오답 피하기 ㄴ. A와 B는 밀도 차이가 나지만 빈도는 같다. 따라서 밀도가 높을수록 상대 빈도가 높다고 할 수 없다.

ㄷ. 이 지역의 우점종은 종 C이다.

방형구법

주어진 표를 이용하여 우점종을 구하면 다음과 같다.

종	밀도	빈도	상대 밀도(%)	상대 빈도(%)	상대 피도(%)	중요치
A	40	0.06	22	9	6	37
B	90	0.06	50	9	4	63
C	25	0.4	14	57	50	121
D	15	0.13	8	19	25	52
E	10	0.05	6	7	15	28
계	180	0.7	100	101	100	

⑴ 중요치는 C가 가장 크다.

⑵ 계산을 하지 않아도 C는 상대 피도와 빈도가 높으므로 중요치가 높을 것으로 예상할 수 있다.

691 표에서 ㉠은 경쟁, ㉡은 상리 공생이다. 혼합 배양한 (나)의 경우 A와 B 모두 개체군의 크기가 (가)에서보다 감소하는 것으로 보아 A와 B의 관계는 경쟁에 해당한다.

ㄴ. (나)에서 A와 B 사이의 상호 작용은 경쟁(㉠)이다.

오답 피하기 ㄱ. ㉠은 경쟁이므로 ⓐ는 '손해'이다.

ㄷ. (가)의 구간 Ⅰ에서 A는 환경 저항을 받아 개체 수가 거의 증가하지 못한다.

692 A와 B는 가까운 식물 종이라고 하였고, 표에서 A는 파종한 비율에 비해 피도가 높게 나타난다. 따라서 A가 B와의 경쟁에서 유리하다는 것을 알 수 있다. 그러므로 주어진 자료에서 A와 B는 경쟁 관계라는 것을 알 수 있다.

④ A와 B가 경쟁 관계이므로 대표적인 예로 애기짚신벌레와 짚신벌레가 있다.

오답 피하기 ① 치타와 가젤 – 포식과 피식

② 흰동가리와 말미잘 – 상리 공생

③ 사마귀와 귀뚜라미 – 포식과 피식

⑤ 새삼과 숙주 식물 – 기생

693 자료에서 천이가 진행되고 있으므로 A는 지의류, B는 양수림, C는 음수림이다.

ㄱ. A는 개척자에 해당하는 지의류이다.

ㄷ. t에서는 이미 C가 우점종이 되었으므로 군집의 상층인 관목층에는 음수림이 있다.

오답 피하기 ㄴ. (가)의 천이는 용암 대지에서 시작되는 천이이므로 1차 천이이다.

694 ㄱ. 생산자의 순생산량은 총생산량의 60 %이고 호흡량이 40 %이므로 생산자의 $\dfrac{순생산량}{호흡량}$ 은 1.5이다.

오답 피하기 ㄴ. 생산자의 총생산량 중 15 %가 피식량이고 1차 소비자의 피식량은 20 % 이내이므로 생산자의 총생산량 중 2차 소비자에게 전달되는 양은 3 % 이내이다.

ㄷ. 1차 소비자의 생장량 비율은 20 %이므로 생산자의 생장량 비율 (30 %)보다 낮다.

695 ㄴ. 초식 동물의 섭식량은 생산자의 피식량에 해당한다. 이는 I과 II에서 같다.

ㄷ. II에서 총생산량에 대한 순생산량의 백분율은 40 %이다.

오답 피하기 ㄱ. 총생산량이 2배 차이가 나므로 순생산량은 I에서가 II에서보다 많다.

자료 정리

식물 군집의 물질 생산
주어진 표에서 비교할 수 있도록 %에 총생산량을 반영하여 상댓값으로 나타내면 다음과 같다.

구분 (상댓값)	식물 군집	
	I	II
호흡량	150	60
고사량, 낙엽량	40	30
생장량	8	8
피식량	2	2
순생산량	50	40

(1) 순생산량은 총생산량에서 호흡량을 제외한 값이다.
(2) I과 II의 총생산량 차이를 반영하면 물질의 생산과 소비를 비교할 수 있다.

696 ㄱ. (나)에서 ㉠은 총생산량, ㉡은 호흡량이다. 따라서 '㉠-㉡'은 순생산량에 해당하므로 생장량이 포함된다.

ㄷ. '㉠-㉡'은 순생산량에 해당한다. 따라서 t_1에서 t_2로 되는 동안 호흡량보다 순생산량이 더 많이 감소하므로 이 식물 군집의 $\dfrac{순생산량}{호흡량}$ 은 감소한다.

오답 피하기 ㄴ. 에너지 효율은 1차 소비자가 $10 \% \left(= \dfrac{100}{1000} \times 100 \right)$, 2차 소비자가 $20 \% \left(= \dfrac{20}{100} \times 100 \right)$이다. 따라서 2차 소비자가 1차 소비자보다 높다.

697 카이바브 고원에서 사슴의 포식자인 퓨마를 제거한 결과 영양 단계에 따른 에너지 이동에 문제가 발생하고 결국 생태계 평형이 깨졌다.

ㄷ. 1920년 이후 사슴의 개체 수 감소는 먹이 부족 때문이다.

오답 피하기 ㄱ. 2차 소비자가 감소하면 1차 소비자가 증가하므로 생산자의 생산량은 오히려 감소한다.

ㄴ. 포식자를 제거하여 생태계의 평형이 깨진 대표적인 사례이다.

698 ㄱ. 과정 (가)는 질소 고정 과정이고, 이때 질소 고정 세균이 관여한다.

ㄴ. 과정 (나)는 암모늄 이온을 질산 이온으로 전환시키는 질산화 작용이다.

오답 피하기 ㄷ. 버섯과 곰팡이는 분해자로, 생물의 사체나 배설물 속의 질소 화합물을 암모늄 이온으로 분해한다.

699 ㄴ. 1차 소비자의 에너지 효율이 가장 낮은 곳은 생산자에 비해 1차 소비자의 에너지양 비율이 가장 낮은 삼림 생태계이다.

ㄷ. 전체 에너지양 중 1차 소비자의 에너지양 비율이 가장 높은 곳은 1차 소비자의 에너지양이 많은 초원 생태계이다.

오답 피하기 ㄱ. 해양 생태계에서는 생산자의 생물량이 1차 소비자의 생물량보다 적다.

700 ㄴ. 질소는 생산자에 의해 단백질과 같은 질소 화합물로 합성된 후 먹이 사슬을 따라 이동한다.

오답 피하기 ㄱ. ㉠은 대기 중의 질소를 암모늄 이온으로 전환시키는 질소 고정 과정이다.

ㄷ. ㉢에서 탈질산화 세균이 작용한다.

701 A는 10, B는 4, C는 6, D는 4이다. 에너지 이동을 볼 때 ㉠은 생산자, ㉡은 소비자이다.

ㄱ. ㉠은 생산자이다.

ㄴ. A : B=10 : 4=5 : 2이다.

ㄷ. C는 6이고 D는 4이므로 C는 D보다 크다.

V-2. 생물 다양성과 보전 44~45쪽

702 ⑤ **703** ③ **704** ④ **705** ⑤ **706** ② **707** ③ **708** ①
709 ④

702 종 다양성은 종의 수가 많고 종의 분포가 고를수록 높다고 하였으므로 종의 수와 분포를 고려한다.

ㄱ. 종의 수가 ⊙에서 4이고 ⓒ에서 3이므로 식물 종 다양성은 ⊙에서가 ⓒ에서보다 높다.

ㄴ. '2×⊙의 면적=ⓒ의 면적'이고, A의 개체군 수가 ⊙에서 10, ⓒ에서 20이므로 A의 개체군 밀도는 ⊙에서와 ⓒ에서가 같다.

ㄷ. ⊙에서 C의 상대 밀도는 $\frac{10}{40} \times 100 = 25(\%)$이고 ⓒ에서 D의 상대 밀도는 $\frac{12}{60} \times 100 = 20(\%)$이다. 따라서 ⊙에서 C의 상대 밀도는 ⓒ에서 D의 상대 밀도보다 높다.

> **자료 정리**
>
> **식물 군집의 종 다양성**
> 주어진 표에서 면적을 반영해 개체 수를 조정하면 다음과 같다.
>
> | 지역 \ 식물 종 | A | B | C | D | E | 합계 |
> |---|---|---|---|---|---|---|
> | ⊙ | 10 | 0 | 10 | 12 | 8 | 40 |
> | ⓒ의 조정값 | 10 | 4 | 0 | 6 | 0 | 20 |
> | ⓒ | 17 | 0 | 20 | 12 | 11 | 60 |
>
> 따라서 A의 개체군 밀도는 ⊙에서와 ⓒ에서가 같다.

703 학생 A: 사람의 피부색이 다양한 것은 유전적 다양성에 해당한다.
학생 B: 서식지 면적이 감소하면 그 지역의 생물 다양성도 감소한다.
오답 피하기 학생 C: 한 개체군에서 개체들이 가진 변이의 다양함은 유전적 다양성에 해당한다.

704 ㄴ. 경작지 B에서는 모든 감자가 죽었지만 경작지 A에서는 생존한 감자가 있는 것으로 보아 감자의 유전적 다양성은 질병에 대한 생존율을 높인다는 것을 알 수 있다.
ㄷ. 유전적 다양성은 급격한 환경 변화에서 개체군이나 종의 생존 가능성을 높이는 데 중요하다는 것을 알 수 있다.
오답 피하기 ㄱ. 자료는 유전적 다양성에 대한 것이다.

705 유전적 다양성이 감소하면 질병에 대한 저항성 유전자가 소실될 가능성이 높아 질병에 취약해지고 멸종할 가능성이 높아진다.
ㄱ. ⓐ, 즉 유전적 변이가 적으면 개체군 내에 질병에 대한 저항성 유전자가 충분히 확보되지 못한다.
ㄴ. ⓑ에는 서식지를 보호하는 것이 가장 우선시된다.
ㄷ. 개체군이 유지되기 위해서는 일정 수 이상의 개체들이 있어야 한다

는 것을 알 수 있다.

706 ㄷ. $\frac{\text{내부에 서식하는 종의 개체 수}}{\text{가장자리에 서식하는 종의 개체 수}}$는 서식지 분할 전이

$\frac{50+50}{200+200+100} = \frac{100}{500} = 0.2$이고, 서식지 분할 후가

$\frac{50}{150+100+50} = \frac{50}{300} ≒ 0.17$이므로 서식지 분할 전이 더 크다. 즉, 서식지 분할 후 감소하였다.

오답 피하기 ㄱ. 서식지 분할 후 종 수가 감소하였으므로 서식지 분할 전과 비교하여 서식지 분할 후 종 다양성이 감소하였다.

ㄴ. 서식지 분할 전과 비교하여 서식지 분할 후 서식지 전체 면적에 대해 가장자리 면적이 증가하였다. 즉, $\frac{\text{가장자리 면적}}{\text{서식지 전체 면적}}$은 증가하였다.

707 ㄱ. (가) 과정에서 서식지가 파괴되므로 갯벌 생태계의 평형이 깨진다.
ㄴ. 종자 은행의 운영을 통해 유전적 다양성을 보전할 수 있다.
오답 피하기 ㄷ. (다)는 국가 간의 실천 내용이다.

708 (가)와 (나)에서 각 식물 종의 개체 수를 표로 정리하면 다음과 같다.

식물 군집 \ 종	⊙	ⓒ	ⓒ	ⓔ	합계
(가)	10	1	2	3	15
(나)	5	3	3	4	15

(가)와 (나)에 분포하는 식물 종 수는 같지만 종의 분포가 서로 다르다.
ㄱ. 밀도는 개체 수에 비례한다. 따라서 ⊙은 (가)에서 밀도가 가장 높다.
오답 피하기 ㄴ. 식물 종의 수는 (가)와 (나)에서 서로 같다.
ㄷ. (나)는 (가)보다 종의 분포가 고르므로, 종 다양성은 (나)에서가 (가)에서보다 높다.

709 (가)에서는 종 풍부도가 증가할수록 피도가 증가하고, (나)에서는 종 풍부도가 증가할수록 질병 발병도가 감소한다.
ㄱ. 종이 다양하면 질병에 저항성을 가질 확률이 증가하므로 질병 발병도가 낮아진다.
ㄴ. (가)에서 식물의 종 풍부도가 높아지면 식물의 피도가 높아진다. 즉, 식물이 지표를 덮는 정도가 높아진다.
오답 피하기 ㄷ. 식물의 종 풍부도가 높으면 질병 발병도가 낮아지므로 생태계 안정성이 높아진다.

memo

memo

BON.N제

BON.**N**제